"十三五"国家重点出版物出版规划项目

法律科学文库
LAW SCIENCE LIBRARY

总主编　曾宪义

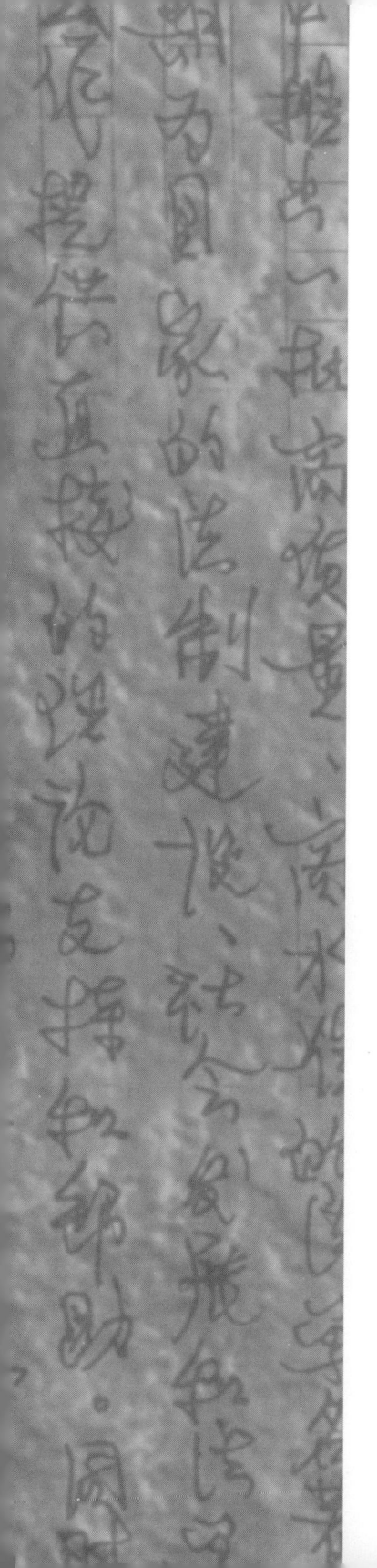

犯罪参与论

刘明祥 著

Theory of Criminal Participation System

中国人民大学出版社
·北京·

法律科学文库
编委会

总主编
曾宪义

副总主编
王利明　史际春　刘　志

编　委
（以姓氏笔画为序）

王利明	史际春	吕世伦	刘　志	刘文华
刘春田	江　伟	许崇德	孙国华	杨大文
杨春洗	何家弘	陈光中	陈松涛	郑成思
赵中孚	高铭暄	程荣斌	曾宪义	

总　序

曾宪义

"健全的法律制度是现代社会文明的基石",这一论断不仅已为人类社会的历史发展所证明,而且也越来越成为人们的共识。在人类历史上,建立一套完善的法律体制,依靠法治而促进社会发展、推动文明进步的例证,可以说俯拾即是。而翻开古今中外东西各民族的历史,完全摒弃法律制度而能够保持国家昌隆、社会繁荣进步的例子,却是绝难寻觅。盖因在摆脱了原始和蒙昧以后,人类社会开始以一种"重力加速度"飞速发展,人的心智日渐开放,人们的利益和追求也日益多元化。面对日益纷纭复杂的社会,"秩序"的建立和维持就成为一种必然的结果。而在建立和维持一定秩序的各种可选择方案(暴力的、伦理的、宗教的和制度的)中,制定一套法律制度,并以国家的名义予以实施、推行,无疑是一种最为简洁明快,也是最为有效的方式。随着历史的演进、社会的发展和文明的进步,作为人类重要精神成果的法律制度,也在不断嬗变演进,不断提升自身的境界,逐渐成为维持一定社会秩序、支撑社会架构的重要支柱。17世纪以后，数次发生的工业革命和技术革命，特别是20世纪中叶发生的电子信息革命，给人类社会带来了天翻地覆的变化，不仅直接改变了信息交换的规模和速度，而且彻底改变了人们的生活方式和思维方式，使人类生活进入了更为复杂和多元的全新境界。在这种背景下，宗教、道德等维系社会人心的传统方式，在新的形势面前越来越显得力不从心。而理想和实际的选择，似乎是透过建立一套理性和完善的法律体制，给多元化社会中的人们提供一套合理而可行的共同的行为规则，在保障社会共同利益的前提下，给社会成员提供一定的发挥个性的自由空间。这样，既能维持社会整体的大原则、维持社会秩序的基本和谐和稳定，又能在此基础上充分保障个人的自由和个性，发挥每一个社会成员的创造力，促进社会文明的进步。唯有如此，方能达到稳定与发展、整体与个人、精神文明与物质进步皆能并行不悖的目的。正因为如此，近代以来的数百年间，在东西方各主要国家里，伴随着社会变革的大潮，法律改革的运动也一直呈方兴未艾之势。

中国是一个具有悠久历史和灿烂文化的国度。在数千年传承不辍的中国传统文化中，尚法、重法的精神也一直占有重要的位置。但由于古代社会法律文化的精神旨趣与现代社会有很大的不同，内容博大、义理精微的中国传统法律体系无法与近现代社会观念相融，故而在19世纪中叶，随着西方列强对中国的侵略，绵延了数千年的中国古代法律制度最终解体，中国的法制也由此开始了极其艰难的近现代化的过程。如果以20世纪初叶清代的变法修律为起点的话，中国近代以来的法制变革活动已经进行了近一个世纪。在这将近百年的时间里，中国社会一直充斥着各种矛盾和斗争，道路选择、主义争执、民族救亡以及路线斗争等等，使整个中国一直处于一种骚动和不安之中。从某种意义上说，社会变革在理论上会给法制的变革提供一定的机遇，但长期的社会骚动和过于频繁的政治剧变，在客观上确实曾给法制变革工作带来过很大的影响。所以，尽管曾经有过许多的机遇，无数的仁人志士也为此付出了无穷的心力，中国近百年的法制重建的历程仍是步履维艰。直至20世纪70年代末期，"文化大革命"的宣告结束，中国人开始用理性的目光重新审视自身和周围的世界，用更加冷静和理智的头脑去思考和选择自己的发展道路，中国由此进入了具有非凡历史意义的改革开放时期。这种由经济改革带动的全方位民族复兴运动，也给蹉跎了近一个世纪的中国法制变革带来了前所未有的机遇和无限的发

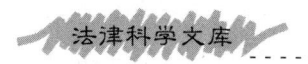

展空间。

应该说，自1978年中国共产党第十一届三中全会以后的20年，是中国历史上社会变化最大、也最为深刻的20年。在过去20年中，中国人民高举邓小平理论伟大旗帜，摆脱了"左"的思想的束缚，在政治、经济、文化各个领域进行全方位的改革，并取得了令世人瞩目的成就，使中国成为世界上最有希望、最为生机勃勃的地区。中国新时期的民主法制建设，也在这一时期内取得了令人惊喜的成就。在改革开放的初期，长期以来给法制建设带来巨大危害的法律虚无主义即得到根除，"加强社会主义民主，健全社会主义法制"成为一个时期内国家政治生活的重要内容。经过近二十年的努力，到90年代中期，中国法制建设的总体面貌发生了根本性的变化。从立法上看，我们的立法意识、立法技术、立法水平和立法的规模都有了大幅度的提高。从司法上看，一套以保障公民基本权利、实现司法公正为中心的现代司法诉讼体制已经初步建立，并在不断完善之中。更为可喜的是，经过近二十年的潜移默化，中国民众的法律意识、法制观念已有了普遍的增强，党的十五大确定的"依法治国""建设社会主义法治国家"的治国方略，已经成为全民的普遍共识和共同要求。这种观念的转变，为中国当前法制建设进一步完善和依法治国目标的实现提供了最为有力的思想保证。

众所周知，法律的进步和法制的完善，一方面取决于社会的客观条件和客观需要，另一方面则取决于法学研究和法学教育的发展状况。法律是一门专业性、技术性很强，同时也极具复杂性的社会科学。法律整体水平的提升，有赖于法学研究水平的提高，有赖于一批法律专家，包括法学家、法律工作者的不断努力。而国家法制总体水平的提升，也有赖于法学教育和法学人才培养的规模和质量。总而言之，社会发展的客观需要、法学研究、法学教育等几个环节是相互关联、相互促进和相互影响的。在改革开放的20年中，随着国家和社会的进步，中国的法学研究和法学教育也有了巨大的发展。经过20年的努力，中国法学界基本上清除了"左"的思想的影响，迅速完成了法学学科的总体布局和各分支学科的学科基本建设，并适应国家建设和社会发展的需要，针对法制建设的具体问题进行深入的学术研究，为国家的立法和司法工作提供了许多理论支持和制度上的建议。同时，新时期的法学教育工作也成就斐然。通过不断深入的法学教育体制改革，当前我国法学人才培养的规模和质量都有了快速的提升。

一大批用新思想、新体制培养出来的新型法学人才已经成为中国法制建设的中坚，这也为中国法制建设的进一步发展提供了充足和雄厚的人才准备。从某种意义上说，在过去20年中，法学界的努力，对于中国新时期法制建设的进步，贡献甚巨。其中，法学研究工作在全民法律观念的转变、立法水平和立法效率的提升、司法制度的进一步完善等方面所发挥的积极作用，也是非常明显的。

法律是建立在经济基础之上的上层建筑，以法律制度为研究对象的法学也就成为一个实践性和针对性极强的学科。社会的发展变化，势必要对法律提出新的要求，同时也将这种新的要求反映到法学研究中来。就中国而言，经过近二十年的奋斗，改革开放的第一阶段目标已顺利实现。但随着改革的逐步深入，国家和社会的一些深层次的问题也开始显现出来，如全民道德价值的更新和重建，市场经济秩序的真正建立，国有企业制度的改革，政治体制的完善等等。同以往改革中所遇到的问题相比，这些问题往往更为复杂，牵涉面更广，解决问题的难度也更大。而且，除了观念的更新和政策的确定外，这些复杂问题的解决，最终都归结到法律制度上来。因此，一些有识之士提出，当前中国面临的难题或是急务在于两个方面：其一，凝聚民族精神，建立符合新时代要求的民族道德价值，以为全社会提供一个基本价值标准和生活方向；其二，设计出一套符合中国国情和现代社会精神的"良法美制"，以为全社会提供一系列全面、具体、明确而且合理的行为规则，将各种社会行为纳入一个有序而且高效率的轨道。实际上，如果考虑到特殊的历史文化和现实情况，我们会认识到，在当前的中国，制度的建立，亦即一套"良法美制"的建立，更应该是当务之急。建立一套完善、合理的法律体制，当然是一项极为庞大的社会工程。而其中的基础性工作，即理论的论证、框架的设计和实施中的纠偏等，都有赖于法学研究的进一步深入。这就对我国法学研究、法学教育机构和广大法律理论工作者提出了更高的要求。

中国人民大学法学院建立于1950年，是新中国诞生以后创办的第一所正规高等法学教育机构。在其成立的近半个世纪的岁月里，中国人民大学法学院以其雄厚的学术力量、严谨求实的学风、高水平的教学质量以及极为丰硕的学术研究成果，在全国法学研究和法学教育领域中处于领先行列，并已跻身于世界著名法学院之林。长期以来，中国人民大学法学院的法学家们一直以国家法学的昌隆为己任，在自己的研究领域中辛勤耕耘，撰写出版了大量的法学论著，为各个时期的法学研究和法制建设作出了突出的贡献。

鉴于当前我国法学研究所面临的新的形势，为适应国家和社会发展对法学工作提出的新要求，中国人民大学法学院和中国人民大学出版社经过研究协商，决定由中国人民大学出版社出版这套"法律科学文库"，陆续出版一大批能全面反映和代表中国人民大学法学院乃至全国法学领域高品位、高水平的学术著作。此套"法律科学文库"是一个开放型的、长期的学术出版计划，以中国人民大学法学院一批声望卓著的资深教授和著名中青年法学家为主体，并聘请其他法学研究、教学机构的著名法学家参加，组成一个严格的评审机构，每年挑选若干部具有国内高水平和有较高出版价值的法学专著，由中国人民大学出版社精心组织出版，以达到集中地出版法学精品著作、产生规模效益和名著效果的目的。

"法律科学文库"的编辑出版，是一件长期的工作。我们设想，借出版"文库"这一机会，集中推出一批高质量、高水准的法学名著，以期为国家的法制建设、社会发展和法学研究工作提供直接的理论支持和帮助。同时，我们也希望通过这种形式，给有志于法学研究的专家学者特别是中青年学者提供一个发表优秀作品的园地，从而培养出中国新时期一流的法学家。我们期望并相信，通过各方面的共同努力，力争经过若干年，"法律科学文库"能不间断地推出一流法学著作，成为中国法学研究领域中的权威性论坛和法学著作精品库。

1999 年 9 月

前　言

中外刑法学人皆知，"共犯的问题是刑法学中最为复杂的一个理论问题，称之为绝望之章也不为过"①，"建构将共犯论之全体一以贯之的理论体系，真是难于上青天的事"②。而我年过半百后，还选这块硬骨头来啃，持续啃了十余年③，这与我的书生意气不可分，更与求学时导师们的学术思想和治学精神对我的影响密切相关。早年我在中南政法学院（现更名为中南财经政法大学）刑法专业攻读硕士学位时，师从曾昭琼、曾宪信、江任天、朱继良四位教授。当时实行集体导师制，刑法专业课采取的主要教学形式是，四位导师就同一专题先分别扼要讲授，再与我们同年级的三位研究生

---

① 西田典之. 共犯理论的展开. 江溯，李世阳，译. 北京：中国法制出版社，2014：中文版序言（陈兴良）.

② 同①日文版前言.

③ 我以"犯罪参与基本问题研究"为题，申报教育部人文社会科学重点研究基地重大项目，于2016年年底被批准立项。此前几年我就一直在做相关研究工作，到现在已持续进行了十余年。

一起讨论。我清楚地记得，在与我们学生讨论共同犯罪问题时，曾到日本留学、精通日本刑法且早在民国时期就已是著名刑法学教授的曾昭琼先生一再强调，我国现行刑法关于共同犯罪的规定，与日本刑法和我国民国时期刑法有关共犯的规定明显不同。其他三位老师持同样的主张，都认为不能用日本和我国民国时期的共犯理论，来解释我国现行刑法关于共同犯罪的规定。这就在我的心中埋下了思考共犯问题的种子，并成为我后来选择不同于德日共犯论的研究路径，即从单一正犯视角来探索我国的共同犯罪问题的重要起因。尔后，我到武汉大学刑法专业攻读博士学位，师从马克昌教授。马先生被公认为他那一辈学者中最精通共犯问题的专家，并有不少相关论著问世。马先生的学术思想早已被我所铭记，特别是其对中日在共犯的立法、司法和解释论上的比较研究及所得出的存在重大差异的结论，更是对我产生了重要影响。后来，我赴日本东京大学，在曾担任过日本刑法学会会长的西田典之教授的指导下从事研修工作。西田先生在共犯论研究领域取得了非常高的成就，他的《共犯理论的展开》一书，已被翻译成中文在我国出版发行，被中日刑法学界公认为经典之作。从西田先生那里我获取了不少日本共犯论研究的最前沿信息。或许是受这些导师们潜移默化的影响，我产生了研究或思考共犯问题的兴趣，并在吸取导师们的研究精髓的基础上完成了这一研究课题。从此种意义而言，本书也渗透有已逝去的导师们的心血，这将使我永存感恩之心！

本书能被中国人民大学出版社纳入学术丛书出版，得益于出版社领导和编辑的高度重视与大力支持，还得益于中国人民大学刑事法律科学研究中心及多方人士的协力与襄助。对所有为本书的写作与出版提供过帮助或给予过鼓励的人士，我都充满感激之情！

正因为共犯论是刑法学中的一个超级研究难题，而我又想用过去不太熟悉的单一正犯理论对我国的共同犯罪问题作系统阐释，这无疑是难上加难，也在一定程度上导致本书存在部分内容前后观点不完全一致，甚至有观点与单一正犯解释论相冲突的问题；加之写作时间跨度较大，前后有多处内容未协调好，重复的部分也不少。希望读者能体谅，同时期待大家批评指正，以便我进一步修改完善。

刘明祥

2023 年 3 月

目 录

第一章　犯罪参与概述 …………………（1）
　　第一节　犯罪参与的概念与类型 ……（1）
　　　　一、犯罪参与的概念 ……………（1）
　　　　二、犯罪参与的类型 ……………（3）
　　第二节　犯罪参与人与正犯概念 ……（5）
　　　　一、犯罪参与人 …………………（5）
　　　　二、正犯概念 ……………………（7）
第二章　犯罪参与体系 …………………（13）
　　第一节　犯罪参与体系的概念与
　　　　　　类型 ………………………（13）
　　　　一、犯罪参与体系的概念 ………（13）
　　　　二、犯罪参与体系的类型 ………（14）
　　第二节　我国刑法采取的犯罪参与
　　　　　　体系 ………………………（23）
　　　　一、我国刑法采取的犯罪参与体系
　　　　　　之争 ………………………（23）
　　　　二、我国刑法采取的犯罪参与体系
　　　　　　定位 ………………………（50）
　　第三节　我国刑法采取的犯罪参与
　　　　　　体系之利弊 ………………（56）
　　　　一、我国刑法采取的犯罪参与体系的
　　　　　　优越性 ……………………（56）

二、我国刑法采取的犯罪参与体系面临的挑战 …………… (69)
第三章　犯罪参与的共同性 ………………………………… (85)
　第一节　区分制体系下犯罪参与的共同性 ………………… (85)
　　一、共犯的共同性之争 ……………………………………… (85)
　　二、犯罪共同说 ……………………………………………… (87)
　　三、行为共同说 ……………………………………………… (89)
　第二节　单一正犯体系下犯罪参与的共同性 ……………… (91)
　　一、犯罪参与的共同性与定罪 ……………………………… (92)
　　二、犯罪参与的共同性与因果关系 ………………………… (93)
　　三、犯罪参与的共同性与量刑 ……………………………… (95)
　第三节　我国刑法中共同犯罪的共同性 …………………… (97)
　　一、共同犯罪及其共同性 …………………………………… (97)
　　二、共同犯罪共同性的解释路径 ………………………… (104)
第四章　我国刑法中的共同犯罪 …………………………… (127)
　第一节　共同犯罪的概念 …………………………………… (127)
　　一、共同犯罪的含义 ……………………………………… (127)
　　二、必要的共同犯罪 ……………………………………… (129)
　第二节　共同犯罪的要件 …………………………………… (162)
　　一、共同犯罪的成立要件之争 …………………………… (162)
　　二、共同犯罪的主体要件 ………………………………… (165)
　　三、共同犯罪的客观要件 ………………………………… (168)
　　四、共同犯罪的主观要件 ………………………………… (172)
　　五、片面共同犯罪否定论及其展开 ……………………… (178)
　第三节　共同犯罪的形式 …………………………………… (204)
　　一、共同犯罪的形式概述 ………………………………… (204)
　　二、简单共同犯罪 ………………………………………… (209)
　　三、复杂共同犯罪 ………………………………………… (211)
　　四、有组织的共同犯罪 …………………………………… (213)
第五章　我国刑法中的共同犯罪人 ………………………… (218)
　第一节　共同犯罪人概述 …………………………………… (218)
　　一、共同犯罪人的概念 …………………………………… (218)
　　二、共同犯罪人与犯罪参与人 …………………………… (219)
　　三、共同犯罪人的种类 …………………………………… (220)

第二节 主　犯 (225)
一、主犯的概念与类型 (226)
二、主犯不应被正犯化 (231)
三、主犯的认定 (239)
四、主犯的处罚 (242)

第三节 从　犯 (248)
一、从犯的概念与类型 (248)
二、从犯不应被共犯化 (253)
三、从犯的认定 (254)
四、从犯的处罚 (256)

第四节 胁从犯 (261)
一、胁从犯的概念 (261)
二、胁从犯的归属 (264)
三、胁从犯的认定 (274)
四、胁从犯的处罚 (285)

第五节 教唆犯 (286)
一、教唆犯的概念 (286)
二、教唆犯的成立条件 (289)
三、教唆未遂 (304)
四、教唆犯的认定 (325)
五、教唆犯的处罚 (330)

第六章　我国刑法中犯罪参与论的展开 (339)
第一节 共犯从属性论之否定 (339)
一、共犯从属性论概述 (339)
二、我国刑法的规定与共犯从属性论相抵牾 (342)
三、不采取共犯从属性论是明智的选择 (347)
四、不采取共犯从属性论的风险及其控制路径 (361)

第二节 间接正犯论之否定 (365)
一、间接正犯论概述 (366)
二、间接正犯论面临的困境 (371)
三、间接正犯概念取消论剖析 (380)
四、我国不应采用间接正犯论 (386)

第三节 共同正犯论之否定 (399)

一、我国刑法有无共同正犯规定之争 …………………………（399）
　　二、共同正犯论是区分制的产物 ……………………………（414）
　　三、共同正犯论面临的难题 …………………………………（416）
　　四、按单一正犯论处理共同正犯案件的优势 ………………（434）
第四节　共谋共同正犯论之否定 …………………………………（441）
　　一、共谋共同正犯论的缘起 …………………………………（441）
　　二、共谋共同正犯论剖析 ……………………………………（450）
　　三、共谋共同正犯论引进之争 ………………………………（457）
　　四、单一正犯体系下的共谋共同犯罪 ………………………（465）
第五节　过失共同正犯论之否定 …………………………………（468）
　　一、过失共同正犯肯定说及其弊病 …………………………（469）
　　二、过失共同正犯否定说及其缺陷 …………………………（482）
　　三、我国刑法的规定与肯定说和否定说不相容 ……………（486）
　　四、单一正犯解释论下的共同过失犯罪 ……………………（491）

第七章　犯罪参与论所涉特殊参与关系 ……………………………（504）
　第一节　身份犯的共同犯罪 ………………………………………（504）
　　一、共犯与身份概述 …………………………………………（504）
　　二、区分制体系下的身份犯的共犯 …………………………（514）
　　三、我国刑法中的身份犯的共同犯罪 ………………………（531）
　第二节　承继的共同犯罪 …………………………………………（549）
　　一、承继的共同犯罪的概念 …………………………………（549）
　　二、承继的共同犯罪的成立条件 ……………………………（550）
　　三、承继的共同犯罪的存在范围 ……………………………（554）
　　四、承继的共同犯罪的罪名确定 ……………………………（556）
　　五、承继的共同犯罪的责任承担 ……………………………（571）
　第三节　退出参与的犯罪 …………………………………………（574）
　　一、退出参与的犯罪概述 ……………………………………（574）
　　二、退出参与的犯罪的判断基准 ……………………………（584）
　　三、退出参与的犯罪的认定 …………………………………（593）
　　四、退出参与的犯罪的处理 …………………………………（606）

主要参考文献 …………………………………………………………（612）
附：本书部分内容已刊发论文一览 …………………………………（617）

第一章 犯罪参与概述

在社会生活中，数人共同参与实施犯罪的现象十分常见，与单个人犯罪相比，不仅危害性更大，而且每个人对犯罪所发挥作用的大小乃至各人自身的情况及其主观心理状态可能会有较大差异，因而对每个参与者的行为如何定性、是否处罚乃至如何处罚，成为刑法学上应予研究的重要难题。

第一节 犯罪参与的概念与类型

一、犯罪参与的概念

所谓犯罪参与或参与犯罪，是指一个侵害法益的犯罪行为，有数人参与其中[①]，或者说是二人以上作用于同一犯罪事实的情形。至于行为人

---

① 柯耀程. 参与与竞合. 台北：元照出版有限公司，2009：29-30.

是直接实现犯罪事实，还是通过他人间接实现犯罪事实，均不影响犯罪参与的成立。只不过如果是行为人自己直接实现犯罪事实，则在其背后必须有间接作用于该犯罪事实的他人（如教唆者或帮助者），也就是说行为人不是单独作用于某一犯罪事实，而是与他人共同作用于同一犯罪事实。这正是犯罪参与不同于单独犯罪的关键所在。

"'犯罪参与'并不是一个刑法概念，而是一个事实概念"①。它与德、日等国刑法中的"共犯"概念相似，也有广义与狭义之分。从狭义而言，犯罪参与是指行为人自己不去实行犯罪，而只是以教唆或帮助他人实行犯罪的形式参与其中。这种犯罪参与或参与犯罪是相对于实行犯罪而言的，又称为参与犯②，与德、日刑法中狭义的共犯同义，仅限于教唆和帮助犯罪的情形。③ 从广义来说，犯罪参与是指行为人加入有他人实行的犯罪中去，除了教唆、帮助他人实行犯罪之外，还有行为人与他人一起去实行犯罪的所谓共同正犯（或共同实行犯），尽管行为人自己也去实行犯罪，但并非是其单独实行犯罪，而是还有他人与之一起实行犯罪，因而也有参与他人实行之犯罪的性质。这种广义的犯罪参与同德、日刑法中广义的共犯含义相同，包含共同正犯、教唆犯和帮助犯。此外，还有一种最广义的犯罪参与，与刑法学中相对于单独（或单个人）犯罪而言的最广义共犯一样，泛指二人以上作用于同一犯罪事实的所有情形，包括德、日等国刑法中的间接正犯、共同正犯、教唆犯、帮助犯以及被他人教唆或帮助仅由一人直接实行犯罪的直接正犯。④ 并且，不只是限于共同故意犯罪⑤，而是还包括一方基于此种故意另一方出于彼种故意、一方出于故意另一方基于过失、双方均为过失、一方有故意或过失另一方无罪过（含因无责任能力

---

① 黄荣坚. 基础刑法学：下. 4版. 台北：元照出版有限公司，2012：740.

② 这是狭义的"参与犯"。也有从广义上理解的"参与犯"，即相对于单独犯而言的，二人以上参与同一犯罪的情形。林山田. 刑法通论：下. 北京：北京大学出版社，2012：1.

③ 乌尔斯·金德霍伊泽尔. 刑法总论教科书. 第六版. 蔡桂生，译. 北京：北京大学出版社，2015：391.

④ 平野龙一. 刑法总论Ⅱ. 东京：有斐阁，1975：343；松原芳博. 刑法总论重要问题. 王昭武，译. 北京：中国政法大学出版社，2014：276-277.

⑤ 有学者认为，在我国，犯罪参与仅指共同犯罪，即二人以上共同故意犯罪。中国人民大学刑事法律科学研究中心. 刑事法热点问题的国际视野. 北京：北京大学出版社，2010：149.

而无罪过或者不能预见、不能抗拒而无罪过）等情形，均可被这种最广义的犯罪参与概念所包容。本书在不同场合所采用的"犯罪参与"一词也可能有不同含义，相信读者不难识别。

二、犯罪参与的类型

犯罪参与的类型，简称为参与类型，是指数人（含二人）参与的犯罪中，各参与者在犯罪事实结构中所扮演的角色。① 在犯罪参与论中，"参与类型"与"参与形态""参与形式""参与结构""参与样态"的含义大体相同。

一般来说，任何人犯罪都必须通过一定的行为表现出来，不仅自己单个人犯罪是如此，参与他人的犯罪也不例外，必须通过某种行为参与其中。犯罪参与类型通常也是按参与者所实施的行为形式来予以区分。参与行为的表现形式多种多样，这决定了犯罪参与类型具有一定的复杂性，概括起来主要有如下几种类型：（1）实行者，即实施犯罪的实行行为的人。实行者既可能是接受他人教唆或帮助之后，自己单独实行犯罪，也可能是与他人一起共同实行犯罪；实行的方式大多是行为人自己直接实行，但也可能是利用他人（如利用无责任能力人）作为工具间接实行。（2）教唆者，即唆使他人去实行犯罪的人。（3）帮助者，即帮助他人去实行犯罪的人。（4）共谋者，即与他人一起共同谋议犯罪的人。（5）组织、策划、指挥者，即组织、领导犯罪的实施，建立犯罪集团，领导指挥集团的成员实施犯罪的人。这种组织、策划、指挥者，既可能是仅在幕后操纵而不到现场去实行犯罪，也可能是亲自到现场去指挥并直接参与实行。

在司法实践中，一个具体案件的各参与者所属的犯罪参与类型可能完全相同，如均为实行者（共同实行犯罪的情形），也可能分属于不同参与类型，如有的是实行者，有的是教唆者、帮助者或共谋者。并且，一个参与者既可能只实施一种类型的行为，也可能实施多种类型的行为，如既实施实行行为，也实施教唆行为、帮助行为或共谋行为。在采取区分正犯与共犯（教唆犯和帮助犯）的区分制立法体系中，主要是根据参与者实施的行为形式来区分参与者的类型。在通常情况下，实施实行行为者是正

---

① 柯耀程.变动中的刑法思想.台北：元照出版有限公司，2001：219.

犯，实施教唆行为者为教唆犯，实施帮助行为者为帮助犯，既实施了教唆行为或帮助行为，又实施了实行行为的，按照区分制的观念是实行行为重于教唆、帮助行为，前者可吸收后者，因而，应认定为正犯。又由于正犯是犯罪的核心人物，共犯是犯罪的依附（从属）者，组织、策划、指挥犯罪者，尽管从行为的形式来看，可能与教唆、帮助行为相似甚至相同，但明显是犯罪的核心人物（不是从属者），因此被认为是正犯。至于仅参与共谋而不实行犯罪者，则以其是幕后核心人物还是一般附和者，分别认定为正犯或共犯。另外，在采取典型的区分正犯与共犯的区分制立法体系下，由于正犯与共犯的定罪规则不完全相同，处罚轻重有较大差异，而犯罪参与类型是做这种区分并决定处罚轻重的根据，因此，对各参与者而言，所属的犯罪参与类型无论对其定罪还是处罚轻重均有重要意义，必须明确予以区分。但是，在采取不做这种区分的单一制（单一正犯）立法体系下，由于对犯罪参与者不是根据其参与类型来予以区别对待，凡是作用于同一犯罪事实并对犯罪的实现作出贡献者，不论其是单独实现犯罪，还是共同实现或加功于他人的犯罪行为者，均视之为同等的参与者（"正犯"，也就是行为人）。① 并且，对各参与者均采取相同的定罪规则，依据其参与犯罪的性质和参与的程度来确定处罚的轻重，因此，犯罪参与类型对各参与者的定罪和处罚，不具有决定性的意义，也没有明确予以区分的必要性。

但是，应当肯定，犯罪参与类型是判断参与者参与犯罪的程度应予考虑的重要因素。犯罪的参与程度（或参与犯罪的程度），是参与者对犯罪事实的作用程度，或者说是对所实现之犯罪的贡献大小。在通常情况下，犯罪的参与程度对参与者的定罪影响不会太大，但如果参与的是轻罪，参与者发挥的作用较小，则有可能在其他参与者构成犯罪的情况下，发挥作用较小即参与犯罪程度较轻者，不构成犯罪。毋庸置疑的是，犯罪参与程度对参与者的处罚轻重具有决定性的意义。只不过区分制与单一制的犯罪参与论，对此问题的认识和处理路径有所不同。区分正犯与共犯的区分制的基本观念是，犯罪参与类型与犯罪参与程度有密不可分的关系，前者决定后者，即实施实行行为的正犯是犯罪的核心人物，对犯罪的实现起决定性的作用，而实施教唆行为的教唆犯和实施帮助行为的帮助犯，是犯罪的

---

① 柯耀程.变动中的刑法思想.台北：元照出版有限公司，2001：255.

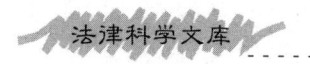

依附（从属）者，对犯罪的实现不起决定性的作用，仅起辅助性作用，因此，在犯罪参与程度上，当然是正犯高于共犯，这正是正犯的处罚重于共犯的根本原因所在。在区分制的体系下，参与者一旦在犯罪论阶段被认定为是属于犯罪参与类型中的正犯或教唆犯、帮助犯，其犯罪参与程度的高低乃至处罚的轻重也就被确定下来，在量刑阶段自然也就不需要进一步考察参与者参与犯罪的程度了。但是，在不区分正犯与共犯的单一正犯体系下，并不认为参与行为或参与类型能决定参与程度的高低，更不能将两者等同起来，即不能认为实施实行行为者，在犯罪参与程度上一定高于实施教唆或帮助行为者；相反，实施教唆行为者参与犯罪的程度高于实行行为者的现象很常见，在特殊情况下，实施帮助行为者与实行行为者参与犯罪的程度相当、甚至高于实行者的现象也完全有可能发生。因此，对犯罪参与程度应当与犯罪参与类型分开来在量刑阶段单独重点考察①，以确定参与者参与犯罪程度的高低（在犯罪中所起作用的大小），从而作为处罚轻重的依据。我国刑法以在共同犯罪中所起作用的大小为依据，将共同犯罪人分为主犯与从犯（含胁从犯），给予轻重不同的处罚，实际上也是根据参与者参与犯罪的程度来确定处罚轻重的，并非是以参与者参与犯罪的行为形式或参与类型来给予轻重不同的处罚。

第二节 犯罪参与人与正犯概念

一、犯罪参与人

犯罪参与人，是指参与实施犯罪的人。由于参与犯罪只能通过一定的行为表现出来，因此，参与犯罪的人当然也就是刑法上的行为人。只不过数人参与的犯罪与单个人实施的单独犯有所不同，它是由数人共同作用于一个行为事实，也就是涉及一个行为事实的行为人为数人。那么，这数个行为人各自就其所参与或作用的同一个行为事实（或犯罪事实），处于何种地位或分担何种角色，乃至所应承担的刑事责任，是犯罪参与论要重点研讨的问题。而什么人才是刑法所关注的作为犯罪主体的行为人，其概念

---

① 阎二鹏. 犯罪参与体系之比较研究与路径选择. 北京：法律出版社，2014：9.

的界定应采取何种标准,又成为犯罪参与论的核心。之所以如此,是因为引起犯罪事实的行为人是刑法所要予以评价与制裁的对象,作用于同一犯罪事实的数人,如甲教唆乙杀人,丙提供匕首给乙,乙用之杀死了被害人,甲、乙、丙是否都属于杀人罪的行为人、有无必要区别对待,是数人参与的犯罪不同于单个人犯罪所面临的特殊问题。

对数人参与犯罪案件中的行为人,"是否要限定一定的范围?在这样的命题下,有'要或不要'二种思考的方向,倘若'要'限制行为人的范围,则所得出来的行为人概念,乃是从具有条件限制的思考方向,来界定行为人的概念;倘若所采取的观念,是'不要'限制行为人的概念,则对于行为人的认定,仅需限定一定的判断关系,只要在此一关系之下者,皆得被视为行为人,'限缩行为人概念'与'扩张行为人概念',乃是从这样的思维之下,所得出来的产物"①。按"扩张行为人概念"的思维主轴,对刑法所要加以评价的行为人,不必做任何限定,只要是"对于行为事实之实现有所加功作用之人",都是行为人。无论是实施实行行为者,还是实施教唆或帮助行为者,均在其范围之中。但是,"限缩行为人概念"的基本观念是,"要成为刑法上的行为人,必须'要'有一定条件的限制",也就是"应该以构成要件作为规范的界限,倘若行为落入构成要件的范围内,则为该构成要件实现之人,乃属于刑法所要评价的行为人"②。

由于德、日刑法学的通说将刑法分则规定的构成要件行为限定为实行行为,因此,"学理在诠释限缩行为人概念时,常将共犯(教唆及帮助犯)排除在行为人概念之外,而不认定其为行为人,这显然系误解行为人概念与正犯概念所致。倘若共犯不是行为人,则其根本无由成为刑法评价的对象,毕竟其不是行为主体;另外对于不是行为人之人的处罚,站在法定原则的要求下,不论是刑罚扩张事由的说法,或是独立处罚的说法,都有恣意之嫌,难以符合法定原则之规范。故认知上,必须先将正犯与共犯立于行为人概念之下"③。同时,还应当看到,若将构成要件行为限定为实行行为,按"限缩行为人概念"势必将教唆犯及帮助犯排除在行为人的范围之外,从而出现上述不能合理说明刑法为何要处罚不在行为人之列的教唆

---

① 柯耀程. 参与与竞合. 台北:元照出版有限公司,2009:5.
② 同①3-6.
③ 同①6-7.

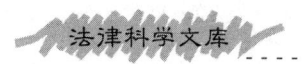

犯和帮助犯的问题。这从一个侧面表明将构成要件行为限定为实行行为可能不具有合理性，但如果认为构成要件行为除了实行行为之外还包含教唆、帮助等行为，那也就无法以构成要件行为来限缩行为人的范围，从而会得出与"扩张行为人概念"相同的结论。由此可见，限缩行为人的基本观念存在缺陷。

参与犯罪的"行为人在刑法制裁体系上的资格，刑法论理学上有区分正犯与共犯者，但亦有仅称为正犯者。在刑法学说上有主张参与犯应区分为正犯与共犯者，亦有主张参与犯并无区分正犯与共犯的必要者。前者提出紧缩的正犯概念（限制的正犯概念——笔者注）与扩张的正犯概念；后者则提出单一正犯概念"①。在区分正犯与共犯的区分制体系下，参与犯罪的行为人是正犯与共犯的上位概念，亦即参与犯罪人分为正犯与共犯（教唆犯和帮助犯）；在不做这种区分的单一正犯体系下，参与犯罪的行为人均为正犯，因此，"正犯"与"行为人"是称谓不同但含义相同的概念。

二、正犯概念

"正犯，顾名思义，应该是指真正的犯罪人。"在数人参与犯罪的场合，要弄清楚究竟谁是真正的犯罪人，"无非就是想确定谁是该对犯罪结果负完全责任的人"。而"在罪刑法定的前提之下，'造成犯罪结果'即等于'实现法定构成要件'，所谓'真正的犯罪人'，因而只能理解为'实施法定犯罪构成要件行为的人'"②。问题在于对"构成要件行为"，采取正犯与共犯相区分的区分制体系的刑法，与采取不做这种区分的单一正犯体系的刑法，在规定上本来就存在差异；即便是对采取区分制的德、日刑法中的"构成要件行为"，是仅限于实行行为还是也包含教唆和帮助行为，学者们的认识也同样存在分歧③，从而导致对正犯范围的界定存在较大差异。

一般认为，在德、日刑法中，从广义而言，正犯包含直接正犯、间接正犯、单独正犯、共同正犯等。④ 所谓"直接正犯"，是指直接实行犯罪者，即亲自直接实施符合基本构成要件之行为的人。所谓"间接正犯"，

---

① 林山田. 刑法通论：下. 北京：北京大学出版社，2012：4.
② 许玉秀. 当代刑法思潮. 北京：中国民主法制出版社，2005：548.
③ 同②566-567.
④ 浅田和茂. 刑法总论. 2版. 东京：成文堂，2019：416.

是指利用他人作为工具以实现犯罪的人。所谓"单独正犯",是指无其他人参与犯罪仅由自己一人实行犯罪的情形。"直接正犯"虽然也可能是由一人来直接实行犯罪(单独完成犯罪),但其背后必定有教唆或帮助者,因而是与他人共同参与犯罪;而"单独正犯"是自己单独犯罪,不存在其他的参与者。所谓"共同正犯",是指二人以上共同参与犯罪之实行的情形,也就是二人以上共同实施基本构成要件之行为,因而每个参与者均成为正犯(共同正犯)。

在德、日刑法学界,"有关(广义的)正犯与(狭义的)共犯之间的关系,存在扩张的正犯概念与限制的正犯概念之间的对立"①。

(一) 限制的正犯概念

所谓限制的正犯概念,又称限缩的正犯概念、紧缩的正犯概念,是以构成要件理论为基础,意在以构成要件来限制正犯范围的主张,也就是仅以亲自实施符合"构成要件行为"("实行行为")者为正犯,而只实施教唆或帮助行为者,由于并未亲自实施构成要件行为,而不能成为正犯。又由于刑法是以处罚亲自实施构成要件者(正犯)为原则,而例外地将处罚范围扩张到实施非构成要件行为的教唆者、帮助者,因而称之为"扩张刑罚事由"。可见,按限制的正犯概念论,正犯与共犯在行为类型上有根本的差异。② 并且,"采取限制正犯概念,必然产生区分正犯与教唆犯和帮助犯的结论"。德、日刑法以及我国台湾地区的有关规定均采用这种限制的正犯概念。③

应当肯定,限制的正犯概念论是区分正犯与共犯的区分制的理论基础,也是建构这种立法体系的重要动因。按这种理论,在数人参与犯罪的场合,之所以要区分正犯与共犯,是因为实施构成要件行为者(正犯)处于犯罪的核心地位,实施非构成要件行为者(教唆犯和帮助犯)则处于从属地位,也就是共犯具有从属于正犯的特性。正因为如此,对正犯的处罚应重于共犯,这也正是要区别对待正犯与共犯的原因所在。并且,以是否实施构成要件行为作为区分的基准,可以有效避免法官认定时的主观随意

---

① 松原芳博. 刑法总论重要问题. 王昭武, 译. 北京: 中国政法大学出版社, 2014: 279.

② 陈子平. 刑法总论. 4版. 台北: 元照出版有限公司, 2017: 467.

③ 许玉秀. 当代刑法思潮. 北京: 中国民主法制出版社, 2005: 568; 西田典之. 日本刑法总论: 第2版. 王昭武, 刘明祥, 译. 北京: 法律出版社, 2013: 293.

性，这完全符合罪刑法定主义的要求。但是，如果仅从形式上来解释"构成要件行为"，间接正犯者则由于未亲自实施构成要件行为，而无法被包容于正犯概念之中，仅有可能构成共犯（教唆犯或帮助犯），若还采取极端从属性说，甚至连共犯也不可能构成①，这就会出现处罚漏洞或处罚轻重失当的现象；另外，在数人共同到犯罪现场作案的案件中，也可能出现类似问题。如甲与乙共谋去杀丙，到达现场后，甲将随身携带的刀递给乙，自己冲上去将准备逃走的丙从背后抱住，乙用刀将丙杀死。由于从形式上来看，甲的行为并非是剥夺人生命的杀人的实行行为，按形式的限制正犯概念论，只能认定为共犯（帮助犯），不能认定为正犯（共同正犯），明显会造成甲与乙的处罚轻重失衡的现象。正因为如此，学者们不得不另寻其他途径来解决此类问题。扩张的正犯概念就是在这种背景下诞生的。

（二）扩张的正犯概念

所谓扩张的正犯概念，是以对结果具有条件关系的行为全部等价值这种条件说为前提，认为直接或者间接地对结果具有条件关系的行为都是正犯的主张。按这种理论主张，凡是使构成要件实现，因而违法且有责地造成法益侵害的人，就是正犯。换言之，对构成要件结果赋予任何条件的人，包括亲自实施构成要件行为的人、利用他人为工具而实施的人、促使他人实施构成要件行为的人以及协助他人实施构成要件行为的人，都是正犯。② 正犯与共犯原本并无区别，共犯（教唆犯和帮助犯）本来就是"正犯"的一种，只不过是法律特别地缩小了其处罚范围或者减轻其刑罚，因而又称之为"限制刑罚事由"或者"减轻刑罚事由"③。"扩张的正犯概念曾经流行于1930年代的德国刑法界，为德国帝国法院所采行"，由于其"明显地与德国现行法律规定不相容……与罪刑法定原则下规范性的正犯概念不符，因此为多数德国学说所排斥"④。

---

① 如唆使无责任能力的儿童杀人，按极端从属性说，由于教唆犯的成立以被教唆者成立犯罪为条件，被教唆者因无责任能力不构成犯罪时，唆使者不能构成教唆犯；如果唆使者又不构成正犯（间接正犯），那就只能做无罪处理。
② Eb. Schmidt, Frank-FG Ⅱ, 1969, S. 116ff.; Mezger, Strafrecht, 3. Aufl., 1949 S. 415 f. 许玉秀. 当代刑法思潮. 北京：中国民主法制出版社，2005：570.
③ 松宫孝明. 刑法总论讲义. 5版. 东京：成文堂，2017：263.
④ 许玉秀. 当代刑法思潮. 北京：中国民主法制出版社，2005：570-571.

扩张的正犯概念虽然可以将间接正犯、共同正犯等有必要给予较重处罚的行为纳入正犯之中，从而在一定程度上弥补限制的正犯概念带来的处罚漏洞或处罚不均衡的问题，但由于其"以赋予构成要件之实现（或结果发生）某种条件之行为取代实行行为之概念，系忽视实行行为之类型性，以致正犯成立范围过于广泛而不明确……势必造成原本仅得以共犯处理之行为皆有以正犯处理之可能"①。况且，既然所有参与者实施的对结果具有条件关系的行为全部等价值，为何法律却要例外地将实施教唆行为者、帮助行为者规定为教唆犯、帮助犯，而给予较轻的处罚？法律对教唆行为者、帮助行为者与实行行为者做不同处理，正好表明法律认为不同类型的行为应受不同的评价（价值不相等），将所有参与者均视为正犯的扩张正犯概念论，与德、日等采取区分制的刑法规定明显不符。可见，用扩张的正犯概念，根本不可能对区分正犯与共犯的区分制立法作出合理的解释，其在弥补限制的正犯概念的某些缺陷的同时，又会带来一些新的问题。

在德、日等国，另一条弥补限制的正犯概念之缺陷的路径是采取实质的限制正犯概念，即从实质上解释"实施犯罪构成要件"，以法益为中心进行实质化的思考，看谁在操纵、支配法益受侵害的因果流程，以实现构成要件的法益侵害，或者说要看是何种力量决定法益受侵害，认定掌握这种力量而侵害法益的人为正犯。②这样一来，不仅利用他人作为工具杀人（如唆使无责任能力的儿童杀人）的人，抓住被害人让其被砍杀的人，都可能被认定为实现了杀人罪构成要件的正犯（前者为间接正犯，后者为共同正犯），而且仅参与共谋未去实行犯罪的单纯共谋者，也可能成为正犯（共谋共同正犯）。这虽然在一定程度上弥补了形式的限制正犯概念论带来的处罚漏洞和处罚轻重失衡的缺陷，但是，如果广泛地承认间接正犯及共谋共同正犯，"实际上就等于是采用了扩张的正犯概念"③。

限制的正犯概念和扩张的正犯概念，并非是对"正犯"本身下定义所形成的概念，而是有关正犯与狭义共犯之相互关系的理论主张。两种正犯概念的不同之处在于：是认为狭义的共犯不属于正犯，而将原本适用于正犯的刑罚通过扩张处罚范围也适用于狭义的共犯（扩张刑罚事由）；还是认为共犯

---

① 陈子平. 刑法总论. 4 版. 台北：元照出版有限公司，2017：468.
② 许玉秀. 当代刑法思潮. 北京：中国民主法制出版社，2005：572.
③ 松宫孝明. 刑法总论讲义. 5 版. 东京：成文堂，2017：264.

本来就是"正犯"的一种，只不过是法律特别地缩小了其处罚范围或者减轻其刑罚（限制刑罚事由或减轻刑罚事由）。① 既然扩张的正犯概念与限制的正犯概念一样，是一种解释正犯与狭义的共犯之关系的理论，同样是立足于区分正犯与共犯的区分制基础之上的，那么，它与完全否定有区分正犯与共犯之必要性的单一正犯概念就有重要差别，不能与之相等同。②

（三）单一正犯概念

所谓单一正犯概念，又称为统一正犯概念、单一行为人概念或排他的正犯概念，是将所有对构成要件的实现作出了因果性贡献的参与者均视为正犯，对各参与者依其加功之程度及性质予以量刑的理论主张。按照这种理论，"所有的犯罪参与者，在犯罪论的层次并不区分正犯与共犯，只要对于构成要件实现有因果贡献者，无论其行为贡献的比重大小，一律当作正犯来处理。至于各行为人对于犯罪贡献的方式与大小，只是法官量刑时的考量因素而已"③。在现代各国刑法中，有的国家根据这种理论采取单一正犯体制，如奥地利、意大利、挪威、丹麦、瑞典、巴西、捷克等；但大多数国家（如德国、日本、韩国等）并不采取单一正犯体制，而是采取区分正犯与共犯的法律体制。

在刑法理论上，根据单一正犯体制在结构上的差异，可以将单一正犯概念分为以下几种：（1）形式的单一正犯概念，是在法律条文上将所有的犯罪行为形式加以统一（单一）化，而在构成要件该当性层次完全放弃概念上、范畴上之区别的理论。如意大利刑法、巴西刑法就采取这种单一正犯概念。我国刑法也是如此。④（2）功能性的单一正犯概念，又称为机能的单一正犯概念、实质的单一正犯概念，是一种对传统的形式单一正犯概念予以修正而形成的理论，与形式的单一正犯概念一样，放弃对特定犯罪

---

① 松宫孝明. 刑法总论讲义. 5版. 东京：成文堂，2017：263 - 264.

② 在刑法学界，过去较长时期大家都认为，扩张的正犯概念和单一正犯概念具有相同含义，现在仍有一些学者将两者相等同。（许玉秀. 当代刑法思潮. 北京：中国民主法制出版社，2005：551以下.）但是，现在比较权威的观点是，根据单一正犯概念，扩张的正犯概念应当被否定，因此，两者不能等同。（罗克辛. 德国刑法学·总论：第2卷. 王世洲，等译. 北京：法律出版社，2013：9.）

③ 林钰雄. 新刑法总则. 4版. 台北：元照出版有限公司，2014：409.

④ 黄明儒. 二元的形式单一正犯体系之提倡——犯罪参与体系问题二元论研究的新思考. 法学，2019（7）：101.

行为形式进行价值阶层上的区分，但却主张对犯罪参与者依其特定的犯罪实施方式区分成不同的正犯类型，即区分成直接正犯、诱发（或惹起）正犯和援助（或协助）正犯三种正犯形态。其中，直接正犯是直接实现构成要件者，诱发正犯是促成或诱发他人实现犯罪行为者，援助正犯是提供他人实现犯罪事实助力的人。这是奥地利刑法所采用的正犯分类形态，据此，奥地利刑法也被公认为采用的是功能性的单一正犯概念。① （3）限缩的单一正犯概念，又称为限制（或减缩）的单一正犯概念，其出发点与功能性的单一正犯概念相同，也是一种进一步修正单一正犯概念的主张，认为正犯分为直接正犯、决定正犯和加功正犯三种形态，可以不属于同一等级的阶层。其中决定正犯和加功正犯对直接正犯而言，具有量的有限从属性，它们在法的评价上是不等价的。但在奥地利也仅有少数学者赞成这种主张。② （4）包括性的正犯概念，对所有参与犯虽然亦有概念上、类型上的区分，但是仅仅只是作为量刑时实质的考量因素，而不是像区分正犯与共犯的法律体系那样，根据参与类型来确定处罚轻重。如俄罗斯刑法就是采用包括性正犯概念来建构犯罪参与体系的。③

单一正犯概念之形成，主要是受因果理论之条件论的影响。"条件理论认为，所有加功于犯罪行为实现的条件（即行为），在评价上均为等价。……而基于所有条件等价之观点，不论其系加功于构成要件之行为，或构成要件以外之行为，只要其为犯罪行为实现所不可或缺者，均应视为行为人（正犯——笔者注）。"④ 关于单一正犯概念的理论根据是否可靠，乃至这种理论及在其基础上所构建的法律体系的利弊优劣，笔者将在后面有关章节展开论述，在此不赘述。

---

① 对功能性的单一正犯概念，也有学者作稍有差别的解释，如施莫勒用客观归属的理论作为确定正犯形式的标准，虽然也否认惹起（或诱发）正犯、援助正犯具有限制从属性，但认为需要直接正犯客观上能够归属地实施了行为。其被日本的高桥则夫教授称为"归属的统一正犯体系"。高桥则夫．共犯体系和共犯理论．冯军，毛乃纯，译．北京：中国人民大学出版社，2010：41．

② 许玉秀．当代刑法思潮．北京：中国民主法制出版社，2005：559-560．

③ 高桥则夫．共犯体系和共犯理论．冯军，毛乃纯，译．北京：中国人民大学出版社，2010：33．

④ 柯耀程．参与与竞合．台北：元照出版有限公司，2009：39．

第二章　犯罪参与体系

第一节　犯罪参与体系的概念与类型

一、犯罪参与体系的概念

如前所述，犯罪参与是二人以上作用于同一犯罪事实的情形。"刑法参与论的任务，主要就是为厘清参与的结构关系，亦即确认数人在一个行为事实中，到底是扮演着何种角色，而对于参与的角色，是否个别给予一定之概念定位，进而检讨不同参与角色之可罚性，以及法律效果形成的判断关系。"① 厘清这些数人参与犯罪所牵涉的定罪及处罚的关系，并按照一定的原理予以系统化之后所形成的统一体，就是犯罪参与体系。

---

① 柯耀程．刑法总论释义——修正法篇：上．台北：元照出版有限公司，2006：291．

犯罪参与体系，又被称为犯罪参与制度或犯罪参与体制，当其以立法形式呈现时，就被称为犯罪参与立法体系（或犯罪参与立法体制、犯罪参与法律制度）；学者们在理论上对其予以系统阐述时，则称为犯罪参与理论体系。

犯罪参与体系是服务于一定目的的体系，即实现刑法目的的体系。而对行为人定罪准确且处罚适当，是实现刑法目的的关键所在。众所周知，数人参与的犯罪比单个人的犯罪更为复杂。由于参与者所实施的行为表现各不相同，有的是单独直接引起危害结果的发生，有的是与其他参与者共同直接引起危害结果的发生，还有的是间接引起危害结果的发生（如利用、教唆、帮助他人犯罪等），那么，对同案中实施不同行为的参与者，是否应采取不同的定罪规则？处罚轻重是否应有差别？处罚轻重主要应考虑哪些因素？如此等等，是立法者在刑法中设定犯罪参与体系、司法者处理相关具体案件不能忽视的问题，也是刑法学者们应予研究和思考的重要课题。

二、犯罪参与体系的类型

"刑法犯罪行为参与论发展至今，很明显地形成两种不同的体制，即对参与犯罪事实之人，在参与角色之形态上，区分正犯与共犯参与形式的区分制（Differenzierungssysystem）和不区分参与者之参与形式的单一制（Einheitssystem）。"其中，采取区分正犯与共犯的区分制的，主要有德国、日本、瑞士、法国、西班牙、荷兰等国的刑法；采取不区分正犯与共犯的单一制的，主要有意大利、奥地利、挪威、丹麦、瑞典、巴西等国的刑法。[①]

追根溯源，"正犯与共犯的对立是缓慢的和不稳定的历史发展的结果。罗马法规定科处犯罪参与人以刑罚，但并不从概念上对犯罪参与人予以区分"[②]。近代"在立法上，明确区分正犯与共犯的做法可以追溯到1810年《拿破仑刑法典》"。随后，这种立法模式被1851年《普鲁士刑法典》和

---

① 柯耀程. 刑法总论释义——修正法篇：上. 台北：元照出版有限公司，2006：305.

② 弗兰茨·冯·李斯特. 德国刑法教科书. 徐久生，译. 北京：法律出版社，2000：357.

1871年《德意志帝国刑法典》所沿袭，成为近代德国刑事立法在犯罪参与体系上的基本立场。① 不过，对这种区分正犯与共犯的区分制立场从来不乏反对者。早在1893年，德国刑法学大师李斯特就在其论著中予以批驳，并提出应当放弃正犯与共犯的区分，"由此，李斯特被视为单一正犯体系的鼻祖"。后来，国际刑法学会还以放弃正犯与共犯区分作为专题展开过数次研讨，单一制的主张也得到不少刑法学家的支持。"1902年《挪威刑法典》被认为率先采用了统一正犯体系（单一正犯体系——笔者注）"②，"1930年《意大利刑法典》的通过，更是被视为单一正犯体系的立法实践"③。

"此种体制上的差异，并非事物的本然，而是政策及论理上考量之结果。"究竟是采取区分参与类型的区分制，还是采取统一参与类型的单一制？各国立法者的立场可能会有很大分歧。如德国的刑法典采取区分制体系，而同属德语系且与德国相邻的奥地利的刑法典却采取单一制体系。④ 并且，包含德国在内的采取区分制体系的国家，往往也只是对故意犯罪采取区分制体系，而对过失犯罪则是采取单一制体系。另外，一国刑法所采取的犯罪参与体系的类型也有可能发生改变，甚至一国的不同法律还可能同时采取不同的犯罪参与体系。如德国在第二次世界大战结束后，刑法修正期间，"在刑法参与论的修正上，对于参与论究竟维持区分制，抑或改采单一制，在实务上及学说上，有一番激烈的辩证，立法者最后虽在刑法中，采取维持旧制的作法，仍旧采行区分正犯与共犯的参与体制，但却将与刑法规范性质相近的秩序违反法（ordnungswidrigkeitsgesetz，简称OWiG），改为单一行为人（单一正犯——笔者注）的体制"⑤。从学理的发展来看，并不能断言这两种体制究竟是何种理论下的产物。虽然现阶段

---

① 袁国何. 功能单一正犯体系的理论脉络及其检讨. 中外法学，2019（1）：137-138.
② 也有学者否认1902年《挪威刑法典》采用单一正犯体系，但多数学者认为，该刑法典是采取机能的单一正犯体系。张伟. 扩张的正犯概念与统一正犯体系. 清华法学，2020（5）：42.
③ 同①138.
④ 柯耀程. 参与与竞合. 台北：元照出版有限公司，2009：28.
⑤ 柯耀程. 刑法总论释义——修正法篇：上. 台北：元照出版有限公司，2006：308.

犯罪参与论对参与形式的认知，在区分制的体系下，比较倾向于采用限制正犯概念，而单一正犯体系，则被划归于扩张的正犯概念之中，但这并不意味着限制正犯概念必然产生区分制，而扩张的正犯概念下，必然产生单一正犯体系，更不能将二者画上等号。①

（一）正犯与共犯区分体系

所谓正犯与共犯区分体系，又称为"二元犯罪参与体系"，简称为"区分制"，"系指法律条文之中，不仅就犯罪之成立，于概念上区别'正犯'与'共犯'（教唆犯与从犯），于刑罚评价上亦对两者加以区分之体系"②。采取此种体系的，主要有德国、日本、法国等国的刑法，我国台湾地区的有关规定也采此种体系。"关于此等法律规定之性质，有学者认为是'二元的构成体系'（duale Systematik），即正犯行为与共犯行为系各自有独立之构成要件；另有认为是'从属的构成体系'（Akzessorietätssystematik），即共犯行为基本上从属于正犯行为，并非具备完整而独立之构成要件。"③

采取正犯与共犯区分体系的刑法，大多并未明确规定正犯的定义。德、日刑法学中，一般认为，正犯是实施符合构成要件行为（实行行为）者。共同正犯也是正犯，只要实施实行行为的一部分，就能成为这种正犯。正犯可分为直接正犯与间接正犯，直接正犯是自己直接实施实行行为者，间接正犯则是以他人作为工具而实现犯罪者。如前所述，关于正犯概念，理论上有限制的正犯概念与扩张的正犯概念的对立。持限制的正犯概念论者认为，只有实施实行行为者才是正犯；持扩张的正犯概念论者则认为，所有犯罪参与者都是正犯。这种扩张的正犯概念与单一正犯概念相似。④

刑法学中的共犯，有最广义、广义与狭义之分。最广义的共犯，包含二人以上共同参与犯罪的所有情形；广义的共犯，则包含共同正犯、教唆犯和帮助犯；狭义的共犯，仅包含教唆犯和帮助犯。⑤ 对教唆犯和帮助犯

---

① 柯耀程. 参与与竞合. 台北：元照出版有限公司，2009：34.

② 陈子平. 刑法总论. 4版. 台北：元照出版有限公司，2017：461.（此处的"从犯"是指帮助犯——笔者注）

③ 同②461-462.

④ 浅田和茂. 刑法总论. 2版. 东京：成文堂，2019：416.

⑤ 井田良. 刑法学讲义·总论. 2版. 东京：有斐阁，2018：480-481.

的概念，德、日刑法有明确规定。① 如德国刑法第 26 条规定："故意教唆他人故意实施违法行为的是教唆犯。"第 27 条规定："对他人故意实施的违法行为故意予以帮助的，是帮助犯。"德国刑法总则第二章中作为第三节节名的"正犯与共犯"以及我们在此处所述"正犯与共犯区分体系"中的"共犯"，是仅含教唆犯和帮助犯的"狭义的共犯"。

如何区分正犯与共犯（狭义的共犯），是采取区分制体系面临的一大难题。在德、日刑法学界，学者们提出的区分基准很不统一，从而形成不同的理论学说，概括起来主要有主观理论（或主观说）、客观理论（或客观说）、综合理论（或折中说）以及犯罪或行为支配理论等。② 但是，"要赋予正犯与共犯参与形态一个明确的区分，似乎是一件不可能的任务。长期以来，学理上试图对于正犯与共犯划定一明确的界限，但迄今仍未成功。在概念上仅能从其形式加以说明，对于正犯的认定者，固然有构成要件可以作为客观认定之基准，但仍仅局限在于单独正犯的判断而已，对于其他正犯类型的判断，依然无法仅从构成要件中求得，这样的难题延伸至共犯的判别，特别是共犯者，系指对于犯罪行为之加功或参与，而并非将犯罪行为视为自身行为'产物'之参与者而言。此种抽象之描述，对于正犯与共犯，以及共犯间不同形式的厘清，根本无所助益。"③ 为了解决这一难题，同时也为了满足司法实践的需要，德、日刑法学逐步走向了对正犯概念予以实质化的道路，作为这种实质化标志的德国的犯罪支配论、日本的实质正犯论，也已成为现在的通说。特别是日本的共谋共同正犯论，作为实质正犯论的一个产物，早已成为支配日本司法实务界处理相关案件的理论工具。结果是正犯范围被无限扩大化，导致在日本的司法实务中，"共犯案件几乎都是以共同'正犯'来处理"，作为狭义共犯的"教唆犯、帮助犯已处于濒临消失的状态"，事实上已将"单一正犯体系"视为妥当解决问题的路径。④

---

① 日本刑法第 61 条规定："教唆他人实行犯罪的"，是教唆犯。第 62 条规定："帮助正犯的，是从犯（帮助犯——笔者注）。"
② 高桥则夫. 刑法总论. 4 版. 东京：成文堂，2018：433.
③ 柯耀程. 参与与竞合. 台北：元照出版有限公司，2009：37.
④ 松宫孝明. 刑法总论讲义：第 4 版补正版. 钱叶六，译. 北京：中国人民大学出版社，2013：207，276.

毋庸讳言，区分正犯与共犯的宗旨，无非是要区别对待正犯与共犯。按区分制的基本观念，正犯是犯罪的核心人物或角色，共犯是犯罪的依附或从属者，共犯具有从属于正犯的特性，因此，定罪与处罚均要以正犯为中心。只有在正犯已实行犯罪的条件下，共犯（教唆犯和帮助犯）才能成立，才可以作为教唆犯或帮助犯予以处罚。对教唆犯和帮助犯的处罚，区分制的刑法所采取的处罚原则并不一致。如德国刑法采取区分制，"对教唆犯之处罚，同于正犯，但对帮助犯之处罚，则采取必减的原则。而法国刑法亦采区分制，但在处罚上，则并不区分正犯与共犯，即处罚是一样地依正犯之刑处断"①。本来，将共同参与同一犯罪的参与人分为正犯与共犯，予以区别对待，在处罚轻重上也应有充分的体现。因此，可以说德国刑法采取对正犯处罚重、共犯处罚轻的原则，更好地体现了区别对待不同参与者的立法精神或区分正犯与共犯的宗旨。正因为如此，在采取区分制的各国刑法中，像德国刑法那样规定正犯与共犯处罚原则的，占绝大多数；而像法国刑法那样规定正犯与共犯处罚原则的，是极少数。由此可见，以德国刑法为代表的区分制是区分制的传统典型形式，本书中提到的区分制大多也是指这种典型的区分制。而以法国刑法为代表的区分制，可以说是一种特殊例外。

　　不过，法国刑法不仅区分正犯与共犯，而且仍然是以正犯为定罪和处罚的中心。法国"《新刑法典》虽然在有关惩罚的问题上将共犯作为正犯论处，但并没有打算抛弃转借主犯（正犯）行为的有罪性质的制度。……按照这一制度，有时会导致对共犯毫无根据的免除处罚，例如，对没有实际实行犯罪的人的共犯，或者对自愿放弃或停止犯罪的人的共犯，就不能进行惩处；有时，又会导致对共犯的处罚极为严厉，例如，在共犯人本人并不知道其参加的由正犯实施的犯罪行为具有加重情节时，就会发生这种情形"②。可见，法国新刑法典还贯彻了共犯从属性原则，不仅是坚持共犯的实行从属性，甚至含有共犯的处罚从属性的色彩。因此，法国刑法也被公认为采

---

　　① 柯耀程. 刑法总论释义——修正法篇：上. 台北：元照出版有限公司，2006：305.

　　② 卡斯东·斯特法尼，等. 法国刑法总论精义. 罗结珍，译. 北京：中国政法大学出版社，1998：317.

取区分正犯与共犯的区分制犯罪参与体系。①

（二）单一正犯体系

单一正犯体系，又称为"统一正犯体系"，还有多种称谓②，简称为"单一制"，"系指将所有共同加功于犯罪实行之人，皆理解为正犯，对于各个参与者，依其加功之程度及性质而量刑"的体系。③ 在单一正犯体系下，由于不区分正犯与共犯的参与形式，而仅将参与形态统一于"正犯"（"犯罪参与人"或"行为人"）概念之下，所有共同参与犯罪的行为人，无论是实行行为人，还是教唆行为人或帮助行为人，均是刑法上的行为主体；并且"所有行为主体在参与形式上，均为等价"；"共犯形态并不存在"，"共犯从属性的原则，根本无适用之余地"；"所有对于犯罪事实之加功，其不法内涵，均具有同等范围之价值，而所有加功者对于其所加功之程度各自负担责任，对于责任的量定，则属于刑罚裁量之任务"④。

采取单一正犯体系的刑法可以分为两大类：一是形式的单一正犯体系，即"在条文上将所有的犯行形态加以统一（单一）化，在构成要件该当性层次完全放弃概念上、范畴上的区别；例如，意大利刑法典、巴西刑法典"。二是实质的单一正犯体系，这又可分为"功能性的单一正犯体系"与"包括性正犯体系"两种，前者"放弃对于特定犯行形态之价值阶层而与形式的统一正犯体系相同，但是却维持概念性的、类型性的区别；例如，奥地利刑法典、挪威刑法典"；后者"虽然对于参与犯亦有概念上、类型上的区分，但是仅仅作为量刑时实质的考量因素；例如，俄罗斯刑法典"⑤。

最初倡导形式单一正犯体系的论者认为："在参与形式上仅有一个行

---

① "法国刑法典坚持了以统一的法定刑处罚全部参与者这一原则，功能的单一正犯体系似乎理应将法国刑法典归类为单一正犯模式；然而，事实上，功能单一正犯体系的拥护者认为，法国新旧刑法典所构建的共同犯罪体系是二元共犯体系，而非单一正犯体系。究其原因，乃在于法国并不将正犯与共犯视为价值相当的参与者类型，而是遵从共犯从属性原理。"袁国何. 功能单一正犯体系的理论脉络及其检讨. 中外法学，2019（1）：149.

② 另称为"单一犯罪参与人体系""统一犯罪参与人体系""单一犯罪人体系""统一犯罪人体系""单一行为人体系""统一行为人体系"，等等。

③ 陈子平. 刑法总论. 4版. 台北：元照出版有限公司，2017：460.

④ 柯耀程. 参与与竞合. 台北：元照出版有限公司，2009：38.

⑤ 同③460-461.

为人概念，所有加功于犯罪之人，不论全部或部分，皆当为全部不法同等负责，且无需依个别行为而为不同罪责之认定。析言之：首先，所有参加者的不法内涵均系相同，因此，在构成要件层面区分不同的参加者是不必要的；其次，所有参加者的罪责也是一样的；最后，所有参加者应当适用相同的法定刑，仅得由法官在法定刑幅度内裁量其轻重。"①

以奇纳甫菲尔（Kienapfel）为代表的倡导功能的单一正犯体系的论者认为，应将奥地利刑法第12条中的"正犯"，分为三种形态或类型：（1）直接正犯，即采用与构成要件的记述（法律上的文言）相适应的方法而实现构成要件的人；（2）诱发（或惹起）正犯，即诱发或惹起他人实现犯罪行为的人（区分制体系中的间接正犯也包含在此种正犯范围内）；（3）援助（或协助）正犯，即为他人实现犯罪事实提供助力的人。这种"功能的单一正犯体系坚定地主张不同的行为人类型具有价值等同性，力图在坚守构成要件行为实施方式的概念性、类型性区分的同时，放弃正犯类型的价值分层"②。而且，"不承认诱发正犯、援助正犯具有（限制）从属性，贯彻的是参与者的独立的可罚性（各参与者对固有的不法、固有的责任予以答责）"。同时，其"维持从来关于直接正犯的分则构成要件的解释，以及与共犯体系（区分制体系——笔者注）一样不对'无效果的帮助（帮助未遂）'进行处罚"③。

一般认为，这种功能性的单一正犯体系相比形式的单一正犯有两大优点：一是在形式的单一正犯体系下，所有正犯皆为直接正犯，但在功能性的单一正犯体系下，还区分"间接正犯"（含诱发正犯和援助正犯），而"区分各种不同的犯罪实施方式，便能维持传统上对构成要件的解释"。"如此一来，形式的单一正犯体系中，法治国的构成要件明确性所受到的破坏，可以降到很低的程度。"二是在形式的单一正犯体系下，由于所有参与犯罪者都是相同的正犯，教唆未遂者和帮助未遂者同样应受处罚，这就会导致处

---

① Vgl. Kienapfel, Das Prinzip der Einheitstäterschaft, JuS 1974, S. 5. 何庆仁. 归责视野下共同犯罪的区分制与单一制. 法学研究, 2016（3）: 143.

② 袁国何. 功能单一正犯体系的理论脉络及其检讨. 中外法学, 2019（1）: 141-142.

③ 高桥则夫. 共犯体系和共犯理论. 冯军, 毛乃纯, 译. 北京: 中国人民大学出版社, 2010: 39.

罚范围的扩大化；而在功能性的单一正犯体系下，"区分不同的正犯类型，则共犯体系中所谓的'无效的帮助'（erfolglose Beihilfe），就可以不在处罚之列"①。如此将部分不具有处罚必要性的参与行为，排除在处罚范围之外，也就在一定程度上降低了形式的单一正犯体系扩大处罚范围的风险。

但是，在笔者看来，只有形式的单一正犯体系才是典型的单一正犯体系，功能性的单一正犯体系是对形式的单一正犯体系予以修正或改造，实际上是在形式的单一正犯体系与区分制体系之间走中间道路，从而形成的一种"折中"类型的参与体系。由于其是以单一正犯体系为立足点，"认为各类型的行为人在价值上、本质上和责任上都是同等的行为人类型，惹起行为人和协助行为人无需从属于直接行为人，三者均与同一法定刑相关联"②，这显然更接近于形式的单一正犯体系，因而被纳入单一正犯体系的范畴。但其所采取的类似区分制的"折中"做法，如区分不同正犯类型，实际上与区分制体系区分正犯与共犯（教唆犯和帮助犯）具有相似性，甚至可以说，"在参与类型的划分这一点上，功能单一正犯体系与二元区分制已经趋同了"③。这固然可在一定程度上维持传统的构成要件的明确性，但同样存在难以准确区分不同正犯类型的弊病；又如，对"无效的帮助（帮助未遂）"一概不予处罚，这也是区分制的做法，虽有防止扩大处罚面的积极功效，"但是在理论逻辑上仍然存在很大困难。因为，既然每个正犯都进行独立归责判断，无需考虑其他犯罪参与人，那么何以单单在这种……帮助未遂的情形中，该正犯就不能归责呢？"④况且，这样做还存在放纵特别危险（或危害性特别大）的帮助行为的危险性。

以布格施塔勒（Burgstaller）为代表的倡导限缩（或限制、减缩）的单一正犯体系的论者，尝试进一步修正或改造单一正犯体系，并且用从属性原理来解释奥地利刑法第12条的规定，认为其中的"正犯"分为三种类型，即直接正犯、决定正犯和加功正犯，可以不属于同一等级的阶层。

---

① 许玉秀. 当代刑法思潮. 北京：中国民主法制出版社，2005：558-559.
② 何庆仁. 归责视野下共同犯罪的区分制与单一制. 法学研究，2016（3）：144.
③ 王华伟. 犯罪参与模式之比较研究——从分立走向融合. 法学论坛，2017（6）：152.
④ 同③.

"其中决定正犯和加功正犯对直接正犯而言,具有量的有限从属性,他们在法的评价上是不等价的"。"这种正犯概念,实际上是依照共犯体系中的限制从属概念解释法条,使得原本的单一正犯概念缩水,即所有正犯等价的正犯概念变成有部分正犯在法律上受较低的评价"。"限缩的单一正犯概念,看起来像是单一正犯概念与区分共犯概念的折中之道。但是一旦认同各种正犯之间有从属性存在,其实已等同于放弃单一正犯概念。尤其在奥地利刑法明文采用单一正犯概念之下,这种注释方法显然和法律规定相悖"①。"这种限缩单一制显然已经背离了单一制最初的立场,在学理上与区分制近乎殊途同归。"② 正因为如此,奇纳甫菲尔认为:"限缩的单一正犯体系应当被归类为二元共犯体系(区分制体系——笔者注),而不是单一正犯体系。"③

特别值得一提的是俄罗斯刑法所采取的犯罪参与体系,被认为是一种"包括性正犯体系",虽然也根据参与者所实施的行为形式将"共同犯罪人"分为实行犯、组织犯、教唆犯和帮助犯,这与区分制体系相似,但不同的是做这种概念上、类型上的区分,仅仅只是作为量刑时实质的考量因素,并非是像德、日等采取区分制体系的刑法那样,以正犯(或实行犯)作为处罚的中心(对正犯处罚重,对共犯处罚轻,或者以正犯之刑处罚共犯),而是明文规定"共同犯罪人的责任由每一共同犯罪人实际参与犯罪的性质和程度决定"(俄罗斯刑法第34条),这明显是采取单一正犯的处罚原则④,因而被视为一种较为特殊的单一正犯体系,纳入实质的单一正犯体系范围中。⑤

由于形式的单一正犯体系是典型的单一正犯体系,而实质的单一正犯

---

① 许玉秀.当代刑法思潮.北京:中国民主法制出版社,2005:559 - 560.

② 何庆仁.归责视野下共同犯罪的区分制与单一制.法学研究,2016 (3):145.

③ Vgl. Kienapfel (Fn. 89),168 f.; ders. (Fn. 3),E 2,Rdn. 44 ff. 袁国何.功能单一正犯体系的理论脉络及其检讨.中外法学,2019 (1):149.

④ 采取区分制体系的德、日刑法,对正犯处通常之刑,对教唆犯以正犯之刑处罚,对帮助犯按正犯之刑予以减轻处罚;采取单一正犯体系的意大利等国刑法,对所有参与者都是以其参与犯罪的性质和参与的程度来予以处罚。

⑤ 高桥则夫.共犯体系和共犯理论.冯军,毛乃纯,译.北京:中国人民大学出版社,2010:33;陈子平.刑法总论.4版.台北:元照出版有限公司,2017:461.

体系则是对形式的单一正犯体系予以修正或改造后的体系，与单一正犯体系的本来面目有一定差异，因此，本书中所述单一正犯体系，大多是指典型的（或形式的）单一正犯体系。

第二节　我国刑法采取的犯罪参与体系

一、我国刑法采取的犯罪参与体系之争

目前，关于我国刑法采取的究竟是何种犯罪参与体系，在刑法学界有激烈的争论，形成了多种不同的观点，大体上可以概括为三种类型：一种观点认为我国刑法采取区分正犯与共犯的犯罪参与体系（区分制体系）①，另一种观点认为我国刑法采取不区分正犯与共犯的单一制犯罪参与体系（单一正犯体系）②，还有一种观点认为我国刑法采取"既不同于单一正犯体系，也不同于正犯、共犯区分体系"的犯罪参与体系（不同于区分制和单一制的体系）。③ 在这三种类型的观点中，又有多种不同的具体主张，笔者拟分别予以评析。有必要先做特别说明的是，我国传统的通说否定我国刑法是采取德、日刑法那样的区分制体系，只不过大家过去并未意识到我国刑法是采取单一正犯体系，但对共同犯罪的解释路径和所得出的结论，与单一正犯解释论基本相同。④

---

①　张明楷.刑法学：上.6版.北京：法律出版社，2021：493.
②　阮齐林，耿佳宁.中国刑法总论.北京：中国政法大学出版社，2019：221. 我国的"通说否认我国刑法将共犯区分为正犯、教唆犯与帮助犯，实际上是在单一制正犯体系之下展开说明的"。[张明楷.共同正犯的基本问题.中外法学，2019（5）.] 台湾大学的林山田教授、日本的大谷实教授、德国的金德霍伊泽尔教授等刑法学家也认为，中国刑法不是采取德、日那样的区分制，而是采取单一制或接近单一制的犯罪参与体系。[林山田.刑事法论丛（二）.台北：台湾大学法律系，1997：351；大谷实.日本刑法中正犯与共犯的区别——与中国刑法中的"共同犯罪"相比照.王昭武，译.法学评论，2002（6）；乌尔斯·金德霍伊泽尔 2019 年 9 月 17 日在中国人民大学做题为"正犯的表现形式"的演讲答问，http://www.criminallaw.com.cn/article/?id=17051.]
③　郑泽善.正犯与共犯之区别.时代法学，2014（5）：48.
④　张明楷.共同正犯的基本问题.中外法学，2019（5）：1132.

(一) 区分制体系

认为我国刑法是采取区分制的犯罪参与体系的论者中，各自所持的具体主张又有差异，其中，有的持"传统区分制说"，也有的持"归责区分制说"，还有的持"双层区分制说"。

1. 传统区分制说

持"传统区分制说"的论者认为，我国刑法采取与德、日刑法相同的传统（或典型）的区分制，将犯罪参与人分为正犯与共犯，视正犯为犯罪的核心人物，共犯为犯罪的边缘角色，并贯彻了共犯从属性原则，且对犯罪参与人的定罪以正犯为中心，对正犯的处罚也重于共犯。① 但是，此说难免使人产生如下疑问。

第一，我国刑法中并未出现与德、日刑法中的"正犯""共犯"相同含义的词语②，如果说是采取与德、日相同的区分正犯与共犯的区分制，不可能不使用"正犯""共犯"或含义与之相同的概念。因为如果采取正犯与共犯的区分制，定罪和处罚均要以正犯为中心，对共犯要以正犯之刑处罚或按正犯之刑减轻处罚，不用"正犯"与"共犯"或含义相同的词语，对"正犯"与"共犯"如何定罪处罚，就不可能在刑法中明确显现出来，区分制的立法宗旨就无法实现。正因为如此，德国、日本、韩国等采取区分制的刑法，没有不使用"正犯""共犯"概念的。

为了解决这一问题，有持此说的论者提出，"我国刑法规定的主犯就是正犯；关于从犯的规定就是对帮助犯的规定"③，也就是说我国刑法中"主犯""从犯"的含义，与德、日刑法中"正犯""共犯"的含义相同，因而可以用来替代。甚至还有论者直接在"主犯"与"正犯"、"从犯"与"共犯"之间画上了等号。④ 但是，我国刑法中的主犯、从犯与德、日刑

---

① 周光权. 刑法总论. 3 版. 北京：中国人民大学出版社，2016：319.
② 我国刑法典中并未出现"正犯"一词，刑法分则个别条文（如第 382 条）虽然使用了"共犯"一词，但却是"共同犯罪"或"共同参与犯罪"的简称，与德、日刑法中的"共犯"含义明显不同。
③ 周光权. "被教唆的人没有犯被教唆的罪"之理解——兼与刘明祥教授商榷. 法学研究，2013（4）：183.
④ 杨金彪. 分工分类与作用分类的同一——重新划分共犯类型的尝试. 环球法律评论，2010（4）：56.

法中的正犯、共犯（教唆犯和帮助犯）有实质的差异，不可能等同。① 在德国和日本，实行犯通常都被认定为正犯，二人以上共同实行犯罪的，都是正犯（共同正犯）；而在我国，实行犯并非都是主犯，还有相当一部分要被认定为从犯（含胁从犯），二人以上共同实行犯罪的案件中，也有不少实行犯被认定为从犯。可见，实行犯这类正犯与主犯不能等同化。至于教唆犯和帮助犯，在德、日均属于共犯，但我国的通说认为，"教唆犯在共同犯罪中通常起主要作用……所以审判实践对教唆犯一般都作为主犯处罚。"② 帮助犯在通常情况下作用较小，应认定为从犯，但也有特殊例外应认定为主犯的情形。③ 这类教唆犯和帮助犯中的主犯与德、日刑法中的正犯有天壤之别，更不可能将这类主犯解释为或等同于正犯。④

另有持区分制说的论者意识到，"在中国刑法中，虽然并没有如《德国刑法典》和《日本刑法典》一般明确地采用'正犯'与'共犯'的概念"，但是，"如果将主犯作为正犯来理解，那么刑法第 26 条中的组织犯、首要分子等概念都要纳入正犯中，这将会使整个共犯体系陷入混乱"⑤。实际上，"无需采取'主犯正犯化、从犯共犯化'的观点"，就可以从现行刑法中解释出"正犯""共犯"及相关概念。况且，"我国刑法中'犯罪'这一概念实际上可以囊括'正犯'的内涵。……刑法第 25 条中的'犯罪'，应当被理解成包括直接实施构成要件的正犯和非直接实施构成要件的共犯在内的'犯罪参与'"⑥。笔者也不否认，我国刑法中的"犯罪"概念无疑可以囊括德、日刑法中的"正犯"，我国刑法第 25 条中的共同"犯罪"当然包括他们的"直接实施构成要件的正犯和非直接实施构成要件的共犯"。但是，这并不意味着"犯罪""共同犯罪"与"正犯""共同正犯"具有相同含义，可以替代使用。事实上，德、日刑法中的"正犯"行为

---

① 刘明祥. 主犯正犯化质疑. 法学研究，2013（5）：113.

② 高铭暄，马克昌. 刑法学. 10 版. 北京：北京大学出版社，2022：177.

③ 张明楷. 刑法的基本立场. 北京：中国法制出版社，2002：328.

④ 刘明祥. 再释"被教唆的人没有犯被教唆的罪"——与周光权教授商榷. 法学，2014（12）：119.

⑤ 犯罪集团中没有实施构成要件实行行为的"首要分子"，也是我国刑法第 26 条规定的主犯，这种主犯就明显不属于区分制体系下的"正犯"。

⑥ 王华伟. 中国犯罪参与模式之定位：应然与实然之间的二元区分体系. 中国刑事法杂志，2015（2）：40 以下.

（实行行为）只是我国刑法中的"犯罪"行为的一种表现形式，"共同正犯"（共同实行犯罪）同样只是我国的"共同犯罪"的表现形态之一，两个概念有很大差异，不可能等同。

还有论者提出："我国刑法的相关规定虽然没有明确使用正犯的概念，但是在第27条、第29条第1款中明确规定了帮助犯、教唆犯这两种狭义共犯，正犯的概念就可以从其与狭义共犯的区分、比较中清晰地界定出来。"① 我国刑法*第23条规定的"已经着手实行犯罪"和第29条第1款规定的"教唆他人犯罪"中，作为其前提，均隐含了对正犯的确认。② 也就是说，刑法既然规定了帮助犯、教唆犯，也就必定有与之相对的正犯。因为正犯通常是实施实行行为者，刑法中所述的"已经着手实行犯罪"者就是正犯；"教唆他人犯罪"也就是教唆他人去实行犯罪，被教唆的实行者当然是正犯；帮助犯也是帮助他人去实行犯罪，同样有与之相对的正犯，所以，刑法中"隐含了对正犯的确认"，"正犯"的概念就能从这样的"比较中清晰地界定出来"。但是，我国刑法之中并未出现"帮助犯"的术语（第27条并非是对"帮助犯"的规定），笔者将在下文对此展开论述。毋庸讳言，在数人共同故意参与犯罪的场合，参与者之间往往会有分工合作，即有的教唆犯罪，有的帮助犯罪，还有的实行犯罪，并且必须有人去实行犯罪，才有可能实现犯罪、达到既定目的。正因为如此，不采取区分正犯与共犯的犯罪参与体系的刑法，对实施教唆行为、帮助行为者也会有处罚规定，刑法之中出现"教唆"、"帮助"（或"辅助"）和"着手实行犯罪"的概念或术语也不足为怪。例如，意大利刑法被公认为采取形式的单一正犯体系，其在"共同犯罪"一节的第115条中，就有"教唆他人实施犯罪"的表述③；巴西刑法也采取形式的单一正犯体系，其第14条对"未遂犯罪"的规定中，也用了

---

* 指1997年3月14日第八届全国人民代表大会第五次会议修订的《中华人民共和国刑法》，以下均简称"刑法"。——编者注

① 周光权.法治视野中的刑法客观主义.北京：法律出版社，2013：286.

② 王昭武.教唆犯从属性说之坚持与展开//赵秉志.刑法论丛：第15卷.北京：法律出版社，2008：63.

③ 意大利刑法第115条第3款规定："在教唆他人实施犯罪的情况下，如果教唆已被接受，但犯罪没有实施，适用同样的规定（指适用保安处分——笔者注）。"

"已经开始实行犯罪"的术语。① 显然不能因被教唆的"实施犯罪"者、未遂犯罪中的"开始实行犯罪"者，在德、日刑法中是正犯，就推论出意大利和巴西的刑法中也有与德、日刑法相同含义的"正犯"概念。因为采取单一正犯体系的刑法，根本不可能采用与区分制体系刑法中含义相同的"正犯"概念。既然如此，也就不能以我国刑法第 29 条第 1 款中有"教唆他人犯罪"、第 23 条中有"已经着手实行犯罪"的表述，作为可以推论出或"界定出"隐含有与德、日刑法相同含义的"正犯"概念的依据。况且，如前所述，如果是采取像德、日那样的区分正犯与共犯的犯罪参与体系，由于正犯处于定罪和处罚的核心地位，刑法就不可能不使用"正犯"或与正犯含义相同的概念。加上，对共同参与犯罪者如何处罚，是古今中外任何一部刑法都不可能回避的，采取区分制体系的刑法也不例外。而对共犯按正犯之刑处罚或按正犯之刑减轻处罚，是所有区分制的刑法均采取的处罚共犯的原则，成文刑法不可能对此不作明确规定，因而不可能不明确使用"正犯"或与正犯含义相同的概念，却将其"隐含"于其他相关规定之中。如德、日、韩的刑法均规定，对教唆犯的处罚与正犯相同，对帮助犯按正犯的刑罚予以减轻；法国刑法规定，对共犯以正犯论处。但我国刑法中不仅没有这样明确的规定，而且也无类似这种含义的表述，从而也就找不到这种"正犯""共犯"或其他与之含义相同的词语。

第二，我国刑法中并未出现与德、日刑法中的"共同正犯"相同含义的词语，即并无关于共同正犯的规定。② 对二人以上共同实行犯罪（指德、日刑法中的共同正犯）的情形，我国刑法虽纳入"共同犯罪"之中予以定罪处罚，但与其他数人参与共同犯罪的情形，如有的教唆犯罪、有的帮助犯罪、另有的实行犯罪的，采取同样的处罚原则，即按参与者在共同犯罪中所起的作用大小，认定为主犯或从犯（含胁从犯），给予轻重有别的处罚，并非是像德、日刑法那样，对所有的共同正犯均以正犯论，原则上给予轻重相同的处罚。如前所述，这正是单一正犯体系与区分制体系的一个重大差别。并且，采取区分制体系的"刑法总则必须规定共同正

---

① 巴西刑法第 14 条 Ⅱ 规定："行为人已经开始实行犯罪，但由于其意志以外的原因未完成犯罪的，为未遂犯罪。"

② 高铭暄，马克昌. 刑法学. 10 版. 北京：北京大学出版社，2022：167.

犯"①，也就是对二人以上共同实行犯罪者如何定罪处罚，不可能不作明文规定。因为这是数人共同故意参与犯罪的最常见的形式，且与那种受他人教唆或在他人帮助下，而由自己一人去实行犯罪的情形有不同的特点，若严格按限制正犯概念论，以是否直接实行构成要件的行为来区分正犯与共犯，会出现难以认定或区分正犯与共犯、并造成参与者之间处罚轻重不均衡的现象。② 为此，采取区分制体系的刑法不得不对这种参与形式作特殊规定，对所有参与者均以正犯论处，以解决这类案件在区分正犯与共犯方面的难题，并避免出现同案参与者之间处罚轻重明显失衡的问题。正因为如此，采取区分制体系的德、日等国刑法，几乎都对共同正犯的处罚原则有明文规定。如果说我国刑法是采取与德、日刑法相同的区分制，也就不可能没有共同正犯的处罚规定。为了解决这一难题，我国有持区分制说的论者提出，我国刑法第 25 条第 1 款就是有关共同正犯的规定③，率先提出此种主张的张明楷教授后来又修正了自己的观点，认为我国刑法第 26 条才是关于共同正犯的规定。④ 但笔者认为，无论是刑法第 25 条还是第 26 条，都不是关于共同正犯的规定。鉴于这涉及一些重要而复杂的问题，笔者拟在本书第六章第三节展开论述，在此不赘述。

第三，我国刑法中没有使用"帮助犯"的词语，并无对"帮助犯"如何处罚的明确规定。但在采取区分制体系的德、日等国刑法中，对帮助犯的处罚均有明确规定。如前所述，这是因为按区分制的基本观念，正犯是犯罪的核心人物，共犯是犯罪的边缘角色，刑法以处罚正犯为原则，以处罚共犯为例外，对共犯的处罚原则上应轻于正犯。因此，德、日刑法规定，对教唆犯以正犯之刑处罚，对帮助犯按正犯之刑予以减轻。由此可见，正犯与共犯处罚轻重的差异，主要体现在对帮助犯的处罚上。这也就

---

① 张明楷.共犯人关系的再思考.法学研究，2020（1）：147.

② 如甲约好友乙帮忙去杀自己的仇人丙，到达现场后，甲跑上去将想要逃走的丙抱住，指使乙用携带的铁棒猛击丙的头部，致丙死亡。此案中，单独而论，甲实施的行为并不能直接剥夺人的生命，并非杀人罪的实行行为。但甲是此案中的核心人物，不以正犯论处，明显不具有合理性。为此，不得不用"共同正犯"的概念和法律规定，将这类情形纳入正犯的处罚范围。

③ 张明楷.共同犯罪的认定方法.法学研究，2014（3）：12.；钱叶六.我国犯罪构成体系的阶层化及共同犯罪的认定.法商研究，2015（2）：152.

④ 同①148.

决定了采取典型的区分制体系的刑法，不可能不对帮助犯的处罚作特别明确的规定。持区分制说的论者大多认为，我国刑法第 27 条就是对帮助犯的处罚规定。① 由于该条中规定："在共同犯罪中起次要或者辅助作用的，是从犯。"对其中的"辅助"一词，许多论者将其与"帮助"等同起来，或者将其中的"从犯"与日本刑法中的"从犯"等同起来，因而认为该条是关于帮助犯的规定。但是，该条规定与德、日刑法关于帮助犯的规定明显不同：一是该条是对从犯的规定，其中的"从犯"与日本刑法第 62 条中"从犯"的含义不同，日本刑法中的"从犯"是指"帮助犯"，我国刑法中的"从犯"是相对于"主犯"而言的，是以行为人在共同犯罪中所起的作用来界定的，除了起辅助作用的外，起次要作用的也是从犯。据此，实施实行行为的实行犯、实施教唆行为的教唆犯，如果在共同犯罪中起次要或辅助作用，也可能成为我国刑法中的从犯，但却不能成为日本刑法中的"从犯"。二是该条中的"辅助"，从现代汉语词义解释而论，由于是放在"作用"之前，是一个用来限定或说明起何种"作用"的属性词，即"辅助性的作用"或"非主要的作用"②。不仅在共同犯罪中实施帮助行为者（帮助犯）可能只是起辅助作用，而且实施实行行为者（正犯）也完全可能只是起辅助作用。例如，X 约 Y 帮忙去杀 Z，到达现场后，Y 按 X 的示意将 Z 从背后抱住，X 用自己携带的匕首将 Z 刺死。Y 虽然也是杀人的实行犯（共同实行犯，德、日刑法中的共同正犯），但明显只是起辅助作用，只能认定为从犯。三是德、日刑法中实施帮助行为的帮助犯，在我国刑法规定的共同犯罪中，并不一定都是起辅助作用者，而有可能是起主要作用者，要被认定为主犯。③ 例如，张某得知李某想要盗窃本公司的财物后，将本公司装有大量贵重财物的保险柜密码告诉李某，李某夜间撬门入室用张某提供的密码将保险柜打开，窃取其中存放的数额巨大财物后与张某均分。张某虽然没有去实行盗窃，而只是帮助李某盗窃，按德、日刑法的规定，应认定为帮助犯，但由于没有其提供的密码李某就不可能打开保险柜，无疑是对盗窃数额巨大财物之犯罪的得逞发挥了关键作用，明显不

---

① 周光权.刑法总论.4 版.北京：中国人民大学出版社，2021：336.

② 中国社会科学院语言研究所词典编辑室.现代汉语词典.5 版.北京：商务印书馆，2005：424.

③ 张明楷.刑法的基本立场.北京：中国法制出版社，2002：328.

属于我国刑法规定的起"辅助作用"者,而是起主要作用者,自然不能认定为从犯、享受从轻或减轻处罚甚至免除处罚的待遇。四是德、日刑法对帮助犯的规定,都是通过对帮助犯概念的界定来明确帮助犯的成立条件。例如,德国刑法第 27 条规定:"故意帮助他人故意实行违法行为者,为帮助犯。"日本刑法第 62 条规定:"帮助正犯者,为从犯(帮助犯——笔者注)。"但我国刑法第 27 条中,既没有出现"帮助"一词,也没有"帮助正犯"或"帮助他人实行犯罪(或违法行为)"的表述,而在共同犯罪中起"辅助作用"与"帮助正犯""帮助他人实行犯罪(或违法行为)"具有不同含义,因而不能说是对帮助犯的规定。实际上,该条中的"'次要'与'辅助'可能是无意义的重复"①。正如张明楷教授所述:"关于从犯的规定宜取消其中的起'辅助'作用的规定,即仅规定'在共同犯罪中起次要作用的,是从犯'。"② 既然起"辅助"作用是与起"次要"作用含义相同的多余的重复,而该条中的起"次要"作用是相对于第 26 条中的起"主要"作用而言的,那就表明该条并非是对起"帮助"作用的帮助犯的处罚规定。

  第四,我国刑法关于教唆犯的处罚规定,明显不同于德、日刑法对教唆犯的处罚规定,且与作为区分制根基的共犯从属性原理相悖。如前所述,德、日刑法都规定,对教唆犯的处罚与正犯相同。德国刑法学家"罗克辛教授认为,教唆犯尽管与正犯具有相同的刑罚幅度,但是相对于正犯来说是一种较轻的参与人形式……教唆对于各种形式的正犯都是辅助性的"。"德国刑法学界普遍认为,教唆犯的不法程度要低于正犯"③。教唆犯与帮助犯一样具有从属于正犯的特性,教唆犯的处罚不可能重于被教唆的正犯(实行犯)。然而,我国刑法第 29 条第 1 款中明文规定:"教唆他人犯罪的,应当按照他在共同犯罪中所起的作用处罚。"即教唆犯如果在共同犯罪中起主要作用,就成为主犯,应按与单独犯相当的通常之刑处罚,甚至可能因主犯为酌定从重处罚的情节而被从重处罚;如果是在共同

---

  ① 何庆仁. 归责视野下共同犯罪的区分制与单一制. 法学研究,2016(3):157.

  ② 张明楷. 简论共同犯罪的立法完善. 政治与法律,1997(1):12.

  ③ 王华伟. 犯罪参与模式之比较研究——从分立走向融合. 法学论坛,2017(6):155.

犯罪中起次要作用，就成为从犯，"应当从轻、减轻处罚或者免除处罚"。并且，按我国的通说和司法实践的惯例，"对教唆犯一般都作为主犯处罚"①。这表明按我国刑法的规定和我们的刑法解释论，教唆行为的违法性程度通常并不比实行行为的低，教唆犯在共同犯罪中一般也不是处于从属性或辅助性地位；相反，教唆犯大多处于犯罪的核心地位，通常应作为主犯处罚；许多同案之中的实行犯，在共同犯罪中反而是处于次要地位，因而成为从犯，比教唆犯的处罚还轻。由此可见，我国刑法中的教唆犯不具有从属于正犯（实行犯）的特性，且与德、日刑法对教唆犯所采取的处罚原则有质的差别。正如日本刑法学家大谷实所述，中国刑法中的教唆"尽管与日本刑法中的'教唆'名称相同，但其实质内容却是大相径庭"②。我国刑法第29条第1款中的"教唆不满18周岁的人犯罪的，应当从重处罚"的规定也表明，立法者认为，当被教唆的对象是不满18周岁的人时，教唆犯当然被视为犯罪的核心人物，处于比被教唆的实行犯更重要的地位，因而应从重处罚。这一规定同样体现了我国刑法中的教唆犯不具有从属于正犯的特性，采取区分制体系的德、日等国刑法也没有这样的明显与共犯从属性相悖的规定。另外，我国刑法第29条第2款还明确规定："如果被教唆的人没有犯被教唆的罪，对于教唆犯，可以从轻或者减轻处罚。"这更进一步说明，我国刑法中的教唆犯并不以被教唆人已着手实行犯罪为成立条件，即不具有实行从属性，完全可以因其所实施的教唆行为而独立构成犯罪，也就是具有定罪的独立性。

2. 归责区分制说

持"归责区分制说"的论者认为："我国刑法采取的不仅是区分制，而且是归责意义上的区分制。"③ 该论者意识到，我国刑法关于共同犯罪的规定，同采取传统区分制的德、日等国刑法确实有差异，不能直接得出我国刑法采取传统区分制的结论。为了将其纳入区分制的范畴，就不得不从实质上对区分制作进一步抽象化的解释，将区分正犯与共犯的实质或根

---

① 高铭暄，马克昌. 刑法学. 10版. 北京：北京大学出版社，2022：177.

② 大谷实. 日本刑法中正犯与共犯的区别——与中国刑法中的"共同犯罪"相比照. 王昭武，译. 法学评论，2002（6）：115.

③ 何庆仁. 归责视野下共同犯罪的区分制与单一制. 法学研究，2016（3）：155.

据归结为共同归责,即对数人共同参与的犯罪予以归责时所作的类型上的区分,也就是根据参与者所应承担责任程度的不同,分为正犯与共犯这样不同的归责类型,"其中,正犯是归责的核心人物,共犯是归责的边缘人物",或者说正犯是主要归责者、共犯为次要归责者。① 而我国刑法根据参与者在共同犯罪中所起作用的大小,将其分为主犯与从犯,给予轻重不同的处罚,与这种被实质化或抽象化之后的归责意义上区分制相同。因为"将主犯和从犯理解为共同归责的核心人物和次要人物有着充分的可能性",并且,"主犯与从犯的分类与共同归责的理念暗相契合"②。

在笔者看来,这种所谓"归责意义上的区分制"("归责区分制"),不仅"因缺乏实体法的支撑,似乎只有理论研究层面的意义"③,而且与传统区分制有本质的差异。首先是区分的依据不同。传统区分制主要是以行为类型(或行为形式)为依据,将共同参与犯罪者分为正犯与共犯,一般是以实施构成要件的实行行为者为正犯,实施实行行为以外的行为(教唆行为和帮助行为)者为共犯。但上述论者所述的"归责区分制",则是依据归责的程度不同,将正犯视为归责的核心人物(或主要归责者),共犯为归责的边缘人物(或次要归责者),"二者不是不同的行为类型,而是不同的归责类型"④。由于实施教唆行为的教唆犯在共同犯罪中既可能是起主要作用也可能是起次要作用,即依据其归责的程度既可能成为正犯(或主要归责者),也可能成为共犯(或次要归责者);实施实行行为者也是如此;实施帮助行为者虽然在通常情况下,只能成为次要归责者,但在例外场合也可能成为主要归责者。这样一来,"归责区分制"中的正犯(或主要归责者)除了传统区分制中的部分正犯之外,还包含传统区分制中的共犯(教唆犯和帮助犯);反过来,"归责区分制"中的共犯(或次要归责者)除了包括传统区分制中的部分共犯之外,则还包括传统区分制中的部分正犯(实行行为者),可见,两种区分制中的正犯与共犯的类型完全不同。

---

① 何庆仁.归责视野下共同犯罪的区分制与单一制.法学研究,2016(3):151.

② 同①156.

③ 王振华.单一正犯体系的危机与突围:归责体系的构建——兼与何庆仁教授商榷.法学家,2019(3):154.

④ 同①.

其次是区分的理论基础不同。众所周知，限制正犯概念论与共犯从属性说是传统区分制的两大理论根基，限制正犯概念论确定了正犯与共犯区分的客观依据，共犯从属性说进一步说明了定罪和处罚为何要以正犯为中心，并对共犯的处罚范围予以限制。如果否定或不采取这种限制的正犯概念论，传统的正犯与共犯就失去了区分的理论基础或客观依据，从而也根本不可能区分二者。但是，"归责区分制说"将其"共同归责论"作为区分正犯与共犯的理论基础，认为"按照共同归责的共同不法来理解共同犯罪"，各共同犯罪人的行为举止"所表达的意义相互渗透、相互联结，形成一个意义表达的有机体，致使引起结果的全部行为成为一个整体。……由于全部参加者的行为是作为一个整体而充足构成要件，且只充足一次，而不会分别考虑各行为环节的构成要件符合性"①，自然也就不存在以各参与者个人是否实施构成要件行为来区分正犯与共犯的问题。正如持此说的论者所述，传统的以构成要件行为为依据来区分正犯与共犯，"其出发点是正犯行为与共犯行为都是独立的行为，然后通过从属性原理再度将二者连接在一起。如果按照本文关于共同归责的理解，传统共同犯罪理论的基础就被瓦解了。因为正犯行为与共犯行为是不可割裂的，每个参加者均须为全部行为负责……如此一来，希望通过突出正犯个体与构成要件的关联，再借由从属性原理维护构成要件的法治国机能以及贯彻罪刑法定原则的做法，就无法继续成为区分正犯与共犯的理由"②。既然持此说的论者不是按限制正犯概念论这一传统的区分正犯与共犯的基本原理，也不是对参与者所实施的参与行为类型来作区分，而是以其"共同归责论"按归责程度，将参与者分为"主要归责者"与"次要归责者"，并且"次要归责者"也不从属于"主要归责者"，那么，这种"主要归责者""次要归责者"与传统区分制中的"正犯""共犯"就根本无法等同。

再次是作为其立论基础的"共同归责论"本身的合理性令人怀疑。按照这种理论，"共同犯罪系各参加者以各自的方式在社会背景下共同塑造了同一个符合构成要件的行为，该行为及其结果是全体共同犯罪人的'共同作品'；直接实施者不仅为自己，也为其他共同犯罪人实现了构成要件，所以，在归责的意义上没有直接者和间接者、自己的犯罪和他人的犯罪之

---

① 何庆仁. 归责视野下共同犯罪的区分制与单一制. 法学研究, 2016 (3): 150.
② 同①151.

分,而是数人共同实现了一个共同不法"①。也就是数人结合为一个整体,"共同塑造了同一个符合构成要件的行为","共同实现了一个共同不法",成立一个共同的犯罪。这种观点与日本的"共同意思主体说"实质上相同。按照该说,二人以上就犯罪的实行取得合意,形成共同意思主体这种临时性的团体;在部分参与者基于该合意实施了实行行为的场合,该实行行为就可视为共同意思主体的活动;可以类推民法上的"合伙"的法理而归责于团体内的各个成员。②但是,"将共同意思主体这一超个人的团体作为犯罪的实行主体,同时将刑事责任归属于构成成员,这就承认了团体责任,因此是违反个人责任原则的"③;况且,"将团体视为犯罪主体,虽可成为让团体承担责任的根据,但这不能直接成为让作为团体之成员的个人承担责任的根据。犯罪主体与责任主体的一致,这是责任主义(要求'刑罚与责任相适应')的最低限度的要求,让个人承担团体责任,则有违此要求"④。正因为如此,在日本很少有学者支持"共同意思主体说"⑤。这可能也是在数人共同参与犯罪的场合,德、日理论上的通说不承认"全部参加者的行为是作为一个整体而充足构成要件"的一个重要原因。况且,按上述"共同归责论"处理某些特殊案件,还会得出十分荒唐的结论。例如,某人花钱请(教唆)对方强奸自己的仇人,由于被教唆者认错了人,误把教唆者当做其仇人予以强奸。⑥ 如果说教唆者与被教唆者的"行为是作为一个整体而充足构成要件,且只充足一次,而不会分别考虑各行为环节的构成要件符合性"⑦,那么,该强奸案中的实行犯与教唆犯

---

① 何庆仁. 归责视野下共同犯罪的区分制与单一制. 法学研究, 2016 (3): 148.

② 松原芳博. 刑法总论重要问题. 王昭武, 译. 北京: 中国政法大学出版社, 2014: 298.

③ 西田典之. 共犯理论的展开. 江溯, 等译. 北京: 中国法制出版社, 2017: 61.

④ 同②290.

⑤ 川端博. 共犯论序说. 东京: 成文堂, 2001: 15.

⑥ "2019年发生了一起'犯罪嫌疑人把自己强奸了'的奇特案件。案例1: 某高中校园霸凌现象严重。某日,张某与同寝室的女生甲发生矛盾,遂怀恨在心。她汇给网上结识的'流氓'乙一万元,指使乙晚上潜入其寝室强奸甲,并把甲的照片发给了乙。但没想到的是,甲半夜突然肚子痛去了学校诊所。乙半夜爬进寝室后,发现屋内只有张某一个女生,也没有看清脸,就对张某实施了强奸。"王昭武. 共犯处罚根据论的反思与修正: 新混合惹起说的提出. 中国法学, 2020 (2): 238.

⑦ 同①150.

的行为作为一个整体，要么就应被认定为充足了强奸罪的构成要件，且双方都是强奸既遂；要么就应被认定为未充足强奸罪的构成要件，双方均无罪或仅成立强奸预备或强奸未遂，而不可能有第三种选择。但对教唆犯而言，若认定其行为属强奸既遂，就会给人以教唆犯"把自己强奸了"的奇怪印象；对被教唆的实行犯来说，若认定其无罪或仅成立强奸预备或强奸未遂，等于是将基于强奸故意而实行完了强奸行为且无阻却违法或阻却责任事由的强奸者，做这种违背常理的处置。这些无疑都是难以令人接受的。① 另外，如果按上述"共同归责论"把数人的行为作为一个整体的行为来看待，不认为各参与者的行为具有相对独立性，那么，所谓实施教唆行为的教唆犯和实施帮助行为的帮助犯，也就没有存在的空间，传统的区分正犯与共犯的区分制根本就没有存在的价值。事实上，无论采取何种犯罪参与体系，都不能否定数人共同参与犯罪的参与者的行为具有相对独立性。因为数人共同参与的犯罪虽然具有共同性，在共同故意犯罪的场合，甚至是参与者有意合作、互相配合、共同造成同一危害结果发生的，各参与者的行为无疑是共同行为的有机组成部分，但分别来看都具有相对的独立性。如果否认这种相对独立性，就无法肯定各参与者个人构成犯罪，而现代刑法规定的犯罪，在自然人犯罪的条件下都是个人成立犯罪，作为刑罚处罚的对象也仅限于个人，不承认团体的犯罪，也无法对团体适用刑罚。自然人共同犯罪也不例外，只可能是参与犯罪的个人成立犯罪，个人承受刑罚处罚，不可能是因共同参与犯罪而形成的团体构成犯罪，并让该团体承受刑罚。

最后，"归责区分制说"依据归责程度的不同，将犯罪参与者分为主要归责者与次要归责者，并认为我国刑法将共同犯罪人分为主犯与从犯，实际上这也是依据归责程度所作的区分，即主犯为主要归责者、从犯为次要归责者。笔者并不否认，从归责程度确实可以作这样的区分。但正如前

---

① 只有将教唆者与被教唆者的行为分开（而不是作为整体）来评价，认定被教唆者实行了构成要件的行为，并引起了构成要件结果的发生，因而构成强奸既遂；教唆者则由于被教唆的实行犯的对象认识错误，才使自己成为被强奸或被侵害的对象，这意味着因其教唆行为事实上没有引起他人被强奸的结果的发生，从而不属于强奸既遂，但存在被认定为强奸预备的余地。这样认识或处理才具有合理性。（也有论者认为，教唆者因不具有强奸罪的违法性而不构成强奸罪。［王昭武．共犯处罚根据论的反思与修正：新混合惹起说的提出．中国法学，2020（2）：250.］笔者不赞成这种主张。）

文所述，这种区分同传统区分制所作的正犯与共犯的区分有实质的差异，即这种区分是对共同犯罪人责任形式（或责任程度）的区分①，而传统区分制则是对共同犯罪的参与形式（或行为形式、行为类型）所作的区分，因而不可能将我国刑法所作的这种区分纳入传统区分制的范畴。相反，由于单一正犯体系的特点是不重视犯罪参与者参与形式的区别，而重视其参与的程度或对犯罪的贡献大小，并根据其参与犯罪的性质和参与的程度，以确定其责任的程度（是负主要责任还是负次要责任），从而给予轻重相应的处罚。这正好从一个侧面表明我国刑法是采取单一正犯体系，而不是采取传统的区分制体系。因为传统的区分制所采取的归责原则是，正犯为犯罪的核心人物、责任程度重，共犯是犯罪的边缘角色、责任程度轻，因而对正犯的处罚更重；且正犯之刑是共犯的处刑基准，对共犯按正犯之刑予以减轻或者处以正犯之刑，而不是对所有参与者均根据其参与犯罪的性质和参与的程度（对犯罪的贡献大小），来评判其责任的轻重程度，从而给予相应的轻重不同的处罚。总之，"归责区分制"与传统的区分制有实质的差异，不应当将其纳入区分制的范畴。

3. 双层区分制说

持此说的论者认为，"我国的共犯立法体系在性质上可归结为区分制"，并且是一种颇有特色的对参与人类型与参与程度实行双层次操作的"双层区分制"。"具体地说，我国刑法在共犯人的分类上同时采用了分工和作用两种不同的分类标准：一是按照分工分类法，在构成要件的层面将共犯人划分为正犯、组织犯、教唆犯和帮助犯，用以解决共犯人的分工定性及其间的关系问题，这是共犯人分类的第一层次；二是在分工分类的基础上，按照作用分类法进一步将共犯人进行主、从犯的划分，并明定其处罚原则，用以解决共犯人的量刑问题，这是共犯人分类的第二层次。"②另一种与此实质相同的"双层区分"是"定罪与量刑双层区分"，即"通过正犯与共犯的区分实现对参与者的定罪，主犯与从犯的区分解决对参

---

① 有论者明确指出：我国刑法规定的"主犯、从犯、胁从犯与其说是共同犯罪的参与形式，不如说是共同犯罪人的责任形式。"刘肖辉. 我国共犯立法模式探究. 长春理工大学学报：社会科学版. 2014（12）.

② 钱叶六. 双层区分制下正犯与共犯的区分. 法学研究，2012（1）：127.

者的量刑"①。但是，在笔者看来，这样的所谓"双层区分"同传统区分制中的正犯与共犯的区分，同样有本质的差异，因而不能将其纳入区分制的范畴。

第一，从作用分类层次来看，我国刑法确实是对共同犯罪人作了区分，即分为主犯与从犯（含胁从犯），并给予轻重不同的处罚，以充分体现区别对待不同犯罪参与者的刑事政策精神。正因为如此，许多人误以为我国刑法采取的犯罪参与体系也是区分制。但是，"我国的这种'区分制'与这里探讨的作为犯罪参与体系的区分制含义完全不同，真正意义上的区分制是就正犯与共犯之区分而言的。不能认为存在对于犯罪人的某种'区分'就属于区分制"②。应当看到，主犯与从犯的区分同正犯与共犯的区分，虽然都是对共同参与犯罪人所作的区分，但区分的标准完全不同。正如张明楷教授所述："如果承认分工分类法与作用分类法是不同的区分标准，就不可能认为我国刑法同时或者先后采取了两种区分标准。这是因为共同犯罪的参与类型必须是刑法明文规定的，而我国刑法并没有对分工分类法得出的子项（参与人）和作用分类法得出的子项（参与人）分别规定相应的处罚原则。即使主张司法机关在认定共同犯罪时应当分为两个步骤，即定罪时先将参与人分为正犯、组织犯、教唆犯、帮助犯，然后在量刑时再将共犯人分为主犯、从犯、胁从犯，也不意味着这七类情形都是共同犯罪的参与类型。"③ 更不可能将划分成这七种类型的犯罪参与人的刑法"归结为"采取区分制。如前所述，作为犯罪参与体系的区分制，是根据犯罪参与形式（或行为类型），将参与者分为正犯与共犯；而我国刑法中的主犯与从犯，是根据参与者在共同犯罪中的作用大小所作的区分。主犯与正犯、从犯与共犯又无法等同，显然是两种不同性质的区分，因而不能将我国刑法所作的主犯与从犯的区分，"在性质上归结"为区分制中的正犯与共犯的区分。

第二，从分工分类层次而言，在刑法理论上固然可按分工分类法，将共同犯罪人分为实行犯、组织犯、教唆犯和帮助犯，但持此说的论者也不

---

① 马聪. 论正犯与共犯区分之中国选择. 山东社会科学, 2018 (3): 169.

② 王华伟. 中国犯罪参与模式之定位：应然与实然之间的二元区分体系. 中国刑事法杂志, 2015 (2): 50.

③ 张明楷. 共犯人关系的再思考. 法学研究, 2020 (1): 139.

得不承认,我国现行刑法并"没有像德、日刑法那样在总则中明确规定正犯、帮助犯的概念",为了解决这一问题,只好提出"可以根据'分工分类'的标准推导出帮助犯这一参与类型",又认为因正犯是刑法分则规定的基本犯罪类型,表明刑法中"隐含"有或可"界定出"正犯概念。① 但这正是笔者前文所述不具有合理性与可行性的说法,刑法如果采取区分正犯与共犯的区分制,根本不可能不使用"正犯"与"帮助犯"或含义与之相同的概念,否则,区分制中的正犯是犯罪的核心人物、共犯为犯罪的从属者、对正犯处罚应重于共犯的基本观念,就无法在刑法中体现出来,从而也就不能说其采取了区分制。

第三,我国刑法对按分工分类层次划分出来的犯罪参与者,采取与德、日的区分制完全不同的处罚原则。如前所述,我国刑法对教唆犯的处罚原则虽有明文规定,但并非是像德、日刑法那样规定以正犯论处,而是根据其在共同犯罪中所起的作用大小分为主犯与从犯,给予轻重不同的处罚;同时,对"被教唆的人没有犯被教唆的罪"的教唆犯单独定罪处罚,对"教唆不满十八周岁的人犯罪的"从重处罚,这些规定均与作为区分制根基的共犯(含教唆犯)从属性论明显相悖。况且,按持"双层区分制说"的论者所述:"对于起主要作用的正犯,根据刑法第26条第4款的规定,应按照其参与的全部犯罪处罚。对于起次要作用或辅助作用的正犯,根据刑法第27条第2款的规定,应当从轻、减轻或者免除处罚。"② 这与采取区分制的德、日等国刑法规定的对正犯的处罚原则也明显不符,德、日刑法规定,对正犯都是按所犯之罪的通常之刑处罚,对共犯则是按正犯的刑罚予以减轻或者以正犯之刑处罚。不可能对有的正犯按通常之刑处罚,另有的正犯从轻、减轻处罚,甚至免除处罚。因为正犯是犯罪的核心人物,不可能在共同犯罪中仅"起次要或辅助作用",因而还享受从轻、减轻或免除处罚待遇。如果说我国刑法中的"正犯"还能在共同犯罪中"起次要或辅助作用",并享受如此从宽处罚的待遇,那就表明这种"正犯"与采取区分制的德、日等国刑法中的"正犯"具有不同含义,即不是区分正犯与共犯的区分制中的"正犯"。既然我国刑法没有出现"正犯"概念,被推导出来的"正犯"与区分制体系中的"正犯"含义又完全不

---

① 钱叶六. 双层区分制下正犯与共犯的区分. 法学研究, 2012 (1): 127.
② 同①128.

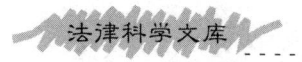

同，那为何说我国刑法采取的犯罪参与体系"在性质上可归结为"区分正犯与共犯的区分制体系？

第四，刑法对犯罪参与人按分工分类，分为实行犯、组织犯、教唆犯、帮助犯或者与此相似的类型，并不意味着就是采取区分正犯与共犯的区分制犯罪参与体系。如前所述，奥地利刑法按分工形式将犯罪参与人分为"直接正犯"、"诱发正犯"和"援助正犯"，这与德、日刑法分为正犯、教唆犯和帮助犯的类型相似，但中外刑法学者公认奥地利刑法不是采取德、日那样的区分制犯罪参与体系，而是采取功能性的单一正犯体系。根本的原因在于，区分制体系对犯罪参与人的定罪和处罚均以正犯为中心，并坚持共犯从属性（共犯从属于正犯）的原则。但按奥地利刑法的规定和对该刑法通常的解释论，"诱发正犯"和"援助正犯"这两种与区分制体系中的共犯（教唆犯和帮助犯）相似的犯罪参与人的定罪，不采取与区分制的共犯从属性相似的原则，并不以"直接正犯"已着手实行犯罪为"诱发正犯"和"援助正犯"的定罪条件。另外，对犯罪参与者的处罚，仍然是采取单一正犯的处罚原则，即根据其参与犯罪的性质和参与的程度，给予轻重有别的处罚。特别值得一提的是俄罗斯现行刑法典，对共同犯罪人明确按分工形式分为实行犯、组织犯、教唆犯和帮助犯四种类型，但中外学者并不认为其采取区分制体系，而是认为其与单一正犯体系更为接近[1]，因而将其纳入单一正犯体系的范围，有的称之为"包括性正犯体系"[2]，另有的视之为一种"实质的单一正犯体系"[3]。原因同样在于，俄罗斯刑法虽然同德、日刑法一样按参与形式（或分工形式、行为形式）对犯罪参与者的类型作了区分，但从该刑法的规定和相关的解释论来看，对教唆犯和帮助犯不存在以实行犯（或正犯）着手实行犯罪为定罪的前提条件的问题，相反，刑法有处罚教唆未遂（或"不能教唆"）的明文规定

---

[1] 典型的单一正犯体系是形式的单一正犯体系，俄罗斯刑法采取的犯罪参与体系虽不是形式的单一正犯体系，但从实质上评价仍属单一正犯体系。

[2] 日本刑法学家高桥则夫教授将其作为三种类型的单一正犯体系之一，即形式的单一正犯体系、功能性的单一正犯体系和包括性正犯体系。高桥则夫.共犯体系和共犯理论.冯军，毛乃纯，译.北京：中国人民大学出版社，2010：33.

[3] 陈子平教授将单一正犯体系分为形式的单一正犯体系和实质的单一正犯体系，后者包含功能的单一正犯体系和包括性正犯体系。陈子平.刑法总论.4版.台北：元照出版有限公司，2017：460.

(俄罗斯刑法第 34 条第 5 款），对帮助未遂（或"不能帮助"），如实行犯不接受其提供的帮助等，通说认为"与不能教唆一样，也应该视为预备犯罪"①，仍有可能要予以定罪处罚。这些都明显与区分制的共犯从属性原则相抵触。更为重要的是，俄罗斯刑法对犯罪参与者明确采取单一正犯体系的处罚原则，该法第 34 条第 1 款明文规定："共同犯罪人的责任由每一共同犯罪人实际参与犯罪的性质和程度决定。"第 67 条第 1 款进一步规定："在对共同犯罪处刑时，应考虑犯罪人实际参与实施犯罪的性质和程度，该人的参与对于达到犯罪目的的意义，他对已经造成的或可能造成的损害的性质和数额的影响。"这与区分制体系将正犯的刑罚作为处刑的基准，对共犯（教唆犯和帮助犯）按正犯之刑予以减轻或以正犯之刑处罚的原则明显不同，因此，俄罗斯刑法尽管是按行为分工形式对犯罪参与的行为类型予以区分，但仍被排除在区分正犯与共犯的区分制体系之外，而被纳入单一正犯体系的范围。

我国持"双层区分制说"的论者可能没有意识到，其所述"双层区分"实际上同俄罗斯刑法对共同犯罪人的规定相同，即在构成要件的层面，按照分工分类法，将共同犯罪人划分为正犯（或实行犯）、组织犯、教唆犯和帮助犯；在处罚或量刑层面，我国刑法明确规定按照作用分类法，将共同犯罪人分为主犯与从犯（含胁从犯），实质上也是根据共同犯罪人参与犯罪的性质和程度，区分为主要责任者与次要责任者，并给予轻重有别的处罚；俄罗斯刑法则明确规定根据"每一共同犯罪人实际参与犯罪的性质和程度决定"其责任的轻重，而"犯罪人参与实施犯罪的程度取决于他对共同实施的犯罪所做的实际'贡献'、实际完成自己行为的强度和顽固性。……根据犯罪人参与实施犯罪的程度又分为主犯和从犯。这种划分具有一定的法律意义，因为共同犯罪人参与犯罪的程度在处刑时是应该予以考虑的（刑法典[指俄罗斯刑法典——笔者注]第 63 条)"②。可见，俄罗斯刑法实质上也可以说是根据共同犯罪人在共同犯罪中所起的作用，分为主犯与从犯，给予轻重不同的处罚。既然我国刑法与俄罗斯刑法对共同犯罪人采取同样的处罚原则，且按"双层区分制说"对共同犯罪人

---

① 库兹涅佐娃，佳日科娃. 俄罗斯刑法教程（总论）：上卷·犯罪论. 黄道秀，译. 北京：中国法制出版社，2002：434.

② 同①395.

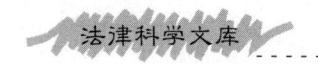

我国也是采取与俄罗斯相同的分工分类形式,而俄罗斯刑法采取的犯罪参与体系又是单一正犯体系(或更接近单一正犯体系),那么,这就意味着即便是按"双层区分制说",我国刑法采取的犯罪参与体系当然也应该归结为单一正犯体系(或更接近单一正犯体系),而不是区分制体系。

(二) 单一正犯体系

认为我国刑法采取的犯罪参与体系是单一正犯体系的论者,所持的具体主张也有差异,主要有三种:"形式的单一正犯体系说"、"功能的单一正犯体系说"和"二元的形式单一正犯体系说"。

1. 形式的单一正犯体系说

此说认为,我国刑法采取的犯罪参与体系,不区分正犯与共犯,将所有以不同行为形式参与并构成共同犯罪者,均视为性质相同的共同犯罪人,只是在量刑时依据其在共同犯罪中所起的作用,实质上也是根据其参与犯罪的性质和参与的程度,分为主犯与从犯(含胁从犯),适用同一法定刑,给予轻重相应的处罚。这完全符合形式的单一正犯体系(或典型的单一正犯体系)的特征,因而应将其纳入单一正犯体系的范围。笔者持此种主张。① 至于具体理由,将在下文展开论述。

2. 功能的单一正犯体系说

此说认为,我国刑法采取的是与区分制体系不同的单一正犯体系。由于"我国刑法通常在构成要件层面将共同犯罪人区分为组织犯、实行犯、帮助犯和教唆犯,在量刑层面则区分为主犯和从犯,因此属于功能性单一正犯体系"②。并且,"与形式的单一正犯体系完全不区分参与形态的做法不同,功能性单一正犯体系在构成要件层面区分不同的参与形态","通过对参与形态的限定,功能性单一正犯体系可以有效地限制处罚范围",从而"能更好地保障法治国家的明确性,因此是值得采用的体系"③。

笔者也不否认,如果我国刑法确实像俄罗斯刑法那样,根据共同犯罪人参与实施的行为形式,分为组织犯、实行犯、帮助犯和教唆犯,那么,认为我国刑法是采取功能的单一正犯体系或实质的单一正犯体系也无可非

---

① 刘明祥. 论中国特色的犯罪参与体系. 中国法学, 2013 (6): 117.

② 江溯. 单一正犯体系的类型化考察. 内蒙古大学学报(哲学社会科学版), 2012 (1): 53.

③ 同②53-53.

议。但正如前文所述，我国刑法中仅使用了"教唆犯"的概念，并未出现"实行犯（或正犯）""帮助犯"的词语，尽管第 26 条采用了"组织、领导犯罪集团"的词语，却未使用"组织犯"的概念，只是规定这种行为人是主犯。这与俄罗斯刑法、奥地利刑法根据行为形式或参与形态，对参与者的类型明确并列加以规定的情形显然不同。正如黄明儒教授所述："从《刑法》第 25 条的表述来看，并没有对参与到共同犯罪活动中的行为进行样态上的划分，罪刑规范为某罪名规定的刑罚要无差别地及于参与到共同犯罪中的每一个人，很明显并不存在如《奥地利联邦共和国刑法》第 12 条那样的直接正犯、诱发正犯和援助正犯的形式划分，定罪阶段的参与形态与量刑阶段宣告刑的确定也不存在直接的关联。应该说，我国单一制的犯罪参与立法模式与形式的单一正犯体系的典型立法更加接近。"①

持"功能的单一正犯体系说"的论者坚持其主张的重要原因在于，其认为形式的单一正犯体系不区分参与形态，会使刑法分则规定的犯罪的构成要件丧失明确性，还会导致对共犯处罚范围的扩大化；而采取功能的单一正犯体系，就能弥补形式的单一正犯体系这方面的缺陷。但是，这实际上是一种误解，也是倡导区分制体系的论者批判或否定单一正犯体系的重要理由，笔者将在本章下一节展开论述并予以反驳。在此有必要说明的是，功能的单一正犯体系论"认为行为人类型的区分乃是一种构成要件层面的形式性区分，而不是刑罚裁量层面的实质性区分"；同时"坚定地主张不同的行为人类型具有价值等同性，力图在坚守构成要件行为实施方式的概念性、类型性区分的同时，放弃正犯类型的价值分层"②。"但问题是这种形式上的保障又有多大实际意义？这可不可以看作是单一制在面对区分制的批判时作出的妥协和让步？……这种妥协和让步非但没有起到完善单一制的作用，反而容易弄巧成拙；……给人一种单一制承认了自己与法治国原则（罪刑法定原则）存在龃龉的错觉。"此外，既然行为类型的区分在构成要件层面仅具有形式的意义，不影响定罪，也与刑罚轻重无关，"那么费尽心思划分不同的行为类型又有何意义？与形式的单一正犯体系

---

① 黄明儒. 二元的形式单一正犯体系之提倡——犯罪参与体系问题二元论研究的新思考. 法学, 2019 (7): 109.

② 袁国何. 功能单一正犯体系的理论脉络及其检讨. 中外法学, 2019 (1): 141-142.

在定罪阶段不进行行为类型划分的主张又有何种实质上的差异?"①

在笔者看来,这正是功能的单一正犯体系论者无法圆满回答的问题。因为既然以行为类型来区分参与形态,如果认为不同行为类型(如实行行为、教唆行为和帮助行为)在构成要件或犯罪成立上具有不同价值,实施不同行为的人被裁量的刑罚轻重有差异,那就脱离了单一正犯体系的轨迹,与区分制体系没有差异了。正因为如此,功能的单一正犯体系论者,不得不否定与区分制体系中的共犯(教唆犯和帮助犯)相似的"诱发正犯"和"援助正犯"具有从属于"直接正犯"的特性,其代表人物奇纳甫菲尔也认为:"坚持限制从属性的限缩单一正犯体系与坚持从属性原理的德国二元共犯体系没有差别,换言之,限缩的单一正犯体系应当被归类为二元共犯体系(区分制体系——笔者注),而不是单一正犯体系。"② 可见,在功能的单一正犯体系下,以行为类型区分参与形态只可能有形式上的意义,而不可能有实质上的作用,否则,就会从根本上颠覆单一正犯体系。但既然参与者实施的无论是实行行为,还是教唆行为或帮助行为,对其是否构成犯罪乃至处罚轻重均无决定性的意义,那么,以行为类型区分参与形态就是多余的。毕竟,这同完全不做这种区分的形式的单一正犯体系,在认定参与者是否成立犯罪以及所应受的处罚轻重上也不会有差别,功能的单一正犯体系自然也就失去了存在的价值或意义。因此,"将我国刑事立法采用的单一制归结于功能的单一正犯体系并不是一种科学、合理的选择"③。

3. 二元的形式单一正犯体系说

此说认为,我国"刑法总则依照形式的单一正犯体系的立场规定了成立共同犯罪的一般条件(即要对各参与人的行为进行规范理解并形成'整体行为'),刑法分则遵循区分制的思考模式,按照单个人犯罪的既遂样态来对具体罪名的构成要件作出明确界定。……由于这种二元体系中,刑法总则采用的是形式的单一正犯体系……为了突出总则规范的普遍适用性

---

① 黄明儒. 二元的形式单一正犯体系之提倡——犯罪参与体系问题二元论研究的新思考. 法学,2019(7):101.

② Vgl. Kienapfel (Fn. 89), 168 f.; ders. (Fn. 3), E 2, Rdn. 44 ff. 袁国何. 功能单一正犯体系的理论脉络及其检讨. 中外法学,2019(1):149.

③ 同①102.

……称之为'二元的形式单一正犯体系'。"① 在笔者看来，此说认为我国"刑法总则采用的是形式的单一正犯体系"，这是应予充分肯定的；但其认为"刑法分则遵循区分制的思考模式"即采取区分制体系，因而是两者相结合的"二元体系"，值得商榷。

第一，刑法总则指导刑法分则是刑法学的一个基本观念，如果说刑法总则是采取形式的单一正犯体系，那么，刑法分则当然也应该采取这一体系，而不能采取与之有重大差异的区分制体系。如前所述，形式的单一正犯体系是典型的单一正犯体系，在对其朝区分制的方向进行改造的基础上形成的实质的单一正犯体系，是对参与形式（或参与形态、行为类型）予以明文规定，但参与形式对参与者的定罪和处罚不起决定性的作用，对参与者仍根据其参与犯罪的性质和参与的程度来给予轻重有别的处罚。这种经过改造后形成的实质的单一正犯体系，已与形式的单一正犯体系有一定差异，不再属于形式的单一正犯体系。并且，对形式的单一正犯加以改造形成的其他类型的单一正犯体系，如奥地利刑法采取的功能性单一正犯体系、俄罗斯刑法采取的包括性正犯体系，都是在总则的相关条文中做明确规定，即对参与形式作类似于区分制参与形式的规定，而不是在分则条文中予以规定，实际上也不可能在规定具体犯罪的每个分则条文中均分别明文规定参与形式。持"二元的形式单一正犯体系说"的论者也不否认，我国刑法总则并无像奥地利刑法第 12 条、俄罗斯刑法第 33 条那样的对犯罪参与形式的规定，而刑法分则也没有关于具体犯罪的参与形式的规定。以我国刑法分则中最有代表性的法条——第 232 条关于故意杀人罪的规定为例，该条文并未明文列举实行杀人、组织杀人、教唆杀人或帮助杀人，也未对这几种不同形式的杀人如何定罪处罚作明文规定。如果说刑法分则是采取区分制体系，那不仅要区分犯罪参与形式，对教唆杀人和帮助杀人这样的共犯，还必须贯彻共犯从属性原则，至少要以实行犯已实行杀人行为作为对共犯（教唆犯和帮助犯）定罪的条件，且对教唆、帮助杀人者的处罚，原则上也应轻于实行杀人者。这样的内容刑法总则中没有规定，刑法分则中也看不到。那么，凭什么说我国刑法分则是采取区分制体系呢？

第二，持此说的论者之所以一方面认为我国刑法是采取形式的单一正

---

① 黄明儒. 二元的形式单一正犯体系之提倡——犯罪参与体系问题二元论研究的新思考. 法学，2019（7）：109.

犯体系，另一方面却认为我国刑法分则是采取区分制体系，一个重要的原因是主张刑法分则规定的具体犯罪应以既遂为模式，其构成要件行为仅限于实行行为，而这是区分制体系的基本观念。如果采取形式的单一正犯解释论，将构成要件行为理解为所有具有直接或间接引起构成要件结果或侵害法益事实发生之可能性的行为，包含实行行为、教唆行为、帮助行为、预备行为等多种行为类型，那就确实存在构成要件不明确的问题，"既不能让区分制论者信服，也不符合公众对刑法分则条文的直观理解"[①]。但这实际上是一种误解。笔者也不否认，按一般民众的观念，甲唆使丙去杀丁、乙提供匕首给丙用来杀死了丁，大多认为只有丙才是"杀人"者，而不会认为甲、乙是"杀人"者。但是，按照刑法的规定和区分制的解释论，甲、乙均构成故意杀人罪。如果说刑法分则规定的故意杀人罪的构成要件仅限于实行行为，而甲、乙实施的是教唆、帮助杀人的行为，并非是实行杀人的行为，但任何犯罪的成立都必须有符合构成要件的行为，甲、乙没有实施分则规定的构成要件行为，怎么还能构成犯罪呢？为了解决这一问题，区分制的论者提出，刑法总则对共同犯罪的构成要件做了修正，规定教唆行为、帮助行为是这种经过修正后的构成要件行为，因此，甲教唆杀人、乙帮助杀人的行为是具备了经刑法总则修正后的故意杀人罪的构成要件的行为。与此相似的单独为杀人做准备的预备行为，也可能成立故意（预备）杀人罪，通说同样认为是具备经刑法总则修正后的此罪预备犯的构成要件的情形。在笔者看来，既然教唆杀人行为、帮助杀人行为、预备杀人行为，事实上也被认定为"杀人"这一构成要件行为所包含的行为，只不过是换了一种说法称之为修正的构成要件行为，为何不能从刑法理论或刑法规范的立场，直接将"杀人"作不同于普通民众通常观念的理解，认为除实行杀人之外，还包含教唆杀人、帮助杀人、预备杀人等行为形式呢？况且，也有持区分制立场的论者认为，正犯与共犯区分体系的法律规定的性质"是'二元的构成体系'（duale Systematik），即正犯行为与共犯行为系各自有独立之构成要件"[②]。如德国学者吕德森（Lüderssen）认为："借由构成要件方能确知是否有刑事不法存在，刑法分则各本条除了对正犯有所规定外，虽然规定得不完整，但本质上同时包含加功于犯罪

---

① 黄明儒．二元的形式单一正犯体系之提倡——犯罪参与体系问题二元论研究的新思考．法学，2019（7）：106-107．

② 陈子平．刑法总论．4版．台北：元照出版有限公司，2017：461．

的共犯形态，共犯与正犯所实施的是同一个构成要件，换言之，共犯无须依附于正犯，也能独立地实现构成要件。"① 另外，过失犯罪的成立同样必须有符合构成要件的行为，在二人以上共同过失犯罪的场合，参与者的行为形式也可能有多种不同类型。如甲、乙、丙三人到半山腰采石，中途休息时，甲对乙说，若乙能将身边一块大石推动使之滚到山下去，就请大家一起喝酒。乙应约用力推石，但推不动，丙将自己携带的钢钎递给乙，乙插到大石底部用力一撬，大石滚到山下砸死一人。三人的行为无疑都构成过失致人死亡罪，但各人行为的形式有所不同，甲的行为是唆使、乙的行为是实行、丙的行为是帮助。由于三人的行为都与被害人的死亡结果之间有因果关系，因此，分别而论不仅乙实行推石的行为是符合过失致死罪构成要件的行为，甲唆使乙推石的行为、丙帮助乙推石的行为，也是符合过失致死罪构成要件的行为。在采取区分制体系的德、日，通说认为共同过失犯罪的行为不论具体形式如何，只要与构成要件结果之间有因果关系，就是符合构成要件的行为。既然过失犯罪的构成要件行为可以这样解释，为何故意犯罪的构成要件行为就不能如此理解？这显然是持"二元的形式单一正犯体系说"和区分制通说的论者无法圆满回答的问题。

第三，持此说的论者认为："刑法分则中具体罪名的罪状表述都是针对单人犯罪而言的，并不包含多人共动场合中的组织行为、教唆行为、帮助行为。按照形式的单一正犯体系的立场，应该是对所有犯罪参与人所实施的行为进行规范理解后的'整体行为'该当了某一罪名的全部构成要件。……在犯罪参与的场合，必须结合刑法总则和分则的规定，先对所有参与人的行为进行规范化理解并形成'整体行为'，然后再用'整体行为'与分则条文规定的构成要件进行比对，最后作出是否成立犯罪的判断。"② 之所以在数人共同参与犯罪的场合，要把"各参与人行为总和的'整体行为'"作为实现构成要件（具备实行行为性）的依据③，是因为持此说的论者认为刑法分则采取区分制体系，即各种具体犯罪均以既遂为模式，且构成要

---

① Lüderssen, Zum Srtafgrund der Teilnahme, 1979, S. 25 f., 29, 119. 转引自许玉秀. 当代刑法思潮. 北京：中国民主法制出版社，2005：566.

② 黄明儒. 二元的形式单一正犯体系之提倡——犯罪参与体系问题二元论研究的新思考. 法学，2019（7）：107.

③ 同②106.

件行为仅限于实行行为,但要对教唆行为者、帮助行为者定罪处罚,必须肯定其行为具备了构成要件,这也与区分制的通说面临同样的困境,因而不得不采取与之相同的办法,认为刑法总则对参与者的构成要件进行了修正;又由于持此说的论者肯定刑法总则采取形式的单一正犯体系,对参与行为形式并未作规定,当然不能认为刑法总则已将教唆行为、帮助行为修正为构成要件行为,从而只好将"各参与人行为总和的'整体行为'"解释为或"修正为"包含教唆者、帮助者在内的参与者实施的构成要件行为。但是,这种所谓参与者的"整体行为"符合构成要件的观点存在如下几方面的问题。

一是我国刑法第 29 条第 2 款明文规定,被教唆的人没有犯被教唆的罪时,对教唆犯应单独予以定罪处罚,这种单独的教唆犯通常是单个人成立犯罪,不存在与他人形成"总和的'整体行为'"的问题,那么,如何解释这种单个人实施的教唆行为也是符合构成要件的行为?

二是如果说数人共同参与的犯罪只可能是数人"总和的'整体行为'"符合构成要件,那就意味着不可能是参与者个人构成犯罪,而只能是作为参与者总和的那一"整体"构成犯罪。这与前述"归责区分制说"对共同犯罪不同于单个人犯罪之特殊性的认识十分相似,也与其"共同归责论"存在同样的违反个人责任原则、肯定团体构成犯罪却让个人承受刑罚处罚(犯罪主体与承受刑罚主体相分离)的问题,并且按这种"整体行为"论处理某些特殊案件,还会得出与前述"归责区分制说"同样的(诸如教唆犯"把自己强奸了"等)奇怪结论。

三是认为"按照形式的单一正犯体系的立场",应该将所有参与者"总和的'整体行为'"视为构成要件行为,这实际上是一种误解。正好相反,由于单一正犯论者认为,"所谓多数人参与犯罪,其刑事责任的认定,还是应该回归到犯罪的基本定义,针对个人行为做个别的判断。在犯罪构成的认定上,没有所谓的共同,也没有所谓的从属"[1],即对数人共同参与的犯罪采取与单个人犯罪基本相同的定罪规则[2],自然应当认为每个参与者的行为分别来看均是符合构成要件的行为,这样才能认定每个参与者

---

[1] 黄荣坚. 基础刑法学:下. 4 版. 台北:元照出版有限公司,2012:785 - 786.

[2] 刘明祥. 论中国特色的犯罪参与体系. 中国法学,2013 (6):117.

分别构成犯罪，甚至构成不同的罪。例如，甲发现乙曾扬言要杀的仇人丙与其爱子捉迷藏而躲藏在其犬舍中，以为乙也发现了仇人丙，便指使持猎枪的乙开枪，乙误以为是仇人的宠物犬而开枪射击致丙死亡。按形式的单一正犯的解释论，甲主观上有杀害丙的故意，客观上实施了教唆杀人的构成要件行为，因而，甲构成故意杀人罪；而乙客观上虽有致人死亡的构成要件行为，但主观上仅有杀死仇人的宠物犬（毁坏财物）的故意和致仇人死亡的过失，所以，乙成立故意毁坏财物罪和过失致人死亡罪（属想象的数罪）。而按"二元的形式单一正犯体系说"，则要认定甲与乙总和的"整体行为"符合构成要件，如果这一"整体行为"既是故意杀人罪又是故意毁坏财物罪和过失致人死亡罪的构成要件行为，那么，参与者实施的究竟是一个构成要件行为还是几个构成要件行为？若将一个"整体行为"既视为故意杀人罪又作为故意毁坏财物罪和过失致人死亡罪的构成要件行为，其科学合理性何在？

　　应当注意的是，形式的单一正犯体系虽然对共同参与犯罪者采取与单个人犯罪同样的定罪规则，但并非无视共同参与犯罪的共同性或整体性，只不过是在充分肯定每个参与者的行为均是共同参与之犯罪的有机组成部分的基础上，将其他参与者的行为视为每个参与者的行为的延伸，因而每个参与者的行为都不仅是符合构成要件的行为，而且在由他人的行为直接引起危害结果发生的情况下，同样认定未直接引起危害结果发生的参与者也应对该结果负责。例如，甲教唆乙杀丙，乙按甲的旨意杀死了丙。之所以对作为教唆者的甲可以与其单独犯故意杀人罪同样定罪，是因为在单一正犯论者看来，就故意杀人犯罪而言，行为人大多存在利用外在条件（或使自己的行为得已延伸）而剥夺被害人生命的现象，如唆使自己训养的恶狗去咬死被害人，同教唆他人（特别是无责任能力人）去杀害被害人，就具有实质上的相同性，即都是使自己的行为得已延伸从而达到剥夺被害人生命的目的。既然肯定前者具备故意杀人罪的构成要件，因而成立此罪，为何不能认定后者也具备此罪的构成要件并构成此罪呢？事实上，按单个人犯罪的定罪规则认定参与者（含组织者、教唆者、帮助者）构成犯罪不存在任何障碍，只不过在共同犯罪的场合，还存在责任分担的问题，也就是在处罚上对数人共同参与的犯罪与单个人犯罪的规则有所不同。

(三) 不同于区分制和单一制的体系

此种观点认为，我国刑法采取的犯罪参与体系，既不同于单一正犯体系，也有别于区分正犯与共犯的区分制体系，是一种有自己特色的独立体系。① 其中，有论者认为"是有别于两者的'主从犯体系'"②。由于我国刑法对共同犯罪的定罪处罚规定，确实有不同于其他国家刑法的特殊性，并且从前述学界的争议可以看出，很难说我国刑法的相关规定完全符合区分制或单一制中的哪一种体系，因而有不少学者认为，此种观点更为合理。③

但是，应当看到，各国刑法对犯罪参与者的定罪处罚规定，大多会有这样那样的差异，很难找到完全相同的刑法规定。而区分制与单一制两种不同犯罪参与立法体系，是刑法理论上通过比较分析各国刑法的相关规定概括出来的，并不存在一个固定的蓝本，因此，几乎不可能找到与理论上概括出来的区分制或单一制完全吻合即没有一点差异的刑法规定。就区分制立法体系而言，德国刑法被公认为采取此种体系最典型的代表，但德国刑法规定对教唆犯按正犯之刑处罚，并且对教唆未遂设有处罚规定，这样的规定就与作为区分制根基的共犯从属性观念不符。因为教唆犯作为共犯处于从属性地位，定罪应以被教唆者已着手实行犯罪为条件，对教唆未遂当然不应定罪处罚；同时，对教唆犯的处罚也应轻于正犯，不应给予与正犯相同的处罚。从单一制立法体系来看，意大利刑法被公认为采取形式的单一正犯体系，但意大利刑法关于共同犯罪的规定中，并无"所有参与犯罪者均为正犯""对犯罪参与者应根据其参与犯罪的性质和参与的程度予以处罚"这样的明文规定。可见，各国刑法大多只是基本上属于或者更接近于区分制或单一制中的某一种体系，我国刑法也不例外，认为我国刑法关于共同犯罪的规定，既有不同于区分制体系之处，也有有别于单一制体系的特殊性，这无疑是正确的。

问题在于，这是否意味着我国刑法采取的犯罪参与体系是区分制与单

---

① 郑泽善. 正犯与共犯之区别. 时代法学，2014 (5)：48.
② 夏伟. 走出"共犯与身份"的教义学迷思："主从犯体系"下身份要素的再定位. 比较法研究，2019 (3)：175.
③ 兰迪. 犯罪参与体系：中国图景下的比较与选择. 西北大学学报（哲学社会科学版），2015 (2)：123.

一制之外的独立的或第三种体系？要回答这一问题，必须先弄清这两种犯罪参与体系的划分标准。区分制与单一制是以犯罪参与形式（或行为形式、行为类型），对参与者的定罪及处罚的价值有无质的差异为标准所作的划分。如前所述，区分制体系论认为正犯（或实行犯）与共犯（教唆犯和帮助犯）有质的差异，正犯是犯罪的核心人物，共犯是犯罪的边缘角色（或依附者），共犯从属于正犯，共犯以正犯着手实行犯罪为定罪的条件，共犯的处罚在原则上轻于正犯；但单一制（或单一正犯）体系论认为，不同的犯罪参与形式并无质的差异，相反，所有参与行为的价值相等、参与者的地位平等，不存在谁从属于谁的问题。也就是说，"单一制与区分制的实质对立在于是否承认犯罪参与类型的价值异质性。因此，根据该标准只能划分出非此即彼的两个子项，不可能既承认正犯与共犯的价值等值，又认为正犯与共犯的价值不等值，所以，'既非单一又非区分制说'存在形式逻辑的自相矛盾"[①]。实际上，刑法对犯罪的不同参与形式是否作明文规定，并不是表明其采取何种参与体系的根本标志，关键在于其是否承认不同参与形式有质的差异。如前所述，俄罗斯刑法对共同犯罪的参与形式有明文规定，但对教唆犯、帮助犯定罪并不以实行犯已着手实行犯罪为条件，对教唆犯、帮助犯的处罚也可能重于实行犯[②]，可见，俄罗斯刑法并不认为参与形式有质的差异，因而被认为是采取单一正犯体系。法国刑法规定对共犯以正犯论处，但法国刑法不仅明确区分正犯与共犯，而且坚持共犯从属性原则，按法国刑法的规定，对共犯的处罚不可能重于正犯，表明法国刑法仍是以正犯为中心，这与俄罗斯刑法有重要差别，因此，其被公认为采取的是区分制体系。

二、我国刑法采取的犯罪参与体系定位

应当肯定，我国刑法采取的犯罪参与体系更接近于或应归属于形式的单一正犯体系。一般认为，形式的单一正犯体系是典型的单一正犯体系，"可谓具备下列特点：（一）对犯罪之成立赋予条件者，皆为正犯。（二）不重视

[①] 兰迪. 犯罪参与体系：中国图景下的比较与选择. 西北大学学报（哲学社会科学版），2015（2）：125.

[②] 库兹涅佐娃，佳日科娃. 俄罗斯刑法教程（总论）：上卷·犯罪论. 黄道秀，译. 北京：中国法制出版社，2002：426.

行为形态之区别。（三）就犯罪之成立，依各个正犯之行为而个别论究之。（四）对各个正犯适用同一法定刑。（五）依各个正犯之加功程度、性质而量刑"①。在笔者看来，我国刑法有关共同犯罪的规定完全符合单一正犯体系的这几个特点。

第一，我国刑法第25条第1款规定："共同犯罪是指二人以上共同故意犯罪。"这一规定表明，二人以上只要是基于共同故意，实施了侵害刑法所保护的法益的行为，就构成共同犯罪，成为共同犯罪人。也就是说，所有参与犯罪或为犯罪创造条件构成犯罪的人，都是共同犯罪人。并且，所有参与犯罪的人构成犯罪即成为共同犯罪人的条件是完全相同的。这表明我国刑法关于共同犯罪的规定中隐含有"共同犯罪人"的概念，而这一概念与单一正犯体系中的"正犯"具有相同含义。

第二，在我国，不论行为人实施的是侵害法益的实行行为，还是教唆行为或帮助行为，只要其行为与侵害法益的结果之间有因果关系，或者说其行为是为侵害法益创造条件的，就有可能与他人构成共同犯罪，使之成为共同犯罪人。至于其参与犯罪的行为形态是实行行为（正犯行为）还是教唆行为或帮助行为，对于其是否构成犯罪或能否成为犯罪人并不具有重要意义，因而无必要加以区分。另外，共同犯罪人参与犯罪的行为形态，对其所应受刑罚处罚的轻重不起决定作用。可见，我国刑法对共同犯罪的定罪和处罚，并"不重视行为形态之区别"。

第三，我国刑法对作用于同一犯罪事实的参与者，其行为是否构成犯罪，不仅要看其主观方面是否有与他人共同犯罪的故意，客观方面其行为与他人行为之间有无共同性或关联性，以及对侵害法益的结果是否发挥作用乃至作用的大小，而且要考察其认识控制能力的大小、主观恶性的程度等个人特有的罪责因素，作出综合评价后认定其是否构成犯罪；并不以其他参与者构成犯罪作为对特定参与人定罪的理由，更不以其行为形态作为定罪的依据。例如，不能以实施教唆行为（共犯行为）的人已被定罪处罚，就认为实施实行行为（正犯行为）的人必须被定罪处罚。事实上，对参与者是否定罪处罚，只能以其个人实施的行为以及该行为对整个共同犯罪的贡献或所起作用的大小作为判断的主要依据。

第四，根据我国刑法的规定，对各个共同犯罪人都是适用相同的法定

---

① 陈子平．刑法总论．4版．台北：元照出版有限公司，2017：461.

刑予以处罚，不存在对共同犯罪中的组织犯、实行犯、教唆犯和帮助犯适用不同法定刑的问题，也不存在类似区分制体系的以正犯（或实行犯）的法定刑作为处刑基准，对教唆犯和帮助犯予以从轻、减轻处罚或按正犯之刑处罚的规定。

第五，按照我国刑法第26条至第29条的规定，对各个共同犯罪人在具体量定刑罚时，应根据其在共同犯罪中所起作用的大小，分别认定为主犯或从犯（含胁从犯），给予轻重不同的处罚，以充分体现区别对待的刑事政策精神。这实际上是对各个共同犯罪人，依据其参与犯罪的性质和参与的程度来裁量刑罚，也就是前述"依各个正犯之加功程度、性质而量刑"。

我国刑法关于共同犯罪的定罪处罚规定，不仅完全符合上述单一正犯体系的基本特征，而且，正如前文所述，对共同犯罪人参与犯罪的形式，并无类似奥地利刑法、俄罗斯刑法那样的予以明文列举的规定，对实行犯、帮助犯如何处罚并无明文规定，仅对教唆犯的处罚原则有明文规定。可见，我国刑法并不是采取并列规定所有参与形式的实质的单一正犯体系，而是采取原则上不规定参与形式的所谓形式的单一正犯体系。

众所周知，在犯罪参与问题上，现行意大利刑法是采取形式的单一正犯体系的典型立法例①，而我国刑法关于共同犯罪的规定与意大利刑法的相关规定十分相似。两国刑法均用"共同犯罪"概念作为一节的名称将相关条文囊括其中，并且我国刑法第25条"关于共同犯罪的定义性规定，与《意大利刑法典》第110条的规定是极为相似的"②。从所规定的具体内容来看，意大利刑法在"共同犯罪"一节中，除第111条、第116条、第117条、第118条、第119条等我国刑法没有规定的内容之外，其他条文所规定的内容与我国刑法规定的相关内容也很相似，甚至可以说所体现的立法精神是完全一致的。如意大利刑法第112条规定，"发起或者组织犯罪合作的，或者在共同犯罪活动中起领导作用的"；"指使不满18岁的未成年人……实施犯罪的"，均在加重情节之列，"对犯罪应科处的刑罚予以增加"。这与我国刑法第26条规定的对"组织、领导犯罪集团进行犯罪活动的或者在共同犯罪中起主要作用的"作为主犯予以重罚，第29条第1

---

① 高桥则夫．共犯体系和共犯理论．东京：成文堂，1988：33．
② 陈兴良．教义刑法学．北京：中国人民大学出版社，2010：638．

款规定的对"教唆不满十八周岁的人犯罪的，应当从重处罚"的立法精神完全一致。又如，意大利刑法第114条规定："参加共同犯罪的人在犯罪的准备或者执行过程中只起了轻微的作用，可以减轻处罚。"这与我国刑法第27条对"在共同犯罪中起次要或者辅助作用的"，作为从犯予以"从轻、减轻处罚或者免除处罚"的规定基本相同；再如，意大利刑法第115条规定："在教唆他人实施犯罪的情况下，如果教唆已被接受，但犯罪没有实施，适用同样的规定（处以保安处分——笔者注）。""如果教唆没有被接受，并且属于教唆实施某一重罪，对教唆人可处以保安处分。"这与我国刑法第29条第2款规定的"如果被教唆的人没有犯被教唆的罪"，对于教唆犯仍然要定罪但可以从轻或者减轻处罚，在立法精神上也具有相同性。如此等等，在一定程度上佐证我国刑法采取形式的单一正犯体系。

还有必要一提的是，我国刑法采取单一正犯体系，有其历史渊源。从法律沿革来看，"历代封建法律一向把共犯分为首犯、从犯两类。唐律规定：'诸共犯罪者，以造意为首，随从者，减一等。'明律、清律的规定也是如此。以造意者为首犯，以其他实施犯罪者为从犯，这是我国封建统治阶级'诛心'思想的表现"[1]，显然不属于区分正犯与共犯的区分制。民国时期的刑法，虽然借鉴了德、日的区分制，将共同犯罪人分为正犯、教唆犯和从犯（帮助犯）予以定罪处罚，但新中国成立后，就改变了这种立法形式。20世纪50年代初颁布的《惩治反革命条例》，在规定"持械聚众叛乱"罪和"聚众劫狱或暴动越狱"罪的刑事责任时，就区别犯罪的"组织者""主谋者""指挥者""罪恶重大者""积极参加者"等不同情况，也就是根据犯罪人在共同犯罪中所起作用的大小，给予轻重不同的处罚。在刑法起草的过程中，关于共同犯罪人的分类问题，曾提出过多种方案，如在1962年至1963年对第22稿进行讨论修改的过程中，就提出过五种方案，包括根据犯罪人在共同犯罪中的分工予以分类（含区分制）的方案，但经过反复比较研究，作为1979年刑法蓝本的第33稿，采取了基本上按作用分类（单一制）的方案，也就是根据共同犯罪人在共同犯罪中所起作用的大小，分为主犯、从犯（含胁从犯），只是"考虑到教唆犯在定罪上确有其特点，

---

[1] 高铭暄. 中华人民共和国刑法的孕育诞生和发展完善. 北京：北京大学出版社，2012：29.

可以单写一条……在形式上虽然与主犯、从犯分开，但实际上仍要按照他在共同犯罪中所起的作用处罚"①。1997 年修订的现行刑法，对共同犯罪人的分类未作修改。由此可见，我国现行刑法在共同犯罪人的分类上，并未选择民国时期采用过的区分正犯与共犯的区分制，而是遵循我国古代将共犯人分为首从的法律传统，根据共同犯罪人在共同犯罪中所起作用的大小，分为主犯与从犯两大类，给予轻重不同的处罚，这明显属于单一制。

有论者认为："我国刑法的相关规定不符合单一正犯概念的特征。具体表现在，刑法条文中没有明确规定，为犯罪成立赋予条件者都是正犯；立法上单独规定了帮助犯、教唆犯，而不是不重视共犯行为形态的区别；对于各共同犯罪人，不能适用同一法定刑。例如，帮助犯就不能适用正犯之刑，而是'应当从轻、减轻处罚或者免除处罚'。"② 但是，笔者认为，这值得商榷。

其一，我国刑法固然没有像奥地利刑法那样，明确规定为犯罪成立赋予条件者都是正犯，但是，采取单一正犯体系的刑法并非均有这样的明文规定。如前所述，现行意大利刑法是采取单一正犯体系的典型立法例。可是，意大利刑法就没有这样的明文规定。并且，在其"共同犯罪"一节中并未出现"正犯"一词，而是在多处使用了"共同犯罪""共同犯罪人"的概念。一般认为，意大利刑法中的"共同犯罪人"，与单一正犯体系所指的"正犯者"同义。③ 我国刑法在总则第二章第三节关于共同犯罪的规定中，虽然没有出现"共同犯罪人"的称谓，但有多处使用了"共同犯罪"的概念。从我国刑法第 25 条的规定不难看出，参与共同犯罪构成犯罪的人，就是"共同犯罪人"，也就是说该条规定实际上隐含有"共同犯罪人"这一与单一正犯体系的"正犯"含义相同的概念。

其二，认为我国在立法上规定了帮助犯、教唆犯，就表明不是不重

---

① 高铭暄. 中华人民共和国刑法的孕育诞生和发展完善. 北京：北京大学出版社，2012：32.

② 周光权. "被教唆的人没有犯被教唆的罪"之理解——兼与刘明祥教授商榷. 法学研究，2013（4）：184.

③ Kienapfel, a. a. O., S. 31. 转引自高桥则夫. 共犯体系和共犯理论. 东京：成文堂，1988：34.

视共犯行为形态的区别,从而"不能认为在我国刑法中有采取单一制的可能性"①。这显然是一种误解。事实上,正如前文所述,我国刑法对帮助犯及其处罚原则并未作规定。至于说刑法第 29 条对教唆犯及其处罚原则作了明文规定,这是否意味着我国刑法不可能是采取单一制呢?笔者的回答是否定的。如上所述,意大利刑法采取单一制,但该法第 115 条也有"教唆他人实施犯罪的",如果"犯罪没有实施",对"教唆人"如何处罚的规定;奥地利刑法也是采取单一制,该法第 33 条则将"教唆他人实施应受刑罚处罚的行为的",作为"构成特别之从重处罚事由"之一作了明文规定。由此可见,刑法对教唆犯及其处罚原则作专门规定,并不能成为其犯罪参与体系采取的是区分制而不是单一制的法律根据。

其三,如前所述,根据我国刑法的规定,对各个共同犯罪人都是适用相同的法定刑来量刑,不存在共犯(教唆犯和帮助犯)与正犯(实行犯)适用不同法定刑的问题,也不存在以正犯的法定刑作为处刑基准,对共犯予以从轻或减轻处罚的规定。上述否定我国是采取单一正犯体系的论者,以对"帮助犯就不能适用正犯之刑"为例,认为我国刑法对于各共同犯罪人,不是适用同一法定刑,因而不符合单一制的特征。这显然与我国的立法和司法实际不一致。如上所述,我国刑法对帮助犯及其处罚原则并未做明文规定。由于我国刑法是按照共同犯罪人在共同犯罪中所起的作用大小不同,划分为主犯与从犯(含胁从犯),给予轻重不同的处罚。就帮助犯而言,虽然在通常情况下,帮助行为比实行行为、教唆行为的危害性程度低,帮助犯大多是从犯,"应当从轻、减轻处罚或者免除处罚",但这是以犯罪的同一法定刑为基准而予以从宽处罚。并且,正如前文所述,还有特殊例外的情形,即对犯罪的完成作出了决定性的贡献,明显是在共同犯罪中起主要作用要被认定为主犯的帮助犯,当然不能享受从轻处罚的待遇,相反,还有可能要作为酌定从重的情节,予以从重处罚。

---

① 周光权."被教唆的人没有犯被教唆的罪"之理解——兼与刘明祥教授商榷.法学研究,2013(4):182.

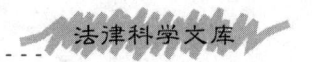

第三节 我国刑法采取的犯罪参与体系之利弊

一、我国刑法采取的犯罪参与体系的优越性

我国刑法采取的单一正犯体系与德、日等国的区分制体系相比，整体而言，"有其优越性：逻辑设定上的准确性、学说论理上的一贯性、对个人责任原则的坚持、法律适用上的经济性以及参与问题处理实质上的妥当性"①。具体来说，主要有如下几方面的优越性。

（一）克服了难以区分正犯与共犯的弊病

采取区分正犯与共犯类型的参与体制，就必须将正犯与共犯严格区分开来。学理上为区分正犯与共犯提出的理论多种多样，其中最有影响的是如下四种，但它们均不能从根本上合理区分正犯与共犯。

1. 客观理论，认为应从行为的客观方面来区分正犯与共犯。这又分为形式客观理论与实质客观理论两种。其中形式客观理论认为，凡是实施犯罪构成要件之行为的人为正犯，实施构成要件以外之行为的人为共犯。由于形式客观理论完全不考虑行为人的主观意思，对那种利用他人实现犯罪的幕后操纵者，充其量只能认定为教唆犯；还有间接正犯，也由于未亲自实施构成要件的行为，不能成为正犯，至多只能视为共犯。这显然是对行为的违法性和可谴责性程度没有作出恰当的评价。另外，在通常所说的共同正犯的场合，如果基于分工在作案现场未亲自实施构成要件行为的人，也就只能认定为帮助犯，这又会导致共同正犯与帮助犯难以区分。正是为了解决这一难题，有人提出了"实质的客观理论"。但由于它并非是区分正犯与共犯的理论，而仅仅是为解决形式客观理论所无法解决的问题提出来的，其本身就有局限性，仍然不能很好地区分共同正犯与帮助犯，无法准确界定正犯、间接正犯及教唆犯。②

2. 主观理论，认为应从行为人的内心来区分正犯与共犯。这又分为

---

① 张伟．扩张的正犯概念与统一正犯体系．清华法学，2020（5）：41.
② 柯耀程．刑法参与论的发展与检讨//刘明祥，等．刑事法探究：第4卷．北京：中国人民公安大学出版社，2011：406.

故意理论与利益理论两种。前者认为，如果参与者是以正犯的意思实施行为的，就是正犯；如果是以共犯的意思实施行为的，则为共犯。后者认为，为了自己的利益而实施犯罪行为的是正犯，为了他人的利益而实施犯罪行为的属共犯。[①] 但是，行为人的主观心理是深藏于内心的东西，一般很难判断，加上许多案件的行为人之所以犯罪，往往既有为他人利益的因素，也有为自己利益的成分，或者说直接是为他人利益，间接却是为自己的利益，在这样的场合，究竟是认定为正犯还是共犯，就成为一个难题。况且，如果行为人是为他人的利益去犯罪，即便是亲自实行了构成要件的行为，也只能认定为共犯，这势必使正犯与共犯的区分失去客观标准，同时与构成要件设置的根本目的相违背。

3. 综合理论，由于客观理论与主观理论对于区分正犯与共犯的立足点不同，且各有所偏，不能提供一个合理有效区分二者的标准。以德国刑事审判历史上著名的"澡盆案"为例[②]，如果采取客观理论，帮助姐姐杀死婴儿的妹妹是正犯，而指使妹妹杀婴儿的姐姐作为幕后操纵者只是共犯（教唆犯），反而处于从属地位受较轻的处罚，这显然不合情理；如果采取主观理论，姐姐成为正犯，妹妹则是从犯（帮助犯）。但亲自实行构成要件行为的人，只因其主观上是为了他人的利益，就认定为帮助犯，这无疑是抛弃了构成要件的规定。正是为了调和主观理论与客观理论在判断结果上的差异，学理上出现了将二者加以整合的所谓折中式的"综合理论"。这又分为以客观理论为主、以主观理论为辅，或者以主观理论为核心而辅之以客观理论的两种综合理论。虽然综合理论有避免按主观或客观理论形成认定偏差的优势，但存在多方面的问题。首先是难有一个确定的认定基准，究竟何时以主观理论、何时以客观理论为基准，并不明确，始终游移于主观与客观之间，难免出现采用判断标准的随意性。其次是方法论上也有缺陷，因为事物之间只有在具有兼容性的场合，才能调和或折中。而主

---

① 龟井源太郎. 正犯与共犯的区别. 东京：弘文堂，2005：87-89.
② 该案事实如下：一位未婚生子的母亲，因迫于多方压力，决意将自己刚生下之婴儿杀死。但由于产后虚弱，加上自己下不了手，便恳求其妹代为行事。并告知其妹，可以利用其为婴儿洗澡时，将婴儿溺死在澡盆中，尔后佯称婴儿系出生后自然死亡。其妹因不忍心见其为一个非婚生婴儿如此痛苦，遂答应其要求，而将婴儿溺死。柯耀程. 参与与竞合. 台北：元照出版有限公司，2009：17.

观理论和客观理论可谓水火不兼容，因此也无法综合或折中。①

4. 支配理论，认为正犯是犯罪事实的核心角色，也就是对犯罪事实的发生、历程与结果具有支配关系的人，而共犯则是犯罪事实的边缘角色。德国学者洛克辛（Roxin，也译为"罗克辛"）对这种理论的发展有杰出贡献。他将犯罪事实支配分成行为支配、意思支配与功能性支配三种。其中，所谓行为支配，主要是指实现构成要件的人，在数人参与犯罪的场合，发挥这种行为支配作用的人，当然是正犯。所谓意思支配，是指参与者之间具有纵向的前后关系时，对于幕后的参与者可以认为具有意思支配，而视为间接正犯。所谓功能性支配，是指数个参与者之间具有对等的横向参与关系时，如果存在功能性支配，则所有参与者皆为共同正犯。在功能性支配的基础上，共同正犯的成立须满足四个条件，即各正犯间具有行为形成的共同性、行为承担的共同性、正犯间地位对等和归责关系对等。②"犯罪事实支配说……实际就是正犯理论中的客观实质说。"③"虽然，犯罪事实支配理论对于界分正犯与共犯，有其优于其他理论的优点，但其发展至今仍有其局限性，其对于义务犯（Pflichtsdelikte）与特别犯（Sonderdelikte）之参与问题，仍未能提供完善之解决方法，特别是涉及构成要件成立关系的正犯与共犯之界分，这一难题即使是 Roxin 也必须承认。"另外，"支配理论者，虽然被视为区分正犯与共犯的理论，但其所侧重者，仍在于以界分正犯为主，对于共犯的认定，仍旧相当模糊"④。

从学说史观之，"在正犯与共犯的区分问题上，德、日传统的共犯理论恪守以构成要件为中心的形式客观说"⑤，但现在德国、日本的通说与审判实践对两者的区分，"都不采取形式的客观说，而是进行实质判断"⑥。这是因为"若彻底贯彻传统的形式客观说，就会将那些虽未参与构成要件行为的实行但在共同犯罪中起重要作用的人认定为共犯而处以较

---

① 柯耀程. 参与与竞合. 台北：元照出版有限公司，2009：17-19.
② 洛克辛. 刑法总论：第2卷（犯罪的特别现象形态）. 山中敬一，译. 东京：信山社，2011：38-189.
③ 刘艳红. 论正犯理论的客观实质化. 中国法学，2011（4）.
④ 柯耀程. 刑法参与论的发展与检讨. 刘明祥，等. 刑事法探究：第4卷. 北京：中国人民公安大学出版社，2011：412.
⑤ 钱叶六. 共犯论的基础及其展开. 北京：中国政法大学出版社，2014：32.
⑥ 张明楷. 共犯人关系的再思考. 法学研究，2020（1）：137.

轻的刑罚，这势必导致罪刑失衡。基于实现刑事处罚的合理性的需要，在正犯和共犯的判断上，德、日学界及实务界逐渐突破实行行为的传统边界而加以实质的解释——纵使没有参与构成要件行为的实行，但如果对共同犯罪的不法事实具有支配力或者发挥了重要作用，亦能成为正犯；相反，即便直接参与了构成要件行为的实行，但倘若对不法事实缺乏支配力或者对结果的发生所起的作用较小，亦可成立共犯（主要是指帮助犯）。如此一来，正犯这种原本按照形式上的分工标准所划分和确立的犯罪类型在事实上也就成为按照实质上的作用分类标准所确定的'主犯'范畴"[1]。这也在一定程度上表明，合理区分正犯与共犯不仅十分困难，而且发展的趋势是区分越来越离谱，即不是按原有的正犯与共犯相区分的理念来做区分，而是逐渐模糊了二者的界限，纯粹从合理处罚的需要出发来操作，从而动摇了区分制的根基。但这也是一种迫不得已的选择。因为在刑法采取区分正犯与共犯的参与体制的条件下，处理具体案件时，必须确定每个参与者是正犯还是共犯，否则，就无法对其定罪处罚。但又不可能找到对定罪与处罚均合理的准确区分正犯与共犯的标准。而我国采取的不区分正犯与共犯的单一正犯体系，"没有停留在犯罪实行、犯罪教唆与犯罪帮助等犯行的表象，更没有依此作为厘定可罚行为类型的标准，避免了二元犯罪参与体系因区分而引致的处罚漏洞；由于实质性地把握可罚的行为类型，且在构成要件层面同价值的把握不同的参与类型，故区分行为类型显得没有必要或者无关紧要，更不存在因区分正犯与共犯而引发的无休止的争论以及由此导致的逻辑弊端"[2]。况且，在数人参与犯罪的情况下，无非是要解决对每个参与者是否定罪以及定罪之后如何处罚的问题。但区分正犯与共犯，对参与者的定罪和处罚并无决定性的意义。对此，笔者将在下文展开论述。

（二）定罪更为科学

众所周知，犯罪是危害社会违反刑法的行为，或者说犯罪是符合构成要件的违法并有责的行为。任何犯罪在客观上必须有违法即侵害法益的行为，主观上必须有可责性即故意或过失乃至非难可能性。就单个人犯罪而言，自然是以特定行为人的行为与主观罪过作为评判的对象。但在多人参

---

[1] 钱叶六．双层区分制下正犯与共犯的区分．法学研究，2012（1）：132.
[2] 张伟．扩张的正犯概念与统一正犯体系．清华法学，2020（5）：52.

与犯罪的场合，是否在判断的方式或者定罪的标准上，应该与单个人犯罪有所不同？对此，单一制与区分制的论者所持的立场有重大差异。如前所述，采取区分制的学者大多认为，在多人参与犯罪的场合，由于正犯是犯罪的核心人物，共犯（教唆犯和帮助犯）是犯罪的边缘人物或依附者，因而共犯具有从属于正犯的特性，对共犯定罪时必须考虑正犯的情况，正犯如果尚未实行犯罪，对共犯就不能定罪处罚。共犯从属性理论的实质是，认为共犯行为（教唆和帮助行为）不会直接侵害法益，只能是通过正犯的行为间接侵害法益，因而刑法分则仅规定正犯行为（实行行为），刑罚原则上也仅及于正犯，处罚教唆犯和帮助犯是基于刑罚扩张的原因①，即国家从刑事政策的需要出发，在刑法总则中作出处罚教唆犯和帮助犯的特别规定，以作为对共犯定罪处罚的法律根据。正因为如此，在多人参与共同犯罪的场合，定罪时就必须把正犯与共犯严格区分开来，特别是对共犯的定罪不可能与单个人犯罪同样对待。但这会带来处罚漏洞。例如，在行为人用重金收买对方从事大规模杀人的恐怖活动遭到拒绝的场合，按支撑区分制的共犯从属性理论，由于被教唆者没有实行被教唆的罪，对教唆者就无法定罪处罚。这样处理，无疑会放纵这类危险的犯罪发生。

但是，根据我们所采取的单一正犯理论，在数人参与犯罪的场合，对每个参与者都应该与单个人犯罪一样来认定其是否构成犯罪以及构成何种犯罪。关键要看行为人的行为与侵害法益的事实或结果之间是否有因果关系，如果没有因果关系，当然就不能追究其刑事责任，即不能定罪；如果有因果关系，则要进一步考察行为人有无责任能力、主观上是否有罪过，假如回答是否定的，同样不能认定其构成犯罪。即便行为人的行为与危害结果之间有因果关系，其主观上有故意并有刑事责任能力，且其他参与者均被认定为有罪，只要对其主客观事实做综合评价后认为确属情节显著轻微的，也应当认定其不构成犯罪。至于其参与的形式如何，即参与实施的是实行行为还是教唆行为或帮助行为，对认定其是否构成犯罪并无决定作用。

至于说按作为区分制根基的共犯从属性理论，只有正犯才是直接犯罪人（或"真正的犯罪人"），共犯（教唆犯和帮助犯）只是依附于正犯的间接犯罪人，正因为如此，二者应该区别对待。这种观念固然有一定的道理，但却忽视了一点：任何犯罪都是人的主观意志表现于外在的行为而对

---

① 西田典之. 共犯理论的展开. 东京：成文堂，2010：22.

他人利益造成侵害的现象。人的意志要得以实现，就直接故意犯罪而言，"永远是利用工具才能实现侵害"或达到犯罪目的。利用工具既可能是利用自己的身体（或肢体），也可能是利用外在的动植物或物体，还可能是利用他人做工具。由此而论，所有的犯罪都"永远是间接犯罪"。因为"人要实现不法构成要件，技术上本来就是要利用工具；至于所利用的完全是自己的肉体、部分别人的肉体，或是人体以外的物体，其区别，就刑法处罚犯罪的目的而言，根本没有意义。因此，所谓不法构成要件该当，也不限于通说所谓的自己实现不法构成要件的行为，而是，只要能够支配不法构成要件实现的，不管是完全利用自己的肉体、部分利用别人的肉体，或是人体以外的物体，都是不法构成要件该当"[1]。既然如此，在数人参与犯罪的场合，对每个参与者与单个人犯罪一样，对其客观行为和主观罪过以及影响其行为社会危害性程度（或违法性程度）的各种因素，进行综合判断无疑是恰当的。例如，行为人想要害死仇人家的孩子，既可能是他自己拿刀将其砍死，也可能是放出恶狗将其咬死，还可能是指使无责任能力人将其杀害（间接实行犯），更有可能是唆使有责任能力人将其杀害（教唆犯）。这几种情形在行为的具体表现形式上虽有差异，但都是行为人故意利用外在条件（或犯罪工具）引起被害人死亡结果发生的，实质上应该做同样的评价。也就是说，无论是行为人自己用刀杀死被害人、放恶狗咬死被害人，还是唆使无责任能力或有责任能力的人杀死被害人，在定罪即犯罪成立的判断上，都应该完全相同。不能说行为人出于杀人的目的，唆使无责任能力的人杀人，因对方拒绝没有达到目的，由于这是间接正犯，行为人构成杀人罪（属于杀人未遂或杀人预备），但唆使有责任能力人杀人，同样是因对方拒绝而没有达到目的，却由于行为人是共犯（教唆犯），根据共犯从属性理论，当正犯没有实行杀人行为时，教唆犯不构成杀人罪。否则，就无法合理说明为何行为人基于同样的目的，实施同样的行为（利用他人杀人），并且行为所处的状况完全一样，却出现罪与非罪的差异。可见，按照作为共犯从属性之基础的限制正犯概念论，"认为只有以自己身体活动直接实现构成要件的人才是'真正的犯罪人'的观念违背了刑法归责的基本原理"；相反，扩张的正犯概念论"主张对构成要件结果赋予任何条件的人，包括亲自实现构成要件的人，利用他人为工具而实施的人，促使他人实施构

---

[1] 黄荣坚. 基础刑法学：下. 4版. 台北：元照出版有限公司，2012：764-765.

成要件的人，以及协助他人实施构成要件的人，都是正犯"。"就此而言，在把握犯罪参与的归责立场与方法上，与限制的正犯概念相比较，应该说扩张的正犯概念是准确且合乎事理的。"① 也就是说，单一正犯体系运用的归责原理及采取的定罪规则，更具有科学合理性。

此外，"统一正犯（单一正犯——笔者注）体系以及由此构建的犯罪参与理论不仅适用于共同故意犯罪，而且可适用于共同过失犯罪，还可适用于故意与过失共动引致法益侵害的情形，这不仅保证了犯罪参与理论适用于一切共动场合，而且避免了二元参与（区分正犯与共犯——笔者注）体系面临的'体系二元论'的尴尬，即故意犯罪按照二元犯罪参与体系处理，过失犯罪则按照统一正犯体系处理"②。众所周知，根据我国刑法第25条第2款的规定，"二人以上共同过失犯罪，不以共同犯罪论处；应当负刑事责任的，按照他们所犯的罪分别处罚"。对共同过失犯罪人的定罪，我国司法实践中一直都是采取与单个人犯罪一样的定罪规则，即看行为人的行为与危害结果之间有无因果关系以及对结果发生的影响程度或作用大小，同时考察其主观方面有无过失，具备了主客观两方面条件的，就认定其构成犯罪。至于其他与结果发生相关的人是否构成犯罪以及行为的表现形式如何，对行为人的定罪并无决定意义。对这样的定罪方式（单一正犯体系的定罪方式），我国刑法学界也公认为是合理的。并且，在德、日等采取正犯与共犯相区分的立法体系的国家和地区，包括我国的台湾地区，对共同过失犯罪人也是采取与同样的定罪方式，即与单个人犯罪一样来定罪。那么，同样是多个人参与犯罪，为何在多人共同过失犯罪的场合，可以以参与者个人的行为及其结果乃至其主观罪过，来判断其是否构成犯罪，不存在要考虑其行为是否从属于他人的问题；而在数人共同故意犯罪时，却必须考虑其行为的形式，即其是实行行为还是教唆或帮助行为、定罪上必须坚持共犯从属性原则？这不得不说是区分制的一大缺陷。正如黄荣坚教授所述："在故意犯罪的情况下，通说固然强调，要'亲自'实现不法构成要件才叫做不法，因此如果是某甲叫某乙去杀人，就不能说某甲构成杀人罪。然而我们再看看通说处理过失犯罪的情形，其态度就不是如此了。例如某甲将车辆交由没有驾驶执照又不谙驾驶的某乙驾驶，

---

① 张伟. 扩张的正犯概念与统一正犯体系. 清华法学，2020（5）：46-47.
② 同①50.

结果某乙撞死人。在此一实例中,虽然某甲并非亲自驾驶车辆撞死人,但是实务见解也是毫无疑义的认为某甲应该构成过失致人于死罪。令人不解的是,既然此处在过失致人于死的情况下,我们并不要求行为人非要'亲自'致人于死不可,那么在故意杀人(故意致人于死)的情况下,有什么理由可以要求行为人非要'亲自'致人于死不可?"①

(三) 处罚更为合理

无论何人犯了罪都应该受处罚,这可谓是天经地义的事。与单个人犯罪不同的是,数人参与犯罪的场合,由于是数人的行为引起了一个侵害法益的结果或事实,每个人的行为对引起法益侵害的结果或事实所起的作用大小可能有较大差异,处罚轻重也应有差别,这样才算公平合理。另外,就共同犯罪而言,组织、领导者或犯意引起者是犯罪产生的源头,从刑事政策的角度考虑,也应当认为其是起主要作用者,因而要对其给予更重的处罚。从某种意义而言,数人参与的犯罪与单个人犯罪最大的不同,不在于定罪,而在于处罚。因为每个参与者的行为对侵害法益的结果的发生或侵害事实的造成,所起的作用可能会有较大差异,承担的法律责任也应有差别,这种差别就主要体现在处罚的轻重程度上。无论是采取区分正犯与共犯的区分制,还是不做这种区分的单一制的理论,在对同一案件的每个参与者应给予轻重有别的处罚这一点上,认识完全一致。只不过区分制是以犯罪行为的参与形式为依据,将犯罪人分为正犯与共犯两类,对正犯比共犯处更重的刑罚,以体现区别对待的刑事政策思想和处罚的公平合理性。单一正犯体系则是在量刑时考虑每个参与者参与犯罪的性质和参与的程度,给予其轻重不同的处罚。

我国刑法采取的犯罪参与体系,虽然原则上属于单一制,但与其他国家刑法所采取的单一制有重大差异,那就是将所有参与共同犯罪的人分为主犯与从犯(含胁从犯)两大类②,分别给予轻重不同的处罚。这显然是

---

① 黄荣坚.基础刑法学:下.4版.台北:元照出版有限公司,2012:765-766.
② 胁从犯是从犯之中的一种特别从宽处罚类型。我国刑法第28条规定:"对于被胁迫参加犯罪的,应当按照他的犯罪情节减轻处罚或者免除处罚。"通说认为,如果被胁迫参加犯罪后,在犯罪时成为积极参与者并发挥了重要作用的,则不能认定为胁从犯。这就意味着只有在共同犯罪中发挥次要作用或辅助作用的人,即其是从犯并且是因受胁迫而参加犯罪的,才能成为胁从犯。(见本书第五章第四节)

突出了共同犯罪在处罚上不同于单个人犯罪的特点，并且能够充分体现打击的重点和处罚的公平合理性，弥补了区分制根据参与行为的形式来确定处罚差异的缺陷。因为实施构成要件实行行为的正犯，并非在所有共同犯罪案件中都是起主要作用者，都有必要处比共犯（教唆犯和帮助犯）更重的刑罚。教唆犯起主要作用、被教唆的实行犯起次要作用的案件，在司法实践中屡见不鲜，帮助犯与被帮助的实行犯所发挥的作用不相上下的案件也可能发生。例如，甲提供保险箱密码，乙用密码打开保险箱窃取了大量财物，二人均分了赃物。由于如果没有甲提供保险箱密码，乙不可能打开保险箱窃取到财物，因此，很难说作为帮助犯（共犯）的甲所起的作用比作为实行犯（正犯）的乙所起的作用小。按德、日等国的区分正犯与共犯的参与体制，对甲处比对乙更轻的刑罚，显然不具有合理性。但按我国刑法的规定，既然甲与乙在共同犯罪中所发挥的作用相当，对甲同对乙一样，将其作为主犯给予轻重相当的处罚，就是合情合理合法的事情。

　　另外，在数人基于共同故意都参与实行构成要件的行为即共同实行犯罪的场合，每个参与实行者所起的作用可能有较大差异，其中有人还可能是被胁迫参加犯罪的胁从犯。在德、日等采取区分制的国家，对共同实行犯（共同正犯）的处罚原则上是相同的，无法体现出处罚上的差异性，不能体现区别对待的刑事政策思想。但根据我国刑法的规定，即便是在区分制体系所指的共同正犯的场合，对其中的每个参与者，也要按照其所起作用的大小，分别确定为主犯或从犯（包含胁从犯），给予轻重不同的处罚。这无疑要比按区分制中的共同正犯处罚更为合理。在德、日刑法学界也早就有学者意识到了这一问题，提出即便是实施构成要件行为的实行犯，如果在共同犯罪中所起的作用较小，也可以认定为共犯，这就是所谓"实施实行行为的共犯"的情形。并且，在德、日已有一些判例采纳了此种主张①，就是为了弥补采取区分制所带来的处罚上的不合理性的缺陷。

　　此外，如果仅从参与者的行为形式来判断，有些参与者的行为并非是实行行为，甚至可能是帮助行为，但其在共同犯罪中所起的作用很大，将其作为共犯（或帮助犯）来处罚，就明显不具有合理性。为了解决这一问题，实行区分制的德、日等国的判例和通说，又采取了一些变通的解释或做法。最典型的实例是将部分犯罪的望风者认定为共同正犯，同时承认所

---

① 龟井源太郎. 正犯与共犯的区别. 东京：弘文堂，2005：120-128.

谓共谋共同正犯。仅就盗窃的望风行为①而论，从行为形式来看，明显不属于盗窃的实行行为，只能视为帮助行为，但望风者在共同盗窃中所发挥的作用，有时很难说比入室直接窃取财物者小，因而处罚也不应更轻。这就是将部分望风者认定为共同正犯的根本原因所在。而所谓共谋共同正犯，是指参与共谋但并未直接实行犯罪者，有可能是犯罪的组织、领导者即幕后操纵者，在共同犯罪中所起的作用有可能比直接实行犯罪者的还要大，如果仅从其行为形式来看，其充其量只能算是教唆犯，有的甚至连教唆犯也算不上。因为教唆犯是以他人尚无犯罪意图而故意引起他人产生犯罪意图为成立条件的，对于早已有犯罪意图、碰巧聚集在一起共同谋划犯罪的共谋者，这种幕后的策划者或操纵者只能算是给他人提供精神上帮助的帮助犯。将其仅作为共犯（或帮助犯）来处罚，明显是罚不当罪、违反处罚的公平性。为此，采用区分制体系的国家或地区，不得不承认所谓共谋共同正犯，也就是将参与共谋者作为共同正犯来认定，给予较重的处罚。②这样处理也是迫于无奈。但按我国刑法的规定，将一些犯罪的望风者和组织、领导犯罪的幕后操纵者，以其在共同犯罪中起主要作用为依据，认定为主犯，则是既合法也合情更合理的事。与其像德、日等采取区分制体系的国家那样，为了寻求处罚的合理性，不得不重视参与者在共同犯罪中所起的作用，并以此为根据事实上将正犯概念主犯化，即"将起主要作用的犯罪人认定为正犯，从而使正犯这种按照分工标准所划分的犯罪类型在事实上变成了按照作用分类法所确定的'主犯'"③，倒不如像我国刑法这样明确规定将所有参与共同犯罪的人，根据其在共同犯罪中所起作用大小的不同，分为主犯与从犯，这也更便于司法实践中将起主要作用者认定为主犯、给予比从犯更重的处罚。

（四）操作更为简便

同区分正犯与共犯的区分制体系相比，我国刑法采取的单一正犯体系具有操作更为简便的明显优势。如前所述，由于区分制体系在定罪阶段就必须将犯罪人是正犯还是共犯确定下来，而在许多场合，作这种区分非常

---

① 所谓望风行为，是指基于共同犯罪的故意，在犯罪现场或附近，为他人实行犯罪而实施的放哨、观察周围动静、通风报信的行为。
② 山中敬一.刑法总论.3版.东京：成文堂，2015：922.
③ 陈家林.共同正犯研究.武汉：武汉大学出版社，2004：24.

困难，不仅在理论上要绞尽脑汁寻找区分标准、设计区分方案，十分烦琐，而且在处理具体案件时很难操作。而采取我国的单一正犯体系，在数人参与犯罪的场合，由于与单个人犯罪时的定罪规则相同，仅从参与人客观上是否实施了侵害法益的行为（包含组织行为、实行行为、教唆行为和帮助行为等），主观上是否有犯罪故意，就可以认定其是否构成犯罪。处罚时则看其是否与他人构成共同犯罪，若构成共同犯罪，就要确定其是主犯还是从犯，并按相应的规则予以轻重不同的处罚；否则，就与单独犯一样处罚。这显然比区分制体系简单明了，更便于司法人员掌握执行。并且，对采取区分制体系所面临的一些有争议的复杂问题，运用我们的单一正犯体系予以简单化，即可迎刃而解。

众所周知，如果采取区分制体系，在有些场合，共同正犯与帮助犯的区分会成一个难题。除前述望风行为是应该认定为共同正犯还是帮助犯之外，所谓"择一的共同正犯"如何认定，也成为一个很棘手的问题。"择一的共同正犯"，又称为"择一的事实贡献"，是指数人参与共同犯罪，从一开始就决定了仅有一人的行为能够现实地引起构成要件结果的情形。例如，多名杀手基于共同的谋杀计划分别潜伏在各条路上伏击被害人，最终由其中一名杀手杀死了被害人。对此，在采取区分制体系的德国，有学者认为，只有杀死了被害人的那名杀手才是正犯，其余的伏击者均是共犯（帮助犯）；也有学者认为，所有伏击者均是正犯（共同正犯）；还有学者认为，要分别不同情况做不同处理，即有的场合所有伏击者均构成共同正犯，另有的场合只伏击而未实行杀人者仅成立共犯。[1] 在笔者看来，这类案件的情况错综复杂，比如，伏击者分别在一套房子的几个房间门口伏击，或者是在一个住宅小区、一个城市的几条道路伏击，这就有比较大的差异，不可一概而论，从合理处罚的需要出发，区别不同情况做不同处理（有的场合将所有伏击者认定为共同正犯，有的场合认定为共犯）是合适的。但如何区别，则成为一个难题。很难有一个统一的区分标准，从而也无法保障执法的统一性。可是，按照我们的单一正犯体系，由于所有伏击者都有杀人的共同犯罪故意，并且按分工分别实施了伏击，甚至是实行杀人的共同犯罪行为，每个人的行为都是杀人行为的有机组成部分，因而都构成故意杀人罪。在量刑时，则要根据每个人在共同犯罪中所起作用的大

---

[1] 钱叶六. 双层区分制下正犯与共犯的区分. 法学研究，2012 (1)：137.

小（如谁是主谋者、组织策划者，谁是按主谋旨意行事者），来确定谁是主犯谁是从犯，分别给予轻重不同的处罚。

　　另外，如果采取区分制，间接正犯与共犯的区分也是一大难题。由于他们都不亲自实行犯罪，都是利用他人的行为来侵害法益，进而实现自己的犯罪目的，因此，准确区分两者并不容易。又由于正犯的定罪标准与共犯有差异、处罚轻重有差别，若区分不当，就会出现定罪不准、量刑失当的现象。例如，在利用无责任能力人的场合，若教唆十二三岁的人去杀人，是成立杀人罪的间接正犯还是共犯（教唆犯），在德、日刑法学界就有较大争议。如果说是成立共犯（教唆犯），那么，被教唆的无责任能力人不接受教唆时，根据共犯从属性理论，教唆者就不构成犯罪。如果说是间接正犯，即便对方不接受其教唆，唆使无责任能力人杀人者，也仍然构成犯罪（成立杀人未遂罪或杀人预备罪）。由此可见，采取不同的主张处理同一案件，会得出罪与非罪的不同结论。又如，利用过失行为的场合，若医生将掺有毒药的注射液交给护士，令其为患者注射，只要护士稍加观察即可发现是毒药，但护士粗心大意而为患者注射，导致其死亡。医生是构成杀人罪的间接正犯还是共犯（教唆犯），也是德、日刑法理论上有争议的问题。再如，利用有轻罪故意的场合，若甲想要杀害躲在贵重财物背后的乙，让不知情的丙开枪射击，致乙死亡。由于丙仅有轻罪的故意（毁坏他人财物的故意），并无杀人的故意，因此，利用丙杀乙的甲，是间接正犯还是共犯（教唆犯），持区分制主张的学者也有不同认识。另如，利用所谓"有故意的工具"的场合，特别是"利用无身份有故意的工具"的情形，最典型的实例是作为公务员的丈夫利用不具有公务员身份的妻子收受贿赂。在采取区分制的德、日，既有认为丈夫构成间接正犯的，也有认为丈夫成立直接正犯的，还有认为丈夫成立教唆犯妻子成立帮助犯的，等等。这些不同的解释，对丈夫是否定罪以及处罚轻重，有时会有很大差异。此外，是否承认所谓"正犯后的正犯"，也是同间接正犯与共犯的区分相关的一个难题。所涉的问题是，具有责任能力的被利用者因故意实施构成要件的行为，而作为直接正犯承担刑事责任时，幕后的利用者是否要作为间接正犯（"正犯后的正犯"）承担刑事责任？最典型的实例是 A 得知 B 要在某日晚 X 必经的偏僻路口杀害 X 后，将自己想要杀害的 Y 骗到此地，被 B 误认为是 X 而杀害。还有黑社会组织的头目指使下属杀害他人等。在这类案件中，被利用者无疑是杀人罪的直接正犯，但背后的利用者、指使者，由于没有实施杀人的实行行为，如果仅作为共犯（教唆犯或帮助犯）处罚，显然不具有合理性，而有必要作为正犯（间接正犯）来处罚，但这又与间接正犯的理论有冲突。因为传统的间接正犯本来是不包括所谓"正犯后正犯"之情形的。

根据我国刑法的规定，运用我们所主张的单一正犯理论，德、日刑法学界颇有争议的上述间接正犯与共犯相区分的复杂问题，完全可以做简化处理，司法实践中也很容易操作执行。如前所述，按照单一正犯的解释论，在数人参与犯罪的场合，只要参与者的行为与结果之间有因果关系，主观上有罪过，即存在对其定罪处罚的可能性。参与者的行为既可能是实行行为，也可能是组织行为、教唆行为、帮助行为。并且，利用他人的行为引起侵害法益的结果发生，同利用刀枪棍棒、动植物作为工具侵害法益，在实质上可以做同样的评价。因此，上述唆使年幼的孩子杀人，与唆使精神正常的成年人杀人，在定罪上不应该有差异（仅在量刑上有差异）。在对方不接受教唆的情况下，对教唆者也应同样看待，不会出现像德、日那样的唆使年幼的孩子犯罪，在对方不接受教唆时，教唆者构成犯罪；而教唆成年人犯罪，对方不接受教唆时，则不构成犯罪的问题。至于医生利用有重大过失的护士杀人、甲利用仅有毁坏他人财物之故意的丙杀害躲在财物背后的乙（丙不知情），则都属于利用他人杀人的情形，与利用动物作为工具杀人具有同样的性质，因而认定利用者构成故意杀人罪，不存在任何疑问。间接正犯的概念也就无存在的余地。① 当然，笔者也不否认，利用他人去杀人（包括教唆杀人、帮助杀人）同自己直接去实行杀人，在通常情况下，行为的危害性程度会有差异；并且，教唆、帮助犯罪的对象是成年人还是未成年人，在主观恶性和客观危害性上都有一定的差异，只是不能将这种差异过分夸大。

但是，在采取区分制的德、日等国，传统观念认为，刑法分则规定的是实行行为，只有实施刑法分则规定的实行行为的人才是正犯，利用他人犯罪的场合，由于被利用者可能不构成犯罪，或者构成其他较轻的罪，如果不引入间接正犯的概念，就可能无法对利用者定罪处罚，或者只能按共犯给予较轻的处罚，这显然不具有合理性。正是为了弥补区分制的这一缺陷，学者们才提出了间接正犯的概念。但在前述有公务员身份的丈夫利用

---

① 刘明祥. 间接正犯概念之否定——单一正犯体系的视角. 法学研究, 2015 (6):98 以下.

妻子受贿的所谓"利用无身份有故意的工具"的场合，妻子本来不能受贿，丈夫能否利用其受贿，即能否成立间接正犯本身就有疑问，若认定丈夫是教唆犯、妻子是帮助犯，即承认所谓"无正犯的共犯"，则又与作为区分制理论基础的共犯从属性理论相冲突。至于承认所谓"正犯后的正犯"，对于处理前述利用他人认识对象错误杀害自己想杀的人或者黑社会组织头目指使下属杀人的案件，固然有一定的合理性，但却与利用者和被利用者不可能构成同一犯罪的传统间接正犯理论相冲突。如果采取我们所主张的单一正犯理论，由于利用他人的行为去犯罪，被视为利用者自己利用外在条件（如利用工具等）实施犯罪，因此，前述有公务员身份的丈夫利用妻子受贿，自然应当认为是丈夫实施了受贿犯罪，无疑可以对其按受贿罪定罪处罚。至于利用他人认识对象错误去杀人，黑社会头目指使下属杀人，在区分制体系下以共犯处罚利用者、指使者，确实存在评价或处罚不当的问题，但按我国刑法的规定，对利用者、指使者定故意杀人罪，处以比对被利用者更重的刑罚或相同的刑罚，在解释论上不会有任何障碍。所谓"无正犯的共犯"或"正犯后的正犯"之类的概念，同样无存在的必要。

二、我国刑法采取的犯罪参与体系面临的挑战

（一）关于单一正犯体系会导致行为人刑法的问题

在倡导区分制体系的论者看来，单一正犯体系是"特别为现代学派（moderne Schule）、但也为'意志刑法'（Willensstrafrecht）所推崇的观点……该观点使得仅仅依据行为人的个性科处处罚成为可能"①。因而，单一正犯体系被视为与行为人刑法或意思刑法相关联。德国著名刑法学家洛克辛甚至认为，单一正犯体系"最终会导致行为人刑法"②。

众所周知，行为人刑法是与行为刑法相对应的。行为刑法把刑事可罚性与行为联系在一起，同时，惩罚仅仅表现为对单个行为的反应；而行为人刑法则相反，其使刑罚与行为人的人格相关联，"行为人不是因为实施了一个行为而有罪，而是因为他是'一个这样的人'而成为法定责难

---

① 耶赛克，魏根特. 德国刑法教科书. 徐久生，译. 北京：中国法制出版社，2017：871.

② 许玉秀. 当代刑法思潮. 北京：中国民主法制出版社，2005：556.

(Tadel) 的对象"。一般认为,"建立在自由的法治国基本原则基础上的一种法律制度,总是倾向于行为刑法的"①;而不以"行为"却以行为人的"人格"或"危险性"作为定罪处罚根据的行为人刑法,无疑是不具有科学合理性,也是违反现代法治国基本原则的。

  如前所述,单一正犯体系确实是由近代学派的代表人物李斯特所首倡,"从思想渊源上看,单一正犯体系与行为人刑法或意志刑法之间似乎可能有着某种关联"②。作为单一正犯体系之典范的《意大利刑法典》也曾深受当时主观主义刑法理论的影响。③ 但是,不能据此得出单一正犯体系会导致行为人刑法或必然走向主观主义的结论。"如所周知,李斯特虽然是近代学派的代表人物,但在犯罪论领域却是忠实的客观主义刑法观的坚守者与践行者。《意大利刑法典》虽然是在主观主义刑法观盛行的时代制定,但如今恐怕没有人再指责其是行为人刑法,更不会认定其违背法治国原则。"④ 事实上,"区分制与单一正犯体系之间的对立,之所以被归结为行为刑法与行为人刑法之间的对立,乃是因为主张区分制的学者仅仅看到单一正犯体系不区分参与类型这一形式上的特征,而完全无视单一正犯体系也是以'行为'为基础的。换言之,批判单一正犯体系的学者认为:'犯罪是行为',在犯罪参与下的'行为'体现为形形色色的或者特定的参与形态,只要考虑行为,就不得不区分参与形态"⑤。加上,单一正犯体系是根据行为人参与犯罪的性质和参与的程度来确定处罚的轻重,这就有可能不以行为人所实施的行为而以其危险性格或人格作为处罚的根据。在笔者看来,这是一种误解。单一正犯体系固然是不以参与行为形式(如实行行为、教唆行为和帮助行为)作为对参与者定罪处罚的依据,但对参与者定罪的前提是必须有参与行为,且要求参与行为与危害结果或侵害法益

---

  ① 罗克辛. 德国刑法学总论:第1卷. 王世洲,译. 北京:法律出版社,2005:105-106.

  ② 江溯. 关于单一正犯体系的若干辩驳. 当代法学,2011(5):77.

  ③ 帕多瓦尼. 意大利刑法学原理(评注版). 陈忠林,译. 北京:中国人民大学出版社,2004:380.

  ④ 张伟. 扩张的正犯概念与统一正犯体系. 清华法学,2020(5):52.

  ⑤ 江溯. 单一正犯体系研究//陈兴良. 刑事法评论:第24卷. 北京:北京大学出版社,2009:422.

的事实之间有因果关系,这同样是坚持了"无行为则无犯罪"的定罪原则。其只是不像区分制体系那样认为参与行为的形式对定罪有决定性的意义,相反,认为所有参与行为形式在价值上具有等同性;也不认为参与行为形式对参与者的处罚轻重有决定作用,如不认为对实施实行行为的正犯的处罚,必须重于对实施教唆、帮助行为的教唆犯、帮助犯的处罚。况且,对因实施犯罪参与行为而构成犯罪的参与者采取何种处罚原则,与各国刑法采取的犯罪参与体系乃至法律传统有密切关系。例如,我国的传统法律观念是"造意为首",教唆犯作为"造意"者,按我国刑法的规定和司法实践的做法,大多被认定为主犯,给予与实行犯相当甚至比实行犯更重的处罚。这既与我国民众历来的法律观念相一致,也能保证同案参与者之间的处罚轻重均衡合理。当然不能认为这是不注重行为而注重思想或犯意,更不能认为这是以行为人的危险性格或人格作为处罚轻重的依据。因为在共同故意犯罪中,教唆者被作为共同犯罪中的主犯处罚,是基于其实施了教唆他人犯罪的行为,其行为具有引起他人产生犯意即诱发犯罪的功效,认定其与被教唆者构成共同犯罪并且是在犯罪中起主要作用,正是依据其实施的行为所做的恰当评价。

(二)关于单一正犯体系违背法治国原则的问题

德国著名刑法学家洛克辛认为:"依法治国原则所确立的构成要件的界限,能满足构成要件合致性的,不仅仅是对法益有因果的侵害即可,而且在多数犯罪中,限于特定的侵害方式,如果连因果关系疏远的加功行为也和构成要件行为等价,就会破坏构成要件的界限,而扩大法定刑的适用弹性,降低法律效果的明确性……这明显违背法治国原则。"①

如前所述,按单一正犯的解释论,刑法分则规定的构成要件行为不限于实行行为,而是还包含教唆、帮助等行为,这无疑是没有区分制体系将构成要件行为解释为仅限于实行行为那么明确,但认为我国刑法采取的单一正犯体系会破坏构成要件的明确性,从而违背法治国原则,这并不妥当。如所周知,区分制体系将刑法分则规定的构成要件行为解释为实行行为,实际上是以单个人犯罪为立足点的。在单个人犯罪的场合,要实现犯罪固然必须亲自实施构成要件的实行行为;而在数人参与犯罪的场合,参

---

① 许玉秀. 当代刑法思潮. 北京:中国民主法制出版社,2005:556.

与者要实现犯罪或达到犯罪目的，并非要亲自实施构成要件的实行行为，完全可以利用他人的行为来实现犯罪或达到既定目的，教唆犯罪和帮助犯罪就是例证。但在区分制体系下，对教唆、帮助他人犯罪者同样要作为犯罪来处罚，而任何人（含教唆犯和帮助犯）成立犯罪，都必须实施构成要件行为，否则，就不具备构成要件该当性这一犯罪成立的基本要件。如果说刑法分则规定的具体犯罪的构成要件行为仅限于实行行为，不包含教唆行为、帮助行为，那么，只实施了教唆他人犯罪或帮助他人犯罪之行为的人，也就没有实施刑法分则规定的具体犯罪的构成要件行为，那又为何构成此种犯罪呢？正是为了解决这一难题，区分制体系的维护者提出了所谓修正的构成要件的理论，认为教唆犯、帮助犯也实施了构成要件的行为，只不过与实行犯所实施的构成要件行为有所不同，教唆行为、帮助行为是一种经过刑法总则修正的构成要件行为。这在一定程度上表明，区分制体系下刑法分则规定的构成要件可以解释为，既包括以单独犯为模式的狭义的构成要件行为（仅限于实行行为），也包含以数人参与为模式的广义的构成要件行为，即修正的构成要件行为（含教唆行为和帮助行为）。既然如此，为何不允许单一正犯体系将构成要件行为直接解释为包含教唆行为、帮助行为？这样解释又怎么会破坏构成要件的明确性呢？

事实上，单一正犯体系与区分制体系对构成要件行为的解释只有形式的差异，并无实质的不同。只不过单一正犯论者认为，所有与构成要件结果或侵害法益的事实有因果关系的参与行为，都是构成要件行为，并且所有参与行为（含实行行为、教唆行为、帮助行为等）都具有等价性；而区分制的通说认为，构成要件行为仅限于实行行为[①]，但教唆行为和帮助行为是经过刑法总则修正后的一种非典型的构成要件行为，与典型的构成要件行为（实行行为）不具有等价性，前者从属于后者，后者更具重要性。可见，在区分制体系下，教唆行为和帮助行为实质上也包含在广义的构成要件行为的范围内，也就是说其在实质上同单一正犯体系对构成要件行为的解释并无多大差异。既然单一正犯体系与区分制体系一样，对参与者定罪处罚以其实施了符合构成要件的行为为前提条件，那就并未违反以行为

---

① 也有论者认为，区分制体系下的构成要件，并非仅限于实行行为，而是还包含教唆行为和帮助行为。陈子平. 刑法总论. 4 版. 台北：元照出版有限公司，2017：461.

符合法律规定的构成要件作为定罪处罚条件的法治国原则。

至于说单一正犯体系"连因果关系疏远的加功行为也和构成要件行为等价，就会破坏构成要件的界限"，也就是说把教唆、帮助行为这类加功于犯罪的行为与实行行为等价，就会混淆加功于犯罪的行为与直接实行犯罪的行为的界限，这确实是单一正犯体系与区分制体系对犯罪参与行为在认识上的重要差异。单一正犯体系认为，所有犯罪参与行为，无论是实行行为还是教唆行为、帮助行为均具有同等价值，因而并无严格加以区分的必要；区分制体系的基本观念是加功行为与实行行为有质的差异，所以，要把两者严格区分开来，同时，应将构成要件行为仅限于实行行为，以此来维持构成要件的明确性，更好地贯彻罪刑法定原则。但这种观念根本无法贯彻到底，首先遇到的难题就是对于上述教唆犯和帮助犯，若认为其并未实施构成要件的行为却仍定罪处罚，就违背了定罪处罚的基本原则，因而不得不对传统的构成要件理论进行修正；其次是间接正犯也未直接实施实行行为，最常见的利用无责任能力人去犯罪的间接正犯，利用者的行为在外观上既可能是唆使，也可能是帮助被利用者去实行犯罪，但对这种形式上实施教唆、帮助行为者单独定罪处罚，必须肯定其实施了构成要件行为，因而不得不认为利用者间接实施了构成要件行为，即间接实行了犯罪。这在一定程度上表明："构成要件的价值在于为不法判断提供标准，而不法构成要件的实现却不仅限于直接或亲自这一种方式，间接利用自身以外的人、物乃至'场域'实现不法构成要件未尝不可。"[①] 可见，按单一正犯理论，认为所有犯罪参与行为均等价、都应包含在构成要件的行为之中，反而更为合理。应当进一步说明的是，单一正犯理论认为所有犯罪参与行为均等价，但并不否认，在通常情况下，不同参与行为对犯罪实现的作用大小会有差异。如实行杀人的行为与仅提供杀人所用之刀具的帮助行为，对杀人犯罪的实现或被害人死亡结果的发生，作用明显不同，危害性程度也有较大差异。但就故意杀人犯罪的成立而言，两种行为违法的实质并无不同，只是在违法性或社会危害性程度上存在差异。对不同参与行为在违法性量上的差异，单一正犯体系并非不予关注，而是在量刑阶段作为决定处罚轻重的重要因素来考虑。

---

① 张伟. 扩张的正犯概念与统一正犯体系. 清华法学，2020（5）：53.

(三) 关于单一正犯体系导致处罚范围扩大化的问题

由于单一正犯体系的思想渊源在于因果关系理论中的条件说，即所有对于法益侵害结果有贡献者均为正犯。又由于对所有参与者都是根据其自身的不法和罪责来判断其是否具有可罚性，而不存在定罪和处从属于他人行为的问题，因此，赞成区分制的学者指责单一制"将会造成无法接受的刑罚扩张现象，例如单纯的唆使行为或协助行为，就会被解读成可罚的构成要件实施行为，而构成相关犯罪的未遂犯"①，这明显不具有合理性。

笔者认为，虽然采取单一正犯体系确实存在扩大处罚范围的风险，但是，只要恰当运用单一正犯的定罪处罚规则，准确理解并严格执行我国现行刑法的有关规定，扩大处罚范围的风险是可以有效控制的。站在区分制立场的"批评者认为统一正犯体系将构成要件的实现简化为因果性（具体说是条件关系），并据此将与不法结果存在条件关系的人都视为可罚，这将导致处罚范围的扩张，但这一批判意见无疑是将视角停留在统一正犯体系早期赖以确立的理论基础上"②。况且，将参与者的行为与危害结果之间存在因果关系，作为对其予以归责的基础或前提条件，这本身无可非议。若参与行为与危害结果之间不存在因果关系，当然不能将这种结果归责于参与者；即便是参与行为与危害结果之间存在因果关系，也不一定能肯定参与者构成犯罪或视之为可罚的参与人。这是因为在数人参与犯罪的场合，尽管所有参与者的行为原则上与危害结果之间都存在因果关系，都存在被定罪处罚的可能性，但由于按单一正犯体系的定罪规则，对每个参与者都应与单个人犯罪一样，应对其实施的行为的社会危害性程度及主观罪过进行考察，来确定其是否构成犯罪。如果其行为对侵害法益结果的发生所起的作用较小（或原因力较弱），主观恶性程度较低，属于情节显著轻微的情形，那就可以适用刑法第 13 条"但书"的规定，否定其成立犯罪。至于参与者的行为与危害结果之间存在因果关系且其他参与者构成犯罪被判处了刑罚，不能成为同案中的某个参与者也必须被定罪处罚的理由。例如，甲、乙胁迫丙参与盗窃，三人到现场窃取价值 3 000 元的财物后，甲、乙均分，丙并未分得赃物。丙 17 岁，是未成年人。综合全案情况，完全可以认定甲与乙构成盗窃罪，丙不构成犯罪。又如，A 与 B 想去

---

① 林山田. 刑法通论：下. 北京：北京大学出版社，2012：6.
② 张伟. 扩张的正犯概念与统一正犯体系. 清华法学，2020 (5)：55.

伤害 D，要 C 给一根木棒，C 明知事情真相而提供，A 与 B 用 C 提供的木棒轻伤了 D，A 与 B 被定为故意伤害罪均被判处缓刑。C 作为帮助者，由于其行为的社会危害性程度很轻，不定罪处罚就成为情理之中的事。

  至于说在被教唆人或被帮助人未实行犯罪的场合，按单一正犯理论，对教唆未遂者与帮助未遂者也处罚，会导致处罚范围扩大化。笔者认为，这种观点并不妥当。如前所述，由于我们主张对每个参与者是否定罪处罚，均要与对单个人犯罪一样，考察其行为的社会危害性（或违法性）程度。而在教唆未遂与帮助未遂的场合，行为的社会危害性程度比教唆既遂、帮助既遂时低，如果达不到犯罪的程度，就可以认定犯罪不成立。也就是说，"根据统一正犯体系，也是要实质地考察包括参与未遂在内的诸参与形态法益侵害的程度来判断是否应定罪处罚。既然并不是必然要处罚所有的教唆未遂与帮助未遂，自然也就不存在导致处罚范围扩大化的问题"[①]，相反，还可能弥补处罚漏洞。正如前文所述，按作为区分制理论根基的共犯从属性说，被教唆人或被帮助人未实行犯罪的场合，对教唆未遂者与帮助未遂者均不能定罪处罚。但如果是教唆或帮助特别危险的犯罪，如教唆或帮助他人到观众很多的剧院去，用威力很大的定时炸弹炸死众多观众，仅仅因为被教唆者、被帮助者未实行犯罪，就不处罚教唆者、帮助者，无疑会放纵这类危险的犯罪发生，不利于保护法益和维护社会秩序。

  顺便指出，有论者认为："通过单一制把某种形式上符合了罪刑规范的共同犯罪参与行为认定为构成要件该当行为，再以作用较小、主观意欲不强为由，适用'但书'规定进行出罪的做法……不仅变相地放弃了罪刑法定原则，而且会带来一系列逻辑上的混乱。正确的做法是，要么以某种行为不符合构成要件为由直接宣布其无罪，要么就承认其构成要件该当性进而成立犯罪。"[②] 在笔者看来，认为对共同犯罪参与者的行为适用刑法第 13 条"但书"的规定出罪，等于是"变相地放弃了罪刑法定原则"，这种认识不具有合理性。因为将参与者表面上符合构成要件的行为，从实质上解释为没有达到犯罪的程度，因而适用"但书"的规定予以出罪，这是有利于行为人的解释或对其有利的法律适用，当然不违反罪刑法定原则。

---

  ① 张伟. 扩张的正犯概念与统一正犯体系. 清华法学，2020（5）：55.
  ② 王振华. 单一正犯体系的危机与突围：归责体系的构建. 法学家，2019（3）：158.

并且，在德、日等大陆法系国家，刑法之中虽然没有像我国刑法第13条的"但书"规定，但在解释论上，一般是运用可罚的违法性或实质的违法性理论，将违法性（或社会危害性）程度很低的行为，排除在犯罪之外。例如，对盗窃他人价值微薄财物的行为，德、日传统的通说认为，这虽然是符合盗窃罪构成要件的行为，但明显没有当犯罪处罚的必要性。否定成立犯罪的理由，过去日本多数学者认为是缺乏可罚的违法性，德国多数学者以前则认为是不具有实质的违法性。现在不少德、日学者认为，不以盗窃罪处罚的理由是，这种行为不符合盗窃罪的构成要件。两种解释的路径虽有不同，但并无实质的差异，且结论完全相同。而过去传统的解释至少更符合刑法的规定。因为德、日刑法规定，"盗窃他人财物"或"盗窃他人动产"的，构成盗窃罪，并未将盗窃数额较大财物（或动产），作为盗窃罪的构成要件予以规定，所以，认为盗窃价值微薄的财物也是符合盗窃罪构成要件的行为，与刑法的规定（或字面含义）更为吻合。从此种角度来看，德、日传统的通说更具有合理性。我国传统的通说对刑法第13条中"但书"的解释①，与德、日刑法学中传统的可罚违法性或实质违法性的观念是一致的，也就是认为某种行为表面上符合某罪的构成要件，但因其社会危害性（或违法性）程度很低，即不具备可罚的违法性或实质的违法性，而否定其成立犯罪。这在解释论上是具有科学合理性的。

（四）关于单一正犯体系难以区分既、未遂或将导致"着手"概念崩溃的问题

有部分对单一正犯体系持肯定态度的学者担心，在单一正犯体系下，由于行为既遂与未遂的判断，并不取决于直接正犯的行为，而是以参与者自己的行为作为独立判断的标准。"但对于惹起行为人与协助行为人其行为之既、未遂判断，如仍以其个别行为为基准，而不需取决于直接正犯之行为，则将使得判断既、未遂的法理产生动摇，如此一来，着手的概念，将为之崩溃。"②我国

---

① 通说认为，"但书"所指的是："行为形式上符合刑法分则某一条款的规定，但因情节显著轻微危害不大，不构成该条款所规定的犯罪。对这种行为应适用刑法13条但书的规定，不认为是犯罪。"高铭暄，马克昌．刑法学．北京：中国法制出版社，2007：53．

② 柯耀程．参与与竞合．台北：元照出版有限公司，2009：44-45．

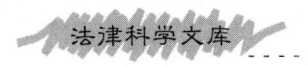

也有学者对此表示认同。①

众所周知,关于着手及其认定,这本身就是刑法理论和司法实践中的一个难题,中外刑法理论上存在许多不同的学说,争论的焦点主要在于"着手"的认定标准和认定时间。即便是在区分制体系之下,按照限制的正犯概念论,采取形式的客观说,以构成要件行为作为着手的认定标准,尽管具有客观明确的优势,但也会出现"过早"或"过晚"认定着手的弊病,因而,不得不采取实质的客观说或折中说来予以弥补。② 可见,"着手"的认定并非只是单一正犯体系才会遇到的难题。尽管按单一正犯理论,所有参与犯罪者都是正犯,"如果将共犯体系(区分制体系——笔者注)中正犯=实行行为的公式原封不动地移植到统一性正犯体系(单一正犯体系——笔者注)中的话,就会成为参与行为=正犯=实行行为,参与行为的着手就能够成为实行行为的着手。但是,在统一性正犯体系中,在逻辑上是否必然成为参与行为=实行行为,还是一个问题。"以甲教唆乙杀人为例:"甲的教唆行为(间接的正犯行为)并非直接成为实行行为,只有在对甲而言能够作为固有的实行行为来归责的情况下,才成立未遂。在甲的行为不能作为固有的实行行为来归责的情况下,就不能成为未遂,必须说尚存在这种余地。其判断基准,不得不是例如针对法益侵害的具体危险这种实质的东西。如果在这个方向考虑下去的话,正犯=实行行为这个公式本身就已经是无法维持的。"③ 因此,即便是在单一正犯体系下,在参与者利用他人犯罪(如教唆、帮助他人犯罪或唆使无责任能力人实施犯罪)的场合,也并非只要其一实施利用行为,就是已着手实行犯罪,未达既定目的的,都要作为犯罪未遂来处理;相反,以参与者的行为④实质上已处于引起危害结果发生的紧迫状态或对法益构成现实而紧迫的威胁,作为能够以固有的实行行为来归责即认定着手的标准,是完全可行

---

① 阎二鹏. 犯罪参与体系之比较研究与路径选择. 北京:法律出版社,2014:123.

② 张明楷. 刑法学:上. 6版. 北京:法律出版社,2021:440.

③ 高桥则夫. 共犯体系和共犯理论. 冯军,毛乃纯,译. 北京:中国人民大学出版社,2010:20.

④ 这里的"参与者的行为",除了自己直接实施的行为(如教唆或帮助行为)外,其他参与者实施的行为(如实行犯实行的行为)则应视为其行为的延伸,也是其行为的有机组成部分。

且十分合理的。以利用他人杀害、伤害被害人的犯罪为例,正如前文所述,这与利用动物或利用自然工具杀害、伤害被害人,在实质上并无差别。并非只要一开始实施利用行为,就是已着手实行犯罪,而是要看其行为对意图侵害的法益是否构成现实而紧迫的威胁。例如,在用恶狗伤人的场合,行为人将恶狗带到现场之前,甚至发出侵害指令之前,由于对被害人的身体健康并不构成紧迫的威胁,因而不能认定为已着手实行伤害行为。基于同样的理由,教唆或帮助他人伤害被害人的场合,也应以被教唆人或被帮助人已实行伤害行为,即对被害人的身体健康构成紧迫的威胁时,作为已着手实行伤害行为的起点,这才有可能构成伤害未遂。被利用人着手实行犯罪之前停止的,则只能视为犯罪预备。这样理解尽管与区分制体系下认定着手的折中说相似,但与单一正犯体系并不冲突。可见,上述有关单一正犯体系将导致"着手"概念崩溃的担忧是多余的。

(五)关于单一正犯体系导致量刑标准粗糙化的问题

由于单一正犯体系不是像区分制体系那样,根据参与形式将参与人分为正犯与共犯并给予轻重有别的处罚,而是在量刑阶段以参与者参与犯罪的性质和参与的程度来确定处罚轻重,也就是说"虽然所适用的刑量要根据具体情况下参与者的个别当罚性来确定,但是,此时的量刑标准是什么又成为问题"①,因此,批判者认为,单一正犯体系难免会"导致量刑标准变得粗糙"②。

如前所述,德、日采取的区分制体系将犯罪参与者分为正犯与共犯,原则上对正犯处罚重、对共犯处罚轻,对共犯之中的教唆犯按正犯之刑处罚,对帮助犯则按正犯之刑予以减轻。这种处罚办法或量刑标准虽然简单明了,司法实践中也容易掌握执行,但缺陷在于量刑过于简单化或趋同化,不能充分体现区别对待不同犯罪参与者的立法宗旨。因为数人参与犯罪的情况复杂,即便是在同一种类型的参与者(如正犯)之中,每个参与者对犯罪的贡献或所起作用的大小,也可能会有较大差异,对其给予完全

---

① 高桥则夫. 共犯体系和共犯理论. 冯军,毛乃纯,译. 北京:中国人民大学出版社,2010:15.
② 耶赛克,魏根特. 德国刑法教科书. 徐久生,译. 北京:中国法制出版社,2017:872.

相同的处罚，显然不具有公平合理性。相反，单一正犯体系根据参与者参与犯罪的性质和参与程度，主要是以参与者对犯罪的贡献或所起作用的大小，给予轻重不同的处罚。这既能确保对每个参与者处罚的公平合理性，又能避免出现区分制体系下对同案中的不同正犯或正犯与共犯之间，处罚轻重不均衡现象的发生。正是由于单一正犯体系采取个别化的量刑原则，"刑量要根据具体情况下参与者的个别当罚性来确定"，采取何种量刑标准确实是一个难题。但相比德、日的区分制对所有参与者量刑趋同化①，以及法国的区分制对所有犯罪参与者量刑统一化②，单一正犯体系注重对参与者量刑的个别化，显然更为科学合理，更值得提倡。这也是对犯罪参与者量刑个别化必须面对的一个难题。并且，"为了实现刑罚个别化与量刑规范化，《奥地利刑法典》与《意大利刑法典》中均规定了专门而翔实的量刑事由，其不仅考虑犯罪参与的具体情况，比如参与的人数、扮演的角色、人员之间的相互关系、参与者的自身情况等实质性影响刑罚裁量的因素，而且甚至根据不同的量刑事由进一步精确其对刑罚裁量的具体影响，比如《意大利刑法典》第112条第2款明确规定'利用由于其人身条件或身份的原因而不可归罪者或者不受处罚者实施可因之实行当场逮捕的犯罪的，处罚可增加至一半'。第3款也是类似的精确量刑条款。……这就已经最大限度确保了在犯罪参与领域刑罚裁量上的有法可依与量刑精细化，也从立法层面最大限度避免了司法者刑罚裁量的随意性。"③ 可见，采取单一正犯体系的刑法，是可以通过规定较为详细的量刑事由，来避免出现量刑标准粗糙化的问题的。

如前所述，我国刑法采取单一正犯体系，根据共同犯罪人在共同犯罪中所起作用的大小，分为主犯与从犯（含胁从犯），给予轻重不同的处罚。也就是将单一正犯体系对参与者采取的处罚原则，通过刑法关于共同犯罪

---

① 德、日刑法规定对教唆犯按正犯之刑处罚，对帮助犯按正犯之刑予以减轻，但从日本的司法实践来看，共犯之中认定为帮助犯的极少。因此，对共同参与犯罪者，几乎都是按正犯之刑来处罚，可以说是存在量刑趋同化的现象。松宫孝明．刑法总论讲义．第4版补正版．钱叶六，译．北京：中国人民大学出版社，2013：276.

② 法国刑法规定对共犯以正犯论处，也就是正犯与共犯处相同之刑，对所有犯罪参与者量刑存在统一化的现象。

③ 张伟．扩张的正犯概念与统一正犯体系．清华法学，2020（5）：54.

人的处罚规定予以明确化。但我国刑法并无类似上述《意大利刑法典》和《奥地利刑法典》那样的对量刑事由予以精细化或具体化的规定，我国是通过另一途径，即利用司法解释对犯罪参与人的量刑标准予以具体化、精细化。例如，1984年6月15日最高人民法院、最高人民检察院、公安部《关于当前办理集团犯罪案件中具体应用法律的若干问题的解答》，对犯罪集团的认定标准、犯罪集团与团伙犯罪的区分、犯罪集团成员的处罚，作了较为具体的规定；2010年2月8日最高人民法院《关于贯彻宽严相济刑事政策的若干意见》第30条、第31条和第32条，对共同犯罪案件的审理包括共同犯罪人的处罚，提出了较为具体的指导意见。

还应当看到，我国刑法虽然明确规定，"组织、领导犯罪集团进行犯罪活动的或者在共同犯罪中起主要作用的，是主犯"；"在共同犯罪中起次要或者辅助作用的，是从犯"，但对何谓"起主要作用"或"起次要作用"，则不够明确，最高人民法院、最高人民检察院的司法解释也不可能进一步作过于具体的规定或解释，在司法实践中，要由司法人员来做判断。由于没有客观的判断标准，难免带有主观随意性，很可能出现判断失误或执法不公的现象。这是我们采取单一正犯体系，对共同犯罪人量刑个别化，必须面对的一个难题。但笔者认为，这可以通过完善立法与合理司法的途径来解决。

首先，从立法而言，可以考虑将部分没有争议的能确定下来的主犯与从犯在刑法中作明确规定。一般来说，行为是表现在外的客观现象，以行为的表现形式来做判断可以避免出现主观随意性。在数人参与犯罪的场合，行为的形式可以分为组织行为、实行行为、教唆行为和帮助行为。若在共同犯罪中实施了组织或领导行为，无疑是起主要作用者，应认定为主犯。我国现行刑法对"组织、领导犯罪集团进行犯罪活动的"，已明文规定为属于主犯，但对一般共同犯罪中的组织、领导者，则并未做明文规定。笔者认为，有必要将其纳入主犯范围之中，可以考虑将刑法第26条中的"组织、领导犯罪集团进行犯罪活动的"，修改为"组织、领导共同犯罪活动的"。至于实施实行行为者，虽然大多可以认定为主犯，但也有不少例外的情形只能认定为从犯。实施教唆行为的，虽然在我国古代刑法中均被认定为首犯（"造意为首"），并且在修订1979年刑法典的过程中，曾有多个草案对教唆犯明文规定为按主犯处罚，但"学者们普遍认为，从实践中看，教唆犯不一定都是主犯，一律按照主犯处罚，是不合理的。有鉴于此……立法机关又将其改回'按照他在共同犯罪中所起的作用处罚'，并一直维持到新刑法典通过"①。问题是对实施帮助行为的帮助犯，我国现行刑法没有明确规定如何处罚。毋庸讳言，在共同犯罪行为中，帮助行为的危害性程度最轻，通常情况下，将实施帮助行为的帮助犯认定为从犯是合适的。但正如前文所述，也有特殊例外的情形，这就是对犯罪的完成具有决定性作用的帮助犯，若认定其为从犯就不具有合理性。因此，我国刑法有必要增设这样的规定："帮助他人实施犯罪的，除对犯罪的完成具有决定作用的情形外，以从犯论处。"这里所说的"对犯罪的完成具有决定作用"，是指如果没有帮助犯所提供的特定帮助行为，犯罪就不可能完成或重大危害结果就不可能发生。前述将保险柜密码告诉对方使之窃取保险柜中大量财物的案件就是适例。

其次，从司法而论，在处理具体共同犯罪案件时，应严格按照刑法的规定认定主犯与从犯。我国刑法第 26 条规定，"组织、领导犯罪集团进行犯罪活动的"（犯罪集团的首要分子）是当然的主犯。只要按犯罪集团的标准准确认定犯罪集团，并着重考察犯罪人在集团犯罪中是否起到了组织、领导、策划、指挥作用，往往不难作出准确的判断。又"由于教唆犯是犯意的发起者，因此在共同犯罪中通常是起主要作用者，应按主犯的处罚原则处理。但在少数情况下，也可能起次要作用，如教唆他人帮助实行犯进行犯罪活动，或者因为受到胁迫而教唆他人犯罪等。对这类教唆犯，应按从犯的处罚原则处理"②，所以，对教唆犯是认定为主犯还是从犯，在司法实践中并不困难。至于帮助犯，正如前文所述，除了极个别对共同犯罪的完成起决定作用的情形外，绝大多数只能认定为从犯，这在司法实践中也很容易掌握或执行。成为问题的是，数人共同参与实行了犯罪，谁是主犯谁是从犯，在许多案件中确实难以判断。一般认为，应对犯罪人的下列情况进行综合考察：（1）实行犯罪前的表现，如是否主动邀约他人参加犯罪活动，是否出谋划策等；（2）实行犯罪中的表现，如是否积极主动地参与犯罪活动，其行为在危害结果的发生上是否属于主要原因等；（3）实行犯罪后的表现，如是否支配犯罪所得，有无组织、指挥逃匿、布

---

① 高铭暄. 中华人民共和国刑法的孕育诞生和发展完善. 北京：北京大学出版社，2012：209.

② 高铭暄，马克昌. 刑法学. 北京：中国法制出版社，2007：205.

置反侦查活动等。①

更为棘手的是，在司法实践中，还会遇到在同一共同犯罪案件中根本无法确定谁起主要作用、谁起次要作用（谁是主犯、谁是从犯）的问题。面对这一难题，已有人开始尝试在现有的立法框架下提出解决问题的方案，概括起来主要有三种：一是一律按主犯处理，主张在共同犯罪参与人主从地位不明的情况下，对所有的犯罪参与人均按照主犯处理。因为主犯的认定不以从犯的存在为必要，没有从犯的场合同样可以认定为主犯，况且，只有确定主犯地位，才能依法对其处以恰当的刑罚。② 二是一律按从犯处理，认为在共同犯罪参与人的"主要作用"或"次要或辅助作用"之间存在疑问时，按照"存疑时应以轻缓优先"③ 的原则，对所有的犯罪参与人均按从犯论处。三是不区分主从，认为在犯罪参与人主从地位不明确的情况下，可以不硬性区分主从。如果认为参与者作用大小有差别，可以在量刑轻重上稍有不同。这是目前司法实践中的普遍做法。④

笔者认为，在数人参与共同犯罪，无法确定谁起主要作用、谁起次要作用（谁是主犯、谁是从犯）的情况下，要正确处理案件，必须先弄清我国所采取的单一正犯体系的特点即立法精神之所在。我国1979年刑法典只是笼统地规定，"对于主犯，除本法分则已有规定的以外，应当从重处罚"；"对于从犯，应当比照主犯从轻、减轻处罚或者免除处罚"。在修订刑法时，"考虑到如果对主犯规定从重处罚，而从犯是需要从宽处罚的，这样对主犯和从犯的处罚就会失去判断的基准"⑤，因而修订后的现行刑法取消了对主犯从重处罚的规定，仍然保留了"对于从犯，应当从轻、减轻处罚或者免除处罚"的规定。⑥ 由此可见，我国现行刑法所规定的对共同犯罪人予以处罚的基准刑是主犯之刑，对从犯则是在主犯应处之基准刑的基础上，从轻处罚、减轻处罚或者免除处罚。这就意味着对所有参与共

---

① 高铭暄，马克昌. 刑法学. 北京：中国法制出版社，2007：200.
② 曹坚. 从犯问题研究. 上海：上海社会科学出版社，2009：12.
③ 张明楷. 刑法格言的展开. 北京：法律出版社，2003：314.
④ 吴光侠. 主犯论. 北京：中国人民公安大学出版社，2007：307.
⑤ 高铭暄. 中华人民共和国刑法的孕育诞生和发展完善. 北京：北京大学出版社，2012：207.
⑥ 现行刑法对于从犯的处罚规定，只是删除了原法条中的"比照主犯"一语。

同犯罪的人，原则上都要按主犯应处的基准刑处罚，如果能够证明犯罪人在共同犯罪中起次要或辅助作用，就应当认定为从犯，依法从轻、减轻处罚或者免除处罚，以充分体现罪刑相适应或区别对待犯罪参与者的刑事立法精神。反过来，如果所有参与者在共同犯罪中所起的作用相当，那就表明都不是起次要或辅助作用者，都应当认定为主犯，适用基准刑处罚。因此，上述一律按主犯处理的方案具有可取性。司法实践中普遍采用的不区分主犯与从犯的方案，虽然处理的结果与按主犯处理是相同的，但按我国刑法的规定，对共同犯罪人是分主犯与从犯给予轻重不同处罚的，在一案之中，如果确实无法区分主从犯，那就表明不必要区分，均认定为主犯是合理的。认定几个参与者构成共同犯罪，又不确定其是主犯还是从犯，这种做法与我国刑法的规定不符。至于上述一律按从犯处理的方案，虽有论者认为"符合'疑罪从轻'的刑事处断原则，有利于保障人权"①，但如果一案之中，所有参与犯罪的人所起的作用相当，都作为从犯认定，那就会出现"无主犯的从犯"的怪现象，就会产生不按基准刑处理案件或量刑不均衡的问题。并且，若仅因不能确定谁起主要作用、谁起次要作用（或作用相当），就都当作从犯从轻处罚，还有可能出现量刑畸轻的现象。况且，若从案件事实情况来看，无法确定几个参与者在共同犯罪中谁起主要作用、谁起次要作用，这正好表明他们所起的作用相当，没有仅起次要作用者，也就是没有从犯，不存在适用"疑罪从轻"原则的余地。

（六）关于单一正犯体系处理身份犯的共犯案件存在障碍的问题

德国著名刑法学家格拉斯认为："在可罚性依存于自手性犯行或者特殊的行为人要素的存在之场合，统一性正犯（单一正犯——笔者注）概念不起作用。"② 另有持区分制主张的德国学者认为，在身份犯与亲手犯的场合，单一正犯体系将"未亲自实施犯罪行为的共犯可能因其与行为的因果关系而被视为正犯"，这明显不妥当。③ 我国也有对单一正犯体系持肯

---

① 王志远. 我国参与犯处罚原则及其实践困境. 国家检察官学院学报，2012 (1).
② 高桥则夫. 共犯体系和共犯理论. 冯军，毛乃纯，译. 北京：中国人民大学出版社，2010：15.
③ 耶赛克，魏根特. 德国刑法教科书. 徐久生，译. 北京：中国法制出版社，2017：872.

定态度的论者认为,"对于单一正犯体系最有力的批判恐怕要数认为其存在特别犯(身份犯——笔者注)处罚障碍的观点"[①]。但笔者认为,在单一正犯体系下,处理身份犯的共犯案件不仅不存在任何障碍,而且会处理得更好。对此,由于需要用较大篇幅展开述说,笔者拟在本书第七章第一节专门论述,此处不赘述。

---

① 江溯. 关于单一正犯体系的若干辩驳. 当代法学,2011(5):82.

第三章 犯罪参与的共同性

在数人共同参与犯罪的场合，与单个人犯罪最大的不同，除犯罪主体的人数之外，就是犯罪参与的共同性。单个人犯罪是单独实施犯罪，不存在与他人的犯罪具有共同性的问题，而数人共同参与犯罪，则在参与者所实施的犯罪（或行为）之间具有一定的共同性。由此而论，"共同性"是犯罪参与（或数人共同参与犯罪）不同于单个人犯罪的根本属性，也可以说是犯罪参与的本质所在。只不过区分正犯与共犯的区分制理论与不做这种区分的单一正犯理论，对犯罪参与的共同性有不同的解释。

第一节 区分制体系下犯罪参与的共同性

一、共犯的共同性之争

共犯以什么为"共同"，关于这一共犯的本

质问题，在德、日刑法学界，早就存在"犯罪共同说"与"行为共同说"（或"事实共同说"）的对立。① 犯罪共同说认为，共犯之"共同"，当然是指犯罪的共同，即二人以上共同实现特定犯罪的场合，才成其为共犯；但行为共同说认为，共犯之"共同"是指行为的共同，也就是二人以上只要自然的行为共同，而各自实现自己之犯罪的场合，就可能成为共犯。前者是古典学派的客观主义的观点，后者是近代学派的主观主义的主张。但是，随着近代学派的衰退，后者（基于主观主义立场的行为共同说）如今已失去支持者。现在的行为共同说是所谓"构成要件的"行为共同说或（实行）行为共同说，认为成立共犯并不要求犯罪行为的全部共同，而只要实行行为的一部分共同即可。与此同时，传统的严格要求与特定的"犯罪"罪名相同的完全犯罪共同说也衰退了，认为只要在构成要件相重合的限度内共同的"部分犯罪共同说"成为通说。时至今日，犯罪共同说与行为共同说的对立基本上已经缓和。②

在日本，有论者认为，犯罪共同说与行为共同说的对立，是共同正犯固有的问题。也有论者认为，这种对立虽然是以共同正犯作为中心展开讨论所形成的，但应该认为是广义的共犯都涉及的问题。因为犯罪共同说与行为共同说的对立，归根到底是关于共犯（共同参与犯罪者）对他人的行为产生的结果是否承担罪责存在认识分歧，包含教唆犯、帮助犯在内的所有共犯的处罚根据也都与此相关，这也是在所谓"共犯的共同性"（共犯的本质）问题上争议的焦点。③

在笔者看来，德、日刑法学中，对共犯之"共同"的解释出现上述争论或发生上述变化，主要是因为他们采取了区分正犯与共犯的区分制立法体系。如前所述，按照这种体系，正犯被认为是犯罪的核心人物，共犯（教唆犯和帮助犯）被视为犯罪的边缘角色，刑法以处罚正犯为中心、处罚共犯为例外，对正犯的处罚自然应重于共犯。作为这种区分制理论根基的限制正犯概念论和共犯从属性说，决定了正犯与共犯的定罪、处罚均存

---

① 大塚仁. 刑法概说（总论）：第3版. 冯军，译. 北京：中国人民大学出版社，2003：240.
② 高桥则夫. 刑法总论. 4版. 东京：成文堂，2018：445.
③ 内藤谦. 刑法讲义总论：下. Ⅱ. 东京：有斐阁，2002：1358.

在差异。而在有数人参与或涉及犯罪的场合，能否确定他们之间具有共同关系，有时直接决定参与者是否构成犯罪，即是否属于正犯（含直接正犯、间接正犯与共同正犯）、教唆犯或帮助犯。

二、犯罪共同说

（一）完全犯罪共同说

一般认为，德、日的犯罪共同说包括完全犯罪共同说与部分犯罪共同说。两者均认为，共犯是数人共同实施"特定的犯罪"，即"数人共同犯一罪"（或"数人一罪"）。其中，完全犯罪共同说认为，这里的"特定的犯罪"，是指一个故意犯。这既是数人共同参与犯罪的事实基础，也决定了他们之间要有"共同的故意"，成立的"罪名"必须具有同一性。由于共同意思主体说认为，共犯是共同意思主体实现"一定之犯罪"的活动，因而，也是完全犯罪共同说的一种。①

按完全犯罪共同说，只有基于共同的故意，共同实施某种犯罪的行为，才可能成立共犯。出于不同的故意而共同实施行为，触犯不同罪名者，不能成为共犯。例如，A 基于杀人的故意，B 出于伤害的故意，约定同时对 X 开枪，并致 X 死亡。持此说的论者大多认为，A 与 B 不构成共同正犯，各自分别承担单独犯的责任。如果是 A 的行为导致 X 死亡，B 仅造成 X 伤害的，A 构成杀人罪，B 成立故意伤害罪；如果是 B 的行为引起 X 死亡结果发生，则 A 构成杀人未遂罪，B 成立故意伤害致死罪。这样处理，无疑是忽视了行为人与他人共同实行犯罪的事实，也与"部分实行，全部责任"的法理明显不符。另外，如果 B 的子弹未击中 X，只是 A 击中并导致了 X 死亡，"A 成立杀人罪，B 则充其量成立暴行罪；而 A 仅有伤害故意的话，B 则成立伤害罪的共同正犯，在肯定结果加重犯之共同正犯的场合，则成立伤害致死罪的共同正犯。两者相比，结论是不均衡的。也就是说，就会产生'若 A 具有更重的罪之故意的话，B 的刑事责任却变轻了'这一问题"②。正因为如此，另有持完全犯罪共同说的论者主

---

① 浅田和茂.刑法总论.2 版.东京：成文堂，2019：421.
② 山口厚.刑法总论：第 3 版.付立庆，译.北京：中国人民大学出版社，2018：314.

张，A 与 B 构成杀人罪的共同正犯，只不过对没有杀意的 B，要适用伤害致死罪的刑罚予以处罚。这虽然维持了 A 与 B 所定罪名的同一性，但使犯罪（罪名）与处刑相分离，明显不合适；况且，将本无杀意的 B 认定为杀人罪的共同正犯，也是违反责任主义的。①

（二）部分犯罪共同说

正是由于完全犯罪共同说存在明显的缺陷，传统的将"特定的犯罪"严格理解为同一罪名之犯罪的主张逐渐衰退，早已被在构成要件重合限度内共同的见解（部分犯罪共同说）所取代。按照此说，不同参与者实施的犯罪，虽然在构成要件上不同（如杀人罪与伤害罪），但在构成要件相重合的限度（如伤害的限度）内，可能构成共犯（如伤害罪的共同正犯）。目前，部分犯罪共同说既是日本刑法学界的通说，也是日本最高裁判所的相关判例所采取的基本主张。②

此说固然能在一定程度上弥补上述完全犯罪共同说的缺陷，但仍然存在难以克服的弊病。仅就上述 A 与 B 枪击 X 的案例来论，由于杀人与伤害在伤害的限度内相重合，因而认定 A 与 B 构成伤害罪（或伤害致死罪）的共同正犯。这比按完全犯罪共同说对 A 与 B 分别单独以不同的罪定罪处罚，似乎向前迈进了一步，肯定了两者之间存在共同参与犯罪的关系。但对有杀意的 A 就其过剩部分如何追究罪责，仍未找到合理的答案。③ 最终无非还是作为单独犯来处理，即如果是 B 的子弹命中致 X 死亡，B 构成伤害（致死）的共同正犯，A 构成伤害（致死）的共同正犯与杀人未遂的单独犯，由于是观念竞合，按从一重罪处断的原则，对 A 实际上是以杀人未遂定罪处罚。这与不作为共犯处理的情形几乎是相同的。但是，如前所述，对共同引起法益侵害结果发生的"共犯现象"不作为共犯来处理，这显然不能说是一种好的处理方式④，还有可能导致对 A 与 B 的处罚轻重失衡。如在杀人罪的法定刑与伤害（致死）罪的法定刑相同的情况下，A 成立的杀人未遂罪虽然性质比 B 构成的伤害（致死）罪严重，但处罚可能

---

① 内藤谦.刑法讲义总论：下.Ⅱ.东京：有斐阁，2002：1359.
② 高桥则夫.刑法总论.4版.东京：成文堂，2018：445-447.
③ 内藤谦.犯罪共同说与行为共同说.法教，第116号：88.
④ 山口厚.刑法总论问题探究.东京：有斐阁，1998：268.

轻于 B，这明显不妥当。① 另外，这样处理还会带来更不均衡的问题。对此，笔者将在本章第三节论述。

总而言之，按部分犯罪共同说仍然不能妥当处理上述问题。况且，刑法分则规定的犯罪种类繁多，哪些犯罪的构成要件之间可能出现部分重合，按什么标准来确定是否存在重合，这本身就是部分犯罪共同说面临的一大难题。

三、行为共同说

正是为了有效解决犯罪共同说带来的问题，行为共同说应运而生。此说认为，共犯是数人通过共同的"行为"以实现各人之犯罪的现象，也就是"数人共同犯数罪"（"数人数罪"）。其中，既有以主观主义为基础的行为共同说，也有以客观主义为基础的行为共同说。如前所述，基于主观主义的行为共同说已经退出历史舞台，由于现在的行为共同说强调构成要件的行为或实行行为共同，因而被认为是基于客观主义立场的学说。这种客观主义的行为共同说认为，共犯是就自己的犯罪"行为"承担罪责，因此，共犯者相互所犯之罪的罪名不要求相同，甚至不要求有犯罪意思（故意）的共同，而是只要有"行为的共同"，乃至"事实的共同"或"因果关系的共同"，共同正犯即可成立。② 也就是说，按照行为共同说，共犯并非因借用他人之可罚性或与他人共同负担责任而受处罚，而是由于为了实现自己之犯罪而利用他人的行为，以此来扩张自己行为的因果性影响的范围，即根据行为之共同，相互将他人的行为视为自己行为之延长而纳入自己行为之中，为此，对于所发生的全部结果当然应归属于各人。③ 就上述 A 与 B 枪击 X 的案件来说，只要能证明若没有他们的枪击行为，X 就不会死亡，那就表明 A、B 的枪击行为与 X 的死亡结果之间有因果关系，即具有"因果关系的共同"，即便不能证明是 A 还是 B 的子弹命中，也不影响共同正犯的成立，应认定 A 构成杀人罪的共同正犯、B 构成伤害致死罪的共同正犯。④ 这虽然解决了上述犯罪共同说在定罪方面遇到的难题，并能在一定程度上使处罚具有合理性，但也带来了新的疑问。

---

① 张明楷.共犯的本质.政治与法律，2017（4）：12.
② 山口厚.刑法总论问题探究.东京：有斐阁，1998：270.
③ 陈子平.刑法总论.4版.台北：元照出版有限公司，2017：503.
④ 林干人.刑法总论.2版.东京：东京大学出版会，2008：401.

首先是行为共同说的这种"共同"观念与"共同"一词的本来含义或民众的理解有较大差异。一般而言，共同干某事总是指干同一件事。就共犯或共同正犯来说，一般人都会认为是指几个人犯同一种罪，也就是前述犯罪共同说所指的"数人一罪"的情形；而行为共同说认为，几个人分别犯不同的罪（如上述 A 成立杀人罪、B 构成伤害致死罪，甚至甲构成杀人罪、乙成立过失致死罪），即所谓"数人数罪"的情形，也可能构成共同正犯。这显然与民众的法律意识不符。并且，可以说是徒有共犯之名，实际上还是分别各自定罪。如上所述，对 A 与 B 枪击 X 的案件，行为共同说认为，A 是杀人罪的共同正犯、B 是伤害（致死）罪的共同正犯，并非是 A 与 B 均构成杀人罪和伤害致死罪两罪的共同正犯，也不是 A 与 B 均构成其中某一罪的共同正犯。

其次是行为共同说根基于共犯独立性说，与区分制的基本理念相冲突。如前所述，最早的行为共同说立足于近代学派的主观主义，"而'以主观主义为基础之行为共同说'，系'将犯罪理解为恶性之表现，因此所谓数人共犯一罪并无意义'，从而主张'所谓共同正犯，应理解为数人根据共同之行为而遂行各自之犯罪'"①。既然是各自实施自己的犯罪，那就不存在谁从属于谁的问题，当然的结论是共犯具有独立性。现在的所谓客观主义的行为共同说，虽然不再"将犯罪理解为恶性之表现"，但仍然认为共犯"为了实现自己之犯罪而利用他人的行为，以此来扩张自己行为的因果性影响的范围"，也就是"相互将他人的行为视为自己行为之延长而纳入自己行为之中"，因而还是各自犯自己的罪。我国持行为共同说的黎宏教授甚至认为，"共同犯罪不过是行为人利用和他人一起行动的机会，实现自己犯罪目的的一种手段而已，与单打独斗的个人犯罪没有什么两样"②。笔者也不否认这种主张有其合理性，只不过这等于是与共犯独立性说持相同的立场。并且，认为"共同正犯之个人其实是透过利用他人来实现自己犯罪的目的"，这是扩张的正犯概念下的单一正犯论的主张，与限制正犯概念下的区分制的理论相冲突。③ 按照这种理论主张，共犯之中的教唆犯也是"为了实现自己的犯罪而利用他人的行为"，或者说是将他

---

① 陈子平. 刑法总论. 4 版. 台北：元照出版有限公司，2017：503.
② 黎宏. 共同犯罪行为共同说的合理性及其应用. 法学，2012 (12)：114.
③ 黄荣坚. 基础刑法学：下. 4 版. 台北：元照出版有限公司，2012：807.

人的行为纳入自己的行为之中，犯自己想要犯的罪，无论被教唆的人是否实行其所教唆的罪，对教唆犯均应定罪处罚。但这无疑与区分正犯与共犯的区分制和共犯从属性说相悖。如前所述，按区分制的理论，刑法以处罚正犯为中心，以处罚共犯为例外。既然是有限制的处罚共犯，那么，对共犯成立的条件予以严格限制，要求共犯具备从属于正犯的特性（如正犯实行了犯罪），才对其予以处罚，从而缩小共犯的处罚范围，就是当然的结论。德国等采取区分制立法体系的国家，刑法的相关规定也明显是采取共犯从属性说。由此可见，行为共同说的立论基础并不可靠。

再次是行为共同说使共同正犯与教唆犯、帮助犯的界限变得十分模糊、难以区分。正如日本刑法学家团藤重光所述，由于教唆、帮助行为是基本构成要件的实行行为之外的加功行为，而行为共同说认为，共同正犯的行为同样可以是构成要件之外的行为，这意味着采取行为共同说，共同正犯与教唆犯、帮助犯的区别势必要全部废除，而这显然与日本现行刑法不相容。①

此外，行为共同说对德、日司法实践中认可的共谋共同正犯的情形，也无法合理论证。例如，X 只是发指令，Y 了解并按其旨意实行了犯罪。X 与 Y 被认定为共同正犯。但是，在这种场合，X 与 Y 的行为，在时间、场所、形态上均有很大差别，不能说有共同的行为，为何成立共同正犯？行为共同说无疑不可能作出科学合理的说明。②

第二节　单一正犯体系下犯罪参与的共同性

关于二人以上在哪些方面"共同"，才算具备了犯罪参与的共同性这一本质属性，以单一制（或单一正犯）为立论基础的论者，一般是从广义上理解犯罪参与，并且是从事实的层面（并非从法律含义上）来做界定，大多认为只要是数人共同参与或涉及侵害刑法所保护之法益的活动，即具备了有多个主体参与、实现了与单个主体相同的典型事实、且参与人对共同行为作出了有客观意义的"贡献"这三个条件，即便是"在多个自然人

---

① 团藤重光. 刑法纲要总论. 3 版. 东京：创文社，1990：390.
② 林干人. 刑法总论. 2 版. 东京：东京大学出版会，2008：402.

主体中，有人不具备刑事责任能力，或主观上没有罪过，或具备可原谅的理由，或其他排除可罚性的个人原因"，也不影响犯罪参与（或共同参与犯罪）的成立。① 由此可见，单一正犯论者对犯罪参与共同性的理解比较宽泛，认为只要有行为的共同或者对引起侵害法益的事实或结果的共同行为有贡献，就具备了犯罪参与的共同性。

一、犯罪参与的共同性与定罪

认定犯罪参与的"共同"是为了解决什么问题？按照传统的刑法理念，当然是为了解决定罪量刑问题。只不过区分正犯与共犯的区分制体系，对数人共同参与的犯罪采取与单个人犯罪不同的定罪规则，对作为共犯的教唆犯和帮助犯的定罪，还要受实行从属性和要素从属性的制约，即只有在正犯已着手实行犯罪的条件下，共犯才构成犯罪，并且正犯的处罚重于共犯，因而，犯罪参与的共同性对参与者的定罪和处罚具有决定性的意义。这正是犯罪共同说与行为共同说得以展开并越来越复杂的原因所在。

但是，按单一正犯论者的主张，"犯罪永远是一个人在犯罪"，"所谓多数人参与犯罪，其刑事责任的认定，还是应该回归到犯罪的基本定义，针对个人行为做个别的判断。在犯罪构成的认定上，没有所谓的共同，也没有所谓的从属"②。即对每个参与者都应分别根据其参与的事实，考察其有无责任能力，主观上有无特定犯罪的故意或过失，客观上是否实施了该种犯罪的行为（包含实行行为、教唆行为、帮助行为和预备行为），也就是采取与对单个人犯罪基本相同的定罪规则，来认定其是否构成此种犯罪。并且，"按照条件关系意义上的因果法则，所有引起结果的人都是结果发生的等价的原因，因此，引起了符合构成要件的法益侵害的人就应当都是正犯，正犯与共犯之间原本应当是没有差异的，刑法分则的构成要件不是为狭义的正犯而设，而应当涵括了每一种参加形式"③。也就是说，

---

① 帕多瓦尼. 意大利刑法学原理（注评版）. 陈忠林，译. 北京：中国人民大学出版社，2009：330.

② 黄荣坚. 基础刑法学：下. 4 版. 台北：元照出版有限公司，2012：785 - 786.

③ Baumann, Die Tatherrschaft in der Rechtsprechung des BGH, NJW 1962, s. 375. 转引自何庆仁. 共犯判断的阶层属性. 中国刑事法杂志，2012（7）：21.

刑法规定的具体犯罪行为，并非仅限于实行行为（或正犯行为），而是还包含教唆行为、帮助行为和预备行为等侵害法益的行为。例如，我国刑法第232条规定："故意杀人的，处死刑、无期徒刑或者十年以上有期徒刑"。该条中的"杀人"就包括实行杀人、教唆杀人、帮助杀人、预备杀人等多种行为类型，并非仅指"实行杀人"一种情形。该条与采取区分制的日本刑法第199条（杀人罪）的字面表述虽相似，但对"杀人"一词的含义不能做相同理解。① 以甲与乙基于杀人的故意、由甲从背后抱住丙而乙用刀杀死丙的案件为例，若单独来看甲的行为，明显不具有剥夺人生命的性质，自然也就不是杀人的实行行为。由于日本刑法中杀人罪的行为仅限于实行行为，这就意味着甲不可能单独构成杀人罪。只有在与他人构成共犯或利用他人作为杀人工具（间接正犯）的场合，才可能成立杀人罪。这正是采取区分制必须在定罪阶段确定参与者之间是否存在共同关系，即是否构成共犯的根本原因所在。而按我国刑法的规定，由于对每个参与者都是分别根据其参与的事实，采取与对单个人犯罪基本相同的认定规则，因则无须在定罪阶段过多考虑其与其他参与者之间有无共同性，更不必在此阶段确定参与者之间是否构成共同犯罪。上述甲抱住丙由乙用刀杀死丙的案件中，由于甲在客观上实施了帮助杀人的行为，其帮助行为与丙死亡结果之间有因果关系，甲在主观上有引起（利用他人的行为引起）丙死亡结果发生的杀人故意，完全具备我国刑法第232条规定的故意杀人罪的主客观要件，对其按该罪定罪不存在任何问题。

二、犯罪参与的共同性与因果关系

当然，在单一正犯体系下，认定参与者是否构成犯罪时，也并非完全不考虑犯罪参与的共同性，而是考察的视角与区分制体系有所不同。正如前文所述，由于单一正犯概念的形成主要受因果理论中的条件论的影响②，认为所有引起了符合构成要件的法益侵害或危害结果的人，都是结果发生的等价的原因，因而都是正犯（犯罪参与人）。并且，只有参与者

---

① 日本刑法第199条规定："杀人的，处死刑、无期或者五年以上惩役。"由于日本刑法第201条、第203条还有杀人预备罪和杀人未遂罪的规定，因而第199条中的"杀人"仅指实行杀人并既遂的情形。

② 柯耀程.参与与竞合.台北：元照出版有限公司，2009：38.

的行为与侵害法益的事实或结果之间有因果关系,才有可能要参与者对该结果承担责任,其才可能成为正犯。又由于对每个参与者定罪的规则与对单个人犯罪定罪的规则基本相同,考察每个参与者的行为与结果之间有无因果关系,也就成为能否让其对结果承担责任即能否构成犯罪的关键所在。而在数人参与犯罪的场合,由于参与的形态具有多样性、复杂性,有的是所有参与者都在现场针对特定对象实施同样的行为;有的则是都出现在现场但实施的行为表现形式不同;还有的是部分参与者到现场去实行犯罪、另一部分参与者则是在幕后教唆或帮助犯罪。即便是所有参与者都到现场去实施同样的行为,各自的行为所产生的效果也可能有很大差异(如甲、乙同时对丙开枪射击,仅甲的子弹击中并致丙死亡),如此等等,足以表明数人参与犯罪的因果关系与单个人犯罪的情形有很大差别,因此,认定时必须考察参与者的行为是否具有共同性,否则,无法准确判断每个参与者的行为与危害结果之间有无因果关系。

单一正犯论者认为,不同参与者的行为如果具有共同性,即能够认定为共同行为,其与结果之间的因果关系就应当做整体的评判,也就是要将所有参与者的行为视为一个有机结合的整体行为①,考察其与结果之间有无因果关系。若得出肯定的结论,则认定每个参与者的行为与结果之间均有因果关系,都应对该结果负责。例如,甲、乙同时对丙开枪,但仅有一颗子弹击中致丙死亡,事后无法查明是谁击中的。如果是甲、乙事先就约定要枪杀丙,或者是甲、乙都误以为丙是野兽而约定同时开枪射击,则由于双方的行为具有共同性,前者为共同故意行为,后者为共同过失行为,尽管不能肯定甲、乙之中是谁击中丙,但可以肯定如果没有他们的枪击行为,丙的死亡结果就不会发生,因而应肯定甲、乙的共同行为与丙的死亡结果之间有因果关系;同时,分别而论,甲与乙各自的行为与丙的死亡结果之间也有因果关系。这是因为在甲与乙有杀丙的共同故意的场合,他们都分别将对方的行为作为自己杀人行为的一部分加以利用、作为补充,即便是对方击中被害人丙(自己并未击中),也应认为与其行为之间有因果关系。如果甲与乙一起去狩猎都误认丙为野兽而予以枪杀,对这种共同过失行为引起结果发生的情形,之所以也能分别认定甲和乙的行为与丙的死亡结果之间有因果关系,是因为双方共同实施某种有危险性的行为时,都

---

① 黄明儒. 二元的形式单一正犯体系之提倡. 法学, 2019 (7): 104.

分别承担防止结果发生的注意义务，即既要防止自己的行为引起危害结果发生，同时还要防止他人的行为引起危害结果发生。正因为如此，在由他人的行为直接引起结果发生时，正好表明共同行为者没有恰当履行防止结果发生的注意义务，因而应认定其过失行为与结果之间有因果关系，也要对该结果负责。

与单个人犯罪不同，在数人参与犯罪的场合，除危害结果是由数人的共同行为所引起，因而要从整体上评判因果关系存在与否之外，还有一大特点是，分别来看，参与者中有的人的行为与危害结果之间可能仅存在心理的因果性。如教唆他人杀人者与被害人的死亡结果之间，就仅有心理的因果性，即引起被教唆者产生杀人犯意并杀害了被害人；帮助犯罪者虽大多与危害结果间有物理的因果性，但仅有心理因果性的案件也大量存在，如为入室盗窃者提供开门的钥匙，因被害人忘记锁门而没有派上用场；共同实行杀人者中也可能有人的行为与被害人死亡结果间并无物理的因果关系，而只是给其他实行杀人者以心理上的支持，因而与危害结果间只有心理的因果性，如此等等，足以说明数人共同参与犯罪的共同性，决定了其因果关系具有特殊性，因而应当采用有别于单个人犯罪的特殊认定规则，对其因果关系进行先整体再个别的判断。

三、犯罪参与的共同性与量刑

如前所述，数人共同参与的犯罪具有共同性，这是其不同于单个人犯罪的一大特色。由于是由数人的行为共同引起了侵害法益的事实或结果的发生，每个人的行为对侵害法益的事实或结果所起作用的大小可能有较大差异，责任的分担或处罚的轻重也应有差别。只不过区分制主要是以犯罪行为的参与形式为依据，将犯罪人分为正犯与共犯两类，对正犯处比共犯更重的刑罚，以体现区别对待的刑事政策思想和处罚的公平合理性。单一正犯体系则是在量刑时考虑参与者参与犯罪的性质和参与的程度，给予轻重不同的处罚。[①]

按区分制的理论，由于犯罪参与的共同性对参与者（特别是狭义共犯）的定罪具有决定性的意义，如果不能确定犯罪参与的共同性，对有些

---

① 刘明祥. 论中国特色的犯罪参与体系. 中国法学, 2013 (6): 119.

本该定罪处罚的参与者就可能无法定罪处罚。又由于区分正犯与共犯的宗旨就在于区别对待正犯与共犯，即给予正犯比共犯更重的处罚，而正犯与共犯的区分是在定罪阶段（犯罪论层次）完成的，一旦确定参与者是正犯（含直接正犯、间接正犯和共同正犯）或者是共犯（教唆犯和帮助犯），就意味着在量刑阶段如何处罚已被确定，即对所有的正犯均适用刑法规定的基准刑处罚，对共犯则是以正犯之刑处罚或按正犯之刑处罚予以减轻。正因为"'区分制'一次性解决定罪与量刑两个问题，将共同犯罪的行为类型与处罚原则直接挂钩"①，所以就没有必要另在量刑阶段再考察犯罪参与的共同性（与他人共同参与犯罪）的情况了。

但是，在单一正犯体系下，不仅定罪阶段在判断参与者的行为与危害结果间的因果关系时，必须考察参与者之间有无共同关系、能否认定为是共同行为引起了结果的发生；在肯定有因果关系的条件下，还要进一步考察其行为对危害结果的发生所起作用（原因力）的大小，以便准确判断其行为的社会危害性程度，从而确定其是否构成犯罪。因为在数人共同参与犯罪的场合，因果关系具有共同性，不同参与者的行为虽然都是结果发生的原因，但原因力的大小可能有较大差异。如帮助行为对结果发生的原因力，通常就要比实行行为的原因力小得多。综合全案情况来判断，尽管实行行为者构成犯罪，但对实施帮助行为者完全可以其行为的原因力太小为主要依据，否定其成立犯罪。而且在量刑阶段，必须重点考察犯罪参与的共同性，因为单一制的处罚规则是根据每个参与者参与犯罪的性质和参与的程度，给予轻重不同的处罚。所谓参与犯罪的程度，主要是指参与者对犯罪的贡献或所起作用的大小。做这种判断时就必须与其他参与者做横向的比较，而横向比较的前提就是犯罪参与者之间存在共同关系，正因为如此才会出现责任分担的问题，并且只有分清了每个共同参与者的责任大小，才能确保对其处罚轻重合理。如果参与者所实施的犯罪（或行为）之间无共同性，即便是在同一时间对同一对象实施了相同的侵害行为，亦只能对每个参与者按单独犯处理，同时犯就是适例。另外，还应当指出的是，参与犯罪的程度，即对犯罪的贡献或所起作用的大小，并非只能以客观的行为形式（是实行行为还是教唆或帮助行为）为依据来做判断，而是要综合考虑各参与者共同参与犯罪的多种情况，如犯罪由谁引起、由谁实

---

① 阮齐林，耿佳宁．中国刑法总论．北京：中国政法大学出版社，2019：220．

行、各人的行为对结果的发生所起作用的大小,等等。教唆者在犯罪中所起的作用完全有可能大于实行者,某些对犯罪的完成起决定作用的帮助者,也有可能与实行者的贡献相当,甚至大于实行者的贡献,因此,对这样的教唆者的处罚重于实行者,对帮助者的处罚与实行者相当,甚至重于实行者,才具有合理性,而这是按单一制的处罚规则很容易做到、但按区分制不可能做到的事。

第三节　我国刑法中共同犯罪的共同性

一、共同犯罪及其共同性

共同犯罪概念有广义和狭义之分,从广义而言,即按一般民众的理解,包括二人以上共同侵害同一对象或造成同一结果、且构成犯罪的各种情形,如双方基于故意(含相同的故意或不同的故意)、双方均为过失或者一方出于故意另一方基于过失、一方有责任能力另一方无责任能力,共同引起严重危害结果发生的,都在广义的共同犯罪的范围之内。[1] 这种广义的共同犯罪,同犯罪参与论中所指的"数人共同参与犯罪"(简称"犯罪参与"或"参与犯罪")的含义基本相同。从狭义而言,共同犯罪则仅指数人共同故意犯罪的情形。我国刑法第25条之规定表明,我国刑法中的"共同犯罪"是从狭义而言的,即仅指"数人共同参与犯罪"之中共同故意犯罪这一种特殊类型。下文中笔者所述的"共同犯罪"也仅限于此种含义。

除共同故意犯罪这种犯罪参与的特殊类型之外,对双方出于不同故意而共同侵害法益的、一方出于故意另一方基于过失共同侵害法益的、双方基于共同过失而侵害法益的,如此等等不构成共同犯罪的参与犯罪之情形,在我国同样应当适用前述单一正犯的处罚原则,即根据参与者参与犯罪的性质及参与的程度,给予轻重有别的处罚。至于对共同犯罪,我国刑法则是以共同犯罪人在共同犯罪中所起作用大小为根据,分为主犯与从犯

---

[1] 刘明祥.区分制理论解释共同过失犯罪之弊端及应然选择.中国法学,2017(3):216.

(含胁从犯)①、给予轻重不同的处罚,这也是单一正犯处罚原则的体现。对共同犯罪做这样特别明确的规定,"根本目的是为了打击首要分子与主犯"②,也可以说是为了突出打击或处罚的重点。因为共同故意犯罪特别是那种有组织的犯罪,对社会的危害性和危险性明显大于其他数人共同参与犯罪的情形,无疑有必要予以重点打击,以充分体现区别对待不同犯罪参与者的刑事政策思想。这正是我国刑法采取的单一正犯体系不同于其他国家所采取的单一正犯体系的一大特色。③

至于数人应在哪些方面"共同",才算具备了共同犯罪的"共同性",我国传统的刑法理论认为,成立共同犯罪应具备三个条件:第一,必须有两个以上达到刑事责任年龄、具有刑事责任能力的人或者单位;第二,必须有共同的犯罪行为,即各共同犯罪人的行为都指向同一犯罪事实,彼此联系,互相配合,在发生犯罪结果的情况下,每一共同犯罪人的行为都与犯罪结果之间存在因果关系;第三,必须有共同的犯罪故意,即各共同犯罪人通过意思联络,认识到他们的共同犯罪行为会发生危害社会的结果,并决意参与共同犯罪,希望或者放任这种结果发生。④简而言之,"传统刑法理论认为,'犯罪'是符合犯罪的所有成立条件的行为,所以,'共同'犯罪,就必须是在犯罪成立的所有方面'共同'"⑤。

传统刑法理论之所以如此认为,首先是因为我国刑法第 25 条明文规定,"共同犯罪是指二人以上共同故意犯罪",这一规定实际上对共同犯罪的成立条件做了界定,即要求二人以上具备上述行为"共同"、故意"共同"、责任能力"共同"(均为有责任能力的人)之条件,才成立共同犯罪。其次是因为刑法先明确指出何谓共同犯罪,接着规定对共同犯罪人如何处罚,明显是从"完全意义上"(成立犯罪的意义上)使用"犯罪"一词的。从法律语言表达的逻辑关系来看,先说犯罪及其成立条件,尔后接

---

① 胁从犯是从犯之中被胁迫参加犯罪者,是一种特殊的从犯。刘明祥. 论胁从犯及其被胁迫的要素. 当代法学,2020(4):94.
② 张明楷. 共同过失与共同犯罪. 吉林大学社会科学学报,2003(2):41.
③ 意大利、奥地利、挪威、丹麦等国刑法采单一正犯体系,但并没有与我国的共同犯罪相类似的犯罪参与特殊类型的规定。
④ 高铭暄,马克昌. 刑法学. 10 版. 北京:北京大学出版社,2022:160-162.
⑤ 张明楷. 共犯的本质. 政治与法律,2017(4):6.

着说对犯罪如何处罚，那么，前面所说的"犯罪"就必须是符合该犯罪成立的所有条件的，这也是后面所说的要给予处罚的前提。不可能对不符合犯罪所有成立条件（仅符合部分条件）者给予后面的刑事处罚，也不可能对构成共同犯罪者不予以处罚。刑法规定对不具有刑事责任能力者不给予刑事处罚，这从一个侧面表明无责任能力者不可能成为共同犯罪人，即不能与他人构成共同犯罪。① 再次是因为"我国《刑法》将共同犯罪人分为主犯、从犯、胁从犯，并规定了共同的处罚规范、轻重不同的处罚原则。如此规定立法者很显然是考虑到不同的犯罪人在共同实施同一犯罪中所起的作用大小之别，不同的犯罪人在共同犯罪中的地位、作用、分工和参与的程度可能不同……如果认为共同犯罪的成立不以实施同一犯罪为必要……那么《刑法》将共同犯罪人分为主犯、从犯、胁从犯又有什么意义呢？又如何去比较不同的犯罪人在'共同犯罪中所起的作用大小'呢？又如何对从犯、胁从犯的处罚做到'从轻、减轻'呢？"② 最后是因为我国刑法采取单一正犯体系，对共同犯罪作特别规定是为了解决共同犯罪人的处罚问题。如前所述，按单一正犯理论，对数人参与的犯罪（含共同犯罪）与单个人犯罪的定罪规则基本相同，只是在对参与者分别定罪之后，再根据他们所实施的犯罪之间是否具有共同犯罪的共同性，来确定是否成立共同犯罪，目的是要分清责任主次，给予轻重不同的处罚。也就是说，我国刑法规定共同犯罪并将共同犯罪人分为主犯与从犯，只是为了解决其量刑问题。正如日本刑法学家大谷实所述，"我拜读了中国刑法典中有关'共同犯罪'的规定，但从中未找到正犯与共犯的观念，因而只能认为主犯、从犯的区别就在于各自在共同犯罪中所起的作用的不同。……这与其说是犯罪成立上的区别，倒不如说仅仅是处罚上的区别而已"③。而对行为人予以刑事处罚或量刑，自然应以其构成犯罪为前提，加上主从犯的划分又是以成立共同犯罪即具有犯罪的共同性为条件的，因此，认为共同犯罪应在

---

① 刘明祥. 不能用行为共同说解释我国刑法中的共同犯罪. 法律科学，2017 (1)：64.

② 陆诗忠. 我国《刑法》中的"共同犯罪"："犯罪共同说"抑或"行为共同说". 华东政法大学学报，2016 (1)：138.

③ 大谷实. 日本刑法中正犯与共犯的区别——与中国刑法中的"共同犯罪"相比照. 王昭武，译. 法学评论，2002 (6)：116.

犯罪成立的所有方面都"共同",就是理所当然的结论。

(一) 共同犯罪共同性与犯罪参与共同性的差异

无论是共同犯罪还是犯罪参与(或共同参与犯罪),研究或认定"共同",都是为了解决其成立问题。而要回答二者之"共同"是否有差异或差异何在,必须进一步弄清认定"共同犯罪"或"犯罪参与"成立是为了解决什么问题。如前所述,对数人共同实施侵害法益的行为如何处理,归根到底还是要确定每个行为人是否构成犯罪、在构成犯罪的情况下如何处罚。按单一正犯理论,数人共同参与犯罪与单个人犯罪的定罪规则基本相同,只不过参与者的行为与侵害法益的事实或结果之间的因果关系具有一定的特殊性,只有认定为共同参与犯罪,才能将结果归责于参与者,同时责令其公平分担责任。因而,认定"犯罪参与"是要解决对参与者定罪和处罚(量刑)的问题。但认定"共同犯罪"则是在参与者成立"犯罪参与"的前提条件下,为了进一步合理解决对参与者的处罚(量刑)问题,而依法采取的特殊措施。正因为如此,共同犯罪的"共同"与犯罪参与的"共同"有较大差异。

如前所述,犯罪参与的"共同"以数人(含二人)的共同行为侵害了刑法保护的法益为成立条件,既不要求参与者均有责任能力,也不要求参与者主观上有共同的故意,只要有共同行为的意思,即便是有不同的故意,或者有人基于故意另有人出于过失甚至无过失,或者每人都仅有过失,也不影响"共同"的认定或犯罪参与的成立;另外,还不要求参与者都共同去实行犯罪,有人实行另有人教唆、帮助他人去实行犯罪,同样不妨碍犯罪参与的成立。简而言之,犯罪参与的"共同",只要求有行为(含实行、教唆、帮助等行为)的共同(或参与事实的共同),不要求有责任能力的"共同"、故意的"共同"、实行的"共同",这是因为有行为的共同(或参与事实的共同),就表明行为人对自己参与进去的行为引起的侵害法益的事实或结果有可能要承担法律责任。

但是,共同犯罪的"共同"有所不同。正如前文所述,我国刑法规定的共同犯罪只是数人共同参与犯罪(犯罪参与)的一种特殊类型,是为了突出打击处罚的重点才对其处罚原则予以明文规定的。正因为如此,它除具备犯罪参与的基本特征之外,又有不同于普通犯罪参与的特殊性,即仅限于共同故意犯罪的情形,这也就决定了其共同性与普通犯罪参与的共同性有差异。不同之处就在于它对犯罪参与的主体、主观方面和客观方面均

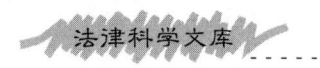

做了限制，也就是前文所述的要求二人以上责任能力"共同"（均有责任能力）、主观方面的故意"共同"、客观方面的行为"共同"，即犯罪成立的所有方面都"共同"。

另外，在我国长期的司法实践中，司法人员认定共同犯罪的共同性，也是按此种主张或思路来操作判断的，即在对每个参与者是否构成犯罪分别作出判断之后，如果参与者不构成犯罪或仅构成过失犯罪，那就无成立共同犯罪的可能性，自然也就没有考察共同犯罪之共同性的余地。只有在肯定各参与者构成相同的故意犯罪的情况下，才有必要进一步考察他们所犯的罪之间是否存在共同关系，也就是分别考察每个参与者所犯之罪与其他参与者所犯的罪之间有无共同性。判断的标准则是客观上有无共同的犯罪行为、主观上有无共同的犯罪故意，具备了这两方面的要件，即可认定所犯的罪之间存在共同性，确定共同犯罪成立。在此基础上，更进一步分清谁是主犯、谁是从犯（含胁从犯），以便按刑法的规定给予轻重适当的处罚。这也在一定程度上表明，"单一制与我国目前司法实践对共同犯罪人刑事责任认定的情况更加契合"①。

（二）共同犯罪共同性与区分制体系中共犯共同性不应混同

"共同犯罪"与"共犯"在共同性上是否有差异？要回答这一问题，首先必须弄清这两个词语的含义是否相同（是否指同一事物）。如果相同，两者的"共同性"自然也就不会有差异；如果不同，则可能得出不同的结论。

众所周知，我国刑法总则中"共同犯罪"一词使用较多，刑法分则个别条文（如第 382 条）也用了"共犯"一词。但德、日等国刑法中并未用"共同犯罪"，而是使用了"共犯"一词。一般认为，我国刑法中的"共犯"，通常是"共同犯罪"的简称。② 德、日等国刑法中的"共犯"，则有狭义和广义之分，狭义的"共犯"仅指教唆犯和帮助犯；广义的"共犯"包含共同正犯、教唆犯和帮助犯。在德、日学者的论著中，讨论共犯共同性（或共犯的本质）问题时，大多是从广义上使用"共犯"概念的，并且犯罪共同说与行为共同说讨论共犯的本质（或"共同性"），主要是围绕共

---

① 陈伟强. 共犯制度：域外考探与本土构造. 云南社会科学, 2017 (3)：162.
② 刘明祥. 再释"被教唆的人没有犯被教唆的罪". 法学, 2014 (12)：119.

同正犯的"共同性"而展开的。① 笔者在本书中提到的"共犯的共同性"大多也是从这后一种含义而言的。

毋庸置疑，犯罪共同说与行为共同说均立足于区分正犯与共犯的区分制法律体系，讨论共犯共同性的目的，无非是要解决能否将参与者认定为正犯或共犯、从而对其合理定罪处罚的问题。而要达到此目的，就不得不对共犯特别是共同正犯的共同性做宽泛的解释，从而扩大其成立范围，以便将侵害法益的事实或结果归责于所有引起者（参与者）。由于"完全犯罪共同说"对共犯共同性的限制过严，共犯特别是共同正犯的成立范围过窄，无法达到上述目的，因而持犯罪共同说的论者不得不放宽"犯罪共同"的成立条件，用"部分犯罪共同说"予以取代。按部分犯罪共同说，共犯的"共同"，不要求参与者责任能力"共同"（无责任能力者与有责任能力者可能成为共犯或共同正犯），也不要求故意"共同"（基于不同故意者也可能构成共犯或共同正犯），还不要求构成要件的行为完全"共同"（所实施的不同犯罪构成要件行为之间有部分共同就可能成立共犯）。行为共同说则走得更远，认为只要有行为的共同（或共同的事实），共犯或共同正犯就可能成立，并且，应当先认定有无共同的事实，再来认定各行为人所犯的罪。对于共同的事实，应当与犯罪事实在法律上符合的犯罪构成相分离来考虑，即共同关系既可能跨越数个犯罪事实而成立，也可能只就一个犯罪事实中的一部分而成立，并且不要求数人的犯意同一。② 这样一来，不仅有责任能力者与无责任能力者之间、出于不同故意的参与者之间有可能构成共犯或共同正犯，而且有的基于故意另有的出于过失，甚至无过失，或都只是有过失，均有可能具备共犯的共同性、成立共同正犯。③ 我国也有学者采取这种行为共同说，主张以此来解释我国的共同犯罪及其共同性。④ 按这种行为共同说所划定的"共犯"的范围，与前述单一正犯论所指数人共同参与犯罪（或犯罪参与）的范围比较接近，并且二者都主张只要有行为共同或参与事实的共同，就具备了"共同性"的条件，"犯罪参与"或"共犯"即告成立。应当肯定，既然有共同的行为或共同参与

---

① 张明楷. 共犯的本质. 政治与法律，2017（4）：3.
② 牧野英一. 改订日本刑法. 东京：有斐阁，1932：361-362.
③ 山口厚. 刑法总论问题探究. 东京：有斐阁，1998：260-270.
④ 陈洪兵. "二人以上共同故意犯罪"的再解释. 当代法学，2015（4）：32.

的事实，将共同行为（或共同参与）引起的侵害法益的结果归责于所有参与者就是情理之中的事，这也正是研究数人共同参与的犯罪（含共同犯罪）的目的所在。问题在于，行为共同说模糊了共同正犯与教唆犯、帮助犯的界限，会动摇区分制的根基。正如前文日本刑法学家团藤重光所述，按行为共同说，共同正犯与教唆犯、帮助犯的区分势必要全部废除，这显然与日本现行法不相容。① 在笔者看来，从某种意义上说，这并非是行为共同说的错，而是区分正犯与共犯的立法体制存在缺陷或问题。但是，按单一正犯理论将共同行为引起的侵害法益的结果归责于所有参与者，则不存在行为共同说遇到的这样的障碍或问题。对此，笔者将在下文展开述说。

如前所述，我国刑法中的"共同犯罪"是犯罪参与的一种特殊类型，仅限于二人以上共同故意犯罪的情形。它虽然也在单一正犯体系中的"犯罪参与"（数人共同参与犯罪）或区分制体系中广义"共犯"的范围之内，但却只占其中很少一部分，因而不能将它们等同起来。这也正是"共同犯罪"的"共同性"不同于"犯罪参与"或"共犯"之"共同性"的根本原因所在。

近些年来，我国一些学者受德、日刑法学的影响，试图用部分犯罪共同说特别是行为共同说来解释我国刑法中的"共同犯罪"的"共同性"，自觉或不自觉地把我国刑法中的"共同犯罪"与德、日刑法中"共犯"或"共同正犯"等同起来，甚至还认为我国刑法第25条第1款就是关于共同正犯的规定。② 但该条款明显是对共同犯罪的概念及成立要件的规定，并非是对共同正犯的规定。况且，我国采取不区分正犯与共犯的单一制的立法体系，"共同正犯"根本没有存在的土壤和空间。③ 对此，本书将在第六章第三节展开论述，在此不赘述。

---

① 团藤重光．刑法纲要总论．3版．东京：创文社，1990：390.
② 钱叶六．我国犯罪构成体系的阶层化及共同犯罪的认定．法商研究，2015（2）：152；张明楷．共同犯罪的认定方法．法学研究，2014（3）：12. 张明楷教授虽在此文中首次提出，我国刑法第25条第1款就是关于共同正犯的规定，但近来修正了自己的观点，认为刑法第26条才是关于共同正犯的规定．张明楷．共犯人关系的再思考．法学研究，2020（1）：148.
③ 刘明祥．单一正犯视角下的共同正犯问题．中外法学，2019（1）：111.

应当指出，上述论者之所以主张将我国刑法中的"共同犯罪"与德、日刑法中的"共同正犯"或"共犯"作相同的理解，并要用行为共同说来解释其"共同性"，是因为在他们看来，如果"要求二人以上有共同行为，意味着构成要件行为相同；要求二人以上达到责任年龄、具有责任能力并具有共同故意，意味着责任相同。然而，这样的理论难以解决共同犯罪的问题"，即"不利于共犯的认定"，可能出现对参与犯罪者无法定罪处罚的现象。① 在笔者看来，这是一种误解。正如前文所述，对不构成共同犯罪但属于数人共同参与犯罪的情形，按单一正犯的定罪处罚规则，对具备犯罪成立要件的参与者同样应定罪处罚，根本不会出现无法定罪处罚的现象。对此，笔者将在下文展开论述。

二、共同犯罪共同性的解释路径

（一）采用单一正犯理论解释犯罪参与共同性能合理解决参与者的定罪处罚问题

1. 不需要通过扩大解释共犯的共同性来解决对参与者定罪的难题

（1）区分制体系下扩大解释共犯的共同性仍不能合理解决的定罪难题

如前所述，在数人参与犯罪的场合，由于德、日刑法采取区分正犯与共犯的区分制体系，将参与犯罪者分为正犯（含直接正犯、间接正犯和共同正犯）与共犯（教唆犯和帮助犯），分别给予轻重不同的处罚。而正犯与共犯的成立（或定罪）条件又不一致，并且正犯的认定（定罪）要受限制正犯概念论的制约，共犯的认定（定罪）要受共犯从属性（包含实行从属性和要素从属性）论的限制。这样一来，就导致对参与者的定罪面临许多难题。

一是有责任能力的人与无责任能力的人共同实施侵害法益的行为，特别是在误以为他人有责任能力而提供帮助的场合，例如，无责任能力的X准备杀Z时，Y对Z有仇递给X一把刀，X用此刀杀死了Z，但Y当时不知X无责任能力（以下简称"帮助无责任能力人杀人案"）。由于Y没有利用X作为工具杀Z的意识，自然不属于间接正犯。又由于Y只有帮助X杀人的行为，并没有实施作为杀人罪构成要件的实行行为，如果不认定

---

① 张明楷. 共犯的本质. 政治与法律，2017（4）：6.

Y 与 X 构成共犯，即不成立帮助犯，那就无法对 Y 定罪处罚。又如，13 周岁的乙指使 16 周岁的甲为其入室盗窃而望风（以下简称"应邀为未成年人盗窃望风案"）。由于甲是受乙的指使而为其望风，即使乙未达到负刑事责任年龄，也不能说甲支配了乙的盗窃行为，显然甲不是间接正犯，如果不以共犯来论，同样无法对其定罪处罚。①

二是行为人故意与他人共同实行侵害法益的行为，但他人是基于过失而为；或者行为人故意教唆、帮助他人实施侵害法益的行为，但被教唆、被帮助的人是基于过失实施的。前者如甲、乙上山打猎时，甲看到他们的共同仇人丙在草丛中休息，甲以为乙已认出丙，于是约定与乙一起开枪，结果丙被一发子弹击中而死。事后查明，乙开枪时误以为射击目标是野兽。如果无法证明是甲还是乙的子弹命中，又否定共犯（共同正犯）成立，那就会出现谁都不对丙的死亡结果负责，即对甲按故意杀人未遂定罪、对乙甚至无法定罪处罚的问题。② 如果案情稍有变化，甲手中无枪，便指使手握猎枪的乙赶快开枪，但乙误以为是猎物而开枪打死了丙（以下简称"打猎杀仇人案"），这就属于上述被教唆人基于过失实施行为的情形。由于甲并无利用乙的过失而杀害自己仇人的意识，因而不属于间接正犯；又由于德国刑法第 26 条明文规定，"故意教唆他人故意实施违法行为的是教唆犯"，甲故意教唆导致乙过失实施违法行为，当然不能构成教唆犯。这就会出现处罚漏洞。③

三是具有不同犯罪故意的人共同实行侵害法益的行为，但不知是谁的行为直接导致结果发生。例如，A 与 B 约定同时枪击 X，A 有杀人的故意、B 有伤害的故意，结果是仅有一发子弹击中并致 X 死亡，却无法查明是 A 还是 B 的子弹命中（以下简称"不知是谁的子弹命中案"）。如果因为故意内容不同，否定 A 与 B 构成共犯（共同正犯），而以单独犯来论，由于不知是谁的行为引起 X 死亡结果发生的，同样会出现 A 与 B 均不对 X 的死亡结果负责，即对 A 按杀人未遂定罪，对 B 在日本只可能按暴行

---

① 钱叶六. 我国犯罪构成体系的阶层化及共同犯罪的认定. 法商研究，2015（2）：149.

② 过失犯罪以造成危害结果为成立条件，要认定乙构成过失致死罪，就必须证明其行为导致了被害人死亡结果的发生。

③ 黎宏. 共同犯罪行为共同说的合理性及其应用. 法学，2012（1）：112.

罪定罪①，在未规定暴行罪的我国甚至无法定罪。

四是行为人与对方没有意思联络暗中与其合作完成犯罪的，如果否定成立共犯（片面共犯），就有可能对暗中的参与者无法定罪处罚。例如，某甲将某乙的丈夫与人通奸的艳照和手枪放在某乙的家门口，某乙看见之后用枪杀害了丈夫（以下简称"艳照诱杀案"）。由于某甲和某乙之间缺乏意思沟通或联络，如果以此为根据不以共犯来论，那么单独来看将艳照和手枪放在他人家门口的行为，似乎并未触犯刑法中的哪一条文，因而无法对甲定罪处罚。②又如，甲看到乙正在追杀丙，而故意设置障碍，绊倒丙致其被乙追上杀害（以下简称"绊倒致被杀案"）。如果否定甲、乙成立共犯，单独评价甲的行为因缺乏构成要件的实行行为，只能作无罪处理。再如，甲乙事先无通谋，甲得知乙将入丙家抢劫其财物，便提前至丙家将丙捆绑起来、用毛巾塞住丙的嘴并将其扔到床底下。乙进入丙家后误以为其家中无人，搜走了大量财物（以下简称"捆绑抢劫案"）。如果对甲不以抢劫的共犯来论，因甲捆绑丙的时间很短难以认定为非法拘禁罪，我国又未规定暴行罪，势必对甲无法定罪处罚。③

毋庸置疑，在采取区分制立法体系的情况下，上述定罪的难题是客观存在的，这也是这种立法体系的一大缺陷。正是为弥补其缺陷，部分犯罪共同说和行为共同说应运而生，采取对共犯的"共同性"或成立条件做宽泛解释的方式，将上述情形纳入共犯之中，以填补处罚漏洞。笔者也不否定，按这两种学说，上述定罪难题确实有望得到解决，但是，其合理性令人怀疑。

就部分犯罪共同说而言，对上述"打猎杀仇人案"，由于按该说，杀人罪与过失致死罪之间不存在（部分）犯罪共同的关系，因而不能合理解决甲与乙或者其中一人的定罪处罚问题。对上述 A 与 B 枪击 X 案（"不知是谁的子弹命中案"），由于杀人与伤害在伤害的限度内相重合，因而能肯定两者之间存在（部分）犯罪共同的关系，认定 A 与 B 构成伤害罪的共同正犯。但对有杀意的 A 就其过剩部分如何追究罪责，仍未找到合理的

---

① 山口厚. 刑法总论问题探究. 东京：有斐阁，1998：267.
② 黎宏. 共同犯罪行为共同说的合理性及其应用. 法学，2012（11）：112.
③ 陈洪兵. "二人以上共同故意犯罪"的再解释. 当代法学，2015（4）：44.

答案。① 最终的结局，无非还是作为单独犯来处理，即如果是 B 的子弹命中致 X 死亡，B 构成伤害（致死）的共同正犯，A 成立伤害（致死）的共同正犯与杀人未遂的想象竞合犯，按从一重罪处断的原则，对 A 实际上是以杀人未遂定罪处罚。这与不作为共犯处理的情形几乎是相同的。② 在上述"不能查明死亡结果由谁的行为造成时，即便查明 A 有杀人故意，也不能认定 A 成立故意杀人既遂，只能认定为故意杀人未遂。同样，由于不能证明死亡结果由 B 造成，故不能认定 B 成立故意伤害致死，只能认定 B 成立普通故意伤害罪。这样的结论与将 A、B 当作同时犯处理没有什么区别"③。然而，对共同引起法益侵害结果发生的"共犯现象"不作为共犯来处理，显然不能说是一种好的处理方式。④ 并且，即便能确定死亡结果是 A 或 B 的行为所造成，也会带来处理不均衡的问题。因为如果是 A 的子弹命中致 X 死亡，对 B 要按伤害（致死）罪定罪处罚，这意味着仅有伤害之意的 B 对同伙导致的 X 死亡结果，也要承担责任；而在 B 的子弹命中致 X 死亡的场合，有杀意的 A 反而对同伙导致的 X 死亡结果不承担责任（按杀人未遂处理），显然有失公平合理性。⑤ 如果责令有杀意的 A 对 B 导致 X 死亡的结果负责，认定 A 构成杀人既遂罪，同时与 B 一起成立伤害（致死）罪的共同正犯，尽管认为这两罪之间只是一种观念的竞合关系，但仍然存在对 X 的死亡结果做了双重评价的嫌疑。⑥ 因为认定前一部分成立伤害（致死）罪的共同正犯，后一部分成立杀人罪，就意味着将 X 的死亡，既作为认定 A 构成伤害（致死）罪的根据，又作为认定 A 成立杀人罪的依据。同时，还存在"对同一主观内容分别进行了不同评价"的缺陷。"因为在前面所认定的故意伤害（致死）罪的共同正犯中，评价 A 对死亡是过失，而在后面所认定的故意杀人罪中，评价 A 对死亡

---

① 内藤谦. 犯罪共同说与行为共同说. 法学教室，第 116 号.
② 因为不作为共犯处理，B 构成伤害（致死）罪，A 的行为没有导致 X 死亡结果发生时，对 A 也是按杀人未遂来处理。
③ 张明楷. 共犯的本质. 政治与法律，2017（4）：10.
④ 山口厚. 刑法总论问题探究. 东京：有斐阁，1998：268.
⑤ 龟井源太郎. 正犯与共犯的区别. 东京：弘文堂，2005：47.
⑥ 佐伯仁志. 刑法总论的思之道·乐之道. 于佳佳，译. 北京：中国政法大学出版社，2017：319.

是故意。这不仅自相矛盾，也不符合案件事实。"① 此外，"具有杀人故意的 A 只是与 B 共谋，事实上并没有实施任何实行行为的场合下，由于不能肯定 A 成立杀人未遂，所以 A 的杀人故意就没能得到评价。这并不妥当，A 并非伤害（致死）罪的共同正犯"②。

就行为共同说而论，由于上述几类案件中均存在行为共同的关系，因而都能肯定共犯成立，对行为人均能定罪处罚，这固然可以有效堵塞"处罚漏洞"，但同样存在缺陷或弊病。对上述 A 与 B 枪击 X 案（"不知是谁的子弹命中案"），行为共同说认为，A 是杀人罪的共同正犯、B 是伤害（致死）罪的共同正犯，并非是 A 与 B 均构成杀人罪和伤害致死罪两罪的共同正犯，也不是 A 与 B 都构成其中某一罪的共同正犯。对上述"艳照诱杀案""绊倒致被杀案"等行为人与对方没有意思联络，暗中与其合作完成犯罪的"片面共犯"案件，行为共同说并不能肯定参与人之间存在双向的"共同性"，而只能是认为有意与他人合作完成犯罪之人，单向地与他人之间存在"共同性"（"片面的共同性"），并以此作为认定其成立共犯的依据。可是，将这种一人单独就一罪成立的犯罪称为"共犯"或"共同正犯"，未免过于名不副实。按这种解释，势必会不适当地扩大共犯或共同正犯的成立范围。正如日本刑法学家井田良教授所述："行为共同说认为，不仅在各自实施的构成要件该当行为之间完全没有重合的场合，而且在片面的共同正犯这样的只存在对一方的行为的利用关系的场合，也肯定共同正犯。这种形态的行为共同说，由于无视作为犯罪行为的类型性（处罚的框架），而导致共犯的成立范围的无限定性，以致得出了只要肯定因果关系就认定为共同正犯的结论。"③ 对上述"打猎杀仇人案"，行为共同说认为，有杀人故意的甲与仅有致人死亡之过失的乙成立共犯，特别是在甲教唆乙开枪射杀丙，但乙误认丙为野兽而杀死丙的场合，认定甲成立故意杀人罪的教唆犯，显然不符合德国刑法第 26 条对教唆犯的成立要求教唆与被教唆的双方均有故意的规定。据此可以肯定，甲故意教唆乙杀人但乙过失致人死亡的，甲不能成立故意杀人罪的教唆犯，且无法按该条后段的规定

---

① 张明楷. 共犯的本质. 政治与法律，2017（4）：11.
② 山口厚. 刑法总论：第 3 版. 付立庆，译. 北京：中国人民大学出版社，2018：314.
③ 同①16.

"对教唆犯的处罚与正犯相同",因为对构成故意杀人罪教唆犯的甲与成立过失致人死亡罪正犯的乙,适用相同的法定刑,以使其"处罚与正犯相同",无疑与该条的规定和刑法理论不符。日本刑法虽无德国刑法第26条那样的明确规定,但其判例和通说对教唆犯的成立,仍持与该条规定相同的立场。① 因此,尽管行为共同说通过扩大共犯的成立范围,能够有效堵塞"处罚漏洞",但即便是在日本也并未成为判例和多数学者所接受的通说。② 其根本的原因就在于其主张与采取区分制体系的刑法规定不能完全吻合。③

(2) 单一正犯理论对犯罪参与共同性的解释能合理解决区分制体系面临的定罪难题

毋庸置疑,上述定罪难题是区分制犯罪参与体系带来的。如前所述,按采取区分制体系的刑法规定及传统的解释论,刑法分则规定的具体犯罪的构成要件行为仅限于实行行为,作为共犯的教唆犯和帮助犯并未实施构成要件的行为,因而对共犯不能采取与单个人犯罪同样的定罪规则。由于共犯具有从属于正犯的特性,其定罪必然受制于正犯,不仅要与正犯有意思的沟通和犯罪的共同性,而且只有在正犯已着手实行犯罪的条件下,才能对共犯定罪处罚,从而导致出现上述种种定罪难题。

但是,正如前文所述,按单一正犯理论,在数人参与犯罪的场合,只要行为人基于参与意思而实施的行为,与他人的行为结合在一起,共同引起侵害法益的事实或危害结果发生,因而构成犯罪的,行为人就成为共同参与犯罪者,对其定罪采取与单个人犯罪基本相同的规则,即在其行为符合某罪的构成要件,主观上具有此罪的故意或过失,并且达到了法定负刑事责任年龄具有责任能力时,就可认定其构成此罪。至于其他参与者是否构成此罪,乃至是否构成犯罪,均不影响对其按此罪定罪处罚。与单个人犯罪不同的是,具备参与共同性特征的共同参与犯罪者的行为及其与危害结果之间的因果关系,具有一定的特殊性。其行为的表现形式既可能是实行行为,也可能是教唆、帮助等侵害法益的行为。

---

① 团藤重光. 刑法纲要总论. 3版. 东京:创文社,1990:403-404.
② 高桥则夫. 刑法总论. 4版. 东京:成文堂,2018:445-447.
③ 柯耀程. 变动中的刑法思想. 台北:元照出版有限公司,2001:272.

参与行为与危害结果之间的因果关系，既可能是参与者自己直接引起危害结果发生，也可能是通过其他参与者的行为间接引起危害结果发生。无论是哪一种情形，都应当认为是所有参与者共同的行为引起了危害结果的发生。并且，对每个参与者而言，由于其他参与者的行为都是他自己的参与行为的延伸，或者说是其参与行为的有机组成部分，因此，在危害结果已经发生（即便是由其他参与者所直接引起）的情况下，其参与行为与危害结果之间有因果关系。正因为按单一正犯的解释论，对数人共同参与的犯罪的构成要件行为和结果，可以作上述有别于单个人犯罪的理解，所以，对每个参与者采取与单个人犯罪基本相同的规则分别定罪，不存在任何障碍。况且，在德、日等国，"认定共同正犯也好，认定狭义的共犯也罢，都是旨在解决结果归属问题"①。在我国，按单一正犯理论，"在犯罪构成的认定上，共同、从属等概念都不具有决定意义，因果关系（支配）的认定才是问题的核心"②。以此为立足点，来处理对每个参与者是否定罪以及如何定罪的问题，上述区分制体系带来的定罪难题，即可迎刃而解。

其一，对前述有责任能力人与无责任能力人共同侵害法益的情形，尽管无责任能力者不构成犯罪，但是，如果能够确认其行为直接造成的危害结果与有责任能力人的行为之间也有因果关系，就应当将这种结果归责于有责任能力者，即认定其构成犯罪并给予刑事处罚。就前述"帮助无责任能力人杀人案"而论，Y 递刀给 X 的行为，明显与 Z 死亡结果之间有因果关系；Y 的行为虽然只是一种帮助杀人行为，但我国刑法第 232 条规定的故意杀人罪中，"杀人"行为包含帮助杀人的行为，因此，Y 的行为符合故意杀人罪的构成要件；加上其有责任能力，有杀人的故意，且无阻却违法或阻却责任的事由，故认定其构成故意杀人罪是理所当然的事。再看前述"应邀为未成年人盗窃望风案"，基于同样的理由，虽然未达到负刑事责任年龄的乙入室盗窃不构成犯罪，并且，有责任能力的甲之望风行为只是帮助盗窃的行为，但如果其与乙的盗窃行为及窃取大量财物的结果之间有因果关系，就同样具备了盗窃罪的构成要件，对甲单独定罪处罚不存在

---

① 张明楷. 共犯的本质. 政治与法律，2017（4）：20.
② 王振华. 单一正犯体系的危机与突围：归责体系的构建. 法学家，2019（3）：162.

任何法律障碍。

其二，对前述一方基于故意、另一方出于过失，双方共同实行侵害法益的行为，或者故意教唆、帮助他人实行侵害法益的行为，但他人是基于过失而实行的情形，只要能证明参与者的行为与侵害法益的事实或结果之间有因果关系，对有责任能力而无阻却违法或阻却责任事由的参与者定罪处罚，同样不成问题。如前所述，按单一正犯理论，在数人参与实行犯罪的场合，由于每个参与者都是将他人的行为作为自己行为的延伸或有机组成部分，因此，即便是由他人的行为直接引起危害结果发生或者无法确定是由谁的行为引起危害结果发生，也应当认定每个参与者的行为与危害结果之间存在因果关系；在教唆、帮助他人犯罪的场合，教唆、帮助者大多是利用他人的行为引起危害结果的发生，如果没有其教唆、帮助行为，危害结果往往不会发生，因而不能否定两者之间存在因果关系。由此可见，在上述"打猎杀仇人案"中，甲、乙同时开枪的情形，尽管不能确定是谁的子弹命中导致丙死亡，也同样应认定甲、乙的行为与丙的死亡结果之间有因果关系；甲教唆乙开枪杀仇人，乙误以为是猎物而开枪杀死丙的情形，由于丙的死亡结果是甲的教唆指使行为所引起的，甲的行为与丙的死亡结果之间也有因果关系。既然如此，前后两种情形中的甲、乙均要对被害人丙的死亡结果负责，只不过甲有杀人的故意，构成故意杀人罪；乙仅有过失，成立过失致人死亡罪。双方并不存在共同犯罪的问题，当然也就不需要通过扩大解释其"共同"性以便认定为共犯，从而解决其定罪问题。

其三，对前述具有不同犯罪故意的人共同实行侵害法益的行为，但不知是谁的行为直接导致结果发生的情形，以上述"不知是谁的子弹命中案"为例，按前述单一正犯理论，只要能够认定为是共同参与行为，对其引起的危害结果，就应当归责于所有参与者。由此而论，A 与 B 明显是共同参与枪击 X，无论是 A 还是 B 或者查不清是谁击中 X 导致其死亡，A 与 B 均要对 X 死亡结果负责，只不过要分别根据其故意内容的不同定为不同的罪名，即 A 定为故意杀人（既遂）罪、B 定为故意伤害（致死）罪。

其四，对前述所谓"片面共犯"的情形，按单一正犯理论，只要能证明暗中参与者的行为与侵害法益的事实或结果间有因果关系，依照与对单个人犯罪的认定基本相同的规则予以认定，同样具有可行性。就"艳照诱杀案"而言，甲将乙的丈夫与人通奸的艳照和手枪放在乙的家门口，这是教唆乙杀夫的行为，明显也是乙杀夫并导致被害人死亡的原因，甲的行为完全具备我国刑法规定的故意杀人罪的构成要件；从"绊倒致被杀案"来看，如果丙不被甲故意绊倒还有逃脱的可能，显然，甲帮助乙杀人的行为与丙的死亡结果之间存在因果关系，其行为也同样具备我国的故意杀人罪的构成要件；再就"捆绑抢劫案"而论，甲的行为无疑对乙入丙家顺利洗劫财物有重要作用，如果没有甲捆绑丙的行为，乙就有可能因遇到反抗，不能取得丙的财物，甲的行为与丙被捆绑及财物被拿走之间无疑有因果关系，加上其主观上有暗中协助乙劫取财物的故意，当然可认定其具备抢劫罪的主客观要件。由此可见，无论是对上述所谓的"片面教唆""片面帮助"，还是"片面实行"的情形，按我国刑法的规定和单一正犯的解释论，单独定罪处罚没有任何障碍。①

2. 不需要通过扩大解释共犯的共同性来解决对参与者处罚不均衡的问题

如前所述，区分制体系将犯罪参与者从参与行为形式上区分为正犯与共犯，并给予轻重不同的处罚。一般来说，实施构成要件实行行为的参与者在共同犯罪中发挥的作用，大多要比实施教唆、帮助行为的参与者的作用要大一些，将前者作为正犯处罚重一点、后者作为共犯处罚轻一些，通常也无可非议。这正是限制正犯概念论可以成为区分制根基的原因所在。但是，限制正犯概念论并不能贯彻到底。因为现实生活中的数人共同参与犯罪的现象错综复杂，有许多参与者虽然并未直接实施构成要件的实行行为，如仅参与共谋而不去现场作案的黑社会头目，其参与行为的形式与教唆行为、帮助行为相似甚至相同，但却在犯罪之中发挥了关键作用，如果认定为共犯给予较轻的处罚，明显是颠倒了主次关系，并有轻纵罪犯的嫌疑。这正是区分制体系的又一重大缺陷。②为了弥补这一缺陷，不得不创设间接正犯、共同正犯、共谋共同正犯等概念，将按限制正犯概念无法纳入正犯之中的情形，也作为特殊的正犯类型予以重罚。但无论是共同正犯还是共谋共同正犯，作为正犯来论的前提是不同参与者实施的犯罪或行为之间必须具有共同性。而要认定为有共同性，无论是按犯罪共同说还是行

---

① 刘明祥. 单一正犯视角下的片面共犯问题. 清华法学, 2020 (5): 23.
② 刘明祥. 间接正犯概念之否定. 法学研究, 2015 (6): 100.

为共同说，都只能是做超常而牵强的说明。例如，将仅参与共谋而未分担实行行为的共谋者认定为共同正犯，如何解释其与实行者之间存在"共同"关系，即便是按行为共同说，也很难自圆其说，而不得不对双方行为的"共同"作很宽泛的解释。① 目的无非还是通过扩大解释共同正犯的共同性，将一些事实上的狭义共犯（教唆犯和帮助犯）纳入共同正犯的范围，以便给予较重的处罚。这些特殊的正犯概念的出现及在立法和司法中的运用，无疑是对限制正犯概念论的否定，当然会动摇区分制的根基。结果是在日本的司法实务中，共犯案件几乎都是按共同正犯来处理，事实上走向了与区分制体系不同的单一正犯体系的轨道。②

可是，按单一正犯理论，在数人参与犯罪的场合，不是根据参与者实施行为的形式即是实行行为、还是教唆行为或帮助行为，来确定处罚轻重，而是根据其参与犯罪的性质及参与的程度，给予轻重不同的处罚。如前所述，我国刑法没有关于共同正犯的规定，自然也就不需要通过扩大解释共同正犯的共同性，将一些仅实施了教唆、帮助行为者纳入共同正犯的范围，给予较重的处罚。加上我国刑法所采取的单一正犯体系的一大特色，是对犯罪参与的一种特殊类型即共同犯罪作了专门规定，并且将共同犯罪人（参与者）分为主犯与从犯（含胁从犯）两种不同类型，给予轻重不同的处罚。由于是按行为人在共同犯罪中所起作用的大小来区分主从犯，便于司法人员根据案件的不同情况并综合考虑多种因素来予以认定，给予轻重有别的处罚，从而可有效避免区分制体系带来的上述处罚不均衡的问题，自然也就不需要通过扩大解释共犯的共同性来予以弥补。以前述甲抱住丙由乙用刀杀死丙的案件为例，如果甲、乙所起的作用相当，可以将他们都认定为主犯；如果甲是黑社会头目，乙听命于甲、受甲指使作案，甲是主犯，乙只是从犯；如果乙是主谋者，甲是应邀为乙来帮忙作案、或被乙胁迫来作案的，则乙是主犯，甲是从犯或胁从犯。这样处理明显比按德、日刑法将甲、乙认定为共同正犯，不能体现处罚上的差异，更具有公平合理性。另外，对日本刑法理论和司法实务中普遍承认的所谓共谋共同正犯的情形，按我国刑法的规定，认定仅参与共谋者与犯罪的实行

---

① 照沼亮介. 体系的共犯论与刑事不法论. 东京：弘文堂, 2005: 4-6.
② 松宫孝明. 刑法总论讲义. 钱叶六, 译. 北京：中国人民大学出版社, 2013: 276.

者之间存在故意和行为的"共同",因而成立共同犯罪不成问题;且将参与共谋而不去实行犯罪的幕后操纵者,确定为与现场实行者一起构成共同犯罪,并以其在共同犯罪中发挥主要作用为由,认定为主犯,给予比到现场作案的实行犯更重的处罚或轻重相当的处罚,既合情合理合法,又便于操作执行。

3. 不需要通过无视犯罪参与共同性的解释方式来解决某些定罪处罚的难题

如前所述,由于区分制体系是以参与行为的形式为主要依据,将犯罪参与者分为正犯与共犯,并以处罚正犯为中心、处罚共犯为例外,作为共犯的教唆犯和帮助犯的定罪要受实行从属性的制约,即只有在正犯已实行犯罪的条件下,教唆犯和帮助犯才能成立;同时,对共犯的处罚也轻于正犯,尤其是对帮助犯,德、日等国刑法均规定按正犯之刑予以减轻处罚。毋庸讳言,在通常情况下,实行行为的危害性比帮助行为的要大,对实行犯比帮助犯处罚重一些也无可非议。但也有相反的特殊情况,如教唆、帮助他人卖淫就比自己实行卖淫的危害性大,正因为如此,我国刑法规定对前者定罪处罚、后者不定罪处罚。特别是一些利用信息网络犯罪的帮助行为,比实行行为的危害性明显要大,并且有时难以查明实行行为者。近年来我国民众关注的"快播案"就是一个典型实例:快播公司及其直接责任人员明知快播的网络服务系统被用于传播淫秽视频,但出于扩大经营、非法牟利目的,拒不履行监管和阻止义务,放任快播公司构建的网络服务系统被用于传播大量淫秽视频,其行为的主要表现是自己的缓存服务器将网上出现的淫秽视频,自动存储并随时提供给用户使用(播放)。此案之中,"站长(或用户——笔者注)是传播淫秽物品的正犯……快播公司提供缓存服务只不过是对传播淫秽物品行为的帮助而已"①。如果按区分制的观念及共犯从属性的原理,由于"明显会遇到其(指快播公司——笔者注)并未实施传播淫秽物品牟利罪的正犯行为,且真正上传者(正犯——笔者注)难以查明等难题",而要按传播淫秽物品牟利罪处罚仅实施了此罪之帮助行为者,明显与区分制的理论相冲突。② 正是为了解决这一难题或弥补区分制的这一缺陷,赞成区分制的论者选择了共犯行为正犯化的解释路

---

① 陈兴良. 快播案一审判决的刑法教义学评判. 中外法学,2017(1):7.
② 周光权. 犯罪支配还是义务违反. 中外法学,2017(1):51.

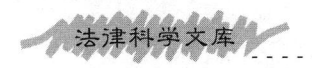

径，将被告人实施的本来属于共犯的行为（帮助行为）解释为正犯行为。其中，有的将快播公司的上述行为解释为是以不作为形式实行的传播淫秽物品①，也有的认为是以作为形式实行的传播淫秽物品②，还有的认为是以作为和不作为方式结合实行的传播淫秽物品③，结论都是快播公司构成传播淫秽物品牟利罪的正犯（即实行犯）。

在笔者看来，这种共犯行为正犯化的解释，明显与客观事实不符，也可以说是对犯罪参与共同性的无视（或否定）。就上述快播案而论，传播淫秽物品的犯罪（含传播淫秽物品牟利罪）的实行行为是播放淫秽视频，而快播公司及其直接责任人员只实施了自动存储淫秽视频并提供给用户使用（播放）的行为，播放淫秽视频是由站长（或用户）实施的，即是由两个以上的行为人共同完成的。并且，播放淫秽视频是侵害法益的事实或结果发生必不可少的条件，自然是本罪的实行行为，实施播放行为者无疑是正犯。而快播公司及其直接责任人员实施的存储淫秽视频并提供给用户的行为，只是为实行播放者提供帮助的行为，如果仅因为这种帮助行为必不可少且危害性可能比实行行为还大，就将其升格为正犯行为（或实行行为），这与区分制的理论明显不符。如前所述，在有数人参与或涉及犯罪的场合，要处罚仅实施了帮助行为的人，在区分制的法律体系下只有两种情形：一是其为共犯，二是其为间接正犯。成立共犯除了要求其与他人之间有主观犯意的共同之外，还要求他人已实行犯罪。这正是快播案中对仅实施了帮助传播淫秽物品行为的快播公司及其直接责任人员按共犯（帮助犯）处罚所遇到的难题，也是上述论者要将其行为解释为实行行为（直接正犯）的关键所在。也有论者将其解释为间接正犯，即快播公司利用用户作为传播淫秽视频的工具间接实行传播淫秽物品牟利罪④，但间接正犯的成立是以被利用者处于被控制支配的状态为条件的，而快播案中用户播放淫秽视频完全是在自己有违法性认识并可以不播放的条件下所做的违法选择，并非是快播公司控制支配其实施了播放行为，肯定不能认定快播公司

---

① 陈兴良.快播案一审判决的刑法教义学评判.中外法学，2017（1）：7.
② 周光权.犯罪支配还是义务违反.中外法学，2017（1）：51.
③ 张明楷.快播案定罪量刑的简要分析.人民法院报，2016-09-14.
④ 李世阳.无可奈何花落去，似曾相识燕归来——评"快播案"一审判决.
[2016-12-25].http：//www.duyidu.com/a160982037.

构成此罪的间接正犯。

　　如果按前述单一正犯的解释论，区分制体系所面临的上述难题很容易得到圆满的解决。如前所述，在数人参与犯罪的场合，按单一正犯的定罪规则，由于对所有参与者基本上是与单个人犯罪一样来认定，其他参与者是否已实行犯罪、实行的是何种犯罪乃至是否构成犯罪，对每个参与者的定罪并无决定性的意义，加上刑法分则规定的具体犯罪的构成要件行为，并非仅限于实行行为（正犯行为），而是还包含教唆行为、帮助行为等行为，因此，对仅实施了帮助行为的人定罪处罚，不存在任何法律障碍。只要侵害法益的事实或危害结果与其帮助行为之间有因果关系，就表明其是与他人"共同"参与犯罪，责令其对危害结果承担责任就是合情合理的事。以上述快播案为例，淫秽视频被播放虽然是由用户所为，但如果没有快播公司及其直接责任人员存储并提供淫秽视频的数据信息，淫秽视频的画面就不会被展现在公众面前，可见，危害结果是由快播公司与用户的行为共同引起的，快播公司当然也要对该结果承担法律责任。正是由于快播公司及其直接责任人员客观上实施了帮助他人在网上播放淫秽视频的行为，并导致大量淫秽视频被传播，主观上不仅明知而且有用来非法牟利的目的，完全具备传播淫秽物品牟利罪的主客观要件，依此罪定罪处罚不存在理论解释和适用法律上的障碍。

　　综上所述，我国刑法中的共同犯罪是数人共同参与犯罪的一种特殊类型，是对参与者定罪之后，为了达到合理处罚参与者的目的，在量刑（或处罚）阶段才需要认定的犯罪参与形态。由于共同犯罪仅限于共同故意犯罪，对共同犯罪之外的其他共同参与犯罪者如何处理，成为我们必须面对的问题。或许是因为担忧这部分参与者被遗漏在处罚范围之外或得不到恰当的处理，我国一些学者主张采用行为共同说或部分犯罪共同说，来解释共同犯罪的共同性或成立要件，以扩大共同犯罪的范围，从而避免出现处罚漏洞和处罚不均衡的现象。毋庸讳言，在区分制的法律体系下，采用行为共同说或部分犯罪共同说来解释"共犯"的共同性，以拓宽其成立范围，确实能在一定程度上堵塞区分制带来的处罚漏洞和避免处罚不均衡现象的发生。

　　但是，我国采取单一正犯体系，对二人以上共同故意犯罪，刑法明确规定为共同犯罪，分为主从犯给予轻重不同的处罚；对共同犯罪之外的二人以上共同参与犯罪的情形，如前文所述的有责任能力人与无责任能力人共同实施犯罪、双方基于不同故意而共同实施犯罪、一方出于故意另一方基于过失而共同实施犯罪、一方暗中参与他人实行的犯罪或暗中教唆、帮助他人实行犯罪等情形，按单一正犯解释论，由于是数人共同参与犯罪，对其共同实施的行为所导致的侵害法益的事实或结果，除有阻却责任和阻却违法之事由者外，均应承担法律责任；又由于对每个参与者采取与对单个人犯罪基本相同的定罪规则，并将构成要件行为解释为包含实行行为、教唆行为和帮助行为等多种可能引起危害结果发生的行为，对每个参与者根据其所实施的构成要件行为和主观心理状态，依法分别定罪处罚，不会出现像德、日那样的因受共犯从属性和共犯共同性的制约而无法定罪处罚的现象，即不可能出现"处罚漏洞"。并且，由于单一正犯的处罚规则是根据共同参与者参与犯罪的性质和参与的程度，给予轻重不同的处罚。对参与者分别定罪之后，可综合考虑其在犯罪过程中的多种因素，主要是对犯罪的贡献大小，给予轻重适当的处罚，从而可有效避免像德、日那样的处罚不均衡现象的发生。另外，对前述"帮助无责任能力人杀人案"，按单一正犯的解释论，帮助杀人的 Y 应单独被定为故意杀人罪，这是否意味着对 Y 要与对单个人故意直接实行杀人的情形同样看待、同等处罚呢？这正是我国持行为共同说的论者所担忧的事①，或许也是他们倡导行为共同说的一个重要原因。但笔者的回答是否定的。对"帮助无责任能力人杀人案"中的 Y，考虑到他毕竟只是给 X 提供了杀人用的刀，与直接用刀去杀人还是有较大差异，而无责任能力的 X 无疑对被害人死亡结果的发生起了关键的作用，因此，以共同参与者个人在整体犯罪中贡献的大小作为归责的基础，对 Y 酌情给予轻一点的处罚，既具有合理性，也是单一正犯处罚规则的基本要求。

（二）采用区分制理论解释我国刑法中共同犯罪共同性不可行

1. 仅有行为的共同或犯罪部分要件的共同不可能构成我国刑法中的共同犯罪

用区分制体系下共犯共同性的观念，来解释共同犯罪的共同性，在采取单一正犯立法体系的我国，不仅不必要而且不具有可行性。因为从我国刑法对共同犯罪的概念或成立要件以及对共同犯罪人的分类和处罚的规定不难看出，根本不可能用日本现在流行的部分犯罪共同说特别是行为共同

---

① 张明楷．共犯对正犯故意的从属性之否定．政法论坛，2010（5）：11 以下．

说，来解释我国共同犯罪的共同性。如前所述，我国刑法第 25 条第 1 款明确规定："共同犯罪是指二人以上共同故意犯罪。"这一规定表明，如果是二人共同参与犯罪，二人都必须成立犯罪，才有可能是共同犯罪；同时，参与者不仅要有共同的行为，而且要有共同的故意，故意内容不同者不能构成共同犯罪，一方出于故意另一方基于过失更不可能成立共同犯罪①，如此等等作为我国之通说的基本观念，明显与部分犯罪共同说和行为共同说不相容。

正因为如此，我国有部分持行为共同说的论者，不得不对刑法第 25 条第 1 款之规定做变通的解释，认为："刑法第 25 条第 1 款只是将共同犯罪限定在故意犯罪之内，而不是要求二人以上具有相同的故意。倘若要在上述规定中加一个'去'字，就应当说'共同犯罪是指二人以上共同去故意犯罪'，而不是说'共同犯罪是指二人以上共同故意去犯罪'。"② 应当肯定，这样解释为行为共同说排除了一个法律障碍，至少可以将出于不同故意共同实施行为（如前述 A 出于杀意、B 基于伤意而约定同时枪击 X）的情形，纳入共同犯罪之中。但是，这种在法条之中增加字词的解释方法，是违反罪刑法定主义的。因为成文刑法是用字词来表达意思并告知于民的，只有严格按刑法的字词本意来理解，民众对自己的行为是否违反刑法才具有预测可能性，法官才不能作出违反刑法的裁判，罪刑法定才可能落到实处。也正因为如此，法国刑法第 111-4 条明文规定："刑法应严格解释之。"可见，按字词本意严格解释刑法，是罪刑法定主义的基本要求。据此来解析我国刑法第 25 条第 1 款中的"共同故意犯罪"，不难看出"共同"是定语、是用来限定"故意犯罪"的，只有基于共同的故意去犯罪，才能称之为"共同故意犯罪"。这就意味着共同犯罪的故意内容必须一致，前述 A 出于杀意、B 基于伤意而约定同时枪击 X 的情形，就不在共同故意犯罪之列。

为了更彻底地排除法律障碍，以便能更好地贯彻自己的主张，持行为共同说的论者又进一步提出，我国刑法第 25 条第 1 款是关于共同正犯的规定。③ 由于按行为共同说，"共同正犯的成立不需要故意的共同，也不

---

① 高铭暄，马克昌. 刑法学. 10 版. 北京：北京大学出版社，2022：162-164.
② 张明楷. 共同犯罪的认定方法. 法学研究，2014（3）：12.
③ 钱叶六. 我国犯罪构成体系的阶层化及共同犯罪的认定. 法商研究，2015（2）：152.

要求罪名相同"①，只要参与者在主观上有"共同实行的意思"、客观上有"共同的实行行为"即可。既然上述条款是关于共同正犯的规定，那么，"'二人以上共同故意犯罪'中的'共同故意'，就是指'共同实行的意思'，而过失犯、意外事件的行为人都可能有实施实行行为的意思，因而故意犯与过失犯之间、过失犯之间、有罪过的行为人与没有罪过的意外事件行为人之间，均可能存在'共同实行的意思'和实施'共同的实行行为'，进而均可能在违法性意义上成立共同犯罪"②。又由于我国刑法第25条第1款只是关于共同正犯的规定，对教唆犯和帮助犯当然也就没有限制作用，如果是误以为他人有故意而实施教唆或者帮助行为，并引起严重危害结果发生的，即教唆、帮助者构成故意罪，被教唆、被帮助者成立过失罪，也可能构成共同犯罪。③ 这样一来，传统通说所理解的"共同故意"也就不再是共同犯罪成立的必备要件，甚至仅有过失也能构成共同犯罪了，行为共同说的基本观念，即认为"共同犯罪中的'共同'是由于客观行为的共同，而非包含主观犯意在内的'犯罪'的共同"④ 就可以贯彻到底了。但是，持行为共同说之论者的上述认识和主张值得商榷。

第一，共同正犯论是采用区分正犯与共犯的区分制立法体系的产物，在采取单一制（单一正犯）立法体系的我国，共同正犯论无存在的土壤和空间。我国刑法第25条第1款也并非关于共同正犯的规定。至于具体理由，本书第六章第三节有较为详细的阐述，在此不赘述。

第二，从我国刑法中共同犯罪的立法演进来看，旧刑法（1979年刑法典）规定，对于主犯应当从重处罚；"对于从犯，应当比照主犯从轻、减轻处罚或者免除处罚"；对于胁从犯，应当"比照从犯减轻处罚或者免除处罚"。持行为共同说的论者也认为："在旧刑法时代，采取行为共同说存在立法障碍。因为既然对从犯必须比照主犯从轻、减轻或者免除处罚，就要求对主犯与从犯适用相同的法定刑；如果对主犯与从犯适用不同的法

---

① 张明楷. 刑法学. 4版. 北京：法律出版社，2011：359.
② 陈洪兵. "二人以上共同故意犯罪"的再解释. 当代法学，2015（4）：43.
③ 钱叶六. 我国犯罪构成体系的阶层化及共同犯罪的认定. 法商研究，2015（2）：155.
④ 阎二鹏. 共犯本质论之我见——兼议行为共同说之提倡. 中国刑事法杂志，2010（1）：27.

定刑，对从犯便难以实现'比照主犯从轻、减轻处罚或者免除处罚'的规定。但现行刑法取消了'比照'的规定，因此，不管对主犯、从犯、胁从犯是否适用不同的法定刑，对从犯与胁从犯都可以根据各自的法定刑从轻、减轻处罚或者免除处罚。"① 应当肯定，该论者意识到我国刑法将共同犯罪人分为主犯、从犯、胁从犯，按旧刑法的规定，对从犯应比照主犯从宽处罚，对胁从犯应比照从犯从宽处罚，这就意味着所有共同犯罪人都要适用相同的法定刑，如果是适用不同的法定刑，那就无法比照了，而适用相同的法定刑就意味着要定相同的罪，即共同犯罪只能是数人犯同一种罪，这显然与行为共同说的主张相悖。但现行刑法取消了"比照"的规定，对主犯、从犯、胁从犯的处罚就可能适用不同的法定刑，这表明构成不同罪（如一方构成故意杀人罪，另一方成立故意伤害罪或过失致死罪）的犯罪参与者，也可能成为共同犯罪人，这也就"为行为共同说扫清了障碍"。但是，这样理解并不符合立法原意。从始终关注并参与过新旧刑法制定和修订工作的高铭暄教授的解释就可以清楚地看出，之所以删除有关"比照"的内容，"主要是考虑到影响共同犯罪人刑事责任大小的因素除了其在共同犯罪中的地位和作用大小之外，还有各共同犯罪人本身的一些情节，如自首、立功、累犯等"，而这些个人特有的情节，显然不能比照，加上要作为比照对象的主犯或从犯如果已死亡或逃亡，处罚相关共同犯罪人时就会出现无比照对象的问题。② 这些特殊的情形在旧刑法施行时代也客观存在，当遇到这些情形时，司法实践中自然也就不能去硬性要求"比照"了。既然如此，倒不如将之删除。但删除"比照"内容之后，并不意味着认定主犯、从犯、胁从犯时就完全不需要对共同犯罪人进行"比照"了。因为主从犯的划分是以参与者在共同犯罪中发挥作用的大小为根据的，这就难免要对每个人实施的行为及对危害结果的影响进行比较与对照（"比照"），不"比照"往往就不能作出准确的判断。正如陈兴良教授所述："尽管修订后的刑法第 27 条第 2 款删除了'比照主犯'的内容，在司法实践中正确地对从犯处罚，仍然必须根据'比照主犯处罚'的精神。"③

---

① 张明楷. 刑法学. 4 版. 北京：法律出版社，2011：359.
② 高铭暄. 中华人民共和国刑法的孕育诞生和发展完善. 北京：北京大学出版社，2012：208.
③ 陈兴良. 刑法适用总论：上卷. 北京：法律出版社，1999：545.

可见，立法删除"比照"内容并不会对司法实践中认定主从犯有多大的影响或改变，该"比照"的部分今后还得"比照"，不该"比照"的部分，过去（删除之前）实际上也未"比照"。由于删除"比照"内容根本不涉及共同犯罪共同性的认定标准改变的问题，现行刑法对旧刑法规定的共同犯罪的概念或成立要件也并未做修改，因此，采取行为共同说原有的立法障碍如今仍然存在。并且，从刑法解释论的立场而言，既然现行刑法有关共同犯罪的规定与旧刑法只有细微的差异，对共同犯罪的概念并未做修改，那就还是应该像过去那样来解释或理解共同犯罪的含义，即只能是二人以上共同故意犯一罪的情形。这是历史解释方法的必然要求。

第三，持行为共同说的论者之所以要对我国刑法规定的共同犯罪作上述解释，是因为在他们看来，"共同犯罪是违法形态，所以，共同犯罪中的'犯罪'是指违法层面意义上的犯罪。而完全意义上的犯罪包含违法与责任两个层面，所以，对共同犯罪应当采取行为共同说。换言之，共同犯罪是指数人共同实施了刑法上的违法行为，而不是共同实施特定的犯罪"①。按照这种主张，只要是数人共同实施侵害法益的行为，不仅无共同故意分别构成不同的故意罪、一方构成故意罪另一方成立过失罪、一方成立犯罪另一方因无罪过不构成犯罪、一方有责任能力另一方无责任能力，等等，都可以构成共同犯罪，而且"数个无责任能力者共同侵害法益的场合，也可以认为成立共同'犯罪'，只不过因为都无责任能力而不承担刑事责任而已"②。但是，这种解释显然不具有合理性。

如前所述，在区分制的犯罪参与体系下，正犯与共犯的确定和区分，是在犯罪论层次进行的。认为构成要件是违法类型的论者，往往会得出共犯（指广义的共犯）是违法形态的结论。但犯罪的实体包含违法与责任两方面③，既然共犯只是违法形态（或类型），判断是否具备共犯的共同性或成立条件时，就不必考虑参与者是否具有责任能力、是否有故意或过失等责任要素。只要参与者有共同的违法行为，就可能成立共犯，也就有可能要对违法行为造成的结果负责。我国持此种主张的张明楷教授明确指出："倘若刑法理论认识到共同犯罪或共同正犯的刑法规定与理论学说只

---

① 张明楷. 共同犯罪是违法形态. 人民检察, 2010 (3)：8.
② 钱叶六. 共犯论的基础及其展开. 北京：中国政法大学出版社, 2014：206.
③ 前田雅英. 刑法总论讲义. 7版. 东京：东京大学出版会, 2019：27.

解决结果归属问题，就会意识到共同犯罪或共同正犯只是不法形态，因此，共同'犯罪'首先是指不法层面的共同犯罪"，"在不法层面，认定共同正犯所要解决的问题是，在什么情况下或者说具备什么条件，可以将结果归属于二人以上的行为"①。"犯罪共同说与行为共同说，只是为了解决共同正犯的不法问题，为适用'部分实行全部责任'的原则提供依据。"②由此不难看出，这种认为共同犯罪是违法形态的主张，实际上是把我国刑法中的"共同犯罪"等同于德、日刑法学中广义的"共犯"。但是，正如前文所述，广义的共犯（或广义的共同犯罪）除二人以上共同故意犯罪之外，还包含双方基于不同故意、一方出于故意另一方基于过失、双方均为过失、一方成立犯罪另一方不成立犯罪等多种"共同参与犯罪"的情形，这种"广义的共同犯罪"与数人"共同参与犯罪"的含义基本相同。日本的行为共同说，实际上是将刑法中的共犯理解为数人共同参与犯罪这种最广义的共犯，如故意教唆但他人基于过失实行犯罪、甚至过失教唆而使他人故意实行犯罪、一方出于故意另一方基于过失或双方均为过失共同实施行为，由于都有行为的共同因而均可成立共犯。但正如前文所述，这明显与德国刑法的规定乃至日本通说的解释不符，因此，行为共同说即使在日本也并未成为通说。而我国刑法中的"共同犯罪"是从狭义而言的，仅指二人以上共同故意犯罪的情形。由于我国刑法采取单一正犯体系，这种狭义的"共同犯罪"，是在量刑阶段才需要确认，是以各参与者构成同一犯罪，并有共同的犯罪行为和共同的犯罪故意为成立条件的，因此，共同犯罪只能是违法有责的犯罪形态。笔者也不否认，对狭义的共同犯罪之外的数人"共同参与犯罪"的情形，采取行为共同说即只要有违法行为的共同，即可认定为"共同参与犯罪"，并将共同行为造成的结果归责于所有参与者是合理的，单一正犯论者大多也是采取此种方式来认定"共同参与犯罪"的。而且，正如前文所述，按单一正犯的解释论，狭义的共同犯罪之外的区分制体系面临的定罪难题均能得到恰当的处理。只不过由于狭义的"共同犯罪"只是数人"共同参与犯罪"的一种特殊类型，其成立条件或共同性有更为严格的限制，因而不能将数人"共同参与犯罪"的成立条件或共同性，适用于狭义的"共同犯罪"，否则，就可能得出明显不妥当

---

① 张明楷. 共犯的本质. 政治与法律，2017（4）：6.
② 同①7.

的结论。

首先，认为数个无责任能力者共同侵害法益也可以成立共同犯罪，明显与民众的犯罪观念不一。在一般民众看来，无责任能力人实施侵害法益的行为，是一种病态的反应或年幼无知的表现，与有主观恶性应予谴责和惩罚的犯罪有质的差异。因此，将这种行为认定为犯罪或将这种无责任能力人评价为犯罪人，十分不合情理。这样的解释与我国刑法的规定也不相符。如前所述，刑法先明确规定何谓共同犯罪，接着规定对共同犯罪人如何处罚，明显是从"完全意义上"（成立犯罪的意义上）使用"犯罪"一词的。不可能对不符合犯罪所有成立条件（仅符合部分条件）者给予后面的刑事处罚；也不可能对构成共同犯罪者均不予以处罚。[①] 只不过认为无责任能力的人可能参与犯罪则不存在问题，因为参与他人的犯罪不一定就构成犯罪，参与者完全可能因不具有责任能力或自己所实施的行为的危害性程度较轻而不构成犯罪。

其次，有责任能力人与无责任能力人共同实施侵害法益的行为，如前述"帮助无责任能力人杀人案"，Y 意图帮助 X 杀仇人，但不知其无责任能力而递给其一把刀，X 用此刀杀死了 Z。我国持行为共同说的论者认为，X 与 Y 构成共同犯罪，只不过 X 因无责任能力，而不承担刑事责任，仅对 Y 以故意杀人罪定罪处罚。按德、日区分制的观念，肯定 X 与 Y 成立共犯之后，再进一步确定实行杀人的 X 是正犯，提供帮助的 Y 是帮助犯。对帮助犯如何处罚，德、日刑法有明文规定。但是，我国刑法没有关于对正犯和帮助犯如何处罚的规定。[②] 根据我国刑法的规定，认定参与者成立共同犯罪之后，接着要确定其是主犯还是从犯，才能对其予以处罚。既然 X 与 Y 是共同犯罪，那谁是主犯谁是从犯？如果按我国有的赞成区分制的论者之主张，将正犯与主犯、帮助犯与从犯等同起来[③]，那就要将 X 认定为主犯、Y 认定为从犯。然而，将一个根本不构成犯罪的无责任能力人认定为主犯（在共同犯罪中起主要作用），却将另一个构成犯罪的有责任能力的人认定为从犯（在共同犯罪中起次要或辅助作用），其合法性

---

① 刘明祥. 论我国刑法不采取共犯从属性说及利弊. 中国法学，2015 (2)：298.

② 钱叶六. 双层区分制下正犯与共犯的区分. 法学研究，2012 (1)：128.

③ 周光权. "被教唆的人没有犯被教唆的罪"之理解. 法学研究，2013 (4)：183.

与合理性何在？况且，如果是无责任能力的人被认定为从犯，按照我国刑法第 27 条第 2 款的规定，对其还"应当从轻、减轻处罚或者免除处罚"。而无责任能力的人本来就不承担刑事责任，当然不可能也无必要享受这种从宽处罚的"待遇"。可见，无责任能力人根本不可能成为主犯或从犯。这也从一个侧面表明无责任能力人不可能成为共同犯罪人，也就是不可能构成共同犯罪。

再次，对一方出于故意另一方基于过失共同实施侵害法益的行为，如前述"打猎杀仇人案"，甲基于杀仇人丙的故意、并以为乙已认出丙，唆使乙开枪射杀，但乙误以为是猎物开枪杀死了丙。持行为共同说的论者认为，甲、乙构成共同犯罪，只不过甲构成故意杀人罪，乙成立过失致死罪。基于前述理由，甲、乙既然是共同犯罪，处罚时就必须确定谁是主犯、谁是从犯或者均认定为主犯。按区分制的观念，如果肯定甲、乙构成共同犯罪，实施杀害行为的乙当然是正犯，实施教唆行为的甲则只可能是共犯（教唆犯）。如前所述，若把构成过失致死罪的乙认定为主犯，将构成故意杀人罪的甲认定为从犯，那就意味着犯轻罪、处罚轻的行为人在共同犯罪中是主犯，而犯重罪、处罚重的行为人反而是从犯，这与刑法关于在共同犯罪中起主要作用的是主犯、起次要作用的是从犯，对主犯处罚重、对从犯处罚轻的规定明显不符。但如果反过来，将甲认定为主犯、乙认定为从犯，则又与上述论者主张的正犯是主犯、共犯为从犯的观点不符。实际上，无论是将甲、乙中的何方认定为主犯或从犯，甚至均认定为主犯，都与我国刑法规定的区分主从犯的原则不符。如前所述，我国刑法将共同犯罪人分为主犯与从犯，表明我国的共同犯罪只能是数人同犯一罪。因为只有在同一犯罪之内，各个共犯的责任才是可以比较的，主犯与从犯的对应关系才能确立，主犯与从犯的划分也才是可能的。① 对分别构成故意杀人罪与过失致死罪的两个行为人，无论是谁被认定为主犯或从犯，都是很奇怪的事。这又从另一个侧面证明，犯不同罪的人，特别是犯故意罪与犯过失罪的人，根本不可能构成我国刑法规定的共同犯罪。

最后，将双方基于过失而共同实施的犯罪认定为共同犯罪，与我国刑法的相关规定存在明显的冲突。我国刑法第 25 条第 2 款明文规定："二人

---

① 陈兴良．共同正犯：承继性与重合性//陈兴良．刑事法评论．第 21 卷．北京：北京大学出版社，2007：42．

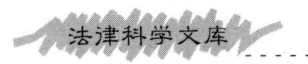

以上共同过失犯罪，不以共同犯罪论处；应当负刑事责任的，按照他们所犯的罪分别处罚。"这一规定明确将"共同过失犯罪"排除在"共同犯罪"的范围之外。

2. 我国的通说对共同犯罪共同性的解释不同于日本的完全犯罪共同说

我国的通说将共同犯罪理解为数人（含二人）共同故意犯同一种罪，这是否意味着也采取了与日本相同的"完全犯罪共同说"呢？有论者对此做肯定回答。① 但笔者的回答是否定的。表面上看日本的完全犯罪共同说也认为，共犯是数人共同故意犯特定的同一种罪（数人一罪），与我国传统的通说和笔者所采取的单一正犯论的主张似乎相同，但实际上有如下几点重要差异：

其一是思维路径和宗旨并不相同。日本的完全犯罪共同说是在犯罪论层次考察共犯的共同性或成立条件，即对数个参与者的行为从犯罪成立的需要出发，来分析其是否具有犯罪的共同性，以确定其是否为共犯（含共同正犯、教唆犯和帮助犯），主要是为了达到对参与者准确定罪的目的。但正如前文所述，我国的共同犯罪是在分别认定参与者构成特定犯罪的基础上，在量刑阶段才需要予以判定的，目的或宗旨是要解决对参与者合理处罚的问题。

其二是对共同参与犯罪者不构成共犯或共同犯罪时，所采取的处理原则不同。如前所述，日本的完全犯罪共同说认为数人基于共同故意而实施同一种罪，才可能成立共犯（含共同正犯、教唆犯和帮助犯）。对不构成共犯的共同参与犯罪者，则分别按单独犯定罪处罚。按我国刑法的规定和单一正犯的解释论，对不构成共同犯罪的共同参与犯罪者，虽定不同罪名，但并非是按单独犯来处罚，而是要以其共同参与犯罪为根据，将共同行为所造成的结果归责于所有参与者，处罚时还会考虑其参与犯罪的程度，与单独犯的处罚轻重也会有差别。以前述 A 与 B 基于杀人和伤害的不同故意、约定同时对 X 开枪并致 X 死亡的案件为例，按日本的完全犯罪共同说，若是 B 的子弹导致 X 死亡，A 只能定杀人未遂罪；若是 A 的子弹导致 X 死亡，B 的子弹未击中，则 B 仅构成暴行罪。但按我们的主张，无论是 A 还是 B 的子弹导致 X 死亡，也不管 A 或 B 的子弹是否击中 X，由于是

---

① 钱叶六. 共犯论的基础及其展开. 北京：中国政法大学出版社，2014：73；王昭武. 共犯处罚根据论的反思与修正：新混合惹起说的提出. 中国法学，2020（2）：243.

他们的共同行为（共同参与犯罪行为）导致了 X 死亡结果的发生，因而 A 和 B 都应对该结果负责，只是因 A 与 B 的故意内容不同，成立不同的罪名，即 A 是故意杀人（既遂）罪，B 为故意伤害（致死）罪。处罚时还会分别考虑他们共同参与犯罪的程度，即对实现犯罪的贡献或所起作用的大小，给予轻重适当的处罚。如果是 A 欺骗 B 说自己仅对 X 的腿射击，劝说 B 同时也对 X 的腿射击，但实际上 A 对 X 胸部射击并导致 X 死亡，B 的子弹并未击中 X，即便是认定 B 成立故意伤害（致死）罪（或故意伤害罪），对 B 处罚时也会充分考虑其毕竟是在 A 的一再劝说之下才参与，X 死亡的结果并非是其行为所直接造成，且 B 的行为并未直接对 X 的身体造成损伤，因而肯定要比其单独构成故意伤害（致死）罪（或故意伤害罪）的处罚要轻。

其三是对暗中帮助他人实行犯罪者，由于其与实行者之间缺乏意思联络，双方之间无共同犯罪的故意，按日本的完全犯罪共同说，不能认定为共犯；按笔者所主张的单一正犯论，同样不构成共同犯罪。但是，按日本的完全犯罪共同说，对暗中帮助他人犯罪者，无法定罪处罚，从而会出现处罚漏洞。例如，甲得知自己的朋友乙想要进入本公司财务室盗窃后，意图暗中帮助乙同时加害公司老板，将写有财务室保险柜密码的纸条放在保险柜上。乙夜间撬门入室后，发现密码并用来打开保险柜，窃取了其中存放的几十万元现金，尔后用来赌博全部输光。甲暗中帮助乙窃取了他人数额特别巨大的财物，若没有其提供的帮助，乙不可能窃取到保险柜中的财物，可见，甲的帮助行为对危害结果的发生起到了关键作用，不定罪处罚显然不具有合理性。而按完全犯罪共同说，在区分制立法体系下，由于刑法对单独犯规定的构成要件行为是实行行为，对仅实施了帮助行为的甲，不可能按单独犯来定罪处罚。这明显不妥当。但按笔者主张的单一正犯论，我国刑法规定的具体犯罪的构成要件行为，大多包含实行行为、教唆行为和帮助行为等多种行为类型，就暗中帮助乙盗窃的甲而言，其客观上实施了盗窃罪构成要件行为所包含的帮助行为，且其帮助行为与乙的实行行为有机结合在一起，引起了严重危害结果的发生，其主观上又有盗窃的犯罪故意，完全具备盗窃罪的主客观要件，对其按盗窃罪定罪处罚不存在任何障碍。

第四章 我国刑法中的共同犯罪

第一节 共同犯罪的概念

一、共同犯罪的含义

众所周知,在实际发生的犯罪现象中,有些是一人单独实施,也有些是数人参与共同实施,前者称为"单独犯",后者称为"广义的共同犯罪"或"广义的参与犯"①。如前所述,这种"广义的共同犯罪",是指二人以上(含二人)共同实施刑法规定的犯罪行为的情形,除二人以上共同故意犯罪之外,还包含有的出于此种故意另有的基于彼种故意、一方出于故意另一方基于过失或者双方均为过失,甚至包含一人构成犯罪另一人不成立犯罪,而共同实施侵害行为的各种情

---

① 陈子平.刑法总论.4版.台北:元照出版有限公司,2017:460.

形。但是,"狭义的共同犯罪",则仅指二人以上共同故意犯罪。

"当代外国刑法典一般不规定共同犯罪的概念"①,只有极少数国家的刑法典"规定了共同犯罪的定义,我国刑法即属于这种立法例"②。我国刑法第 25 条第 1 款规定:"共同犯罪是指二人以上共同故意犯罪。"正如前文所述,这一规定表明我国刑法中的共同犯罪是"狭义的共同犯罪",它的成立必须具备如下要件:(1)行为人为二人以上(含二人);(2)客观上有共同的犯罪行为;(3)主观上有共同的犯罪故意。这意味着不仅要求二人以上分别构成故意犯罪,而且要有共同的犯罪故意和共同的犯罪行为,也就是均触犯相同的罪名,才成其为共同犯罪。我国刑法分则的有关条文(如刑法第 382 条)将这种含义的共同犯罪简称为"共犯",我国刑法学界也长期流行这种称谓。但是,应当特别注意将这种"共犯"与德、日刑法及其刑法学中的"共犯"区别开来。

在德、日刑法中,对数人参与犯罪的现象,不用"共同犯罪"相称,而用"共犯"一词予以囊括。一般认为,"共犯"有最广义、广义和狭义之分。最广义的共犯,是指两个以上的人共同实施犯罪的情形。这种含义的共犯与上述"广义的共同犯罪"(或"广义的参与犯")大体相当,在刑法学中又将其分为任意的共犯和必要的共犯。③ 所谓任意的共犯,是指两个以上的行为人共同实施法律上以单独的行为人为模式而设计的构成要件的情形,它包括刑法总则规定的共同正犯、教唆犯和帮助犯三种。所谓广义的共犯,就是指作为这种任意共犯的共同正犯、教唆犯和帮助犯。所谓狭义的共犯,则是指教唆犯和帮助犯。④ 这几种不同含义的"共犯"中,无论是哪一种,均与我国作为共同犯罪简称的"共犯"有较大差异,不能等同看待。

---

① 库兹涅佐娃,佳日科娃. 俄罗斯刑法教程(总论):上卷·犯罪论,黄道秀,译. 北京:中国法制出版社,2002:381.

② 马克昌. 犯罪通论. 3 版. 武汉:武汉大学出版社,1999:503.

③ 浅田和茂. 刑法总论. 2 版. 东京:成文堂,2019:413.

④ 大谷实. 刑法讲义总论:新版第 2 版. 黎宏,译. 北京:中国人民大学出版社,2008:359.

二、必要的共同犯罪

(一) 必要的共同犯罪的概念

一般来说,刑法分则规定的犯罪大多既可以由一人单独实施,也可以由数人(二人以上)共同实施;但也有少数犯罪必须由二人以上共同实施(一人不可能实施),如重婚罪、聚众扰乱社会秩序罪等,这类"实现构成要件须以两个或两个以上的人为必要"的犯罪①,被称为"必要的共同犯罪"(或"必要的共犯""必要的参与犯")。显然,这是从广义而言的,即以二人以上参与犯罪为成立条件,至于其中的某一方是否构成犯罪,则不影响"必要的共同犯罪"的成立。例如,无配偶的人因被有配偶的对方欺骗而与之结婚的,这种相婚者不构成重婚罪,只有有配偶的一方单独构成重婚罪;又如,淫秽物品买卖中的卖方构成贩卖淫秽物品罪,买方通常不构成犯罪。如此等等"必要的共同犯罪",虽然是以二人以上共同参与实施相关行为为成立的条件,但却不以所有参与者或双方均构成犯罪为必要,相反,完全可能仅有一人或一方单独构成犯罪,这种所谓"必要的共同犯罪",明显不是我国刑法规定的"狭义的共同犯罪"②。并且,由于我国刑法采取单一正犯体系,对数人共同参与的犯罪均与单个人犯罪采取基本相同的定罪规则,其他参与者是否定罪乃至定何种罪,对行为人的定罪并无直接的影响,加上原则上处罚所有故意犯罪的预备犯,因此,我国刑法规定的所有必须由二人以上共同参与才能完成的所谓必要共同犯罪,在司法实践中,仅仅只是单个人成立犯罪(其他参与者不成立犯罪)的现象均有可能发生,也就是没有哪一种犯罪只能是在构成"狭义的共同犯罪"的条件下才可能成立,从此种含义而言,我国刑法并未规定必要的"狭义的共同犯罪"③。尽管如此,在我国研究必要的共同犯罪同样具有重要意

---

① 金德霍伊泽尔. 刑法总论教科书:第六版. 蔡桂生,译. 北京:北京大学出版社, 2015:392.

② 熊亚文. 必要共同犯罪概念及其功能问题研究——一个域外概念的中国化思考. 河南财经政法大学学报, 2016(3):72.

③ 刘明祥. 我国刑法没有规定必要共犯. 现代法学, 1989(4):22.

义。因为对"必要的共犯"刑法分则大多已经规定实施行为的数人应如何处理，这就意味着"这一概念在一定的场合具有作为排除总则共犯的适用、导出犯罪参与行为的不可罚性之概念范畴的重要性"①。至于在何种场合排除总则共犯（或共同犯罪）规定的适用、何种场合仍可适用，何种场合能推导出相对的犯罪参与行为不可罚、何种场合不能做这种推导，就成为必须进一步研究的问题。

(二) 必要的共同犯罪的类型

一般认为，必要的共同犯罪可以分为聚合犯和对向犯两种类型。

1. 聚合犯。所谓聚合犯，又称为聚众犯、集合犯、多众犯，是指只有多人均朝同一目标共同实施危害行为，才可能完成的犯罪。对我国刑法规定的聚合犯，又可进一步分为集团犯和聚众犯两种。② 前者如组织、领导、参加恐怖组织罪，后者如聚众扰乱公共场所秩序、交通秩序罪。两者的主要差异在于：集团犯的场合，犯罪集团一旦形成，通常要处罚参与者中的多人；而聚众犯的场合，即便是多人被聚集起来实施了犯罪行为，由于刑法规定对某些聚众犯只处罚首要分子，在首要分子仅有一人时，也成为单个人受处罚的单独犯罪（并非共同犯罪）。

对聚合犯，在区分正犯与共犯的法律体系下，按区分制的解释论，因其本质上属于共同正犯，本来应当将所有参与者均作为共同正犯给予同等处罚，才符合共同正犯的基本原理。但由于在聚众犯罪的场合，参与人数较多，各人参与犯罪的程度或对犯罪的贡献大小不同，如首要分子与其他参与者、积极参与者与在场助势者，参与犯罪的程度（或发挥作用的大小）就有较大差异，如果完全不予考虑，仅根据参与犯罪的形式（是正犯还是教唆犯或帮助犯）来做处理，将聚合犯均按共同正犯给予轻重相同的处罚，显然不具有合理性，这正是区分制的一大缺陷。为了弥补这一缺陷，采用区分制的德、日等国大多在刑法分则中，对一些聚合犯采取特别的处罚规则，即分为首要分子、积极参与者和在场助势者，规定轻重不同

---

① 西田典之. 共犯理论的展开. 江溯, 李世阳, 译. 北京: 中国法制出版社, 2017: 271.

② 陈兴良. 刑法总论精释: 下. 3版. 北京: 人民法院出版社, 2016: 473.

的法定刑，以体现处罚的公平合理性。对有这种特别处罚规定的聚合犯，原则上只能适用刑法分则具体条文的规定，给予轻重不同的处罚，而不能适用刑法总则有关共同正犯和共犯的处罚规定。① 在笔者看来，这实际上是借鉴单一正犯处罚规则来弥补区分制缺陷的一种立法举措。

我国刑法采取单一正犯体系，刑法分则对聚合犯大多也根据参与者参与犯罪的程度，分为首要分子、积极参加者与其他参加者，给予轻重不同的处罚。这是单一正犯处罚原则在刑法分则相关规定中的具体体现，其科学合理性毋庸置疑。只不过由于我国刑法总则对共同犯罪的处罚做了原则规定，即根据各人在共同犯罪中所起作用的大小分为主犯与从犯（含胁从犯），给予轻重不同的处罚。那么，对这种有特别处罚规定（对首要分子与积极参加者等分设法定刑）的聚合犯，还能否适用刑法总则有关共同犯罪人的处罚规定，分为主犯与从犯给予轻重不同的处罚，就成为一个必须回答的特殊问题。一般来说，刑法总则的规定应当适用于刑法分则相关具体犯罪的认定和处罚之中，刑法总则有关共同犯罪的规定，当然也应适用于刑法分则规定的各种具体犯罪之共同犯罪的认定和处罚。聚合犯大多属于共同犯罪，刑法总则有关对共同犯罪人应根据其在犯罪中所起作用大小分为主从犯、给予轻重不同处罚的精神，无疑也应贯彻到聚合犯的处罚中去。立法者正是基于此种考虑，对一些聚合犯的参与者分别规定了轻重不同的法定刑。如对组织、领导、参加恐怖组织罪，刑法第120条第1款明文规定："组织、领导恐怖活动组织的，处十年以上有期徒刑或者无期徒刑，并处没收财产；积极参加的，处三年以上十年以下有期徒刑，并处罚金；其他参加的，处三年以下有期徒刑、拘役、管制或者剥夺政治权利，可以并处罚金。"该条规定实际上是对该种犯罪的主犯（组织、领导者）、从犯（参加者）的处罚标准予以明确化，既然如此，在处理这种共同犯罪案件时，只要准确认定行为人是"组织、领导"者，还是"积极参加"者或"其他参加"者，然后"对号入座"适用相应的法定刑，就等于是将所有共同犯罪人根据其所起作用的大小区分为主犯与从犯，分别给予了轻重不同的处罚，因而不必再适用刑法总则关于共同犯罪的主从犯的处罚规定，否则，就存在对同一事实做重

---

① 陈子平. 刑法总论. 4版. 台北：元照出版有限公司，2017：482.

复评价的问题。

但是，有论者提出，刑法如果对某种聚合犯（如组织、领导、参加黑社会性质组织罪）规定有轻重不同的几个罪刑单位，若有二人以上在同一罪刑单位（或同一法定刑幅度内）的，就要适用总则有关共同犯罪的规定，分为主从犯给予轻重有别的处罚；但如果是跨不同罪刑单位，则不必区分主从犯予以处罚。例如，A、B、C 三人是同一犯罪（组织、领导、参加黑社会性质组织罪）的参与者，A 与 B 是组织、领导者，在同一罪刑单位要适用相同的法定刑，C 是积极参加者，在另一罪刑单位要适用相对较轻的另一幅度的法定刑。对 A 与 B 就要适用总则的规定分为主从犯予以轻重不同的处罚，但 A（或 B）与 C 就不必适用总则的规定区分主从犯，只要分别适用不同的法定刑处罚即可。① 笔者认为，该论者考虑到了同一犯罪案件的参与者在共同犯罪中所起的作用大小总会有差异，处罚轻重也应有差别，这无疑是应当充分肯定的。但对同一犯罪案件的三个犯罪人，有两个要适用总则的规定区分主从，而另一个则既不适用也不区分，给人的印象是没有采用统一的处罚规则，并且会带来新的不协调的问题。因为 A 与 B 中如果有一人被认定为从犯，按刑法第 27 条第 2 款的规定，那就"应当从轻、减轻处罚或者免除处罚"，若是减轻处罚，其适用的法定刑实际上与"积极参加的"相同。给人的印象是一方面认定其为"组织、领导"者，另一方面适用的却是"积极参加"者的法定刑，存在不依法行事的嫌疑。与其这样，倒不如直接将其认定为"积极参加"者（不认定为"组织、领导"者），既可避免出现这样的问题，又能做到罪刑相应。同时，还应当看到，在数人共同犯罪的案件中，几个行为人被认定主犯或从犯是很常见的事，并且几个主犯或从犯中，每个人所起作用的大小，事实上也会有差别，虽然都适用相同的法定刑，但由于刑法规定的法定刑有一定的幅度，在同一幅度内选择轻重有别的处罚，是司法实践中通常的做法，也不会出现罪刑轻重不适当的问题。因此，将同一黑社会性质组织犯罪案件中的几个核心成员，适用刑法对该罪的"组织、领导"者所规定的法定刑来分别予以处罚，与对同一共同犯罪案件中的几个主犯按其所实行之罪的同一法定刑处罚，具有相同的特性，完全符合我国刑法的规定。

---

① 张小虎. 论必要共犯适用总则共犯处罚原则的规则. 当代法学，2012（5）：64.

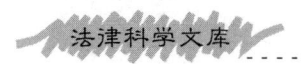

不过，应当注意的是，我国刑法对有些聚合犯的首要分子和其他参加者，并未区分开来规定轻重不同的法定刑，而是并列规定相同的法定刑。如对聚众斗殴罪，我国刑法第 292 条规定，"聚众斗殴的，对首要分子和其他积极参加的，处三年以下有期徒刑、拘役或者管制"；具备该条规定的严重情形之一的，"处三年以上十年以下有期徒刑"。由于对这种类型的聚合犯，刑法分则未区分不同类型分别规定轻重不同的处罚，这就意味着刑法总则有关共同犯罪的处罚原则未在其处罚规定中得到体现，因此，对这类聚合犯罪的案件，应分别认定参与者是否构成犯罪，在有两个以上参与者构成犯罪（成立共同犯罪）的场合，应适用刑法总则的规定认定其是主犯还是从犯（含胁从犯），给予轻重适当的处罚。

2. 对向犯。所谓对向犯，又称为对合犯，是指必须由二人以上实施相对应的行为（有人扮演相对角色），才可能完成的犯罪。对向犯可分为三种类型：一是同等处罚参与双方之行为的情形，如男女重婚的场合，双方都构成重婚罪；二是分别处罚参与双方之行为的情形，如行贿与受贿的场合，双方分别成立行贿罪或受贿罪；三是仅处罚参与双方中一方之行为的情形，如买卖淫秽物品的场合，仅按贩卖淫秽物品罪处罚出卖者。这三种类型的对向犯，均有值得研究的特殊问题。

第一种类型的对向犯，若实施行为的双方均构成犯罪，在区分制法律体系下，由于触犯的是同一罪名，且均为正犯①，处罚上没有差异，解释论上又排除适用总则关于共同正犯的规定，因而并无多大的研究价值。但在单一正犯体系下，按我国刑法的规定，这种类型的对向犯同样有必要确定是否成立共同犯罪，关键在于双方是否有共同故意。如果无共同故意，如有配偶的一方欺骗无配偶的另一方与之结婚或者双方均有配偶但都误以为对方无配偶而与之结婚，就不能构成共同犯罪，只能分别作为单独犯罪来认定和处罚。② 但如果有共同故意，就应当认定为共同犯罪，依照刑法总则的规定，以各行为人在共同犯罪中所起作用的大小为依据认定为主犯

---

① 在双方有意思联络的情况下，成为共同正犯；在无意思联络，即无共同故意的情况下，则为单独正犯。

② 我国也有论者认为，这属于"片面的共同犯罪"，但笔者认为，"片面共犯"是区分制的产物，从我国刑法第 25 条的规定不难看出，不可能成立"片面的共同犯罪"。参见本书第四章第二节的内容。

或从犯，给予轻重有别的处罚。若被认定为从犯（含胁从犯），就可以享受从轻、减轻处罚或者免除处罚的待遇。① 例如，甲、乙双方均明知对方有配偶，但甲胁迫乙与之结婚，双方均构成重婚罪。在区分制的法律体系下，甲、乙双方本来应被认定为重婚罪的共同正犯，只是由于刑法对这种对向犯有特别规定，才不适用总则有关共同正犯的规定②，事实上，无论是适用还是不适用总则的规定，由于对构成犯罪的重婚者都是按正犯处罚，轻重不会有多大差异。但按我国刑法的规定，甲、乙双方为重婚罪的共同犯罪人，甲是主犯，乙是胁从犯，对乙至少应当减轻处罚，甚至可以免除处罚。可见，重婚的双方是分别成立重婚罪的单独犯，还是构成重婚罪的共犯（共同犯罪），按我国刑法的规定，处罚轻重可能会有较大差异。并且，这样处理案件，能够使对参与者的处罚轻重与其参与犯罪的程度或对犯罪的贡献大小直接挂钩，显然更具有公平合理性。

  第二种类型的对向犯，本来也是属于双方合作共同完成犯罪的情形，刑法却将双方的行为不是作为同一种罪，也不是作为共同犯罪来处理，而是分别规定为不同的罪，这除了因为双方的行为各有其特殊性与独立性，或许还因为立法者有刑事政策方面的考虑。例如，行贿与受贿，尽管侵害的法益相同，并且很难说哪一种行为的危害性更大，正因为如此，有些国家（如意大利）的刑法规定二者的法定刑相同，但按我国刑法的规定和有关的司法解释，对受贿罪的处罚比对行贿罪的重得多。将打击的重点放在受贿方，以体现国家对公职人员从严要求的政策精神，自然无可非议。但是，这会带来与相关的共同犯罪的处罚不协调的问题。因为主动向国家机

---

① 我国刑法学界对此有不同认识。有的认为，双方构成共同犯罪，应适用刑法总则有关共同犯罪的处罚规定；有的认为，双方不成立共同犯罪，不能适用刑法总则有关共同犯罪的处罚规定。后一种"否定说"的主要理由是："既然刑法分则已将两面对向犯作为必要的共同正犯进行规定……那么，就应当排除对其适用刑法总则关于共犯处罚的规定，而只需要依照刑法分则的相关条文定罪量刑即可。"［钱叶六. 对向犯若干问题研究. 法商研究, 2011 (6): 126.］笔者认为，这是用区分制的观念来解释我国刑法的规定，不具有合理性。在我国，对必要的共同犯罪，只要刑法分则对参与者的处罚轻重没有做特别规定（没有规定部分参与者处罚重、部分参与者处罚轻），就都应当适用刑法总则将共同犯罪人分为主从犯的规定，分别认定每个参与者是主犯还是从犯，依法给予轻重有别的处罚。

② 浅田和茂. 刑法总论. 2版. 东京: 成文堂, 2019: 414.

关工作人员行贿，本身含有教唆对方受贿的成分，也就是会产生教唆对方受贿的效果，特别是在对方原本无受贿的意思，一再拒绝并退还价值很高之贿赂物的情况下，甚至有行为人为了让对方枉法为自己办事，采用胁迫手段迫使其受贿。在这种场合，按对向犯的处理原则，对行贿者还是只能按行贿罪定罪处罚，对受贿者则要以受贿罪论，结果是行贿者的处罚比受贿者的可能要轻得多。但假设是情人胁迫不愿受贿并一再退还价值很高之贿赂物的官员受贿，这种教唆者自然应与官员构成受贿罪的共同犯罪，作为教唆犯的情人被认定为主犯，官员被认定为从犯或胁从犯，对情人的处罚重于官员成为合理的结论。两相比较，若是行贿者直接提供价值很高的贿赂物，并采用了胁迫手段，还为自己谋取了非法利益，这很难说比采取同样胁迫手段教唆官员受贿的纯粹教唆犯，在同样的贿赂犯罪中发挥的作用更小、情节更轻，最终的处罚结果却要轻得多，其合理性令人怀疑。这在一定程度上表明，对这类对向犯，一概分别按处罚轻重不同的单独犯定罪处罚，而不以共同犯罪论处，可能并不具有合理性，似乎应该做一点限制。至于如何限制，即在何种情况下不分别单独定罪处罚，而以其中一罪的共同犯罪论处，是一个有待进一步研究的问题。笔者初步考虑，只有在一方的行为明显超出了该行为所成立之罪的构成要件范围，实质上对相对方的行为起支配作用的场合，才能按相对方所成立之罪的共同犯罪来定罪处罚。例如，对拐卖儿童和收买被拐卖的儿童之行为，按我国刑法的规定，分别构成拐卖儿童罪、收买被拐卖的儿童罪，前者的最高法定刑是死刑，后者仅为3年有期徒刑。从法定刑的设置来看，只能将收买被拐卖的儿童罪中的"收买"限定在被动收买的范围内，通常是对方将儿童送上门来卖给收买者，而不包含教唆对方拐骗儿童卖给自己收养的情形。例如，行为人想要买个孩子自己收养，就唆使一位在医院门前等活干的农民工，到医院产房偷盗一个婴儿卖给自己。先开价1万元，对方不愿干，尔后涨到3万元才成交。对此例中的收买者，就应当与偷盗婴儿的出卖者按拐卖儿童罪的共同犯罪论处，而不能以收买被拐卖的儿童罪定罪处罚。因为是收买者唆使原本无犯意的人产生犯意，并偷盗婴儿卖给了自己，他对这一犯罪的发生实际上起支配作用，因而不属于被动收买，而应当认定为拐卖儿童罪的共同犯罪中的主犯。

第三种类型的对向犯，同样要靠双方合作来共同完成犯罪，但刑法规定仅处罚一方的行为，另一方的行为不处罚。如买卖淫秽物品的场合，只规定有贩卖淫秽物品罪（处罚出卖方），而没有规定购买淫秽物品罪（不处罚购买方）。这种只处罚对向者之一方的情形，"严密地看，不能说是对向'犯'"①。正是基于这一特点，学者们称之为"片面的对向犯"②"不纯正的必要共犯"③，以与实施行为的双方均成立犯罪的对向犯或其他类型的典型的必要共犯相区别。这种片面的对向犯中，法律没有明文规定予以处罚的一方（如淫秽物品的购买方）能否成为处罚的对象，即能否按对方（如淫秽物品的出卖方）所成立之罪的共犯予以处罚，就成为对向犯乃至必要共犯论争论的核心。④ 对此，中外刑法学界均存在不同的理论主张。德、日两国判例的倾向也有差异，德国的判例广泛肯定可罚性，但日本的判例基本持否定态度（否定可罚性）。⑤

我国有学者持否定主张，认为对法律没有明文规定处罚的一方参与行为，均不能按共犯来处罚。以买卖淫秽物品的犯罪案件为例，"即便购买一方的要求行为是反常的、过分的，也不应当适用刑法总则有关任意共犯的规定，以教唆犯或者帮助犯追究其刑事责任。因为，既然刑法上连'购买'这种实行行为都不处罚，比'购买'这种实行行为危害性更低的'教唆'、'帮助'行为不更是没有处罚的必要吗？"⑥ 在笔者看来，持此种主张的论者忽视了行为人（购买方）并非是教唆、帮助自己购买，事实上，教唆、帮助行为也只能对他人实施，如果行为人仅仅只是教唆、帮助他人购买淫秽物品，由于实行购买者尚且不作为犯罪来处罚，教唆、帮助行为的危害性通常要小于实行行为，自然也就不必要当犯罪处罚。问题在于，购买淫秽物品的行为本身就有帮助对方出卖淫秽物品的性质，甚至含有教唆对方出卖的成分，不能作为共犯处罚的理由或根据何在？目前，我国学者大多认为，对这种片面对向犯的一方参与行为，虽然原则上不可罚，但并非一概不可罚，若出现特殊例外的情

---

① 大塚仁.刑法概说（总论）：第三版.冯军，译.北京：中国人民大学出版社，2003：235.
② 铃木义男.刑法判例研究Ⅱ.东京：大学书房，1986：151.
③ 帕多瓦尼.意大利刑法学原理.注评版.陈忠林，译.北京：中国人民大学出版社，2004：350.
④ 丰田兼彦.论狭义之共犯的成立条件.立命馆法学，2006（6）：263.
⑤ 何庆仁.论必要共犯的可罚性.法学家，2017（4）：145.
⑥ 黎宏.刑法学总论.2版.北京：法律出版社，2016：276.

形,即超出了其参与行为的定型性、通常性,则有可能要按共犯来处罚。① 据笔者所知,德、日等国刑法学界现在的通说也是持此种主张,即对这种参与行为原则上不可罚,例外才可罚。至于不可罚的理论根据或理由,主要有三种不同解释。

(1) 立法者意思说,认为在片面的对向犯中,法律没有明文规定予以处罚的那一方的行为之所以不可罚,是因为既然并存着 A、B 两个行为,立法者将 A 行为作为犯罪类型予以规定时,当然会预想到还有 B 行为,而不对 B 行为设处罚规定,就表明立法者认为 B 行为不具有可罚性。如果将 B 行为以教唆、帮助 A 行为的教唆犯或帮助犯论处,则不符合立法者的意图。在立法者意思说看来,B 行为不可罚是由其对向性的参与行为的定型性、通常性所决定的。因此,如果参与行为超出了定型性、通常性的程度,就应以相对方的教唆犯、帮助犯论处。例如,购买方即使主动请求出卖方将淫秽物品卖给自己,也不构成教唆犯、帮助犯。但是,如果对方并不出售淫秽物品,而购买者积极地推动、劝导对方,使其出售淫秽物品给自己的,则成立教唆犯。② 这是日本的通说和判例所持的立场。德国、英国、美国以及我国也有不少学者持此种主张。③

(2) 实质说,认为立法者对于片面对向犯未设处罚规定,旨趣仅在于对这种行为不能作为正犯处罚,并不包含不能作为教唆犯或帮助犯处罚的意思,而要否定这种片面对向犯的可罚性,应从缺乏违法性或责任等实质根据上来加以说明。根据之一是参与者因欠缺违法性而不可罚。例如,贩卖淫秽物品罪的保护法益是每个人的性羞耻心,因此,买受人是处于受本罪保护的位置,也就是说,由于买受人就是"被害人",其行为是一种"自损行为",不具有违法性,自然也就不应受处罚。根据之二是参与者因不具备有责性而不可罚。例如,犯人毁灭自己刑事犯罪的证据、将自己隐藏起来,也会妨碍国家的司法活动,因而具有违法性,但刑法之所以不处罚这样的行为,是因为无期待可能性。这样的话,对于正犯甚至都是期待不可能的行为,对于共犯(教唆他人毁灭自己刑事犯罪的证据或隐藏自

---

① 张明楷. 刑法学:上.6 版. 北京:法律出版社,2021:579.
② 团藤重光. 刑法纲要总论.3 版. 东京:创文社,1990:342.
③ 杜文俊. 论片面对向犯的出罪路径——以法益侵害为视角. 政治与法律,2009 (12):81.

己)更不具有期待可能性。①

(3) 并用说,认为实质说与立法者意思说应当并用。实质说虽然基本指出了解决片面对向犯的一方是否可罚问题的正确方向,但如果采取上述实质说,认为必要的共犯的不可罚根据,在于缺乏违法性或责任,那么,参与行为是否当然可以预想到或者参与行为是否超过了通常性的框架,这已不再是问题,甚至连必要的共犯这一概念也不再需要了。但是,即便是实质说所认定的缺乏违法性或责任的案件,也并非完全无违法性或责任,因而实质说的理论基础未必稳固。况且,就共犯行为而言,尽管在违法、责任这两方面均具有当罚性,仍然将其置于可罚性的范围之外,这完全是有可能的。由此而论,即使采取实质说,仍必须维持立法者意思说这一意义上的必要共犯概念。不过,其范围应该限定在成立某种犯罪的场合,那些在概念上当然存在的对向性参与行为,只要是属于这一范畴之内的行为,便不应再考虑其是否具有定型性或通常性。②

此外,还有一种可罚的规范目的说,认为不处罚片面对向犯的一方的参与行为,是基于犯罪论上的实质理由与处罚的必要性意义上的政策判断。持此说的论者认为,实质说所举的缺乏违法性与缺乏责任之例,并不是完全没有违法性与责任,只是缺乏可罚的违法性与可罚的责任。将参与行为排除在构成要件之外,本来是立法性的政策的当罚性判断。③ 这与上述并用说的认识基本一致,据此也可以将其纳入并用说的范畴。只不过该说又向前迈进了一步,认为不处罚片面的对向犯一方的参与行为,是因为从规范的目的出发,基于对处罚目的的考虑和刑事政策的可罚性评价的判断而不可罚。

本来,从各国的刑事立法来看,无论是采取区分正犯与共犯的区分制、还是采取不做这种区分的单一制的立法形式,都存在没有明文规定处罚对向犯的另一方参与行为的现象,如果不从刑事政策或立法意图乃至立法技术方面考虑,要否定这种片面对向犯的可罚性,似乎难以找到根据。因为法无明文规定予以处罚的这一方的参与行为,明显具有帮助对方甚至

---

① 平野龙一. 刑法总论Ⅱ. 东京:有斐阁,1975:379.
② 西田典之. 日本刑法总论:第2版. 王昭武,刘明祥,译. 北京:法律出版社,2013:342.
③ 张明楷. 刑法学:上. 5版. 北京:法律出版社,2016:387.

教唆对方实施相应犯罪的性质,如向卖方购买淫秽物品的行为,自然具有帮助其出卖淫秽物品的功效,甚至含有教唆对方出卖的成分。而德、日等国采取区分制立法形式的刑法,都在总则中设有处罚共犯(实施教唆或帮助行为者)的规定,这样的规定对刑法分则所规定的各种具体犯罪均有普遍的适用效力,那么,对片面的对向犯排除适用的理由何在?上述"实质说"试图运用纯粹的刑法解释论,从犯罪成立应当具备的基本要素的角度,对每一种片面的对向犯不可罚的实质理由,即不具备犯罪成立的违法性或责任要素来进行论证,但正如上述"并用说"或"可罚的规范目的说"所指出的那样,"实质说"所举的缺乏违法性或责任的实例,并非完全无违法性或责任。特别是就教唆、帮助对方犯罪而言,要否定其行为的违法性或有责性,更是难以想象。在单一制立法体系下,否定片面的对向犯的一方的参与行为具有可罚性,面临与区分制同样的解释论上的难题。因为按单一正犯的解释论,刑法分则规定的故意犯罪的构成要件行为不只是限于实行行为,而是还包含教唆、帮助等能够引起法益侵害结果的多种行为。这样一来,对刑法没有明文规定处罚的对向犯的另一方参与行为,固然是不能作为单独正犯(单独实行犯)来论,但却无法否定其是与相对方共同参与犯罪。如上所述,向出卖者购买淫秽物品的行为,本身就具有帮助或教唆对方出卖淫秽物品的性质,既然行为人实施了教唆、帮助贩卖淫秽物品的行为,按单一正犯论,那就意味着其实施了符合贩卖淫秽物品罪的构成要件的行为①,其主观上也具有此罪的犯罪故意,因而无法否定成立此罪。正因为如此,我国早就有论者指出,"既然对合的一方已经作为犯罪认定,对于促成这种犯罪得以成立的他方对合行为不作为犯罪认定,缺乏充足的理由",因而主张凡是对合性(对向性)行为,都应当以必要共同犯罪论处。②

但是,如果将刑法没有明文规定处罚的对向犯的一方,一概认定为相对方所成立之罪的教唆犯、帮助犯或共同参与犯,予以定罪处罚,显然与立法意图不符。因为对必须有二人以上相互对向的行为才能完成的犯罪,

---

① 按单一正犯理论,贩卖淫秽物品罪的构成要件行为,包含实行行为、教唆行为、帮助行为等多种行为类型。

② 杨兴培.试论对合犯.法律科学,1992(1).

如果双方都有处罚的必要，无论是采取区分制还是单一制立法形式的刑法，大多会做明文的规定，要么是对参与的双方均规定相同的罪名（如重婚罪）与法定刑，要么是分别规定不同的罪名（如行贿罪与受贿罪）及不同的法定刑。如果仅规定处罚一方的参与行为（如贩卖淫秽物品），那就只能理解为立法者认为，对另一方的参与行为（如购买淫秽物品）无处罚的必要性。如果将另一方的参与行为评价为对构成犯罪的相对方的教唆、帮助，作为教唆犯、帮助犯或共同参与犯来定罪处罚，那就与立法者所采取的对对向犯定罪处罚的规则不符，使立法者不处罚对向犯的一方参与行为的立法意图落空，还会带来与其他对向犯的定罪处罚不协调的问题。例如，我国刑法对拐卖妇女、儿童罪与收买被拐卖的妇女、儿童罪，所规定的法定刑轻重差别很大，可见立法者的意图是重罚拐卖方轻罚收买方，如果将收买行为视为对拐卖行为的帮助或教唆，将收买方一概认定为与拐卖方构成拐卖妇女、儿童罪的共同犯罪，那势必会使收买被拐卖的妇女、儿童罪的规定变成空文，使轻罚收买方的立法意图落空。另外，立法者的意图还可能会随着时代的发展而发生变化，原来认为某种对向犯双方的行为可以作为同种罪名同等处罚，后来认为有必要分别规定不同罪名给予轻重不同的处罚；原来认为某种对向犯的一方参与行为不必要处罚，后来认为有必要予以处罚。如 2009 年我国《刑法修正案（七）》增设了利用影响力受贿罪，却未同时增设对有影响力的人行贿罪，表明立法者当时认为对这种行贿方没有处罚的必要性，但后来立法者改变了态度，在 2015 年《刑法修正案（九）》中又增设了对有影响力的人行贿罪。如果说对向犯的一方的参与行为均可评价为对相对方的教唆或帮助行为，都可按对方所犯之罪的共犯论处，那么，在刑法已规定有利用影响力受贿罪的情况下，把向有影响力的人行贿的人纳入定罪处罚的范围就没有任何法律障碍，自然也就没有必要再增设对有影响力的人行贿罪。刑法增设此罪从反面表明，未增设此罪之前立法者的意思是不处罚此种行为。我国的司法人员大多也是如此理解和处理这类案件的。①

由上可见，对刑法没有明文规定处罚的片面的对向犯一方的参与行为不可罚的根据，只能从立法意图上来寻找。并且，立法者在做立法决断

---

① 赵明一，郭小龙. 片面对向犯是否构成共犯——以《刑法修正案九》第 391 条之一为视角. 中国检察官，2015（12）下：63.

时，会充分考虑特定片面的对向犯一方的参与行为是否具有违法性或有责性，特别是其违法或责任的程度，以确定是否有对之动用刑罚的必要性。"换言之，不处罚片面对向犯的一方的必要参与行为，是基于犯罪论上的实质理由与处罚必要性意义上的政策判断。"① 正是从此种角度来看，"立法者意思说与实质说并非排他性关系，而应是相互补充相互完善的关系"②。因此，立法者基于对某种对向犯的分析，认为从违法或责任的程度来看，只有一方当罚另一方不必罚，这当然无可非议。尽管"对合犯确实具有'共生行为'的性质，但共生的行为未必都是等值行为。……刑法予以处罚的一方行为往往具有连续性和多次性的特点，而另一方的行为往往是不固定的、一次性的（如买入淫秽物品的行为）。因此，单向构罪（仅处罚一方——笔者注）的规定，也是刑法谦抑性的体现"③。况且，正如前述持"并用说"的论者所述，某种片面的对向犯的一方的参与行为，"尽管在违法、责任这两方面均具有当罚性，仍然将其置于可罚性的范围之外，这完全是有可能的"④。那么，为何将这种具有当罚性的行为排除在可罚的范围之外？显然，只能说是立法者根据刑事政策或立法技术的特殊需要所做的一种选择。⑤

至于对刑法没有明文规定处罚的片面对向犯中一方的参与行为是否应一概不处罚。回答应当是否定的。因为相对方的行为构成犯罪，其他第三者参与进去，如教唆、帮助其实施犯罪，无疑是有可能成立犯罪的。片面对向犯的一方参与者如果实施了与第三者相当的行为，其违法或责任的程度甚至超出了构成犯罪的第三者，若仍将其排除在处罚范围之外，使其享受到特殊的优遇，那就违反了法律面前人人平等的原则，自然不具有合理性，这也不可能是立法者愿意看到的现象。正因为如此，中外刑法学者一

---

① 张明楷. 对向犯中必要参与行为的处罚范围. 比较法研究, 2019 (5): 11.
② 松原芳博. 刑法总论重要问题. 王昭武, 译. 北京: 中国政法大学出版社, 2014: 354.
③ 孙国祥. 对合犯与共同犯罪的关系. 人民检察, 2012 (15): 9.
④ 西田典之. 日本刑法总论: 第2版. 王昭武, 刘明祥, 译. 北京: 法律出版社, 2013: 342.
⑤ 前田雅英. 刑法总论讲义: 第6版. 曾文科, 译. 北京: 北京大学出版社, 2017: 289.

致认为，不处罚片面的对向犯的一方的参与行为应当有所限制。至于如何限制，这是一大难题，学者们有不同认识。如前所述，在立法者意思说看来，应通过对向性的参与行为的定型性、通常性来限制，若参与行为超出了定型性、通常性的程度，就应以相对方的教唆犯、帮助犯论处。这是日本的通说。德国持立法者意思说的学者大多认为，由于在片面的对向犯的场合，立法者已经预想到了对最低必要限度的对向行为不予处罚，因此，应采取最低必要限度的标准。这是德国的判例和通说采取的立场。但如果将不可罚的边界限定在最低必要限度，不仅如何理解最低必要限度会成为问题，而且会使不可罚的范围过于狭窄。而定型性的标准（只要是定型的参与行为就不可罚），虽适度地扩大了不可罚的范围，但同样存在观念不明确、可罚与不可罚的行为界限不清的弊病。①

我国有论者试图运用客观归责理论，来判断片面对向犯的一方参与行为是否超出不可罚的"最低必要限度"或"定型性"，提出"应以参与方是否超出单纯利用机会的边际角色而成为制造机会的角色进而制造了法不允许的风险或者显著增大了风险为标准"②。但是，单纯利用机会与制造机会如何区分这本身就是难题，以此来判断是否制造和增加了法所不允许的风险，无疑是难上加难。事实上，以该论者"所举的案例为例，不仅积极教唆原本不想卖淫秽光碟的店主卖淫秽光碟给自己制造了法所不允许的风险，单纯向原本就想卖淫秽光碟的店主买淫秽光碟的行为，其实也制造或增加了法所不允许的危险，至少这一次出售行为，是在购买者的促进下完成"③。因此，该论者所提出的标准不仅同上述通说的标准一样不够明确、难以掌握执行，而且用来判断具体案件时有可能得出更不合适的结论。

德国学者格罗普（Gropp）为了解决这一问题，提出在离心型犯罪和向心型犯罪中，必要共犯的一方的参与行为是不可罚的，不仅在实施最低必要限度的对向行为或定型性的参与行为时不可罚，而且即使是逾越了最低必要限度与定型性的参与行为，也不可罚。因为这类犯罪中的对向犯一

---

① 何庆仁. 论必要共犯的可罚性. 法学家，2017（4）：149-150.
② 钱叶六. 对向犯若干问题研究. 法商研究，2011（6）：128.
③ 同①150.

方的参与行为，只是危险源之外的边缘行为，起决定性作用的始终是作为危险源的行为人的行为。所谓离心型犯罪（Zentrifugaldlikte），是指行为人作为中心点，其行为能向不特定人不断发送诱惑性的危险信息，当与需要该信息的人发生联系时，就可能导致法益侵害结果发生的犯罪类型，传播、贩卖和行使类的犯罪（如传播淫秽物品罪、贩卖淫秽物品罪等）均属于此。所谓向心型犯罪（Zentripetaldelikte），是指行为人作为中心点，非常容易使第三者前来诱惑其实施违法行为的犯罪类型。例如，德国刑法第356条规定的诉讼代理人背信罪。① 应当肯定，格罗普提出的通过犯罪类型来确定片面的对向犯的一方参与行为是否可罚，这种判断标准确实比上述通说要明确得多，司法实践中也很容易掌握执行，但是，"按照他的论证思维，其重在分析各罪构成要件的属性是否为其所称的离心型犯罪或向心型犯罪，然后再判断所谓的相对方是否仅属于边际参与人"②，如果是"边际参与人"（或"边缘参与人"）就不可罚。由于其判断标准只对离心型犯罪和向心型犯罪有效，其余类型的对向犯仍要另行分析，以确定是否可罚，乃至在何种情形下可罚或不可罚，也就是说他只是提出部分对向犯的一方参与行为不可罚，并未解决其余部分对向犯的一方参与行为可罚与不可罚，乃至如何区分的问题。况且，认为离心型犯罪和向心型犯罪中，对向犯的一方均为"边缘参与人"，其参与行为一概不可罚，其合理性也令人怀疑。例如，贩卖淫秽物品罪是格罗普所说的一种离心型犯罪，若行为人以超高价格向拾得非常淫秽之物品的人购买，使本来未想到要出卖此淫秽物品的对方出卖给了行为人，对作为购买者的行为人，由于是"边缘参与人"，不能以贩卖淫秽物品罪的共犯处罚，而仅处罚贩卖者（所谓"核心参与人"），这就明显不具有合理性。因为如果没有购买者以高额金钱相引诱，对方就不会出卖，在双方合作完成的买卖淫秽物品的案件中，起决定作用的甚至可以说是购买方，将其视为"边缘参与人"明显不合适，只有将其与对方一起作为共同犯罪来处罚，才具有合理性。

我国另有论者似乎看到了上述试图用统一的或宏观的标准，来区分片面的对向犯的一方参与行为可罚与否，并不具有可行性，因而主张以规范目的为导向，采用多种不同的具体标准或从不同的路径用不同的方法来予

---

① 何庆仁. 论必要共犯的可罚性. 法学家, 2017 (4): 151.
② 包国为. 对向犯之探究. 科学经济社会, 2012 (4): 133.

以区分,大致分为如下几种情形:(1)所谓的必要共犯属于被害人(如幼女拉嫖客嫖宿自己)时,因欠缺可保护的法益,不应被视为相对方之犯罪行为的共犯;(2)离心型犯罪和向心型犯罪中,因规范目的指向的是作为危险源的行为人,必要共犯的行为不可罚(如倒卖文物犯罪案件中的购买方);(3)必要共犯行为不具有期待可能性(如俘虏唆使看守人员私放自己)时,因为没有责任而不可罚;(4)必要共犯的行为原本是自利性的共罚(事前或事后)行为(如本犯唆使对方窝藏自己)时,由于其他规范的目的已经表明这种直接自利性的行为不可罚,间接自利性必要共犯行为就更不可罚。"除了上述四种类型之外,如果不能找到具体的不可罚的实质理由,即使是必要共犯行为,也可能具有可罚性。"[①]

在笔者看来,该论者的上述主张,实际上是用前述"实质说",以片面对向犯的一方参与行为因欠缺违法性或责任而不可罚,同时结合格罗普的离心型犯罪和向心型犯罪中的一方参与者不可罚的观点,将大多数片面对向犯的一方参与行为,排除在可罚的范围之外,但是,并未指出何种或哪些情形可罚。而其所列举的不可罚的情形,有的并无多大研讨价值。如幼女拉嫖客嫖宿自己,即便是在我国刑法设有嫖宿幼女罪的时期,也不会考虑幼女是否会与对方构成嫖宿幼女罪的共犯、与嫖宿者一并受刑事处罚,因为幼女未达到负刑事责任的年龄,当然应被排除在处罚范围之外。又如,本犯唆使对方窝藏自己,对方窝藏犯罪的人,固然有可能构成窝藏罪,但本犯不可能与对方构成窝藏罪的共犯而受处罚(只能是因其所犯之罪而受处罚),除了刑法解释论将其纳入事后不可罚的行为范畴之外,还有从刑法规定的构成要件也能看出,窝藏罪的对象只能是他人而不包括自己本人。而我们这里所要讨论的是作为片面对向犯的一方参与者,在何种情形下可与对方构成共犯一并受处罚的问题,将这类明显不具有可罚性的情形纳入研讨的范围并无多大意义。况且,正如前文所述,格罗普认为离心型犯罪和向心型犯罪的一方参与者均不可罚的主张,并不具有合理性,如贩卖淫秽物品罪是他所述的典型的离心型犯罪,但购买淫秽物品者并非一概不可罚,具有特殊情形者(如用特殊的教唆手段唆使本不想出卖淫秽物品者卖给自己的)也有可能构成贩卖淫秽物品罪的共犯(成为共同犯罪人)。至于用无期待可能性来否定参与者的责任的观点,本身就值得商榷。

① 何庆仁.论必要共犯的可罚性.法学家,2017(4):153-155.

因为国家法律是期待公民做守法公民的，无论其有何特殊的事由，均不允许其教唆他人犯罪，从而谋求自己的私利。以俘虏唆使看守人员私放自己为例，尽管俘虏的行为情有可原，一般也不会将其当私放俘虏罪的共犯处罚，但国家法律要求或期待被俘人员接受管控，待停战后获释，而不能在战时逃跑，更不能教唆看守人员去犯罪来释放自己。因为俘虏若在战时获释，一旦回到敌方，就会对国家利益（法益）构成严重威胁。因而无论是从立法者还是普通民众的立场，均不能得出无法期待战俘不去教唆看守人员释放自己的结论。事实上，正如前文所述，立法者之所以认为片面对向犯的一方参与行为原则上不可罚，主要是因为这种行为的违法性程度（或社会危害性程度）通常较低，同时可能有刑事政策或立法技术方面的考虑。但是，如果法律没有明文规定予以处罚的一方参与行为，明显超出了立法者或民众所预想的通常范围，其违法性（或社会危害性）的程度就可能超出不处罚的界限，而进入可处罚的范围。由此可见，"法益考量是片面对向犯的出罪路径"①，同时也是其入罪的标准。也就是说，判断法律没有明文规定予以处罚的片面对向犯一方的参与行为是否可罚，唯一的标准是违法性（或社会危害性）的程度。运用这一标准判断的基本规则是，片面对向犯一方的参与行为，如果没有超出立法者或民众所预想的通常性的范围，应当认为其违法性程度较低，不应作为犯罪即与相对方所成立之罪的共同犯罪来处罚；但如果超出了这种参与行为的通常性的范围，则在其违法性达到犯罪的程度时，应认定其与相对方构成共同犯罪。

判断法律没有明文规定予以处罚的片面对向犯的一方参与行为是否可罚，首先应当看到，立法者的意思仅在于这种参与行为本身原则上不可罚（例外才可罚）。如对购买淫秽物品的行为本身，通常不定罪处罚，既不单独定罪处罚，也不作为贩卖淫秽物品罪的共犯处罚。至于其购买淫秽物品之后又加以利用的行为，如转手倒卖或予以传播，这类后续行为无疑可能构成贩卖淫秽物品罪、传播淫秽物品罪等罪。正因如此，参与人的主观心态，对确定参与行为的性质乃至是否可罚，具有至关重要的意义。显然不能仅从参与行为的外观来判断其是否可罚。例如，警察在毒品交易的现场抓获买卖双方的场合，对购买方的主观目的、动机必须查清，只有在无证

---

① 杜文俊.论片面对向犯的出罪路径——以法益侵害为视角.政治与法律，2009（12）：84.

据证明其是出于贩卖等犯罪目的而购买时，才不作为犯罪处理，否则，就有可能要作为贩卖毒品等罪的预备犯来处罚。并且，由于我国刑法规定有非法持有毒品罪，对大量购买毒品存放着供自己吸食的，还存在按此罪定罪处罚的可能性。

其次，要注意分析片面对向犯属于何种类型。从我国刑法分则的规定来看，对有些必要参与行为只是选择一部分设立相关罪名予以处罚，其余部分则没有设处罚规定。对未设处罚规定的这部分必要参与行为，可视为片面对向犯。例如，我国刑法第186条规定，银行或者其他金融机构的工作人员违反国家规定发放贷款，数额巨大或者造成重大损失的，构成违法发放贷款罪，但并没有将违法申请、接受贷款的行为规定为犯罪。只不过刑法第175条之一规定了骗取贷款罪、第193条规定了贷款诈骗罪。这表明立法者认为，违法申请、接受贷款的行为中，有一部分（采取欺骗手段骗取贷款的）有必要定罪处罚，而其余部分原则上不必处罚。有必要定罪处罚的这部分参与行为，显然不能纳入片面对向犯中。因而在处理这类案件时，要先弄清参与行为是否构成刑法明文规定的相关犯罪，只有在不构成刑法明文规定的相关犯罪的条件下，才可能将其纳入片面对向犯中，也才有必要进一步考察其参与行为是否超出立法者预想的定型性、通常性的范围，从而确定是否予以处罚。就违法发放贷款罪而言，获取贷款者并不成立骗取贷款罪、贷款诈骗罪时，是否与发放贷款并构成犯罪者成立违法发放贷款罪的共犯？这是有较大认识分歧的问题。在司法实务界，存在套用使用人可与挪用人成立挪用公款罪之共犯的相关司法解释，广泛认定成立违法发放贷款罪的共犯的现象；但在刑法理论界，大多否定贷款者可能构成违法发放贷款罪的共犯。① 笔者认为，贷款者与放贷者之间的关系，不同于使用人与挪用人之间的关系。前者之间是对向关系，属于对向犯；后者之间是同向关系，不是对向犯。② 因此，不能套用相关司法解释，广泛认定贷款者与放贷者构成违法发放贷款罪的共犯。相反，由于立法者认为，贷款者若不构成骗取贷款罪、贷款诈骗罪，其获取贷款的行为即便有违法性，原则上也无定罪处罚的必要性，通常并不定罪处罚。但正如前文所述，对法无明文规定予以处罚的片面对向犯一方的参与行为，并非一概

---

① 张明楷. 对向犯中必要参与行为的处罚范围. 比较法研究，2019（5）：9-10.
② 对此笔者将在下文予以说明。

不予以处罚,如果其参与行为超出了立法者预想的定型性、通常性的范围,则可能要作为相对方的共犯来予以定罪处罚。可见,完全否定对采取欺骗之外的非法手段获取贷款的行为有定罪处罚的必要性或可能性,是不妥当的。例如,甲不具备申请贷款的条件,但却采用胁迫手段使本来不想向其提供贷款的银行行长乙,非法向其提供 100 万元的贷款,甲用来做投机生意亏本而无力还贷,导致银行遭受重大损失。乙固然构成违法发放贷款罪,甲若采用欺骗手段骗取 100 万元贷款并给银行造成重大损失,无疑也要定罪处罚;采用比欺骗手段更为恶劣的胁迫手段获取同样数额的贷款给银行造成同样的重大损失,却不定罪处罚,显然不具有合理性。并且,与那种单纯为违法发放贷款提供帮助的行为相比,采用胁迫手段获取贷款的行为的危害性明显更大一些。但通说和判例均认为,帮助金融机构的工作人员违法发放贷款的,可能构成犯罪即可以成为违法发放贷款罪的共犯[1],而采用胁迫手段获取贷款并直接给银行造成重大损失的,反而不构成犯罪。这无论在情理还是法理上,均不能说具有妥当性。因此,对采取胁迫等超常的违法手段获取贷款数额巨大或造成重大损失的行为,有必要定罪处罚,也就是要按违法发放贷款罪的共犯来处罚。

再次,对刑法分则没有就必要参与行为设置任何处罚规定的典型片面对向犯,要根据不同类型犯罪的特点和案件的具体情况,来判断必要参与行为的违法性(或社会危害性)程度,以确定法无明文规定的参与行为是否可罚。从刑法分则的规定来看,在典型的片面对向犯中,大多是以销售、传播、提供、容留某种对象为内容的必要共犯,但刑法没有对相关必要参与行为(如购买、接受等)设置处罚规定。如前所述,立法者的意思表明原则上不处罚相关的必要参与行为,通常不能将实施必要参与行为者认定为共犯。但如果超出了立法者预想的不受处罚的参与行为定型性、通常性的范围,则作为特殊例外可以认定为相对方所成立之罪的共犯,予以定罪处罚。判断参与者实施的行为是否超出不受处罚参与行为定型性、通常性的范围时,当然得充分考虑不同参与行为的特点和决定其社会危害性程度的主要依据,因而无法用统一的标准来作判断。例如,对销售型的片面对向犯,刑法仅规定处罚销售行为未规定处罚购买行为,如果采取通常的买卖惯例和规则来购买,当然就未超出此类不受处罚参与行为(如购买

---

[1] 张明楷. 对向犯中必要参与行为的处罚范围. 比较法研究, 2019 (5): 11-12.

淫秽物品）的范围，从而也就不能定罪处罚。但正如前文所述，如果用巨额金钱相引诱，强求本来不敢也不想出卖淫秽物品的对方出卖淫秽物品给自己，这就超出了不受处罚的购买淫秽物品行为定型性、通常性的范围，有必要把购买者作为贩卖淫秽物品罪的共犯予以定罪处罚。又如，对传播型的对向犯，刑法仅规定处罚传播行为未规定处罚接受传播的行为。如果接受传播者只是自己被动接受，甚至主动要求对方向自己传播（如播放淫秽影片），均不应把接受传播者纳入定罪处罚的范围。但如果接受传播者邀约多人，强求本来不想让别人观看自己拾得的淫秽 VCD 的传播者予以播放的，则超出了不予处罚的接受传播行为的定型性、通常性的范围。基于同样的理由，对容留型的对向犯，刑法虽未明文规定处罚被容留者，如容留卖淫罪中的卖淫者、容留他人吸毒罪中的吸毒者，但如果卖淫者、吸毒者强求甚至胁迫不想容留者容留其卖淫、吸毒，或者邀约多人让对方予以容留，使之成为多人卖淫或吸毒的固定场所的，这种卖淫者、吸毒者的行为，显然超出了不受处罚的参与行为的定型性、通常性范围，有必要按容留卖淫罪或容留他人吸毒罪的共犯予以定罪处罚。

最后，即使是同种类型的片面对向犯，不受处罚的具体参与行为也可能有不同的特点，不能采用完全相同的标准，来判断参与行为是否超出定型性、通常性的范围，从而得出是否可罚的结论。例如，我国刑法对购买淫秽物品和购买毒品的行为，均没有明文规定予以处罚。如上所述，如果用巨额金钱相引诱，向原本没有出卖淫秽物品意向的人去购买，由于这种行为超出了购买行为的通常性，具有明显的教唆犯罪的性质，因而将这种购买淫秽物品的行为纳入处罚范围是合理的。但考虑到严重的吸毒上瘾者在毒瘾发作时，往往不会顾及毒品的价格，也不会介意对方是不是毒贩乃至有无出卖毒品的意向，只要能弄到毒品就无所不用其极，因此，不能期待其不实施这种超常的购买毒品行为，对少量购买供自己吸食的，显然不能以贩毒罪的共犯论处。

特别值得一提的是，近些年来，与我们这里讨论的问题相关的两个司法解释的部分内容引起了刑法学界较大的争议。

其一是 1998 年最高人民法院《关于审理挪用公款案件具体应用法律若干问题的解释》第 8 条规定："挪用公款给他人使用，使用人与挪用人共谋，指使或者参与策划取得挪用款的，以挪用公款罪的共犯定罪处罚。"按全国人大常委会的解释，挪用公款"归个人使用"，既可以是供本人使用，也可以是给他人使用,如果是给他人使用,就出现了"挪"与"用"的行为由二个以上的人分别实施的情形,即挪出公款的是此人而使用公款的是彼人这种两者相分离、相对应的现象。据此,我国刑法学界多数学者将挪用公款罪视为对向犯,也就是"除了将公款供本人使用外,其他情形均为片面对向犯",并称之为"事实的对向犯"①。其中,有部分学者认为,按照对向犯的处理原则,由于刑法没有对作为挪用公款罪相对方的使用人设处罚规定,即使其教唆、指使挪用人挪用公款给自己使用,其行为也没有超出使用人之使用行为的范围,因而不能以挪用公款罪的共犯论处。上述司法解释也就不具有合理性。②但多数学者认为,在这种片面的对向犯中,单纯地使用别人挪出之公款的人,固然是不能以挪用公款罪的共犯来定罪处罚,但这仅限于"坐享其成"拿别人挪出的公款去用的情形,若是与挪出人共谋,指使或者参与策划挪出公款后自己去用,这已超出了使用人的使用行为本身,或者说超出了不可罚的参与行为的"最低必要限度",因而应以挪用公款罪的共犯定罪处罚。上述司法解释的合理性毋庸置疑。③另有少数学者认为,上述司法解释的内容不属于与对向犯有关的规定,对挪用公款罪来说使用行为并无独立意义,且挪用者与使用者的行为是同向的,并非是对向的关系。④既然如此,也就不能说上述司法解释违背了片面对向犯的处罚原则。笔者赞成后一种主张,认为挪用公款罪并不属于对向犯。

如前所述,对向犯作为必要共犯的一种类型,是必须有二人以上实施相对应的行为(有人扮演相对角色)才可能完成的犯罪。而挪用公款罪只要是有职务便利的国家工作人员一人就能完成,并不是必须有二个以上的人(含二人)参与,也不要求有人扮演相对角色。在挪出公款的人与使用公款的人是不同人的场合,表面上看与对向犯相似,但实质上有很大差异。因为挪用公款罪可以说是一种复行为犯,即分为"挪"与"用"两个行为环节,"挪"是"用"的前提,"用"是行为的核心,刑法规定此罪的

---

① 张明楷. 对向犯中必要参与行为的处罚范围. 比较法研究, 2019 (5): 2.
② 倪业群. 论对向犯的定罪处刑. 河北法学, 2007 (9): 115.
③ 孙国祥. 对合犯与共同犯罪的关系. 人民检察, 2012 (15): 11; 钱叶六. 对向犯若干问题研究. 法商研究, 2011 (6): 129.
④ 黄丽勤, 周铭川. 共同犯罪研究. 北京: 法律出版社, 2011: 155.

宗旨是禁止公款私用，因此仅挪出公款（如将公款拿回家放到自己的保险柜中），而不使用（也没想到要使用），尽管也是一种违反财经纪律的行为，但并不构成挪用公款罪。从实质上看，国家工作人员利用职务上的便利提供公款给其他个人去用，这是国家工作人员挪用公款"归个人使用"的一种形式，同他自己个人直接使用并无质的差别，有时甚至应将给他人使用视为国家工作人员自己使用。例如，国家工作人员私下用公款放高利贷获利归己，直接借贷使用公款的可能是个体老板，但显然应该认为是国家工作人员个人直接使用了公款，即用公款放贷来为自己赚钱。既然挪用公款给他人使用，是挪用公款罪构成要件中的"归个人使用"的一种表现形式，即属于此罪的实行行为，有时甚至可以视为国家工作人员自己个人直接使用公款，那么，这与对向犯就有本质的不同。因为对向犯所实施的行为，不可能是相对方所成立之罪的构成要件实行行为。例如，买方向卖方购买淫秽物品，这种购买行为不可能评价为贩卖淫秽物品罪的实行行为，充其量只能视为对方贩卖淫秽物品的帮助或教唆行为，并且购买淫秽物品的行为具有相对独立性，不可能成为贩卖淫秽物品行为的组成部分。但挪用公款给他人使用的案件中，他人使用公款的行为，是挪用公款"归个人使用"这一实行行为的有机组成部分，无职务便利的他人也不可能单独使用公款，而必须与有职务便利的国家工作人员相勾结才能使用，正因为国家工作人员挪出公款的行为，与他人使用公款的行为是挪用公款罪实行行为的有机组成部分，或者说是一个实行行为的两个具体环节，两者是同向关系并非对向关系，因而不是对向犯。既然如此，"使用人与挪用人共谋，指使或者参与策划取得挪用公款的，以挪用公款罪的共犯定罪处罚"，就成为合情合理的结论。

其二是 2001 年最高人民法院、最高人民检察院《关于办理生产、销售伪劣商品刑事案件具体应用法律若干问题的解释》第 6 条第 4 款规定："医疗机构或者个人，知道或者应当知道是不符合保障人体健康的国家标准、行业标准的医疗器械、医用卫生材料而购买、使用，对人体健康造成严重危害的，以销售不符合标准的医用器材罪定罪处罚。"由于刑法第 145 条规定的是生产、销售不符合标准的医用器材罪，一般认为，处罚的是生产、销售这种器材的行为，而非相对应的购买、使用这种器材的行为，购买、使用是销售行为的对向行为，刑法并无处罚这种行为的明文规定，但该司法解释规定对这种行为以销售不符合标准的医用器材罪定罪处罚。对此，有论者批评指出，购买、使用不符合标准的医用器材的行为属于法无明文处罚规定的情形，按照对向犯的理论，不能以生产、销售不符合标准的医用器材罪论处，通过司法解释规定为犯罪，明显有悖于罪刑法定原则。[1] 另有论者则运用前述格罗普提出的离心型犯罪和向心型犯罪中的片面对向犯不可罚论，进一步指出："生产、销售不符合标准的医用器材罪是典型的离心型犯罪，立法者既然规定只处罚销售者，那么基于危险落差和比例原则，无论购买者行为表现如何，都不可罚。"[2] 但是，也有论者认为，医疗机构和医疗个人"购买医用器材的目的就是给病人使用，而这种使用本质上就是一种销售行为。……对人体健康造成严重危害的，以销售不符合标准的医用器材罪定罪处罚是没有问题的。这种情况下，医疗机构和个人的行为不属于片面对向犯的问题。"[3]

在笔者看来，当医疗机构有偿使用医用器材为患者提供服务（如检查）时，所收取的只是服务费用，而不是医用器材的对价，也就是没有将医用器材转移给患者，自然不能视为销售了这种医用器材，从而也就不能以其直接实行了销售不符合标准的医用器材的行为，作为按此罪定罪处罚的依据。以此来否定上述情形存在片面对向犯的问题，也明显不合适。事实上，购买不符合标准的医用器材，确实是与销售此种器材相对向的行为，并且，"既然刑法没有对购买行为设置处罚规定，就应当认为不处罚购买行为本身"[4]。这无疑是一种片面的对向犯。按前述通说的处理规则，对未超出定型性、通常性的购买行为，当然不能定罪处罚。问题在于购买者又进一步使用了不符合标准的医用器材，并对人体健康造成了严重危害，那么，这种使用行为是否属于超出了购买的定型性、通常性范围的行为，对决定其是否可罚具有至关重要的意义。一般来说，购买某种物品者往往总是想要对其加以利用或使用的，既可能是供自己使用也可能是给他人使用。法律禁止销售的物品中，有些属于一旦被使用就会给使用者带来危害的情形，这也是法律禁止其销售的重要原因之所在。当购买者购买这类物品后，如果是自己使用，自己就会成为受害者。例如，购买毒品后自

---

[1] 陈兴良. 论犯罪的对合关系. 法制与社会发展, 2001 (4): 60.
[2] 何庆仁. 论必要共犯的可罚性. 法学家, 2017 (4): 156.
[3] 田坤. 论片面对向犯. 兰州学刊, 2009 (7): 136.
[4] 张明楷. 对向犯中必要参与行为的处罚范围. 比较法研究, 2019 (5): 15.

己吸食，其身体健康就会受到损害；购买淫秽光碟后自己观看，其性心理、性生理就可能受危害。正因为如此，对这种自己成为受害者的购买者，当然没有给予刑事处罚的必要性。但如果购买毒品、淫秽物品之后，提供给他人（哪怕是免费赠送给他人）去使用，则由于会给他人或社会带来危害，因而有予以处罚的必要性，有可能要按引诱、教唆他人吸毒罪或传播淫秽物品罪等定罪处罚。对这种片面的对向犯予以处罚的根据就在于，其行为超出了不可罚的参与行为的定型性、通常性（或不可罚的最低必要限度）。具体说来，对买卖型的片面对向犯，不处罚的仅仅只是购买行为本身（含购买后自己使用的情形），如果购买后给他人使用（含自己与他人一起使用）并给他人或社会带来危害的，那就应当予以处罚。据此来看上述司法解释，应当肯定其基本精神具有一定合理性。因为行为人如果明知医用器材不符合标准而购买，尔后又在他人身上使用，并对他人人体健康造成了严重危害，这明显属于超出了片面对向犯的不可罚参与行为之定型性、通常性的情形，将这种行为以销售不符合标准的医用器材罪定罪处罚，与片面对向犯的处罚规则不冲突，并不违反罪刑法定原则。如前所述，购买行为至少是一种具有帮助对方销售，甚至含有教唆对方销售成分的行为，而我国刑法规定的销售不符合标准的医用器材罪的行为，既包含实行销售的行为，也包括教唆销售的行为、帮助销售的行为等多种行为类型，行为人的购买行为表明，其客观上至少实施了帮助销售不符合标准的医用器材的行为，主观上又是明知故犯（有此罪的故意），且造成了严重危害后果，完全具备此罪的主客观要件，按此罪定罪处罚无疑是符合情理与法理的。但如果是购买者自己使用所购买的不符合标准的医用器材，并对自己的"人体健康造成严重危害"，那就属于上述应排除在处罚范围之外的情形，而上述司法解释似乎也将其纳入了处罚范围之中，这是其有待改进之处。另外，生产、销售不符合标准的医用器材罪是一种故意犯罪，主观上以明知是不符合保障人体健康的国家标准、行业标准的医疗器械、医用卫生材料，而予以生产或销售为成立条件，如果只是"应当知道"，因粗心大意而未知并予以销售，且给他人的"人体健康造成严重危害"，那有可能构成相关的过失犯罪，但不能构成此罪。由此可见，上述司法解释将"应当知道"而事实上可能并不知道是不符合标准的医用器材予以购买、使用，并给人体健康造成严重危害的，也按此罪定罪处罚，不具有合理性。

(三) 第三者参与能否构成必要的共同犯罪

1. 第三者能否成为聚合犯的共犯

如前所述，由于刑法对集团犯的参与者分为多种类型规定了轻重不同的法定刑，对集团内部的人员按刑法分则的具体规定予以定罪处罚，而不适用总则关于共同犯罪（或共犯）的规定，这在中外刑法理论界并无多大争议。但是，对集团外部的人员能否适用总则的共犯规定予以定罪处罚，学说上存在肯定说[1]与否定说[2]之争。在日本，肯定说是通说，但否定说也很有影响力。[3] 否定说认为，立法的主旨是，集团外部的人不可罚，对其不能适用共犯的规定。[4] 这是由于刑法根据参与者在犯罪中所起的作用分为首谋者、指挥者、带头助势者、附和随行者等，并设置有不同的处罚，因此，"在事实上已经包含了对多众犯（集团犯——笔者注）的实行所进行的教唆性行为、帮助性行为，特别是从将这种集团性犯行作为独立的犯罪类型加以规定来看，不再处罚其教唆犯、从犯（帮助犯——笔者注）应该说是刑法的趣旨"[5]。但是，肯定说认为："对于来自集团外部的参与行为，由于并非成立集团犯所必需的行为，不能说在对集团犯进行立法之际就已将此类行为排除在处罚对象之外，而且，也并不存在违法性或者责任的欠缺这种应认定该行为不可罚的实质性理由，因此，应根据共犯的总则规定，成为处罚之对象。"[6]

应当肯定，对来自集团外部的参与行为一概不予以处罚不具有合理性。因为即使自己不加入其中去直接实行集团性（或多众性）的犯罪，而只是教唆、帮助他人去从事这类犯罪活动，其行为也明显具有违法性或社会危害性，特别是对于教唆、帮助他人去从事危害性很大的集团性犯罪的，不定罪处罚显然不合适。但是，在区分制的法律体系下，对这种来自集团外部的参与者（纯粹的教唆者、帮助者）定罪处罚确实会遇到解释论

---

[1] 黎宏. 刑法学总论. 2版. 北京：法律出版社，2016：277.
[2] 熊亚文. 必要共同犯罪概念及其功能问题研究——一个域外概念的中国化思考. 河南财经政法大学学报，2016 (3)：78.
[3] 川端博. 刑法总论讲义. 3版. 东京：成文堂，2013：521.
[4] 团藤重光. 刑法纲要总论. 3版. 东京：创文社，1990：434.
[5] 大塚仁. 犯罪论的基本问题. 冯军，译. 北京：中国政法大学出版社，1991：61.
[6] 松原芳博. 刑法总论重要问题. 王昭武，译. 北京：中国政法大学出版社，2014：355.

上的难题。如前所述，按照区分正犯与共犯的区分制的解释论，对正犯处罚重、共犯（教唆犯和帮助犯）处罚轻，二人以上共同实行犯罪的，均按正犯（共同正犯）同等处罚。在集团性（或多众性）犯罪的场合，参与人数较多，且大多属于共同正犯，但各人在犯罪中所起的作用（或贡献）大小可能会有较大差异，处罚轻重也应有差别。为此，立法者对这种集团犯（或多众犯）在刑法分则中采取不同的处罚原则，即根据参与者在犯罪中所起作用（或贡献）的大小分成不同类型，给予轻重不同的处罚。以日本刑法第 106 条的骚乱罪为例，该条规定"多众聚集实施暴行或者胁迫的"，构成骚乱罪，并对"首谋者""指挥他人或者带头助势的""附和随行的"分别设置了轻重不同的法定刑。从该条规定来看，并非是根据实施的是实行行为还是教唆行为或帮助行为来对参与者规定轻重不同的处罚，如"首谋者"就可能仅仅是幕后操纵者，并不一定要到前台去"实施暴行或者胁迫"，也就是说处罚最重的"首谋者"并不一定是典型的正犯（实行犯），从其行为形式来看可能只是教唆犯，但由于"首谋者"在这种集团性的犯罪中所起的作用最大，所以处罚最重；"附和随行的"尽管可能是到现场去直接"实施暴行或者胁迫的"（实行犯），是典型的正犯，但由于其在犯罪中所起的作用最小，因而处罚最轻。另外，无论是"首谋者""指挥他人或者带头助势的"，还是"附和随行的"，都是实施骚乱犯罪之集团内部的人员。至于集团外部的人员，其既不到现场去"实施暴行或者胁迫"，也不属于幕后的操纵者，只是教唆他人去参与或者为参与者提供帮助的，对这种骚乱犯罪案件中纯粹的教唆者、帮助者，即便是适用刑法总则的共犯规定对其定了骚乱罪，如何处罚仍是一大难题。因为日本刑法既没有对骚乱罪的正犯或所有参与者规定统一适用的法定刑，也没有对骚乱罪的共犯或集团外部的参与人员单独规定法定刑，而刑法总则只是规定对教唆犯"判处正犯的刑罚"、对帮助犯"按照正犯的刑罚予以减轻"。或许还可以按其教唆、帮助的特定对象最终被认定为是"首谋者""指挥他人或者带头助势的"，还是"附和随行的"来随之适用法定刑，但如果其只是教唆、帮助一些人去实施骚乱犯罪但具体对象并不特定，或者是教唆多人或帮助多人去参与同一骚乱犯罪，其中有的成为"首谋者""指挥者"，也有的成为"附和随行者"，那么，究竟适用哪一法定刑、选择适用某一法定刑的根据何在？这些似乎都是无法合理说明的问题。

而按照我国刑法的规定和单一正犯的解释论，对集团性犯罪案件中的集团外部的参与人员（第三者），认定其与集团内部人员构成共同犯罪（成立必要的共同犯罪），按刑法分则的具体规定定罪处罚，无任何障碍和问题。以我国刑法第294条的组织、领导、参加黑社会性质组织罪为例，该条将构成此罪的参与者分为"组织、领导的"、"积极参加的"和"其他参加的"三种类型，规定了轻重不同的法定刑。黑社会性质组织的内部人员无疑构成此罪的共同犯罪，但该组织的外部（集团外部）人员，并不加入该组织，也不直接参与该组织的犯罪活动，仅仅是教唆、帮助有关人员加入该组织中去或者帮助该组织及其人员从事犯罪活动的，能否成为该罪的共犯（共同犯罪人）？笔者的回答是肯定的。因为按单一正犯的解释论，组织、领导、参加黑社会性质组织罪的构成要件行为，不限于自己实行组织、领导、参加的行为，还包括教唆、帮助他人组织、领导、参加的行为。如果明知是黑社会性质的组织又教唆或帮助他人去参加，主观上又有犯罪的故意，那就具备了此罪的主客观要件；加上被其教唆或帮助的行为人，也具备此罪的主客观要件，并且双方有此罪的共同故意和共同行为，因而构成此罪的共同犯罪。至于如何处罚，由于我国刑法对这种必要的共同犯罪，按总则区分主从给予轻重有别之处罚的立法精神，分为上述三种类型规定了轻重不同的法定刑，正如前文所述，对参与者按其所属的类型分别"对号入座"，就等于是区分主从给予了轻重有别的处罚。因此，对教唆或帮助他人犯组织、领导、参加黑社会性质组织罪的，应根据其在共同犯罪中所起的作用大小，分别认定为"积极参加的"或"其他参加的"等类型，适用相应的法定刑予以处罚。一般来说，这种黑社会性质组织的外部参与人员，不可能成为该组织的核心成员即"组织、领导"者，充其量只可能成为"积极参加"者（如教唆多人加入该组织、给该组织及其从事的犯罪活动以重大帮助的），大多只能作为"其他参加"者（非积极参加者），给予较轻的处罚。并且，将该组织外部的参与人员（纯粹的教唆者或帮助者），作为黑社会性质组织罪的"参加"者（含"积极参加"者和"其他参加"者）可谓是名副其实，因为教唆或帮助他人犯黑社会性质组织罪，也可以说是在实质上"参加"此种犯罪。

2. 第三者能否成为对向犯的共犯

如前所述，对向犯虽以二人以上实施相对应的行为（即有人扮演相对角色）为必要，但刑法并非对双方的行为均予以处罚。仅处罚一方之参与行为的，理论上称之为"片面对向犯"；双方之参与行为均处罚的，则称之为"两面对向犯"①。对向犯之外的第三者,虽不是对向犯成立所必要的参与者,但也可能参与其中。例如,买卖型对向犯中,买方和卖方是这种对向犯所必要的参与者,中介方或其中某一方的加功者(教唆或帮助者)是第三方参与者,这种参与者能否成为对向犯的共犯(共同犯罪人),成为刑法理论上必须研讨解决的问题。

(1) 第三者参与两面对向犯的情形

我国刑法规定的两面对向犯有两种类型:一种是将双方的行为规定为同一罪名(如重婚罪),另一种是分设不同罪名(如行贿罪与受贿罪)。第三者参与同一罪名的对向犯,如教唆、帮助双方或其中的一方重婚,可能与这种对向犯的双方或其中一方构成共同犯罪,这在理论上并无争议,实践中也不难掌握认定。第三者参与不同罪名的对向犯,如教唆、帮助或介绍买卖儿童,有可能与某一方构成共同犯罪,这在学术界也无异议。至于是与哪一方构成共犯,特别是在双方分别成立之不同罪的法定刑有差异的场合,则成为理论和实践中的一个难题。日本学者丰田兼彦认为,对于参与法定刑有差异的两面的对向犯的第三者,只能以法定刑较轻方的共犯论处。否则,对第三者的处罚同法定刑较轻的正犯自己参与的情形之间就不能实现均衡。另外,也没有合理的理由对第三者处以比法定刑较轻的正犯更重的刑罚。② 我国学者钱叶六教授主张:"如果第三人仅协力其中一方的行为,那么就以被协力一方的共犯论处;如果第三人同时对双方的行为加功,如第三人为行贿人和非国家工作人员的受贿撮合、牵线搭桥的,那么其行为属于一行为触犯数罪名,构成想象竞合犯,应择一重罪处罚,即应按非国家工作人员受贿罪的教唆犯定罪处罚。"③

在笔者看来,对参与处罚轻重有差异的两面对向犯的第三者,一概以轻罪的共犯论处,不具有合理性。因为作为第三人的参与者,完全有可能是站在对向犯某一方的立场为这一方的利益而参与其中的,只有将其认定为与这一方构成共同犯罪,才符合案件的事实情况,也才能揭示其有与之犯罪的共同行为和共同故意。例如,甲与朋友闲谈得知,邻村的乙想要买一婴儿抚养,就主动打电话告诉自己的表妹丙,使丙将捡拾的婴儿卖给了

---

① 丰田兼彦. 共犯之处罚根据与客观的归属. 东京:成文堂,2009:132.
② 同①145.
③ 钱叶六. 对向犯若干问题研究. 法商研究,2011(6):131.

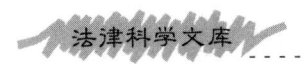

乙。甲与乙并不相识，也未见过面。在此案中，甲显然是站在丙的立场为了丙的利益而参与进去的。若以处罚轻的收买被拐卖的儿童罪定罪，就得认定其与乙有此罪的共同行为和共同故意，但这样认定显然与案件的事实情况不符。正因为如此，对这种两面对向犯之参与者中的第三人，在能够证明其是站在某一方的立场为这一方的利益而实施参与行为时，就应认定其与该方构成共同犯罪，而不论该方所成立之罪是两面对向犯中的重罪还是轻罪。我国的有关司法解释大致也是持此种主张。例如，2010年最高人民法院、最高人民检察院、公安部、司法部《关于依法惩治拐卖妇女儿童犯罪的意见》指出："明知他人拐卖妇女、儿童，仍然向其提供被拐卖妇女、儿童的健康证明、出生证明或者其他帮助的，以拐卖妇女、儿童罪的共犯论处。明知他人收买被拐卖的妇女、儿童，仍然向其提供被收买妇女、儿童的户籍证明、出生证明或者其他帮助的，以收买被拐卖的妇女、儿童罪的共犯论处，但是，收买人未被追究刑事责任的除外。"

"如果第三人同时对双方的行为进行加功"，按钱叶六教授的主张，这"属于一行为触犯数罪名，构成想象竞合犯，应择一重罪处罚"。在笔者看来，对这种两面对向犯中的第三者，一概以重罪论处也不合适。因为我国刑法还存在对这类犯罪行为单独设处罚规定的情形，如我国刑法在行贿罪和受贿罪之外，单独规定有介绍贿赂罪。所谓介绍贿赂，是指在行贿人与受贿人之间进行引见、沟通、撮合，使行贿与受贿得以实现。一般认为，这是一种为行贿与受贿的双方提供帮助的特殊行为。因其法定刑明显低于行贿罪和受贿罪，而被视为有关贿赂罪的一种特别减轻犯。① 对这种两面对向犯中的第三者（介绍贿赂者），当然不能以其中的重罪（受贿罪）论处，而只能适用刑法第392条的规定，以介绍贿赂罪定罪处罚。另外，将第三者同时对两面对向犯双方的行为进行加功，视为一行为触犯数罪名的想象竞合犯，也值得商榷。因为如果仅从行为的表现形式来看，第三者既然是对两面对向犯双方的行为均进行了加功（均给予了帮助或教唆），通常是先分别向双方说明情况，再进行引见、沟通、撮合，而作为对向犯双方的行为又分别构成不同的罪，那就意味着第三者分别实施了两种不同犯罪的帮助或教唆行为，并非是仅实施一个行为而触犯了两个罪名，当然不

---

① 刘明祥. 从单一正犯视角看贿赂罪中的共同犯罪疑难问题. 法学家，2017(2)：81.

属于想象数罪（或想象竞合犯）。但是，如果从实质上来做评价，应认为第三者是参与一个必要共同犯罪，并非是犯实质上的数罪，因而不能实行数罪并罚。因为两面对向犯属于必要共犯，以有相对方的参与行为为犯罪完成（或实现）的必要条件。以买卖儿童为例，若没有卖方出卖儿童的行为，收买被拐卖的儿童罪就不可能完成（或实现）；反过来，如果没有买方的行为，拐卖儿童罪同样不可能完成（或实现）。因此，作为介绍买卖某一儿童的第三者，虽然既有帮助买方收买的行为，也有帮助卖方出卖的行为，但却不能说在这一次买卖同一儿童的犯罪活动中，他既构成拐卖儿童罪、又构成收买被拐卖的儿童罪，否则，就难免使人产生这样的疑问：在同一次买卖同一儿童的案件中，同一行为人难道既是拐卖者又是收买者？正因为如此，在分析这种两面对向犯中的第三者参与行为是触犯一罪还是数罪时，不能仅从表面形式上去看问题，而忽视对向犯是必要共犯这一特殊性。如果把这种买卖型的对向犯作为一个必要共犯的整体来看待，买卖的双方乃至中介方（第三者）均是共同合作完成一个必要共同犯罪，因而是共同犯一罪，而不是数罪。只不过刑法对有的买卖型对向犯，分别将买方与卖方的行为规定为不同的罪名并设置了轻重不同的法定刑，其实质是要对不同参与者给予轻重不同的处罚。并且，刑法对有些买卖型对向犯的双方均规定为犯同一罪适用相同的法定刑，如刑法将买卖枪支弹药的行为纳入一罪之中，对出卖方、购买方乃至中介方（第三者），均适用相同的法定刑处罚。甚至对同一种买卖型对向犯的双方参与行为，过去规定按同一罪处罚，现在分开规定为两罪并设置了轻重不同的法定刑，如现行刑法将拐卖妇女、儿童与收买被拐卖的妇女、儿童分别规定为不同的罪名，给予轻重不同的处罚，但1979年刑法仅规定了一个买卖人口罪，将这两种犯罪均纳入其中。既然如此，那就有理由将两面对向犯中的第三者分别对双方实施的加功行为，视为对一个整体犯罪（如买卖型犯罪）的两个具体行为环节（如买或卖）的加功，并按重行为（如出卖行为）吸收轻行为（如收买行为）的原则，以重行为（如出卖行为）所成立之罪来对其定罪处罚。

对两面对向犯的双方均实施了加功行为的第三者，如果按其中的重罪来定罪处罚，是否会出现前述日本学者丰田兼彦所担忧的问题，即对第三者的处罚同法定刑较轻的正犯所受的处罚不均衡，也就是出现对第三者的处罚比后者还重的不合理现象呢？在笔者看来，按区分正犯与共犯的区分制的观念，正犯是犯罪的核心角色，共犯（教唆犯和帮助犯）是犯罪的边缘角色或从属者，因而对正犯处罚重、共犯处罚轻。两面对向犯中的第三者只能实施教唆或帮助行为（加功行为），因而是共犯，对其处罚自然应当比实施实行行为的正犯要轻。但如果对其按两面对向犯中的重罪来定罪，即便是以共犯来处罚，由于共犯中的教唆犯与正犯的刑罚相同，结果是第三者作为共犯，比对向犯中法定刑较轻的正犯所受的处罚还重，这表面上看与区分制的基本观念相悖。笔者也不否认，在两面的对向犯中，以买卖型对向犯为例，实行购买行为的危害性在通常情况下确实大于教唆或帮助购买的行为，作为仅实施了教唆特别是帮助购买行为的第三者，其所受的处罚无疑不应当重于实行购买者。但问题在于第三者还对另一方实施了教唆或帮助出卖的行为，而刑法对出卖行为的处罚重于购买行为，其作为重罪的共犯所受的处罚，重于法定刑较轻的轻罪的正犯，就并非不具有合理性。只不过在有些案件中，从具体情况来看，法定刑较轻这一方的正犯，相对于法定刑较重另一方的教唆犯，其在对向犯这一必要共犯的整体之中发挥的作用更大一些，处罚也应当更重一些，但将第三者以重罪的共犯论处的结果是相反的，这种不合理现象确实有可能发生。可是，如果将第三者一概以轻罪的共犯论处，面对那种教唆重罪方实施重罪的行为并对双方"交易"的实现起到了关键作用的第三者，处罚就会过轻，同样会出现与对向犯中轻罪的正犯乃至重罪的正犯的处罚相比不均衡的问题。可见，在区分制的立法体系下，对两面对向犯中的第三方参与者（第三者），无论是一概以法定刑较轻一方（轻罪）的共犯，还是一概以法定刑较重一方（重罪）的共犯论处，均有可能出现处罚不均衡的现象。这也是区分制体系在处理对向犯问题上显露出来的一个缺陷。

但是，按照我国刑法的规定和单一正犯的解释论，这一缺陷能有效避免。如前所述，按笔者的主张，对两面对向犯中的第三方以帮助或教唆双方"交易"的形式参与其中的，若对向犯双方分别构成之罪的法定刑有轻重差异，在刑法未对第三方的参与行为设处罚规定的条件下，应按其中的重罪来对第三者定罪处罚。如此一来第三者与重罪这一方的参与者构成共同犯罪，而我国刑法是按参与者在共同犯罪中所起作用的大小，分为主犯与从犯（含胁从犯）给予轻重不同处罚的，并且对从犯的处罚从宽的幅度较大，既可以从轻处罚，也可减轻处罚，甚至可以免除处罚，很便于法官根据案件的具体情况，来对参与者选择轻重适当的处罚，也很容易做到对同一案件的不同参与者的处罚轻重均衡协调。例如，C 在 A 与 B 买卖一儿童的犯罪案件中，居间做沟通、撮合工作，推动双方做成买卖交易，但并未从中获取报酬。对 C 按拐卖儿童罪定罪，由于此罪的法定刑比收买被拐卖的儿童罪的法定刑重得多，确实存在比收买方处罚重得多的可能性。如果 C 作为买卖儿童"交易"双方之外的第三者，对"交易"的完成发挥了重要作用，确实有必要给予与出卖方轻重相当的处罚，那就可以将其认定为拐卖儿童罪的主犯予以处罚；反过来，如果 C 在犯罪过程中仅起次要的或辅助性的作用，则将其认定为拐卖儿童罪的从犯，处罚的轻重就有很大的选择余地。假如 C 在买卖儿童交易中发挥的作用同收买者相当，有必要给予与之相当轻重的处罚，那就可以适用刑法总则对从犯"减轻处罚"的规定，其处罚的轻重就可能与收买被拐卖的儿童罪的收买者相当；假如 C 在买卖儿童交易中发挥的作用很小，有必要给予比收买者还轻的处罚，虽然是对 C 按拐卖儿童罪的重罪定罪，但只要认定其为从犯，就还是可以适用刑法总则对从犯"免除处罚"的规定，使之受到比收买者更轻的处罚。

(2) 第三者参与片面对向犯的情形

片面对向犯不同于双面对向犯的特殊性在于，参与的双方中只有一方的行为可罚，另一方的行为尽管也是对方完成（或实现）犯罪所必不可少的，但刑法并未明确规定予以处罚（不可罚）。正如前文所述，作为对向犯双方之外的第三方，不是对向犯的必要参与者，即便没有其参与，对向犯也同样可能完成（或实现）犯罪，但这种第三者可能参与其中一方或双方的犯罪活动，则是不言而喻的。如果第三者参与可罚一方的行为，如教唆或帮助他人贩卖淫秽物品①，自然可能构成贩卖淫秽物品罪的共犯②；如果第三者参与不可罚一方的行为，只要没有超出通常的教唆或帮助对方实行的范围，由于实行这种不可罚的行为（如购买淫秽物品）尚且不可

---

① 第三者是对向犯双方之外的第三方参与人，这就决定了其只能实施实行行为之外的教唆行为、帮助行为等加功行为。如果是参与实施某一方的实行行为，如与对方一起贩卖淫秽物品，那就成为对向犯中的直接实行犯，而不属于这里所指的第三者（第三方参与者）。

② 在区分制的体系下，第三者构成贩卖淫秽物品罪的共犯（教唆犯或帮助犯）；在单一正犯体系下，第三者与实行者构成贩卖淫秽物品的共同犯罪（简称为共犯）。

罚，实施危害性通常还小于实行行为的教唆或帮助行为（如教唆或帮助购买淫秽物品），当然更不可罚。

问题在于，有时仅从第三者实施之行为的外观或表现形式，难以判断其是参与可罚的这一方、还是不可罚的另一方的行为，特别是在第三者实施的一种行为既可视为参与可罚一方也可看成参与不可罚一方的场合，更容易产生认识分歧。例如，第三者与买卖淫秽物品的双方均为朋友关系，买方得知第三者要到另一城市去见卖方后，告知其自己向卖方购买了一些淫秽物品，托其帮忙带回；卖方见到第三者后，未等其开口就主动提出托其帮忙将淫秽物品顺便带给买方。这样，第三者受买卖双方之托，将淫秽物品从卖方手中拿到后带回去交给了买方。对第三者实施的此种行为，既可看成是可罚的帮助贩卖淫秽物品的行为，也可视为不可罚的帮助购买淫秽物品的行为。对其究竟是按犯罪来处罚，还是不予处罚，理论上有不同主张。① 关键在于对这种第三者的参与行为，认定为对对向犯中哪一方的教唆或帮助行为的实质基准乃至理论根据何在。在笔者看来，第三者实施的这种仅一个参与行为，表面上却可以视为对对向犯双方均给了帮助或教唆的情形，可以采取重行为吸收轻行为的原则，按可罚的参与行为来处理。就上述案件而言，对第三者可按贩卖淫秽物品罪的共犯论处。如果将其与仅实施了不可罚的帮助购买淫秽物品行为的参与者同等对待，那就意味着若第三者仅受卖方之托将淫秽物品带回去交给买方，由于足以肯定其实施了帮助贩卖淫秽物品的行为，当然具有可罚性；反过来，实施了同样的行为还含有帮助购买的成分，即违法性或社会危害性程度更严重的，反而不能作为贩卖淫秽物品罪的共犯论处，这显然不具有合理性。

一般来说，如果第三者仅仅只是为不可罚一方而实施周边的参与行为，如某人告诉想要得到淫秽物品的朋友去找淫秽物品的贩卖者购买，这种第三者当然不可罚。但是，如果第三者并非是为不可罚的一方，而是为可罚的一方实施参与行为的，例如，劝说不特定的多数人购入淫秽物品，从而产生使淫秽物品的卖方获得更多顾客之作用的，这种第三者的参与行为虽然表面上是对不可罚的一方实施的行为（教唆购买的行为），但实质上是为可罚的一方的利益而实施的参与行为（帮助贩卖的行为），因而具

---

① Vgl. Roxin, aaO (Anm. 2) Rn. 42; Gropp, aaO (anm. 2) S. 203f., 237. 丰田兼彦. 共犯之处罚根据与客观的归属. 东京：成文堂，2009：134.

有可罚性。另外，如果第三者是受不可罚的一方的委托，而实施不可罚的周边参与行为的，也应认定其行为不可罚。例如，受想要得到淫秽物品的朋友的委托，将其介绍给淫秽物品的贩卖方的行为，就不具有可罚性。①

第二节 共同犯罪的要件

一、共同犯罪的成立要件之争

我国刑法第25条第1款规定："共同犯罪是指二人以上共同故意犯罪。"这既是对共同犯罪概念或含义的界定，也是对共同犯罪的基本特征或成立要件的概括。一般认为，从这一规定可以看出，共同犯罪的成立需具备三个要件：（1）主体即行为人必须是二人以上；（2）客观上必须有共同的犯罪行为（共同行为）；（3）主观上必须有共同的犯罪故意（共同故意）。

我国传统的通说认为，共同犯罪主体如果是自然人，那就"必须是两个以上达到刑事责任年龄、具有刑事责任能力的人"；"所谓共同犯罪行为，指各共同犯罪人的行为都指向同一犯罪事实"，互相配合，共同引起危害结果发生；所谓共同犯罪故意，是指各共同犯罪人认识到他们的共同犯罪行为会发生危害社会的结果，并希望或者放任这种结果发生的心理态度。简而言之，只有二人以上均有责任能力且有指向同一犯罪的共同行为和共同故意，才可能成立共同犯罪。②

但是，近些年来，我国刑法学界一些学者受德、日刑法学的影响，主张用德、日刑法学的共犯理论来解释我国刑法中的共同犯罪，因而，对共同犯罪的成立要件，作出了不同于以上通说的解释，认为二人之中"即便其中有人未达刑事责任年龄、没有刑事责任能力，也不影响共同犯罪的成立"；"所谓共同的犯罪行为，不仅指数人共犯一罪，也包括数人共犯数罪的情形在内"；所谓共同的故意，"只要数个参与人主观上有共同行为的意思，即知道自己的行为以及后果，也知道有别人在和自己一起行动这种程

---

① 丰田兼彦．共犯之处罚根据与客观的归属．东京：成文堂，2009：140．
② 马克昌．犯罪通论．3版．武汉：武汉大学出版社，1999：505-510．

度的认识就足够了，不要求各个参与人之间具有相同的犯罪故意，也不要求各个参与人之间一定要有意思联络。……而只是具有单方面意思联络的片面共犯的场合……故意犯与过失犯之间，或者是过失犯之间也可以成立'共同犯罪'。"简单地说，二人之中即便有人无责任能力，客观上实施的是不同的犯罪行为，主观上甚至没有故意，也不影响共同犯罪的成立。①

对共同犯罪成立要件的这两种不同解释，可谓有天壤之别，在笔者看来，其根源在于对我国刑法是采取区分正犯与共犯的区分制体系还是采取不作这种区分的单一正犯体系有不同认识，可以说实质上是有关犯罪参与体系之争。正如本书第三章第三节所述，如果认为我国刑法是采取区分制的体系，我国刑法中的"共同犯罪"与采取区分制的德、日刑法中的"共犯"或"共同正犯"的含义相同，那么，对前者无疑也就可以做等同于后者的解释，从而也就可以采用德、日现行的通说，认为成立共同犯罪（构成共同正犯或共犯）的两个以上的参与人，并非均要有责任能力，也不要求实施的是同一犯罪的行为，主观上也不一定要有故意。因为在区分制的立法体系之下，只有做这种扩大化的解释，才有利于将参与犯罪的人均纳入"共犯"或"共同正犯"之中，以免将有必要予以处罚者遗漏在处罚范围之外。但是，如果认为我国刑法是采取不同于德、日刑法的单一正犯体系，我国刑法中的"共同犯罪"与德、日刑法中的"共犯"或"共同正犯"是有重大差异的概念，自然也就可以做完全不同的解释。

如前（本书第二章第二节）所述，我国刑法采取单一正犯体系，对共同犯罪及其处罚的规定，是单一正犯处罚原则（根据参与者参与犯罪的性质及参与的程度，给予轻重有别的处罚）在立法上的具体体现，立法的宗旨或目的是突出打击或处罚的重点为首要分子与主犯，这也是我国刑法采取的单一正犯体系的一大特色。由于我国刑法中的"共同犯罪"是犯罪参与的一种特殊类型，仅限于二人以上共同故意犯罪的情形，并且"共同犯罪"是在二个以上参与者均构成犯罪的前提条件下，在量刑阶段才需要进一步特别认定的犯罪参与类型，其目的并非是要解决每个参与者的定罪，而是要解决其责任分担或处罚问题。正因为如此，"共同犯罪"的成立要件不同于单一正犯体系下的"犯罪参与"（数人共同参与犯罪）的成立条件，也明显有别于区分制体系下的"共犯"或"共同正犯"的成立标准。

---

① 黎宏．刑法学总论．2版．北京：法律出版社，2016：266-268．

"犯罪参与"与最广义的"共犯"含义相似，除了共同故意犯罪之外，还包含一方基于此种故意另一方出于彼种故意、一方基于故意另一方出于过失、双方均为过失、一方有责任能力另一方无责任能力，共同实施侵害法益的行为等数人共同参与犯罪的各种情形。"共同犯罪"虽然在"犯罪参与"与最广义"共犯"的范围之内，但只是其中的一种特殊类型，因而其成立的要件有特别的限制；况且，刑法规定共同犯罪的目的既然是要解决参与者的责任分担或处罚问题，这也就在一定程度上决定了不仅每个参与者都要构成犯罪，而且他们必须是共同犯同一种罪，即必须有犯此种罪的共同行为和共同故意，从而将不具备这样的特定条件的其他共同参与犯罪的类型，排除在共同犯罪的范围之外。那么，这是否意味着对被排除在共同犯罪范围之外的其他犯罪参与者，就无法定罪处罚了呢？这正是上述主张用德、日的"共犯"或"共同正犯"的观念来解释我国的"共同犯罪"的成立要件的论者所担忧的事①，但这种担忧是多余的。

按单一正犯的解释论，对数人共同参与的犯罪，与对单个人犯罪采取基本相同的定罪规则，即对每个参与者分别按其所实施的行为和主观心理状态，在其具备某罪的主客观要件的条件下，认定此罪成立。与单个人犯罪有所不同的是，其行为的表现形式和引起结果发生的状态有些差异。单个人完成犯罪的行为表现是直接实行犯罪，危害结果通常是其实行行为所直接引起；但数人共同参与的犯罪，每个人的行为表现可能各不一样，有的实施组织或共谋行为，有的实施实行行为，有的实施教唆行为，还有的是实施帮助行为，在几个人共同实行的场合，各实行者实施的行为表现也可能有差异。危害结果的发生则与所有参与者的行为之间均有因果关系，只不过有的是有直接的因果关系，有的仅有间接的因果关系。如直接实行犯的行为与危害结果之间就有直接的因果关系，教唆犯和帮助犯的行为与危害结果之间就仅有间接因果关系；在几个参与者均到现场作案（共同实行）的场合，还可能出现每个实行犯的行为都只是直接引起结果发生的原因之一的现象。由于单一正犯体系下刑法分则的构成要件行为，不是仅仅限于实行行为，而是包含教唆行为、帮助行为、预备行为等多种行为类型；又由于刑法要求行为人对危害结果负责，并非只是对自己直接引起的危害结果负责，而是对自己间接引起的危害结果、自己与他人一起直接或

---

① 张明楷.共犯的本质.政治与法律，2017（4）：6.

间接引起的结果,也要承担相应的责任。因此,在单一正犯体系下,对数人共同参与的犯罪,按与对单个人犯罪基本相同的定罪规则,来认定每个参与者是否构成犯罪乃至构成何种犯罪,不存在任何法律障碍和解释论上的疑问。既然如此,在数人参与的犯罪案件中,某个或几个参与者因不具备与他人共同犯罪的要件而不成立共同犯罪时,如果单独具备某种犯罪的主客观要件,无疑是应当按其所成立之罪来定罪处罚,根本不会出现无法定罪处罚的现象。

具体地说,主张按区分制的观念来解释共同犯罪成立要件的论者认为,有责任能力的人与无责任能力的人共同实施侵害法益的行为,如 A 不知 B 无责任能力,在 B 追赶 C 时递给 B 一把刀,B 用这把刀杀害了 A 的仇人 C。由于 A 没有利用 B 作为工具杀 C 的意识,不属于间接正犯;又由于 A 只实施了帮助 B 杀人的行为,若按通说否定 A 与 B 构成共同犯罪,对 B 不定罪处罚固然无可非议,但由于 A 帮助 B 杀人的行为,不符合杀人罪的构成要件,因而对 A 同样无法定罪处罚。这当然不具有合理性。① 但按我国刑法的规定和单一正犯的解释论,根本不会得出这种不合理结论。因为根据我国刑法第 232 条的规定,"故意杀人的",构成故意杀人罪。该条中的"杀人",包含实行杀人、教唆杀人、帮助杀人等多种行为类型。A 递给 B 刀的行为是一种帮助 B 杀人的行为,客观上具备"杀人"的构成要件,其主观上有帮助 B 杀自己的仇人 C 的意识和意欲,即有杀人的"故意",加上 A 自己是有责任能力的人,完全具备故意杀人罪的成立要件,对 A 按故意杀人罪定罪处罚是当然的结论,并非只有认定其与 B 构成共同犯罪才能对其定罪处罚。

总而言之,我国传统的通说对共同犯罪成立要件的解释,与我国刑法的规定相符,同单一正犯的解释论相一致,具有科学合理性。相反,用区分制的观念来解释我国的共同犯罪成立要件,不仅与我国刑法的规定不符,而且会带来理论上的混乱与实践中认定的困难。

二、共同犯罪的主体要件

共同犯罪的主体,即行为人必须是二人以上。这两个以上的行为人,

---

① 张明楷. 刑法学:上. 5 版. 北京:法律出版社,2016:382.

既可以全是自然人，也可以均为法人（或单位），还可以是自然人与法人（或单位）一起共同犯罪。

自然人成为共同犯罪主体，必须是达到刑事责任年龄、具有刑事责任能力的人。因为刑法中"使用'两人以上'这一术语[①]，指的是应该承担刑事责任的人。所以，要追究共同实施犯罪的责任不仅仅是要确定存在着二人以上，还必须确定每个共同犯罪人都具有刑事责任能力和已经达到刑事责任年龄，而不论他在共同犯罪中起什么样的作用"[②]。一个有刑事责任能力的人与一个没有刑事责任能力的人共同实施危害行为的，不构成共同犯罪，其中，无刑事责任能力的人，不成立犯罪；有刑事责任能力的人，单独构成犯罪。如果有刑事责任能力的人明知对方无刑事责任能力，利用其作为犯罪的工具而故意实施犯罪的，在区分制的立法体系下，被称为"间接正犯"，与直接正犯（或单独犯）同样定罪同等处罚；我国刑法采取单一正犯体系，"我国刑法理论上没有间接正犯的概念，但在我国社会生活中却存在着这种犯罪现象。例如，教唆未满14周岁的儿童盗窃，帮助患有严重精神病的青年强奸妇女等案件，均有发生。……审判实践中对行为人依该罪的实行犯定罪判刑，而没有作为共同犯罪处理"[③]。

由于我国刑法规定了单位犯罪，单位也能成为共同犯罪主体是理所当然的结论。不仅两个以上单位之间可能成立共同犯罪，如A公司与B公司共同故意走私，就可能构成单位走私罪的共同犯罪；单位与自然人之间也能构成共同犯罪，如某个人与某印刷公司共同故意印制淫秽物品后贩卖牟利，则可能构成制作、贩卖淫秽物品牟利罪的共同犯罪。但是，"单位犯罪的直接责任人员与该犯罪单位之间不是共犯（共同犯罪——笔者注）关系，因为在单位犯罪场合，此二者仍被视为一个犯罪主体"[④]。问题在

[①] 《俄罗斯联邦刑法典》第32条（共同犯罪的概念）规定："两人以上故意共同参与实施犯罪，是共同犯罪。"这一规定与我国刑法第25条关于共同犯罪概念的规定基本相同。

[②] 库兹涅佐娃，佳日科娃. 俄罗斯刑法教程（总论）. 上卷·犯罪论. 黄道秀，译. 北京：中国法制出版社，2002：385.

[③] 高铭暄，马克昌. 刑法学. 10版. 北京：北京大学出版社，2022：162.

[④] 阮齐林，耿佳宁. 中国刑法总论. 北京：中国政法大学出版社，2019：233-234.

于：单位内部有两个以上直接责任人员因实施该单位的共同犯罪而受刑事处罚的，他们之间还能否成立共同犯罪？毋庸置疑，如果是一个单位单独犯罪，尽管有学者认为，单位内部直接参与实施单位犯罪的自然人之间不可能构成共同犯罪①，但是，根据2001年最高人民法院《全国法院审理金融犯罪案件工作座谈会纪要》的意见，"对单位犯罪中的直接负责的主管人员和其他直接责任人员，应根据其在单位犯罪中的地位、作用和犯罪情节，分别处以相应的刑罚……具体案件可以分清主、从犯，且不分清主、从犯，在同一法定刑档次、幅度内量刑无法做到罪刑相适应的，应当分清主、从犯，依法处罚"。也就是说，单位犯罪的单位内部人员之间可能构成共同犯罪。但该《纪要》还指出："两个以上单位以共同故意实施的犯罪，应根据各单位在共同犯罪中的地位、作用大小，确定犯罪单位的主、从犯。"那么，在该单位已被确定为与其他单位或个人构成共同犯罪，并被认定为主犯或从犯之后，该单位内部人员之间是否还成立共同犯罪，乃至要进一步划分主从犯？笔者的回答是否定的。因为该单位既然已作为一个犯罪主体与其他单位或个人构成共同犯罪并已被确定为主犯或从犯，如果又将单位内部的几个直接责任人员作为几个参与犯罪的主体看待，认定他们之间成立共同犯罪，并根据每个人在共同犯罪中所起作用大小，区分为主犯或从犯，就会使该单位对外成为一个犯罪主体，对内（即单位内部的人员）则成为数个犯罪主体，那么，究竟是一个犯罪主体还是数个犯罪主体？另外，由于单位犯罪是由单位直接责任人员所实施的，该单位被认定为共同犯罪的主犯或从犯的效力，自然应当波及单位内部的每个直接责任人员。假如单位被认定为从犯，则单位内部的每个直接责任人员也应被认定为从犯；如果又将单位内部的几个直接责任人员认定为共同犯罪，那就又得分别认定为主犯或从犯。这势必出现对同一个单位犯罪案件中的同一直接责任人员作双重认定的问题，甚至可能出现与其他单位或个人所成立的共同犯罪被认定为主犯，与单位内部直接责任人员构成的共同犯罪却被认定为从犯；或者反过来，前者被认定为从犯后者被认定为主犯。那么，对这种在同一犯罪案件中的同一直接责任人员，究竟是按主犯还是按

---

① 何秉松．刑法教科书：上卷．北京：中国法制出版社，2000：441．

从犯来处罚？对前者与后者均被认定为主犯或从犯，即同时具备两个主犯或从犯情节的犯罪参与者，究竟如何处罚，似乎无法作出科学合理的回答。

三、共同犯罪的客观要件

共同犯罪的客观要件是二人以上必须有共同的犯罪行为。"所谓共同的犯罪行为，指各行为人的行为都指向同一犯罪，互相联系，互相配合，形成一个统一的犯罪活动整体。"①

1. "各行为人的行为都指向同一犯罪"，意味着实施的是"同一具体犯罪的构成要件行为，也就是各个犯罪人的行为所属的犯罪类型具有一致性。……因此，甲的杀人行为与乙的伤害行为，尽管同时针对丙而实施，但是不能成立共同构成要件行为。"② 因为杀人行为与伤害行为，虽然都是对被害人人身予以加害的行为，外观上可能很相似甚至相同，但支配行为人实施行为的心理不同，决定了行为的性质各异，不能认为是"同一犯罪"。甲与乙共同对丙实施的侵害行为，固然不能否定是单一正犯体系下的共同参与犯罪的行为，按区分制体系下的行为共同说，无疑也属于共同正犯行为，但却不属于我国刑法规定的"共同犯罪"，应分别以故意杀人罪或故意伤害罪来对甲与乙定罪处罚。

2. 各参与者的行为表现形式不同，但行为的性质相同的，则应认为他们的"行为都指向同一犯罪"。如前所述，我国刑法分则规定的故意犯罪的构成要件行为，并非仅限于实行行为，而是还包括教唆行为、帮助行为、组织行为等多种行为类型。一般认为，实行行为，是可以直接引起犯罪结果或侵害法益的事实发生的行为；教唆行为，是唆使他人实施犯罪的行为；帮助行为，是帮助他人实施犯罪的行为；组织行为，是组织、领导、策划、指挥他人犯罪的行为。各参与者均实施这几种行为中的某一种行为，如甲与乙约定杀丙并都到现场去用刀刺杀丙，这固然可以认为"行为都指向同一犯罪"；但数个参与者中，有的实施此种形式的行为（如 A

---

① 高铭暄，马克昌. 刑法学. 10 版. 北京：北京大学出版社，2022：162.
② 张小虎. 犯罪论的比较与建构. 北京：北京大学出版社，2006：669.

教唆 B 杀 C），另有的实施彼种形式的行为（如 B 接受 A 的教唆杀害了 C），由于教唆杀人与实行杀人，只有行为形式的差异，并无行为性质的不同，即都是我国刑法第 232 条规定的"杀人"行为，因而也应认为他们的"行为都指向同一犯罪"，同样成立共同犯罪。并且，"因为我国刑法采取统一共犯制（单一正犯体系——笔者注），不刻意区分实行行为与非实行行为或主行为与从行为，实施上述参与共同犯罪的行为之一就认为具有共同犯罪行为。"① 因此，某个参与者实施的究竟是上述哪一种形式的行为，对共同犯罪的成立乃至其处罚的轻重，并无决定性的意义，因而也没有严格加以区分的必要性。只要能确认其实施的行为，与其他参与者实施的是性质相同即同一犯罪的构成要件的行为，就足以认定其具备共同犯罪的客观要件。但是，正如前文所述，在采取区分制立法体系的国家，由于主要是按参与者实施的行为的表现形式来区分正犯与共犯，并给予轻重不同的处罚，且对共犯（教唆犯和帮助犯）的定罪要受实行从属性的制约或限制，参与者实施的是何种形式的行为，对其定罪和处罚均有重要意义，因此，必须严格将实行行为与教唆行为、帮助行为区分开来，特别是实行行为与帮助行为的区分意义更为重大。而共同实行犯罪（共同正犯）与帮助犯有时很难区分，为此，形成各种区分理论，从而导致理论越来越复杂，司法实践中的实际操作却越来越难。由此可见，在单一正犯体系下，按我国刑法的规定和相关的解释论，肯定共同犯罪案件中存在参与者所实施的参与行为形式的差异，但否定这种差异对共同犯罪的成立乃至共同犯罪人的处罚轻重有决定性意义，因而并不严格区分参与行为形式，这既避免了难以区分的问题，又简单明了且便于司法实践中操作执行。

3. 刑法中的危害行为的基本形式有作为与不作为，共同犯罪行为无疑也是危害行为，自然也不会例外。在司法实践中，数人共同实施的共同犯罪行为，大多是以共同作为的形式出现，如甲、乙共同轮奸丙女；少数是以共同不作为的形式呈现，如夫妻共谋将自己生养的残疾幼儿放在家中饿死；甚至可能采取有人作为另有人不作为的方式，共同实施犯罪行为。如仓库值班员 A 与意图盗窃的 B 按事先约定，B 夜间去仓库盗窃时，A 佯

---

① 阮齐林，耿佳宁. 中国刑法总论. 北京：中国政法大学出版社，2019：231-232.

装熟睡不予制止，B 盗窃大量财物后与 A 均分。在此例之中，A 以不作为的形式、B 以作为的形式，共同实施盗窃行为，构成盗窃罪的共同犯罪。只不过这种以不作为形式与他人共同犯罪的情形，在区分制的体系下，不作为者是正犯（含共同正犯）还是帮助犯，则成为一个需要研究的问题。① 因为在这种立法体系下，对每个参与者主要是按其参与实施的是实行行为还是教唆、帮助行为，分为正犯（含共同正犯）与共犯（教唆犯和帮助犯），给予轻重不同的处罚。帮助犯应"按正犯之刑予以减轻"，帮助犯的处罚明显轻于正犯。因此，对以不作为形式参与他人以作为形式实施的犯罪的，是认定为正犯还是帮助犯，就成为一个必须弄清且颇有争议的难题。但是，在单一正犯体系下，按我国刑法的规定，是以作为形式还是以不作为形式、是自己直接实行犯罪还是教唆或帮助他人犯罪，对共同犯罪的成立乃至处罚的轻重并无多大影响。特别是对共同犯罪人，由于不是按照其参与犯罪的行为形式，而是根据其在共同犯罪中所起作用的大小，来给予轻重不同的处罚，这就更容易实现对各人处罚轻重的均衡合理。就上述 A 与 B 共同盗窃的案件而言，以不作为形式参与的 A 如果在共同盗窃之中发挥关键作用，并分得了更多的赃物，那就可以将其认定为主犯，给予比以作为形式直接实行盗窃的 B 更重的处罚，这样才更具有公平合理性。但在采取区分制立法体系的德、日等国，将 A 认定为帮助犯的可能性更大，其处罚会比 B 轻得多；即便是硬性将 A 认定为正犯（共同正犯），其处罚轻重也只能是与 B 相当，而不可能比 B 还重。相比而言，按我国刑法的规定，对这种形式的共同犯罪，在处罚上具有更为明显的科学合理性与优越性。

4. 各参与者的行为形成一个互相联系的统一的犯罪活动整体，在发生危害结果（侵害法益的结果）时，各参与者的行为与危害结果之间都存在因果关系。如前所述，共同犯罪的因果关系与单个人犯罪的因果关系有所不同，单个人犯罪的因果关系是由个人直接实行的行为引起危害结果发生，而共同犯罪的因果关系是由共同犯罪行为引起危害结果发生，必须将共同犯罪行为作为一个整体，来考察其与危害结果之间的因果关系，不能

---

① 黎宏. 刑法学总论. 2 版. 北京：法律出版社，2016：267.

将特定参与者的行为从共同犯罪行为中抽取出来，单独来看其行为与危害结果之间有无因果关系。之所以要将共同犯罪行为作为一个整体来看待，是因为每个共同犯罪人的行为都不是孤立的，而是相互联系、相互配合，相互将他人的行为视为自己行为的延伸，以扩大自己行为的因果影响范围，也正因为如此，才可以将危害结果视为由共同犯罪行为整体所引起，又由于"每个共同犯罪人的行为都是共同犯罪活动的组成部分这一点对于他们是共同的，他们的行为在实施一个犯罪当中相互补充"①，所以，将共同犯罪行为引起的危害结果归责于各个共同犯罪人就成为当然的结论。并且，如果不将参与者共同实施的行为作为整体，来考察其与危害结果之间的因果关系，有时会得出明显不合理的结论。例如，甲与乙约定同时开枪射杀丙，丙被一颗子弹击中心脏而死亡。如果事后查明丙是被甲击中致死，若分开来论，认定乙的行为与丙的死亡结果之间无因果关系，那就只有甲构成故意杀人（既遂）罪，乙则只能成立故意杀人（未遂）罪；假如无法查明是谁的子弹击中丙，那就会得出甲和乙的行为均与丙的死亡结果之间无因果关系，都只能构成故意杀人（未遂）罪这样的难以被社会公众所接受的结论。事实上，只有将甲与乙的行为作为杀人行为的整体来看待，认定其与被害人丙的死亡结果之间有因果关系，才能得出甲与乙都构成故意杀人（既遂）罪的结论，这才具有合理性。另外，危害结果只能由实行犯的实行行为直接引起，组织犯、教唆犯和帮助犯并未实施实行行为，因而不可能直接引起危害结果发生。正因为如此，组织行为、教唆行为和帮助行为，只有与实行行为有机地结合在一起，才可能引起危害结果的发生。一般来说，"组织行为、教唆行为引起实行犯的犯罪决意和实行行为，帮助行为加强实行犯的犯罪决意和利于实行犯的实行行为，实行行为直接导致危害结果的发生。组织行为、教唆行为、帮助行为和实行行为，作为共同犯罪行为的有机整体，都与危害结果之间存在因果关系"②。

---

① 库兹涅佐娃，佳日科娃. 俄罗斯刑法教程（总论）：上卷·犯罪论. 黄道秀，译. 北京：中国法制出版社，2002：388.
② 高铭暄，马克昌. 刑法学. 10版. 北京：北京大学出版社，2022：163.

四、共同犯罪的主观要件

共同犯罪的主观要件是各共同犯罪人必须有共同的犯罪故意（共同故意）。按我国通说的解释，所谓共同的犯罪故意，是指各共同犯罪人认识到他们的共同犯罪行为会发生危害社会的结果，并希望或者放任这种结果发生的心理态度。①

1. 共同犯罪故意的认识因素，是各共同犯罪人对自己参与的共同犯罪行为及此种行为会发生的危害社会的结果有认识。与单个人犯罪的故意不同的是，单个人犯罪只要对自己的行为会发生危害社会的结果有认识，就具备了故意的认识因素；共同犯罪则不仅要求行为人对自己本人行为的犯罪性或社会危害性有认识，而且要求其对自己在与他人共同犯罪或共同实施危害行为以及此种共同行为会引起的危害社会的结果有认识，才算齐备了共同犯罪的故意所必备的认识因素。可见，"在共同犯罪的情况下，犯罪故意的认识因素是双重的。即对本人行为的认识与对他人行为认识的有机统一"②。不过，这里所说的"对他人行为的认识"，应仅限于对他人与自己共同犯罪的那部分行为的认识，也就是说"他人行为"并非他人单独的行为，而是作为双方共同行为组成部分的"他人行为"。如甲教唆乙伤害丙，乙按甲的教唆伤害丙的行为，就是甲与乙的共同行为，并非乙个人单独的行为，甲对乙实施的这一行为及其可能造成的丙的伤害后果，是甲作为教唆犯的故意、也是甲与被教唆的乙之间的共同故意成立必须认识的因素。但乙超出甲的教唆范围实施的杀害丙的行为，由于不是甲与乙的

---

① 高铭暄，马克昌. 刑法学. 10 版. 北京：北京大学出版社，2022：164. 我国通说的这一解释，与俄罗斯通说的解释大体一致。俄罗斯刑法第 32 条与我国刑法第 25 条对共同犯罪的概念的规定基本相同。俄罗斯的通说认为，"共同犯罪人故意（共同故意——笔者注）的智力要素不仅反映他意识到本人所实施的行为的社会危害性，而且意识到其他共同犯罪人所实施行为的社会危害性，以及预见到其共同行为，即与其他共同犯罪人一起实施的行为可能或必然发生危害社会后果。共同犯罪人故意的意志要素包括或者希望发生所有共同犯罪人一致的犯罪结果，或者有意识地放任这种后果发生". 库兹涅佐娃，佳日科娃. 俄罗斯刑法教程（总论）：上卷·犯罪论. 黄道秀，译. 北京：中国法制出版社，2002：391.

② 陈兴良. 陈兴良刑法学教科书之规范刑法学. 北京：中国政法大学出版社，2003：149.

共同行为而是乙单独的行为,自然也就不在甲的教唆故意以及他与乙的共同故意的认识范围之内。一般来说,在单个人犯罪的情况下,行为人对自己行为的性质、行为的方法、行为的过程、危害结果等,大多有明确具体的认识。在共同犯罪的场合,参与者对自己本人实施行为的情况,固然可能有明确具体的认识,但对其他参与者究竟以什么方式、采取何种手段参与实施犯罪活动,往往难以有明确具体的认识,不能因此就否定其有共同故意。[①]

在数人共同故意实行犯罪的场合,参与者不仅要对自己本人采取的实行犯罪的手段及可能直接引起的危害结果有认识,而且要对还有其他人与自己一起实行,即自己是在与他人相配合共同实行犯罪以及对共同实行行为会引起的危害结果有认识。如果认识到自己在实行犯罪,而且认识到还有其他人同时在实行犯罪,但彼此之间无意思联络也没有互相配合,不能认定为有共同故意。如甲见自己的仇人丙在低洼处干活,便捡起一块石子对其砸过去;乙也痛恨丙,见状即用碎砖块砸向丙。但甲、乙两人事先并不知是谁与自己同时砸了丙。事后查明,甲击中丙的头部致其重伤,乙击中丙的腿致其轻伤。这属于同时犯的情形。虽然是两人同时对同一人故意实行伤害,但由于无共同故意,不构成共同犯罪,各自只对自己的行为及所引起的危害结果负责,即甲构成故意伤害(致人重伤)罪、乙成立故意伤害(致人轻伤)罪。

另外,参与实行者必须对共同实行行为会引起的危害社会的结果有认识,才能认定其有共同故意(共同实行的故意)。对其他参与者超出共同实行范围的行为引起的结果,由于参与实行者没有认识,不能认定其有共同故意。例如,甲约乙帮忙去殴打丙,并叮嘱可以把丙打成轻伤但不要伤得太重,更不能打死。甲、乙殴打丙时,丙反击将乙的鼻子打伤流了不少血,乙恼怒产生杀意,掏出匕首对丙胸部猛刺两刀,致丙死亡。在此例之中,乙用匕首杀丙的行为,明显是超出共同实行的故意范围的行为,对这种行为及所引起的丙死亡的结果,甲事先并无认识,因而与乙只有共同伤害的故意,并无共同杀人的故意,甲仅构成故意伤害罪,乙则成立故意杀人罪。

但是,数人共同故意实行犯罪,并不以参与实行者对其他参与者实行

---

① 陈兴良.共同犯罪论.2版.北京:中国人民大学出版社,2006:96.

犯罪的情况及所引起的结果有明确具体的认识为必要，更不以知道参与实行的人数及与其他参与者均相识，作为共同故意成立的必要条件，只要参与实行者对自己参与的共同行为及所引起的危害结果有概括的认识即可。例如，A 分别约 B、C 帮忙殴打 D，A 与 B 到现场殴打 D 时 C 才出现，B 看到 C 拉扯 D，以为 C 是劝架者，但实际上是 C 对 D 胸部猛击一拳，才导致 D 重伤，B 当时并未看到。在此例之中，尽管 B 与 C 事先并不相识，当时也不知其是与自己一起作案并直接造成 D 重伤的同案犯，但由于 B 对自己与他人共同实施伤害 D 的行为有认识，对这种行为会引起伤害 D 的后果发生也有认识，这就具备了共同故意所必要的认识因素。

如前所述，教唆行为和帮助行为都不能直接引起危害结果发生，而必须与实行行为相结合，并通过实行行为才能引起危害结果的发生，这就决定了教唆犯和帮助犯与实行犯之间的共同故意，具有不同于共同实行犯之间共同故意的特殊性。一般来说，教唆犯必须明知被教唆的人还没有犯罪之意，自己有意唆使对方产生犯罪之意，并对对方实行犯罪可能产生的危害结果有认识，在此基础上与对方事实上达成犯罪的合意，这才能认定教唆犯具备了共同故意所必要的认识因素。反过来，被教唆的实行犯只有认识到对方唆使其犯某种罪，并对犯此罪的危害结果有认识，在此基础上产生按对方的唆使去实行这种犯罪的意思，且知道对方唆使自己犯罪与自己按其唆使去实行犯罪是为了各自的或共同的利益而进行的一种合作，并非是自己单独实施犯罪，而是与教唆者共同实施犯罪，只有这样才能认定被教唆的人也具备共同故意的认识因素，才可能与教唆犯构成共同犯罪，否则，只能对其按单独实行犯定罪处罚。也正因为如此，被教唆者的实行行为在一定程度上要受与教唆犯达成的合意的制约，在多数情况下，他都会按约去实行犯罪，不会超出与教唆犯事实上达成的合意的范围去实施危害行为，这也是其对超出教唆范围的行为要单独承担责任、而不能让教唆犯承担责任的原因所在。

与教唆行为一样，帮助行为也不能直接引起危害结果发生。帮助犯只有与实行犯合作，通过实行犯的实行行为才能引起危害结果发生。一般来说，帮助犯与实行犯之间的共同故意，以帮助犯自身有帮助他人犯罪的故意（帮助的故意）为存在的前提，如果本来无帮助对方犯罪的故意，即使其行为产生了帮助对方犯罪的效果，也不能认定为与对方有共同故意，从而也不可能与对方构成共同犯罪。帮助犯之帮助故意的认识因素，以对他

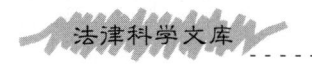

人将要实行的犯罪及其可能发生的危害结果有认识、对自己的行为会对他人的犯罪产生帮助作用也有认识为必要。但是，仅有帮助的故意，并不等于与实行犯之间有共同犯罪的故意。帮助犯还必须与被帮助的实行犯有意思联络，让其知道自己提供了何种帮助并会对其将要实行的犯罪产生何种影响或作用，这样既能使被帮助的实行犯意识到对方在帮助支持自己实行犯罪，从而对其产生激励的功效，又能使之更好地利用对方所提供的帮助，以圆满地实现预期的犯罪。这正是要把帮助犯与被帮助的实行犯之间的意思联络，作为他们之间共同犯罪故意成立之必要条件的理由所在。

2. 共同犯罪故意的意志因素，是共同犯罪人希望或者放任自己与他人的共同行为引起危害社会的结果发生。这种意志因素是建立在行为人对自己的行为与他人的行为相结合而形成的共同行为及其会发生的危害社会的结果有认识的基础之上的。共同犯罪故意的意志因素与单个人犯罪故意的意志因素有所不同，后者只是对自己个人的行为会发生的危害社会的结果持希望或者放任的心理态度；前者则是对自己参与的共同行为会发生的危害社会的结果持希望或者放任的心理态度。在司法实践中，绝大多数共同犯罪案件的所有参与人，对共同行为所引起的危害结果都是持希望其发生的心理态度；但也有少数案件的所有参与人，对这种危害结果均是持放任心态；还有些案件中的部分参与人对这种危害结果是持希望心态，另有部分参与人则是持放任心态。此外，由于不同类型的共同犯罪行为（共同行为）的具体形态有所不同，不同参与者对希望或放任自己参与的共同行为引起危害结果发生的心理态度的表现形式也会有差异。

就数人共同实行犯罪的情形来论，参与者不仅要对自己实行的行为会造成的危害结果持希望或放任心态，更重要的是要对自己与他人共同实行的行为会造成的危害结果持希望或放任心态，并且共同实行犯罪故意的意志因素是就后者而言的。如甲约好友乙帮忙去杀自己的亲兄弟丙，到现场之后，甲不忍心刺丙致命部位，仅用刀对丙大腿扎了两刀，乙用刀对丙胸部猛刺数刀，致丙死亡。在此例之中，尽管甲自己只是对丙腿部扎了非致命的两刀，但甲知道自己是在与乙共同实行杀丙的犯罪活动，对作为共同行为组成部分的乙的刺杀行为及其会引起丙死亡结果的发生，明显是持希望的心态，因而具有杀人罪的共同故意的认识因素与意志因素。不能认为甲不忍心刺丙致命部位，只对自己实施的伤害丙的结果持希望心态（仅有故意伤害罪的意志因素);更不能认为甲与乙共同实行犯罪故意的意志因素分为两部分,即一部分是对自己实行的行为会发生的危害结果持希望或放任态度,另一部分是对他人实行的行为会发生的危害结果持希望或放任态度。① 因为不能说甲与乙构成杀人罪的共同犯罪,有杀人罪的共同故意(含杀人故意的意志因素),但甲本人只有伤害罪的故意(含伤害故意的意志因素)。理由在于,同一行为人对同一被害人实施的同一次侵害行为,只可能具有杀人故意或伤害故意之一,而不可能既有杀人故意又有伤害故意,当然也就不可能既对行为引起被害人的伤害结果持希望或放任心态、又对行为引起被害人的死亡结果持希望或放任心态。

就教唆犯与被教唆的实行犯的共同犯罪故意的意志因素来说,由于双方预期的危害结果只能由实行犯的实行行为直接引起,双方之间的共同故意,又是以双方事实上形成合意并且实行犯会按教唆犯的教唆去实行犯罪为条件的,实行犯按教唆犯的教唆去实施的实行行为,是双方共同犯罪的共同行为,双方共同故意的意志因素也就是都希望或放任这种共同行为引起危害结果的发生。帮助犯与被帮助的实行犯的共同故意的意志因素与此具有相似性,被帮助的实行犯按其与帮助犯的意思联络,利用对方提供的帮助来实施双方预期的实行行为,应视为双方的共同行为,希望或放任此种共同行为引起危害社会的结果发生,就是双方共同故意成立所必要的意志因素。

3. 共同犯罪人之间的意思联络,是共同犯罪人相互对将要实施犯罪进行沟通,并形成一致的意思或共同的犯意。意思联络是否属于共同犯罪故意成立的要件或共犯的主观要件,是中外刑法学界有较大争议的问题。我国的通说认为:"为了成立共同犯罪,共同犯罪人之间必须存在意思联络(或称意思疏通)。"② 日本持犯罪共同说的论者也认为:"一般意义上的意思联络,是包含共同正犯、教唆犯、帮助犯在内的共犯成立的主观要件。"③ 之所以如此,正如苏联著名刑法学家特拉伊宁所述,是因为如果"不要求各共犯之间有一定的主观联系(意思联络——笔者注),就必然会

---

① 陈兴良. 陈兴良刑法学教科书之规范刑法学. 北京:中国政法大学出版社,2003:149.
② 高铭暄,马克昌. 刑法学. 10版. 北京:北京大学出版社,2022:164.
③ 日本刑法学会. 刑法讲座. 4. 东京:有斐阁,1973:94.

把刑事责任建立在几个人的不同的行为客观巧合的基础上，也就是说必然会导致所发生结果的客观归罪"①。一般认为，意思联络并不以明示为必要，也可以采取暗示的方式；意思联络大多在犯罪实行之前就已完成，但也可能是在犯罪实行过程中才进行。由于共同犯罪人之间所形成的一致的意思或共同的犯意，必须通过实行犯的实行行为来实现，因此，组织犯与实行犯之间、教唆犯与实行为犯之间、帮助犯与实行犯之间必须存在意思联络，但"不要求所有共同犯罪人之间都必须存在意思联络，如组织犯、教唆犯、帮助犯相互间即使没有意思联络，也不影响共同犯罪的成立"②。共同实行犯之间虽然也必须有意思联络，但同样不要求所有的实行犯相互间均有意思联络，而只要分别与其中的某个或某部分实行犯有意思联络即可。不过，"有一点是不能动摇的，即共同犯罪的各行为人（不论是实行犯、帮助犯、教唆犯、或组织犯等），在共同犯罪的故意内容上至少得和另一个人互相沟通、互相了解、彼此一致。否则，就不能说他们（或他们中间的某一个人）具有共同犯罪的故意"③。

然而，在司法实践中，也有实行犯并不知道谁在教唆或帮助自己犯罪的案件发生，对这种暗中教唆或帮助他人犯罪、双方之间缺乏相互的意思联络的情形，能否认定实行犯与教唆犯或帮助犯之间有共同故意，在中外刑法理论界也有较大争议。④ 在笔者看来，这种争议的背后涉及两个问题：一是作为共同故意成立条件的参与者之间的意思联络，是仅限于双方或相互的意思联络，还是也包括单方或片面的意思联络。有论者持前一种观点⑤，也有论者持后一种主张。⑥ 笔者赞成前一种观点，认为："我国《刑法》第 25 条第 1 款中的'共同犯罪'需要犯罪参与者之间有'相互'

---

① 特拉伊宁. 犯罪构成的一般学说. 北京：中国人民大学出版社，1958：233.
② 高铭暄，马克昌. 刑法学. 10 版. 北京：北京大学出版社，2022：164.
③ 钱毅. 我国刑法中不存在片面共犯. 中南政法学院学报，1990（4）：80.
④ 库兹涅佐娃，佳日科娃. 俄罗斯刑法教程（总论）：上卷·犯罪论. 黄道秀，译. 北京：中国法制出版社，2002：390；陈兴良. 共同犯罪论. 2 版. 北京：中国人民大学出版社，2006：101.
⑤ 曹子丹，等. 共同犯罪的基本问题研究//甘雨沛. 刑法学专论. 北京：北京大学出版社，1989：190.
⑥ 陈兴良. 共同犯罪论. 2 版. 北京：中国人民大学出版社，2006：107.

的意思联络。"① 二是教唆犯或帮助犯的故意、被教唆或被帮助的实行犯的故意，能否与他们两者（教唆犯与被教唆的实行犯、帮助犯与被帮助的实行犯）之间的共同故意相等同。毋庸置疑，参与者暗中唆使他人犯罪、暗中帮助他人犯罪，对方不知是谁唆使或帮助自己犯罪的，并不能否定参与者具有教唆、帮助他人犯罪的故意。但问题在于，有这种故意是否就意味着有共同犯罪的故意，也能构成共同犯罪或共犯？我国认可"片面的共同犯罪"的论者对此回答是肯定的，他们大多有意识或无意识地将两者混同或等同起来。由于以上两个问题都与"片面的共同犯罪"能否成立密切相关，且在刑法学界有较大争议，笔者认为，有必要展开做进一步的论述。

五、片面共同犯罪否定论及其展开

（一）德、日的片面共犯论及其缺陷

1. 片面共犯论概要

所谓片面的共犯，是指共犯者之间无相互的意思联络，一方的参与犯罪者基于片面的共同意思或加功意思而存在的形态，包括片面的共同正犯、片面的教唆犯、片面的帮助犯三种类型。② 其中，片面的共同正犯，是实行犯罪的一方没有认识到另一方故意参与实行的情形；片面的教唆犯，是被教唆的实行犯罪者没有意识到自己被对方教唆的情形；片面的帮助犯，则是被帮助的实行犯罪者没有认识到对方的帮助行为的情形。在通常情况下，共同正犯的双方、教唆犯与被教唆者、帮助犯与被帮助者之间，都有意思的联络或沟通，这正是共同正犯、教唆犯和帮助犯均要对共同意思所指向并由相对方所造成的危害结果负责，对超出共同意思范围的结果不承担责任的原因所在。那么，在这种双方之间无意思联络，即一方不知情另一方知情参与（包含实行、教唆和帮助）的场合，对知情参与者如何处理，就成为刑法理论上无法回避的一个难题。

众所周知，在区分正犯与共犯的区分制法律体系下，将犯罪参与者分为

---

① 王志远. 共犯制度的根基与拓展：从"主体间"到"单方化". 北京：法律出版社，2011：135.

② 高桥则夫. 刑法总论. 4 版. 东京：成文堂，2018：471.

正犯与共犯，给予轻重不同的处罚。广义的共犯包含共同正犯、教唆犯和帮助犯。参与者之间有意思联络可能构成广义的共犯，这在刑法理论上并无异议；如果双方无意思联络，不知情的一方不构成共犯（如共同正犯）也是定论，但知情的一方是否可能成为共犯（"片面的共犯"），则有较大争议。

全面否定说认为，在对方不知情的条件下，知情的一方无论是参与实行犯罪，还是教唆、帮助对方犯罪，均不可能成立共犯，因而，"片面的共犯"的概念无存在的余地。在日本，全面否定说主要是持共同意思主体说的论者的主张。由于"只要是采取共同意思主体说，所谓共犯，即是两个以上异心别体的个人在实现一罪的共同目的下，成为同心一体。既然如此，无疑就应否认片面的共犯"①。况且，"作为共犯成立要件的意思疏通，必须是相互的"。因此，如果甲知道乙的犯意，参与不知情的乙的犯罪，这种所谓"片面的共犯"的情形，不可能成立共犯。② 另外，按照"认为（广义的）共犯是指数人一起实现一个犯罪的犯罪共同说，意思联络就属于成立共犯的不可或缺的前提，因而会主张一概不承认片面共犯的'全面否定说'。……即便是持以因果性为核心要素的行为共同说，也有部分论者认为，要成立共犯，心理上的因果性是不可或缺的要素，因而在这些论者看来，能为心理因果性奠定基础的意思联络是必不可少的，从而支持全面否定说"③。

与此相反，全面肯定说认为，在对方不知情的情况下，知情的一方无论是参与实行犯罪，还是教唆、帮助对方犯罪，都有可能成立共犯。在日本，行为共同说的论者大多持此种主张。由于行为共同说认为，广义的共犯是指各人通过与他人共同实施事实上的行为，而实现各自的犯罪，只要各自的参与行为和结果之间存在因果关系，即便没有意思联络也可成立共犯，因此，不仅肯定片面的帮助犯，而且肯定片面的共同正犯和片面的教唆犯。④

---

① 齐藤金作．刑法总论．东京：有斐阁，1955：232.
② 西原春夫．刑法总论：下卷．改订准备版．东京：成文堂，1995：384.
③ 松原芳博．刑法总论重要问题．王昭武，译．北京：中国政法大学出版社，2014：313-314.
④ 山口厚．刑法总论：第3版．付立庆，译．北京：中国人民大学出版社，2018：363-365.

另外，持肯定说的论者中，还有不少论者是持部分肯定说，其中，有的肯定存在片面的教唆犯和片面的帮助犯，但否定存在片面的共同正犯①；另有的仅肯定存在片面的帮助犯，而否定存在片面的共同正犯和片面的教唆犯。②日本的"判例、通说否定了片面的共同正犯，仅肯定片面的帮助犯"③。德国的判例和通说持与此相同的立场。④韩国的通说大体也是如此。⑤

在我国，近些年来，有不少学者赞成区分制并采用行为共同说或部分犯罪共同说，因而对片面的共犯，有的持全面肯定说⑥，也有的持部分肯定说⑦。肯定的理由，与日本的肯定说基本相同。我国也有不少学者，对片面的共犯持全面否定说，只不过否定的理由不同于上述日本的否定说，对此，笔者将在下文述说。

2. 片面共犯论评析

对片面的共犯，在区分制的法律体系下，无论是采取全面否定说、全面肯定说，还是采取部分肯定（部分否定）说，都存在缺陷或弊病。众所周知，暗中与他人共同实行犯罪或者暗中唆使、帮助他人犯罪，而对方仅知自己在犯罪、却不知他人参与实行或加功于自己所实行之犯罪的现象，在社会生活中时有发生，对这种所谓"片面的共犯"行为，如何定性和处理，是司法实践中必须面对或解决的问题。按全面否定说，以双方参与者之间缺乏意思联络为主要根据，否定共犯的成立，自然有其合理性。因为德、日等国的区分正犯与共犯的法律制度，实际上是针对故意犯罪而设立的⑧，二人以上的共同故意犯罪，当然是以参与者之间有意思联络为成立

---

① 大谷实. 刑法讲义总论：新版第2版. 黎宏，译. 北京：中国人民大学出版社，2008：386，398，404.
② 川端博. 共犯论序说. 东京：成文堂，2001：97.
③ 西田典之. 共犯理论的展开. 江溯，李世阳，译. 北京：中国法制出版社，2017：163.
④ 吕翰岳. 互联网共同犯罪中的意思联络. 法学评论，2017（2）：149.
⑤ 朴宗根. 正犯论. 北京：法律出版社，2009：255，261.
⑥ 张明楷. 刑法学：上. 6版. 北京：法律出版社，2021：598-599.
⑦ 陈兴良. 共同犯罪论. 2版. 北京：中国人民大学出版社，2006：103；周光权. 刑法总论. 4版. 北京：中国人民大学出版社，2021：348-349.
⑧ 柯耀程. 变动中的刑法思想. 台北：元照出版有限公司，2001：272.

的前提，若无意思联络，共同故意就无从谈起，心理上的因果性也无存在的根基，否定共犯（共同故意犯罪）的成立就成为合理的结论。可是，按全面否定说，"片面的共犯要么不可罚，要么只能将其升格为正犯背后的单独正犯（间接正犯）。然而，这两种解决方法均难言妥当"①。例如，甲对乙有仇，多次对丙说，若见到乙定要杀死他。丙对乙也有仇，某日见甲在追赶乙，就将杀猪刀拿出来放到甲将要经过的路边的桌子上，想帮助甲杀死乙。甲跑过来时顺手拿起杀猪刀追上了乙，并用此刀杀死了乙。但甲事先不知是丙有意暗中提供帮助。对于此案中的丙，如果不作为犯罪来处罚，无疑有轻纵犯罪之嫌；如果作为杀人罪的间接正犯来处罚，除了无法认定丙支配了甲的杀人行为，即与间接正犯的基本标准不符之外，将丙作为杀人罪的单独犯（间接正犯），与他自己直接杀死乙同样评价、同等处罚，也明显不合适。

或许是基于此种考虑，持肯定说的论者（包含全面肯定说和部分肯定说）均认为，应肯定片面的帮助犯，对这种暗中帮助他人犯罪者，按所帮助之罪定罪，以帮助犯予以减轻处罚，这样既能防止出现放纵犯罪的现象，又可避免使之受不当的过重的处罚。笔者也不否认，对上述案件这样处理，无疑具有一定的合理性。但是，肯定片面的帮助犯的前提，同样是不要求帮助犯与被帮助者之间有意思联络，帮助行为与被帮助者的实行行为乃至危害结果之间无心理上的因果性，仅有物理上的因果性，就要帮助者对危害结果负刑事责任，并且对其与那种既有心理上的因果性也有物理上的因果性的普通的帮助犯同样看待同等处罚，这似乎也不够公平合理。况且，由于这种片面的帮助犯与被帮助者之间无意思联络，要确定其主观的故意内容（如是帮助对方杀害还是伤害被害人），往往十分困难，最终大多是按被帮助者所成立之罪，来认定片面的帮助犯的故意内容乃至成立的罪名，难免出现客观归罪的问题。

另外，只承认片面的帮助犯的部分肯定说，由于否定片面的共同正犯，对暗中与他人共同实行犯罪的案件，要么是作为单独正犯、要么是降格为帮助犯来处理，但这些都不具有合理性。如果是暗中参与实行单行为犯，如甲、乙共同伤害丙，丁对丙有仇也想趁机伤害丙，以劝架的形式参

---

① 西田典之.日本刑法总论：第2版.王昭武，刘明祥，译.北京：法律出版社，2013：318-319.

与其中，却暗中重击并伤害了丙，甲和乙都与丁不相识，也不知其参与伤害了丙。由于丁故意实施了伤害罪构成要件的实行行为，对其单独按伤害罪定罪固然无法律障碍，但丙被伤害的最终结果，究竟是由丁还是由甲、乙所造成，有时很难确定，而这与丁的处罚轻重有直接关系。若作为共同正犯认定，就可将最终结果理所当然地归责于丁，而作为单独正犯，丁只能对自己直接造成的丙的伤害结果负责，在无法确定时，那就只能按伤害未遂处理。这同样难言妥当。在暗中参与复行为犯的场合，按单独正犯处理，缺陷更为明显。例如，甲采用暴力对乙进行强奸时，丙在甲不知道的情况下，按住乙的手脚，使甲得以顺利奸淫乙。又如，抢劫犯人 A 在对 B 实行抢劫时，路过的 C 与 A 是亲兄弟，就以协助 A 的意思拿枪从附近瞄准 B，B 因受到 C 的威胁不敢反抗，让 A 抢走了财物，但 A 当时并未发现 C。由于强奸罪和抢劫罪是复行为犯，暗中的参与者仅实施了其中的手段行为（暴力、威胁行为），并未实施目的行为，在日本，如果按单独正犯定罪，对丙就只能定暴行罪，对 C 则只能定胁迫罪，这样定罪显然与其行为的本质不符。如果对丙按强奸罪的帮助犯、对 C 按抢劫罪的帮助犯定性，虽不存在这样的问题，但却与刑法的基本理论或通说不一。因为传统的通说认为，复行为犯的手段行为和目的行为都是构成要件的实行行为，实施实行行为者是正犯，而非帮助犯。

此外，还有一些用典型的帮助行为片面地帮助他人犯罪的案件，由于参与者对犯罪的实现发挥了决定性的或支配性的作用，如果否定成立片面的共同正犯，仅以其行为形式为根据，认定为片面的帮助犯，则明显不具有合理性。日本最高裁判所大法官山口厚举例说，某人片面地帮助 A 杀人，将被害人"关进杀人者 A 所等候的屋子里，结果被害人被 A 所杀害的场合……将被害人关进屋子里的人，协助了 A 的杀人行为，与其说是其援助行为，不如说是积极利用 A 的杀人行为实现了自己杀害被害人的意图。在这个意义上，不单单止于对他人犯罪行为的侧面帮助，可以说是从自我出发，主体性地实现了杀害 A 的意图，并非可减轻刑罚的'帮助'，可以说给予'正犯'的评价更为合适。……在这样例外的场合，并不是肯定片面的帮助，而是与杀人的实行行为者一起，片面地实施了共同的杀人行为，将其评价为片面的共同正犯，可认为是针对该案例适当的评价"①。

---

① 山口厚．刑法总论：第 3 版．付立庆，译．北京：中国人民大学出版社，2018：365.

那么，全面肯定说，即不仅肯定片面的帮助犯，而且肯定片面的共同正犯和片面的教唆犯的主张，是否就具有合理性呢？在日本，全面肯定说与作为通说的部分肯定说（仅肯定片面的帮助犯）争议最大的是，能否肯定片面的共同正犯。日本的审判机关对此一直持否定立场，早在大正11年最高审判机关（大审院）的判决就明确指出："刑法第60条规定，二人以上共同实行犯罪的，皆为正犯。尽管各个行为人只是实行了部分犯罪要素……仍要承担犯罪的全部责任的理由在于，共同正犯不同于单独正犯，行为人相互之间存在意思联络即存在共同犯罪的认识，相互利用另外一方的行为，全体相互协作而使犯罪事实得以实现（显现于外界）"[①]。日本著名刑法学家大塚仁也认为，日本刑法第60条规定，共同正犯者"皆正犯"，这表明："共同正犯者不仅要对自己实施的行为，而且要对其他共同正犯者实施的行为或者由此引起的结果，承担作为正犯的责任。因此，共同正犯者必须是适合于承担这种共同责任的人。也就是说，共同正犯者只限于那些相互利用对方的行为，以补充自己行为的不足、从而共同实现犯罪的人。正因为有这种关系，使其对其他共同者实施的行为也承担作为正犯的责任，才具有合理性。如果共同者之间的另一方并不知情，那就处于无法充分利用对方行为的状态，追究这样的人的共同正犯的责任，就有失妥当性，所以，应当否定片面共同正犯的观念。"[②] 可见，对包含片面的共同正犯在内的所有片面共犯均予以肯定的全面肯定说，同样不具有合理性。

在笔者看来，对片面的共犯，日本等国之所以出现无论是采取全面否定说，还是采取全面肯定说或部分肯定（部分否定）说，均存在与司法实践的需要或刑法解释论不符的问题，根源在于他们采取的区分正犯与共犯的区分制法律体系存在缺陷。在这种法律体系下，按照他们的区分制的解释论，刑法分则规定的具体犯罪的构成要件行为仅限于实行行为，实施教唆或帮助行为者原则上不能单独构成犯罪，只有与他人合作，通过他人直接实行犯罪或者利用他人作为工具间接实行犯罪，才能达到既定的目的，才可能成立犯罪。而在片面共犯的场合，参与者同其他犯罪人之间无

---

① 松原芳博. 刑法总论重要问题. 王昭武, 译. 北京：中国政法大学出版社，2014：313.

② 大塚仁. 犯罪论的基本问题. 东京：有斐阁，1982：326.

意思联络，暗中参与他人实行的犯罪，如果是以片面的教唆、片面的帮助的形式参与，由于其实施的是构成要件行为之外的行为，要认定其构成犯罪，只有两种途径：一是肯定其为共犯，二是确认其为间接正犯。又由于在区分制的体系下，对正犯（含直接正犯、间接正犯和共同正犯）的处罚重、对共犯的处罚轻。若认定片面的教唆者、片面的帮助者为间接正犯，那就等于要将其与单独正犯同样对待、同等处罚，通常会出现处罚过重、有失处罚均衡的问题，加上刑法解释论对间接正犯有严格的认定标准或成立条件的限制，片面的教唆、帮助他人犯罪大多与间接正犯的成立条件不符。而按上述全面否定说，对这类片面共犯行为，一概不以犯罪论处，难免会出现放纵犯罪的问题，若按犯罪论处，否定成立共犯之后，唯一的途径就是以间接正犯论，但这一途径也行不通。这正是全面否定说很少有支持者的原因所在。部分肯定说将片面的帮助行为纳入片面共犯的范围，认定为共犯，表面上看既解决了对这类参与行为的定罪问题，又能确保对参与者的处罚均衡合理，因而成为日本的判例和通说所采取的主张。但正如前文所述，完全依据参与行为的形式来认定正犯与共犯，难以确保处罚轻重的均衡合理。前述将被害人关进杀人者等候的屋子里致使其被杀害就是适例。这从一个侧面表明仅以参与行为的形式来区分正犯与共犯并以此作为处罚轻重的依据，明显不具有合理性。从处罚均衡合理的需要出发，将某些片面帮助他人犯罪的情形以正犯论处具有一定的合理性。另外，还有一些单方面故意与他人共同实行犯罪的情形，对其以狭义的共犯（教唆犯和帮助犯）论处也明显不合适，这正是肯定片面的共同正犯的缘由。但这种肯定论也有弊病。例如，X偶然发现Y正准备开枪杀自己的仇人Z，为了提高杀Z的概率，X也迅速对Z开枪射击，两人几乎是同时开枪，但仅有一颗子弹击中并致Z死亡。事后查明，是Y射出的子弹击中Z，当时Y并不知X也对Z开了枪。在此例之中，X单方面基于与Y共同杀Z的意思，一起实施了杀人的实行行为，按全面肯定论者的主张，无疑应认定为片面的共同正犯，即X单方面成为杀人既遂罪的共同正犯，Y则是杀人既遂罪的单独正犯。Y的杀人行为直接引起了Z死亡结果的发生，固然应对Z的死亡结果负责，成立杀人既遂罪，但由于Y开枪杀死Z，与X的行为之间并无心理上或物理上的任何联系，如果要X也对Z的死亡结果负责，显然有主观归罪的嫌疑，即仅因其主观上有与对方共同实施行为的意思，就要其对对方造成的与其毫无因果联系的结果承担责任。反过来，如果以

X 的杀人行为与 Z 的死亡结果之间无因果关系为理由，对 X 按杀人未遂处理，那就实际上是以单独正犯论处，等于否定其成立片面的共同正犯。因为共同正犯者对其他人共同实行行为所造成的结果也应承担责任，是"部分行为全部责任"这一共同正犯归责原理的基本内涵，如果行为人无须对其他行为人实行的行为所造成的危害结果负责，那就表明他与对方不是共同正犯关系。既然按肯定说这种典型的片面的共同正犯案件，都不能作为共同正犯来认定或处理，即按共同正犯处理会得出明显不合理的结论，那就充分说明这种肯定说不具有妥当性。

（二）我国的片面共同犯罪肯定论的弊病

追根溯源，我国的片面共同犯罪肯定论来源于日本等国的片面共犯论。特别是近些年来，我国一些学者受德、日刑法学的影响，认为我国刑法也是采取与德、日相同的区分正犯与共犯的区分制参与体系，因而，完全用区分制的理论来解释我国的共同犯罪，并将我国刑法中的"共同犯罪"与德、日刑法中的"共犯"等同起来，"从而全面认可将片面共犯作为共同犯罪予以处罚的合理性。与之类似的论证理由在日本刑法学者的论著中也能看到"。但这些"学者往往忽视了中外刑法在条文规定上的重大差异"[①]。

如前所述，我国刑法总则用专节对共同犯罪作了规定，多个条文使用了"共同犯罪"的概念，但德、日刑法并未采用"共同犯罪"的称谓，而是在有关犯罪参与的章节使用了"共犯"的概念。尽管我国刑法分则的个别条文用了"共犯"一词，我国刑法学界过去的论著也广泛使用"共犯"的概念，但大多是对"共同犯罪"或"共同参与犯罪"的简称，与德、日刑法中"共犯"的含义不同。德、日刑法中的"共犯"有广义和狭义之分，广义的共犯包含共同正犯、教唆犯和帮助犯，狭义的共犯则仅指教唆犯和帮助犯。我国刑法第 25 条所规定的"共犯"（共同犯罪），是指二人以上共同故意犯罪的情形。这一规定决定了其成立必须具备三个基本条件，即行为主体为二人以上、客观上要有共同的行为、主观上必须有共同的故意。而从德、日刑法的规定来看，他们的"共犯"的成立条件，并没有我们的"共同犯罪"那么多的限制。以德、日的狭义共犯（教唆犯和帮助犯）为例，德国刑法第 26 条、第 27 条规定："故意教唆他人故意实施

---

① 李强. 片面共犯肯定论的语义解释根据. 法律科学，2016（2）：56.

违法行为的是教唆犯。""对他人故意实施的违法行为故意予以帮助的,是帮助犯。"日本刑法第61条、第62条规定,"教唆他人使之实行犯罪的",是教唆犯;"帮助正犯的,是从犯(帮助犯——笔者注)"。从这些规定不难看出,教唆犯和帮助犯的成立,并不以教唆、帮助者与被教唆、被帮助者之间有共同故意为条件,只要行为人基于故意教唆他人故意去实施犯罪行为或者对他人实施的故意犯罪行为故意予以帮助的,就可能成立教唆犯或者帮助犯。至于被教唆、被帮助的对方,是否知道行为人对其进行了教唆或提供了帮助,则不影响教唆犯或帮助犯的成立。这正是片面的帮助犯能够在德、日成为判例和通说之主张的重要原因所在。况且,由于我国刑法第29条对"被教唆的人没有犯被教唆的罪"的教唆犯,明确规定了处罚原则,通说认为这种教唆犯与被教唆的人之间,不构成共同犯罪,因而是一种非共犯(或单独)的教唆犯。如果行为人暗中故意唆使他人犯罪,对方不知其唆使自己犯罪,而是基于自己的意志决定去实行了与其唆使的犯罪有差异的罪,这种片面教唆犯,也可能被认定为非共犯的教唆犯,适用我国刑法第29条及分则的相关条文予以定罪处罚。但由于行为人并不是与他人一起构成共同犯罪,若称之为片面的共同犯罪,将其作为一种特殊的共同犯罪类型看待,那显然与刑法的规定相悖。而在德国和日本,称之为片面的教唆犯或片面的共犯,则并不违背德、日刑法的规定。因为暗中教唆、帮助他人犯罪的人,本来就可能构成教唆犯、帮助犯,即可能成为共犯,只不过被教唆、被帮助者并不知情,双方之间不存在共犯关系,因而将其称为片面的教唆犯、片面的帮助犯或片面的共犯,这与教唆犯、帮助犯或共犯的概念并不冲突。另外,由于日本刑法对广义的共犯之中的共同正犯的主观要素并未作明文规定①,从语义解释的角度而言,只要是"二人以上共同实行犯罪",不论行为人之间主观上是否有意思联络,也不管行为人是出于故意还是基于过失,均有可能成立共同正犯。② 正因为如此,在日本,肯定片面的共同正犯并无明显的法律障碍。

在我国,作为犯罪现象的片面的帮助、片面的教唆和片面的共同实行,尽管也客观存在,但是,刑法明文规定了"共同犯罪是指二人以上共同故意犯罪"。那么,能认定这类"片面的共犯"者有"共同故意"并成

---

① 日本刑法第60条规定:"二人以上共同实行犯罪的,皆为正犯。"
② 山口厚. 刑法总论问题探究. 东京:有斐阁,1998:270.

立共同犯罪吗？这是我国的片面的共同犯罪肯定说所面临的在日本并不存在的一大法律障碍。对此，我国持传统的共同犯罪观念的肯定论（以下简称"旧肯定论"），与持区分正犯与共犯的区分制观念的肯定论（以下简称"新肯定论"），选择了不同的解释路径。

1. 旧肯定论的解释路径及其评析

我国传统的通说认为，共同故意是共同犯罪的主观要件，共同犯罪人之间的意思联络是成立共同故意所必要的。但意思联络并不要求所有共同犯罪人（或双方）之间都存在，而只要有单方面的意思联络即可，"片面共犯确实只有单方面的意思联络……暗中故意帮助他人实施故意犯罪，被帮助者虽不知情，但帮助者既与他人有共同犯罪的故意，又有共同犯罪的行为"，因而成立片面的共同犯罪。① 过去，我国持片面的共同犯罪肯定说（大多为部分肯定）的论者几乎都支持此种主张。后来，又有学者进一步将共同故意分为全面共同故意与片面共同故意②，认为"只要有意思联络就可以形成共同故意。如果是双向意思联络，则形成全面共同故意；如果是单向意思联络，则形成片面共同故意"③。

在笔者看来，肯定"意思联络是内在于共同故意的特别要素……是成立共同犯罪不可放弃的要件"④，无疑是正确的。因为两个以上的人共同犯罪的共同故意，是相对于单个人单独犯罪的单独故意而言的。"共同"是用来限定"故意"的范围、以示与"单独故意"相区别的。按《现代汉语词典》的解释，所谓"共同"，是指"属于大家的"或"彼此都具有的"⑤。那么，纯粹从词语的含义而言，共同故意就应当是属于共同犯罪人"大家的"或"彼此都具有的"故意，而不是某个人单方面单独具有的故意。这就要求"大家""彼此"之间有意思联络。"意思联络是共同犯罪人双方在犯罪意思上互相沟通"⑥，"以明示或暗示的方法表明愿意共同实

---

① 马克昌. 犯罪通论. 3版. 武汉：武汉大学出版社，1999：510，516.
② 陈兴良. 共同犯罪论. 2版. 北京：中国人民大学出版社，2006：102.
③ 田鹏辉. 片面共犯根据论. 当代法学，2004（6）：150.
④ 吕翰岳. 互联网共同犯罪中的意思联络. 法学评论，2017（2）：150.
⑤ 中国社会科学院语言研究所词典编辑室. 现代汉语词典. 5版. 北京：商务印书馆，2005：479.
⑥ 高铭暄，马克昌. 刑法学. 10版. 北京：北京大学出版社，2022：164.

施某种犯罪"①。并且"联络"一词本来就有"彼此交接"或"接上关系"的含义。② 这也就意味着"意思联络必然是两个（及以上）主体之间的双向、互动行为"③，所谓"单方面的意思联络"或"单向意思联络"，因与意思联络的本义不符，根本不可能存在。

况且，按肯定"单向意思联络"及"片面共同故意"的论者的主张，"共同故意不应该以共犯之间有完全一致的意思联络和彼此共同的意志为必要，只要行为人知道不是自己一个人单独实施犯罪，而是和他人共同配合实施犯罪，并且认识到此种犯罪发生何种危害社会的结果，而又希望或放任这种结果发生，就应认为具有共同故意"。如果是单向意思联络，就形成片面共同故意。④ 可是，"仅从语义上讲，片面共同故意一说便显得滑稽，'片面'在这里是指'单方面'，而'共同'则可能指'大家一起（做）'或'彼此都具有的'，两者正好意义相反"⑤。持此种主张的论者忽视了共同犯罪的共同故意，与单个人犯罪的单独故意的一个重要差别在于，单独故意是对自己个人实施的行为会产生的危害结果有故意，而共同故意则是对双方或多人通过沟通达成合意的共同行为及其会产生的危害结果有故意，其特殊性在于，共同犯罪人都知道不是自己一人单独犯罪，而是与他人合作一起实施犯罪，因而其实施的行为是与他人合作的共同行为（是大家共同的"作品"），自己的行为只是共同行为的组成部分之一。共同行为的组成包含组织行为与实行行为、教唆行为与实行行为、帮助行为与实行行为、自己的实行行为与他人的实行行为等多种组合形式，但无论是哪一种形式的共同行为的参与者，都只有对自己与他人一起实施的共同行为的性质以及对这种共同行为会发生的危害结果有相一致的认识，并且都希望或放任这种结果发生的，才能认定为有共同故意。

而在所谓"片面的共同犯罪"的场合，由于双方没有意思联络或犯意的沟通，不知情的实行者不知道有人暗中与自己合作，以为自己是单独犯

---

① 马克昌. 犯罪通论. 3版. 武汉：武汉大学出版社，1999：510.
② 中国社会科学院语言研究所词典编辑室. 现代汉语词典. 5版. 北京：商务印书馆，2005：847.
③ 李强. 片面共犯肯定论的语义解释根据. 法律科学，2016（2）：53.
④ 田鹏辉. 片面共犯根据论. 当代法学，2004（6）：150.
⑤ 吕翰岳. 互联网共同犯罪中的意思联络. 法学评论，2017（2）：152.

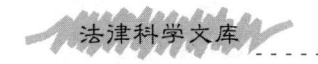

罪，根本没有与他人合作共同实行行为的意识，无疑是只有单独故意而无共同故意。至于暗中的参与者，由于其明知对方不知道有自己参与，双方之间不存在有意识的合作，并未形成有相同意思的共同行为，不知情的对方是单独实行自己意欲实行的犯罪，自己实质上是利用对方的行为来达到预期的犯罪目的，因而也不能认为其有与对方共同犯罪的共同故意。这与区分制体系下的利用他人作为工具而实施犯罪的"间接正犯"十分相似。正因为如此，在日本就有否定片面共犯的论者认为，由于这种暗中的教唆、帮助者，与对方无意思联络而不具备共犯的主观要件，因而不成立共犯（片面共犯），但可以间接正犯论处。① 一般认为，利用他人作为工具而实施犯罪的"间接正犯"的故意是单独故意，而不是共同故意。如果说只要对自己行为的犯罪性、他人行为的犯罪性有认识，并对自己参与的他人行为引起的危害结果持希望或放任态度，共同故意即可成立②，那么，利用他人欠缺故意之行为的"间接正犯"者，也有这样的故意心态。如 A 将一把装有子弹的手枪交给 B，并谎称枪中没有子弹只是用开枪的动作吓唬 C，B 在用手枪吓唬 C 时打中了 C，造成 C 死亡。在此例之中，A 明知自己行为的危害性质，也知道 B 的行为的危害性质，还知道自己指使 B 开枪会导致 C 死亡结果的发生，A 对这种结果又是持希望发生的心态，那也就完全具备了上述肯定论者所说的共同故意的成立要件。如果认定 A 成立故意杀人罪的片面共同犯罪，B 单独构成过失致死罪。难免使人产生这样的疑问：同一犯罪案件中针对同一被害人的两个行为人，一人构成过失致死罪，另一人构成故意杀人罪，这也属于刑法规定的"二人以上共同故意犯罪"吗？仅构成故意杀人罪的这一人成立"片面的共同犯罪"，那么，这究竟是属于共同犯罪还是单独犯罪？正因为会带来这些疑问，即便是肯定"片面的共同犯罪"的论者，大多也主张对这种案件以"间接正犯"而不以"片面的共同犯罪"论处。③ 归根到底还是因为没有共同故意，不具备共同犯罪的主观要件。可见，以所谓"单向意思联络"为基础的"片面共

---

① 西田典之. 日本刑法总论：第 2 版. 王昭武，刘明祥，译. 北京：法律出版社，2013：318-319.

② 林亚刚，赵慧. 论片面共犯的理论基础. 法学评论，2001（5）：137；田鹏辉. 片面共犯根据论. 当代法学，2004（6）：150.

③ 张明楷. 刑法学. 6 版. 北京：法律出版社，2021：530.

同故意"，充其量只能说是一种"片面故意"，但因不具有"共同"的本质而不属于"共同故意"。如果将其视为"共同故意"的一种特殊类型，按这种"片面共同故意"论来处理具体案件，难免会得出不合理的结论。

如前所述，片面共犯的特征是参与者之间无"意思联络"，没有形成一起去犯罪的"合意"。而"共同故意"是传统通说公认的共同犯罪的主观要件，"如何将无'合意'、无'意思联络'的片面共犯的'片面故意'解释为'共同故意'"，就成为旧肯定论的论证进路的核心。"为了说明片面共犯可以成立共同犯罪，就不得不对'共同故意'作新的解读，以使其主观方面成立共同故意"，从而提出共同犯罪人之间的意思联络不必是全面的或双向的，还可以是"单方面的或单向的"，以此为根据将"共同故意"分为全面共同故意与片面共同故意。由于片面共犯有"单向的意思联络"，因而也有"片面共同故意"，具备共同犯罪的主观要件。这种表面上对"共同故意"作缓和理解的做法，实质上是"放弃了其中的'意思联络'要素"①，从而将作为"共同故意"成立的前提条件的"意思联络"排除出去，并将这种本来已不具备"共同故意"之实质的所谓"片面共同故意"纳入"共同故意"的范畴，以证明片面共犯同样具备共同犯罪的主观要件，成立共同犯罪。但是，"这在语义上和一般观念上都难以为普通公众所接受。同时，由一人单独构成的共同犯罪恐怕也难以让普通公众理解"②。"在常识意义上，法条当中的'共同犯罪'与片面参与者被认为的'共同犯罪'根本不是相同意义上的概念，两者缺乏共通性。……片面犯罪参与者与不知情的犯罪实施者之间不可能成立以'共同（犯罪）关系'为核心要求的'共同犯罪'。……从法律逻辑的角度来看，全面否定片面共犯构成共同犯罪的观点无疑是正确的。"③

2. 新肯定论的解释路径及其评析

近些年来，有不少学者认为，我国刑法是采取区分制的犯罪参与体系，他们大多肯定片面的共同犯罪。但与传统的旧肯定论不同，这种新肯定论往往是按日本的行为共同说或部分犯罪共同说，来理解我国刑法规定

---

① 李强. 片面共犯肯定论的语义解释根据. 法律科学，2016（2）：53.
② 同①55.
③ 王志远. 共犯制度的根基与拓展：从"主体间"到"单方化". 北京：法律出版社，2011：136.

的共同犯罪,从而得出肯定的结论,其中,采取部分犯罪共同说的论者大多持部分肯定论,即不承认片面的共同正犯,仅肯定片面的帮助可能构成共同犯罪①;采取行为共同说的论者一般持全面肯定论,认为片面的帮助、片面的教唆和片面的共同实行,均可能构成共同犯罪。②

如前所述,由于日本刑法第 60 条规定,只要是"二人以上共同实行犯罪",即成立共同正犯,那么,对不含"故意"二字的"共同实行犯罪",就可以理解为只要有行为的共同即可,而不要求必须有故意犯罪的共同,这就是日本的行为共同说得以盛行的基础。按行为共同说,不仅参与者之间有意思联络而共同故意实行犯罪可能构成共同正犯,而且双方无意思联络,一方基于故意另一方出于过失、甚至均出于过失而共同实行犯罪,也可能成立共同正犯。既然如此,行为人在对方不知情的条件下,暗中与对方共同实行犯罪,当然也可能成立共同正犯,只不过仅有暗中参与实行的这一方为共同正犯(片面的共同正犯)。

但是,我国刑法第 25 条规定的共同犯罪是"二人以上共同故意犯罪"。这其中的"共同故意犯罪",与日本刑法第 60 条中的"共同实行犯罪"明显不同,对此能够按行为共同说做相同理解吗?这是我国采取行为共同说和肯定片面的共同犯罪的论者所面临的一大法律障碍。与上述传统的旧肯定论不同的是,这种新肯定论不是通过对刑法第 25 条中的"共同故意"做缓和的变通的理解,将本来不属于"共同故意"的情形解释为"共同故意"(如"片面的共同故意"),而是采取在"共同故意"中添加一个字的办法,把"共同"与"故意"拆分开来,改变其本来的含义。其中,有的主张添加一个"去"字,另有的主张添加一个"地"字。添加一个"去"字后,"共同故意犯罪"就变成了"共同去故意犯罪",而不是"共同故意去犯罪"③。这样一来,"'共同'促成了法益侵害结果(具备物理的因果关系)却与另一方无意思联络(无心理的因果关系)的片面共犯就可以被包括在《刑法》第 25 条第 1 款的规定之内了"④。添加一个"地"

---

① 周光权.刑法总论.4 版.北京:中国人民大学出版社,2021:348-349.
② 张明楷.刑法学.6 版.北京:法律出版社,2021:598-599.
③ 张明楷.刑法学:上.5 版.北京:法律出版社,2016:382.
④ 李强.片面共犯肯定论的语义解释根据.法律科学,2016(2):55.

字后,"共同故意犯罪"就变成了"共同地故意犯罪","就会由强调故意的共同,转向强调'故意犯罪'行为的共同"①。持此类主张的论者又进一步提出,还有必要在"故意犯罪"之间再添加一个"地"字,使刑法第25条中的"共同故意犯罪"变成"共同地故意地犯罪",如此一来,"二人以上客观上共同促成犯罪行为及其结果即可成立共同犯罪","并不要求共犯人相互间有意思联络",从而使片面共同犯罪肯定论的立场得到维护。② 但是,无论是哪一种在法条中加字之后再来解释法条的做法,都不合适。正如采取后一种做法的学者所述:"尽管该学者是假设加一个'去'字,但在《刑法》的条文规定中加字,显然是一种近似立法论的主张,这一做法并不可取,也与其一贯坚持的解释论的刑法学研究立场有所抵牾。"③ 只不过对在上述法条中加字提出如此严厉批评的论者,自己却要在该法条中加两个"地"字,其理由是在汉语语法中,"的""地"属于结构助词,它们有时可隐可现。"'共同'、'故意'、'共同故意'都不属于限制性状语而属于描述性状语,因此其后的'地'并非不能出现。"④ 只不过这个"地"字原来是隐在"共同故意犯罪"之中,现在将其显现出来了,因而并未添加字进去。如果确实如此也无可非议。问题在于多了这两个"地"字之后,即"共同地故意地犯罪"如果与原本的"共同故意犯罪"的含义完全相同,这才可信;否则,要么是对其没有做准确理解,要么是多了"地"字之后使其改变了原意,若改变了原意,那就与上述添加"去"字一样,是一种近似立法的做法,明显不合适。况且,认为"'共同的故意地犯罪'和'共同地故意地犯罪'的语义是不同的。在前者,'共同'修饰'故意',其含义不仅是要求'故意'的内容相同,还要求具有'意思联络'。否则就不符合'共同'的一般语义。而在后者,'共同'修饰的是'犯罪'(动词)而非'故意'(名词),即体现的是'共同地犯罪'这一定义项;如此一来,'共同故意犯罪'的含义就有了变化:二人以上客观上共同促成犯罪行为及其结果即可成立共同犯罪"⑤,这样理解"共

---

① 陈洪兵. 共犯论思考. 北京: 人民法院出版社, 2009: 267.
② 李强. 片面共犯肯定论的语义解释根据. 法律科学, 2016 (2): 56-57.
③ 同②55.
④ 同②57.
⑤ 同②56.

同故意犯罪"的含义，显然与刑法第 25 条第 2 款否定"二人以上共同过失犯罪"为共同犯罪的规定相抵触。因为按这种解释方法，该款中的"共同过失犯罪"也同样变成了"共同地过失地犯罪"，而"共同"修饰的是"犯罪"而不是"过失"，即体现的是"共同地犯罪"，那么，"共同过失犯罪"就变成了共同犯罪，这无疑与该款的结论相反。可见，这种认为"共同"不是用来修饰"故意"或"过失"，而是修饰后面的"犯罪"的理解，明显不具有合理性。并且，既然肯定"共同"是修饰性的词语，不论其是定语还是状语，按普通民众习惯性的理解，都是对后面紧接着的词语的修饰，从而对再后面的词语也有间接修饰的作用。例如，"共同故意致人死亡"与"共同过失致人死亡"，只有中间"故意"与"过失"二字的差异，如果说"共同"不是直接修饰或限定"故意"或"过失"，从而对"致人死亡"也起到修饰或限定作用，那么，两种行为的性质就毫无差异了，但按我国刑法的规定，前者是故意犯罪，后者是过失犯罪，两者有质的不同。可见，只要对"共同"的含义做相同的理解，对后面被修饰的"故意"做同样的解释，那么，无论是"共同的故意"还是"共同地故意"，都应当具有同样的含义，即通常或通说理解的"不仅要求'故意'的内容相同，还要求具有'意思联络'"。否则，给人的印象就是做无意义的文字或语法游戏，并对其含义做了不正确的解释。

我国采取部分犯罪共同说并部分肯定片面的共同犯罪的论者大多认为，由于只要行为人主观上有教唆、帮助他人犯罪的故意，客观上有教唆、帮助他人犯罪的行为，教唆犯、帮助犯即可成立，至于被教唆、被帮助的实行犯是否意识到有行为人的教唆或帮助，则对教唆犯、帮助犯的成立并无影响，因而在对方不知情即双方无意思联络的场合，同样可能构成教唆犯、帮助犯，只不过这是一种片面的教唆犯、帮助犯（或片面的共犯）。如前所述，按区分制的解释论，在区分制体系下，这样解释有其合理性。但我国的部分肯定论者忽视了按我国刑法的规定，肯定行为人成立教唆犯、帮助犯，并不等于就能肯定其构成共同犯罪。如前所述，我国刑法第 29 条规定，被教唆的人没有犯被教唆的罪时，对教唆犯仍应处罚，这种教唆犯就是通说公认的非共同犯罪的教唆犯（单独教唆犯）。按德国刑法等采取区分制的刑法的规定，这种教唆犯无疑也属于共犯。但在我国，由于刑法明确规定，共同犯罪以犯罪参与者之间有共同故意作为其成立的主观要件，教唆犯与被教唆的实行犯、帮助犯与被帮助的实行犯之间成立共同犯罪也不例外,如果仅有教唆、帮助他人犯罪的故意,而与被教唆、被帮助者之间无共同故意,同样不可能成立共同犯罪。正因为如此,暗中教唆或帮助他人犯罪的教唆犯或帮助犯,由于与相对的实行犯之间没有意思联络而无共同故意,当然不构成共同犯罪,将其视为共同犯罪的一种特殊类型称之为"片面的共同犯罪",也明显不具有妥当性。但是,我国肯定片面的共同犯罪的论者,大多有意或无意将我国刑法中的"共同犯罪"与德、日刑法中的"共犯"等同起来,并认为既然德、日的通说承认"片面的共犯",那么,我们也就同样应当承认"片面的共同犯罪",而忽视了两者的根本差异。马克昌教授曾明确指出:"共同犯罪与共犯的概念有所不同,应当加以区别:……构成共同犯罪,需要参加人的犯罪意思互相沟通;加功于他人犯罪的,即使没有与他人沟通也能成立某种共犯,如帮助犯。"① 这种"片面的共犯"就不属于我国刑法规定的共同犯罪。

况且,正如张明楷教授早年所述,在我国,"承认'片面共犯',并不能完全解决行为人的刑事责任问题。以帮助犯暗中帮助实行犯为例。……如果承认帮助犯是共犯人,通常只能认为其为从犯,而根据《刑法》(指1979年刑法——笔者注)第24条第2款的规定:'对于从犯,应当比照主犯从轻、减轻处罚或者免除处罚。'在没有主犯的情况下,又如何比照主犯来处罚从犯呢?"② 尽管1997年修订的现行刑法典第27条第2款对于从犯的处罚原则的规定中,删除了1997年刑法典该条款中"比照主犯"的字样,但删除该内容并不是因为处罚从犯时完全不必"比照主犯"③,实际上还不能不比照,否则就可能导致量刑失衡。④ 这在一定程度上表明,"在共同犯罪中,有从犯却没有主犯的现象是令人困惑的、事实上也是不存在的"⑤。另外,如果完全照搬德、日的片面共犯论,即便肯定暗中教

---

① 马克昌. 共同犯罪理论中若干争议问题. 华中科技大学学报·社会科学版, 2004 (1): 17.
② 张明楷. 犯罪论原理. 武汉: 武汉大学出版社, 1991: 534.
③ 高铭暄. 中华人民共和国刑法的孕育诞生和发展完善. 北京: 北京大学出版社, 2012: 208.
④ 陈兴良. 刑法疏议. 2版. 北京: 中国人民公安大学出版社, 1997: 109.
⑤ 肖中华. 片面共犯与间接正犯观念之破与立. 云南法学, 2000 (3): 51.

唆、帮助他人实行犯罪者，也能成立教唆犯、帮助犯，按德、日刑法的规定，固然也就解决了其处罚问题。① 但由于我国刑法对帮助犯如何处罚并未做规定；对教唆犯如何处罚，则要根据其是否构成共同犯罪来确定，即构成共同犯罪的，要按其在共同犯罪中所起的作用大小，分为主犯与从犯给予轻重有别的处罚。而在暗中教唆他人犯罪的场合，因其与被教唆者不构成共同犯罪，从而也就无法根据其在共同犯罪中所起的作用来认定其是主犯还是从犯，并给予相应的处罚。这种"片面的教唆犯"又大多不属于我国刑法第29条第2款所指的"被教唆的人没有犯被教唆的罪"的情形。② 由此可见，即便能肯定暗中教唆、帮助他人犯罪者成立教唆犯、帮助犯，也由于我国刑法并未对这种教唆犯、帮助犯如何处罚做明确规定，因而并不能通过这一途径直接找到如何处罚的答案，还必须另寻解决的路径。

特别值得一提的是，持新肯定论者认为："我国刑法分则的相关条文也认可了片面帮助犯。"如我国刑法第198条第4款"以保险诈骗的共犯论处"的规定③，就包含"没有与他人共谋而单方面地为他人诈骗保险金提供条件的"情形；第350条第2款"以制造毒品罪的共犯论处"的规定④，更为明确地表明："只要自己一方有为他方制造毒品而提供原料或者配剂的故意，不管对方是否知情，均可以共犯即帮助犯论处。"⑤ 笔者也不否认，按上述法条的规定，对有关人员不与对方沟通，故意提供虚假的证明文件，暗中帮助对方诈骗保险金的，确实能"以保险诈骗的共犯论处"；对明知对方制造毒品但假装不知情，而提供制造毒品的原料或配剂，暗中帮助对方制造毒品的，无疑也能"以制造毒品罪的共犯论处"。但是，对这类暗中帮助他人犯罪的情形，即便按上述法条的规定要以"共犯论处"，也不等于刑法认可了片面共犯，即肯定片面的共同犯罪可能成立。如前所述，我国刑法总则并未出现"共犯"一词，分则有的条文虽使用了

---

① 德、日刑法规定，对教唆犯按正犯之刑处罚，对帮助犯按正犯之刑减轻处罚。
② 被教唆的人大多会犯暗中教唆者所教唆的罪。
③ 我国刑法第198条第4款规定："保险事故的鉴定人、证明人、财产评估人故意提供虚假的证明文件，为他人诈骗提供条件的，以保险诈骗的共犯论处。"
④ 我国刑法第350条第2款规定："明知他人制造毒品而为其生产、买卖、运输前款规定的物品的，以制造毒品罪的共犯论处。"
⑤ 黎宏. 刑法学总论. 2版. 北京：法律出版社，2016：291.

"共犯"的词语，但只是"共同犯罪"或"共同参与犯罪"的简称，我国的有关司法解释，也从"共同参与犯罪"这种含义上使用过"共犯"一词①，与德、日刑法中的"共犯"的含义完全不同，不能将分则中的"共犯"等同于德、日的共犯（教唆犯或帮助犯）。如果将上述两个条文中的"共犯"一词，理解为"共同参与犯罪"的简称，由于"共同参与犯罪"并非仅限于"共同犯罪"，还包含共同过失犯罪等不属于共同犯罪的情形，那么，将暗中帮助他人诈骗保险金、制造毒品的，分别以共同参与保险诈骗或制造毒品的犯罪来"论处"，就并非是以共同犯罪论处。按我国刑法的规定和单一正犯的解释论，暗中帮助他人犯罪者，因与他人无意思联络即无共同故意，而不能成立共同犯罪，但由于其单方面故意参与他人实行的犯罪，主观上有犯此罪的故意，客观上实施了此罪的构成要件行为所包含的帮助行为，完全具备构成此罪的主客观要件，因而应对其单独定罪处罚。就暗中帮助他人诈骗保险金、制造毒品的情形而论，对行为人分别按保险诈骗罪或制造毒品罪定罪，并无任何障碍。并且，按单一正犯的处罚原则，还应根据其暗中帮助他人犯罪的行为，对他人所实行犯罪的贡献大小（或所起作用的大小），给予轻重适当的处罚，这就能做到处罚均衡合理。并非只有将其解释为成立片面的共同犯罪，才能解决对其定罪处罚的问题。况且，按上述持新肯定论的学者的主张，将上述法条中的"以共犯论处"解释为"以帮助犯论处"，正如前文所述，并不能解决对暗中帮助他人犯罪者的定罪处罚问题，因为我国刑法未使用"帮助犯"的概念，并无对帮助犯如何定罪处罚的规定。

（三）否定片面共同犯罪的路径及其延伸

1. 否定的路径

在我国刑法学界，片面的共同犯罪否定论本来也可分为全面否定论与部

---

① 2000年11月最高人民法院《关于审理交通肇事刑事案件具体应用法律若干问题的解释》第五条规定："交通肇事后，单位主管人员、机动车辆所有人、承包人或者乘车人指使肇事人逃逸，致使被害人因得不到救助而死亡的，以交通肇事罪的共犯论处。"这里的以"共犯论处"中的"共犯"就是指"共同参与犯罪"，而"共同参与犯罪"不只限于共同故意犯罪，还包含共同过失犯罪等多种情形。"以交通肇事罪的共犯论处"，就是指按共同参与交通肇事罪这种过失犯罪处理，对指使肇事人逃逸的共同参与者，按此罪定罪处罚就是合理的。刘明祥．区分制理论解释共同过失犯罪之弊端及应然选择．中国法学，2017（3）：224.

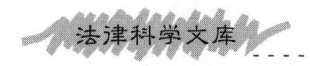

分否定论,但这里的部分否定论与部分肯定论的立场基本相同,即均否定片面的共同正犯而肯定其他类型的片面共犯,只不过有的仅肯定片面的帮助犯,另有的还肯定片面的教唆犯。由于这种部分否定论或部分肯定论立论的基础均是认为有可能成立片面的共同犯罪,因此,笔者将其纳入前文所述肯定论的范畴。在此讨论的片面的共同犯罪否定论是指全面否定论。

我国否定片面的共同犯罪论者所提出的否定理由多种多样,主要有以下几点:(1)我国刑法明文规定,共同犯罪是指二人以上共同故意犯罪,共同故意要求各行为人之间有双向的意思联络并形成相同的故意内容。① 但在所谓片面共犯的场合,各行为人的故意和行为都是单方面的,而不是行为人相互之间的共同故意和相互利用对方的行为,与我国刑法规定的共同犯罪的概念明显不符。②(2)"片面的共同犯罪"本身就是一个自相矛盾的概念,共同犯罪只有两个以上的人共犯某罪才能成立,而"片面的共同犯罪"中实际上只有一方成立共犯,另一方是单独犯,这就意味着只有一人也可以成立共同犯罪,承认"一人的共同犯罪"是不可思议的。③(3)如果承认所谓"片面的共同犯罪",对这种共犯人的处罚不仅在法律上将无所适从、出现混乱,而且可能导致处罚结果违背罪责刑相适应的量刑原则。④(4)所谓"片面的共同犯罪",实际上是利用他人的实行行为,以实现自己的犯罪意图,应认定其独立构成犯罪。⑤ 因此,否定片面的共同犯罪,不会出现放纵犯罪的后果。

问题在于,否定片面的共同犯罪之后,对暗中参与(含实行、教唆和帮助)他人犯罪且情节严重者如何处理?我国的否定论者并不否认有必要当犯罪处罚,至于定罪处罚的路径,过去大多主张按单独犯或间接正犯论处⑥,近年来有论者提出应按预备犯来处罚(以下简称"预备犯说")。⑦ 按单独犯处罚的主张,忽视了"片面共犯一方并没有单独实施犯罪,而是利

---

① 夏勇.我国犯罪构成理论研究视角疏议.法商研究,2003(2):23.
② 何秉松.刑法教科书.上卷.北京:中国法制出版社,2000:440.
③ 叶高峰.共同犯罪理论及其运用.郑州:河南人民出版社,1990:309.
④ 肖中华.犯罪构成及其关系论.北京:中国人民大学出版社,2000:333.
⑤ 张明楷.犯罪论原理.武汉:武汉大学出版社,1991:535.
⑥ 张明楷.犯罪论原理.武汉:武汉大学出版社,1991:535;肖中华.片面共犯与间接正犯观念之破与立.云南法学,2000(3):52.
⑦ 吕翰岳.互联网共同犯罪中的意思联络.法学评论,2017(2):153.

用即将发生的或者已经存在的实行行为,并对之进行加功或者补充,其所实施的就是直接参与具体实行行为,使得不知情的一方能够完成某一犯罪"①。简而言之,单独犯通常是单个人单独实施犯罪,而暗中教唆、帮助他人犯罪等所谓"片面共犯",是暗中参与他人实行的犯罪,存在共同参与的问题,并非是单个人单独犯罪。正因为如此,暗中的参与者与不知情的实行者之间还存在责任分担的问题,而单个人单独犯罪则不存在这样的问题。按间接正犯处理固然是考虑到了利用他人来实施犯罪(数人共同参与犯罪)的因素,但我国刑法并未规定间接正犯,并且我们所采取的单一正犯体系与间接正犯的概念不相容。② 过去,我国的刑法学者大多将利用他人作为工具实施犯罪的情形,解释为利用者间接实行了犯罪,因而与其单独直接实行犯罪同等对待。这实际上是借用或套用了德、日的间接正犯论。但是,将暗中参与他人之犯罪的情形以间接正犯或间接实行犯论处③,在我国不仅无法律依据,而且与在德、日采用此种主张有相似的缺陷。因为"利用间接正犯理论来囊括片面帮助犯问题,必然会导致间接正犯理论的扩大化,从而使间接正犯理论偏离原来的初衷"④。众所周知,典型的间接正犯是利用无责任能力人的行为来实现自己的犯罪目的。例如,母亲指使5岁的儿子将他人装有大量现金的钱包偷拿过来给自己。年幼的儿子不构成犯罪,母亲成为盗窃罪的间接正犯。在我国,认定母亲间接实行了盗窃也无可非议,这同母亲唆使自己驯养的狗将他人的钱包衔过来相似,因而可以做同样的评价。但暗中帮助他人犯罪,如得知某人想要进入自己仇人的房屋内盗窃,而将梯子放到仇人房屋外的窗口下,盗窃者以为梯子原本就在那里,并利用梯子顺利进入仇人房屋内,窃取了大量财物。这种暗中帮助他人盗窃的情形,显然不能与母亲指使幼儿盗窃相提并论。因为暗中帮助盗窃者并未支配或控制实行者的盗窃行为,不能认为其把对方作为工具来为自己实施盗窃犯罪;而母亲指使幼儿盗窃,则对幼儿的盗窃行为发挥了支配或控制作用,显然是利用幼儿作为工具来盗窃他人财物。况且,母亲最终获得或占有了幼儿窃取的财物,幼儿又不承担盗窃的责任,

---

① 郑泽善. 片面共犯部分否定说证成. 政治与法律,2013(9):93.
② 刘明祥. 间接正犯概念之否定. 法学研究,2015(6):98.
③ 钱毅. 我国刑法中不存在片面共犯. 中南政法学院学报,1990(4):80.
④ 同①.

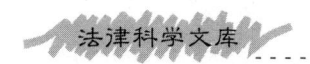

因而认定母亲为间接正犯（或间接实行犯），使其承担与直接实行盗窃者（直接正犯）相同的责任，具有合理性；而暗中帮助盗窃者并未获得或占有实行者窃取的财物，加上已有实行者对盗窃的结果承担责任，尽管对其也应予以处罚，但将其与直接实行盗窃者同样对待，给予相同的处罚，无论是从行为人、被害人还是从社会公众的立场，均难言具有公平合理性。

持预备犯说的论者，看到了以间接正犯（或间接实行犯）论处会带来处罚轻重失衡的问题，而按预备犯处罚，依据我国刑法第 22 条的规定，则"可以比照既遂犯从轻、减轻处罚或者免除处罚"，从而可在一定程度上避免处罚轻重失衡的现象发生。在笔者看来，仅对构成犯罪的暗中参与者的处罚轻重或处罚效果而言，这无疑会比以间接正犯（或间接实行犯）论处更好一些；并且，此种主张的立论基础是，我国刑法不是采取区分制的犯罪参与体系，因而不能将暗中参与者以间接正犯或共犯论处①，这也是应予充分肯定的。但问题的关键在于，将暗中参与者认定为预备犯是否合适。预备犯说这样认定的主要理由是，我国刑法第 22 条规定："为了犯罪，准备工具、制造条件的，是犯罪预备。"其中的"为了犯罪"，并不限于为自己实行犯罪（自己预备罪），而是还包括为了他人实行犯罪（他人预备罪）的情形。即便是"事中的片面帮助同样可以为该条的犯罪预备概念所包含"。因为"片面帮助人与正犯人之间不存在实定法上的共同犯罪关系，正犯人的着手行为并不能归属于片面帮助人，我们仍然可以单独就片面帮助人的行为判断其'尚未着手实行'"，所以，可以认定其成立他人预备罪。② 尽管是否承认他人预备罪，在国内外刑法学界尚有争议，笔者也不否认，在我国"承认他人预备罪没有法律障碍"③，但无论是自己预备罪还是他人预备罪，都仅限于为实行犯罪做准备的行为，且必须是由于意志以外的原因停留在了犯罪预备的阶段。如果经过犯罪预备已转入着手实行，则不存在预备犯的问题。④ 他人预备罪与自己预备罪的不同在于，自己预备罪只能发生在行为人本人着手实行犯罪之前；而他人预备罪

---

① 吕翰岳. 互联网共同犯罪中的意思联络. 法学评论，2017（2）：150.
② 同①153.
③ 张明楷. 刑法学：6 版. 北京：法律出版社，2021：432.
④ 马克昌. 马克昌文集. 武汉：武汉大学出版社，2012：626.

一般发生在参与他人犯罪的案件中，由于大多会与他人之间形成共同参与犯罪的关系，因此通常也只能发生在他人实行犯罪之前。如果他人已实行犯罪，他人预备罪的成立条件就不复存在。上述持预备犯说的论者以"片面帮助人与正犯人之间不存在实定法上的共同犯罪关系"为依据，认为"正犯人的着手行为并不能归属于片面帮助人"，因而"仍然可以单独就片面帮助人的行为判断其'尚未着手实行'"，这显然忽视了犯罪参与者之间不成立共同犯罪并不意味着就不存在共同参与犯罪的关系，而共同参与犯罪案件中他人预备罪的成立，同样应以他人尚未实行犯罪作为前提条件。例如，行为人唆使无责任能力人杀死了被害人，行为人与实行杀人者之间尽管不成立共同犯罪，但却不能否定双方共同参与了犯罪。由于无责任能力人已实行杀人行为，行为人不可能成立他人预备罪（杀人罪的预备犯），而应认定其构成杀人罪的既遂犯。这是因为在共同参与犯罪的条件下，所有参与者的行为都与危害结果之间有因果关系，即使是暗中帮助他人犯罪者也不例外。在他人已实行犯罪并引起了危害结果发生的条件下，暗中的帮助者也应对与自己的帮助行为有因果关系的危害结果负责，即承担犯罪既遂而不是犯罪预备的责任。例如，行为人为发泄对公司老板的不满，将写有保险柜密码的纸条放在存放大量贵重财物的保险柜之上，意图帮助小偷窃取其中的财物。某日果真有小偷入室发现密码并用来打开保险柜，窃取了内存的大量贵重财物。事后查明，小偷与行为人并不相识，事先也无任何联系。行为人是片面帮助人，与小偷之间虽"不存在实定法上的共同犯罪关系"，但却存在共同参与犯罪的关系。因为若没有行为人提供密码，小偷无法打开保险柜，不可能窃取其中的财物，可见，行为人提供密码的行为与小偷窃取保险柜中财物的行为，存在两者缺一不可的内在联系，是引起盗窃结果发生的共同原因，两人均应对该结果负责。如果认定片面帮助的行为人成立盗窃罪的预备犯，那就表明其未对自己的帮助行为引起的危害结果负责，这显然与刑法理论不符。并且，按我国司法实践中通常的做法，对盗窃预备大多不以犯罪论处，即不认可盗窃罪的预备犯。因此，按预备犯说难免会产生轻纵犯罪的结果。

2. 最佳路径的延伸

笔者持否定论，基本上赞同上述否定片面的共同犯罪的理由；同时认为，过去的否定论者没有意识到，还有一条更为重要的根本性理由，这就是我国刑法采取单一正犯体系，"片面的共犯"本来就没有存在的基础，

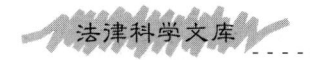

"片面的共同犯罪"更是没有存在的余地。

按我国刑法采取的单一正犯体系和我们的单一正犯解释论，对暗中教唆、帮助他人犯罪者，单独定罪不存在任何法律障碍或解释困难，根本不需要套用德、日的片面共犯理论。如前所述，在德、日的区分制法律体系下，对没有实施构成要件的实行行为者，如果不作为间接正犯或共犯来处罚，则因不能对其单独定罪处罚而会出现处罚漏洞，为此，不得不将有处罚必要性的暗中教唆或帮助他人犯罪者，纳入共犯（"片面的共犯"）或间接正犯（"正犯后的正犯"）的范畴，以解决其定罪处罚的难题。但是，按单一正犯的解释论，"共犯"是区分正犯与共犯的参与体系的产物，"共犯"的地位低于"正犯"、处罚轻于"正犯"，这也是区分制体系特有的观念；在单一正犯体系下，所有的犯罪参与者都处于平等的地位，都是"正犯"（同等地位的"犯罪人"或"行为人"）。参与者实施的无论是实行行为、教唆行为还是帮助行为，只要是与侵害法益的事实或结果之间有因果关系，对其定罪都不会有任何影响，并且由于刑法分则规定的具体犯罪的构成要件行为，并非仅限于实行行为，而是还包含教唆行为、帮助行为等多种侵害法益的行为，因而对犯罪参与者的定罪，完全可以采用与单个人犯罪基本相同的定罪规则。以刑法第232条故意杀人罪的规定为例，其中"故意杀人"中的"杀人"行为，就包含实行杀人、教唆杀人、帮助杀人、预备杀人等多种侵害人的生命法益的行为。暗中教唆、帮助他人杀人者，尽管没有直接实行剥夺被害人生命的行为，但无疑也实施了故意杀人罪构成要件中的"杀人"所包含的行为。并且，如果没有其暗中教唆杀人的行为，对方就不会产生杀人的犯意，被害人被杀害的结果就不会发生，因而行为人的教唆行为与被害人的死亡结果之间有因果关系；同样道理，如果没有其暗中帮助杀人的行为，对方可能无法顺利杀害被害人。以采用暗中设置障碍将被害人绊倒的方式帮助追杀者杀人的情形为例，被害人不被绊倒还存在逃脱的可能性，因此，其暗中帮助杀人的行为与被害人死亡结果之间也有因果关系。另外，暗中教唆、帮助他人杀人者，对自己的行为会引起或便利于他人杀害被害人并导致其死亡结果的发生，在主观上不仅有明确认识而且持希望或放任的态度，也就是有杀人的故意。可见，暗中教唆、帮助他人杀人者，完全具备故意杀人罪的主客观要件，对其按此罪定罪处罚是理所当然的结论。

问题在于，对暗中教唆、帮助他人犯罪者，不按"片面的共同犯罪"

来处理，是否会使其受明显过重的处罚呢？这正是日本等国承认片面共犯的一个重要原因，也是我国学者主张引进这种理论，即肯定"片面的共同犯罪"的一条重要理由。我国的肯定论者认为，肯定暗中教唆、帮助他人犯罪者与实行者构成共同犯罪，就可以将其认定为从犯，依法予以从轻、减轻处罚，甚至免除处罚，避免对比普通的教唆、帮助他人犯罪情节还轻的教唆犯、帮助犯，与直接实行犯同等对待给予同样重的处罚。① 但是，肯定论者忽视了将行为人认定为"从犯"，是以其与其他行为人构成共同犯罪为前提条件的。我国刑法第 27 条明文规定："在共同犯罪中起次要或者辅助作用的，是从犯。"并且"从犯"是相对于同案中其他共同犯罪人而言的，只有与其他共同犯罪人相比较，才能得出是"在共同犯罪中起次要或者辅助作用"的结论。② 一个人不可能成立共同犯罪，又怎么能说没有相对方的一个人在共同犯罪中起次要作用因而是"从犯"呢？

事实上，对暗中教唆、帮助他人犯罪者单独定罪，恰当运用单一正犯的处罚规则，处罚过重的不合理现象能有效避免。因为暗中教唆、帮助他人犯罪者，虽然与被教唆、被帮助的实行犯之间无共同故意，不构成共同犯罪，但不能否认他们的行为具有共同性。不仅行为指向或侵害的对向同一，而且双方的行为之间有一定的内在联系。正如前文所述，如果没有暗中的教唆者的教唆行为，实行犯就不会产生犯意，危害结果就不会发生；假如没有暗中的帮助者的帮助行为，实行犯所实行的犯罪就不能顺利完成，犯罪既遂的结果就可能不会发生，因此，应当认为双方尽管不成立我国刑法规定的共同犯罪，但却不能否认他们事实上共同参与了同一犯罪。既然如此，按单一正犯的处罚规则，对共同参与犯罪者就应当根据其参与犯罪的性质和参与犯罪的程度，给予轻重适当的处罚。一般来说，由于实行犯对犯罪的完成起了决定性的作用，处罚当然要重一些，暗中的教唆者，特别是暗中的帮助者，对犯罪的完成所起的作用往往要小，处罚自然也应轻一些。只不过，如果犯罪情节较轻，有必要减轻处罚时，没有法定减轻处罚的情节，但还可以作为酌定减轻事由，依照我国刑法第 63 条第 2 款的规定，予以减轻处罚。对于情节显著轻微危害不大的，甚至可以适用

---

① 高铭暄，马克昌. 刑法学. 10 版. 北京：北京大学出版社，2022：165.

② 陆诗忠. 我国《刑法》中的"共同犯罪"："犯罪共同说"抑或"行为共同说". 华东政法大学学报，2016（1）：138.

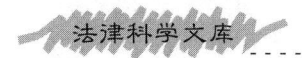

我国刑法第 13 条"但书"的规定，不以犯罪论处。这样一来，肯定片面共同犯罪的论者所担忧的处罚过重的问题就不会发生。

不仅如此，对暗中帮助他人犯罪并为犯罪的完成发挥了决定性作用的人，如前述在公司保险柜上放置写有保险柜密码的纸条，暗中帮助盗窃犯窃取保险柜中大量财物的情形，在区分制的法律体系下，若将暗中帮助者认定为"片面的共犯"（帮助犯），按德、日刑法的规定，对其应按正犯之刑减轻处罚，会比实行盗窃者（正犯）的处罚轻得多，这样的处罚结果显然不具有公平合理性。因为若没有暗中帮助者提供保险柜密码，盗窃犯不可能打开保险柜窃取其中的大量财物，可见其对危害结果发生所起的作用并不比实行盗窃者的小，对其处罚的轻重也应与实行盗窃者相当。将暗中帮助者认定为"片面的共同正犯"或"间接正犯"，虽可避免这种处罚不合理的现象发生，但又会带来与刑法的相关规定和解释论相冲突的问题。因为按德、日刑法的规定，二人以上共同实行犯罪的，才是共同正犯。而提供保险柜密码暗中帮助盗窃者，显然没有实施盗窃的实行行为，不能成为盗窃的共同正犯；又由于盗窃犯人的盗窃行为并非是在其控制或支配之下实施的，因而也不属于间接正犯。但是，按照我们的单一正犯解释论，对暗中帮助者单独定罪，同时考虑其对犯罪的贡献或危害结果发生所起作用的大小，给予其与盗窃的实行犯轻重相当的处罚，甚至更重一些的处罚，均无任何法律上的障碍或解释上的困难，从而为合理处罚这类犯罪参与者提供了便利。

顺便指出，还有一种按区分制的片面共犯的解释论不能得出合理结论的案件，按我们主张的单一正犯解释论却能得到恰当的处理。例如，乙正在举枪射击丙，甲为了确保丙的死亡，在乙的背后于乙不知情的情况下，与乙同时开枪射击。丙中弹身亡，但不能查明丙被谁击中。按我国持区分制的片面共同正犯肯定论者的主张，由于不能查明甲的行为与丙的死亡之间具有物理的因果性，又由于乙并不知情，不能肯定甲的行为强化了乙的杀人心理，因而不能肯定甲的行为与丙的死亡之间具有心理的因果性。所以，甲不成立片面的共同正犯（只是同时犯），不应对其适用部分行为全部责任的原则，只能认定甲成立故意杀人未遂，乙同样仅负故意杀人未遂的刑事责任。[①] 在笔者看来，本案中的乙事前不知甲与其同时枪击丙，固

---

① 张明楷.共犯的本质.政治与法律，2017（4）：20.

然可以认定为同时犯,仅对自己行为引起的结果负责,在不能证明丙的死亡是由其枪击行为所引起时,只能认定其成立故意杀人未遂。但甲在明知自己暗中与乙合作同时枪击丙的情况下,不应认定其与乙为同时犯,而应肯定其为故意参与他人正在实行的犯罪,虽由于其与乙之间无意思联络缺乏共同故意,而不成立我国刑法规定的共同犯罪,但无疑属于单方面故意参与他人实行的犯罪,也在共同参与犯罪的范围之内。既然如此,就应将每个参与者的行为结合为一个整体,来认定其与危害结果之间的因果关系。例如,在A与B约定同时开枪杀害C的场合,无论是A还是B击中致C死亡,或者仅有一颗子弹击中致C死亡却不知是谁击中的,均应认定A与B的整体杀人行为与C的死亡结果之间有因果关系,A与B都成立故意杀人既遂。基于同样的理由,因甲是故意与乙共同枪杀丙,应将其与乙的行为作为整体来评价与丙的死亡结果之间的因果关系,无论是乙直接击中还是无法查明是谁击中致丙死亡,均应认定甲的行为与丙的死亡结果间存在因果关系,即成立故意杀人既遂。如果认定甲构成故意杀人未遂,就难免使人产生这样的疑问:在甲与乙约定同时开枪杀害丙的场合,即便是乙击中致丙死亡,甲的子弹打偏,甲仍应对丙的死亡结果负责,构成故意杀人既遂;但在甲基于同样的心理状态实施同样的枪杀行为,在丙的死亡结果还存在是由其行为所直接引起的可能性的情况下,反而对该结果不承担责任,这明显不具有合理性。

第三节 共同犯罪的形式

一、共同犯罪的形式概述

共同犯罪的形式,是指二人以上共同故意犯罪的存在形式或结构状态。

我国刑法中并未使用"共同犯罪形式"的术语,该术语来源于苏联刑法学。不过苏联及后来俄罗斯的刑法迄今为止也未使用这一术语。"与此不同,《乌兹别克斯坦共和国刑法典》(第31条)和《吉尔吉斯共和国刑法典》(第29条)直接使用了'共同犯罪形式'这样的术语。"

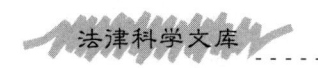

"它们将共同犯罪形式分为简单共犯、复杂共犯、有组织集团和犯罪团体。"① 俄罗斯现行刑法典虽然没有直接使用"共同犯罪形式"的术语,但在其刑法"第 35 条规定了以下共同犯罪形式:团伙、有预谋的团伙、有组织的集团和犯罪团体(犯罪组织)。独联体国家《示范刑法典》(第 38 条)和《塔吉克斯坦共和国刑法典》(第 39 条)也划分了同样的共同犯罪形式"②。

苏联著名刑法学家特拉伊宁"最早对共同犯罪的形式问题进行了最为详细的研究。他在自己的著作中划分出以下几种共同犯罪形式:(1)简单共同犯罪;(2)事先通谋的加重责任的共同犯罪;(3)特殊共同犯罪,即犯罪团体的共同犯罪;(4)有组织的集团"③。受他和一些苏联刑法学者的论著的影响,我国刑法学界的通说也主张,从不同角度用不同的标准,将共同犯罪的形式分为以下几种:(1)任意的共同犯罪和必要的共同犯罪;(2)事前通谋的共同犯罪和事中通谋的共同犯罪;(3)简单的共同犯罪和复杂的共同犯罪;(4)一般的共同犯罪和特殊的共同犯罪。④ 另有论者认为,对我国的共同犯罪形式,应采取通说的最后这种标准,分为一般共同犯罪和特殊共同犯罪⑤;也有论者认为,应采取通说的后两种标准来划分,即分为简单的共同犯罪和复杂的共同犯罪、一般共同犯罪和特殊共同犯罪⑥;还有论者认为,应采取上述通说中除第(2)种之外的三种标准来划分,即分为任意的共同犯罪和必要的共同犯罪、简单的共同犯罪和复杂的共同犯罪、一般共同犯罪和特殊共同犯罪。⑦ 也还有论者认为,应采取上述通说中除第(3)种之外的三种标准来划分,即分为任意的共同犯罪和必要的共同犯罪、事前通谋的共同犯罪和事前无通谋的共同犯罪、一

---

① 库兹涅佐娃,佳日科娃. 俄罗斯刑法教程(总论):上卷. 黄道秀,译. 北京:中国法制出版社,2002:407,411.
② 同①.
③ 同①408.
④ 高铭暄,马克昌. 刑法学. 10 版. 北京:北京大学出版社,2022:166-169.
⑤ 何秉松. 刑法教科书:上卷. 北京:中国法制出版社,2000:445.
⑥ 马克昌. 犯罪通论. 3 版. 武汉:武汉大学出版社,1999:523-524.
⑦ 陈兴良. 陈兴良刑法学教科书. 北京:中国政法大学出版社,2003:141-142.

般的共同犯罪和特殊的共同犯罪。①

那么，共同犯罪形式究竟应包含哪几种呢？首先应当看到，"任意共同犯罪和必要共同犯罪，是以刑法分则是否规定犯罪行为必须由数人共同实施为标准划分的。……它没有涉及共同犯罪的内部结构或结合方式问题，因而不可能把共同犯罪的形式区别开来，如任意共同犯罪和必要共同犯罪都具有犯罪集团这样的共同犯罪形式就是例证"②。其次应当肯定，共同犯罪形式离不开刑法的规定。因为"'形式是内容的存在方式，是内容的结构和组织。'共同犯罪的内容是共同犯罪的诸构成要件的总和，共同犯罪的形式则是二人以上共同犯罪的内部结构或者共同犯罪人之间的结合方式"③。从某种意义而言，共同犯罪的形式是由共同犯罪的内容所决定的，而共同犯罪的内容只能由刑法予以明文规定。因此，确定共同犯罪的形式应以刑法的规定为根据。如前所述，俄罗斯刑法第35条规定了多种共同犯罪的形式，该条第1项和第2项，以有无预谋为标准分别规定了两种共同犯罪形式，其中，"没有预谋的共同犯罪是危险性最小和少见的一种共同犯罪形式"，而"最常见的和最危险的一种共同犯罪形式是有预谋的共同犯罪"④。可见，在俄罗斯，有预谋的共同犯罪和没有预谋的共同犯罪是两种法定的共同犯罪形式。但是，在我国，刑法并无这样的明文规定，加上，"事前通谋还是事中通谋只是通谋的时间问题"，并非当然地说明共同犯罪的形式不同⑤，因此，将其排除在法定的共同犯罪形式之外，是有道理的。不过，从理论上特别是从比较法的视角作这样的区分，将其纳入共同犯罪形式的范围也无可非议。

我国刑法虽然没有像俄罗斯刑法那样用专条对共同犯罪形式作明确规定，但从我国刑法第25条关于共同犯罪含义、第26条关于犯罪集团以及第29条关于教唆犯的规定可以看出，我国刑法中的共同犯罪形式包含简单共同犯罪、复杂共同犯罪和有组织的共同犯罪（或集团共同犯罪）。因

---

① 曲新久. 刑法学. 北京：中国政法大学出版社，2009：148-149.
② 马克昌. 犯罪通论.3 版. 武汉：武汉大学出版社，1999：523-524.；523.
③ 同②521.
④ 斯库拉托夫，等. 俄罗斯联邦刑法典释义：上册. 黄道秀，译. 北京：中国政法大学出版社，2000：85-86.
⑤ 马克昌. 犯罪通论.3 版. 武汉：武汉大学出版社，1999：521.

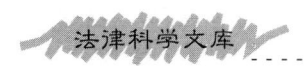

为我国刑法第 26 条规定："组织、领导犯罪集团进行犯罪活动的……是主犯。""三人以上为共同实施犯罪而组成的较为固定的犯罪组织，是犯罪集团。""对组织、领导犯罪集团的首要分子，按照集团所犯的全部罪行处罚。"这些规定表明，在立法者看来，有组织的犯罪集团所从事的犯罪，是一种特别危险的共同犯罪形式，对其中的首要分子要作为打击的重点予以特别对待。由此不难看出，我国刑法以是否存在组织形式将共同犯罪分为有组织形式的共同犯罪和没有组织形式的共同犯罪两大类。刑法第 29 条对教唆犯及其处罚原则的规定表明，立法者意识到共同犯罪之中，还存在有人只教唆他人犯罪而自己不去实行犯罪的特殊情形，这就意味着刑法以共同犯罪人之间是否存在分工，将共同犯罪分为简单共同犯罪与复杂共同犯罪两大类。一般来说，有组织的犯罪集团实施的共同犯罪，大多是由组织、领导者即首要分子在幕后操纵，是一种有很细致分工的复杂共同犯罪，但也不排除首要分子均亲自到现场去直接实行犯罪，即采取简单共同犯罪的形式去作案的。

我国刑法中的共同犯罪形式可用下图概括显示。

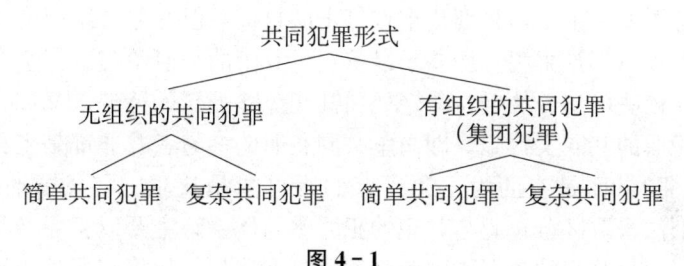

```
                    共同犯罪形式
                   /            \
          无组织的共同犯罪      有组织的共同犯罪
                                 （集团犯罪）
          /        \            /          \
    简单共同犯罪 复杂共同犯罪  简单共同犯罪 复杂共同犯罪
```

图 4-1

我国刑法中的共同犯罪形式不同于犯罪参与形式。如前所述，共同犯罪只是犯罪参与（或数人共同参与犯罪）的一种特殊类型，犯罪参与的范围比共同犯罪的要宽广得多，并且，我国刑法只是对共同犯罪及其处罚原则作了明文规定，对其他犯罪参与类型并未作规定，因此不可能在刑法总则中找到其他犯罪参与形式的规定。但是，从刑法理论上也可以概括出共同犯罪之外的其他犯罪参与类型的一些存在形式或结构状态。例如，可以参与者主观上的罪过形式或内容为标准，将共同犯罪之外的犯罪参与形式分为，此种故意（如杀人故意）与彼种故意（如伤害故意）即故意内容不同的犯罪参与形式、一方基于故意另一方出于过失即故意与过失结合的犯罪参与形式以及双方均为过失即共同过失的犯罪参与形式，等等；也可以参与者是否实施直接引起危害结果发生的行为为标准，分为简单参与与复杂参与两种不同的犯罪参与形式。其中，前者通常表现为参与者都直接实施引起危害结果发生的行为，如一方基于杀人故意另一方出于伤害故意，共同对被害人身体实施打击行为引起被害人死亡结果的发生，一方基于杀害仇人的意思另一方误认被害人为野兽（出于过失）而共同开枪射击致被害人死亡，这就属于简单参与形式；后者大多表现为参与者之间有的实施直接引起危害结果的行为，另有的则实施加功性的行为（如教唆或帮助行为），等等。还有一种较为特殊的犯罪参与形式是，利用无责任能力人的行为或利用他人无故意的行为，引起自己意欲的危害结果发生，这种所谓的间接实行犯（或区分制体系下的间接正犯）的情形，虽然也在共同参与犯罪的范围之内，但双方之间同样不成立共同犯罪。

特别值得一提的是，按照我国刑法的规定，共同犯罪形式与共同犯罪人的分类或参与角色虽有密切联系，但并不能直接挂钩，更不能等同起来。例如，有组织的共同犯罪固然是一种特别危险的共同犯罪形式，其中的首要分子都是主犯，是刑法重点打击的目标，但并非有组织的共同犯罪中的所有成员都是主犯、均要予以重罚，其中的一般参与者完全有可能成为从犯，依法可享受从轻、减轻处罚甚至免除处罚的待遇。又如，直接参与实行犯罪的共同实行犯，即简单共同犯罪的参与者并非都是主犯或从犯（含胁从犯），而是有的为主犯另有的则可能是从犯。与我国刑法不同，德、日刑法采取区分正犯与共犯的犯罪参与体系，主要以犯罪参与形式作为区分正犯与共犯的依据，因此，德、日刑法学往往将犯罪参与形式与犯罪参与角色或犯罪参与人的分类直接挂钩。例如，对共同犯罪的参与者均直接实行犯罪的，这种被我们称为简单共同犯罪的形式，德、日刑法规定为共同正犯，对所有参与者均以正犯论处。又如，对犯罪参与者中有的直接实行犯罪另有的加功于犯罪（教唆或帮助他人犯罪）的，这种被我们称为复杂共同犯罪的形式，德、日刑法主要根据参与者实施的行为形式的不同，分为正犯、教唆犯和帮助犯，给予轻重不同的处罚。简而言之，德、日刑法主要根据参与者参与犯罪的形式，来确定其参与角色即是正犯还是共犯（教唆犯或帮助犯）。但我国刑法不是根据参与者参与犯罪的形式来确定其参与角色，而是根据其在共同犯罪中所起作用的大小来确认其是主犯还是从犯（含胁从犯），给予轻重不同的处罚。

二、简单共同犯罪

我国传统的刑法理论以共同犯罪人之间有无分工为标准，将共同犯罪形式分为简单共同犯罪和复杂共同犯罪。所谓简单共同犯罪，是指共同犯罪人之间无明确的分工，都直接实行犯罪或共同实行犯罪的情形。我国刑法学又称之为"共同实行犯"，德、日刑法学则称之为"共同正犯"。这种"共同实行犯"（或"共同正犯"）虽以共同犯罪人之间无明确的分工为特色，但这仅仅是指共同犯罪人都去实施实行行为，不存在有的实施实行行为、另有的实施教唆行为或帮助行为这样的分工，并不排除事先共谋做好分工之后，都到现场去按事先的分工共同协力完成犯罪的情形。并且，对"共同实行"中的"实行"，即便是按德、日的判例和通说的解释，也应从广义上理解为，包含到作案现场实施的外观上与"教唆""帮助"相似，甚至相同的行为，如室外望风的行为、现场指挥的行为，等等。因此，准确地说，简单共同犯罪或共同实行犯罪，是指共同犯罪人都直接实行犯罪或均到犯罪现场去参与实施犯罪的情形。

在我国，研究简单共同犯罪，重在充分肯定此种形式的共同犯罪中的所有参与者的行为均应被纳入共同犯罪行为的整体，认定其与危害结果之间的因果关系。不能将参与者个人实施的行为从整体行为中抽取出来，评判其行为与危害结果之间的因果关系。例如，甲与乙约定一起扔石子砸楼下的仇人丙，两人分别扔了多块石子，但只有一块石子击中并致丙重伤。无论是甲或乙扔的石子砸中丙，还是无法证明是甲还是乙砸中的，均应认定丙的重伤结果与甲和乙的行为之间有因果关系，对两人都要按故意伤害（致人重伤）罪定罪处罚，而不能仅对砸中丙的甲或乙按此定罪处罚，对没有砸中丙的另一人以故意伤害未遂处理，更不能在无法查明是谁砸中的情况下，对甲和乙均以故意伤害未遂论处。这是因为在简单共同犯罪（共同实行犯罪）的场合，所有参与者的行为都是在共同故意的支配下结合为一个整体来侵害法益的，这一整体的行为与侵害法益的事实或结果之间有因果关系；而且，每个参与者的行为都是共同行为整体的有机组成部分，都与危害结果之间有因果关系，均要对该结果负责。

简单共同犯罪的成立，不仅客观上要求各参与者有共同实行犯罪的行为，而且主观上要有共同故意。如果有人超出共同故意的范围实行了别的犯罪，则只能由实行该种犯罪的人对该种犯罪负责。例如，甲与乙共谋夜间入室盗窃，甲在室外望风，乙入室搜索到一些财物后，发现室内仅有一女子，又趁机予以强奸。乙超出共同故意范围另行强奸妇女，除与甲构成盗窃罪的共同犯罪外，还构成强奸罪，并单独对强奸罪承担刑事责任。但是，如果其他参与者对行为人超出共同故意范围实行的犯罪所引起的结果，在主观上有过失，而该结果又是共同故意实行之犯罪的结果加重犯所能包容的结果，则其他参与者可能构成共同实行之罪的结果加重犯。例如，甲、乙、丙三人共谋去殴打丁，约定可打伤丁但不要伤得太重，更不能打死。在殴打的过程中，丁予以还击，将甲的鼻子打伤流了不少血。甲恼怒产生杀意，掏出随身携带的匕首，对丁的胸部猛刺两刀，导致丁死亡。甲超出伤害的共同故意范围实施了杀人行为，固然要由其单独承担故意杀人的罪责，但由于甲的行为与乙、丙的行为有内在联系，应视为三人的整体行为引起了丁死亡结果的发生，因此，乙、丙也要对该结果负责，只不过乙、丙对该结果的发生无故意，因而不构成故意杀人罪，只承担故意伤害（致人死亡）罪的刑事责任。

  对简单共同犯罪即共同故意实行犯罪的参与者，按德、日刑法的规定，都要以共同正犯论处，分别处以与单独正犯相同的刑罚。由于我国刑法将共同犯罪人分为主犯与从犯（含胁从犯）给予轻重不同的处罚，尽管有论者将我国的简单共同犯罪等同于德、日的共同正犯，并把主犯等同于德、日的正犯，从而得出对简单共同犯罪人都应以主犯论处的结论。但我国的通说认为，不能一概认定为主犯，应根据各共同犯罪人在共同犯罪中的作用和社会危害程度，分别按主犯、从犯、胁从犯处罚。① 笔者认为，按我国的通说处理简单共同犯罪案件，比按德、日的共同正犯的规定，对所有参与者均以正犯论，给予相同的处罚，无疑更具有合理性。因为在这类犯罪案件中，不同参与者在犯罪过程中所起作用的大小可能会有较大差异，应该区别对待给予轻重不同的处罚，才具有合理性。按我国刑法的规定，只要是共同犯罪，无论是简单共同犯罪还是复杂共同犯罪，对构成犯罪的参与者均要根据其在共同犯罪中所起的作用大小区分为主犯或从犯，给予轻重不同的处罚。但如果在某一具体案件中，构成犯罪的所有参与者的作用大小相当，则都应认定为主犯，给予轻重相当的处罚。

---

  ① 高铭暄，马克昌. 刑法学. 10版. 北京：北京大学出版社，2022：168.

三、复杂共同犯罪

所谓复杂共同犯罪，是指各参与人之间存在行为形式上的分工的共同犯罪。具体表现为：有的在幕后组织、策划、指挥犯罪，有的教唆他人使之产生犯罪的决意，有的帮助他人使之易于实行犯罪，有的在他人的组织、教唆或帮助之下，去直接实施构成要件的实行行为。由于构成犯罪的各参与者的行为形式不同，并且存在不到现场去作案的"幕后"人物（包含组织、教唆和帮助者），相对于各参与者均实施犯罪的实行行为或都到"前台"（犯罪现场）去作案的情形，具有一定的复杂性，因而称之为复杂共同犯罪。应当注意的是，复杂共同犯罪中的"分工"，仅限于行为形式上的"分工"，不包含前述简单共同犯罪中参与者均到现场作案所形成的分工合作的情形。

复杂共同犯罪也以参与者之间客观上有共同的犯罪行为，主观上有共同的犯罪故意为成立条件。与简单共同犯罪不同的是，在复杂共同犯罪中，一定会有部分参与者的行为形式不同。但不同的行为形式同样是结合在一起，形成一个整体的共同行为来侵害法益，在发生预期的危害结果的情况下，所有参与者的行为都与危害结果之间存在因果关系。这与简单共同犯罪具有相同性，只不过其具体表现形式有差异。组织犯、教唆犯和帮助犯的行为不可能直接引起危害结果的发生，都必须通过实行犯的实行行为引起危害结果的发生。但如果没有组织犯、教唆犯的组织行为、教唆行为，实行犯的犯罪决意或犯罪故意就不会产生，从而也就不会去实行犯罪，危害结果自然也不会发生；帮助犯的帮助行为，则会使实行犯易于实行犯罪并坚定完成犯罪的决心，如果没有其帮助，危害结果同样有可能不会发生或不会以现有的状态发生。正因为如此，应当肯定组织行为、教唆行为、帮助行为与危害结果之间有因果关系。

在司法实践中，还可能出现教唆教唆犯（间接教唆）和教唆帮助犯的情形，日本刑法第61条第2款和第62条第2款对此有处罚规定，并且教唆间接教唆犯（再间接教唆）以及帮助帮助犯（间接帮助）的案件也有可能发生，但由于日本刑法对此无明文规定，关于其是否可罚的问题，日本刑法学界众说纷纭。[①] 我国刑法对这类行为虽无明文的处罚规定，但按单

---

① 松宫孝明. 刑法总论讲义：第4版补正版. 钱叶六，译. 北京：中国人民大学出版社，2013：211.

一正犯的解释论，即便是再间接教唆或再间接帮助的案件，甚至最终被教唆或被帮助的实行犯尚未着手实行犯罪，按日本的通说不能定罪处罚的，在我国只要是共同参与犯罪并有处罚的必要性，就应当予以定罪处罚。最近，某地司法机关就遇到一件这样的再间接教唆的案件：甲花100万元雇乙杀自己的仇人，乙因不敢下手而花80万元雇丙去杀，丙又转手用50万元雇丁去杀，丁也转手花20万元雇戊去杀，戊改变主意去与甲的仇人协商，要求其给自己10万元钱就可外出躲藏以免被杀，后因甲的仇人控告而案发。对于此案中的甲、乙、丙、丁，就都应按故意杀人罪定罪，只不过教唆杀人行为是犯罪预备行为，由于意志以外的原因停顿在了实行之前，应按故意杀人罪的预备犯处罚。一般来说，帮助行为的危害性比教唆行为小，对间接帮助特别是被帮助者尚未着手实行犯罪的，大多无处罚的必要性。但是，如果是间接帮助甚至是再间接帮助他人采用特别危险的手段实行大规模的杀人等特别危险的犯罪，例如，A意图采用特别危险的技术手段实行大规模杀人，要求B帮忙解决一个技术难题，B帮忙解决了一部分但不能完全解决，B又去找C帮忙解决，C帮忙解决了部分问题又去找D帮忙，D还是不能完全解决又去找E帮忙，E知情后告发。对此例中意图帮助A实行犯罪的B、C、D，就都应当与A一起作为共同犯罪的预备犯定罪处罚。

在复杂共同犯罪案件中，被教唆人或被帮助人超出与教唆犯或帮助犯之间形成的共同故意范围，实施其他犯罪的情形也十分常见，对其所实施的其他犯罪同样应由其单独承担责任。如果被教唆人或被帮助人接受教唆或帮助后，已为实行犯罪做了准备工作，双方之间就已经形成共同犯罪关系，若因意志以外的原因而停止在预备阶段，则可能构成共同犯罪的预备犯。若被教唆人或被帮助人到达犯罪现场后实施了其他的犯罪，双方可能构成原计划实施之罪的共同犯罪的预备犯，另实行了其他犯罪的实行犯则还应对其所实行的犯罪单独承担责任。例如，甲教唆乙杀双方共同的仇人丙，乙携匕首到丙家后，发现丙不在家，仅有丙的妻子在家，于是强奸丙的妻子后离去。此例之中，甲与乙构成共同故意杀人罪的预备犯，乙还另行成立强奸罪，对乙应按故意杀人（预备）罪与强奸罪合并处罚。但如果被教唆的人改变犯意另行实施了其他犯罪，则教唆犯与被教唆人之间不构成复杂共同犯罪，各自可能构成不同的罪。例如，X教唆Y去强奸独居在家的女老板，Y改变了犯意，夜间侵入女老板家，趁其熟睡之机，寻找到大量珍贵财物后离去。这属于我国刑法第 29 条第 2 款规定的"被教唆的人没有犯被教唆的罪"的情形，对于教唆犯 X 应按其所教唆的强奸罪定罪，但按该款规定"可以从轻或者减轻处罚"；对于 Y 则应按其所实行的盗窃罪定罪处罚。

复杂共同犯罪的共同故意有时难以认定，特别是在实行犯罪的过程中提供帮助的场合，由于双方之间往往没有时间沟通，帮助者对被帮助者即将实行的犯罪容易产生误认，其帮助犯罪的故意内容与被帮助者实行犯罪的故意内容出现差异比较常见，不能一概按被帮助者所实行之罪的共犯来处罚帮助者，而应当按其故意的内容及所触犯的罪名来定罪处罚。例如，A 傍晚搬门外的梯子进屋时，B 跑过来要求 A 把梯子给其用一下，声称要进入旁边的 C 家去教训一下 C，A 以为 B 是要进 C 家去殴打 C，A 对 C 也有仇，就把梯子给了 B，B 用梯子从阳台进到 C 家后，发现只有 C 的妻子在家，就强奸了 C 的妻子后离去。对此例中的 A 不能以其事实上是帮助 B 强奸了 C 的妻子，就对其按强奸罪的共犯来定罪处罚。因为 A 主观上没有帮助 B 强奸 C 妻的故意，而只有帮助 B 伤害 C 的故意，所以，不构成强奸罪。假如 B 入室后出于杀人的故意杀害了 C，那么，对 A 定罪时则要看其主观上对 B 所声称的进去教训 C 持何种心态，如果认识到 B 进去后既可能是杀害也可能是伤害 C，而提供梯子使 B 进入室内作案，那就应以 B 实际实施的是故意杀人罪还是故意伤害罪来对 A 按共同犯罪定罪处罚。

四、有组织的共同犯罪

以共同犯罪人之间有无组织形式①或结合的紧密程度②为标准，可以从犯罪形式上将共同犯罪分为无组织的共同犯罪（或一般共同犯罪）与有组织的共同犯罪（或特殊共同犯罪）。

有组织的共同犯罪，是指三人以上有组织地实施的共同犯罪。由于我国刑法称这种犯罪的组织为"犯罪集团"，因而有组织的共同犯罪实际上也就是犯罪集团实施的共同犯罪，通常简称为"集团犯罪"。在司法实践中，认定集团犯罪的关键在于认定犯罪集团。

我国刑法第 26 条第 2 款规定："三人以上为共同实施犯罪而组成的较

---

① 阮齐林，耿佳宁. 中国刑法总论. 北京：中国政法大学出版社，2019：224.
② 黎宏. 刑法学总论. 2 版. 北京：法律出版社，2016：285.

为固定的犯罪组织,是犯罪集团。"这一规定表明,成立犯罪集团,必须具有如下特征。

1. 成员为三人以上。二人共同作案的,可能构成一般的共同犯罪,但不可能成为集团犯罪。在司法实践中,犯罪集团的成员,少则几人,多则几十人,甚至上百人,仅有三人参与的,是个别现象。

2. 为共同实施犯罪而组成。犯罪集团作为多人组成的集体或团体,其不同于其他集体或团体的关键在于,所有成员都是以实施一种或几种犯罪为目的而加入其中的,这既是决定犯罪集团性质的主观因素,也是犯罪集团不同于其他集团的关键所在。例如,追求低级趣味的多人经常聚集在一起,从事一些低级庸俗的娱乐或色情活动,尚不构成犯罪的,这种被普通民众称为"流氓集团"的团体,就不属于犯罪集团。即便是其中的个别人从事了强奸、抢劫等犯罪活动,也只能对实施犯罪的个人定罪处罚,不能将其他未参与犯罪的成员认定为犯罪集团成员,予以定罪处罚。因为经常聚集在一起活动的集体或团体的成员,并无共同实施犯罪的主观目的,不具备犯罪集团成立所必备的主观要件,因而不能认定为犯罪集团。应当注意的是,共同实施犯罪的目的,既可能是在集团组成之时就以纲领或宣言的形式体现出来,如恐怖组织这种犯罪集团,大多在组成之时就会以纲领的形式表明其建立的目的或宗旨,而其目的就是严重危害社会的犯罪目的;也有许多犯罪集团的犯罪目的,并非是在形成之时就已明确下来,而是后来通过共同实施犯罪行为而逐渐确定的;也有的是先形成违法团体,后来逐步发展为产生共同犯罪的目的,从而共同实施犯罪行为,成为集团犯罪。另外,集团的共同犯罪目的,既可能是集团成员聚集在一起共同商议确定,甚至可能以书面形式记载下来;也可能是集团成员之间分别通过口头或文字沟通达成共识,大家都心知肚明但并无书面记载。

3. 是较为固定的犯罪组织。即参与犯罪的成员相对稳定,且有明显的首要分子。首要分子和主要成员固定或基本固定。成员之间以首要分子为核心形成一个有比较紧密联系的集团(或团体)。按上述法条的规定,犯罪集团必须是"较为固定的犯罪组织"。所谓犯罪组织,是指以犯罪为目的而将众多成员联系起来所形成的团体或集体。在一个组织体之中,其成员之间往往存在领导与被领导的关系,也就是有领导者或指挥者,还有普通成员,前者领导、指挥后者进行犯罪活动,后者服从前者的领导、听从前者的指挥。如果参与犯罪的多个成员之间不存在领导与被领导的关系，只是平等的合作关系，如多人为了共同的利益，临时纠集在一起齐心协力去作一次案，干完之后就散伙的，则不能视为有组织存在，从而不能认定为有组织的共同犯罪（集团犯罪）。虽然某个组织多个参与犯罪的成员之间存在领导与被领导的关系，并且可以从广义上认为其是有组织地从事犯罪活动，但如果其只是一种临时性的组织，即为首者将多人纠集或召集在一起，只从事一两次犯罪活动的，则由于不存在"较为固定的犯罪组织"，犯罪集团同样不能成立，对其所实施的犯罪，不能认定为集团犯罪或有组织的犯罪。一般来说，"较为固定的犯罪组织"是以多人多次实施犯罪为目的而形成的团体，其成员实施一次或数次犯罪之后，组织形式还继续存在。判断犯罪组织是否较为固定，应以其存在时间的长短、已经实施或将要实施犯罪次数的多少作为标准，只有已存在较长时间或意图长期存在、并已多次实施犯罪或计划多次实施犯罪的，才能认定为犯罪集团。如果多人形成的团体共同作案一两次后，经过较长时间未再继续作案，大多不能认定为犯罪集团。这里的组织"较为固定"，并不以事实上长期存在为必要。只要查明各共同犯罪人是以多次实施或不定次数地实施犯罪为目的而形成的组织，即使其尚未来得及实施犯罪，也可能认定为犯罪集团。至于是否有组织名称、成员之间采取何种形式联系、案发时组织是否继续存在，对于犯罪集团的认定并无决定性的意义。

对犯罪集团，按照组织严密的程度来划分，可以分为普通犯罪集团与黑社会性质组织、黑社会组织、恐怖组织等特殊犯罪集团。一般来说，特殊犯罪集团比普通犯罪集团的组织严密程度高一些。当前，在我国社会生活中，较为常见的特殊犯罪集团是黑社会性质组织，其组织严密程度大多很高，但恐怖组织的严密程度可能更高。另外按照刑法分则有无规定，可以分为必要共同犯罪中的犯罪集团和任意共同犯罪中的犯罪集团。前者指刑法分则条文明文规定只能由多人共同实施的犯罪之中的犯罪集团，如刑法第120条（组织、领导、参加恐怖组织罪）中的恐怖组织、第294条（组织、领导、参加黑社会性质组织罪）中的黑社会性质组织；后者指刑法分则条文规定的犯罪通常是由单个人去实施，而实际上由有组织的集团去实施的这类犯罪集团，如走私集团，贩毒集团，盗窃集团，拐卖妇女、儿童集团等。对于前者即必要共同犯罪中的犯罪集团，由于刑法分则条文已对犯罪集团成员分别情况作了轻重不同的处罚规定，因而不必再适用刑法总则有关犯罪集团及共同犯罪的相关处罚规定，按刑法分则的有关规定处理即可；而对于后者即任意共同犯罪中的犯罪集团，则由于刑法分则条文未对犯罪集团及其成员如何处罚作明文规定，所以，必须适用刑法总则的相关规定，区别首要分子、首要分子以外的主犯、从犯（含胁从犯），分别给予相应的处罚。

  犯罪集团成员较多，组织严密程度较高，因而能够形成一种集体的强大行动力，可能实施单个人或一般共同犯罪人难以实施的重大犯罪；还能使集团的活动计划更为周密，使犯罪更容易得逞，给社会造成更大的危害；且集团犯罪之后，更易于转移赃物、消灭罪迹、逃避侦查。因此，集团犯罪是一种最危险的共同犯罪形式，历来是我国刑法打击的重点。

  近年来，黑社会性质的犯罪集团和国际性的犯罪集团有增多的趋势，特别是诈骗（主要是电信诈骗）犯罪集团明显增多。电信诈骗犯罪集团成员众多，大多在国外设点，利用电信网络诈骗国内民众钱款，并有被害人众多、诈骗犯罪数额特别巨大的特点。黑社会性质的犯罪集团也表现为成员众多、组织严密、等级森严，大多采用帮派形式，以"公司""企业"等作掩护，以暴力为后盾，形成自己的势力范围，并有逃避法律制裁的防护体系，成为危害一方的强大黑恶势力。国际性的犯罪集团则表现为境内外不法分子相勾结，形成以实施国际性或跨境的犯罪为目的的犯罪组织，如贩毒集团、走私集团等。此外，在我国新疆等地发现的一些恐怖组织，也是典型的犯罪集团，大多与境外的恐怖组织有密切联系，已发展成为国际性的犯罪集团。这类犯罪集团已成为危害国际社会安宁，乃至危及人类生存发展的"毒瘤"。

  司法实践中经常使用"团伙犯罪"或"犯罪团伙"的概念，但对于什么是"团伙犯罪"或"犯罪团伙"，早就有不同认识。"有的认为犯罪团伙就是犯罪集团，有的认为犯罪团伙是介于一般共同犯罪与犯罪集团之间的共同犯罪形式，有的认为犯罪团伙是犯罪集团与犯罪结伙的合称，有的认为犯罪团伙包括犯罪集团和一般共同犯罪。"通说是最后这种观点。① 应当看到，团伙犯罪或犯罪团伙并非法律概念，而是司法实践中形成的一种习惯用语，一般是在没有确定共同犯罪的性质与形式时使用。② 20 世纪 80 年代的有关司法解释就明确指出，办理团伙犯罪案件，凡其中符合刑

---

  ① 高铭暄，马克昌. 刑法学. 10 版. 北京：北京大学出版社，2022：170.
  ② 张明楷. 刑法学. 6 版. 北京：法律出版社，2021：503.

事犯罪集团基本特征的，应按犯罪集团处理；不符合犯罪集团基本特征的，就按一般共同犯罪处理。① 一般认为，犯罪团伙是三人以上结成一定团体或纠合在一起的共同犯罪形式。其中，结合紧密程度高的是犯罪集团，结合紧密程度不高或比较松散的是一般共同犯罪。偶尔纠集在一起作一两次案的，则不属于犯罪团伙。犯罪集团之外的犯罪团伙，占犯罪团伙的绝大多数，团伙成员之间联系的紧密程度，介于犯罪集团与通常的三人以上共同作案的共同犯罪之间。正因为如此，团伙犯罪也是我国司法实践中比较注重打击的一类共同犯罪。近年来，全国开展"扫黑除恶"专项斗争，把"恶势力团伙"作为重点打击的对象就是一个例证。这种团伙犯罪大多介于集团犯罪与一般共同犯罪之间②，其犯罪的危害性小于集团犯罪但大于一般的共同犯罪，因而也要予以重点打击。

---

① 参见1984年6月15日最高人民法院、最高人民检察院、公安部《关于当前办理集团犯罪案件中具体应用法律的若干问题的解答》。

② 参见2018年1月16日最高人民法院、最高人民检察院、公安部、司法部《关于办理黑恶势力犯罪案件若干问题的指导意见》。

第五章 我国刑法中的共同犯罪人

第一节 共同犯罪人概述

一、共同犯罪人的概念

我国刑法与俄罗斯刑法所采取的犯罪参与体系相似，都有关于共同犯罪的规定。两国刑法都采用"共同犯罪"的概念，并对其含义予以明确界定，将其限定在二人以上共同故意犯罪的范围之内。俄罗斯刑法还在共同犯罪一章（第七章）的多个条文中使用了"共同犯罪人"的概念，对"共同犯罪人的种类"（第33条）和"共同犯罪人的责任"（第34条）予以明确规定。我国刑法总则第二章第三节对共同犯罪及其处罚原则也做了明文规定，并且该节的节名和该节包含的6个条文中有5个都使用了"共同犯罪"一词，但却未使用"共同犯罪人"的概念。只不过，按形式

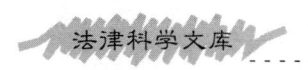

逻辑的推论规则，从我国刑法第25条对"共同犯罪"概念或含义的界定，就不难推定出"共同犯罪人"的含义，是指二人以上共同故意实施犯罪的人。并且，紧随其后的第26条、第27条和第28条，分别对主犯、从犯和胁从犯这些共同犯罪人的责任作了规定。

共同犯罪人与单独犯罪人一样，也是实施了犯罪行为并应对自己的行为负刑事责任的人。与单独犯罪人不同的是，共同犯罪人有与之相伴或合作的其他人一起犯罪，因而，都要对同一犯罪承担责任。只不过在现代社会，刑事责任采取个人责任原则，不承认团体责任和连带责任。共同犯罪人对同一犯罪承担责任的方式是每个共同犯罪人都要分别承担责任，但并非每个人都分别承担与单独犯相同的责任，而是要根据每个人对犯罪所起的作用（或贡献）大小，承担轻重有别的责任，也就是存在责任分担的问题。而单独犯罪人则由于是一人单独实施犯罪，一人的行为对法律所保护的利益法益造成侵害，因此，只能由其一人单独承担刑事责任，不存在与他人分担刑事责任的问题。

二、共同犯罪人与犯罪参与人

如前所述，犯罪参与是指二人以上作用于同一犯罪事实的情形。既可能是二人以上共同故意实施犯罪，也可能是一方基于此种故意另一方出于彼种故意而共同实施犯罪，还可能是一方基于故意另一方出于过失而共同实施犯罪，甚至双方或多人均出于过失而共同实施犯罪，或者一方出于故意或过失另一方无罪过（无故意和过失）、一方有责任能力另一方无责任能力而共同实施犯罪，各人实施犯罪行为的方式可能相同，也可能不相同，即有的实施实行行为有的实施组织行为、教唆行为或帮助行为，如此等等，均在犯罪参与的范围之中。我国刑法规定的共同犯罪，即二人以上共同故意犯罪，则仅仅是犯罪参与的多种表现形式之一，共同犯罪人也只占犯罪参与人中的很少一部分。毋庸置疑，共同犯罪人是犯罪参与人，但犯罪参与人并不一定是共同犯罪人，而只有那些有责任能力、基于共同故意与他人共同实施同一犯罪行为的人，才可能成为共同犯罪人。无责任能力的人、无犯罪故意的人，甚至有犯罪故意而无共同故意的人，即使与他人共同实施了犯罪，也不能成为共同犯罪人。

我国传统刑法学论著中，往往将共同犯罪人简称为"共犯"。这种

"共犯"与德、日刑法中的"共犯"有很大差异。如前所述，德、日刑法采取区分正犯与共犯的犯罪参与体系，其中的共犯有广义与狭义之分，广义的共犯，包含共同正犯、教唆犯和帮助犯；狭义的共犯，则仅指教唆犯和帮助犯。由于德、日的通说认为，基于不同故意而共同实行犯罪，也可能构成共同正犯，并且不少学者承认过失的共同正犯，还有学者认可过失的教唆犯和过失的帮助犯，这样一来，德、日刑法学中的"共犯"的范围就十分广泛，几乎包含了所有犯罪参与人，这种被泛化了的"共犯"概念，与"犯罪参与人"的含义已无多大差异。但正如本书第三章第三节所述，我国刑法中的共同犯罪是犯罪参与的一种特殊类型，共同犯罪人也仅占犯罪参与人中的很小一部分，因此，不能将我国传统刑法学中的"共犯"（共同犯罪人）与德、日刑法学中的"共犯"相混淆，更不能把两者等同起来。①

三、共同犯罪人的种类

如前所述，各国刑法采取的犯罪参与体系主要有两类，一类是区分正犯与共犯的区分制体系，另一类是不做这种区分的单一正犯体系。一般来说，采取典型的区分制体系的国家（如德国、日本）的刑法，会将参与人区分为正犯与共犯（教唆犯和帮助犯）的类型，并视正犯为犯罪的核心人物、共犯为犯罪的辅助角色，给予轻重不同的处罚；而采取典型的单一正犯体系的国家（如意大利）的刑法，则视所有参与犯罪者为同等地位的人物（正犯或犯罪人），因而不将参与人区分为不同种类，仅根据其参与犯罪的性质及参与犯罪的程度，给予轻重有别的处罚。

我国刑法采取不区分正犯与共犯的单一正犯体系，但我国刑法对二人以上共同故意犯罪的参与者即共同犯罪人，在处罚（或量刑）时根据其在共同犯罪中所起作用的大小，区分为主犯与从犯（含胁从犯），给予轻重不同的处罚。正如本书第二章第三节所述，这是对单一正犯处罚原则在刑法中予以明确化，以体现重点打击犯罪集团中的首要分子和主犯的立法宗旨，也是我国刑法所采取的单一正犯体系的一大特色。应当看到，采取单

---

① 近些年来，我国有不少刑法学者有意或无意将两者等同起来。钱叶六. 共犯论的基础及其展开. 北京：中国政法大学出版社，2014：41.

一正犯体系的刑法大多会以参与犯罪的性质和参与的程度,对具有加重情节或减轻情节的参与者,给予轻重有别的处罚,只不过未像我国刑法明确将共同犯罪人分为主犯和从犯的类型,来给予轻重不同的处罚。例如,意大利刑法在"共同犯罪"一节中,于第112条明确规定有几种"加重情节"之一的,"刑罚予以增加",包括"共同参加犯罪的人数为5人或者5人以上的","发起或者组织犯罪合作的,或者在共同犯罪活动中起领导作用的","指使不满18岁的未成年人或者处于精神病或者精神缺陷状态的人实施犯罪的",等等;于第114条则明确规定,"参加共同犯罪的人在犯罪的准备或者执行过程中只起了轻微的作用"等在"减轻情节"之列的,"可以减轻处罚"。又如,奥地利刑法第33条将"发起者或教唆犯参与了数个应受刑罚处罚行为之一或在此等应受刑罚处罚行为中起主要作用的",作为"特别之从重处罚事由"之一作了规定;第34条将"在数人共同实施应受刑罚处罚的行为中仅起辅助作用的",作为"特别之减轻刑罚事由"之一予以规定。

关于我国刑法对共同犯罪人的分类,早在20世纪80年代就有过激烈的争论。焦点在于:我国刑法是采用何种方法来对共同犯罪人进行分类的,教唆犯是否为共同犯罪人的独立种类?对此,主要有三种不同的认识。第一种观点认为,我国刑法主要是以共同犯罪人在共同犯罪中所起的作用为分类标准,同时照顾到共同犯罪人的分工情况,把两者结合起来形成新的四分法,分为主犯、从犯、胁从犯和教唆犯四种。这样就将教唆犯这一分类,纳入以在共同犯罪中所起的作用为分类标准的分类体系中,从而获得了分类的统一性。① 第二种观点认为,按分工分类与按作用分类是两种不同的分类方法,不能结合起来。因为将不同标准划分出来的共同犯罪人并列在一起,必然出现一个罪犯同时具有并列的双重身份的混乱现象。以按分工分类标准划分出来的教唆犯为例,假如他是在共同犯罪中起主要作用,他就是主犯;如果他在共同犯罪中起次要作用,则又成了从犯。因而只能说教唆犯分别属于主犯或从犯,而不能与主犯、从犯并列。根据分类的逻辑规则,得出的结论只能是,我国刑法将共同犯罪人分为主犯、从犯、胁从犯三类,教唆犯不是共同犯罪人中的独立种类。② 第三种

---

① 高铭暄. 刑法学. 北京:法律出版社,1982:195.
② 张明楷. 教唆犯不是共犯人中的独立种类. 法学研究,1986(3):43.

观点认为，在刑法理论上可以将我国刑法中的共同犯罪人分为两类：一类是以分工为标准分为组织犯、实行犯、教唆犯、帮助犯；另一类是以作用为标准分为主犯、从犯、胁从犯。我国刑法对后一类中的三种都有明文规定，但前一类中则仅对教唆犯有明文规定，组织犯、实行犯、帮助犯都不是法定的共同犯罪人种类。①

正如持上述第三种观点的论者所述，上述第一种观点认为我国刑法将以分工为标准分类的教唆犯纳入以作用为标准的分类体系中，从而获得了分类的统一性，是将两种不同的分类标准混为一谈，忽视了教唆犯是以分工为标准分类的共同犯罪人，"根据刑法规定对其按主犯处罚或者按从犯处罚，只是如何处罚问题，并未因而将之纳入以'作用'为标准的分类体系中，从而也就谈不到'获得了分类的统一性'"。并且，将教唆犯与主犯、从犯、胁从犯并列，确实违反了一种分类只能根据同一标准，不能根据两种不同标准来分类的逻辑规则。② 第三种观点肯定教唆犯是共同犯罪人的类型，但意识到了若将其与主犯、从犯、胁从犯相并列，确实存在第二种观点所指出的违反分类标准应同一的逻辑规则的问题，因而提出对我国刑法中的共同犯罪人作上述两种划分：一是以分工为标准分为组织犯、实行犯、教唆犯、帮助犯，二是以作用为标准分为主犯、从犯、胁从犯。但前者中只有教唆犯是法定的共同犯罪人类型，后者中的三种都是法定的共同犯罪人类型。这样一来，似乎既可以将教唆犯纳入法定的共同犯罪人种类之中，又克服了第一种观点存在的逻辑缺陷，因而成为后来的通说。③

但是，这种通说没有合理说明在以分工为标准划分出来的四种共同犯罪人中，我国刑法为何仅把教唆犯规定为共同犯罪人。一般认为，实行犯（或正犯）是犯罪的核心人物，帮助犯是辅助角色，应重罚的是实行犯，最有必要轻罚的是帮助犯，既然刑法把教唆犯作为独立的共同犯罪人予以单列，为何将实行犯、帮助排除在外？持通说的论者或许会回答说，因为

---

① 马克昌. 犯罪通论. 3 版. 武汉：武汉大学出版社，1999：541.

② 马克昌. 共同犯罪理论中若干争议问题. 华中科技大学学报（社会科学版），2004（1）：19.

③ 高铭暄，马克昌. 刑法学. 10 版. 北京：北京大学出版社，2022：171；陈兴良. 陈兴良刑法学教科书之规范刑法学. 北京：中国政法大学出版社，2003：158.

实行犯、帮助犯可以包含在主犯、从犯之中，因而不必单独规定。但教唆犯同样可以包容在主犯、从犯之中，并且我国刑法明文规定，教唆他人犯罪的，应按其在共同犯罪中所起的作用大小，分别以主犯或从犯来处罚，为何要将其视为主犯、从犯之外的一种单独的共同犯罪人呢？持通说的论者可能还会说，在刑法理论上，组织犯、实行犯、帮助犯与教唆犯一样，都是共同犯罪人，只不过教唆犯是法定的共同犯罪人，组织犯、实行犯和帮助犯不是法定的共同犯罪人。笔者也不否认，从刑法理论特别是比较法的立场而言，组织犯、实行犯、帮助犯、教唆犯无疑都是犯罪参与人的类型，但是否属于某一国刑法规定的犯罪参与人的类型，则不可一概而论，必须看其刑法是采用何种犯罪参与体系。如前所述，采取区分正犯与共犯的区分制体系的刑法，是以区分参与人类型为特色的，而区分主要是以参与行为（分工）为标准，分为正犯、教唆犯和帮助犯。但采取不做这种区分的单一正犯体系的刑法，则在定罪时不区分参与人的类型，将所有参与者视为同等的行为人，只是在处罚时才依参与者参与犯罪的性质和参与的程度，分别给予轻重不同的处罚。正如本书第三章第三节所述，在我国，共同犯罪是在处罚（或量刑）阶段才需要认定的，将参与共同犯罪的人分为主犯、从犯（含胁从犯）这样的类型，目的是解决对参与人的处罚问题。因此，主犯、从犯（含胁从犯）是共同犯罪人的处罚类型。而组织犯、实行犯、教唆犯、帮助犯这种按分工标准区分的参与人类型，在采取区分制的刑法中，对定罪和量刑有重要意义，因而要严格区分开来。但在我国，这种分工类型，对参与者的定罪和量刑均无决定性的意义。正因为如此，尽管我国的许多共同犯罪案件中，有的行为人是组织行为者，有的是实行行为者，有的是教唆行为者，还有的是帮助行为者，也就是说事实上存在组织犯、实行犯、教唆犯和帮助犯，但这些分工类型并非都是我国法定的共同犯罪人类型。

持通说的论者提出，如果认为教唆犯只是理论上的分类，否定其是法定的共同犯罪人类型，"那么，它在刑法上与主犯、从犯、胁从犯同样有明文规定又该作何种解释呢？"[①] 笔者认为，对教唆犯的处罚有明文规定，并不等于就是在立法上肯定其为共同犯罪人的独立类型。如前所述，意大

---

① 马克昌. 共同犯罪理论中若干争议问题. 华中科技大学学报（社会科学版），2004（1）：19.

利刑法采取单一正犯体系，并不区分参与人类型，教唆犯当然也不是独立的法定参与人类型，但意大利刑法对教唆行为有处罚规定，其刑法第112条将"指使（教唆——笔者注）不满18岁的未成年人"犯罪的，规定为"应科处的刑罚予以增加"的情形之一；第115条第3款规定："在教唆他人实施犯罪的情况下，如果教唆已被接受，但犯罪没有实施，适用同样的规定（保安处分——笔者注）"；第4款规定："如果教唆没有被接受，并且属于教唆实施某一重罪，对教唆人可处以保安处分"。意大利刑法的这些规定与我国刑法第29条的规定十分相似。

还应当看到的是，我国刑法第29条第1款并没有使用教唆犯的概念，该款前后段都只用了"教唆"一词，显然是指教唆行为。前段只是一项注意或提示规定，并无特殊意义。因为从该条之前的第25条（共同犯罪含义）、第26条（主犯）、第27条（从犯）和第28条（胁从犯）的规定不难看出，二人以上共同故意犯罪的，对构成共同犯罪的人（包含仅实施了教唆、帮助行为的人），要根据其在共同犯罪中所起作用的大小，分为主犯、从犯或胁从犯来处罚，教唆犯、帮助犯也不例外，因此，第29条第1款前段的规定，只不过是对前几条规定内容的重复提示。该条后段（即"教唆不满十八周岁的人犯罪，应当从重处罚"）是一项法定从重情节的规定，与上述意大利刑法的规定相似。第29条第2款规定："如果被教唆的人没有犯被教唆的罪，对于教唆犯，可以从轻或者减轻处罚。"这里使用了"教唆犯"一词，但这种教唆犯是大家公认的"非共同犯罪的教唆犯"（单独犯的教唆犯），根本不在"共同犯罪人"的范围之中。可见，无论是第29条所采取的规定形式还是其规定的内容，均与我国刑法第26条（主犯）、第27条（从犯）和第28条（胁从犯）的规定有很大差异；其与采取区分制体系的德、日刑法关于教唆犯的规定，即把教唆犯作为一种独立的共犯类型的规定[1]，也完全不同。据此，应当得出这样的结论：教唆犯并不是我国刑法规定的共同犯罪人的独立种类。这一结论虽然与上述第二种观点相同，但立足点明显不同。上述第二种观点忽视了我国刑法不把教唆犯作为共同犯罪人独立种类的关键在于，我国刑法采取不区分正犯与共犯的单

---

[1] 德国刑法第26条规定："故意教唆他人故意实施违法行为的是教唆犯。对教唆犯的处罚与正犯相同。"日本刑法第61条规定："教唆他人实行犯罪的，判处正犯的刑罚。"

一正犯体系①，共同犯罪是在处罚阶段才需要认定的，共同犯罪人的种类在性质上属于处罚类型，因而仅分为主犯和从犯（含胁从犯）。

第二节 主 犯

关于主犯及其处罚原则，我国1979年刑法典虽然将主犯划分为犯罪集团中的首要分子和首要分子之外的其他主犯，但只是笼统地规定"对于主犯，除本法分则已有规定的以外，应当从重处罚"，并没有根据主犯种类的不同而采取不同的处罚原则。考虑到应将犯罪集团中的首要分子作为打击的重点，1997年修订刑法时，在明确界定犯罪集团含义的基础上，对其中的首要分子明文规定了处罚原则；同时，"考虑到如果对主犯规定从重处罚，而从犯是需要从宽处罚的，这样对主犯和从犯的处罚就会失去判断的基准"，删除了1979年刑法典中对主犯"应当从重处罚"的内容②，从而形成现行刑法第26条第1至4款的规定。③

---

① 第二种观点的提出者是张明楷教授。他在早年提出此观点的论著中，是按法条的文义（实际上也是按单一正犯的解释路径）来解释我国刑法规定的共同犯罪及共同犯罪人的，把教唆犯排除在共同犯罪人的范围之外，是合理的结论。他后来改变立场，认为我国刑法是采取区分制，因而用区分制的观念来解释共同犯罪及共同犯罪人。但他仍坚持认为，我国刑法仅将共同犯罪人分为主犯、从犯与胁从犯三类，对教唆犯只是特别规定了处罚原则（张明楷．刑法学：上．5版．北京：法律出版社，2016：450.），只不过近来不再坚持此种主张。（张明楷．刑法学．6版．北京：法律出版社，2021：608.）在笔者看来，如果教唆犯不是共同犯罪人的独立种类，那就表明我国刑法不是采取区分正犯与共犯的区分制。否则，一方面认为我国刑法中的共同犯罪人仅限于主犯、从犯与胁从犯，另一方面又认为我国刑法采取区分正犯与共犯的区分制，这无疑存在内在的矛盾。

② 高铭暄．中华人民共和国刑法的孕育诞生和发展完善．北京：北京大学出版社，2012：206-207.

③ 现行刑法第26条第1款规定："组织、领导犯罪集团进行犯罪活动的或者在共同犯罪中起主要作用的，是主犯。"第2款规定："三人以上为共同实施犯罪而组成的较为固定的犯罪组织，是犯罪集团。"第3款规定："对于组织、领导犯罪集团的首要分子，按照集团所犯的全部罪行处罚。"第4款规定："对于第三款规定以外的主犯，应当按照其所参与的或者组织、指挥的全部犯罪处罚。"

一、主犯的概念与类型

(一) 主犯的概念

所谓主犯,是指在共同犯罪中起主要作用的犯罪人。

我国刑法第 26 条第 1 款规定:"组织、领导犯罪集团进行犯罪活动的或者在共同犯罪中起主要作用的,是主犯。"一般认为,这是刑法对主犯的概念或含义的明确界定,表明主犯包括两种:一种是组织、领导犯罪集团进行犯罪活动的,另一种是在共同犯罪中起主要作用的。[1] 从该条款的文字表述确实可以这样理解,甚至可以认为"组织、领导犯罪集团进行犯罪活动的",不是"在共同犯罪中起主要作用的"主犯,而是另一种主犯。[2] 因为法条是将两者并列规定的,不应当互相包容。但是,笔者认为,从刑法的规定不难看出,主犯与从犯是根据行为人在共同犯罪中所起的主次作用所作的划分。刑法之所以把"组织、领导犯罪集团进行犯罪活动的",单列出来予以规定,主要是因为考虑到"在共同犯罪中起主要作用",难以找到客观明确的判断标准,只能由司法人员根据案情和经验来认定,而"组织、领导犯罪集团进行犯罪活动的"人,无疑是在共同犯罪中起主要作用的人,刑法将其作为法定的主犯类型明文予以规定,既具有合理性,也可有效避免或防止司法人员将其降格认定为从犯。由此可见,"组织、领导犯罪集团进行犯罪活动的"人,是刑法明文规定"在共同犯罪中起主要作用的"人,是当然的主犯;除此之外的"在共同犯罪中起主要作用的"人,也是主犯,应由司法人员根据案情和经验来做判断。据此,有必要在上述条款中加上"其他"二字,即修改为:"组织、领导犯罪集团进行犯罪活动的或者其他在共同犯罪中起主要作用的,是主犯",以使法条的表述更为准确,并可避免产生歧义。

有论者提出:"我国刑法中的主犯是指在任意共同犯罪中起组织、主要或者同等作用的共同犯罪人。"[3] 在笔者看来,这种主张涉及两个务必澄清的问题:一是主犯是否仅在任意共同犯罪中才存在;二是主犯除在共同犯罪中起主要作用的人之外,是否还可能是起其他作用的共同犯罪人。对前者,我国过去的通说认为:"刑法第 26 条第 3 款、第 4 款所规定的主

---

[1] 黎宏. 刑法学总论. 2 版. 北京:法律出版社,2016:286.
[2] 吴光侠. 主犯论. 北京:中国人民公安大学出版社,2007:69.
[3] 同[2].

犯的刑事责任，是针对任意的共同犯罪中的主犯而言；对必要的共同犯罪中的主犯，刑法分则条文已明文规定了相应的法定刑。……只要按照刑法分则条文规定的法定刑处罚即可，无需再援引刑法第 26 条第 3 款或第 4 款的规定。"① 毋庸讳言，我国刑法分则对大多数必要的共同犯罪，特别是其中的集团犯和聚众犯，均根据参与者在犯罪中所处的地位或所起作用的大小，分别规定了轻重不同的法定刑，实际上也就是对主犯与从犯的处刑标准已有规定，直接"对号入座"，按分则规定的相应法定刑处罚即可，因而无须再援引总则有关主犯（含首要分子）的处罚规定。但这并不意味着主犯仅存于任意共同犯罪之中，而在必要共同犯罪中不可能存在。如上所述，即便是在集团犯和聚众犯中，刑法分则条文对首要分子与其他参与者分别规定了轻重不同法定刑的，具体案件中的首要分子往往就是主犯，只不过由于刑法分则已对其处罚作了明文规定，而不必再适用总则对这种主犯的处罚规定了。况且，对有的聚众犯（如聚众扰乱公共场所秩序、交通秩序罪），刑法分则条文规定仅处罚首要分子，"如果案件中的首要分子为二人以上，则构成共同犯罪……如果二人以上均在组织、策划、指挥聚众犯罪中起主要作用，则皆为主犯；如果有人起主要作用、有人起次要作用，则应分别认定为主犯与从犯"②。另外，对向犯也是一种必要的共同犯罪，其中有一种双方所成立的罪名相同的对向犯，如重婚罪，对构成重婚罪的双方不仅应认定为共同犯罪，而且有必要区分主犯与从犯，以分清责任的大小，给予轻重不同的处罚。可见，主犯不仅存在于任意共同犯罪中，必要共同犯罪之中也可能存在。

至于上述后一个问题，即主犯除在共同犯罪中起主要作用的人之外，是否还包含起其他作用的人，笔者认为，从我国刑法的规定不难看出，主犯只能是在共同犯罪中起主要作用的人。如前所述，组织、领导犯罪集团进行犯罪活动的，肯定是在共同犯罪中起主要作用，因而刑法将其作为法定的主犯作了明文规定。但这并不意味着在任意共同犯罪中起组织作用的，就一定都是主犯，其仍有成为从犯的可能性。例如，甲、乙、丙、丁共同组织边境地区的居民，多次携带走私物品进出境，四人均构成走私罪。但丁是被胁迫参加犯罪的，并且组织的人次没有其他三人多，分赃数

---

① 马克昌. 犯罪通论. 3 版. 武汉：武汉大学出版社，1999：570.
② 张明楷. 刑法学：上. 5 版. 北京：法律出版社，2016：451.

额也比其他三人少得多。综合全案情况,将其认定为被胁迫参加犯罪的从犯(胁从犯)才合适,认定为主犯明显不妥当。可见,将在共同犯罪中起组织作用的人,一概认定为主犯不具有合理性。另外,对于"司法实践中把起同等作用的共同犯罪人都作为主犯处理"的做法,刑法理论界也是持肯定态度的,因此其认为起"同等作用的共同犯罪人"也是主犯。① 笔者并不否认,在数人共同犯罪的具体案件中,确实存在几个同案犯所起的作用相当(或"同等")而无法区分主次的现象,对几个同案犯均作为主犯处罚也无可非议;但这并不表明在共同犯罪中起"同等作用"与起"主要作用"是相并列的不同的主犯类型,更不能说在共同犯罪中不起"主要作用"但起"同等作用"者是主犯。事实上,几个同案犯在共同犯罪中起"同等作用",只是表明他们在共同犯罪中都起主要作用,没有谁是起次要作用,因而都应认定为主犯。这是因为我国"现行刑法把共犯中的主犯作为处罚的基准型(或普通型)"予以规定②,只要根据案情不能证明某个同案犯在共同犯罪中起次要作用,就应认定其为起主要作用的主犯。

(二)主犯的类型

从我国刑法第 26 条第 1 款的规定不难看出,主犯有以下两种类型。

1. 组织、领导犯罪集团进行犯罪活动的犯罪分子。由于犯罪集团的犯罪(或集团犯罪)是有组织的犯罪,是共同犯罪的一种特殊形式,也是最危险的共同犯罪形式,其组织、领导者是犯罪集团的核心人物,因而被称为首要分子,刑法明文规定其为主犯。由此可见,犯罪集团的首要分子,既是主犯的特殊类型(或特殊主犯),也是主犯的法定类型。

犯罪集团的首要分子,是组织、领导或者既组织又领导犯罪集团进行犯罪活动的犯罪分子。所谓"组织",是指纠集、联络他人组成较为固定的犯罪组织进行犯罪活动。所谓"领导",根据我国刑法第 97 条的规定③,是指"策划""指挥"犯罪集团进行犯罪活动。其中,"策划"主要是指为犯罪集团的犯罪活动出谋划策、制订犯罪活动计划;"指挥"主要是指根据犯罪集团的计划,指使、安排、协调集团成员的犯罪活动。在集

---

① 吴光侠. 主犯论. 北京:中国人民公安大学出版社,2007:69.
② 阮齐林,耿佳宁. 中国刑法总论. 北京:中国政法大学出版社,2019:237.
③ 我国刑法第 97 条规定:"本法所称首要分子,是指在犯罪集团或者聚众犯罪中起组织、策划、指挥作用的犯罪分子。"

团犯罪案件中,首要分子必须有组织、策划或指挥组建犯罪集团,并按集团的计划进行犯罪活动的行为;既可能是组织、策划、指挥三种行为均予实施,也可能是仅实施其中之一,但如果三种行为均未实施,则不可能成为首要分子;犯罪集团的首要分子既可能仅有一人,也可能有多人;在有多人的场合,首要分子之间也会有分工,即有的在幕后实施组织行为或策划行为,还有的到作案现场去实施直接指挥开展犯罪活动的行为;首要分子既可能实施集团每一次具体犯罪活动的组织、策划或指挥行为,也可能仅实施某一次犯罪活动的组织、策划或指挥行为。

2. 其他在共同犯罪中起主要作用的犯罪分子。相对于犯罪集团的首要分子,其又被称为其他主犯。[1] 如前所述,由于犯罪集团的首要分子是法定的特殊类型的主犯,刑法对其成立条件或认定标准有明文规定,而对首要分子之外的其他主犯(或普通主犯),刑法只是原则规定"在共同犯罪中起主要作用的"为其成立条件,并未规定较为具体的认定标准,只能由司法人员根据具体案情和处理案件的经验来作分析判断。一般来说,在集团犯罪案件中,首要分子之外的主犯是在犯罪中未实施组织、策划、指挥行为,但却积极参加犯罪集团及其犯罪活动的成员。如特别卖力地从事集团的犯罪活动或者在集团犯罪中直接实行犯罪、造成严重的危害结果等,即可认定为主犯。在集团犯罪之外的共同犯罪案件中,主犯"主要是在一般共同犯罪中起主要作用的实行犯,具体表现为:在共同犯罪中直接造成严重危害结果,积极献计献策在完成共同犯罪中起着关键作用,在共同犯罪中罪行重大或者情节特别严重等,具有上述情况之一的,即构成一般共同犯罪的主犯"[2]。实施教唆行为的教唆犯,通常也能在共同犯罪中起主要作用,因而成为主犯。实施帮助行为的帮助犯,大多不能被认定为在共同犯罪中起主要作用的主犯,但如果某种帮助行为对犯罪的完成具有决定性的意义或作用,也有可能成为主犯。另外,集团犯罪之外的有些普通的任意共同犯罪中,也可能存在组织、策划、指挥犯罪活动的核心人物,虽不属于我国刑法第97条所指的首要分子,但明显也应认定为在共同犯罪中起主要作用的主犯。

按照我国刑法第97条的规定,除上述犯罪集团的首要分子之外,还

---

[1] 马克昌. 犯罪通论. 3版. 武汉:武汉大学出版社,1999:565.
[2] 高铭暄,马克昌. 刑法学. 10版. 北京:北京大学出版社,2022:172.

有一种聚众犯罪的首要分子，那么，这后一种首要分子是否与前一种首要分子一样，也属于主犯的一种类型呢？对此，我国刑法学界主要有三种不同观点[①]：第一种观点认为，首要分子是一种特殊类型的主犯，它包含两种，即犯罪集团的首要分子与聚众犯罪的首要分子；第二种观点认为，聚众犯罪的首要分子是与犯罪集团的首要分子相并列的一种独立的主犯类型，也就是说，我国刑法规定的主犯有三种，除了这两种首要分子之外，还有一种是其他在共同犯罪中起主要作用的主犯即其他主犯；第三种观点认为，聚众犯罪的首要分子是包含在其他主犯，即其他在共同犯罪中起主要作用的犯罪分子之中的主犯。在笔者看来，第一种和第二种观点与我国刑法第26条第1款的规定不符。如前所述，该条款规定的主犯有两种类型：一种是特殊类型，仅限于犯罪集团的首要分子，并不包含聚众犯罪的首要分子；另一种是普通类型，即犯罪集团的首要分子之外的其他在共同犯罪中起主要作用的犯罪分子。上述第一种观点用"首要分子"取替"犯罪集团的首要分子"，明显是不适当地扩大了特殊类型主犯的范围。第二种观点将聚众犯罪的首要分子作为一种独立的主犯类型，与特殊类型的主犯和普通类型的主犯相并列，显然是在上述法条规定的两种主犯类型之外，又增加了一种主犯类型，无疑是缺乏法律依据的。第三种观点将聚众犯罪的首要分子，纳入普通主犯（或其他主犯）的范围之中，有一定的合理性。司法实践中，聚众犯罪的首要分子确实大多为主犯，但又明显不属于刑法第26条第1款规定的特殊主犯，因而只能将其归入普通主犯（或其他主犯）之中，即视为其他在共同犯罪中起主要作用的主犯。

但是，聚众犯罪的首要分子并非都是主犯。因为刑法规定有的聚众犯罪（如聚众扰乱公共场所秩序、交通秩序罪）只处罚首要分子，在这类聚众犯罪案件中，构成犯罪的首要分子可能仅一人，不是共同犯罪，自然也就不属于主犯。并且，即便是有两个以上首要分子，首要分子之间存在共同犯罪关系，也不能将所有首要分子都认定为主犯，而应在这类聚众犯罪的首要分子之间进行比较分析，如果均起主要作用，就皆为主犯；"如果有人起主要作用、有人起次要作用，则应分别认定为主犯与从犯"[②]。

---

① 高铭暄，马克昌.刑法学.8版.北京：北京大学出版社，2017：174.
② 张明楷.刑法学：上.5版.北京：法律出版社，2016：451.

二、主犯不应被正犯化

（一）主犯正犯化的倾向

我国刑法关于共同犯罪的规定中，并没有出现"正犯"一词。但是，近些年来，刑法学界不少学者在解释我国刑法规定的共同犯罪时，自觉不自觉地用德、日刑法学中"正犯"的观念，来解读我国刑法中"主犯"的内涵。有学者认为，"从解释论的角度来说，也完全可能将我国刑法第26条规定的主犯解释为正犯，将第27条规定的从犯解释为帮助犯"①。另有学者还把德、日刑法中的"正犯"与我国刑法中的"主犯"完全画上了等号，认为："我国刑法学上所谓的分工分类法与作用分类法并无本质不同，二者完全可以同一起来。……如果用图式化的表达方式，可以得出以下的结论：正犯＝主犯，帮助犯＝从犯（还包括胁从犯），即我国刑法规定了正犯（主犯）、帮助犯（从犯）、教唆犯三种共犯形态及共犯人类型。"②这种用德、日的"正犯"观念取代我国的"主犯"概念的做法，是我国刑法学界出现的一种令人担忧的主犯正犯化的倾向。

（二）主犯不可能被正犯化

我国刑法中的"主犯"不同于德、日刑法中的"正犯"，这是毋庸置疑的结论。如前所述，二者的不同，根源在于我国刑法与德、日刑法分别采取的犯罪参与体系是两种有重大差异的体系。我国刑法采取的是单一正犯体系即单一制③，而德国、日本刑法采取的是区分正犯与共犯的区分制。正是由于我国刑法采取了"单一制"这种不同于德、日等国"区分制"的犯罪参与体系，从而决定了我国刑法中的"主犯"与德、日等国刑法中的"正犯"有重大差异，"主犯"不可能与"正犯"等同化，从而也就不能将"主犯"解释为"正犯"，更不能用"正犯"来取代"主犯"，也就是不能将主犯正犯化。

首先，从德国刑法第25条的规定来看，亲自实施构成要件行为的实

---

① 张明楷. 刑法学. 4版. 北京：法律出版社，2011：354.
② 杨金彪. 分工分类与作用分类的同一——重新划分共犯类型的尝试. 环球法律评论，2010（4）.
③ 林山田. 刑事法论丛（二）. 台北：台湾大学法律系，1997：351；江溯. 犯罪参与体系研究. 北京：中国人民公安大学出版社，2010：253.

行犯是三种类型的正犯之一（直接正犯）。理论上的通说也认为："正犯首先是——或者一人或者在多人的参与下——通过自己的身体（原则上是亲手）活动而满足构成要件的人。""亲手完成构成要件总是导致正犯的成立，'极端例外的案件'也并不能改变什么。"① 在日本，"按照传统的通说，实行行为的概念还具有'正犯性'的功能。即实行行为＝正犯行为，实行犯才是正犯（单独正犯或共同正犯），非实行犯只能构成教唆犯或从犯"。现在对这种理解虽然存在疑问，但通说仍然认为实施实行行为（构成要件行为）的人是正犯，只不过实施实行行为之外的行为（如共谋行为、利用他人犯罪等）也有可能成为正犯（如共谋共同正犯、间接正犯）。② 可是，按照我国的通说，在所谓复杂的共同犯罪的场合，即各共同犯罪人之间存在一定的分工，有的实施实行行为，有的实施教唆行为，有的实施帮助行为，还有的实施组织行为的，"对于实行犯可以根据其在共同犯罪中的作用和地位，分别按主犯和从犯处理，个别情况下也可以按胁从犯处理"③。也就是说，在德国和日本实行犯必定被认定为正犯，但在我国则并不一定就是主犯，而是还有可能成为从犯（含胁从犯）。可见，实行犯这类正犯与主犯不能等同化。

其次，日本刑法第 60 条规定："二人以上共同实行犯罪的，都是正犯。"德国刑法第 25 条也规定，数人共同实施构成要件行为的，均依正犯论处。学者们称这种正犯为共同正犯。按照我国的通说，这种二人以上共同故意直接实行某一具体犯罪客观方面要件行为的情形，是所谓简单的共同犯罪类型。在这种场合，作为犯意的发起者并且参与犯罪实行的，往往是主犯；应他人邀约参与实行犯罪，按他人的授意行事的，大多是从犯；被胁迫参与实行犯罪并且在共同犯罪中发挥作用较小的，通常是胁从犯。④ 由此可见，德国和日本刑法规定的共同正犯，在我国并非都是主犯，其中有相当一部分是从犯（含胁从犯）。这就充分说明共同正犯之类的正犯与主犯也不能等同化。

---

① 罗克辛．正犯与犯罪事实支配理论．劳东燕，译//陈兴良．刑事法评论：第 25 卷．北京：北京大学出版社，2009：8-10.
② 金光旭．日本刑法中的实行行为．中外法学，2008（2）.
③ 高铭暄，马克昌．刑法学．北京：中国法制出版社，2007：196.
④ 陈兴良．共同犯罪论．2 版．北京：中国人民大学出版社，2006：183，210.

再次，在德国和日本等采取区分正犯与共犯的区分制的国家，教唆犯与帮助犯是共犯，是与正犯相对并且处于从属性地位的共同犯罪人。但是，在我国，由于是根据共同犯罪人在共同犯罪中所起的作用大小来区分主犯与从犯，从而确定其在共同犯罪中所处的地位及所采取的处罚原则。一般认为："由于教唆犯是犯意的发起者，因此在共同犯罪中通常是起主要作用者，应按主犯的处罚原则处理。但在少数情况下，也可能起次要作用……应按从犯的处罚原则处理。"① 至于帮助犯的帮助行为，在通常情况下危害程度最低，将帮助犯认定为从犯是合适的，但也有特殊例外应认定为主犯的情形。例如，甲提供保险柜密码，乙用密码打开保险柜窃取了大量财物，二人均分了赃物。由于没有甲提供保险柜的密码，乙不可能打开保险柜窃取到财物，因此，很难说作为帮助犯的甲所起的作用比作为实行犯（正犯）的乙小。将乙认定为主犯、甲认定为从犯，明显不具有合理性，应将甲也认定为主犯才合适。既然在我国教唆犯通常是主犯，帮助犯在特殊场合也有可能被认定为主犯，这类主犯与德、日刑法中的正犯有天壤之别，更不可能将这类主犯解释为正犯，或者将这类主犯与正犯等同化。

最后，间接正犯是采取区分制的国家公认的一种正犯类型，德国刑法第 25 条还明文将其作为一种独立的正犯类型与其他两种正犯并列规定。众所周知，间接正犯是利用他人实行犯罪的情形，利用者与被利用者之间一般不构成共同犯罪，在德、日等国，对利用者大多是按单独正犯来处罚。这种正犯同我国刑法中的主犯，也有天壤之别，同样不可能等同化，也就是不可能将这类正犯解释为主犯。因为我国刑法中的主犯是在成立共同犯罪的前提条件下，根据其在共同犯罪中起主要作用，在量刑时所作的进一步的认定。对利用他人作为犯罪的工具实行犯罪、与他人不构成共同犯罪的，我国是作为单独犯来处罚，不存在认定为主犯的余地。

（三）主犯正犯化的根源

我国一些学者主张按"区分制"的理念来解释我国刑法关于共同犯罪的规定，将主犯与正犯、从犯与共犯等同化，一个重要的思想根源是认为单一正犯体系存在固有的缺陷，而正犯与共犯相区分的体系有明显的优越性，因而要用"区分制"的理论来解释我国刑法中的主犯与从犯，即把主

---

① 高铭暄，马克昌. 刑法学. 北京：中国法制出版社，2007：205.

犯解释为正犯、将从犯解释为共犯，以弥补我国刑法相关规定的缺陷。①但是，按照罪刑法定主义的要求，对刑法应该做严格解释。②况且刑法学归根到底是解释刑法的学问，按刑法条文的词义来做解释，是严格解释的基本要求。德国法学大师拉德布鲁赫（Radbruch）曾经指出，法学是一门针对现行法而非正确法、针对实然法而非应然法的学问。③当然不能因为刑法的某条规定或所采取的某项制度有缺陷，就不按法条的词义来做解释。因此，仅仅因为单一正犯体系存在缺陷，就将刑法规定采取的单一正犯体系解释为正犯与共犯相区分的犯罪参与体系，将两种不同参与体系中有重大差异的主犯与正犯、从犯与共犯做等同化的解释，显然是违反罪刑法定原则的。但这种做法在我国现阶段似乎还很流行。难怪许泽天教授发出这样的感叹："对于大陆刑法学界在此犯罪参与议题中跳离立法（'窠臼'）的学术现象，或可称为当代中国刑法学的特色，值得令人继续关注未来的发展。"④

事实上，仔细比较单一制与区分制两种犯罪参与体系，就不难发现各有优势与不足，并非只有单一制存在缺陷、区分制就没有缺陷，甚至不能说区分制优于单一制。相反，单一制在某些方面有其明显的优越性。对此，本书第二章第三节已有较为详细的论述，此处不再赘述。至于说对我国刑法采取的单一制存在的缺陷，固然也需要用合理的解释来适当弥补，但正如前文所述，罪刑法定主义要求对刑法做严格解释，这就决定了刑法解释的空间是有限的，超越法条词语含义的范围来做解释是不被允许的。将主犯与正犯、从犯与共犯做等同化的解释，用"正犯""共犯"来取代我国刑法中的"主犯""从犯"，不仅违反罪刑法定原则，而且不是弥补我们所采取的单一制缺陷的正确途径。众所周知，在德国和日本等采取区分制的国家，学者们早就看到了采用区分制会带来处罚不均衡的问题，而单

---

① 张明楷．刑法学．4 版．北京：法律出版社，2011：354．

② 有些国家的刑法对此有明文规定，如法国刑法第 111－4 条规定："刑法应严格解释之．"

③ Radbruch, Rechtsphilosophi, hrsg von Wolf, 6. Aufl., 1963, S. 106. 转引自许泽天．主行为故意对共犯从属的意义//林维．共犯论研究．北京：北京大学出版社，2014：255．

④ 许泽天．主行为故意对共犯从属的意义//林维．共犯论研究．北京：北京大学出版社，2014：256．

一制依据犯罪参与者参与犯罪的性质和参与的程度给予轻重不同的处罚具有合理性。① "基于实现刑事处罚的合理性的需要，在正犯和共犯的判断上，德、日学界及实务界逐渐突破实行行为的传统边界而加以实质的解释——纵使没有参与构成要件行为的实行，但如果对共同犯罪的不法事实具有支配力或者发挥了重要作用，亦能成为正犯"②。这也就是我国学者所说的德、日等采取区分制的国家出现了"正犯主犯化"的现象。③ 在笔者看来，这是他们为了寻求处罚的合理性所做的一种迫不得已的明智选择。但我们应当清醒地认识到，在德、日等国的解释论上，出现这种现象有一条最低的底线，那就是将在共同犯罪中起主要作用者，也就是我们所认定的一部分"主犯"，解释为是他们的"正犯"，而并非是将"正犯"直接称为"主犯"，更不是将"正犯"与"主犯"做等同化的解释。如果我们采取这种方式来将"主犯正犯化"，也就是取区分制之所长来弥补我们的单一制之短，将区分制认定正犯并可以被我们所借鉴的经验，运用到我们的主犯认定中来，自然是合理的。例如，按照我国刑法的规定，主犯与从犯的区分没有客观的标准，如何科学合理地予以区分就成为一大难题，这也是我国所采取的单一制的一大缺陷。因为刑法所规定的"在共同犯罪中起主要作用的""起次要……作用的"，必须由司法人员来做判断，没有客观的判断标准就难以避免主观随意性。而采用区分制的德、日等国刑法中的正犯与共犯，由于原则上是从行为的形式来做区分，相对比较客观，法官判断时主观随意性较小，这是其明显的优势。我们在认定主犯时，可以适当借鉴德、日等国认定正犯的经验，有必要将实施帮助行为者，除对犯罪的完成具有决定性作用的情形外，均认定为从犯；对实施实行行为的，除了有足够的证据证明是起次要作用的情形外，原则上认定为主犯。又如，采取单一制存在扩大处罚范围的危险性。因为单一正犯理论认为，刑法分则规定的具体犯罪行为不限于实行行为，还包含教唆和帮助行为，教唆未遂与帮助未遂将成为可罚的行为。但是，如前所述，区分制的理论认为，共犯具有从属于正犯的特性，当正犯没有实行犯罪时，共犯（教唆犯与帮助犯）就不成立，也就是不处罚教唆未遂与帮助未遂。这无疑能有效防止

---

① 龟井源太郎. 正犯与共犯的区别论. 东京: 弘文堂，2005: 114.
② 钱叶六. 双层区分制下正犯与共犯的区分. 法学研究，2012 (1).
③ 陈家林. 共同正犯研究. 武汉: 武汉大学出版社，2004: 24.

扩大处罚范围，显然是区分制的一大优势。因此，我们可以部分借鉴区分制的理论，在正犯（实行犯）没有实行犯罪的情况下，除了教唆、帮助严重的犯罪并情节严重者外，原则上将教唆、帮助者排除在主犯与从犯的范围之外，不予以定罪处罚。

（四）主犯正犯化的隐患

1. 否定具有中国特色的犯罪参与体系

如前所述，刑法中的犯罪参与体系发展至今，形成了单一制与区分制两种各具特色的立法体系，很难说区分制比单一制优越。我国现行刑法在共同犯罪人的分类上，遵循我国古代将共犯人分为首从的法律传统，根据共同犯罪人在共同犯罪中所起作用的大小，分为主犯与从犯两大类，给予轻重不同的处罚，不仅是属于单一制，而且突显了对共同犯罪人的处罚不同于单个人犯罪的特点，这正是我国所采取的犯罪参与体系的一大特色。法律学人应该维护我们优良的法律传统，弘扬有中国特色的法律文化，将合理的有我们自己特色的法律文化和法律制度发扬光大，而不是硬性照搬套用西方的某种法律制度来解释我们的法律规定，从而从根本上否定掉有我们自己特色的合理法律制度。应当看到，将主犯与正犯、从犯与共犯做等同化的解释，用正犯与共犯的概念来代替我国刑法中的主犯与从犯，不仅与我国刑法的规定不符，而且是在解释论上用区分制来取代单一制，这并不可取。

2. 导致我国刑法失去对共犯人公平合理处罚的优势

如前所述，德、日刑法中的正犯是犯罪的核心人物，共犯是犯罪的边缘角色（附属者），对正犯的处罚比共犯重。在所谓简单共同犯罪的场合，由于所有参与者都实行了犯罪，都属于正犯（共同正犯），尽管每个参与者发挥作用的大小可能会有较大差异，但处罚没有差异；在所谓复杂共同犯罪的场合，有的教唆、帮助犯罪，有的实行了犯罪，前者是共犯，后者是正犯。如果教唆犯发挥的作用大、实行犯发挥的作用小，对教唆犯的处罚也不可能比实行犯重；如果帮助犯的帮助行为对犯罪的完成起了决定作用，其处罚也必定比实行犯轻。如此等等，足以表明区分正犯与共犯的区分制不能保证处罚的公平合理性，这正是其致命的缺陷。而我国采取的根据犯罪人在共同犯罪中所起作用大小来确定主犯与从犯并给予轻重不同处罚的体制，则正好能弥补区分制的上述缺陷，能确保处罚的公平合理性。如果我们将主犯与正犯、从犯与共犯等同化，用正犯、共犯概念来取代我国刑法中的主犯与从犯，这无疑是舍己之所长取彼之所短，显然是一种不明智的选择。其还会带来区分制所没有的新的问题。例如，在德国和日本，教唆犯是共犯，对教唆犯要"判处正犯的刑罚"。虽然在观念上大多认为，对正犯的处罚重于教唆①，但由于法律明确规定是"判处正犯的刑罚"，这就意味着对教唆犯的处罚轻重可以与正犯相同（只是不能比正犯重）。可是，按照前述持主犯正犯化的论者的解释，由于教唆犯是共犯，也就是说教唆犯属于从犯，根据我国刑法第 27 条第 2 款的规定，"对于从犯，应当从轻、减轻处罚或者免除处罚"。而对教唆犯一概从轻、减轻处罚或者免除处罚，即便是在德国、日本，也是与刑法中的规定和理论上的通说相冲突的。况且，我们的传统观念是"造意为首"，我国的司法机关长期以来对教唆犯大多也是按主犯来处罚，我国立法机关在对 1979 年刑法进行修订的过程中，也曾有多个修改草案规定对"教唆他人犯罪的，不是按照其在共同犯罪中的作用而是直接按照共同犯罪中的主犯处罚"②，因此，一律以从犯论处既不符合立法精神，也与司法实践中的一贯做法相悖。

或许会有人提出，既然我国刑法中的主犯等同于正犯，对教唆犯通常是以主犯论处，那就可以将教唆犯纳入正犯之中。但是，这种观点显然同正犯与共犯相区分的区分制的基本观念相冲突。因为区分正犯与共犯的立足点是从犯罪参与的行为形式上将共同犯罪人区分开来，即原则上实施实行行为的实行犯是正犯、实施教唆行为的是教唆犯、实施帮助行为的是帮助犯。尽管德国和日本的刑法规定，对于教唆犯"判处正犯的刑罚"，但似乎还没有学者赞成将教唆犯纳入正犯之中。可能还会有人提出，可以将我国刑法中的教唆犯纳入共犯（从犯）的范畴，但按正犯（主犯）来处罚。毋庸讳言，德国和日本确实是这样处理的。这是因为他们的刑法有这样的明文规定，并且这与他们采取的区分制不矛盾。一般认为，从参与形式上将共同犯罪人区分为正犯与共犯（教唆犯和帮助犯），主要是为了解决参与者的定罪问题，至于处罚出现交叉即对部分共犯者（教唆犯）按正犯之刑处罚也是允许的。而我国刑法规定将共同犯罪人分为主犯与从

---

① 黄荣坚. 基础刑法学：下. 3 版. 北京：中国人民大学出版社，2009：491.
② 高铭暄. 中华人民共和国刑法的孕育诞生和发展完善. 北京：北京大学出版社，2012：209.

犯两大类，是在已经定罪的前提条件下，将共同犯罪人根据其在共同犯罪中所起的作用大小区别开来给予轻重不同的处罚。因此，认定为从犯却按主犯来处罚，是完全不符合我国刑法规定的不可思议的事。并且，正如前文所述，教唆犯罪的情况错综复杂，教唆犯在共同犯罪中所起作用的大小可能会有较大差异，一概以主犯或从犯论处均存在缺陷，这也是我国 1997 年修订的刑法最终没有规定对教唆犯按主犯处罚，而仍然保留过去的"按照他在共同犯罪中所起的作用处罚"的根本原因所在。① 从我国刑法的这一规定不难看出，教唆犯在共同犯罪中所起作用大的是主犯，所起作用小的是从犯。对前者处罚重、对后者处罚轻，能够更好地体现区别对待的刑事政策思想，确保对共同犯罪人处罚的公平合理性。这正是我国所采取的区分主从犯的单一制的一大优越性。德、日等国采取的区分制，将教唆犯纳入共犯之中，无论是对发挥作用大的还是对发挥作用小的，均"判处正犯的刑罚"，体现不出差异。如果舍弃我国刑法的这一优势，将教唆犯一概解释为共犯（从犯）或正犯（主犯），均不具有合理性。如果将部分教唆犯解释为正犯（主犯），另一部分教唆犯解释为共犯（从犯），虽然能够做到处罚合理，但这显然又同区分正犯与共犯的基本观念相冲突。

3. 致使简单的问题复杂化

众所周知，理论学说并非是把简单的问题弄得深不可测、搞得烦琐复杂才好，相反，科学的理论是要把复杂的问题简单化，尽可能使之被广大民众所了解。刑法理论何尝不是如此，学者们对刑法的解释理论应该尽可能通俗化，使司法人员更容易理解刑法的规定，更便于准确运用刑法来处理具体案件。但是，前述主犯正犯化的解释论，显然会使简单的问题复杂化。正如前文所述，我国所采取的单一正犯体系简单明了，定罪和处罚标准容易掌握，司法实践中很好操作执行。但是，如果说我国所采取的犯罪参与体系是区分制，按主犯正犯化的观念，那就势必要先确定犯罪参与人是否为正犯，只有确定为正犯之后，才能肯定成立主犯。而正犯与共犯的合理区分本身是一大难题。本来，按我国刑法规定的单一制，只要行为人主观上有共同犯罪故意，客观上有共同犯罪行为（包含实行行为、教唆行

---

① 高铭暄. 中华人民共和国刑法的孕育诞生和发展完善. 北京：北京大学出版社，2012：209.

为、帮助行为和组织行为），就可以肯定其成立共同犯罪；尔后，根据其在共同犯罪中所起作用的大小，认定其是否属于主犯，根本没有必要先从行为形式上来判断是否属于正犯。多此一道不必要的程序，增加了问题的复杂性和操作执行的难度，自然是得不偿失。况且，对德、日刑法中有关正犯与共犯相区分的复杂问题，按照我们的单一正犯的解释论，本来是可以通过简单化得到很好解决的，但按区分制和主犯正犯化的观念来作解释，无疑是把简单的问题弄复杂了。例如，有论者主张用日本的共谋共同正犯理论，来解释我国的共谋而未参与实行者的定罪处罚问题。① 但是，日本的共谋共同正犯论是用来解决对幕后操纵者按区分正犯与共犯的刑法规定处罚明显不合理的问题的，"直接借鉴到我国就有搞错问题的性质之嫌"②。因为按照我国刑法的规定和我们采取的单一正犯理论，对共谋而未参与实行犯罪者，按照是否构成共同犯罪以及根据其在共同犯罪中所起作用的大小，来确定其是主犯还是从犯这样的思路处理案件，既简单明了，又便于司法实践中操作执行。一般来说，数人先在一起共谋实施某种犯罪，尔后又有人按计划实行了犯罪的，对所有参与者（包含参与共谋而未直接实行犯罪者）认定构成犯罪不成问题。因为所有参与者主观方面均有犯某种罪的故意，客观方面有犯某种罪的行为，只不过每个参与者实施的行为的表现形式可能有所不同，有的实施的是实行行为，有的实施的是组织、领导行为或教唆行为，还有的实施的是帮助行为。既然参与共谋而未实行者构成犯罪并且是与他人共同犯罪，接着就要根据其在共同犯罪中所起作用的大小来确定其是主犯或从犯，从而最终解决其处罚问题。这样处理案件，既符合我国刑法的规定，又具有科学性和易于操作性。相反，如果按照日本的共谋共同正犯理论来处理案件，不难发现其是把简单的问题复杂化了，并且不便于实践中掌握执行。

三、主犯的认定

如前所述，我国刑法规定的主犯有两种类型：一是特殊类型，即犯罪集团的首要分子；二是普通类型，即其他在共同犯罪中起主要作用的犯罪

---

① 刘艳红. 共谋共同正犯的理论误区及其原因. 法学，2012（11）.
② 李洁. 中日共犯问题比较研究概说. 现代法学，2005（3）.

分子（简称"其他主犯"）。这两种不同的主犯，认定的方式也有差异。

(一) 犯罪集团的首要分子的认定

毋庸置疑，正确认定犯罪集团的首要分子的前提是准确认定犯罪集团。鉴于本书第四章第三节对如何认定犯罪集团已有论述，此处不再赘述。由于犯罪集团的首要分子是当然的特殊的主犯，认定的关键是具备首要分子的成立条件、即在集团犯罪案件中，具备首要分子成立条件的，是当然的主犯。对不具备首要分子成立条件，不能认定为首要分子的集团成员，则要进一步考察其在集团犯罪中是否起主要作用，才能得出是否为主犯的结论，并不能一概否定其为主犯。

认定犯罪集团的首要分子成立与否的法律依据是刑法第 97 条，按该条规定，只有在犯罪集团中"起组织、策划、指挥作用的犯罪分子"，才能认定为首要分子。而"组织""策划""指挥"作用，要以犯罪分子实施的这类行为为判断依据。如果没有实施这类行为，自然不能认定为首要分子。虽然有这类行为，但如果是在处于上层地位的犯罪分子的指使之下实施的，即不是为首实施的"组织""指挥"等行为，如受黑社会头领的指使，邀约他人去聚集闹事、殴打伤害民众，表面上也有背后"组织"和到现场"指挥"犯罪活动的行为，实际上只是具体执行"黑老大"指派的一次犯罪活动，在整体的黑社会性质犯罪中，并非是起组织、指挥作用，因而不能认定为首要分子。另外，还要注意把"组织""策划""指挥"行为，与类似的参与行为区分开来。如参与共谋组成犯罪集团或者共谋实施某次或某几次具体犯罪活动，但只是起一般的出谋划策的作用，并非是决策者的，就不能将其认为其在犯罪集团中起"策划"作用，从而也不能将其认定为首要分子。还应当看到，集团犯罪是有组织的犯罪，与一般的聚众犯罪和结伙犯罪不同，它大多以有计划地多次甚至很多次实施犯罪为目的，因此，判断某个集团成员是否起"组织、策划、指挥作用"，既要看其有无这类行为，又要看其行为就整体集团犯罪而言，是否确实发挥了这样的作用，不能仅将其一次犯罪活动的具体表现，作为认定其起组织、策划或指挥作用的依据。至于集团成员是在幕后还是亲临现场去组织、指挥犯罪活动，对认定首要分子的成立并无决定性的意义，也就是说，无论是在幕后坐镇组织、指挥，还是亲临现场去组织、指挥，均可认定为起组织、指挥作用的首要分子。

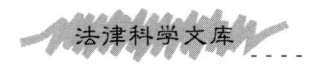

（二）其他在共同犯罪中起主要作用的主犯的认定

如前所述，聚众犯罪中的首要分子，大多是主犯，也有不是主犯，而是单独犯或者属于共同犯罪的从犯的情形。对聚众犯罪的首要分子的认定规则，与上述犯罪集团中的首要分子相同。只不过由于刑法对有些聚众犯罪（如聚众扰乱社会秩序罪）中的首要分子，与其他参与者分别规定了轻重不同的法定刑，实际上已将这类犯罪的主犯与从犯的分类和处罚标准作了明文规定，首要分子是这类聚众犯罪中当然的主犯，其他参与者是从犯。因此，在这类犯罪案件中，对构成犯罪的参与者，直接"对号入座"适用相应的法定刑处罚即可，已无必要再区分主从犯。上述集团犯罪中，也存在类似的情形。

但是，聚众犯罪中的首要分子，还存在有必要区分主犯与从犯的情形。例如，对聚众扰乱公共场所秩序、交通秩序罪，刑法规定只处罚首要分子。如果此种犯罪案件中的首要分子有二人以上，那就构成共同犯罪，除了均起主要作用皆为主犯的情形外，应当根据其是起主要作用还是起次要作用，分别认定为主犯与从犯。这就意味着对这类聚众犯罪，认定参与者构成犯罪并且为首要分子，还不能肯定其为主犯，应进一步按普通主犯的判断规则，考察其是否在共同犯罪中起主要作用，来认定其是否为主犯。

首要分子之外的其他在共同犯罪中起主要作用的普通主犯的认定，应综合考虑同案中的所有共同犯罪人参与共同犯罪的主观和客观方面的情况，并对各人在共同犯罪中的主客观表现进行适当的比较分析，以判断谁在其中起次要作用，应认定为从犯，从而将其排除在主犯的范围之外。凡是不能被认定为从犯（含胁从犯）的共同犯罪人，原则上都应当认定为主犯。"因为主犯是处罚的基准型，所以，各共同犯罪人作用不相上下，难以区分的，可以均按主犯处罚。"[①] 当然，应当肯定，在实际发生的共同犯罪案件中，各共同犯罪人参与犯罪的情况大多会有差异，自然有必要区分主犯与从犯，给予轻重不同的处罚，以充分体现处罚的公平合理性和区别对待主从犯的立法精神。

一般来说，在司法实践中，普通主犯的认定主要是从以下几方面来做判断：第一，由于二人以上共同故意犯罪的案件中，犯意的发起具有引发

---

① 阮齐林，耿佳宁．中国刑法总论．北京：中国政法大学出版社，2019：243．

共同犯罪的功效或作用，因此，发起犯意并参与实行犯罪者，通常是在共同犯罪中起主要作用的主犯。引发他人的犯意，但自己不去实行犯罪的教唆犯，一般也是主犯，只有在共同犯罪中所起作用明显小的教唆犯，才是从犯。① 第二，参与共同犯罪者是自己主动参与进去还是被他人邀约进去，或者自己本身是邀约或纠集他人参与犯罪还是被他人邀约或纠集去参与犯罪，对说明参与者在共同犯罪中的作用也具有重要意义，在通常情况下，邀约或纠集他人参与共同犯罪者应被认定为主犯。第三，参与者的行为对共同犯罪的完成或实现，是否有决定性的作用或功效。一般而言，实行行为对引起危害结果的发生具有决定性的作用，直接实施实行行为并引起危害结果发生的，在共同犯罪中所起的作用通常大于帮助行为实施者，也大于实施实行行为但未直接引起危害结果发生者，因此，对实施实行行为并直接引起危害结果发生者，大多应认定为主犯。第四，"在多人参与的共同犯罪中，各共同犯罪人的行为往往是互相配合的，这就需要有人协调共同犯罪的行为，这种人在共同犯罪中充当指挥者的角色，是共同犯罪中的主犯。"② 第五，共同犯罪人的身份地位，也是认定其在共同犯罪中的作用时应予考虑的重要因素。如在共同实施职务犯罪的案件中，职务高的人对职务低或无职务的人有无形的影响力，往往对职务犯罪的实行发挥决定性的作用，因而，大多应认定为主犯；又如，父母与不满18周岁的子女共同盗窃，父母的身份地位对认定其在共同犯罪中起主要作用有决定性意义，无论其在犯罪过程中的具体表现如何，均不影响其成立主犯。第六，在图利型的共同犯罪案件中，共同犯罪人是否参与分赃以及分赃多少，对认定其在共同犯罪中所起作用的大小也有重要意义。在通常情况下，参与分赃并分得较多赃款赃物者，会比未分得或分得较少赃款赃物者，在共同犯罪中所起的作用更大，大多是主犯。

四、主犯的处罚

（一）主犯处罚原则的修改补充

我国1979年刑法典第23条第2款规定："对于主犯，除本法分则已

---

① 阮齐林，耿佳宁. 中国刑法总论. 北京：中国政法大学出版社，2019：243.
② 陈兴良. 刑法适用总论：上卷. 北京：法律出版社，1999：534.

有规定的以外，应当从重处罚。"这是该刑法典规定的处罚主犯的一般原则。但是，1997年修订刑法时，对主犯"应当从重处罚"的原则作了修改。修订后的现行刑法第26条第3款规定："对组织、领导犯罪集团的首要分子，按照集团所犯的全部罪行处罚。"第4款规定："对于第3款规定以外的主犯，应当按照其所参与的或者组织、指挥的全部犯罪处罚。"那么，修订后的现行刑法已没有对主犯"应当从重处罚"的规定了，这是否意味着立法者认为，对主犯不必从重处罚了呢？回答是否定的。一般认为，"立法意图在于进一步加强对于主犯的处罚"①。至于这一立法意图是否通过上述修改补充得到了体现，则有肯定与否定两种不同认识。第一种是肯定说，认为"按照集团所犯的全部罪行处罚"，或者"按照其所参与的全部犯罪处罚"，已经不限于追究其个人直接所犯的罪行的责任，而是扩及追究其能左右的集团其他成员所犯的全部罪行的责任，或者其所参与的犯罪中其他成员的全部犯罪的责任，应当说这种从重处罚已到了极限，自然不必也无法再从重处罚了。②第二种是否定说，认为修订后的现行刑法表面上看，对主犯以其全部组织、指挥、参与的犯罪负责的处罚原则，似乎对主犯处罚更重了，而结论却正好相反。第一种肯定说实际上是混淆了共同犯罪的定罪与共同犯罪的量刑两个不同性质的问题，并且没有看到按现行刑法的规定，会使除贪污、受贿等少数犯罪之外的绝大多数共同犯罪的主犯从重处罚于法无据，导致将所有共同犯罪的量刑基点下降到与单独犯罪持平，无法体现对共同犯罪应比单个人犯罪予以更重打击的原则。③

在笔者看来，以上两种观点都有一定道理，但均存在不足。否定说意识到了肯定说存在弊病，这本身值得肯定，但将其归结为是把共同犯罪的定罪问题与量刑问题混为一谈，则不够准确。实际上，肯定说的问题在于，把共同犯罪的归责原理与从重处罚共犯人等同起来了。本来，按共同犯罪的归责原理，对所有参与共同犯罪的人，包含犯罪集团的首要分子和一般共同犯罪的主犯与从犯，均应按照其所参与的或所犯的全部罪行处罚，这与对主犯从重处罚不是一回事。正如持否定说的论者所述："对主

---

① 陈兴良.刑法适用总论：上卷.北京：法律出版社，1999：534.
② 周道鸾，等.刑法的修改与适用.北京：人民法院出版社，1997：111.
③ 蒋莺.新、旧刑法关于主犯处罚原则之比较.法学，1997（6）：45.

犯按照参与的或者组织、指挥的全部罪行，在财产犯罪中就是按照总数额处罚，也就根本没有反映出比从犯更重的处罚。至于在其他刑事犯罪中，根据共同犯罪的一般原理，只要主观上具有共同犯罪的故意，客观上具有共同犯罪行为，就应当对共同犯罪的结果承担刑事责任。例如，甲乙二人共同将丙杀害，尽管甲是主犯，乙是从犯，但二人都应对丙的死亡结果承担刑事责任，即定故意杀人罪。在按照参与的犯罪处罚上，根本体现不出对主犯的从重处罚。"[①] 况且，在1997年修订刑法之前，我国有关的单行刑法和司法解释，对某些共同犯罪就是采取现行刑法第26条第3款和第4款所规定的处罚原则，而且在采取区分制体系的德、日等国，对共同正犯所采取的"部分行为全部责任"的归责原理，与我国刑法该条款规定的精神实质相似。可见，我国刑法该条款并非是对主犯从重处罚的规定，甚至没有体现对主犯从重处罚的政策精神。

毋庸讳言，共同犯罪的归责原理，含有对共同犯罪人的处罚重于单独犯罪人的成分或因素。因为所有的共同犯罪人都要对共同犯罪行为及其所造成的危害结果负责，而每个共同犯罪人的行为只是共同犯罪行为的组成部分之一，这就意味着每个共同犯罪人都并非是仅对自己直接实施的部分行为及其所造成的危害结果负责，而是还要对整体行为及其所引起的危害结果负责，以致对共同犯罪的处罚整体上会重于单个人犯罪。例如，某人单独盗窃他人5万元现金，独得5万元赃款；另有5人共同盗窃他人5万元现金，每人分得1万元赃款。假如按法院的惯例，盗窃5万元的，单独犯和共犯中的主犯，均判5年有期徒刑。若5个共犯人均被认定为主犯，分别处5年有期徒刑。这就意味着盗窃同样数额的财物，给他人造成同样财产损失的案件，在单独犯的场合，仅1人被判处了5年有期徒刑；但在5人共同犯罪的场合，5人都分别被判处了5年有期徒刑，合在一起总共被判处了25年有期徒刑。就每个共犯人而言，虽然仅分得1万元、只给他人造成1万元财产损失，却与窃得5万元、给他人造成5万元财产损失的单独犯，判处相同的刑罚，这当然是重了不少。从整体来看，对共同犯罪的处罚会重于单独犯，不仅数额犯如此，其他犯罪大体也相似。

至于我国刑法是否应当删除对主犯从重处罚的规定，学者们有不同认

---

① 陈兴良．刑法适用总论：上卷．北京：法律出版社，1999：536-537.

识。有的学者认为，立法机关为了加重对主犯，尤其是犯罪集团中的首要分子的处罚，以按照参与或者组织、指挥的全部罪行处罚的原则，取代主犯从重处罚的原则，其结果会事与愿违、言与意悖，导致主犯从重处罚不再是法定情节，而只是酌定情节，这不具有科学合理性。① 但笔者认为，删除对主犯从重处罚的规定，具有一定的合理性。如上所述，按共同犯罪的归责原理处理共同犯罪案件，总体而言，对共同犯罪人的处罚会重于单独犯，对普通主犯已无必要再从重处罚了。加上我国刑法第 27 条第 2 款规定，对于从犯，"应当从轻、减轻处罚或者免除处罚"。虽然删除了1979 年刑法第 24 条第 2 款对从犯处罚规定中"应当比照主犯"的内容，但实际上处罚从犯时，不可能不与同案中的主犯相比照②，特别是对从犯从轻处罚，明显是指比同案中其他情节与自己相当的主犯处罚要轻一些。而 1979 年刑法规定对主犯"应当从重处罚"，"这样对主犯和从犯的处罚就会失去判断的基准"③，因为主犯被从重处罚之后，就失去了作为从犯从轻处罚的比照对象或比照基准的意义，也就是说，对从犯比照主犯从轻处罚，应当是在主犯从重处罚之前，才有比照的价值或比照的可能。现行刑法删除对主犯"应当从重处罚"的规定之后，主犯成为"共犯人处罚的基本型（或普通型·常态）"④，这样也就弥补了旧刑法上述规定的一大缺陷。

但是，笔者认为，对特殊主犯即犯罪集团的首要分子，还是有必要明文规定"应当从重处罚"。这是因为这类主犯具有特殊的社会危害性与人身危险性，理应作为重点打击的对象，并且将其作为法定的从重处罚对象予以规定，不影响我们把普通主犯仍作为共同犯罪人处罚的基本类型，使刑法规定的对从犯从轻处罚有可比照的对象；同时，使我国刑法对共同犯罪人的处罚，既有普通型（普通主犯），也有加重型（应予从重处罚的犯罪集团的首要分子），还有减轻型（应予从轻、减轻处罚或者免除处罚的从犯）。这无疑比旧刑法对共同犯罪人规定有加重型和减轻型却无普通型

---

① 陈兴良. 刑法适用总论：上卷. 北京：法律出版社，1999：535-539.
② 同①545.
③ 高铭暄. 中华人民共和国刑法的孕育诞生和发展完善. 北京大学出版社，2012：207.
④ 阮齐林，耿佳宁. 中国刑法总论. 北京：中国政法大学出版社，2019：242.

（或基本型），比现行刑法规定有普通型和减轻型但无加重型，更具有科学合理性。

（二）特殊主犯的处罚

对特殊主犯即组织、领导犯罪集团的首要分子，我国刑法第 26 条第 3 款规定，"按照集团所犯的全部罪行处罚"。这种特殊主犯除了对自己直接实施的具体犯罪行为及其结果承担责任外，还要对集团所犯的全部罪承担责任，也就是对集团的其他成员按该集团犯罪计划所实施的全部犯罪承担责任。这是因为这些犯罪（集团的犯罪）都是在首要分子的组织、策划、指挥之下实施的，他当然要对此承担责任。正如前文所述，该条款规定对犯罪集团的首要分子，"按照集团所犯的全部罪行处罚"，实际上是指首要分子对集团的全部犯罪都应承担责任，或者说应将集团全部犯罪行为及所造成的危害结果归责于首要分子。应当注意的是，要把"集团"所犯全部罪行与"集团成员"所犯的全部罪行区别开来，对集团成员超出集团犯罪计划实施的犯罪行为，不能归责于犯罪集团的首要分子。判断集团成员实施的某种犯罪行为是否在集团犯罪的范围之内，即是否属于集团的犯罪，从而应归责于首要分子，主要应从以下几方面来考察。

1. 集团成员实施的犯罪行为，与按该集团犯罪计划所要实施的犯罪行为，是否有内在联系。如果与集团计划实施的犯罪虽有差异，甚至是不同的罪，但却有内在联系或者与集团的犯罪计划不冲突，则应认定为集团的犯罪，应归责于集团的首要分子。例如，抢劫集团的首要分子指使甲、乙、丙去抢劫某公司老板 A 的财物，甲、乙、丙到 A 独居的室内后，殴打胁迫 A 交出现金，但 A 室内仅存 2 000 余元现金，甲、乙、丙嫌钱太少，于是逼迫其给公司员工打电话，甲接过电话之后，强令对方速送 10 万元到附近的报刊亭，否则，会杀死 A，A 也要求对方速送钱过来。乙到报刊亭附近等候，拿到 A 公司员工送来的 10 万元钱后，告知甲与丙撤离。此案中，首要分子指使集团成员抢劫，但集团成员实施的是绑架勒索，构成绑架罪，由于绑架勒索财物的行为与抢劫罪只有形式的差异，罪质基本相同，并且集团成员所实施的行为，与首要分子指使实施的抢劫罪有内在联系，且侵害对象也是首要分子指使侵害的对象，都是采取侵害人身的手段夺取财物，只是行为形式上有差异，因此，抢劫集团的首要分子对集团成员实施的绑架勒索财物的行为，也应承担刑事责任。但是，如果集团成员实施的行为，与集团计划实施的犯罪并无内在联系，甚至有质的差异，

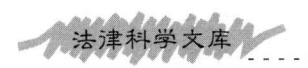

如盗窃集团的首要分子指使集团成员夜间入室盗窃，集团成员趁机强奸了独居室内的妇女。由于强奸妇女不是盗窃集团犯罪计划内的行为，与盗窃财物无内在联系，因此，首要分子不应对集团成员实施的强奸行为负责。

2. 集团成员实施的犯罪行为，能否被集团首要分子组织、策划、指挥的犯罪所包容，是否在首要分子的整体性、概括性犯罪故意之内。例如，由于盗窃集团的首要分子明知集团成员已形成只要有机会就盗窃的习惯，因此，其对集团成员实施的所有盗窃犯罪（除纯粹的单个人盗窃外）都有概括的故意，均能被其所组织、策划、指挥的盗窃犯罪所包容，即使其对集团成员实施的某些具体盗窃行为既不知是何时发生也不知在何地作案，更不知盗窃的是何种财物及数额多少，也不影响其对集团成员实施的这些盗窃行为承担相应的责任。又如，黑社会性质组织的首要分子，要求集团成员齐心协力维护集团的影响力和各方面的利益，对于损害集团利益的人，应采取各种严厉手段予以报复或攻击。在这种情况下，集团成员为了维护集团利益，而对损害集团利益的人予以报复或攻击的行为（含杀害、伤害等），即便首要分子事先不明知，由于这是集团的犯罪行为，是在其概括性犯罪故意之内的，因此，首要分子也应对这类犯罪行为承担相应的责任。相反，集团成员超出集团犯罪的范围实施的行为，大多不在集团首要分子概括性犯罪故意之内，首要分子自然也就不应对这类犯罪行为负责。

3. 集团成员实施的犯罪行为转化为其他犯罪的，首要分子是否要对其所转化的犯罪承担责任，不可一概而论。关键要看其所转化之罪，是否为首要分子组织、策划、指挥的犯罪容易转化的罪。如果回答是肯定的，而首要分子事先并未明确指示其成员不得实施相关的转化行为，那么，就应当认为所转化之罪是首要分子早已预见并容认其发生的，因而，责令其承担相应的刑事责任就是理所当然的结论。例如，盗窃集团的首要分子指使集团成员去盗窃他人财物，集团成员在实施盗窃犯罪的过程中，为窝藏赃物、抗拒抓捕或者毁灭罪证，当场使用暴力或者以暴力相威胁，从而转化为抢劫罪的，首要分子大多也应对这种抢劫罪承担责任。与此相似且在司法实践中较为常见的是，走私集团的成员以暴力、威胁方法抗拒缉私，又另构成阻碍国家机关工作人员依法执行职务罪的，首要分子对此罪也同样应承担责任。

（三）普通主犯的处罚

对普通主犯即犯罪集团的首要分子之外的主犯，我国刑法第26条第4

款规定,"应当按照其所参与的或者组织、指挥的全部犯罪处罚"。据此,对在犯罪集团和一般共同犯罪中的普通主犯(或其他主犯),应分两种情况来处理:一是组织、指挥犯罪集团之外的普通共同犯罪(或一般共同犯罪)的,包含聚众共同犯罪中的首要分子,应当按照其组织、指挥的全部犯罪处罚;二是没有进行组织、指挥活动但在共同犯罪中起主要作用的人,应按其参与的全部犯罪处罚。

在同一共同犯罪案件中,既可能只有一个主犯,也可能有两个以上的主犯。在有两个以上主犯的情况下,不同主犯在共同犯罪中虽都是起主要作用,但所起作用的程度可能还会有差异,仍需区别对待,分别给予轻重不同的处罚;也可能出现两个或两个以上的主犯,所起作用程度不相上下的情况,对他们予以同样处罚,也是恰当的。

第三节 从 犯

关于从犯及其处罚原则,我国1979年刑法典第24条规定:"在共同犯罪中起次要或者辅助作用的,是从犯。对于从犯,应当比照主犯从轻、减轻处罚或者免除处罚。"1997年修订刑法时,考虑到有些主犯所特有的影响处罚轻重的情节,司法实践中不会作为处罚从犯所"比照"的内容,并且,当主犯死亡或逃亡而对从犯单独处罚时,还可能出现无主犯可"比照"的问题。因而,将原来规定的处罚原则中的"比照主犯"的内容删除①,修改成为现行刑法第27条的规定。②

一、从犯的概念与类型

(一)从犯的概念

一般来说,在二人以上共同故意犯罪的案件中,犯罪人之间大多会有主从之分,从犯无疑是与主犯相对的概念。从犯有广义与狭义之分,从广义而

---

① 高铭暄. 中华人民共和国刑法的孕育诞生和发展完善. 北京:北京大学出版社,2012:208.

② 现行刑法第27条规定:"在共同犯罪中起次要或者辅助作用的,是从犯。对于从犯,应当从轻、减轻处罚或者免除处罚。"

言，所谓从犯，是指在共同犯罪中所起的作用次于主犯的犯罪人。也就是说，主犯之外的所有共同犯罪人都在广义的从犯之中。由于我国刑法除第 27 条对从犯有规定之外，第 28 条还有胁从犯的规定，而被胁迫参加犯罪的胁从犯，只能是在共同犯罪中起次要作用者，如果被胁迫参加犯罪后在共同犯罪中起主要作用，则不属于胁从犯，应认定为主犯。据此，就可以视胁从犯为一种特殊类型的从犯，即被胁迫参加犯罪的从犯。这样一来，广义的从犯，就包含刑法第 27 条规定的普通从犯和第 28 条规定的特殊从犯两种类型。① 而狭义的从犯，则仅指刑法第 27 条所规定的从犯，即"在共同犯罪中起次要或者辅助作用的"人。相对于胁从犯这种特殊类型的从犯而言，狭义的从犯是从犯的普通类型，可简称为普通从犯。本书在不同的章节，有时是从广义、有时是从狭义使用从犯概念，相信读者不难识别。

我国历代封建法律一向把共犯分为首犯、从犯两类。《唐律》规定："诸共犯罪者，以造意为首，随从者，减一等。"明律、清律的规定也是这样。以造意者为首犯，以其他实施犯罪者为从犯。② 这种"从犯"即共犯之中的"随从者"，主要是指在数人共同实行犯罪的案件中起次要作用的人。民国时期的刑法有关共犯的规定，虽然仍采用了"从犯"的概念，但不是采取我国古代刑法将共犯人分为首从的传统做法，而是采取日本将共犯分为共同正犯、教唆犯与从犯三类的立法形式，其中"从犯"是指帮助犯或者说是帮助犯的别称。③ 众所周知，帮助犯是帮助他人犯罪的人。帮助犯与其他共犯主要是从行为形式来区分的，即实施实行行为的是正犯（或共同正犯）、实施教唆行为的是教唆犯、实施帮助行为的是帮助犯。而我国古代刑法和现行刑法中的"从犯"，主要是指在共同犯罪中仅起次要作用的人，与之相对的首犯或主犯则是在共同犯罪中起主要作用的人，以在共同犯罪中所起作用的大小来区分两者，并分别给予轻重不同的处罚。这与我国民国时期的刑法和现行日本刑法中作为帮助犯别称的"从犯"，含义明显不同。另外，我国古代法律将共同参与犯罪的人分为首从，此种含义上的"从犯"主要是从参与者在共同犯罪中所起的作用而言的，但又

---

① 至于具体理由，笔者将在本章下一节展开论述。
② 高铭暄. 中华人民共和国刑法的孕育诞生和发展完善. 北京：北京大学出版社，2012：29.
③ 陈兴良. 共同犯罪论. 2 版. 北京：中国人民大学出版社，2006：194.

不完全如此。例如,《唐律》规定"以造意为首",所谓"造意"者,主要是指教唆者。把教唆者均纳入"首犯"之中、排除在"从犯"之外,"这是我国封建统治阶级'诛心'思想的表现"①。与教唆者在共同犯罪中有可能仅起次要作用的现实情况不符,我国现行刑法规定的从犯之中就包含这种仅起次要作用的教唆者;此外,《唐律》将"随从者"限于起次要作用的实行犯②,这与我国现行刑法中的"从犯"的含义也有较大差异,"从犯"之中除了包含起次要作用的教唆犯之外,还包含绝大多数帮助犯,并非仅限于起次要作用的实行犯。

(二) 从犯的类型

如前所述,我国刑法规定的从犯,有普通从犯与特殊从犯(胁从犯)之分。对特殊从犯,笔者将在下一节展开论述。在此,仅对普通从犯的类型予以阐述。

根据我国刑法第 27 条的规定,普通从犯包含以下两种类型。

1. 在共同犯罪中起次要作用的犯罪人

所谓在共同犯罪中起次要作用的犯罪人,是指对共同犯罪的形成与共同犯罪行为的实施、完成起次于主犯作用的犯罪人。③ 较为常见的在共同犯罪中起次要作用的情形是:在犯罪集团的首要分子领导下从事犯罪活动,但属于被动参加者或者罪恶不够重大、情节不太严重者;在一般共同犯罪中,虽直接参与实行犯罪,但属于附和随从者,所起作用不大,没有直接引起危害发生的,等等。

从犯是相对于主犯而言的,从犯与主犯相比起次要作用,应就共同犯罪的整体来做评价或判断。一般来说,二人以上共同故意犯罪,从共同犯罪故意的形成,到犯罪的实施乃至犯罪的完成有一个过程,在这一过程中的每个具体环节,各共同犯罪人参与的程度或所起作用的大小都可能有较大差异。有的参与某一环节发挥了较大的作用,但在其他环节发挥的作用较小甚至未参与进去。例如,在犯意的发起方面起了重要作用,但并未到现场去实行犯罪;或者在准备犯罪过程中发挥了重要作用,因故未去实行

---

① 高铭暄. 中华人民共和国刑法的孕育诞生和发展完善. 北京:北京大学出版社,2012:29.
② 陈兴良. 共同犯罪论.2 版. 北京:中国人民大学出版社,2006:194.
③ 张明楷. 刑法学:上.5 版. 北京:法律出版社,2016:453.

犯罪；或者在他人实行犯罪时才参与进去，但直接引起了危害结果的发生；如此等等，不可一概而论，既不能认为没有参与各个犯罪环节，即没有走完犯罪的整个过程的人，都是从犯；更不能夸大犯罪的某一环节在整体犯罪中的作用，如引起他人产生犯意者，固然对于犯罪的发生有重要作用，这或许也是《唐律》规定"以造意为首"并被后世历代封建法律所沿袭的原因所在，但也有不少引起犯意者（教唆犯）在共同犯罪中仅起次要作用的情形，这正是我国现行刑法规定教唆犯也可能成为从犯的原因所在。又如，实行犯罪并直接引起危害结果发生的共同犯罪人，大多是主犯，但也有例外的情况，因被胁迫而去实行犯罪并引起危害结果发生就是适例，就有可能成为胁从犯。总之，要对各个共同犯罪人参与犯罪的整体情况进行比较分析和综合判断，从而确定某个参与者在共同犯罪中是否起次要作用，能否认定为从犯。

对于"在共同犯罪中起次要作用的"从犯，是否仅限于次要的实行犯，我国刑法学界有两种不同认识。一种观点认为，"这就是指次要的实行犯"[①]；另一种观点认为，这"主要是指起次要作用的实行犯与教唆犯"[②]。笔者赞成后一种观点。因为如果认为这种类型的从犯就是指次要的实行犯，同时又认为另一种类型的从犯即"在共同犯罪中起辅助作用的犯罪分子"是指帮助犯[③]，那么，教唆犯就被排除在了从犯的范围之外，这明显与刑法第 29 条第 1 款的规定不符。按该款规定，"教唆他人犯罪的，应当按照他在共同犯罪中所起的作用处罚"，即根据所起作用的大小，分别以主犯或从犯来处罚。这就意味着该款规定教唆犯有两种处罚类型：一是在共同犯罪中起主要作用的教唆犯，二是在共同犯罪中起次要作用的教唆犯。既然这后一种教唆犯也是在共同犯罪中起次要作用，为何不能将其纳入"在共同犯罪中起次要作用的犯罪人"的范围，作为此种类型的从犯看待呢？这显然是持上述前一种观点的论者无法回答的问题。

2. 在共同犯罪中起辅助作用的犯罪人

所谓在共同犯罪中起辅助作用的犯罪人，是指为共同犯罪的实现提供助力或创造条件的人。这种起"辅助作用"的从犯与上述起"次要作用"

---

① 陈兴良. 刑法适用总论：上卷. 北京：法律出版社，1999：540.
② 黎宏. 刑法学总论. 2 版. 北京：法律出版社，2016：289.
③ 同①.

的从犯,并无实质的差异。并且,"辅助"一词本来就有"非主要"的含义,"次要"也是如此。① 因此,并无严格区分两类从犯的必要性,况且,无论是哪一种类型的从犯,刑法规定的处罚原则是相同的。只不过,在刑法理论上,一般认为,起次要作用的从犯,主要是指起次要作用的实行犯;而起辅助作用的从犯,则主要是指帮助犯。②

对于起辅助作用的从犯,能否等同于帮助犯,也有两种不同的认识。一种是肯定说,认为这就是指帮助犯③;另一种是否定说,认为帮助犯是实施帮助行为者,而帮助行为有时能起到主要作用,也就是说帮助犯也可能成为主犯,但起辅助作用的"辅助犯"只可能是从犯,因此不是帮助犯。④ 在笔者看来,这后一种观点较为可取。帮助犯虽然大多属于起辅助作用的从犯,但确实也有例外的起主要作用而成为主犯的情形。⑤ 例如,甲获悉乙知道本公司老板办公室保险柜的密码后,要求乙告知密码,并承诺会均分窃取的财物给乙;乙提供密码后,甲于夜间撬门入室并用乙提供的密码将保险柜打开,盗窃其中存放的几十万元现金后与乙均分。在这一共同犯罪案件中,乙提供保险柜密码是一种帮助甲打开保险柜盗窃柜中财物的行为,乙是帮助犯,甲是实行犯;没有甲实行盗窃的行为,被害人财物被盗的结果固然不会发生,但如果没有乙提供密码,甲也不可能打开保险柜窃取其中存放的巨额现金,乙的行为对危害结果的发生起了关键性的作用,因而不能认为其在共同犯罪中起次要作用,应认为其起到了与甲相当的主要作用,即构成主犯。既然帮助犯也可能成为在共同犯罪中起主要作用的主犯,而起辅助作用的从犯只可能是在共同犯罪中起次要作用者,自然也就应将这种起主要作用的帮助犯排除在外,因此,不能将起辅助作用的从犯等同于帮助犯。

另外,起辅助作用的从犯也不仅限于实施帮助行为的从犯,除帮助犯中的从犯之外,少部分实施实行行为的从犯,也属于起辅助作用的从犯。

---

① 中国社会科学院语言研究所. 现代汉语词典. 5版. 北京:商务印书馆,2005:226,424.
② 张明楷. 刑法学. 6版. 北京:法律出版社,2021:611.
③ 高铭暄,马克昌. 刑法学. 10版. 北京:北京大学出版社,2022:173.
④ 梁世伟. 刑法学教程. 南京:南京大学出版社,1987:209-210.
⑤ 张明楷. 犯罪论原理. 武汉:武汉大学出版社,1991:558.

较为常见的实例是，在一些由手段行为与目的行为组成的复行为犯中，由于手段行为也是实行行为的有机组成部分，实施手段行为者也被公认为实行犯，而通过实施手段行为来协助他人实施目的行为，以帮助其达到犯罪目的的，就可能认定为是起辅助作用的从犯。如老板强奸一妇女，指使手下的员工帮忙按住被害人手脚，手下员工按老板指令，帮助老板实现了强奸目的。尽管老板与该员工构成强奸妇女的共同犯罪，并且是共同实行犯，但只有将该员工认定为是在共同犯罪中起辅助作用的从犯，才算对其行为作出了准确的评价。

二、从犯不应被共犯化

如前所述，从犯与主犯是按照参与者在共同犯罪中所起作用的大小所作的划分，正犯与共犯则主要是依据参与者实施的行为形式所作的区分，德、日刑法是采取区分正犯与共犯的犯罪参与体系，而我国刑法采取不作这种区分的单一正犯体系，我国刑法中的从犯不同于德、日刑法中的共犯。但是，正如本章第二节所述，近些年来，我国一些学者受德、日刑法学的影响，无视我国刑法与德、日刑法的差异，将我国刑法同德、日刑法之中的主犯与正犯、从犯与共犯等同起来，实质上是把我国刑法中的主犯正犯化、从犯共犯化，用德、日的区分制取代我国的单一制。对主犯正犯化的问题和根源所在及其可能带来的隐患，上节已有论述，鉴于从犯共犯化与主犯正犯化的根源及可能带来的隐患相同，此处不再赘述。在此仅对从犯为何不可能共犯化的问题作进一步的说明。

从犯共犯化是把我国刑法规定的从犯等同于德、日刑法中的共犯，用共犯的观念来解释甚至取代从犯概念的思潮。如前所述，广义的共犯包含共同正犯、教唆犯和帮助犯，狭义的共犯仅指教唆犯和帮助犯。由于按德、日刑法的规定，共同正犯也是正犯，正犯比共犯处罚重，教唆犯虽然是共犯，但要以正犯之刑处罚，只有帮助犯这一种共犯的处罚才明显比正犯轻，而我国刑法中的从犯明显比主犯处罚轻，因此，我国实际上采取从犯共犯化的论者，大多也只是把从犯（含胁从犯）与帮助犯等同起来，认为从犯就是帮助犯。①

---

① 张明楷. 刑法学：上. 5版. 北京：法律出版社，2016：450.

但是，我国刑法中的从犯与德、日刑法中的帮助犯有很大差异。首先，从犯是一种处罚类型，即对共同犯罪人根据其在共同犯罪中的作用大小，所划分出来的给予轻重不同处罚的类型，只是在量刑阶段才需要确认的；而帮助犯是一种行为类型，按德、日刑法的规定，是犯罪论层次（定罪阶段）需要确认的犯罪类型，对参与犯罪者的定罪有重要意义。其次，在德、日，由于帮助犯是实施帮助行为的人，与实施实行行为的实行犯（正犯）有质的不同，处罚轻重也有很大差别。但在我国，不仅帮助犯可能成为从犯，实行犯和教唆犯也可能成为从犯。这种实施实行行为的从犯和实施教唆行为的从犯，怎么可能与帮助犯相等同？怎么可能把这类从犯称为帮助犯？最后，帮助犯所实施的帮助行为，有时也可能对犯罪的完成具有决定性的意义，前述提供保险柜密码给盗窃实行者用来打开保险柜窃取巨额现金就是适例，对这种在共同犯罪中起主要作用的帮助犯就应当认定为主犯，这种帮助犯同样不能与从犯相等同。

三、从犯的认定

如前所述，从犯是相对于主犯而言的，是在共同犯罪中所起的作用次于主犯的犯罪人。因此，认定从犯的前提条件是，在同案犯中必须有与其相比较起更大作用的主犯存在。这也就意味着同一共同犯罪案件中，不可能仅有从犯而没有主犯。只不过主犯未归案或主犯已死亡等情况有可能发生，在这种场合有可能仅有起较小作用者受审，认定受审者为从犯也不成问题，但这种案件中相对的起更大作用者（应当认定为主犯者）事实上是存在的。反过来，没有从犯的共同犯罪案件，在司法实践中是大量存在的。有些二三人共同犯罪的案件，很难说谁起的作用大谁起的作用小，那就应将所有共同犯罪人都认定为主犯。这是因为既然所有参与者在共同犯罪案件中所起的作用相当，就表明没有起相对较小作用的人，自然也就没有从犯存在。

对同案中的共同犯罪人所起作用大小进行比较时，应当综合考虑多种因素，予以科学的考察和评析。主要应当考虑以下几方面的情况。

（1）案件的起因。即要看共同犯罪的意思（或犯意）是谁最先提出来的，一般来说，犯意是产生犯罪的动因，引起他人产生犯意者，或最先提出犯罪动议者，对共同犯罪的发生往往起主要作用；跟随附和的，所起作用相对较小，应认定为从犯。

（2）所处的地位。在人数较多的集团犯罪、聚众犯罪或团伙犯罪中，参与者在共同犯罪集体中所处的地位，与其在共同犯罪中所起作用的大小有直接关系。处于领导者、指挥者地位的人，无疑是主犯；处于被领导、被指挥的地位，并且是受首要分子或主犯指使、被动参与犯罪的，应认定其在共同犯罪中起次要作用，属于从犯。

（3）参与的程度。共同犯罪大多有一个从犯意的形成、准备工作的开始，到着手实行并最终完成犯罪的过程，在这一系列过程中有多个具体环节，并且不同环节的活动对犯罪的完成（或犯罪目的的实现）的意义各不相同。有的环节更为重要，如谋划犯罪的环节、实行犯罪的环节，就比准备犯罪工具等环节更重要一些。参与者是否参与了各个环节的活动以及具体参与了哪几个环节的活动，对判断参与者参与犯罪的程度，即在共同犯罪中所起作用的大小，有重要意义。一般来说，参与了犯罪各个环节的活动的，或者参与了其中重要环节活动的，表明其参与的程度深，在共同犯罪中所起的作用大；反之，参与不太重要环节的活动，而未参与重要环节之活动的，就应当认定为参与的程度不深，在共同犯罪中起次要作用，属于从犯。如参与打探被害人行踪的活动，但未到现场去实行杀害被害人的行为，就应认定为起次要作用的从犯。

（4）结果的发生。在危害结果（犯罪结果）已发生的场合，是否由参与者的行为直接引起危害结果发生，是由其独自直接引起，还是由其与他人分别实施的行为或共同行为引起危害结果的发生，对认定参与者在共同犯罪中是起主要作用还是起次要作用，也有重要意义。一般来说，如果是数人共同故意实行犯罪，各人在犯罪其他环节中的作用相当，共同实行时，直接引起危害结果者作用更大一些，应认定为主犯，不能认定为从犯。相反，未直接引起危害结果（犯罪结果）者，如甲、乙共谋杀害共同的仇人丙，到现场之后，甲用匕首猛刺丙胸部，乙用刀砍了丙腿两刀。乙的行为仅造成丙轻伤，甲的行为导致丙死亡结果的发生。在甲、乙其他情节相当的条件下，甲应认定为主犯，乙可认定为从犯。

（5）利益的分配。在财产犯罪、贪污受贿犯罪等图利性犯罪中，共同犯罪人获取利益的多少，对判断其在共同犯罪中所起作用的大小，也有重要意义。一般来说，在某人与其他共同犯罪人的其他情节相当的条件下，分赃或获利更多的，表明其在共同犯罪中所起的作用更大；分赃或获利更少的，则表明其所起作用更小，可以认定为从犯。但如果在犯意的形成、犯罪的实行等重要环节发挥了重要作用，即便是未分赃获利，也不能认定为从犯。如 X 得知好友 Y 的妻子生病需要花大量的钱之后，约 Y 一起到本单位库房盗窃电器设备，销赃后将所得一万余元全部给 Y。尽管 X 在共同盗窃后未分得赃款赃物，但由于其是盗窃犯意的发起者，并且参与实行盗窃和销赃，明显是在共同盗窃犯罪中起主要作用，不能因其未分得赃款赃物，就认定为从犯。

四、从犯的处罚

关于从犯应采取何种处罚原则，刑法理论上以从犯与实行犯（正犯）的处罚相比较，形成三种主张：一是同等处罚说，认为从犯应与实行犯同等处罚；二是必减说，认为从犯应当比照实行犯减轻处罚；三是得减说，认为从犯可以比照实行犯减轻处罚。① 但是，这三种学说来源于德、日，其中的从犯显然是指帮助犯，并且所说的对这种从犯（帮助犯）的处罚原则，都是建立在区分正犯与共犯的区分制基础之上的，我们不能简单套用。因为我国刑法中的从犯，除了帮助犯之外，还包含大量实行犯（起次要作用的实行犯），对这部分从犯采取何种处罚原则才具有科学合理性，并且起次要作用的实行犯与起次要作用的帮助犯为何都要同等对待从宽处罚，是按上述三种学说都不可能予以合理说明的。

我国刑法第 27 条第 2 款规定："对于从犯，应当从轻、减轻处罚或者免除处罚。"这里不仅规定"应当"从宽，而且从宽的幅度较大，既可以从轻、减轻处罚，还可以免除处罚。这一规定与日本刑法第 63 条对从犯的处罚规定相似②，也是我国一些学者认为我们采取了与日本相似的上述必减说（或必减原则）的原因所在。但是，如前所述，日本刑法中的从犯是指帮助犯，实施帮助行为的帮助犯与实施实行行为的实行犯（正犯）相比，通常对所参与的犯罪的贡献或所起的作用更小，处罚也应更轻。不过，也有特殊例外的情形，即实施对犯罪的完成（或实现）具有决定作用的帮助行为的帮助犯，适用该条规定予以减轻处罚，就明显不具有合理

---

① 高铭暄，马克昌. 刑法学. 10 版. 北京：北京大学出版社，2022：174.
② 日本刑法第 63 条规定："从犯的刑罚，按照正犯的刑罚予以减轻。"

性。这正是采取主要以行为形式来区分正犯与共犯的区分制的一大缺陷。为了解决这种处罚不合理(或处罚不均衡)的问题,日本的司法实务中不得不将实施这类帮助行为者解释为共同正犯,把共同盗窃案件中的某些望风者,认定为共同正犯以正犯处罚,就是典型的例证。

我国刑法中的从犯是在共同犯罪中所起作用次于主犯的犯罪人,对从犯处以比主犯轻的刑罚是公平合理的当然结论。无论其实施的是实行行为、教唆行为还是帮助行为,只要其在共同犯罪中起次要作用(次于主犯的作用),就可以认定为从犯,适用刑法第 27 条第 2 款的规定,享受从宽处罚的待遇。因为实施实行行为的实行犯(正犯)、实施教唆行为的教唆犯,在共同犯罪中也有可能只起次要作用,将其纳入从犯之中,使其享受到从宽处罚的待遇,这无疑比按德、日刑法的规定,对这样的实行犯和教唆犯也都要与起主要作用的正犯同样处罚,更为公平合理。这在一定程度上表明,我国采取的对从犯从宽处罚的制度,比德、日的仅对帮助犯从宽处罚的制度更具有科学合理性。

至于对从犯是否还必须比照主犯处罚,在 1979 年刑法施行时期,回答无疑是肯定的。因为当时的刑法第 24 条第 2 款明文规定:"对于从犯,应当比照主犯从轻、减轻处罚或者免除处罚。"但正如前文所述,1997 年修订刑法时将该款规定中的"比照主犯"四字删除,形成现行刑法第 27 条第 2 款的规定,即:"对于从犯,应当从轻、减轻处罚或者免除处罚。"这样一来,对此问题就出现了肯定与否定两种不同的回答。肯定说认为,"从犯的从轻处罚是相对于犯同样罪行的主犯而从轻。因此,尽管修订后的刑法第 27 条第 2 款删除了'比照主犯'的内容,在司法实践中正确地对从犯处罚,仍然必须根据'比照主犯处罚'的精神。因为,比照主犯处罚为从犯的处罚提供了参照对象。"① 但否定说认为,刑法第 27 条第 2 款的规定表明:"对从犯的处罚,不是要比照主犯从宽,而是将从犯作为了一个单独的法定从宽处罚情节。"② 并且,该款规定还为行为共同说扫清了障碍。因为按 1979 年刑法第 24 条第 2 款的规定,对从犯必须比照主犯从轻、减轻处罚或者免除处罚,这就要求对主犯与从犯适用相同的法定刑,而行为共同说认为,只要行为共同,几个行为人分别构成不同的罪,

---

① 陈兴良.刑法适用总论:上卷.北京:法律出版社,1999:545.
② 黎宏.刑法学总论.2 版.北京:法律出版社,2016:295.

也能成立共同犯罪,这就与要"比照"即适用同样的法定刑(意味着要定同样之罪)的要求不符。但现行刑法取消了"比照"的规定,主犯与从犯就可以适用不同的法定刑了,这也就意味着主犯与从犯可以分别定不同的罪,行为共同说就有了立法上的根据。① 笔者赞成肯定说,对否定说认为现行刑法取消了"比照"的规定就为行为共同说扫清了立法障碍的说法,持否定态度。由于本书第三章第三节已对此做过论述,此处不再赘述。在此仅对现行刑法删除或取消"比照"规定之后,对于从犯的处罚是否还必须比照主犯的问题做进一步的阐述。

  要回答这一问题,首先必须弄清立法者为何删除这一内容。高铭暄教授指出:"主要是考虑到影响共同犯罪人刑事责任大小的因素除了其在共同犯罪中的地位和作用大小之外,还有各共同犯罪人本身的一些情节,如自首、立功、累犯等",而这些个人特有的情节,显然不能比照;加上"当主犯死亡或逃亡而从犯归案时,对从犯的处罚也不可能发生比照主犯的问题"②。可见,1979年刑法虽规定应"比照主犯"处罚从犯,但仍存在主犯特有的影响处罚轻重的因素不能"比照"和仅有从犯受审而无"比照"对象(主犯)的现象,因此,不能硬性要求必须"比照",以免司法人员产生误解影响相关案件的恰当处理。这是删除"比照主犯"这一内容的原因所在。但现行刑法删除该内容之后,并不意味着处理相关案件时,对从犯的处罚就不必"比照主犯"了。这是由从犯从宽处罚的根据不难推导出的结论。正如全国人大法制工作委员会参与刑法修订工作的人士在有关论著中所述,因为在共同犯罪中,从犯所起的作用和其行为的社会危害性比主犯小,所以,从犯承担的刑事责任应当比主犯轻,这是刑法第27条第2款规定对从犯应当从轻、减轻处罚或者免除处罚的根据所在,是符合我国刑法罪刑相适应原则的。③ 况且,"从轻处罚在任何情况下都不是自足的处罚原则,而是具有比照标准的相对的处罚原则。例如,自首从轻处罚,是与犯同样罪行而没有自首的处罚相对而言之从轻。从犯的从轻处

---

  ① 张明楷. 刑法学:上. 5版. 北京:法律出版社,2016:394.
  ② 高铭暄. 中华人民共和国刑法的孕育诞生和发展完善. 北京:北京大学出版社,2012:208.
  ③ 胡康生,李福成. 中华人民共和国刑法释义. 北京:法律出版社,1997:38.

罚是相对于犯同样罪行的主犯而从轻"[1]。另外，德、日刑法关于共犯减轻处罚的规定，也是要参照或按照正犯的处罚予以减轻。其中，德国刑法第 27 条第（2）项规定："对帮助犯的处罚参照正犯的处罚，并依第 49 条第 1 款减轻其刑罚。"日本刑法第 63 条规定："从犯的刑罚，按照正犯的刑罚予以减轻。"之所以如此，是因为对数人共同参与的犯罪案件中的共犯人的处罚，要保证对各人的处罚轻重均衡合理，就必须对各人的处罚进行比较，对帮助犯减轻处罚，是与对正犯的处罚相比较，即参照（或比照）正犯的处罚予以减轻，正犯之刑是区分制立法体系下的基准刑，只有以此为基准来减轻，才能确保减轻有度、处罚恰当。如前所述，我国刑法规定的对共同犯罪人处罚的基准刑，是主犯通常应适用的法定刑，对从犯从轻处罚、减轻处罚当然要有适用的基准刑，也就是要比照主犯所适用的基准刑来从轻、减轻处罚，否则就不可能保证与主犯所处刑罚的轻重协调或均衡合理。

那么，对从犯如何比照主犯从轻、减轻处罚或者免除处罚呢？一般来说，对从犯的处罚，原则上应根据其参与犯罪的性质和参与的程度，依法判处比主犯轻的刑罚。至于轻到何种程度，如何掌握执行，是刑法理论和司法实践面临的一大难题。原因在于刑法规定的从宽幅度较大，既可以从轻处罚，也可以减轻处罚，还可以免除处罚，至于何种场合应从轻处罚，何种场合可以减轻处罚或者免除处罚，难以找到一个客观而统一的标准，只能由司法人员根据经验来做判断。但应当坚持的原则是，在同案的共同犯罪人均无特殊的从重或从轻情节的通常情况下，对认定为从犯者至少应当从轻处罚，即比主犯的处罚应当轻，不能与主犯判处轻重相同的刑罚。对从犯从轻处罚的幅度，2021 年 6 月最高人民法院、最高人民检察院《关于常见犯罪的量刑指导意见（试行）》指出，通常应减少基准刑的 20％至 50％；犯罪较轻的，减少基准刑的 50％以上。

对从犯在何种场合可以减轻处罚或者免除处罚？在通常情况下，数人共同犯轻罪的，由于主犯被判处的刑罚本来就轻，对从犯比照主犯处罚轻一些的结果，可能就是免除处罚。反过来，数人共同犯重罪的，如几个人

---

[1] 陈兴良. 刑法适用总论：上卷. 北京：法律出版社，1999：545.

基于共同故意杀害了被害人,对其中的从犯通常不能免除处罚。无论从犯是与他人共同犯轻罪还是重罪,虽然都可以减轻处罚,但必须是同主犯相比在共同犯罪中所起的作用明显小得多的,如仅实施普通的帮助他人犯罪之行为的从犯等,才可以减轻处罚,否则只能从轻处罚。

应当特别注意的是,从犯比照主犯处罚,是与主犯就同一共同犯罪应受的处罚相比照,与该共同犯罪无直接关系而影响主犯处罚轻重的因素,应排除在比照范围之外。例如,主犯特有的累犯、自首等从重或从轻处罚情节,可能对主犯实际上被判处的刑罚轻重产生较大影响,从犯比照主犯处罚时,就要把主犯特有的这些影响处罚轻重的因素排除之后,将其就同一共同犯罪应受的处罚作为比照的对象,原则上从犯应比主犯就同案所应受的处罚轻,而不是比主犯实际被判处的刑罚轻。如果主犯个人具有法定的减轻或免除处罚的情节,如自首并有重大立功表现,依法被减轻处罚,那么,从犯实际被判处的刑罚就可能比主犯重。此外,主犯犯有数罪,从犯只参与其中一罪的,或者从犯犯有数罪,主犯仅参与其中一罪的,应对主犯或从犯所犯数罪分别定罪量刑,比照主犯与从犯共犯之罪所应判处的刑罚,对从犯就其与主犯共犯之罪,依法予以从轻、减轻处罚或者免除处罚,然后,对犯数罪的主犯或犯数罪的从犯,分别予以数罪并罚。而不是比照主犯数罪并罚后的刑罚,对从犯判处轻一点的刑罚,也不是把主犯与从犯共犯之罪所判处的刑罚,拿来与从犯数罪并罚后的刑罚相比照,并确定对从犯适用比主犯轻的刑罚。还有主犯是连续犯,从犯只参与其中一起犯罪的情形,也不能简单地对从犯比照主犯所判处的刑罚做轻一点的处罚,而是要以主犯与从犯共犯的那一起犯罪所应受的处罚为比照对象,对从犯予以从轻、减轻处罚或者免除处罚。① 例如,主犯甲实施数起盗窃他人财物的犯罪,累计盗窃数额巨大,被判处 8 年有期徒刑;从犯乙仅应邀与主犯盗窃一次,此次盗窃财物数额较大。对从犯乙比照主犯甲处罚,就不能以主犯甲被判处的 8 年有期徒刑为参照,对乙判处轻一点(如 3 年至 5 年)的刑罚,而只能以主犯甲与从犯乙此次盗窃数额较大财物所应处的刑罚(3 年以下有期徒刑)为参照,对从犯乙予以从轻、减轻处罚或者免除处罚。

---

① 陈兴良. 刑法适用总论:上卷. 北京:法律出版社,1999:545-548.

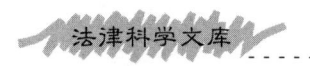

第四节　胁从犯

关于胁从犯及其处罚原则，我国1979年刑法第25条规定："对于被胁迫、被诱骗参加犯罪的，应当按照他的犯罪情节，比照从犯减轻处罚或者免除处罚。"1997年修订刑法时，立法机关采纳了学者们的修改意见，认为刑法理论和司法实践中对"被诱骗"如何理解，常有歧见；如何认定较难掌握。而且"被诱骗"与"被胁迫"是两个不同的概念，前者不能成为胁从犯的特征。因此，应删除"被诱骗"一词。加上，原来规定的处罚原则中的"比照从犯"的内容，也不具有科学合理性，也应删除。[①] 因此，1997年修订的刑法第28条改成为："对于被胁迫参加犯罪的，应当按照他的犯罪情节减轻处罚或者免除处罚。"

一、胁从犯的概念

"胁从犯是我国刑法理论中的特有概念。……这一概念始见于我国新民主主义革命时期。1932年4月8日公布的《中华苏维埃共和国惩治反革命条例》第33条规定：'凡被他人胁迫非本人愿意犯法，避免其胁迫而犯罪者，……得按照各该条文的规定减轻或免其处罚。'该《条例》虽然没有明确指出胁从犯的概念，但字里行间关于被胁迫犯罪得减免刑罚的规定，可以视为胁从犯的初始出处。"[②] 新中国成立后，1950年《中华人民共和国惩治反革命条例》规定，对被反革命分子胁迫、欺骗，确非自愿者，得酌情从轻、减轻或免予处刑。1963年3月23日中央政法小组关于修改《中华人民共和国刑法草案》（草稿）情况和意见的报告，更是明确指出，党的首恶必办、胁从不问的刑事政策是共同犯罪人分类的根据之一。1963年的刑法草案第33稿，也把胁从犯与主犯、从犯并列予以规定。1979年刑法参照第33稿，确定了胁从犯及其处罚原则，从而"将胁

---

① 高铭暄. 中华人民共和国刑法的孕育诞生和发展完善. 北京：北京大学出版社，2012：208.

② 曹坚. 胁从犯问题研究. 北京人民警察学院学报，2010（4）：29.

从不问这一政策以立法的形式加以确认"①。

尽管在我国刑法理论和司法实践中，胁从犯的概念一直被广泛使用，但在我国1979年刑法和1997年修订的现行刑法中，均未使用"胁从犯"一词。而与之并列规定的"主犯"、"从犯"和"教唆犯"，则在相关法条中均予以标明，无疑是法有明文规定的犯罪参与人的概念。相反，"胁从犯"并非是刑法明文规定或使用的犯罪参与人的概念，而是刑法理论上从刑法第28条的规定抽象概括出来的概念。

那么，将该条规定视为关于胁从犯及其处罚原则的规定，从而抽象概括出"胁从犯"的概念是否合适，就成为必须弄清的问题。从该条规定的文字表述来看，分前后两段，后段是对前段所述犯罪人的处罚原则的规定，前段所述犯罪人能否抽象概括为"胁从犯"是问题的关键所在。但从前段"被胁迫参加犯罪的"这一对犯罪人的描述，并不能当然概括为"胁从犯"。因为通说认为，"胁从犯，主观上不愿或不大愿意参加犯罪活动，客观上在共同犯罪中所起的作用较小"②。而"被胁迫参加犯罪的"人，并不包含后面这层含义，因而，称之为"胁从犯"似乎不太合适。正因为如此，有论者主张按"被胁迫参加犯罪的"人的本义，将其概括为"胁迫犯"，并认为："胁迫犯与胁从犯不是一个概念。胁从犯具有动因上的'胁迫'与作用上的'次要'双重含义。胁迫犯不一定是从犯，被胁迫参加犯罪的，也可能在犯罪中起主要作用，从而成为主犯。"③ 另有论者认为，"被胁迫参加犯罪的"人应被概括为或简称为"被迫犯"，"其法律特征只有一个，即参加犯罪的主观被动性，而被迫犯在犯罪中的客观作用情况是法无明文规定的"④。还有论者认为，从刑法第28条的规定"提炼出来的概念应包含如下两个基本特征：一是参加犯罪的主观被动性；二是被动参加犯罪的原因是被他人胁迫。据此，《刑法》第28条规定的共同犯罪人应称为'被胁犯'"⑤。

在笔者看来，如果仅从"被胁迫参加犯罪的"人的文字含义而言，将其概括或简称为"被胁迫犯"，或者更进一步简称为"被胁犯"，可能较为合

---

① 陈兴良.共同犯罪论.2版.北京：中国人民大学出版社，2006：212-213.
② 马克昌.犯罪通论.3版.武汉：武汉大学出版社，1999：576.
③ 张小虎.犯罪论的比较与建构.北京：北京大学出版社，2006：674.
④ 赵微.论胁从犯不是法定的独立共犯人.中国刑事法杂志，2005（2）：24.
⑤ 彭辅顺.胁从犯理论之检讨.山东警察学院学报，2013（4）：61.

适。正如上述主张简称为"被胁犯"的论者所述:"'胁迫'与'被胁迫'是一种主动与被动的关系。'胁迫犯'应是指实施胁迫犯罪的犯罪人。"① 有些国家的刑法还将实施"胁迫"行为规定为独立的犯罪,如日本刑法第 222 条就规定有胁迫罪,当然是对他人实施胁迫行为的人才构成此罪,而不是因被胁迫而按胁迫者的意思实施了犯罪的人构成此罪。尽管上述主张概括为"胁迫犯"的论者,实际上也不是将"被胁迫参加犯罪的"人,理解为因对他人实施胁迫行为而构成犯罪的人,但不能排除"胁迫犯"确实有这样的含义,因而不够准确合理。"被迫犯"虽然不存在这样的问题,但其含义的范围比"被胁迫参加犯罪的"人要广。因为"'被迫'通常有迫不得已的意思,而迫不得已做某事的原因是多方面的。就拿被迫参加犯罪来说,既可能是受到他人威胁而被迫参加犯罪,也可能是被生活所迫或者其他主观或者客观原因而被迫参加犯罪。而《刑法》第 28 条规定的仅仅是'被胁迫参加犯罪',即受到他人威胁而参加犯罪的情况"②。可见,"被迫犯"的概念也不准确。

对"被胁迫参加犯罪的"人,仅按其文字含义,概括或简称为"被胁迫犯"或"被胁犯",固然不成问题,但从刑法第 28 条规定的全部内容及其立法渊源来看,采用这一概念并不恰当,同样存在包容范围过广的缺陷。正如上文所述,因被他人胁迫而参加犯罪的人,从其在共同犯罪中所起的作用来看,既可能是起主要作用,也可能是起次要作用。采用"被胁犯"概念的论者,称前者为"被胁主犯",称后者为"被胁从犯"③。但是,刑法第 28 条后段规定,对这种犯罪人"应当按照他的犯罪情节减轻处罚或者免除处罚"。从该条之前的第 26 条和第 27 条以及之后的第 29 条对共同犯罪人的处罚规定,不难看出都是根据犯罪人在共同犯罪中所起作用的大小分为主从犯,给予轻重不同的处罚,对被胁迫参加共同犯罪的人,也不应当例外,因此,对被胁迫参加犯罪而在共同犯罪中起主要作用的所谓"被胁主犯",显然不能适用该条规定予以"减轻处罚或者免除处罚"。由此可见,"被胁迫犯"或"被胁犯"中的主犯,应被排除在刑法第

---

① 彭辅顺.胁从犯理论之检讨.山东警察学院学报,2013(4):61.
② 同①.
③ 同①.

28条的适用范围之外，这也就意味着只有"被胁迫的从犯"或"被胁从犯"（胁从犯）才能适用该条的规定。因此，通说认为，刑法第28条是关于胁从犯及其处罚原则的规定，并把作为该条适用对象的犯罪人，称为"胁从犯"（采用"胁从犯"的概念），无疑是合理的。

二、胁从犯的归属

（一）争议的缘起

如上所述，所谓胁从犯，是指因被胁迫而参加犯罪并在共同犯罪中起较小（或次要）作用的人。那么，应将胁从犯归属于与主犯、从犯相并列的独立的共同犯罪人吗？对此，我国刑法理论界主要有两种不同认识：一种是"独立共犯人说"，大多认为胁从犯是与主犯、从犯相并列的一种独立的共同犯罪人。这是我国的通说。① 也有个别论者认为，胁从犯是根据从犯参与犯罪的主动程度，划分出来的一种独立共同犯罪人，不能与主犯、从犯相并列。另一种是"量刑情节说"，认为胁从犯是共同犯罪的法定量刑情节，并非是法定的独立共同犯罪人。②

作为通说的"独立共犯人说"，把胁从犯限定在被胁迫参加犯罪并在共同犯罪中起较小作用的基础上，认为胁从犯的成立必须具备两个条件：一是被胁迫参加犯罪，即"受到暴力威胁或精神威胁、被迫参加犯罪活动。……虽然他主观上不愿参与犯罪，但为了避免遭受现实的危害或不利而不得不参加犯罪"③。二是在共同犯罪中所起的作用较小。"因为，我国刑法对共同犯罪人的分类是以犯罪分子在共同犯罪中的作用为主要标准的，主犯、从犯、胁从犯，其在共同犯罪中的作用呈现出一种递减的趋势。胁从犯之所以应当减轻或者免除处罚，不仅仅在于他是被胁迫参加犯罪的，更重要的是他在共同犯罪中的作用比较小"④，即小于从犯的作用，因此，对胁从犯的处罚应轻于从犯。⑤

---

① 高铭暄，马克昌. 刑法学. 10版. 北京：北京大学出版社，2022：171.
② 赵微. 论胁从犯不是法定的独立共犯人. 中国刑事法杂志，2005（2）：23.
③ 同①175.
④ 陈兴良. 共同犯罪论. 2版. 北京：中国人民大学出版社，2006：210.
⑤ 高铭暄. 新编中国刑法学：上册. 北京：中国人民大学出版社，1998：245.

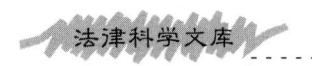

对作为通说的"独立共犯人说",持"量刑情节说"的论者批驳说,"被胁迫参加犯罪"只是犯罪人参与犯罪的动因,与其在共同犯罪中所起的作用没有必然联系,即胁从犯在共同犯罪中既可能起主要作用构成主犯,也可能仅起次要作用而成为从犯。将其与按作用大小划分出来的主犯和从犯相并列,并认为其作用还小于从犯,这与按作用对共犯人予以分类的理论和事实不符。① 但持通说的论者解释说:"在现实生活中,有的共同犯罪人最初是被胁迫参加犯罪的,后来变为自愿或积极从事犯罪活动,甚至成为共同犯罪中的骨干分子。对这种人不能再以胁从犯论处,而应按照他在共同犯罪中所起的实际作用是主要作用或者次要或辅助作用,分别以主犯或者从犯论处。"② 持"量刑情节说"的论者又提出:"既然胁从犯并不反映其在共同犯罪中的作用,胁从犯在实践中可能与主犯、从犯相融合,那么,它便没有独立性,就不是与主犯、从犯相并列的一类独立共同犯罪人。"③ 但是,持此种主张的论者,显然忽视了通说并不认为"被胁迫参加犯罪的"人都是胁从犯,而是认为还要进一步考察其被胁迫参加犯罪之后,在共同犯罪中是否起较小的作用,如果是起主要作用或者次要作用,就不符合胁从犯的上述后一个条件,即不构成胁从犯,而要认定为主犯或从犯。就此而言,通说的论证逻辑并不存在障碍。④

但是,作为通说的"独立共犯人说",明显存在以下几方面的缺陷。

第一,通说"既着眼于'被胁迫'又着眼于'起了比从犯作用还要小的作用'这两个要素,那就会形成逻辑上的漏洞。因为在只有两个行为人的共同犯罪中(其中一人为主犯),被胁迫且起了比较小作用的另一行为人到底是应当成立从犯还是成立胁从犯呢,这将成为一个无法解释的难题"⑤。"从逻辑上讲,从犯对主犯存在依附关系,没有主犯,则无从犯。同理,到了胁从犯的场合,既然要求胁从犯'在共同犯罪中起了比从犯还

---

① 赵微. 论胁从犯不是法定的独立共犯人. 中国刑事法杂志, 2005 (2): 24; 刘晓军, 刘培峰. 论胁从犯的几个问题. 中国刑事法杂志, 2000 (4): 23-24.

② 高铭暄, 马克昌. 刑法学. 10版. 北京: 北京大学出版社, 2022: 175.

③ 刘晓军, 刘培峰. 论胁从犯的几个问题. 中国刑事法杂志, 2000 (4): 24.

④ 阎二鹏. 胁从犯体系定位之困惑与出路——一个中国问题的思考. 中国社会科学院研究生院学报, 2012 (2): 59.

⑤ 任海涛. 共同犯罪立法模式比较研究. 长春: 吉林大学出版社, 2011: 193.

要小的作用',则在逻辑上胁从犯的存在必然以从犯的存在为前提,否则即失去了参照物。"这也就意味着:"只有在三人以上(包括三人)的共同犯罪中,才有胁从犯存在的可能。只有两人的共同犯罪案件中,无法认定为胁从犯。但仅仅由于人数上的差异,导致相同情节的行为人在此案中被认定为从犯,在彼案中则被认定为胁从犯,这是无法使人接受的。"①

第二,"'主犯'与'从犯'在逻辑关系上是一对矛盾关系的概念,主犯的外延加上从犯的外延刚好等同于邻近属概念的外延之和,也就是'所有的共同犯罪人'的外延。换言之,主犯和从犯的外延已经周延了所有的共同犯罪人的外延,因而以作用为分类标准只能产生两种法定共犯人,要么是主要犯罪人,要么是次要犯罪人,不应有第三种犯罪人与前二者并列而共生"②,因此,通说认为胁从犯是与主犯、从犯一样,按作用分类法划分出来的,并与之相并列的第三种共同犯罪人,则又违反了形式逻辑的分类规则。

第三,按形式逻辑的分类规则,对共同参与犯罪的人,虽然可以采用不同的标准来做划分,如以作用为标准可分为主犯与从犯,以分工为标准可分为实行犯、教唆犯和帮助犯,但却不能将采取不同标准划分出来的参与者,并列作为共犯人的种类(如主犯、从犯、教唆犯)。③ 据此来看胁从犯,通说将其与主犯和从犯并列,作为独立共犯人种类看待,无疑是犯了划分标准不同一的逻辑错误。因为从刑法第 28 条对胁从犯的规定来看,其特殊性是一种"被胁迫参加犯罪的"人,这既是刑法分专条予以明文规定的关键所在,也是要格外从宽的重要原因。尽管通说认为,除此之外,认定胁从犯还要求其在共同犯罪中起较小作用,但可以肯定的是,在共同犯罪中所起的作用无论小到什么程度,只要不是"被胁迫参加犯罪的",仍然不属于胁从犯。由此可见,即便是按通说,胁从犯也并非是仅以其在共同犯罪中所起的作用所划分出来的独立共犯人,将其与纯粹按作用大小划分出来的主犯和从犯相并列,在逻辑上是存在问题的。事实上,胁从犯

---

① 阎二鹏. 胁从犯体系定位之困惑与出路——一个中国问题的思考. 中国社会科学院研究生院学报,2012 (2):60.

② 赵微. 论胁从犯不是法定的独立共犯人. 中国刑事法杂志,2005 (2):25.

③ 马克昌. 共同犯罪理论中若干争议问题. 华中科技大学学报(社会科学版),2004 (1):19-20.

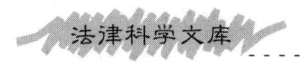

主要是以其参与犯罪的自愿程度为标准所划分出来的,明显不同于主犯与从犯所采用的划分标准。"这种分类根据的不同一,必然导致共同犯罪人种类之间的相容与界限不清。……就会出现胁从犯同时又是主犯(或从犯)或者同时又是教唆犯的逻辑混乱。"①

另一种不同于通说的"独立共犯人说",看到了通说将胁从犯视为与主犯、从犯相并列的一种独立共犯人,存在上述分类标准不同一的弊病,因而提出胁从犯是采取不同于作用分类法和分工分类法的另一种"主动程度分类法","即根据从犯参与犯罪的主动程度将其划分为胁从犯与非胁从从犯",并认为:"胁从犯只是从犯中作用相对较小的一类,不能因为胁从犯的作用小于一般的未受胁迫的从犯的作用,就认为可以根据作用大小将胁从犯与从犯相并列。事实上,胁从犯之所以可以独立成为一个共犯人类别,并不是因为其作用相对于从犯更小,而是因为其实施犯罪的被迫性或者说主动程度较低。"并且,所有被胁迫参加犯罪的人都是胁从犯,都只可能在共同犯罪中起次要作用,"因为其属于被迫犯罪,主观罪过较轻,道义上的谴责可能性也比较小,不应当认为其'在共同犯罪中起主要作用',否则就有向客观归罪靠拢之嫌"②。但是,这种"独立共犯人说"的缺陷更为明显。

其一,否定被胁迫参加犯罪的人有可能在共同犯罪中起主要作用,这显然与刑法理论和司法实际不符。因为被胁迫参加犯罪,只是行为人参与犯罪的一个动因,其参与犯罪之后在共同犯罪中起何种作用,要根据其具体表现并综合全案的情况来作判断。③ 不能认为只要是被胁迫参加犯罪的,仅因其主观罪过较轻、道义上的谴责可能性较小,就完全不考虑其客观上对犯罪的完成或实现究竟起何种作用,从而一概否定其在共同犯罪中起主要作用(不可能被认定为主犯)。事实上,行为人因被胁迫而参与犯罪后,"被迫犯罪的被动、消极性,随时都可能因外界环境、其他共犯的影响及其已参与犯罪这一事实而改变;并且,即便是在整个犯罪过程中都处于消极、被动状态下的胁从犯,消极、被动也只能说明其主观表现,至于其行为对共同犯罪结果的原因力大小、对其他共犯犯罪决意与犯罪行为

---

① 刘之雄. 胁从犯立法之反思. 湖北警官学院学报,2002 (2):17.
② 邓永定. 论胁从犯在共犯人分类中的归属. 云南大学学报法学版,2010 (5):46-47.
③ 张小虎. 刑法学. 北京:北京大学出版社,2015:256.

的影响，它都无法反映。所以，以被迫犯罪这一事实来说明胁从犯在共同犯罪中的作用，并将其作为决定这一作用的唯一或者主要因素，进而得出胁从犯的作用必然小于主犯和从犯的结论，显然是不准确的"①。况且，正如前文持通说的论者所述："在现实生活中，有的共同犯罪人最初是被胁迫参加犯罪的，后来变为自愿或积极从事犯罪活动，甚至成为共同犯罪中的骨干分子。"不能否认这种现象确实存在，若将这样的犯罪人不认定为主犯，而认定为胁从犯，显然不妥当。

其二，一方面认为胁从犯是从犯中的一类，另一方面又认为胁从犯是一种独立的共犯人。这本身就有内在的矛盾或冲突。因为如果它是从犯的一类，就意味着它能被从犯所包容，成为组成从犯的一部分，与从犯结为一体而成为一种独立的共犯人，并非是从犯之外的一种独立的共犯人。论者的思维逻辑是，对从犯以是否被胁迫参加犯罪为标准，分为胁从犯与非胁从犯，因此，胁从犯并非是与从犯相并列的独立的共犯人。也就是说，胁从犯是对从犯作进一步分类而出现的，仅仅是从犯的一种类型。但我们通常所说的独立共犯人，是对所有共同犯罪人按同一标准予以分类所得出的共犯类型，不能把对这种共犯类型再按某种标准做进一步分类后所得出的下位概念，称为共犯人的独立种类。例如，对从犯，固然可按是否因被胁迫而参加犯罪的标准，分为胁从犯与非胁从犯，但也可以年龄为标准分为未成年从犯与成年从犯，甚至可以性别为标准分为男从犯与女从犯。即便是可以认为"未成年从犯""女从犯"等也是共犯人的类型，其与我们在此讨论的主犯、从犯、教唆犯等共犯人类型，也不是同一种含义上的共犯人类型。因此，不能既将胁从犯视为从犯之中的一种类型（从犯的下位概念），又认为它是共同犯罪人的一种独立类型。

持"量刑情节说"的论者，意识到包括通说在内的"独立共犯人说"所面临的上述困境，"其根源在于将'被胁迫参加犯罪的人'解释为独立于主犯、从犯之外的一类共犯人类型即胁从犯"，那么，摆脱上述困境的最佳途径，便是将刑法第 28 条中的"被胁迫参加犯罪"，"解释为一种从宽处罚的法定量刑情节"②。在笔者看来，如果仅从刑法第 28 条的文字含义

---

① 刘晓军，刘培峰. 论胁从犯的几个问题. 中国刑事法杂志，2000 (4)：23-24.
② 阎二鹏. 胁从犯体系定位之困惑与出路——一个中国问题的思考. 中国社会科学院研究生院学报，2012 (2)：60.

而言，这样解释是有道理的。如前所述，我国刑法对主犯、从犯和教唆犯这几种公认的法定独立共犯人的处罚原则，分别在第 26 条、第 27 条和第 29 条有明文规定，即分别使用了"主犯"、"从犯"和"教唆犯"的概念，唯独通说认为刑法第 28 条是关于"胁从犯"这种独立共犯人的处罚规定中，却没有出现"胁从犯"一词，仅有"对于被胁迫参加犯罪的"如何处罚这样的表述，将"被胁迫参加犯罪的"人直接概括或简称为"胁从犯"较为困难，只有通过论理解释或体系解释，才可能将其解释为一种共犯人类型即"胁从犯"。但是，将"被胁迫参加犯罪"解释为一种从宽处罚的量刑情节，似乎与该条的文字含义更为吻合。这也与刑法中的责任理论相符，即："在行为人被胁迫参加犯罪时，较之其他未受胁迫的行为人，期待其实施适法行为的可能性程度要低，为实现量刑的实质公正，应对其从宽处罚。"①

但是，"量刑情节说"同样面临一个重大障碍，即按该说仅从刑法第 28 条的文字含义来解释，"对于被胁迫参加犯罪的"，若不免除处罚就必须减轻处罚。对参加犯罪后在共同犯罪中起较小作用的人，这样处理也无可非议；但"当行为人被轻度胁迫参加犯罪而在共同犯罪中起主要作用时，如果将'被胁迫参加犯罪'仅仅理解为一种从宽处罚情节的话，那么对于行为人必须没有选择的适用《刑法》第 28 条的规定减轻或者免除处罚，对照《刑法》第 27 条关于从犯'应当从轻、减轻或者免除处罚'的规定，当法官对从犯从轻处罚，而对在共同犯罪中起主要作用的胁从犯减轻处罚时，很明显这样的处理结果有违实质公正"②。例如，甲想杀自己的仇人 X，但不知 X 住在何处也不知其行踪，甲得知乙与 X 相识并且知道其住处，就约乙帮忙杀 X，乙不愿干，甲威胁乙若不干，就将乙在外赌博、嫖娼的事告诉乙的妻子，乙因担心妻子知道后婚姻关系破裂而被迫参与。某日晚，甲与乙另加上甲的朋友丙三人，按约一起去作案，乙带甲和丙到 X 住宅门外，甲指使丙在门外望风，丙将携带的匕首递给乙，乙骗 X 开门后，甲与乙挤进室内，两人合作将 X 按倒在地，甲捂住 X 的嘴，乙用匕首猛刺 X 胸部致 X 死亡。此案中，乙虽然是被甲胁迫而参与杀 X 的犯罪活动，但在共同犯罪中所起的作用并不比甲小，应与甲一起被认定为主犯，而丙明显只起次要作用，应被认定为从犯。按"量刑情节说"，对

---

① 阎二鹏. 胁从犯体系定位之困惑与出路——一个中国问题的思考. 中国社会科学院研究生院学报，2012（2）：58.

② 同①60。

乙应适用刑法第 28 条的规定，至少对其应减轻处罚，结果会比甲轻很多；如果对丙作为从犯适用刑法第 27 条，通常只是从轻处罚，结果反而比乙还重。这显然不具有公平合理性。可见，按"量刑情节说"来处理司法实践中的具体案件，处罚不均衡不合理的现象无法避免。此外，按"量刑情节说"还存在对"被胁迫参加犯罪"这一事实情节，在量刑中做"重复评价"或重复使用的问题。对此，笔者将在下文述说。

（二）处理的路径

正因为无论是按包含通说在内的"独立共犯人说"，还是按"量刑情节说"，均不能对刑法第 28 条的规定作出合理解释，有论者改换思路，提出"胁从犯是我国刑法特有的规定。胁从犯的存在有违背责任原则之虞，并且不利于'统一法秩序'的构建。基于心理动因、刑罚目的、谦抑精神、司法实践等方面的反思，当法律无法强求受胁迫者拒绝实施犯罪行为，亦即受胁迫者欠缺合法行为的期待可能性时，就不应追究受胁迫者的刑事责任。因此，胁从犯的规定是不必要的，可以考虑予以废除"①（以下简称"胁从犯废除说"）。在笔者看来，如果被胁迫者受到了非常严重的，甚至危及生命的紧迫的威胁，因而按胁迫者的意思实施了犯罪，固然可以视为论者所说的"法律无法强求受胁迫者拒绝实施犯罪行为，亦即受胁迫者欠缺合法行为的期待可能性"的情形，而不追究受胁迫者的刑事责任。对此，我国的通说也认为，这大多属于紧急避险等阻却违法或阻却责任的事由，对被胁迫者，不能适用刑法第 28 条的规定按胁从犯来定罪处罚。②问题在于，现实生活中还存在一些受到不太严重的威胁或不具有紧迫性的严重威胁，而参加犯罪的案件，由于不具备紧急避险等阻却违法或阻却责任的条件，若不予以定罪处罚，明显不具有合理性。持"胁从犯废除说"的论者也不否认，确实存在因被胁迫参加犯罪而有处罚必要的例外情形。只不过这属于"实质上为帮助犯的胁从犯，如果真有处罚之必要，将其规定为从犯的一个从宽情节便可"③，言下之意是，对这种有处罚必要性的案件，也不能适用刑法第 28 条，而应通过修改补充刑法的规定，即增设从犯的

---

① 李欣. 胁从犯存废论. 北方法学, 2014（3）：48.
② 张明楷. 刑法学：上. 5 版. 北京：法律出版社, 2021：612；李立众. 略论被迫行为及其借鉴意义. 政法论丛, 1999（5）：25.
③ 同①55.

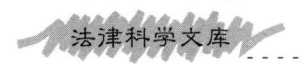

从宽情节来解决。

如前所述，还有一种与此类似的通过修改刑法解决问题的主张是："由于现行《刑法》关于胁从犯的量刑采取了'应当减轻或者免除处罚'的硬性规定，缺少灵活操作的余地，导致司法实践中针对复杂的胁从犯情形无法做到实质的罪刑均衡"，因此，有必要"对《刑法》第28条关于胁从犯的量刑原则进行修正，即修改为'对于被胁迫而犯罪的，可以从轻、减轻或者免除处罚'"；同时认为，这样修改后"被胁迫而犯罪"就成为一个纯粹的量刑情节，无论是主犯还是从犯具备这一情节的，均可由法官根据案情自由裁量适当从宽处罚，以实现罪刑均衡。① 在笔者看来，这也是一种可解决问题的办法。但是，修改补充刑法的规定是一种不宜轻易采用的办法，特别是在可以通过合理解释的路径解决问题时，更不可滥用。事实上，在笔者看来，只要将刑法第28条理解为是关于特殊类型之从犯的处罚规定，上述"独立共犯人说"和"量刑情节说"所面临的难题，即可迎刃而解。

第一，将刑法第28条理解为关于特殊类型之从犯的处罚规定，就意味着我国刑法中的从犯有两种类型：一种是第27条规定的普通从犯，另一种是第28条规定的特殊从犯，即被胁迫参加犯罪的从犯（简称为"胁从犯"）。毋庸讳言，按1979年刑法第25条对胁从犯应"比照从犯"减轻处罚或者免除处罚的规定，这样理解无疑是有障碍的。因为如果胁从犯本来就是从犯的一种，那就不应"比照从犯"来处罚。现行刑法删除了这一规定，也就扫除了将胁从犯纳入从犯范畴的法律障碍。既然胁从犯只是从犯的一种特殊类型，将其解释为必须具备普通从犯的基本条件，即只能是在共同犯罪中起次要作用者，不能是起主要作用者，就成为当然的结论。通说所面临的一大解释难题，由此也就得以解决了。另外，胁从犯不同于普通从犯的特殊性在于，是因被胁迫而参加犯罪的，含有不愿意犯罪的因素，其主观恶性和可谴责性程度较低，根据我们的刑事政策和刑事责任原理，有必要特别从宽处罚，因而刑法对此作出特殊规定，采取比普通从犯更轻的处罚原则，即对普通从犯"应当从轻、减轻处罚或者免除处罚"，对胁从犯则应当"减轻处罚或者免除处罚"。

---

① 阎二鹏. 胁从犯体系定位之困惑与出路——一个中国问题的思考. 中国社会科学院研究生院学报，2012（2）：61.

第二，将胁从犯纳入从犯之中，视为从犯的一种特殊类型，与我国刑法采取的单一正犯体系和共同犯罪人的分类规则相一致。如前所述，我国刑法是根据参与者在共同犯罪中所起作用的大小，将共同犯罪人分为主犯与从犯这样不同的处罚类型的，被胁迫参加犯罪的人也不例外，也应根据其在共同犯罪中所起作用的大小，分为主犯与从犯，给予轻重不同的处罚。只不过考虑到被胁迫参加犯罪者，如果在共同犯罪中仅起次要作用，就有必要格外从宽，即比普通从犯处罚还要轻，因而作为特殊从犯作特别的规定。这样理解与我国刑法对共同参与犯罪者所采取的处罚原则相一致。并且，从刑法第 29 条的规定也可以看出，即便是对按分工标准划分的教唆犯，同样要以其在共同犯罪中所起的作用大小为依据，分为主犯与从犯，给予轻重不同的处罚。被胁迫参加犯罪的，当然也应如此，而不可能均认定为从犯，给予同等的处罚。因为按我国刑法的规定，从犯只能是在共同犯罪中起次要作用者，而次要作用与主要作用的区分或判断，要综合考虑各共同犯罪人的主客观方面的情况，不能仅以"被胁迫参加犯罪"这一主观动因作为认定从犯的依据。

第三，将胁从犯视为从犯的一种特殊类型，而不是与主犯、从犯相并列的独立共犯人，弥补了作为通说的"独立共犯人说"在逻辑上存在的缺陷。如前所述，通说认为胁从犯比从犯在共同犯罪中所起的作用更小，就此而言，与我国刑法按作用对共同犯罪人进行分类的规则相一致，那就意味着刑法把共同犯罪人分为起主要作用者（主犯）、起次要作用者（从犯）、起轻微作用者（含胁从犯）。但如果说刑法还将比从犯起更小作用者（或起轻微作用者）作为独立共同犯罪人予以规定，姑且不论这存在前文所述违反形式逻辑的分类规则的问题，即便是还划分出这样一种独立的共同犯罪人，教唆犯、实行犯，特别是帮助犯中也会有这种起轻微作用者，为何要将其排除在外，唯独仅将被胁迫参加犯罪者，纳入这种独立的共同犯罪人之中？这显然是通说难以回答的问题。如果说胁从犯除了在共同犯罪中起较小作用（或轻微作用）外，还有被胁迫参加犯罪这一成立条件，那就意味着这种独立共同犯罪人的划分标准，与纯粹按作用分类的主犯与从犯的划分标准不同，当然不能与主犯、从犯相并列。但如果将胁从犯视为从犯之中的一种特殊类型，并非是一种与主犯、从犯相并列的独立共同犯罪人，也就不存在这些问题了。

第四，将胁从犯视为从犯的一种特殊类型，不是一种独立的共同犯罪人，还能克服通说之外的另一种"独立共犯人说"的弊病。如前所述，此说认为，对刑法中的共同犯罪人可以采用不同的标准来划分：按作用可分为主犯与从犯；按分工可分为实行犯、教唆犯和帮助犯；按"主动程度"可分为胁从犯与非胁从从犯。胁从犯与教唆犯一样，也是一种独立共犯人，只不过不是按作用划分出来的，不可与主犯、从犯相并列。按这样的解释，虽然可在一定程度上避免通说在分类上的逻辑矛盾，但我国刑法对所有共同犯罪人的处罚，都是根据其在共同犯罪中所起作用的大小，分为主犯与从犯，给予轻重不同的处罚。刑法第 29 条对共同犯罪中的教唆犯的处罚，就有这样的明文规定。为何对胁从犯这种非自愿或非主动参与犯罪的"独立共犯人"不采取这样的处罚原则？而是规定"应当按照他的犯罪情节减轻处罚或者免除处罚"。并且，对被胁迫参加犯罪而在共同犯罪中起主要作用者，按这一规定处罚明显不合适。为此，持此说的论者提出，所有被胁迫参与犯罪的，都不可能在共同犯罪中起主要作用，因此，胁从犯都是从犯。正如前文所述，这明显与刑法理论和司法实际不符。但是，如果认为胁从犯只是从犯之中的一种，不仅能避免出现分类标准不统一或分类不合理的问题，而且可以在肯定被胁迫参加犯罪者也可能在共同犯罪中起主要作用（成为主犯）的基础上，将其排除在胁从犯的范围之外，从而避免出现将所有被胁迫参加犯罪者均纳入胁从犯中可能带来的前述处罚不均衡不合理的问题。

第五，将胁从犯视为从犯的一种特殊类型，也能有效解决"量刑情节说"可能带来的对胁从犯的处罚有失均衡的问题。如前所述，此说认为"被胁迫参加犯罪"是刑法第 28 条规定的应予从宽处罚的法定量刑情节，由于被胁迫参加犯罪的人，既可能在共同犯罪中起主要作用，也可能起次要作用，对起主要作用者，仅因其是"被胁迫参加犯罪的"，就减轻处罚，甚至免除处罚，这不仅同无此情节的主犯、从犯相比，处罚明显过轻，即便是与同样有此情节而仅起次要作用者相比，处罚轻重也不均衡。其与我国刑法对共同犯罪人均按所起作用大小，给予轻重不同处罚的原则也不符。但是，若将胁从犯视为从犯的特殊类型，仅对从犯之中具有"被胁迫参加犯罪"之情节者，适用刑法第 28 条之规定从宽处罚，按"量刑情节说"可能带来的上述处罚不均衡不合理的问题，也就不会发生。

毋庸置疑，当被胁迫参加犯罪的人在共同犯罪中起主要作用时，被排除在胁从犯之外，还是要被认定为主犯，适用刑法第 26 条的处罚规定。

这样一来，胁从不问的刑事政策，在这类案件中就无法得到体现。"毕竟，被胁迫而参加犯罪者与其他一般主犯相比，在期待可能性程度上是有所不同……不加区分的一律适用同样的处罚原则，未必合适。"基于此种考虑，论者提出前述修改刑法的建议，即把刑法第 28 条修改为："对于被胁迫而犯罪的，可以从轻、减轻或者免除处罚"①。笔者也不否认，这样修改后，将"被胁迫而犯罪"作为纯粹的量刑情节，法官"可以"选择三种从宽处罚方式之一，而不是像现在这样"应当"即必须选择两种从宽处罚方式之一，这就给了法官较大的根据案件具体情况来做自由裁量的权力，确实可以避免按"量刑情节说"适用现行刑法第 28 条之规定可能带来的上述有失处罚均衡的问题；并且可以对被胁迫参加犯罪的主犯适当从宽处罚，从而使胁从不问的刑事政策得到全面贯彻。但是，这也会带来新的问题。因为"被胁迫而犯罪"这一量刑情节对主犯和从犯均应适用，在对从犯适用的场合，由于认定其在共同犯罪中起次要作用时，要综合考虑其主客观多方面的情况，难免会把"被胁迫而犯罪"这一因素考虑进去，而从犯本身是一个法定的从宽处罚情节。既然认定其为从犯时考虑了"被胁迫而犯罪"这一情节（或因素），使其享受了一次从宽处罚的待遇，那么，同时将这一因素作为量刑情节，使其再次得到从宽处罚，这种对一个事实做重复或双重评价，即把同一个情节在量刑中使用两次的做法，显然不具有科学合理性。但按笔者的主张，对"被胁迫参加犯罪"的从犯，适用刑法第 28 条予以从宽处罚后，不会再适用第 27 条对普通从犯从宽处罚的规定，从而也就不存在重复使用"被胁迫参加犯罪"这一情节来对胁从犯从宽处罚的问题。至于对主犯，现行刑法固然未像对从犯一样，将"被胁迫参加犯罪的"人规定为特殊类型的主犯，即未作为法定从宽处罚类型予以规定，但完全可以作为酌定从宽处罚情节，对这类主犯适当从宽处罚，即比不具备这一情节的主犯处罚适当轻一点，这样也就可确保共同犯罪人之间的处罚均衡或公正合理了。

三、胁从犯的认定

在司法实践中，如何准确认定胁从犯是一个十分重要又有相当难度的

---

① 阎二鹏. 胁从犯体系定位之困惑与出路——一个中国问题的思考. 中国社会科学院研究生院学报，2012（2）：59-61.

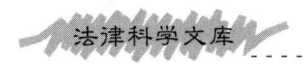

问题。准确认定的前提是正确掌握胁从犯的成立要件。如前所述，所谓胁从犯，是指被胁迫参加犯罪并在共同犯罪中起次要作用的人。胁从犯是从犯的一种特殊类型，当然要具备从犯的成立要件。除此之外，还要具备被胁迫参加犯罪这一特有的要件。由于从犯的成立要件在本章前一节已有论述，在此，仅对被胁迫参加犯罪这一胁从犯所特有的要件作进一步的阐述。而弄清被胁迫的含义与被胁迫的程度及其紧迫性，又是正确理解"被胁迫参加犯罪"这一要件的关键所在。此外，认定胁从犯时，还要注意将其与紧急避险中的被胁迫行为区分开来。

（一）被胁迫的含义

对作为胁从犯成立要件的"被胁迫参加犯罪"中的"被胁迫"的含义，我国刑法学界主要有两种观点：第一种观点认为，胁从犯中的被胁迫，是指精神上受到一定程度的强制或威胁。在这种情况下，行为人并没有完全丧失意志自由，因而仍应对其所参与的共同犯罪承担刑事责任。[①] 第二种观点认为，胁从犯中的被胁迫，是指犯罪人受到"他人的暴力强制或者精神威逼"，"犯罪人虽有一定程度的选择余地，但并非自愿"[②]。两种观点都认为，"被胁迫"包含受到精神上的威胁（或威逼），并且都认为被胁迫者并未丧失意志自由或失去做选择的余地；不同之处在于，前一种观点认为"被胁迫"仅限于精神上受到强制或威胁，但后一种观点认为，除此之外，还包含受到"暴力强制"。那么，受"暴力强制"是否包含在"被胁迫"的范围之内，就成为两者分歧的焦点。

在笔者看来，社会生活中，暴力与威胁往往有紧密的联系，威胁大多是以暴力作为后盾，被威胁者若不按威胁者的意思行事，就会受到暴力的攻击；甚至可能是先施行暴力（如殴打），对被施暴者产生威胁，迫使其按施暴者的意思行事。这后一种情形中，有可能是仅对被施暴者实施暴行，并没有进一步用言词威胁，却指使被施暴者实施犯罪行为，被施暴者因害怕再受暴行侵害而参与犯罪的，对此也应认为存在"被胁迫"的问题。在这种场合，施暴者实际上是利用暴力作为威胁的手段，迫使被施暴者按自己的旨意参与犯罪。但如果仅有"暴力强制"行为，而没有利用"暴力强制"作为威胁手段，迫使被施暴者实施危害行为，即使被施暴者

[①] 黎宏.刑法学总论.2版.北京：法律出版社，2016：295.

[②] 阮齐林，耿佳宁.中国刑法总论.北京：中国政法大学出版社，2019：241.

的行为对施暴者所实施的犯罪的完成有一定作用,也不能认为被施暴者因"被胁迫"而参与了犯罪。例如,仓库值班员夜间值班时,被暴徒捆绑起来并用胶布封住嘴,无法履行守护仓库内物资的职责,只能眼看着犯罪分子将物资抢走。当然不能认定仓库值班员因"被胁迫",而采取不履行职责的方式,帮助他人抢走了仓库内的财物。

有论者提出,"被胁迫,既包括受到威逼、恐吓而被迫参与,也包括客观上'被迫'参与"。如"因自己的恐惧(如有'前车之鉴'),即便主犯等没有强令,而不敢抗拒,行动上受制于主犯的情况,也属于被胁迫"①。但是,正如前文所述,如果没有来自他人的精神上的强制即威胁,仅仅是客观上"被迫"参与犯罪的,不能认定为"被胁迫参加犯罪"。例如,甲的父亲病重住院,手术前要交5万元预付款给医院。甲向友人乙借钱,乙说没有钱借给甲,但提出与甲一起夜间去公司财务室盗窃。甲因无法筹到救治父亲的钱,而"被迫"与乙去盗窃。此例中的甲去盗窃,确有客观上"被迫"的因素,但乙并未对其实施精神上的强制或威胁,显然不能认定为"被胁迫"参加犯罪的胁从犯。毋庸讳言,司法实践中,有些案件的参与者,确实不太愿意参与犯罪,但主犯是当地有名的恶霸,约其去参与犯罪,他不敢拒绝,只好跟着去。在这类案件中,尽管主犯等没有强令、威胁的言辞,但事实上因主犯邀约其参与犯罪,本身就含有必须遵从的意思,行为人不敢抗拒,被迫参与犯罪,此时应肯定存在对其精神上的威胁,即属于"被胁迫"参加犯罪的情形,而不仅仅是客观上"被迫"参与。应当注意的是,要把这类案件与黑社会性质犯罪中的头目指使手下成员实施犯罪的情形区别开来,手下成员必须听从"黑老大"的指使,同样存在不敢不去犯罪的现象,但由于手下成员既然已成为犯罪集团的成员,就意味着他是自愿参与犯罪的,不属于被胁迫参加犯罪,因而不能认定为胁从犯。

从以上分析可以看出,"被胁迫"有双层含义:一是"被胁",即"被威胁",也就是受到了恐吓或精神上的强制;二是"被迫",即"被逼迫"从事某种活动。二者缺一,则不成其为"被胁迫"。一般来说,"被威胁",是指被告知将发生使其恐惧的危害或不利后果。"被逼迫",是指被迫使从事或不从事某种活动。"被胁迫参加犯罪",则是指被告知若不参加犯罪,

---

① 林亚刚. 刑法学教义(总论). 北京:北京大学出版社,2017:513.

就会使其遭受危害或产生不利的后果,因导致其恐惧而被迫参加犯罪。也就是说,行为人因受到他人的威胁,"虽然他主观上不愿参与犯罪,但为了避免遭受现实的危害或不利而不得不参加犯罪"①。

至于告知危害(威胁)的方法,则没有限制。这里的告知无论是通过书面、口头还是举止,也不管是明示还是暗示都是可以的,甚至可以是通过第三者转告。威胁将要危害或侵害的对象,既可能是被威胁者本人,也可能是与被威胁者有亲密关系的他人,如其亲属、恋人等;在特殊情况下,威胁将要危害的对象,还可能是发出威胁的人,如妻子威胁丈夫,若不受贿就自杀,丈夫因害怕失去妻子而被迫受贿的,就属于这种情形。威胁将要侵害的法益也可能多种多样,既可能是侵害人身,也可能是侵害财产,还可能是损害名誉、泄露隐私、妨碍求职、换岗、升学、升职等,甚至可能是以向国家机关控告被威胁者实施的违法犯罪行为相威胁。另外,被告知的危害或不利后果是否真的会发生,也不影响"被威胁"的成立。即便发出威胁者只是想吓唬一下被威胁者,并非真的会对被威胁者实施扬言要实施的侵害,只要被威胁者以为对方真的会实施,因而产生恐惧,被迫参与犯罪,就可以认定为"被胁迫参加犯罪"。但如果被威胁者已看出对方不会真对自己实施侵害,因而并未产生恐惧,在这种情况下参加犯罪的,则不属于"被胁迫参加犯罪"。

还应当看到,胁从犯是被胁迫者,与之相对的胁迫者大多是共同犯罪中的主犯,双方都是侵害他人法益的侵害者,因而成为共同犯罪人。刑法分则规定的不少犯罪,都将"胁迫"作为构成要件的行为形式之一,如抢劫罪、强奸罪、劫持航空器罪等,在这些犯罪中,同样可能存在胁迫者与被胁迫者。但这些犯罪中胁迫者与被胁迫者之间,是纯粹的加害者与被害者的关系,胁迫者实施的胁迫行为本身就是符合构成要件的行为,因而构成特定的独立犯罪;而共同犯罪案件中的胁迫者实施胁迫行为,是寻找共同作案同伙的一种手段行为,并非构成特定的独立犯罪。刑法分则规定的抢劫等罪中的被胁迫者,是被侵害的对象即被害人,也是受法律保护的对象,当然不存在要负刑事责任的问题;而胁从犯虽然也是被胁迫者,有受害的一面,但由于其参与犯罪,又成为侵害他人法益的加害者,因而要承担刑事责任。正因为如此,作为共同犯罪人的胁从犯"被胁迫",与抢劫

---

① 高铭暄,马克昌.刑法学.10版.北京:北京大学出版社,2022:175.

等犯罪案件中被害人"被胁迫"的含义和性质有差异。①

(二) 被胁迫的程度及紧迫性

在司法实践中，行为人因被胁迫而参与实施危害行为的案件错综复杂，其中，被胁迫的程度及紧迫性，就是刑法理论上颇有争议且必须澄清的复杂而重要的问题。

一般认为，"基于行为人受胁迫程度的不同，可以将具有受胁迫性质的行为分为三种类型，即杀害或重伤的重度胁迫、能够造成一般人身伤害和大量财产损失的中度胁迫和以揭发隐私、损害名誉等相威胁的轻度胁迫。不同程度的胁迫下行为人所实施的受胁迫行为具有不同的法律性质"②。由于被胁迫的程度与被胁迫者可能受到的危害或损害的程度有直接关系，即可能受到的危害或损害的程度严重，被胁迫的程度就重；反过来，可能受到的危害或损害的程度轻，则被胁迫的程度就轻。而危害或损害的轻重大小，又同被侵害的法益的重要性程度有密切关系。例如，人的生命是最重要的法益，扬言要杀害某人，这无疑是对此人最严重的威胁；一般的人际关系、朋友关系，也是应予保护的法益，但重要性程度较低，声称要与其断绝朋友关系，则对其只是很轻微的威胁。

那么，胁从犯的成立对被胁迫的程度是否应当有所限制？有论者认为，"受胁迫参加犯罪是胁从犯的主观特征，至于他人采用何种方法进行威胁、威胁的程度如何，对胁从犯的成立没有影响"③。但是，在笔者看来，刑法第28条"对于被胁迫参加犯罪的"胁从犯，之所以采取比其他类型的共同犯罪人更轻的处罚原则，正如前文所述，根本原因在于胁从犯是因"被胁迫"而参加犯罪，也就是其主观上本来不太愿意，或者说是因精神上受到一定程度的强制而被迫参加犯罪，"如果外部威胁的程度过于轻微，当然不能认为精神强制的成立"④。例如，甲约乙去帮忙伤害邻村的丙，乙表示不愿去；甲对乙说如果不去，就不再与乙往来；乙与甲只是同村人，并无多的往来；乙觉得还是应该帮同村人的忙，就与甲一起去伤

---

① 杜邈. 论胁从犯中"胁迫"之认定. 北京人民警察学院学报，2006 (6)：22-23.
② 邢绪红. 韩国刑法中被胁迫行为的规定及其对中国的启示. 延边大学学报(社会科学版)，2012 (3)：63.
③ 姜伟. 犯罪形态通论. 北京：法律出版社，1994：267.
④ 同①24.

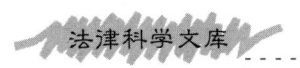

害了丙。应当肯定，甲对乙说，如果不帮忙伤害丙，就不再与乙往来，这也是一种威胁，但不能再与一个关系一般的同村人往来这样的威胁，实在太轻微，对被威胁者不会产生精神上的强制作用，因而不能认定其是被胁迫参加犯罪，自然也就不属于胁从犯。可见，被胁迫的程度过于轻微的，不能成立胁从犯。

但是，能否反过来，要求达到严重的被胁迫的程度，才能成立胁从犯；只是轻度的被胁迫，就不能认定为胁从犯呢？有论者持肯定态度，认为："如果某一种胁迫手段还没有达到足以使人去犯罪的程度，就不能定胁从犯。……例如以揭露被胁迫人的隐私、劣迹，损毁其名誉人格，以及利用从属关系和求助关系进行的胁迫，原则上就不应当认定为胁从犯。"① 毋庸讳言，如果胁迫者采用的某种胁迫手段，没有达到足以使人去犯罪的程度，而行为人按其意思去犯了罪，那就表明行为人不是因被胁迫而参加犯罪的，当然不能认定为胁从犯。但不能由此推论，只有被胁迫者受到了严重程度的胁迫，才可能成立胁从犯，而只是受到被揭露隐私、劣迹，损毁名誉、人格等不太严重的胁迫，就不应当认定为胁从犯。因为"被胁迫参加犯罪"是胁从犯的犯罪动因，同一种形式的胁迫，对实施轻重不同的犯罪，可能产生的推动作用并不完全相同。一般来说，必须有较为强烈的犯罪动因，才能推动行为人去实施重罪。轻度的胁迫（如揭露隐私），大多不能使被胁迫者去参加故意杀人之类的严重犯罪，但却完全有可能使其去参加侮辱、诽谤之类的轻罪。况且，对不同身份地位或处在不同环境状态的人，同一种形式的胁迫所产生的效果，也可能会有很大差异。如揭露被胁迫者的嫖娼劣迹，对有较高职位的官员，就可能产生很大的威胁效果；而对一般的公司职员，则可能没有多大威胁作用。在司法实践中，以向纪委举报主管财务之官员的嫖娼劣迹相威胁，迫使其与自己合作在单位财务处报销虚假开支费用，官员被迫参与犯罪的案件，并不鲜见，官员完全有可能成为共同犯罪的胁从犯。

上述论者主张将仅受到揭露隐私、劣迹，损毁名誉、人格等不太严重之胁迫而参加犯罪的，排除在胁从犯的范围之外，可能是考虑到行为人只有受到严重的胁迫而参加犯罪的，才应减免处罚；对于只是受到揭露隐私、劣迹之类的轻度的胁迫而参加犯罪的，就减免处罚，则不合情理，可

---

① 陈忠槐. 略论胁从犯. 法学研究，1986（5）：27.

能会轻纵罪犯。① 但笔者认为，这种担忧是多余的。如前所述，胁从犯是在共同犯罪中起次要作用的从犯的一种特殊类型。如果被胁迫参加犯罪，但在共同犯罪中起主要作用，则不能认定为胁从犯，应认定为主犯。因为不是只要有被胁迫参加犯罪的情节，就认定为胁从犯，予以减免处罚，而是要以其具备从犯的成立条件为前提。对于从犯，按刑法第27条的规定，本来就应当从轻、减轻处罚或者免除处罚。如果既是从犯又有被胁迫参加犯罪的情节，给予更轻一点的处罚，即假如某从犯没有被胁迫参加犯罪，对其通常只能从轻处罚，因有被胁迫参加犯罪的情节，予以减轻处罚，也是合理的。并且，对胁从犯是减轻处罚还是免除处罚，可以根据案件的具体情况来作选择，如果是轻罪，即便对作为胁迫者的主犯的处罚也不重，对受到轻度胁迫而参加犯罪的胁从犯，免除处罚就是恰当的。对于受轻度的胁迫而参加重罪的胁从犯，减轻的幅度小一点，处罚比同案中的从犯会轻一点，但差距不会太大，一般不会出现轻纵罪犯或与其他同案犯相比处罚轻重明显不均衡的问题。

另外，威胁的程度与威胁的紧迫性也有密切关系。一般来说，威胁的紧迫性会对威胁的程度起到一定的加重作用，即对同一法益的威胁越紧迫，其威胁的程度就越重。所谓紧迫的威胁，是指威胁到来即可能变为现实的时间逼近。也就是说，很快或很短时间就要到来的威胁是具有紧迫性的威胁，对这种威胁往往难以防范，即难以避免其变为现实。反过来，不具有紧迫性的威胁，即不是立刻会到来的威胁，大多可以采取多种防范措施，避免威胁或危害变为现实。例如，甲与乙将丙按倒在地后，用刀架在丙的脖子上，逼迫其当场与一被捆绑着的女子性交，丙不得不违背该女子的意愿与之性交，以免自己被杀害。此例之中，丙面临的被杀害的威胁就是一种紧迫的严重威胁。又如，某日晚，A约B立即去盗窃本公司库房存放的财物，B不愿干，A威胁B说，若不干，过几天就会去毁坏其种植蔬菜的大棚。B为避免价值千元的财物被毁，就与A一起去盗窃了公司的财物。此例之中，B所面临的财物被毁坏的威胁，就是一种非紧迫的轻度威胁。对前例中的威胁，丙除了按甲与乙的旨意强奸女子之外，别无他法可免被杀害；但对后例中的威胁，B还可以采取加强防护、报警等措施来避免财物被毁坏。很显然，前例中的丙强奸女子的行为，相比后例中的B盗

---

① 杜邈．论胁从犯中"胁迫"之认定．北京人民警察学院学报，2006 (6)：24.

窃财物的行为，可责难的程度低很多。

(三) 胁从犯与紧急避险的区分

那么，对面临紧迫的严重威胁而被迫参与犯罪的人，能否免除刑事责任呢？从国外的立法来看，有的国家刑法明文规定不予处罚。其中，有的作为一种独立的不可罚行为予以规定。如韩国刑法第12条规定："对于无法抗拒之暴力，或对危害自己或亲族生命、身体之威胁，无其他避免方式，所为之迫不得已行为，不罚。"另有的规定以紧急避险论处，不负刑事责任。如俄罗斯刑法第40条第2项规定："一个人由于心理受到强制而对受刑法保护的利益造成损害，以及由于身体受到强制，但仍能够控制自己行为时而对上述利益造成损害，其刑事责任问题应考虑本法典第39条（紧急避险——笔者注）的规定予以解决。"在英美刑法中，对这种被迫行为（duress），一般是作为一种合法辩护理由，除应处以死刑的叛国罪与谋杀罪外，应免除行为人的罪责。[①] 但是，德国、日本等大陆法系国家的刑法，大多未对被胁迫行为作明文规定，只是有判例把某种被胁迫行为解释为紧急避险的表现形式，或者把某种被胁迫行为解释为不完全具备紧急避险的条件，因而不免除处罚。[②] 德、日刑法学者大多认为，行为人受到紧迫的严重威胁而被迫实施的行为是紧急避险的一种情形，行为人不负刑事责任。

我国刑法对被胁迫行为没有不予处罚或不负刑事责任的明文规定，倒是刑法第28条"对于被胁迫参加犯罪的"，有酌情从宽处罚的规定。正因为如此，我国过去的通说认为，被胁迫者"知道自己参加的是犯罪行为，但为了避免遭受现实的危害或不利才不得不参加犯罪。在这种情况下，被胁迫者还是有自由意志的，他参加犯罪仍然是他自行选择的结果，这就是胁从犯应负刑事责任的理论根据"。例如，邹某手持尖刀、凿子、锤子等作案工具，到某镇商店门外，威逼值班员郎某开门，说如不开门，进去会杀死他，郎只好将门打开。邹进去后，声称有多人已把商店包围了，若郎不听话，就砍掉其脑袋，郎只好应从。邹令郎找来铁锤，帮助邹用铁锤把金柜撬开，从中取出1 800元。本案中的郎某就是胁从犯。[③] 但是，近些

---

① 李立众. 略论被迫行为及其借鉴意义. 政法论丛，1999 (5)：25.
② 大塚仁，等. 刑法解释大全：第2卷. 东京：青林书院，1989：460.
③ 马克昌. 犯罪通论. 3版. 武汉：武汉大学出版社，1999：575-576.

年来，我国刑法学界多数学者认为，对因被胁迫而实施危害行为者，不能一概以胁从犯论处，如果是受到当场即将被杀害或重伤的威胁，而被迫实施危害行为的，可以不负刑事责任。就上述郎某被胁迫帮助邹某夺取商店金柜中现金案而言，应认定"郎某的行为不构成犯罪"。这是因为普通人在受到死亡威胁时，大多会按胁迫者的命令行事。"对于社会中大部分人在同等情形下都会这样干的行为，不能宣布为犯罪，这是刑法谦抑性的基本要求。郎某只是社会中的一个普通人，处于郎某这种情形下的公民一般都会像郎某这样做，因而我们没有理由因为郎某没有与犯罪人展开生死搏斗便罪加其身。"① 至于这类被胁迫行为的性质及不构成犯罪的理论根据，有的认为，是因为行为人失去了意志自由②；另有的认为，是因为这种行为属于紧急避险。③

　　笔者持后一种主张。因为被胁迫者既然能够按胁迫者的旨意实施侵害第三者的行为，就表明其意志自由并未完全丧失，而只是受到了一定的抑制。如果说被胁迫行为是由于行为人受到了死亡威胁，使其失去了意志自由，因而使其行为不具有刑法上的意义，那就意味着这种被胁迫行为无论是否在不得已的条件下实施，也不管造成何种损害结果，都不应当负刑事责任。但事实并非如此。即使被胁迫行为是在受到死亡威胁下实施的，假如当时可以请求有关机关或人员援助，或者可以用逃跑的方法躲避，那也不能免除刑事责任。况且，即使被胁迫实施的行为是自己免遭杀害所必要的，按我国刑法的规定和通说的解释，也只有在未造成他人死亡的条件下，才能免除其刑事责任。如果受到死亡威胁时，按威胁者的旨意杀死了第三者，即便这是保全其生命的唯一途径，也不能免除其刑事责任。另外，还应当看到，当受到被杀害或被重伤的严重而紧迫的威胁时，被胁迫者在迫不得已的情况下，按胁迫者的旨意实施了危害他人的行为，这与为免受犯罪侵害而主动实施的损害第三者利益的避险行为，在实质上并无差别。例如，甲拿刀杀乙，乙为了免遭杀害，在不得已的情况下，将挡住其逃避之路的小孩丙撞伤。这同甲拿刀威胁乙，逼其伤害丙，乙在没有其他避免自己遭杀害的办法的条件下，伤害了丙的情形，性质是相同的。既然

---

① 李立众. 略论被迫行为及其借鉴意义. 政法论丛，1999（5）：27.
② 同①.
③ 阮齐林，耿佳宁. 中国刑法总论. 北京：中国政法大学出版社，2019：241.

我们的通说认为前者是紧急避险，那就没有理由将后者排除在外。①

值得进一步研究的是，对受到轻度的胁迫，而按胁迫者的旨意实施危害行为的，能否认定为紧急避险？有论者持肯定态度，认为"在外界胁迫（包括重度、中度和轻度所有的胁迫）下为保护较大的法益而实施了侵害较小法益的行为，由于其构成要件完全符合紧急避险，应直接作为紧急避险处理"②。但在笔者看来，人在遇到紧迫的危险又没有其他避险途径时，固然可以通过损害他人的利益来避免自己的危险，但来自人的胁迫这种危险，毕竟不同于来源于自然现象的危险，不能将两种危险完全同等看待。对来源于自然现象（如火灾、水灾等）的危险，社会公众有减少或分担危险所造成之损害的责任，不能强求面临危险者独自忍受让危险对其造成损害，因此，避险者所实施的转移危险而损害他人利益的行为，不具有可谴责性，只要是在必要限度之内的，即可免除其刑事责任。然而，来自人的胁迫之危险，如果只会造成轻度的损害，被胁迫者应当设法阻止或尽力反击胁迫者将要对自己实施的不法侵害，否则，就只能忍受其给自己造成损害，事后通过合法途径追究对方的法律责任。例如，甲与乙胁迫丙用铁锤砸毁停在丙车旁边的丁的车，丙若不砸，甲与乙当场就砸毁丙的车，丙为避免自己价值20万元的车被砸毁，就砸毁了丁价值15万元的车。又如，A的车与B的车停在同一山坡下，A发现山上一块大石滚落下来，眼看就要砸到自己的车上，A立刻把B的车猛推到自己车的前面，挡住了大石，使自己价值20万元的车免被砸毁，却使B价值15万元的车被砸毁。前例和后例虽然都是为避免自己同样价值的财物被毁所实施的行为，给他人造成的财产损失也相当，并且所避免的损失都大于给他人造成的损害。将后例认定为紧急避险，免除行为人的刑事责任，无疑是合理的；但将前例认定为紧急避险，则难以令人信服。因为前例之中是行为人直接故意砸毁了别人的汽车，后例之中别人的汽车是被自然滚落下来的大石所砸毁；前例之中我们可以期待行为人设法制止胁迫者的不法侵害，后例之中我们无法期待行为人挡住大石的滚落或者眼看着自己的车被大石砸毁。况且，如果我们认定前例为紧急避险，免除行为人的刑事责任，就意味着对这种行为

---

① 刘明祥. 紧急避险研究. 北京：中国政法大学出版社，1998：167-168.
② 邢绪红. 韩国刑法中对被胁迫行为的规定及其对中国的启示. 延边大学学报（社会科学版），2012（3）：64.

持容认的态度，并会产生助长这类犯罪行为的负面效应。正因为如此，在英美国家，尽管被胁迫行为是一种重要的可免除处罚的辩护理由，但大多仅限于面临死亡或重伤的严重胁迫的情形。这是因为在被胁迫者面临死亡或重伤的危难时，不能期待其不通过实施侵害他人的行为来避免自己的危难；反过来，如果只是受到财产将被毁损之类的轻度胁迫，则可以期待被胁迫者忍受危险损害，不按胁迫者的旨意实施危害行为。总而言之，对受到轻度胁迫而被迫按胁迫者的旨意参加犯罪，并在共同犯罪中起次要作用的，应认定为共同犯罪的胁从犯，适用刑法第 28 条的规定予以处罚。

综上所述，只有在面临紧迫的严重威胁，在不得已的条件下，被迫按胁迫者的旨意实施危害行为，并且未超出必要限度的，才能认定为紧急避险，行为人不负刑事责任；如果超过必要限度，造成了不应有的损害，则属于避险过当，应当负刑事责任。例如，X 和 Y 用刀威逼 Z 用绳索勒死被捆绑着的被害人，否则，就杀死 Z，由于 Z 没有其他办法能保全自己的生命，就按他们的旨意勒死了被害人。此例之中，Z 的行为虽具有避险性质，但已超出避险的必要限度，属于避险过当，应当负刑事责任。同时，Z 又符合刑法第 28 条规定的"被胁迫参加犯罪的"情形，即属于共同犯罪中的胁从犯。由于这是同一事实被刑法规定为不同的从宽处罚情节的情形，应视为量刑情节的竞合，在量刑时只能选择适用其中之一，而不能同时适用，否则，就可能出现对同一事实情节，在量刑时作双重评价或重复使用的问题。又由于刑法第 21 条和第 28 条，对避险过当与胁从犯，所采取的处罚原则相同，即都是应当减轻处罚或者免除处罚，因而无论是作为避险过当，还是作为胁从犯来选择适用法条，处罚结果都可能相同。考虑到这类案件不同于普通避险过当的特殊性，就在于有共同犯罪的问题，即胁迫者与被胁迫者之间构成共同犯罪，将被胁迫者认定为胁从犯，既可以使之受到与避险过当相同的从宽处罚，又能对其犯罪作出完整的评价，同时便于对同案的胁迫者准确定罪恰当处罚，使同案参与者在责任的分担和处罚轻重上，能够更为均衡合理。因此，对这类被胁迫参加犯罪者，应适用刑法第 28 条的规定，即按胁从犯的处罚原则，予以适当从宽处罚。

另外，还有一种较为常见的不能认定为紧急避险的被胁迫行为，即被胁迫的程度严重但不具有紧迫性。如 A 与 B 正在强奸妇女时，被路过的熟人 C 撞见，A 与 B 胁迫 C 参与强奸，C 胆小不敢参加，A 威胁 C，若不参加，将在第三天晚上 C 必定路过的偏僻路段杀害 C，C 被迫参与强奸了

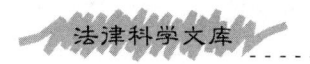

妇女。此例中的 C 受到将被杀害的严重威胁，但由于不是当场将被杀害，不是紧迫的威胁或危险，不具备紧急避险的时间性（紧迫性）的条件，因而不成立紧急避险，应视为被胁迫参加犯罪的胁从犯。

四、胁从犯的处罚

我国《刑法》第 28 条规定："对于被胁迫参加犯罪的，应当按照他的犯罪情节减轻处罚或者免除处罚。"如前所述，修订之前的 1979 年刑法第 25 条规定，对于胁从犯，应"比照从犯"减轻处罚或者免除处罚。修订时之所以删除"比照从犯"的内容，主要是因为在有胁从犯的案件中，"往往不存在从犯，因而规定比照从犯意义不大。而且，胁从犯的处罚是减轻与免除，没有参照对象也能适用"[①]。

那么，如何对胁从犯进行处罚呢？从刑法第 28 条的规定不难看出，对胁从犯处罚的原则，是应当在减轻处罚与免除处罚之间作出选择，即必须在二者之中选择其一，且应当首先考虑减轻处罚，只有在减轻处罚之后还嫌重的条件下，才能免除处罚。在减轻处罚时，还存在减轻的幅度是大还是小的问题。不管是作其中哪种选择，均不得随意为之，而"应当按照他的犯罪情节"，作出理性的决断。这里的"犯罪情节"，是指胁从犯参与共同犯罪的性质和参与的程度等各种影响处罚轻重因素的统一。认定并依据"犯罪情节"来选择"是减轻处罚还是免除处罚，应当综合考虑他参加犯罪的性质，犯罪行为危害的大小，被胁迫程度的轻重以及在共同犯罪中所起的作用等情况，然后予以确定"[②]。其中，被胁迫的程度、参与犯罪的性质和在共同犯罪中所起作用的大小，是对胁从犯处罚轻重有决定性意义的因素。

如前所述，胁从犯是因被胁迫而参加犯罪并在共同犯罪中起次要作用的人，如果是起主要作用，即便是存在被胁迫参加犯罪的因素，也不能认定为胁从犯，而应认定为主犯。但不同案件中的胁从犯，所起的次要作用的大小会有差异。仅从胁从犯所实施的行为形式来看，有的可能是被胁迫去实行犯罪，也有的可能是被胁迫帮助他人去犯罪，由于实行行为的危害

[①] 陈兴良. 刑法适用总论：上卷. 北京：法律出版社，1999：553.
[②] 高铭暄，马克昌. 刑法学. 10 版. 北京：北京大学出版社，2022：175.

性通常大于帮助行为，因此，前一种胁从犯在共同犯罪中所起的作用，也往往会大于后者。至于被胁迫的程度更是会有轻重之别，对说明行为人参与犯罪的主观恶性程度，无疑有重要意义。一般来说，重度的胁迫（如以杀害相威胁）、中度的胁迫（如以伤害相威胁）与轻度的胁迫（如以毁坏财物或揭发隐私相威胁）相比，对推动胁从犯参加犯罪所起的作用大小会有差异，从而对反映行为人主观恶性的程度以及对其可宽恕性的大小会有一定的影响，因而，其是确定处罚轻重时应充分考虑的因素。另外，决定处罚轻重的最重要因素还是其罪行的大小，而罪行的轻重大小，往往是由犯罪的性质即犯罪所侵害法益的重要性程度，乃至给社会和他人已造成或可能造成的危害所决定的。如果胁从犯参加的是重罪（如故意杀人罪），并且犯罪已既遂的，大多不能免除处罚，只能减轻处罚；反过来，如果参加的是轻罪，如盗窃财物数额较大，构成普通盗窃罪的，对胁迫其参加犯罪的主犯，也仅处一年有期徒刑，那么，对被胁迫参加犯罪又未分得赃物的胁从犯，就应当考虑免除处罚。

第五节　教唆犯

关于教唆犯及其处罚原则，我国刑法第 29 条第 1 款规定："教唆他人犯罪的，应当按照他在共同犯罪中所起的作用处罚。教唆不满十八周岁的人犯罪的，应当从重处罚。"第 2 款规定："如果被教唆的人没有犯被教唆的罪，对于教唆犯，可以从轻或者减轻处罚。"

一、教唆犯的概念

所谓教唆犯，是指教唆他人犯罪的人。教唆犯的概念，有广义和狭义之分，广义的教唆犯，是指故意或过失唆使他人故意犯罪或者过失犯罪的人。具体点说，广义的教唆犯，教唆的对象既可能是有责任能力的人，也可能是无责任能力的人；教唆者既可能是故意唆使，也可能是过失唆使他人去犯罪；被教唆者既可能是出于故意，也可能是基于过失而犯罪。狭义的教唆犯，则仅指故意唆使有责任能力的人故意实施犯罪行为的人。在采取区分正犯与共犯的法律体系的德国和日本，尽管刑法基本上是采取狭义的教唆犯概念，但在解释论上，不少学者倾向于广义的教唆犯，既肯定唆使无责任能力的人侵害法益可能成立教唆犯，又承认过失的教唆犯。①

我国刑法第 29 条规定的教唆犯，显然是狭义的教唆犯。因为该条第 1 款规定，对教唆他人犯罪者，"应当按照他在共同犯罪中所起的作用处罚"。按照刑法第 25 条的规定和我国的通说，共同犯罪的成立，既要参与的行为人有责任能力，又要其客观上有犯罪的共同行为，还要其主观上有犯罪的共同故意。共同犯罪中的教唆犯也不例外，只能是故意教唆有责任能力的人与自己共同故意犯罪才成立，因而该款规定的教唆犯无疑是狭义的教唆犯。该条第 2 款中的"被教唆的人没有犯被教唆的罪"，按通说和其字面含义，并且从该款与前款的逻辑关系来看，前款（即第 1 款）是指被教唆的人按教唆犯的意思实施了犯罪，双方成立共同犯罪的情形；该款（即第 2 款）则是指被教唆的人没有按教唆犯的意思去实施犯罪，因而双方不构成共同犯罪的情形。该款规定的教唆犯虽被称为单独犯的教唆犯（或非共同犯罪的教唆犯），但由于只有故意教唆有责任能力的人去故意犯罪，而被教唆的人没有按其意思去实施犯罪，才可能适用该款规定，因而该款中的教唆犯仍然属于狭义的教唆犯。

正如本章第一节所述，教唆犯虽然大多也是共同参与犯罪的人或共同行为人，但并非是我国刑法规定的独立共同犯罪人。因为我国的共同犯罪是在量刑阶段才需要确定的，刑法将共同犯罪人分为主犯与从犯（含胁从犯），是要解决其处罚问题，因此，共同犯罪人的类型（主犯和从犯）是处罚类型。而教唆犯是实施教唆行为的人，如同帮助犯是实施帮助行为的人一样，虽然其也可能成为共同犯罪的行为人，但并非是共同犯罪的独立处罚类型。教唆犯既可能成为共同犯罪中的教唆犯，也可能是非共同犯罪的教唆犯（单独犯的教唆犯），并且即使是共同犯罪的教唆犯，对其如何处罚仍处于不确定状态，还得进一步根据其在共同犯罪中是起主要作用还是起次要作用，分为主犯或从犯给予轻重不同的处罚。

我国刑法之所以明文规定教唆犯及其处罚原则，主要是因为教唆犯有不同于实行犯的特殊性，即只有通过实行犯的实行，侵害法益的事实或犯罪结果才能发生，教唆犯的目的才能实现。因此，当被教唆的人没有犯被

---

① 佐久间修.刑法总论.东京：成文堂，2009：384-386.

教唆的罪时,由于教唆犯预期的犯罪结果没有发生,自然就有必要给予轻一些的处罚。另外,考虑到教唆不满 18 周岁的未成年人犯罪,有特殊的危害性和危险性,有必要予以重罚。正是基于这样的考虑,刑法第 29 条第 1 款和第 2 款,分别对教唆犯的"加重犯"和"减轻犯"作出规定,以便给予恰当的处罚。至于第 29 条第 1 款前段指出,"教唆他人犯罪的,应当按照他在共同犯罪中所起的作用处罚",正如前文所述,这仅仅是一项提示或注意性的规定。因为从该条之前的几个条文的内容不难看出,对所有参与共同犯罪的人包括组织犯、实行犯、帮助犯,都应根据其在共同犯罪中所起的作用处罚,教唆犯当然也不应当例外。

特别有必要重申的是,我国刑法对教唆犯所采取的处罚原则,明显不同于采取区分正犯与共犯的区分制体系的德、日刑法对教唆犯的处罚规定①,因此,不能以我国刑法明文规定了教唆犯及其处罚原则,作为我国刑法也是采取德、日那样的区分制体系的法律根据。② 事实上,采取单一正犯体系的其他国家的刑法,同样可能会有处罚教唆犯的明文规定。例如,采取单一正犯体系的意大利刑法,对教唆犯就有与我国刑法第 29 条相类似的处罚规定。③

综上所述,尽管教唆犯并不是我国刑法规定的独立共同犯罪人,但无疑可能成为共同犯罪人中的主犯或从犯(含胁从犯),并且教唆犯的定罪处罚,有些不同于实行犯等其他类型的犯罪参与者的特殊性,因而有必要单列出来予以阐述。

---

① 德国刑法第 26 条规定:"故意教唆他人故意实施违法行为的是教唆犯。对教唆犯的处罚与正犯相同"。日本刑法第 61 条规定:"教唆他人实行犯罪的,判处正犯的刑罚。"

② 认为我国刑法是采取区分正犯与共犯的区分制的一条重要理由是,我国刑法对教唆犯及其处罚原则有明文规定。陈兴良.共犯论:二元制与单一制的比较//中国人民大学刑事法律科学研究中心.刑事法热点问题的国际视野.北京:北京大学出版社,2010:154-155.

③ 意大利刑法第 112 条将"指使(教唆)不满 18 岁的未成年人"实施犯罪的,规定为"应科处的刑罚予以增加"的"加重情节"之一;第 115 条规定:"在教唆他人实施犯罪的情况下,如果教唆已被接受,但犯罪没有实施,适用同样的规定(指适用保安处分——笔者注)。""如果教唆没有被接受,并且属于教唆实施某一重罪,对教唆人可处以保安处分。"

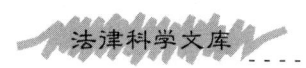

二、教唆犯的成立条件

（一）教唆对象

教唆的对象只能是人。对于是否包括所有的人，也就是对作为教唆对象的人的范围是否应该有所限定，乃至如何限定，中外刑法学者大多认为，应该有所限定，但究竟如何限定，则有不同认识。

关于教唆的对象是否仅限于有刑事责任能力的人，我国和日本等国过去的通说都是持肯定态度①，只不过肯定的缘由有所不同。我国的通说认为，共同犯罪中的教唆犯与被教唆人之间存在共同犯罪关系，而被教唆的人只有具有刑事责任能力，才可能成为共同犯罪的主体，如果无刑事责任能力，则不能成为共同犯罪的主体，双方也不可能构成共同犯罪。因此，教唆无刑事责任能力的人犯罪，不可能成为我国刑法第29条第1款规定的共同犯罪的教唆犯，同时不可能成为该条第2款规定的非共同犯罪的教唆犯，也就是不可能成为我国刑法中的教唆犯。

在德国由于刑法有间接正犯的规定，日本的通说和判例也承认间接正犯，按过去的极端从属性说，正犯为无责任能力人的场合，唆使即利用其犯罪者不能成为教唆犯，而应以间接正犯论处。但这会留下处罚的漏洞。例如，教唆十二三岁的人实施盗窃等犯罪行为，由于其未到负刑事责任的年龄，属于无刑事责任能力的人，但其实际已有辨认和控制自己行为的能力。若认为教唆者构成间接正犯，则与间接正犯的要求不符。因间接正犯是利用他人作为工具或控制支配他人来实施犯罪，而十二三岁已有辨认和控制自己行为能力的人，不能成为这种被利用或被支配的对象。况且，在司法实践中，教唆者对被教唆者的年龄并不关心或产生误认（误认其已达到负刑事责任年龄）的现象较为常见。如果教唆其犯罪者既不构成间接正犯，也不成立教唆犯，那就无法对这种教唆者定罪处罚，即会出现处罚漏洞。正因为如此，这种极端从属性说被后来的限制从属性说所取代。按限制从属性说，教唆无责任能力人犯罪，也能构成教唆犯。但如果是教唆完全没有辨别是非能力的人犯罪，仍被认定为教唆犯（不认定为间接正犯），

---

① 高铭暄，马克昌.刑法学.10版.北京：北京大学出版社，2022：175；浅田和茂.刑法总论.2版.东京：成文堂，2019：446.

这无疑是降低了对其行为性质的评价，并与刑法规定间接正犯的宗旨不符。为此，不得不采取折中的方案，即对教唆无责任能力人中完全无辨认能力者犯罪的，以间接正犯论处；对教唆无责任能力人中有辨认能力者犯罪的，仍认定为教唆犯。① 至于如何判断未达到负刑事责任年龄的被教唆者有无辨认能力，由于不可能找到一个客观合适的判断标准，因而成为一大难题。

　　近些年来，我国一些学者受德、日刑法学的影响，主张采取限制从属性说，认为教唆犯的成立不以被教唆者具有责任能力为必要，即"无责任能力的人可以成为教唆的对象"②。另有论者采取与上述折中论相似的主张，认为："教唆对象原则上必须是实际具有责任能力的人，但不必是达到法定年龄的人。换言之，虽然没有达到法定年龄，但事实上具有责任能力的人，也能成为教唆对象。"③ 也就是说，没有达到法定年龄的虽然是法律上的无责任能力人，但却可能成为事实上有责任能力的人，至于如何做这种事实判断，还得看其事实上有无辨认能力，而这仍然是一个无法合理解决的难题。在笔者看来，按我国刑法的规定和单一正犯的解释论，根本没有必要照搬或借鉴德、日的上述解释论。因为否定无责任能力的人可能成为教唆的对象，认定教唆者不构成刑法所规定的教唆犯，在我国并不会出现像德、日那样的对教唆者无法定罪处罚的现象。如前所述，德、日的通说认为，他们的刑法所规定的构成要件行为仅限于实行行为，教唆他人杀人者，由于没有直接实施杀人的构成要件行为，无法认定为单独犯杀人罪，只有认定其为杀人罪的教唆犯或间接正犯，才能对其定罪处罚。但我国刑法规定的构成要件行为，除了实行行为之外，还包含教唆行为、帮助行为等多种行为形式。对教唆无责任能力的人杀人者，否定其为教唆犯，只是意味着否定其与被教唆者构成共同故意杀人罪，并不能否定其单独构成故意杀人罪。因为其客观上实施了故意杀人（教唆杀人）的构成要件行为④，主观上有杀人的故意，完全具备故意杀人罪的主客观要件，对

---

① 浅田和茂. 刑法总论. 2版. 东京：成文堂，2019：446.
② 钱叶六. 共犯论的基础及其展开. 北京：中国政法大学出版社，2014：62.
③ 张明楷. 刑法学. 6版. 北京：法律出版社，2021：558.
④ 我国刑法第232条中的"故意杀人"行为除了实行杀人之外，还包含教唆杀人、帮助杀人等侵害人的生命法益的行为。

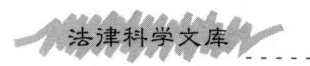

其单独按此罪定罪处罚，无任何障碍。

由于教唆的特点是使他人产生实施犯罪行为的意思，因此，在教唆者不知对方已有实施某种犯罪的意思，而教唆其实施此种犯罪的场合，德、日的通说认为，教唆者不可能成立教唆犯，只有可能成立帮助犯。[①] 这是因为教唆者的教唆并未产生引起对方犯意的效果，而只有激励或促进其犯罪的作用，这比那种被教唆者原本无犯意、但由于受到教唆而产生犯意的情节要轻。按德、日刑法的规定，对这种教唆者按帮助犯处罚，比按教唆犯处罚也要轻一些，这样处理显然更为合理。我国的通说，也持与德、日的通说相同的主张。[②] 但笔者认为，我国刑法并无帮助犯的规定，否定这种教唆者是教唆犯，而肯定其为帮助犯，似乎并无法律根据，也无实际意义。如前所述，我国刑法对共同犯罪中的教唆犯的处罚，与对实行犯、帮助犯的处罚一样，要根据其在共同犯罪中所起作用的大小，分为主犯与从犯，给予轻重不同的处罚。参与共同犯罪的人实施的是实行行为还是教唆行为或帮助行为，即是实行犯还是教唆犯或者帮助犯，对参与者的处罚轻重，并不具有决定性意义，因而根据参与行为形式区分实行犯（或正犯）与教唆犯、帮助犯并无必要性。只要能认定某个参与者与他人在客观上有共同行为，主观上有共同故意，即可认定其构成共同犯罪。教唆犯也不例外，只要能认定其教唆行为与他人实施的犯罪之间有因果关系，可以认定为共同犯罪行为的组成部分，主观上又与他人有犯罪的共同故意，就可认定其与他人构成共同犯罪。如果被教唆的人早已有实施其所教唆之犯罪的决意，其教唆行为并不是他人犯意产生的原因，这只是为认定其与对方是否有犯罪的共同行为增添了难度。若能肯定其教唆行为虽未产生引起对方犯意的效果（不是对方犯罪的起因），但却起到了激励或促进其犯罪的作用，则表明其教唆行为与对方实施的犯罪行为及引起的危害结果之间仍有因果关系，并且主观上双方有意思的沟通，存在共同故意。既然如此，就足以认定这种教唆者与对方构成共同犯罪，并非只有肯定其为帮助犯，才能认定其与对方成立共同犯罪。同时，考虑到这种未引起对方犯意的教唆犯，比已引起对方犯意的教唆犯情节更轻，因而可认定为从犯，给予轻一些的处

---

① 金德霍伊泽尔. 刑法总论教科书：第六版. 蔡桂生，译. 北京：北京大学出版社，2015：440.

② 张明楷. 刑法学. 6版. 北京：法律出版社，2021：558.

罚，并非只有肯定其为帮助犯，才能认定为从犯给予较轻的处罚。

至于对方已有犯甲罪的决意时，行为人教唆其犯乙罪，使其改变计划而犯乙罪的，如果乙罪是针对另一法益的犯罪或者是针对同一法益的另一主体的犯罪，一般认为，行为人仍然成立乙罪的教唆犯。但如果乙罪是与甲罪相同的针对同一主体的同一法益的犯罪，只不过轻重程度有差异，即存在基本犯与加重犯的关系，能否成立乙罪的教唆犯，则要进一步考察。德、日的通说认为，当乙罪是甲罪的加重犯时，成立乙罪的加重犯；反过来，在乙罪是甲罪的基本犯的场合，则不成立教唆犯，不予处罚。① 我国也有不少学者持此种主张。② 如前所述，按我国刑法的规定，认定教唆犯的目的，与采取区分制的德、日刑法有所不同，后者认定行为人为教唆犯，就要处与正犯相同的刑罚，教唆对方所犯的罪比其原计划犯的罪重，认定教唆者为教唆犯，给予与正犯相同的处罚，尚有解释的余地；但教唆对方犯的罪比其原计划犯的罪轻，仍认定为教唆犯，处与正犯相同的刑罚，就明显不具有合理性。正因为如此，在德国的"主流学说看来，通常要依据客观的风险降低原则加以排除"③。而将其排除在处罚范围之外的路径，在德国只能是否定教唆者构成犯罪。但是，否定这种教唆行为构成犯罪，并不妥当。例如，A 想去伤害 X，对 B 说想用刀砍掉 X 一条腿，B 告诉 A，那是重伤会判重刑的，并劝 A 只砍掉 X 一根小手指，仅造成轻伤处罚较轻。B 采纳 A 的建议，砍掉了 X 的小手指。此例中的 A 想重伤 X，B 教唆其轻伤 X，轻伤是伤害罪的基本犯，重伤是加重犯。对 B 不定罪，明显不具有合理性。因为 B 教唆 A 轻伤 X，A 接受教唆并实行了 B 所教唆的罪且造成了 X 轻伤的结果，如果 A 事先没有重伤 X 的计划，B 肯定成立教唆犯，应按伤害罪定罪处罚。用风险降低或减轻侵害④的原理来解释，并不完全合适。典型的风险降低行为，如眼见楼上掉下一重物即将砸到某人头上，行为人猛推此人，导致此人摔倒受轻伤，对故意推倒并

---

① 金德霍伊泽尔.刑法总论教科书：第六版.蔡桂生，译.北京：北京大学出版社，2015：441.

② 张明楷.刑法学.6 版.北京：法律出版社，2021：519.

③ 同①.

④ 同②559.

导致对方受伤的行为人,不予定罪处罚的根据是其行为降低了风险,即如果不推倒对方,他就会被重物砸死,因此,其行为是一种有益的避险行为,不仅不应定罪处罚,而且应从正面给予肯定的评价。而教唆对方轻伤他人,虽然避免了对方重伤他人,但由于其主观上仍有犯罪的故意,客观上本来可以采取其他的措施避免被害人受侵害,却采取唆使对方轻伤被害人的犯罪的方式来减轻侵害,这显然具有可谴责性,在法律规范的层面也应给予否定的评价。根据我国刑法的规定,对教唆他人犯罪的,只要其教唆行为与他人犯罪及所造成的危害结果之间有因果关系,主观上与被教唆者有共同故意,就成立共同犯罪的教唆犯。据此来看上述 B 教唆 A 轻伤 X 的案件,B 既有与 A 共同伤害 X 的行为,又有共同伤害的故意,无疑构成共同故意伤害罪。综合全案情况,应将 B 认定为从犯。根据我国刑法第 29 条第 2 款的规定,"对于从犯,应当从轻、减轻处罚或者免除处罚"。考虑到 B 教唆 A 轻伤 X,避免了 A 重伤 X 的结果发生,对 B 可以免除处罚,也就是肯定其构成犯罪,但酌情免除处罚。这样处理,显然比按德国的通说处理,更具有科学合理性。

  教唆的对象还必须是特定的。"对不特定者实施时,应该认为是煽动。"① 但特定并不意味着只能是一人,而可能是多人。即便唆使者并不知道多人中究竟谁会被引发犯罪的决意,也可以认定其教唆的对象是特定的。例如,"A 于 B、C 与 D 三人之前,许以高酬,唆使他们杀害其仇人 E。本案例中的 A,其教唆行为虽未确定对 B、C 或 D 为之,但三人中的任何一人可能被教唆,而引发犯罪的决意,将 E 杀死,故 A 的教唆行为即系对于得以特定之人为之。"② 另外,在网络高度发达、信息交流极为便利的当下,利用互联网发送教唆他人犯罪的信息、寻找犯罪伙伴的现象很常见,在这种场合,教唆者与被教唆者不相识且从未见过面的情形不在少数,并不影响教唆对象特定性的认定。

  与此相关的是,用悬赏广告的形式唆使他人杀害自己的某个仇人,能否构成教唆犯?如果做肯定的回答,那又如何解释其教唆的对象具有特定性?有论者认为:"以张贴悬赏广告的形式,针对不特定的人教唆其犯故

---

① 大塚仁. 刑法概说(总论):第三版. 冯军,译. 北京:中国人民大学出版社,2003:269.
② 林山田. 刑法通论:下. 北京:北京大学出版社,2012:60.

意杀人罪，结果真的有人实施了杀人行为的，构成教唆犯。……此时，张贴悬赏广告的行为可以看作为对特定人即该杀人者的教唆犯。"① 在笔者看来，应当肯定，这种用悬赏广告的形式唆使他人杀人者与实行杀人者构成共同故意杀人罪。这种唆使者的行为形式是教唆，并且是意图使特定的人产生犯意去实行犯罪，以实现自己的犯罪目的，无疑是教唆犯。但不能认为这是"针对不特定人的教唆"，而应当认为是针对不特定人发送悬赏信息，引诱特定的人去实行犯罪，唆使者自己也知道只可能是某人（或某几人）去杀自己指定的那个仇人，不可能是很多不特定的人去杀那个人，因此，其行为的实质仍然是教唆特定对象去杀人，而不是教唆不特定对象（或不特定多数人）去杀人。这正是这种悬赏广告形式的教唆，不同于一般的"煽动"的关键所在。

如前所述，煽动是对不特定人实施的，虽然煽动也可能采取张贴广告或者在互联网上发信息的形式出现，但煽动者总是希望被煽动的群体有更多的人去实施某种危害行为，而不是像上述用悬赏广告唆使杀人那样，唆使者仅希望某个人（或某几人）去实施危害行为。并且，煽动是比教唆更为缓和的概念②，煽动者与被煽动者之间的联系，也未达到教唆者与被教唆者之间的那种紧密程度，因此，前者之间不可能形成共同犯罪关系，而后者之间则可能构成共同犯罪。例如，我国刑法第 373 条规定的煽动军人逃离部队罪，行为人当然是希望被其所煽动的不特定的多数人逃离部队，并且越多越好；如果是仅煽动特定的某个人或某几个人逃离部队，则构成刑法第 435 条规定的逃离部队罪的教唆犯。前者中的煽动者与因被煽动而逃离部队者，分别构成煽动军人逃离部队罪与逃离部队罪，后者中的教唆者与因被教唆而逃离部队者，则成立逃离部队罪的共同犯罪。

（二）教唆行为

成立教唆犯，必须有唆使被教唆者产生实施犯罪之决意的教唆行为。但是，教唆行为的手段、方法并无特别限制，不论是明示的还是暗示的，也不管是口头的还是书面的。教唆行为的方式更是多种多样，较为常见的是劝告、引诱、嘱托、哀求、指使、命令、怂恿、雇佣、威胁、逼迫、提供利益等。但如果采用强迫、欺骗手段，使对方丧失意志自由或对行为事

---

① 黎宏．刑法学总论．2 版．北京：法律出版社，2016：296.
② 张明楷．刑法学．6 版．北京：法律出版社，2021：558.

实及其结果产生误认,则由于不可能与对方构成共同犯罪,因而不能成为我国刑法中的教唆犯,而有可能成为间接实行犯罪的单独犯。

由于"教唆必须是具有策动实施犯罪这种意义的一种行为,这样才有理由将教唆者作为该行为的参加者,并使之承担责任"①,因此,只有具有策动或唆使他人实施特定犯罪之内涵的行为,才属于教唆行为。"要求实施不确定的、没有详细说明的犯罪行为,不能作为教唆来理解。"② 例如,A 对 B 说家里很穷,B 对 A 说:"你为何不胆大一点,到外面去捞点钱回来,甘愿受穷,还不如死去。"A 因而产生抢劫之意,抢劫了他人大量财物。此例中的 A 无疑构成抢劫罪,但 B 并不构成该罪的教唆犯。因为从 B 所说的内容来看,根本无法确定其是唆使 A 去犯哪一种罪,甚至无法肯定是唆使 A 去犯罪,从而也就不可能与 A 形成特定之罪的共同故意,不可能成为教唆犯。

教唆行为虽以唆使他人实施特定之罪为成立条件,但特定之罪并不意味着只能是特定一罪,而不可能是特定数罪。相反,即使唆使他人犯特定数罪,如唆使他人既去抢劫财物、又去强奸妇女、还去贩卖毒品,被教唆者犯了其中一罪或几罪的,教唆行为均可成立。另外,唆使他人所实施的犯罪不是很明确,即具有一定概括性的概然性教唆,也不影响教唆行为的成立。例如,X 唆使 Y 到自己的仇人 Z 家去,打 Z 家的人,Z 家共住有五人,X 要求 Y 狠狠地打。至于究竟打谁、是打死还是打伤,没有指明。在此例中,无论 Y 打了 Z 家中的何人,是构成故意杀人罪还是故意伤害罪,只要构成故意伤害罪,则无论是属于轻伤、重伤或伤害致死,均在 X 唆使的内容所包含的范围之内,认定 X 行为的教唆性质并与 Y 构成共同犯罪不成问题。还有唆使他人选择几种犯罪行为之一予以实施的,仍然属于唆使他人实施特定的犯罪,同样不影响教唆行为的成立。这是一种选择性教唆。例如,甲要求自己的好友乙帮忙去侵害丙,为自己报仇,声称杀丙、伤丙、强奸丙的妻子或毁坏丙的财物均可,乙强奸了丙的妻子。当然应认定甲实施了教唆行为,成为与乙共同犯强奸罪的教唆犯。但如果甲对乙

---

① 金德霍伊泽尔. 刑法总论教科书:第六版. 蔡桂生,译. 北京:北京大学出版社,2015:439.
② 罗克辛. 德国刑法学总论:第 2 卷. 王世洲,等译. 北京:法律出版社,2013:131.

说:"丙经常欺负我,你为我报一下仇。"乙去强奸了丙的妻子,则由于甲的唆使行为无特定的内涵,难以认定其有教唆乙去强奸丙妻子的犯罪故意,从而无法认定甲的行为是教唆行为。

与选择性教唆相似的还有一种附条件教唆(或设定性教唆),是指教唆者事先设定了实施某种犯罪的具体条件,当该条件出现时,被教唆的人按照教唆的内容实施某种犯罪的情形。① 例如,有人告诉正在外地打工的张某,其妻与同村的王某好像有通奸关系,于是张某给自己在家的兄弟打电话,要求兄弟留心观察,如果发现王某确实与自己的妻子通奸,就杀死王。某日晚,张某的兄弟发现王某从张某家中出来,认定王某与嫂子通奸了,就顺手操起一根木棒猛击王的头部,将其打死。事后查明,王某与张某的妻子并无通奸关系,当晚只是去向张某的妻子借照相机。在这类案件中,如果教唆者设定的条件确实出现,"即使在设定的条件出现的时候,教唆的人没有针对犯罪再次进行教唆,甚至完全不知情,也应该对被教唆的人按照设定教唆实施的具体犯罪行为承担教唆犯的刑事责任"②。但如果像本案这样,教唆者设定的条件并未出现,被教唆者误以为已出现,因而"按约"实行了犯罪,那么,能否认定教唆者构成教唆犯呢?在笔者看来,应当肯定,教唆者实施了教唆行为,且与被教唆者实施的犯罪有一定关系,只不过由于被教唆者的认识错误,使其实行的犯罪与教唆者的要求不符,没有实现教唆者的目的。这种情形与被教唆者误认被害对象相似,如被教唆者误认甲是教唆犯指定其杀害的乙予以杀害,对教唆者应适用我国刑法第 29 条第 2 款的规定,即视为"被教唆的人没有犯被教唆的罪"的情形,按单独犯的教唆犯予以定罪处罚。如果在案发时,教唆者设定的条件未出现,因而被教唆的人也没有犯所教唆的罪,能否认定教唆行为成立呢?有论者认为:"在这种情况下,被教唆的人并不是不想犯所教唆的罪,而是因为设定的条件没有出现而没有犯所教唆的罪。对于教唆犯来说,在这种情况下,教唆行为已经实施完毕,只是由于设定条件没有出现,被教唆的人没有实施所教唆的罪。在被教唆的人没有实施所教唆的罪

---

① 陈兴良. 设定性教唆:一种教唆类型的证成. 国家检察官学院学报,2012(4):18.

② 同①21.

的原因上虽然与一般情况有所不同，但仍然属于被教唆的人没有犯被教唆的罪的情形，应当适用《刑法》第 29 条第 2 款的规定。"① 但是，笔者认为，对这类案件不可一概适用该条款的规定对教唆者予以定罪处罚，而应当分为两种情形作不同处理：一是设定的条件没有出现但存在出现的可能性的，二是设定的条件没有出现且已无出现的可能性的。对前一种情形的教唆者确实有必要适用该条款，笔者也完全赞成上述论者所述的适用理由；但对后一种情形的教唆者适用该条款予以定罪处罚并不妥当。因为设定的条件若已无出现的可能性，如前述张某指使其兄弟一旦发现王某与自己妻子通奸即杀死王的案件中，假如其兄弟不仅长时间未发现王某与张某妻子通奸（两人之间事实上也无通奸关系），而且在案发前早已得知王某因发生车祸彻底瘫痪，今后也根本不可能与张某妻子通奸了，那就表明其设定的条件不仅过去未出现而且今后也不可能出现，其行为也就不具有使对方产生犯罪决意的现实危险性，因而不属于教唆行为，当然也就不能适用上述条款的规定对其予以定罪处罚。

教唆行为的成立，只要有可能引起特定的人产生实施犯罪的意思即可，而不要求教唆者与被教唆者之间已有精神联系、动作交流或意思沟通，更不要求被教唆者已接受教唆或教唆者能够支配被教唆者的行为计划。如果教唆对方犯罪的信件发出后，被教唆者尚未收到、被教唆者拒绝接受教唆或者改变计划实施了其他犯罪的，则有可能构成我国刑法第 29 条第 2 款规定的非共同犯罪的教唆犯（或单独犯的教唆犯）。

教唆行为是否仅限于教唆他人实行犯罪的行为？对此，我国有不少接受德、日区分制观念的学者持肯定态度。② 德、日的通说也是如此。这是因为德、日刑法有这样的明文规定。如日本刑法第 61 条规定："教唆他人使之实行犯罪的，判处正犯的刑罚。"日本的通说也认为，只有在被教唆的人已着手实行犯罪的条件下，教唆犯才能成立。但是，我国刑法第 29 条规定："教唆他人犯罪的，应当按照他在共同犯罪中所起的作用处罚。"我国刑法的这一规定与日本刑法的上述规定有明显的差异。在日本，将教唆行为解释为仅限于教唆他人实行犯罪的行为，有明确的法律根据，但在

---

① 陈兴良. 设定性教唆：一种教唆类型的证成. 国家检察官学院学报, 2012(4)：21-22.

② 张明楷. 刑法学. 6 版. 北京：法律出版社, 2021：559.

我国并无做这种解释的法律依据。因为"教唆他人犯罪",除了教唆他人实行犯罪之外,还包含教唆他人组织犯罪、教唆他人教唆犯罪或教唆他人帮助犯罪的情形。特别值得一提的是,我国民国时期制订的《中华民国刑法》第 29 条规定:"教唆他人犯罪者,为教唆犯。"该条规定在我国台湾地区一直保留适用到 21 世纪初。由于该项规定"系采共犯独立性说立场,因此,教唆犯之成立,仅以教唆者有教唆之故意(主观要件)与教唆之行为(客观要件)为已足,不以被教唆者之正犯行为(实行行为——笔者注)存在为必要"①。21 世纪初修改相关规定时,改采共犯从属说立场,即教唆犯的成立须以实行行为存在为必要,将该条内容修改为:"教唆他人使之实行犯罪行为者,为教唆犯。"由此可见,"教唆他人犯罪"不能解释为仅限于教唆他人实行犯罪的情形,否则就没有必要对该条内容作这样的修改。

一般认为,从行为形式来看,犯罪参与行为可分为实行行为、组织行为、教唆行为和帮助行为,因此,教唆行为不同于实行行为。但在日本,"不少见解认为教唆行为也是实行行为"②。持共犯独立性说的论者,大多持此种主张。我国也有论者认为,实行行为性是教唆行为的必然属性,因此,教唆行为实质上也是实行行为。③ 笔者虽然采取单一正犯论,不认为教唆行为与实行行为有质的不同④,但并不否认两者之间存在形式上的差异,认为应当正视教唆行为有不同于实行行为的特点或特殊性。教唆行为并不能直接引起危害结果的发生,只能通过或借由被教唆者的实行行为引起预期的危害结果发生;相反,实行行为则可直接引起危害结果的发生。只不过教唆行为与实行行为的这种差异,并不表明对行为人的定罪与量刑应当采取不同的标准。

关于是否承认不作为的教唆,在德、日刑法学界,有肯定与否定两种不同学说⑤;在我国刑法学界,也有这样两种不同的认识。⑥ 否定说是现在

---

① 陈子平. 刑法总论.4 版. 台北:元照出版有限公司,2017:592.
② 大塚仁. 刑法概说(总论):第三版. 冯军,译. 北京:中国人民大学出版社,2003:268.
③ 李凤梅. 教唆行为:共犯行为抑或实行行为?. 中国刑事法杂志,2009(1):31.
④ 区分制的理论认为,正犯行为与共犯行为(指教唆行为和帮助行为)有质的差异。
⑤ 金德霍伊泽尔. 刑法总论教科书:第六版. 蔡桂生,译. 北京:北京大学出版社,2015:442;山中敬一. 刑法总论.3 版. 东京:成文堂,2015:947.
⑥ 魏东. 教唆犯的概念与成立要件问题研究. 中国刑事法杂志,1999(5):18.

的通说。否定说认为:"教唆行为必须系积极地促使他人产生犯罪的决意,若以消极的不作为方式,并无法使人产生犯罪的决意,故无法成立教唆犯。"① 但肯定说认为,在社会生活中,不作为的教唆确实存在,主要有两种类型:一是负有监督责任的保证人允许被监督者教唆第三人实施行为;二是某人的先行举止创设了有可能演化为"教唆"的风险,尽管其负有清除这一风险的义务,但他并不予以清除。例如,A 在给 B 的信件中,开玩笑地写道,如果 B 实施某一特定犯罪,则给 B 一笔酬金;当 A 发现,B 把玩笑当真,并想实施该(犯罪)行为时,A 却没有向 B 说明这只是一个玩笑。② 在笔者看来,教唆行为的特点是唆使他人产生犯罪的决意,如果没有任何积极的举动(包含动作、眼神、表情等),就没有办法向对方表达唆使其实施特定犯罪的意思,也就不可能促使对方产生犯罪的决意,因此,消极的不作为形式的教唆似乎无存在的余地。毋庸讳言,有监督责任的保证人和先行行为人,确实有可能诱发他人去教唆或实行犯罪,由于其有实施相应的行为以阻止对方去犯罪或防止危害结果发生的义务,若未履行这种义务,自然就有可能构成犯罪,并且是不作为形式的犯罪,但显然不能将其不阻止他人犯罪或防止危害结果发生的这种不作为,视为教唆他人犯罪。以上述肯定说所举的案件为例,有监督责任的保证人得知被监督者将要教唆第三者犯罪后,如果有允许的意思表示(包含用动作、眼神、表情暗示),那就表明其是用作为的形式同意对方教唆第三者犯罪,也就是与被监督者共同以作为的形式教唆第三者犯罪;如果监督者没有允许被监督者教唆第三者犯罪的意思表示,只是知道被监督者要教唆第三者犯罪,自己应当制止却不予制止,这才是不作为,但这种不作为并不是教唆被监督者教唆第三者犯罪,事实上被教唆者教唆第三者犯罪的决意,也并不是监督者引起的,监督者不予制止的这种不作为,充其量只是对被监督者去教唆第三者犯罪起到了一定的鼓励作用,可视为帮助其去教唆第三者犯罪。至于行为人先行的玩笑被对方当真,并想要去实施犯罪,其开玩笑的行为虽然诱发了对方的犯意,但"由于行为人并无引起他人实施犯罪的

---

① 余振华. 刑法总论. 修订 3 版. 台北: 三民书局, 2017: 431.
② 金德霍伊泽尔. 刑法总论教科书: 第六版. 蔡桂生, 译. 北京: 北京大学出版社, 2015: 442.

故意，并且这种情况亦非行为人所预见，因而不构成教唆犯"①。只不过当他知道自己的玩笑被对方当真，并诱发了对方的犯意时，他就有了向对方说明真相以阻止其实施犯罪的法律义务，他不履行这种义务的行为，无疑是一种不作为，但这种不作为并未引起对方产生犯罪的决意，引起对方产生犯罪决意的开玩笑行为又并非教唆。应当看到，刑法上应予非难的并非是其开玩笑的行为，而是其不说明真相或不阻止对方犯罪并引起危害结果发生的行为，这种行为是不作为形式的实行行为，而不是不作为的教唆，即开玩笑者用不作为的形式与采取作为形式的对方共同实行犯罪，引起了危害结果的发生。

应当注意的是，对不作为犯的教唆不同于上述"不作为的教唆"。前者是指通过教唆行为使他人产生实行不作为犯的决意。例如，唆使幼儿的母亲不要救助落水呼救的幼儿致幼儿死亡。唆使者就构成不作为杀人罪的教唆犯。日本的通说认为，应当肯定存在对不作为犯的教唆，但不可能存在不作为的教唆，即否定有不作为形式的教唆犯。②

（三）教唆故意

如前所述，教唆行为是唆使他人实施符合构成要件的违法行为。在社会生活中，行为人大多是出于故意而实施教唆行为，但也有基于过失实施的情形。在德、日刑法学界，有不少学者认为，过失教唆也能成立教唆犯。我国也有学者持此种主张。③但德、日的通说不承认过失的教唆犯，认为只有出于教唆的故意唆使他人故意实施违法行为者，才能成为教唆犯。并且，德国刑法有这样的明文规定。④我国刑法第29条规定有两种教唆犯，其中第1款是对共同犯罪的教唆犯的规定，这种教唆犯显然只能由故意（直接故意与间接故意均可）构成，并且要与被教唆者有共同故意；第2款是对单独犯的教唆犯（非共同犯罪的教唆犯）的规定，这种教唆犯不仅只能由故意构成，而且"只能出于直接故意，不能出于间接故意，因为间接故意犯罪的成立以发生危害结果为条件，持间接故意教唆他

---

① 马克昌. 犯罪通论. 3版. 武汉：武汉大学出版社，1999：559.
② 大谷实. 刑法总论讲义：新版第2版. 黎宏，译. 北京：中国人民大学出版社，2008：397-398.
③ 林亚刚. 刑法学教义（总论）. 2版. 北京：北京大学出版社，2017：518.
④ 德国刑法第26条规定："故意教唆他人故意实施违法行为的是教唆犯。"

人犯罪，而被教唆的人没有犯被教唆的罪，危害结果没有发生，教唆行为就不成立犯罪"①。

至于教唆故意的内容，则是相当复杂的问题。在日本，持共犯从属性说的论者就有两种不同的理解：一种观点认为，"教唆是教唆他人实行犯罪，所以，只要认识到由于自己的教唆行为，使被教唆人决意实行犯罪，并实施实行行为就够了"②。这是一种"单一故意说"③。与此相对立的另一种观点认为，"要想肯定教唆之故意，除了对正犯惹起施行犯罪之意思的认识、预见之外，也要求对于引起正犯既遂的认识、预见。……若没有产生构成要件结果（构成要件该当事实）的意思（认识、预见），就不能肯定教唆的故意"。这是一种"双重故意说"④。持共犯独立性说的论者大多认为："教唆行为本身与基本构成要件之实行行为并无二致，因此，教唆之故意，除须有正犯意思与正犯实行之认识外，自然亦以实现基本构成要件结果（正犯结果）之认识为必要。"⑤ 这也是一种"双重故意说"。德国的通说认为："教唆犯的故意一方面必须导致犯罪决意，另一方面必须导致由正犯实施正犯行为，包括主观的犯罪构成要素和实现构成要件该当的结果（双重故意，doppelter Vorsatz）。"⑥ 简而言之，"教唆必须有双重故意（完整的故意）：其一，惹起他人犯罪的故意；其二，希望被教唆人完成犯罪的故意"⑦。

我国刑法学界也存在与德、日的上述两说相似的主张。其中，有论者认为，教唆的故意"是明知自己的教唆行为会使他人产生犯罪意图而实施犯罪，并且希望或放任这种结果发生"⑧。这与上述"单一故意说"相似。

---

① 张明楷. 犯罪论原理. 武汉：武汉大学出版社, 1991：565.
② 大谷实. 刑法讲义总论：新版第 2 版. 黎宏, 译. 北京：中国人民大学出版社, 2008：394.
③ 高巍. 教唆故意的基本构造及具体展开. 法学家, 2017（2）：84.
④ 山口厚. 刑法总论：第 3 版. 付立庆, 译. 北京：中国人民大学出版社, 2018：332.
⑤ 陈子平. 刑法总论. 4 版. 台北：元照出版有限公司, 2017：594.
⑥ 耶赛克, 魏根特. 德国刑法教科书（总论）. 徐久生, 译. 北京：中国法制出版社, 2017：932.
⑦ 林东茂. 刑法总则. 台北：一品文化出版社, 2018：274.
⑧ 刘艳红. 刑法学：上. 2 版. 北京：北京大学出版社, 2016：281.

但我国的通说认为："教唆犯的故意内容是，认识到自己的教唆行为会使被教唆人产生犯罪意图进而实施犯罪，以及被教唆人的犯罪行为会发生危害社会的结果，希望或者放任被教唆人实施犯罪行为及其危害结果的发生。"① 这与上述"双重故意说"基本相同。笔者赞成这种通说。按"单一故意说"，只要是明知自己的教唆行为会使他人产生犯罪的决意而有意为之，即可认定其有教唆的故意，成立教唆犯。那么，在未遂教唆的场合，即教唆者故意教唆他人实施不能既遂的行为，例如，A 将一支没有子弹的手枪交给 B，唆使 B 当场开枪杀害 B 的仇人 C，B 接受教唆开枪射击，因无子弹而未能致 C 死亡。按"单一故意说"，A 有教唆 B 杀人的故意，成立杀人罪的教唆犯。但是，这种教唆者在实施教唆行为时就认识到，被教唆人产生犯罪决意后实施犯罪，不可能引起犯罪结果的发生（不可能既遂），而教唆犯罪的特点是，教唆者引起被教唆者产生犯罪决意后实行犯罪，以引起预期的危害结果发生。从我国刑法第 14 条的规定也不难看出，犯罪故意是相对于自己的行为引起的危害结果而言的。教唆犯并非是独立的犯罪，我国刑法中也没有"教唆罪"的罪名。② 教唆犯所成立的各种具体犯罪之故意的认定，无疑要受该条规定的制约。就教唆他人杀人的教唆故意而言，当然要求教唆者对自己的行为会引起他人产生杀人的决意要有故意，但更为重要的是要希望或放任被教唆人去杀害被害人，即对会引起被害人死亡结果的发生有故意。而在上述未遂教唆案件中，教唆者相信被教唆者不可能杀死被害人，也就是既不希望也未放任被害人死亡结果的发生，当然不存在杀人的故意，从而也就不可能构成故意杀人罪的教唆犯。

如前所述，我国刑法规定的教唆犯只有两种：一种是第 29 条第 1 款规定的共同犯罪的教唆犯；另一种是第 29 条第 2 款规定的单独犯的教唆犯。就这种仅唆使他人产生犯罪意图而实施犯罪，但不可能既遂的未遂教唆而言，明显不可能成为共同犯罪的教唆犯。因为共同犯罪的教唆犯与被

---

① 张明楷.刑法学.6 版.北京：法律出版社，2021：562.

② 尽管有论者建议在我国刑法分则中设立独立的教唆罪并规定相应的法定刑[魏在军，王雪峰.教唆犯的定罪问题研究.佳木斯大学社会科学学报，2003（2）：30.]但这毕竟只是一种立法建议，并且不具有科学合理性，不可能被立法者所采纳。王志远.共犯制度的根基与拓展：从"主体间"到"单方化".北京：法律出版社，2011：79-80.

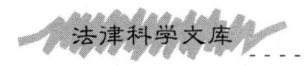

教唆者之间必须有共同故意，故意杀人罪的共同故意是以参与者明知自己与他人共同实施的行为会引起他人死亡结果的发生，并对这种结果持希望或放任态度为成立条件的，而上述未遂教唆杀人案件中的教唆者，相信被害人不可能被杀害，即对被害人死亡的结果持否定态度，并无杀人的故意，从而也就不可能与对方形成杀人的共同故意，当然也不可能构成故意杀人罪的共同犯罪，共同犯罪的教唆犯也就没有存在的余地。那么，这种教唆者有无刑法第 29 条第 2 款规定的单独犯的教唆犯（非共同犯罪的教唆犯）的教唆故意呢？笔者的回答也是否定的。因为该款所述的"被教唆的人没有犯被教唆的罪"，是指被教唆的人没有按教唆者的意思实施其所教唆之罪的情形，也正因为如此，才认为教唆者与被教唆的人之间没有形成共同故意，不构成共同犯罪，因而成为单独犯的教唆犯。这种教唆犯成立的前提是教唆者对其所教唆的罪有故意，因而要按其所教唆的罪定罪处罚。而被教唆者没有犯其所教唆的罪，当然也就没有犯这种罪的故意。但在未遂教唆杀人案中，教唆者只是唆使被教唆者误入一个虚设的杀人圈套，他自己并无杀人的故意，相反，被教唆者有杀人的故意，并且，已经犯了被教唆的杀人罪，即已构成故意杀人（未遂）罪，因此，不属于刑法规定的单独犯的教唆犯，当然也不会有这种教唆犯的教唆故意。

应当特别注意的是，成立我国刑法第 29 条第 1 款规定的共同犯罪的教唆犯，不仅要有上述教唆的双重故意，即惹起或唆使他人犯罪的故意与希望或放任他人完成犯罪（引起危害结果发生）的故意，而且要有与被教唆的人共同犯罪的共同故意。如果仅有教唆的双重故意，但并无与被教唆的人共同犯罪的共同故意，则仍不能成立共同犯罪的教唆犯。例如，暗中将某人与情人通奸的照片和一把手枪，放在其妻子的桌上，妻子看到后产生杀害丈夫的意思并将丈夫杀害。这是日本学者讨论片面的教唆问题时所用的案例。① 这种暗中的教唆者虽与被教唆者之间无意思沟通或联络，但其既有唆使对方犯杀人罪的故意，又希望他人完成杀人罪即引起被害人死亡结果的发生，也就是有教唆的双重故意，且已引起预期的被害人死亡结果的发生。正因为如此，在日本，不少学者肯定这种暗中的教唆者也成立教唆犯（片面的教唆犯）。但是，按照我国刑法的规定，由于这种暗中的

---

① 山口厚. 刑法总论: 第 3 版. 付立庆, 译. 北京: 中国人民大学出版社, 2018: 363.

教唆者与被教唆者之间缺乏意思联络,并不存在共同故意,因而不构成共同犯罪,教唆者自然也就不可能是共同犯罪的教唆犯。又由于这明显不属于"被教唆的人没有犯被教唆的罪"的情形,也不属于我国刑法第29条第2款规定的单独犯的教唆犯。这种教唆者虽然不在我国刑法规定的两种教唆犯之列,但并非对其无法定罪处罚。按我国刑法的规定和单一正犯的解释论,对其完全可以单独定罪处罚。鉴于本书第四章第二节对此已有专门论述,在此不赘述。

三、教唆未遂

(一) 教唆未遂的含义

所谓教唆未遂,是指被教唆的人没有犯被教唆的罪的情形。传统的通说认为,我国刑法第29条第2款,就是对教唆未遂予以定罪处罚的明确规定。但是,目前也有一些学者不赞成传统的通说。

众所周知,通说是按"被教唆的人没有犯被教唆的罪"的字面含义,将其解释为被教唆的人没有按教唆犯的意思实施犯罪的情形。由于教唆犯与被教唆人之间不可能构成共同犯罪,对教唆犯只能是单独定罪处罚,因而认为该款是关于单独犯的教唆犯的处罚规定。[①] 但是,近些年来,一些认为我国刑法也是采取区分正犯与共犯的区分制的学者,按作为区分制根基的共犯从属性说,来对该款规定作所谓的"论理"解释,否定该款是对单独犯的教唆犯的处罚规定。[②] 其中一种最有影响的否定方式是将"被教唆的人没有犯被教唆的罪"解释为,被教唆人已按教唆犯的教唆着手实行犯罪(双方构成共同犯罪)但没有既遂,即"被教唆的人没有犯被教唆的既遂罪"或"被教唆的人没有犯罪既遂"。笔者称之为"共犯教唆犯未既遂说"(以下同)。[③] 另一种否定方式是将"被教唆的人没有犯被教唆的罪"解释为,是指"被教唆人没有着手实行被教唆的罪",但"接受教唆进入了预备犯罪阶段","此时教唆者和被教唆者构成共同犯罪预备"[④]。

---

① 马克昌. 犯罪通论. 3版. 武汉:武汉大学出版社,1999:556-557.
② 因为只有否定单独犯的教唆犯也能定罪处罚,才可能贯彻共犯从属性说。
③ 张明楷. 刑法学. 6版. 北京:法律出版社,2021:555.
④ 王华伟. 中国犯罪参与模式之定位:应然与实然之间的二元区分体系. 中国刑事法杂志,2015 (2):46.

笔者称之为"共犯教唆犯预备罪说"（以下同）。还有一种否定方式是将"被教唆的人没有犯被教唆的罪"解释为被教唆的人不具有责任能力而又没有实施被教唆的行为，因而将教唆者视为以教唆行为方式实施的间接正犯未遂。笔者称之为"教唆方式的间接正犯未遂说"（以下同）。① 我赞成通说按字面含义作前一种解释，反对作后面几种"论理"解释。

首先，持"教唆方式的间接正犯未遂说"的论者提出，刑法第29条规定的是广义的教唆犯，即第1款规定的是狭义的或真正意义的教唆犯，且采取的是教唆犯从属性说。"如果被教唆的人没有犯罪，就不应该处罚教唆者，对狭义的教唆犯的处罚以共同犯罪的成立为前提"。第2款规定的是以教唆的方式实施的间接正犯（在广义的教唆犯范围之内），只有因无责任能力等而不能构成犯罪的被教唆者未实施被教唆的行为时，才属于该款规定的"被教唆的人没有犯被教唆的罪"的情形，对教唆者才可以从轻或减轻处罚；如果这种被教唆者实施了被教唆的行为（也是"被教唆的人没有犯被教唆的罪"），但不可以从轻或者减轻处罚。因为"该款明确规定的是间接正犯未遂的处罚"②。但是，正如张明楷教授所述："这一解释存在如下疑问：为何刑法仅规定以教唆的行为方式实施的间接正犯？为何刑法在'共同犯罪'一节中规定间接正犯的未遂处罚原则？既然'对间接正犯未遂的处罚应该与直接正犯未遂的处罚一样'，为什么刑法在规定未遂犯的处罚原则的同时，另规定间接正犯的未遂的处罚原则？在刑法并没有明确规定对于间接正犯作为正犯处罚的情况下，为什么却规定了间接正犯的未遂的处罚原则？这恐怕是上述解释难以回答的问题。"③

其次，持"共犯教唆犯预备罪说"的论者将"被教唆的人没有犯被教唆的罪"解释为，"被教唆人没有着手实行被教唆的罪"但却已进入预备阶段，因而教唆者和被教唆者构成共同犯罪预备，这与其对"'没有犯'其含义当然是指'没有实施'"④ 的文义解释并不一致。因为"没有实施"

---

① 何庆仁. 我国刑法中教唆犯的两种涵义. 法学研究，2004（4）.
② 同①.
③ 张明楷. 论教唆犯的性质//陈兴良. 刑事法评论：第21卷. 北京：北京大学出版社，2007：88.
④ 王华伟. 中国犯罪参与模式之定位：应然与实然之间的二元区分体系. 中国刑事法杂志，2015（2）：45.

被教唆的罪,不仅包含没有着手实行被教唆的罪,还应当包含没有"实施"为犯罪做准备的预备行为,也就是既没有犯被教唆的未遂罪、既遂罪,也没有犯被教唆的预备罪。如果被教唆的人已接受教唆并已进入为犯罪做准备的预备阶段,且与教唆犯构成共同犯罪(共同成立预备犯),那就表明其已犯(已实施)被教唆的罪。并且,从文义而言,"被教唆人没有着手实行被教唆的罪",除了被教唆者已进行犯罪预备尚未着手实行之外,还应当包含"被教唆者没有接受教唆"的情形。因为被教唆者既然没有接受教唆,也就肯定"没有着手实行被教唆的罪"。但持此说的论者将这后一种情形排除在外,理由是"根本不存在共同犯罪","没有值得处罚的行为"。持此说的论者一方面承认"被教唆的人没有犯被教唆的罪"是"教唆未遂"的情形,另一方面却将笔者下文所述德国的通说也认可的"被教唆者不接受教唆"的"教唆未遂"的情形排除在外,很难令人信服。持此说的论者之所以要将"被教唆的人没有犯被教唆的罪"限定在教唆者与被教唆者成立被教唆之罪的共同犯罪预备犯的范围内,根本的原因仍然是否定教唆犯可能单独成立犯罪(否定单独教唆犯的存在),以维护共犯的从属性原则。但是,如果这样理解并按此论者的主张,对教唆者与被教唆者就均要适用刑法第 22 条"可以比照既遂犯从轻、减轻处罚或者免除处罚"的规定,同时,在此基础上对教唆者还要"适用刑法第 29 条第 2 款'可以从轻或者减轻处罚'的规定再次从宽处理。这是因为……教唆者相对于被教唆者不法程度更低,所以可以再次从轻或者减轻处罚"①。在笔者看来,这种主张不仅与我国刑法对教唆犯的处罚规定不符,而且与采取区分制体系的德、日刑法对教唆犯的处罚规则有异。我国刑法第 29 条第 1 款规定,对与被教唆者构成共同犯罪的教唆犯,"应当按照他在共同犯罪中所起的作用处罚"。我国的通说和司法惯例,将共犯的教唆犯大多认定为在共同犯罪中起主要作用的主犯②,并不认为所有的教唆者相对于被教唆者均在不法程度上更低,相反认为教唆者大多不比被教唆者的不法程度低,甚至可能高于被教唆者,这也是教唆犯大多被认定为主犯,少数情况下被认定为从犯的原因所在。共犯教唆犯中的预备犯也不例外,当教唆犯被认定为主犯、被教唆

---

① 王华伟.中国犯罪参与模式之定位:应然与实然之间的二元区分体系.中国刑事法杂志,2015(2):46.

② 高铭暄,马克昌.刑法学.10 版.北京:北京大学出版社,2022:177.

者被认定为从犯时,如果对教唆犯在适用刑法第 22 条已比照既遂犯从轻、减轻或者免除处罚的基础上,还适用刑法第 29 条第 2 款再次从轻、减轻处罚,而被认定为从犯的被教唆者却享受不到这样的"从宽处理"的待遇,显然不具有公平合理性,会造成处罚明显不均衡的后果。此外,刑法仅对共犯教唆犯中的预备犯作这样"从宽处理"的规定,而共犯教唆犯中的未遂犯和既遂犯均不能享受这样的待遇,这也是不可思议的。况且,德、日刑法尽管对帮助犯规定按正犯之刑予以减轻,但对教唆犯规定判处正犯之刑,也就是原则上对教唆犯的处罚与正犯相当。我国刑法即便是采取区分制,而对共犯教唆犯中的预备犯做这样特别"从宽处理"的规定,似乎也与区分制的立法精神相悖。

最后,持"共犯教唆犯未既遂说"的论者将"被教唆的人没有犯被教唆的罪"解释为,被教唆人已按教唆犯的教唆着手实行犯罪而没有既遂。但是,"在实然层面上,将'被教唆的人没有犯被教唆的罪'解释成'被教唆的人没有犯被教唆的既遂罪'很难说仍然在文义射程内进行解释。……'没有犯'其含义当然是指'没有实施',解释成'已经开始实施但是没有既遂'这样的见解很难在解释论上被接受。而实际上,从立法原意上来说,这种解释也是有较大偏离的"[①]。几乎全程参与我国第一部刑法典草案的起草、修改和研讨工作的高铭暄教授就明确指出:"如果被教唆的人没有犯被教唆的罪,对于教唆犯来说,并不排除其教唆行为的社会危害性,这在刑法理论上叫做'教唆未遂',或者叫做'未成功的教唆'。"[②]

特别有必要做进一步说明的是,持"共犯教唆犯未既遂说"的论者提出的如下几条立论的理由[③]也颇值得商榷:(1)"我国刑法采取了教唆犯从属性说。"根据教唆犯从属性说,只有当被教唆的人着手实行犯罪时,才能处罚教唆犯。如果仅从字面含义上理解"被教唆的人没有犯被教唆的罪",那就意味着在被教唆的人没有着手实行所教唆的罪的场合,也处罚

[①] 王华伟. 中国犯罪参与模式之定位:应然与实然之间的二元区分体系. 中国刑事法杂志, 2015 (2):45.

[②] 高铭暄. 中华人民共和国刑法的孕育诞生和发展完善. 北京:北京大学出版社, 2012:34.

[③] 张明楷. 论教唆犯的性质//陈兴良. 刑事法评论:第 21 卷. 北京:北京大学出版社, 2007:88-90;张明楷. 刑法学. 6 版. 北京:法律出版社, 2021:555-556.

教唆犯。这显然与教唆犯从属性说相悖。(2) 作出上述解释，不存在文理上的障碍。因为"犯罪"或"犯……罪"这一用语具有多种含义，况且刑法规定的犯罪是以既遂为模式的，因此，可以将"被教唆的人没有犯被教唆的罪"理解为"被教唆的人没有犯被教唆的既遂罪"。(3) 教唆犯的特点是唆使被教唆的人犯罪，总是意图使被教唆的人犯罪既遂，因此，被教唆的人着手实行犯罪但未能既遂，就可以解释为"没有犯被教唆的罪"。(4) 作出上述解释，意味着刑法第29条第1款与第2款都是对于共同犯罪中的教唆犯的规定，不至于出现通说所导致的刑法第29条第2款与共同犯罪无关的局面。进一步而言，刑法第29条第1款成为教唆犯成立与处罚的一般规定，第2款是教唆犯罪的减轻形态，但也应在第1款原则的指导下适用。(5) 作出上述解释，可以避免出现按通说导致的处罚不协调现象。因为被教唆人如果实施了预备行为成立犯罪预备，按通说教唆犯与被教唆人构成共同犯罪，适用刑法第22条，对教唆犯可以从轻、减轻处罚，乃至于免除处罚，而被教唆人甚至连犯罪预备行为都没有实施，却只能适用刑法第29条第2款从轻或者减轻处罚，这意味着罪轻者反而要受更重的处罚。(6) 作出上述解释，有利于防止处罚不当罚的行为。事实上，当教唆者只是说了一句"杀死那个家伙"时，即使对方完全默认，仅此就处罚对方也显然不合理。笔者认为，上述解释确实充满了智慧，解释者为了贯彻自己的客观主义，可以说是用心良苦，也给人以有益的启示。但它们存在如下几方面的问题。

第一，认为我国刑法采取了教唆犯从属性说，并完全按德、日刑法学中的共犯从属性说来解释我国刑法第29条第2款，其立论的基础和解释的结论明显不可靠。正如本书第二章第二节所述，我国刑法采取的是单一正犯体系，与德、日刑法采取的正犯与共犯区分的体系完全不同，共犯（教唆犯和帮助犯）从属性说根本没有存在的余地。况且，即便是采取区分制和共犯从属性说的刑法，也不排除有对教唆未遂作处罚规定的可能性。德国刑法就是实例，其第30条第1款明文规定，"教唆他人实施重罪而未遂的，依该重罪的未遂论处"。德国学者大多认为，这是处罚教唆未遂的规定。[①] 这一规定明显与共犯从属性说相冲突，被认为是"刑法的一

---

① 耶赛克，魏根特. 德国刑法教科书. 徐久生，译. 北京：中国法制出版社，2017：957.

个基础性原则的例外",因而有德国学者主张删除该条规定。① 但似乎还没有人主张将"教唆他人实施重罪而未遂的",解释为教唆他人实施重罪且被教唆的人已着手实行而没有既遂,从而使之与刑法采取的共犯从属性说相协调。② 相反,德国的通说认为,该款规定应予处罚的教唆未遂,包括"被教唆人不接受行为决意(失败的教唆),被教唆人未实施该行为决意(无结果的教唆),或被教唆人在被教唆前就已决定实施犯罪了(不能犯教唆)"③。并且,德国联邦最高法院有对教唆信息未被传递给对方的教唆犯做有罪判决的先例。④ 可见,以我国刑法采取了区分制和共犯从属性说为理由,将刑法第29条第2款不按其字面含义而按共犯从属性说,解释为被教唆的人已着手实行犯罪但没有既遂,是没有理论和法律依据的。因为即便是刑法采取了共犯从属性说,也完全可能作出处罚教唆未遂的例外规定,对这种例外规定还是只能按其字面含义做严格解释,这是罪刑法定主义的基本要求。从德国刑法的上述规定及德国学者所持的解释论立场,就不难得出这样的结论。⑤

第二,"犯罪"或"犯……罪"这一用语确实具有多种含义,但不能离开具体的语境来随意解释。在一部刑法中,同一概念在同一语境下或前后相连的条文中,应该做同一的理解,否则,法律条文的含义就不具有可预测性,罪刑法定也就无法实现。从我国刑法第25条至第29条关于共同犯罪的规定来看,似乎没有哪个条文中的"犯罪"只能理解为"犯罪既遂"或"既遂犯罪",而不包含"未遂犯罪"或"犯罪未遂"的情形。否则,会得出很荒谬的结论。例如,我国刑法第25条第1款规定:"共同犯罪是指二人以上共同故意犯罪。"若将这一条文解释为,共同犯罪仅限于共同犯罪既遂,即二人以上共同故意犯罪既遂的情形,显然不符合立法原

---

① 德国刑法学家雅各布斯主张删除该条规定。罗克辛. 德国刑法学总论:第2卷. 王世洲,等译. 北京:法律出版社,2013:216-217.

② 罗克辛. 德国刑法学总论:第2卷. 王世洲,等译. 北京:法律出版社,2013:219.

③ 耶赛克,魏根特. 德国刑法教科书. 徐久生,译. 北京:中国法制出版社,2017:957.

④ 同②218-219.

⑤ 刘明祥. 再释"被教唆的人没有犯被教唆的罪"——与周光权教授商榷. 法学,2014 (12).

意。又如，若将刑法第 29 条第 1 款中的"犯罪"解释为仅限于"犯罪既遂"，那么，"教唆他人犯罪的，应当按照他在共同犯罪中所起的作用处罚"，就应该理解为"教唆他人犯罪既遂的，应当按照他在共同犯罪既遂中所起的作用处罚"，这是否意味着教唆他人犯罪他人已着手实行而犯罪未遂的，就不按他在共同犯罪中所起的作用处罚呢？"教唆不满十八周岁的人犯罪的，应当从重处罚"，是否意味着教唆不满 18 周岁的人犯罪未遂的，就不能适用这一款的规定从重处罚呢？回答显然是否定的。如果说该条第 1 款中的"犯罪"包含犯罪既遂和犯罪未遂，而第 2 款中的"犯罪"或"犯……罪"不包含犯罪未遂（仅指犯罪既遂），那么，对同一条文中的同一词语为什么要做这种不同的理解？

第三，教唆犯的特点固然是唆使被教唆的人犯罪，并且总是意图使被教唆的人犯罪既遂，被教唆的人实行犯罪而未遂的，教唆犯很可能认为自己的目的未达到，因而没有犯罪，但是，在法律上显然不能做这种评价。不仅教唆犯罪如此，其他直接故意犯罪可以说都有这样的特点。如张三想要杀死李四，对李四实施用刀砍杀行为时被人阻止。显然不能认为张三意图杀死李四（杀人既遂）而实际上没有杀死李四（杀人未遂），就认为他没有犯杀人罪。同样道理，被教唆的人已按教唆犯的旨意实行杀人行为而未遂的，也不能说被教唆的人没有犯被教唆的（杀人）罪。

第四，将刑法第 29 条第 1 款与第 2 款解释为都是对于共同犯罪中的教唆犯的规定，确实不会出现刑法第 29 条第 2 款与共同犯罪无关的局面，但这不能成为把第 29 条第 2 款硬性解释为是关于共同犯罪中教唆犯规定的理由，更不能作这种简单的推论："既然我国刑法在共同犯罪一节中规定了教唆犯，因此，无论是刑法第 29 条第 1 款的规定，还是第 2 款的规定，都属于共同犯罪的内容。"① 应当看到，按通说从字面含义来理解"被教唆的人没有犯被教唆的罪"，将第 29 条第 2 款解释为关于非共同犯罪的教唆犯的规定，不能说这一款就"与共同犯罪无关"，而是与共同犯罪有关。因为教唆犯的本意是想唆使他人犯罪，也就是想与他人共同犯罪，但没有达到目的，怎么能说"与共同犯罪无关"呢？准确的说法是与共同犯罪有关，但不成立共同犯罪。正因为如此，刑法才将其规定在共同犯罪一节之中。并且，将相关（但不完全一致）的内容规定在某一章节，

---

① 肖本山．"教唆未遂"诠释新解．法学评论，2007（5）．

在我国刑法之中随处可见，这也是很正常的事。即便是在共同犯罪一节，也并非仅有第29条第2款是关于非共同犯罪情形的规定，第25条第2款是关于共同过失犯罪的规定①，也是关于非共同犯罪情形的规定。况且，1935年《中华民国刑法》也有与我国现行刑法第29条第2款相似的规定，其第29条第3项规定："被教唆人虽未至犯罪，教唆犯仍以未遂犯论。"这一规定在我国台湾地区一直到2006年以前均在适用，并且这一规定是放在第四章"共犯"之列，在施行几十年期间，似乎还没有学者提出，因为其被放在"共犯"一章中，就只能解释为是关于共同犯罪中的教唆犯的规定。

第五，按照通说，被教唆的人连犯罪预备行为也没有实施时，适用刑法第29条第2款处罚教唆犯，与被教唆人实施了犯罪预备行为，教唆犯与被教唆人构成共同犯罪预备的情形相比，确实会出现处罚不协调的现象。但正如马克昌教授所述："这是立法对第29条第2款的规定造成的。从当时参加立法的高铭暄教授的札记就可以清楚地看到：'如果被教唆的人没有犯被教唆的罪……应当如何处罚？理论上有的主张这种情况相当于犯罪的预备，应按犯罪预备的原则加以处罚；有的主张这种情况相当于犯罪未遂，应按犯罪未遂的原则加以处罚。'三十三稿规定'可以从轻、减轻或者免除处罚'，相当于预备犯；刑法规定'可以从轻或者减轻处罚'，相当于未遂犯。如果按第三十三稿的规定，就不会发生这个矛盾，而按刑法的规定，这一矛盾就很难避免。"② 由于"立法不科学而导致的处刑不协调，难以通过解释论来解决"③。因此，要想解决上述处罚不协调的问题，只能是修改刑法的规定，即对单独犯的教唆犯按预备犯的规定处罚。这样规定在国外也有先例。如韩国刑法第31条第2、3项规定，"被教唆者承诺实行犯罪，但未着手实行的，教唆者和被教唆者以阴谋或者预备犯相应处罚"，"被教唆者未承诺实行犯罪的，对教唆者的处罚亦同前项"。俄罗斯刑法第34条第5款规定："由于意志以外的情况而未能怂恿他人实施犯罪的人（教唆犯——笔者注），亦应承担预备犯罪的刑事责任。"

---

① 刑法第25条第2款规定："二人以上共同过失犯罪，不以共同犯罪论处；应当负刑事责任的，按照他们所犯的罪分别处罚。"
② 马克昌. 马克昌文集. 武汉：武汉大学出版社，2005：120.
③ 蔡桂生.《刑法》第29条第2款的法理分析. 法学家，2014（1）.

反过来，按照持"共犯教唆犯未既遂说"的论者的解释，还会出现处罚上更不合理的现象。因为既然"被教唆的人没有犯被教唆的罪"是指被教唆的人犯被教唆的罪而未达既遂状态的情形，那就应当包括犯罪未遂、犯罪预备和犯罪中止。也就是说刑法第 29 条第 2 款对构成共同犯罪未遂、预备与中止的教唆犯都应该适应，即都可以从轻或减轻处罚。但这明显与刑法第 22 条、第 24 条对预备犯、中止犯的规定不符。正因为如此，作上述解释的论者提出，教唆他人犯罪，他人构成预备犯的，对于教唆犯，同时适用刑法第 29 条第 1 款与第 22 条，可以从轻、减轻处罚或者免除处罚；他人已着手实行犯罪，构成未遂犯的，对于教唆犯，则同时适用第 29 条第 1 款与第 2 款的规定，可以从轻或者减轻处罚。① 同样道理，如果教唆犯与被教唆人都构成中止犯，对教唆犯也只能是适用第 29 条第 1 款和第 24 条的规定，没有造成损害的，应当免除处罚；造成损害的，则应当减轻处罚。这虽然解决了处罚不协调的问题，但却无法回答：同样都属于刑法第 29 条第 2 款所指的"被教唆的人没有犯被教唆的罪"的情形，为何只有构成犯罪未遂时才适用，而构成犯罪预备或犯罪中止时却不适用？

第六，按照我国的通说，刑法第 29 条第 1 款中"教唆他人犯罪的，应当按照他在共同犯罪中所起的作用处罚"的规定，是关于共同犯罪的教唆犯的规定，也就是对被教唆的人犯了被教唆的罪的规定。因为只有被教唆的人犯了被教唆的罪（包括实施了为犯罪做准备的行为），双方才可能构成共同犯罪，才有可能判断教唆犯在共同犯罪中起何种作用。第 29 条第 2 款中规定的"被教唆的人没有犯被教唆的罪"，无疑是指教唆犯与被教唆人不构成共同犯罪的情形。因为从法条或语言表达的顺序来论，既然前面说的是被教唆人犯了被教唆的罪构成共同犯罪的情形，后面接着说"被教唆的人没有犯被教唆的罪"不构成共同犯罪的情形，就成为合乎逻辑的结论。如果说"被教唆的人没有犯被教唆的罪"是指被教唆人已着手实行而没有犯罪既遂，也是关于共同犯罪的教唆犯的规定，那么，这一款规定就成为多余的了。因为即便是没有这一规定，按第 29 条第 1 款，对共同犯罪中的教唆犯无论是犯罪既遂还是犯罪未遂、犯罪预备或犯罪中止

---

① 张明楷. 刑法学. 6 版. 北京：法律出版社，2021：555 - 556.

的，都要按其在共同犯罪中所起的作用处罚。只不过在构成犯罪预备、未遂或中止时，同时要适用刑法总则关于预备犯、未遂犯或中止犯的处罚规定。在笔者看来，将刑法第 29 条第 2 款之规定解释为多余（或无存在的意义），正是持"共犯教唆犯未既遂说"者的用心之所在。因为持此主张的论者也认识到："从字面含义来说，该规定是教唆犯独立性说的重要根据，因而成为坚持教唆犯从属性说的重大障碍。换言之，要采取教唆犯从属性说，就必须重新解释该款规定。"① 通过将刑法第 29 条第 2 款中"被教唆的人没有犯被教唆的罪"解释为被教唆的人已着手实行犯罪但没有既遂，而将其实质内容抽掉，使其实际上被取消，也就为贯彻自己的教唆犯从属性说排除了障碍。

但是，这种做法与现代法制原则不符，明显不具有合理性。如前所述，我国台湾地区 2006 年以前施行的"刑法"第 29 条第 3 项规定："被教唆人虽未至犯罪，教唆犯仍以未遂犯论。"这与我国刑法第 29 条第 2 款的规定相似，2006 年台湾地区修改"刑法"时，将这一规定删除，删除的理由是这一规定采取了共犯独立性说的立场，但现在有必要改采共犯从属性说。② 为什么不通过作上述"论理"解释，把"被教唆人虽未至犯罪"解释为被教唆人已着手实行犯罪但未达到犯罪既遂，使之与共犯从属性说不冲突，而要通过修改刑法即删除这一规定来解决问题呢？归根到底是因为罪刑法定主义要求对刑法应作严格解释。③

第七，共犯从属性说在德国、日本、韩国等大陆法系国家固然是通说④，但由于按照这种学说，只有被教唆的人已着手实行被教唆的罪，才能处罚教唆犯，明显有放纵教唆犯罪的嫌疑，这也是共犯从属性说的一大缺陷。正因为如此，许多大陆法系国家的刑法并未完全采取这种学说。

---

① 张明楷. 刑法学. 6 版. 北京：法律出版社，2021：554.
② 黄荣坚. 基础刑法学：下. 3 版. 北京：中国人民大学出版社，2009：549.
③ 有些国家的刑法对此有明文规定，如法国刑法第 111-4 条规定："刑法应严格解释之。"
④ 金日秀，徐辅鹤. 韩国刑法总论. 武汉：武汉大学出版社，2008：608；西田典之. 日本刑法总论. 刘明祥，王昭武，译. 北京：中国人民大学出版社，2007：318.

"至少德国刑法第 30 条第 1 项就明明白白地肯定了一个基本立场,亦即涉及最低本刑为一年以上有期徒刑之罪者,即使被教唆人未至于犯罪,教唆人还是可能构成犯罪。"① 在日本,虽然没有类似德国刑法第 30 条第 1 项的规定,并且日本刑法第 61 条明文规定,"教唆他人实行犯罪的"才处罚,但在解释论上,"由于认为'实行'中包括预谋、预备,所以,不管是独立预备罪、阴谋罪,还是从属预备罪、阴谋罪,都成立教唆犯"②,从而使共犯从属性说的缺陷得到了一定程度的弥补。我国台湾地区 2006 年"刑法"将原有的"被教唆人虽未至犯罪,教唆犯仍以未遂犯论"的规定删除,也有可能会带来负面效应。为此,有学者提出:"要避免鼓励教唆犯罪,最后只能考虑的方式是透过立法把错误的'修正'再修正回来。"③ 也有学者主张:"被教唆人已萌生犯意,且本罪已经进入有处罚规定的预备阶段时……被教唆人既然成立本罪预备犯,教唆人似亦有可能成立本罪预备的教唆犯。"④ 由此可见,即便是在大陆法系国家或地区,完全采取共犯从属性说,要求被教唆人着手实行被教唆的罪时才处罚教唆犯,也行不通,因而不得不采取扩大实行行为范围(把部分预备行为也解释为实行行为)的办法来弥补。但这又削弱了实行行为的定型性。

如前所述,在我国,共犯从属性说不仅无存在的法律基础,而且事实上无法推行。主张作上述解释的学者也意识到,被教唆人实施了犯罪预备行为构成预备犯时,如果因被教唆的人没有着手实行犯罪而不处罚教唆犯,就明显不具有合理性,因此,不得不提出"教唆者唆使他人犯罪,他人实施了犯罪预备行为的,如果需要处罚预备犯,则对于教唆犯同时适用刑法第 29 条第 1 款(还需并用第 26 条或第 27 条)与第 22 条"⑤。但是,这显然与只有被教唆的人着手实行了被教唆的罪才能处罚教唆犯的共犯从属性说不符。另外,还应当看到,在日本等大陆法系国家或地区刑法中,

---

① 黄荣坚. 基础刑法学:下. 3 版. 北京:中国人民大学出版社,2009:551.
② 大谷实. 刑法讲义总论:新版第 2 版. 黎宏,译. 北京:中国人民大学出版社,2008:399.
③ 同①.
④ 林钰雄. 新刑法总则. 北京:中国人民大学出版社,2009:354.
⑤ 张明楷. 刑法学. 6 版. 北京:法律出版社,2021:555-556.

原则上不处罚预备行为，只是对少数预备行为在刑法分则中单独设有处罚规定。理论上又有独立预备罪与从属预备罪之分，一般认为，独立预备罪有实行行为。① 这也是在日本等国刑法学界一方面采取共犯从属性说，另一方面承认预备罪的教唆犯的一个重要原因。可是，我国刑法是在总则中原则规定处罚所有故意犯罪的预备行为，在分则中大多并未对预备犯单独设处罚规定，犯罪预备行为与犯罪实行行为有明确的界限，不存在像日本等国那样把预备犯解释为有实行行为的可能性。因此，如果承认被教唆人构成预备犯时，教唆犯也应受刑罚处罚，那就并未贯彻共犯从属性说。

况且，即便是承认预备犯罪的教唆犯，也不能使教唆犯从属性说有可能放纵犯罪的问题从根本上得到解决。众所周知，在现代社会，集团犯罪、有组织的犯罪特别是恐怖主义犯罪频繁发生，教唆恐怖犯罪的危害性是不难想象的，必须防患于未然，显然不能等到被教唆者接受了教唆并已着手实行犯罪时，才处罚教唆犯。假如某人想用重金收买对方进入电影院撒大量汽油后放火烧死众多观众，但对方拒绝并及时报了警。如果按共犯从属性说，肯定不能处罚教唆者，而这无疑会放纵危险犯罪的发生，与民众的基本要求不符。

第八，采取共犯从属性说，确实有利于防止处罚不当的行为。但正如前文所述，采取这种学说，还有可能放纵犯罪的发生。并且，放纵犯罪的发生具有不可避免性，而防止处罚不当的行为，还有其他的办法可以替代。因为根据我国刑法第13条但书的规定，对"被教唆的人没有犯被教唆的罪"，确属"情节显著轻微危害不大的"，就应当认定为不构成犯罪，并非只要实施了教唆他人犯罪的行为，即使被教唆的人没有接受教唆或虽接受但并未采取行动，也不论情节严重与否，都一概要适用刑法第29条第2款的规定，对教唆者定罪处罚。例如，当教唆者只是说了一句"打死那家伙"时，对方又没有接受教唆，不采取共犯从属性说，而认定为"情节显著轻微危害不大"，对教唆者不定罪处罚也不会有任何障碍。

此外，还应当看到，我国刑法并未采取德、日刑法那样的区分制体系和共犯从属性说，规定处罚教唆未遂与我国刑法采取的单一正犯体系没有任何矛盾或冲突。如前所述，根据单一正犯理论，在数人参与犯罪的场

---

① 大谷实. 刑法讲义总论：新版第2版. 黎宏，译. 北京：中国人民大学出版社，2008：328.

合，无论其实施的是实行行为还是教唆行为或帮助行为，只要与侵害法益的结果之间有因果关系，就有可能受刑事处罚。并且，所有参与犯罪的人均被视为同等的参与者，不存在实施教唆和帮助行为的人（区分制体系中的"共犯"）从属于实施实行行为的人（区分制体系中的"正犯"）的问题，参与的行为形式也不被认为有质的差异。相反，刑法分则规定的具体犯罪行为，并非仅限于实行行为，大多还包括教唆行为与帮助行为。处理数人参与的犯罪案件时，认定犯罪的规则与认定单个人犯罪的规则基本相同，即对每个参与者分别根据其个人实施的行为（包括实行行为、教唆行为和帮助行为）及其主观心理状态来认定其是否构成犯罪。因此，对教唆未遂（"被教唆的人没有犯被教唆的罪"）之情形中的教唆犯可以定罪处罚，是单一正犯理论的当然归结。

（二）教唆未遂的范围

关于教唆未遂的范围（刑法第 29 条第 2 款中的"被教唆的人没有犯被教唆的罪"的适用范围），按前述三种持教唆犯从属性说的论者的解释，很容易确定。① 但是，如前所述，按照通说，"被教唆的人没有犯被教唆的罪"，是指被教唆的人没有按教唆犯的意思实施犯罪，双方不可能构成共同犯罪，对教唆犯应单独定罪处罚。也就是说，刑法第 29 条第 2 款是对单独犯的教唆犯的处罚规定。那么，单独犯的教唆犯具体包括哪些情形，或者说其处罚范围如何界定，就成为需要进一步研究的问题。

目前，我国的通说对"被教唆的人没有犯被教唆的罪"的范围，大多是采取列举的办法来界定。但所列举情形的多少有所不同：一是"三情形说"，认为"被教唆的人没有犯被教唆的罪"包括以下三种情形：（1）被教唆人拒绝教唆；（2）被教唆人当时接受教唆，而事后没有犯任何罪；（3）被教唆人当时接受教唆，而未犯被教唆的罪，只实施了其他犯罪。② 二是"四情形说"，认为"被教唆的人没有犯被教唆的罪"包括以下四种情形：（1）被教唆人拒绝教唆犯的教唆；（2）被教唆人虽然当时接受了教

---

① 其中，持"共犯教唆犯未既遂说"的论者认为，是指教唆犯与被教唆人构成共同犯罪，且属于犯罪未遂的情形。持"共犯教唆犯预备罪说"的论者认为，是指教唆犯与被教唆人构成共同犯罪，且属于犯罪预备的情形。持"教唆方式的间接正犯未遂说"的论者认为，仅指采用教唆的方式实施的间接正犯而未遂的情形。

② 苏惠渔. 刑法学. 3 版. 北京：中国政法大学出版社，2007：160.

唆，但随后又打消了犯罪的意思，并未进行任何犯罪活动；（3）被教唆人当时接受了教唆犯关于犯某种罪的教唆，但实际上他所犯的不是教唆犯所教唆的罪；（4）教唆犯对被教唆人进行教唆时，被教唆人已有实施该种犯罪的故意，即被教唆人实施犯罪不是教唆犯的教唆所引起。① 三是"五情形说"，认为"被教唆的人没有犯被教唆的罪"包括以下五种情形：（1）教唆没有传达到被教唆人的；（2）教唆没有被接受或者被假装接受的；（3）他人接受了教唆但没有着手实行犯罪的，这又有被教唆人成立预备犯、中止犯或未实施犯罪行为三种可能；（4）被教唆人所犯的罪与教唆的罪在性质上根本不同的；（5）教唆犯对被教唆人进行教唆时，被教唆人已有实施该种犯罪之故意的。② 四是"多情形说"，认为"被教唆的人没有犯被教唆的罪"除了上述各种情形之外，还包括被教唆者实施了各种过限行为、被教唆者由于身份原因或客观处罚条件不构成犯罪、教唆者或被教唆者属于"无期待可能性"或者"不可罚的事后行为"而不受处罚以及其他排除教唆者或被教唆者犯罪的情形。③

从以上几种有代表性的观点所列举的"被教唆的人没有犯被教唆的罪"的具体情形来看，有如下几点需要弄清。

第一，有教唆他人犯罪的意图，已经实施了为教唆做准备的行为，但还没有实施教唆行为。例如，某人想要雇凶杀自己的仇人，计划先盗窃财物，凑足一定数额后再去找想雇用的人面谈。但第一次盗窃时即被抓获，并交代了盗窃的动因。那么，能否认定行为人构成杀人罪的教唆犯，即是否属于刑法第 29 条第 2 款规定的"被教唆的人没有犯被教唆的罪"所包含的情形？笔者的回答是否定的。因为想要教唆他人犯罪的人，既然还没有对他所想要教唆的对象实施教唆行为，对方也就不可能犯被教唆的罪，从广义而言，虽然也在"被教唆的人没有犯被教唆的罪"的范围，但是，仅有犯罪意图，而没有犯罪行为的，仍然不能构成犯罪。犯罪行为的起点是为犯罪做准备的预备行为。根据我国刑法第 22 条的规定，"为了犯罪，准备工具、制造条件的，是犯罪预备"。其中的"犯罪"仅指实行犯罪，

---

① 高铭暄，马克昌. 刑法学. 10 版. 北京：北京大学出版社，2022：178.
② 阮齐林，耿佳宁. 中国刑法总论. 北京：中国政法大学出版社，2019：246-247.
③ 陈伟. 非共犯教唆视野下的教唆行为与教唆罪的构建. 江西公安专科学校学报，2007（6）.

不包含教唆犯罪或帮助犯罪。由于教唆犯罪的特点是唆使他人产生犯罪意图，进而实行犯罪，以达到自己的犯罪目的。教唆行为本身是一种为达到犯罪目的而创造条件的行为，并非是完成犯罪或实现犯罪目的的行为，它本身就是一种预备行为。① 为这种预备行为（教唆行为）做准备的行为，对法益造成侵害的危险性程度很低，自然没有必要将其纳入刑法处罚的范围。

第二，已实施教唆行为，但教唆的意思还未传达到被教唆人。例如，发信件给对方教唆其杀自己的仇人，并承诺杀害后给 10 万元酬金。由于信件被代收人偷看后告发，被教唆人并未收到信件，也不知晓其内容。对这种教唆者，能否适用刑法第 29 条第 2 款的规定予以处罚呢？笔者的回答是肯定的。理由在于行为人已实施教唆行为，对法益已构成现实的威胁，将这种情形纳入"被教唆的人没有犯被教唆的罪"的范围，认定为单独犯的教唆犯是恰当的。不能认为只有被教唆的人知晓教唆的内容后，才能对教唆者定罪处罚。因为教唆者实施了教唆行为发出了教唆信息后，被教唆人是否收到，对教唆行为的社会危害性程度并无影响。很难说被教唆人收到教唆其杀人的信件后告发，与第三者偷看（被教唆人未收到）后告发，对说明教唆行为的社会危害性程度有多大差异。

第三，被教唆的人接受教唆后实施了为犯罪做准备的行为，但由于意志以外的原因而未能着手实行（构成预备犯）的，或者着手实行以前自动放弃犯罪（构成中止犯）的，这是否属于"被教唆的人没有犯被教唆的罪"的情形，对教唆犯能否适用刑法第 29 条第 2 款的规定处罚呢？回答应当是否定的。这是因为被教唆人接受教唆并开始实施为犯罪做准备的行为之后，就表明双方主观上已有犯罪的共同故意，客观上已有共同的犯罪行为，已构成共同犯罪。由于意志以外的原因未能着手实行犯罪，或者自动放弃犯罪而未着手实行，大多属于未完成犯罪即构成未遂犯或中止犯的情形（除情节显著轻微不构成犯罪者外），不影响共同犯罪的成立。就被教唆的人而言，应该认定其已犯了被教唆的罪，而不属于"没有犯被教唆的罪"，因而不具备适用刑法第 29 条第 2 款的条件。

至于有论者提出，被教唆的人实施了犯罪预备行为构成预备犯时，若

---

① 库兹涅佐娃，佳日科娃. 俄罗斯刑法教程（总论）：上卷·犯罪论. 黄道秀，译. 北京：中国法制出版社，2002：403.

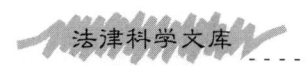

对教唆犯不适用刑法第 29 条第 2 款，而适用刑法第 29 条第 1 款和第 22 条（预备犯的规定），对教唆犯就可以从轻、减轻处罚或者免除处罚。假如被教唆的人拒绝教唆连犯罪预备行为也未实施，则属于"被教唆的人没有犯教唆的罪"，构成单独犯的教唆犯，对其适用刑法第 29 条第 2 款，则只能从轻或者减轻处罚（不能免除处罚）。这意味着罪重的（前者）反而比罪轻的（后者）处罚轻，明显不具有合理性。为了避免这种现象的发生，就有必要将前者即被教唆的人实施了为犯罪做准备行为而构成预备犯或中止犯的情形，也适用刑法第 29 条第 2 款的规定。①但是，正如前文所述，这种处罚上的不均衡，是由于立法不科学造成的。"被教唆的人没有犯被教唆的罪"时，对教唆犯来说构成预备犯（而不是未遂犯）②，应该比照预备犯的规定来制定处罚原则。如果将该款规定改为"可以从轻、减轻处罚或者免除处罚"，就不会出现上述处罚不均衡的现象了。在立法未作这样的修改之前，按上述办法来处理，不仅在理论上不能说明为何对被教唆的人犯了被教唆的罪的情形也适用"被教唆的人没有犯被教唆的罪"的规定处更重的刑罚，而且会带来新的处罚不均衡、不合理的问题。在教唆人与被教唆人在共同犯罪中所起的作用相当，甚至教唆犯所起的作用更小的情况下，若对被教唆人适用预备犯的处罚规定（第 22 条），对教唆犯适用第 29 条第 2 款的规定，就会出现对教唆犯比被教唆人处罚更重的不均衡现象；如果对双方都适用刑法第 29 条第 2 款的规定处，则又会出现比双方共同实行犯罪或单个人犯的预备犯与中止犯处罚更重的不合理现象。

第四，被教唆的人实行犯罪过限，构成了其他犯罪的，是否也在"被教唆的人没有犯被教唆的罪"之列？笔者认为，如果被教唆的人所构成的犯罪能够完全包容被教唆的罪，如教唆者教唆对方伤害自己的仇人，但被教唆者在实施伤害行为的过程中，遇到对方强烈反击，动了杀机，杀死了被害人。若仅以被教唆人构成的犯罪是故意杀人罪，而教唆犯所教唆的罪是故意伤害罪，就认为这属于"被教唆的人没有犯被教唆的罪"的情形，

---

① 阮齐林，耿佳宁. 中国刑法总论. 北京：中国政法大学出版社，2019：247.
② 被教唆的人拒绝教唆等没有犯被教唆的罪的情形，在理论上被称为"教唆未遂"。但教唆未遂不等于教唆犯所构成的犯罪是未遂。犯罪未遂是已经着手实行犯罪，由于犯罪分子意志以外的原因而未得逞的情形。教唆未遂则还未着手实行犯罪，是停顿在着手实行之前（为犯罪做准备）的犯罪状态的，因而属于犯罪预备。

还可以从轻或减轻处罚，这显然与民众的法感觉（或法律观念）不符。因为在一般人看来，被教唆的人不仅是伤害了对方，而且比伤害更迈进了一步，应该认为被教唆的人犯了被教唆的罪。正因为如此，被教唆的人所实施的犯罪并非要与教唆犯所教唆的罪完全相同，才能认定为其已犯被教唆的罪，而是只要其所实施的犯罪能够完全包容教唆犯所教唆之罪即可。应当注意的是，在这种场合，双方只是在相共同的部分（或重合部分）构成共同犯罪。就教唆对方伤害他人而对方杀害了他人的情形而论，教唆犯与被教唆人只是在故意伤害罪部分成立共同犯罪，教唆犯只应对故意伤害既遂承担责任，被教唆人则单独对其实行过限构成的故意杀人罪承担责任。

第五，教唆者实施教唆行为，若他自身具备"无期待可能性"或其他排除犯罪的事由，按前述"多情形说"，也在"被教唆的人没有犯被教唆的罪"之列。但这显然不妥当。因为刑法第29条第2款规定，"被教唆的人没有犯罪被教唆的罪"，对教唆犯只是可以从轻或减轻处罚，构成犯罪是前提条件，如果教唆者不构成犯罪，自然也就没有适用该条款的余地。

第六，对"被教唆的人没有犯被教唆的罪"的各种情形，与其做具体列举，倒不如做概括说明。因为对各种现象做具体列举，难免会出现遗漏。事实上，只要我们仔细分析一下教唆犯罪的特点，就不难发现从教唆行为开始实施到教唆犯的目的达到（既遂）之前大致会出现如下几种情形：（1）教唆行为已开始实施但教唆信息（或内容）还未传达到被教唆的人；（2）被教唆人得知教唆信息时已有实施该种犯罪的故意，即被教唆人的犯意不是由教唆犯的教唆行为所引起；（3）被教唆的人得知教唆信息后，拒绝教唆犯的教唆；（4）被教唆的人接受教唆，但还未为犯罪做准备（未进入犯罪预备阶段）；（5）被教唆的人接受教唆，但后来改变犯意或者因误解教唆犯的意思实施了其他犯罪，并且所实施的罪不能包容被教唆的罪；（6）被教唆的人接受教唆，已开始为犯罪做准备或已着手实行犯罪。如前所述，最后这种情形即被教唆人已开始实施为教唆犯所教唆的罪做准备的行为之后，就表明其已与教唆犯构成共同犯罪，即便是仅构成预备犯、未遂犯或中止犯，也仍然属于被教唆的人犯了被教唆的罪的情形。除此之外的前四种情形，则都属于"被教唆的人没有犯被教唆的罪"。做这样的概括，既突出了教唆犯罪的特点，又能避免前述各种具体列举法难以克服的列举不穷尽的现象发生。

(三) 教唆未遂与未遂教唆

所谓未遂教唆，是指教唆者故意教唆他人实施自认为不能既遂的行为。例如，甲明知丙未睡在床上，却唆使乙从窗外向丙之床铺开枪"杀丙"。未遂教唆不同于上述教唆未遂的特殊性在于，被教唆者已实施教唆者唆使其实施的"犯罪"行为，只不过这是教唆者设计的一个圈套，犯罪既遂的结果因而也没有发生；而教唆未遂，则是被教唆者没有实施教唆者唆使其实施的犯罪行为，两者明显不同。

未遂教唆是否具有可罚性，是中外刑法理论上有较大争议的问题。如前所述，在日本，持共犯独立性说的论者认为，由于教唆犯的故意内容也要求对构成要件的结果（正犯结果）有认识，而未遂教唆的教唆者欠缺这种认识，因而无法肯定其有教唆故意，故不成立教唆犯，不具有可罚性。但采共犯从属性说的论者大多认为，在未遂教唆的场合，教唆者不仅有教唆行为，也有使被教唆者产生犯罪决意及着手实行的认识，即具有教唆的故意，且被教唆者已着手实行犯罪，因此，教唆者成立教唆犯、具有可罚性。① 在我国，刑法学者大多认为，未遂教唆具有可罚性②；也有学者认为，对未遂教唆不能作为犯罪处理（不可罚）③；还有学者认为，未遂教唆是否可罚不可一概而论。如果教唆者所唆使的行为是不能犯，均不成立犯罪（不可罚）；如果教唆者所唆使的行为是可能导致结果发生的未遂犯，而被教唆者按教唆者的教唆所实施的行为仍具有导致结果发生的危险性，则应以教唆犯论处，也就是具有可罚性。④

在笔者看来，未遂教唆是以教唆者相信被教唆者不可能引起危害结果发生（不可能既遂）为成立条件的，也正因为其既不希望也未放任自己的教唆行为引起危害结果发生，而不能认定其有此种犯罪的故意；并且，教唆者唆使他人犯罪的危害结果没有发生，是未遂教唆的典型形态。在这种场合，由于教唆者既无犯罪故意，又未引起危害结果的发生，自然也就不必对其予以定罪处罚。问题在于，"如果被教唆者按照教唆者教唆的内容所实施的行为仍然具有导致结果发生的危险性，则难以否认教唆者具有犯

---

① 陈子平. 刑法总论. 4版. 台北：元照出版有限公司，2017：603.
② 阮齐林，耿佳宁. 中国刑法总论. 北京：中国政法大学出版社，2019：248.
③ 黎宏. 刑法学总论. 2版. 北京：法律出版社，2016：300.
④ 张明楷. 刑法学. 6版. 北京：法律出版社，2021：562-563.

罪故意","如甲教唆乙杀害丙,同时将丙可能被杀害的事实告知丙,让丙穿好防弹衣。在这种情况下,乙仍然可能杀害丙,不能排除甲具有放任丙死亡的态度"①。只不过,这种教唆者若认识到自己的教唆行为有导致结果发生的危害性,并对此种结果的发生持放任态度,则不属于未遂教唆的情形,应认定其有教唆的故意,且有与被教唆者共同犯罪的共同故意,当然不影响共同犯罪的教唆犯的成立,无疑应对其予以定罪处罚。

　　与"未遂教唆"相关的所谓"陷害教唆"(或"陷阱教唆")的概念,在我国的刑法学论著中也被广泛使用,多数论者似乎将二者视为同义。但实际上二者是有差别的概念,不应等同。"'未遂教唆'专指教唆人自始意图使被教唆人之犯罪终了于未遂之阶段而为教唆之情况,'陷害教唆'则除了教唆人仅有未遂之认识(未遂教唆)外,尚包含教唆人具有某程度既遂认识之情况,即包含教唆者有使正犯达于既遂之认识的情况。"例如,教唆对方贩卖毒品或枪支,同时报警,使之在交易时当场被抓捕的,就是"陷害教唆"的适例。"由于毒品或枪支已经交付给买受人,即已经在买受人实力支配之下而既遂,因此陷害教唆之教唆者并非毫无既遂的认识"②。只不过这种"陷害教唆"的教唆者有无与被教唆者共同犯罪的共同故意,是按我国刑法的规定应重点讨论的问题,也是对这种陷害教唆者能否认定为共同犯罪的教唆犯的关键所在。笔者认为,教唆他人贩卖毒品或枪支,同时又报警将对方当场抓捕之类的"陷害教唆"案件,表面上(或形式上)已既遂,但实质上由于毒品或枪支并未流向社会,危害结果最终得以避免,要认定行为人对该种结果的发生持希望或放任态度,从而肯定其与被教唆者之间有共同犯罪故意,难以令人信服。但在这类案件中,有的可能存在发生实质的危害结果的危险性,甚至实质的危害结果已经发生,如购买者已携带毒品或枪支逃离,警察始终未将其抓到。由于教唆者对此可能已有预见,不排除其对实质的危害结果的发生是持放任态度,因而可认定其与被教唆者之间存在共同犯罪的故意,成立共同犯罪、予以定罪处罚。

　　另有一种与"陷害教唆"相似的"诱捕侦查"(俗称"钓鱼"),具有一定的特殊性,应予特殊对待。所谓"诱捕侦查",是指对于原已犯罪或

---

① 张明楷.刑法学.6版.北京:法律出版社,2021:563.
② 陈子平.刑法总论.4版.台北:元照出版有限公司,2017:602.

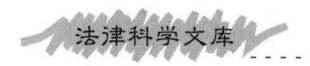

具有犯罪故意的人，以设计引诱之方式，迎合其要求，使其暴露犯罪事实，再加以抓捕或予以查处。这种"诱捕侦查"措施，在侦办毒品犯罪等特殊犯罪案件中，有可能被办案警察所采用。一般认为，警察实施这种诱捕行为，并非是基于无故使人入罪的教唆犯意，也不是使人产生犯罪决意的行为，而纯粹是侦查犯罪的技巧，并且有保障人权及维护公共利益的必要性，因此，只要不违反正当法定程序，原则上应当允许。而"陷害教唆"的被教唆者原本无犯罪的故意，只是由于教唆者所设计的圈套，其才萌生犯意，进而实施犯罪构成要件的行为。可见，这种教唆者是基于恶意而实施的不正当的行为，有可能构成犯罪并受刑事处罚。①

最后还有必要一提的是，在未遂教唆的场合，教唆者确信不会发生的危害结果通常并不会发生，但是，也有由于某种偶然因素的出现，最终发生危害结果的例外情形。例如，A 确信在自己采取防止措施之后，甲不可能被 B 杀害，A 在这种心理状态下教唆 B 杀甲，却因防止失败，致甲被杀害。在这种场合，对教唆者如何处理，日本刑法学界由于对未遂教唆是否可罚以及是否承认"过失的教唆"有不同认识，因而结论很不一致。有的认为，成立杀人未遂罪之教唆与过失致死罪之教唆的想象竞合；另有的认为，仅成立杀人未遂罪的教唆犯；也有的认为成立过失致死罪的教唆犯；还有的认为成立过失致死罪的正犯。② 笔者认为，在这种场合，教唆者虽然唆使他人去实施侵害行为，但确信被教唆者不可能引起危害结果的发生，正如前文所述，因其缺乏教唆的双重故意而不能成立教唆犯。只不过由于教唆者的教唆行为，引起被教唆者的实行行为导致了危害结果的发生，教唆者无疑要对危害结果承担法律责任。按单一正犯的解释论，对数人参与犯罪的情形，采取与单个人犯罪同样的定罪规则，就上述 A 教唆 B 杀甲的案件而论，B 基于故意杀害了甲，无疑应定故意杀人罪，A 因对自己的教唆行为会引起甲的死亡仅有过失，而成立过失致人死亡罪。

（四）教唆未遂与共犯教唆犯的未遂

如前所述，我国刑法规定有两种教唆犯：一是刑法第 29 条第 1 款规定的被教唆人犯了被教唆的罪，双方成立共同犯罪的教唆犯（简称为"共犯教唆犯"）；二是刑法第 29 条第 2 款规定的被教唆的人没有犯被教唆的

---

① 陈子平. 刑法总论. 4 版. 台北：元照出版有限公司，2017：606.
② 同①610 - 611.

罪，双方不构成共同犯罪的教唆犯（简称为"单独犯的教唆犯"或"单独教唆犯"）。由于教唆犯的特点是自己不直接实行犯罪，而是唆使或利用他人去实行犯罪，因此，作为犯罪未完成形态的教唆犯的未遂，也应以被教唆人已实行其所教唆的罪而未达到既遂状态为标志。在单独犯的教唆犯的场合，因被教唆的人没有犯被教唆的罪，对教唆犯来说，不存在已着手实行犯罪而未既遂的问题，从而也不可能成立未遂犯，只可能成立预备犯。只有在教唆犯与被教唆人成立共同犯罪的情况下，教唆犯才有可能成立未遂犯。

共犯教唆犯的未遂，是指被教唆人已着手实行被教唆之罪但未既遂的情形。如前所述，被教唆的人接受教唆已产生犯罪的决意并开始实施为犯罪做准备的行为，标志着教唆犯与被教唆人之间已形成共同犯罪关系，应根据其在共同犯罪中所起作用的大小，认定为主犯或从犯给予相应的处罚。至于教唆犯是犯罪既遂还是犯罪未遂、犯罪预备或犯罪中止，原则上要以被教唆人的行为所处的状态作为认定的标准。被教唆人犯被教唆之罪并已既遂的，教唆犯无疑也是犯罪既遂；被教唆人已着手实行被教唆之罪但由于意志以外的原因而未得逞的，教唆犯与被教唆人均属于犯罪未遂；被教唆人尚未着手实行犯罪，其行为停顿在犯罪预备状态的，教唆犯属于预备犯；被教唆人自动中止犯罪的，如果是在预备阶段中止，教唆犯属于预备犯，如果是在实行阶段中止，则教唆犯成立未遂犯；教唆犯自动放弃犯罪并自动有效地防止犯罪结果发生的，可以单方面成立犯罪中止，在被教唆人也自动中止犯罪时，则双方均成立犯罪中止。对共同犯罪中的教唆犯有犯罪未遂、犯罪预备或犯罪中止情节的，除了要根据刑法第29条的规定，认定其为主犯或从犯，适用刑法第26条（主犯）或第27条（从犯）之规定的同时，还得适用刑法对未遂犯（第23条第2款）、预备犯（第22条第2款）或中止犯（第24条第2款）之规定予以处罚。

共犯教唆犯的未遂与教唆未遂有明显的不同。如前所述，教唆未遂，是指被教唆的人没有犯被教唆之罪的情形。之所以称之为"教唆未遂"，或许是因为其教唆他人去犯罪但他人并未犯其所教唆的罪，其教唆未成功即目的未达到，是从此种含义而言的"未遂"，并非是从犯罪未完成形态（被迫停顿在实行状态）而言的"犯罪未遂"。"这种不成功的教唆（教唆未遂）在刑法上被看成是为实施犯罪创造条件，所以定为预备犯罪（刑法典［指俄罗斯刑法典——笔者注］第 34 条第 5 款）"①，即处于犯罪预备状态，构成预备犯。而共犯教唆犯的未遂，是从犯罪未完成形态而言的"未遂"，是指被教唆人已着手实行其所教唆之罪而未既遂的情形。从某种程度上说，这种教唆犯的"教唆自身是成功的（被教唆人犯了被教唆的罪），只是被教唆人实行犯罪的未遂"②。这正是两者相区别的关键所在。

四、教唆犯的认定

司法实践中认定教唆犯时，应特别注意以下几方面的问题。

1. 我国认定教唆犯与德、日认定教唆犯的宗旨不同。因为德、日刑法采取区分正犯与共犯的区分制体系，认定参与者为教唆犯，对其定罪和处罚均具有重要意义。就定罪而言，由于教唆犯是共犯的一种，其定罪要受共犯从属性的制约，在被教唆者尚未实行犯罪的条件下，教唆犯不成立，即对教唆者不能定罪处罚。而正犯（含间接正犯）的定罪，不受此限制。正因为如此，教唆十二三岁接近法定负刑事年龄的人犯罪，被教唆者未实行犯罪的，是认定为教唆犯还是间接正犯，决定着教唆者是否构成犯罪。就处罚来说，对教唆犯是按正犯之刑处罚，而对帮助犯是按正犯之刑减轻处罚，因此，认定行为人是教唆犯还是帮助犯，在处罚轻重上会产生很大差异。但在我国，由于刑法采取不区分正犯与共犯的单一正犯体系，认定行为人为教唆犯还是间接实行犯或帮助犯，对其定罪不会产生多大影响。因为按单一正犯的解释论，刑法分则规定的构成要件行为，大多包含实行行为、教唆行为和帮助行为等侵害法益的行为，行为形式的差异不会对定罪产生直接影响。另外，认定行为人为教唆犯还是实行犯或帮助犯，不会直接导致其处罚轻重出现差异。因为按我国刑法的规定，对包含教唆犯在内的所有共同犯罪人，都是根据其在共同犯罪中所起作用的大小，分为主犯与从犯，给予轻重不同的处罚，不会出现像德、日那样，认定为教唆犯就会比认定为帮助犯处罚重得多的现象。正因为在我国认定行为人为教唆犯还是实行犯或帮助犯，对其定罪和处罚不会有多大差异，所以并无

---

① 库兹涅佐娃，佳日科娃. 俄罗斯刑法教程（总论）：上卷·犯罪论. 黄道秀，译. 北京：中国法制出版社，2002：403.

② 阮齐林，耿佳宁. 中国刑法总论. 北京：中国政法大学出版社，2019：249.

严格加以区分的必要，更不必套用德、日认定教唆犯和区分正犯与共犯（教唆犯和帮助犯）的方式方法。不过，也有一种例外的情形：在"被教唆的人没有犯被教唆的罪"的场合，教唆犯本来属于预备犯，我国刑法却采取了与未遂犯相同的较为严厉的处罚原则；但对"被帮助的人没有犯被帮助的罪"，没有这样的处罚规定。如果行为人被认定为帮助犯，且"被帮助的人没有犯被帮助的罪"，那就应适用刑法关于预备犯的处罚规定予以处罚，自然也就会比认定为教唆犯处罚轻。至于说我国刑法有"教唆不满十八周岁的人犯罪的，应当从重处罚"的规定，但对帮助犯并无类似规定，那么，将教唆犯认定为帮助犯，且属于"帮助不满十八周岁的人犯罪的"情形，这是否就意味着对其不应当从重处罚、处罚结果肯定会轻呢？毋庸讳言，若认定为教唆犯，那就具备了一个法定的从重处罚情节，但认定为帮助犯，在司法实践中，也同样会将"帮助不满十八周岁的人犯罪"，作为一个从重处罚情节，只不过这是一种酌定情节而已，最终的处罚结果则是相同的。

2. 对教唆犯，应当按照他所教唆的罪定罪，而不能笼统定教唆罪。并且，在单一正犯体系之下，教唆犯、帮助犯和共同实行犯的定罪，采取与单个人犯罪基本相同的定罪规则。例如，教唆他人犯杀人罪的，对教唆犯要与单个人犯故意杀人罪一样来认定，即客观上要有符合构成要件的杀人行为，只不过对作为构成要件的杀人行为，单一正犯论认为，不限于实行杀人的行为，还包含教唆杀人、帮助杀人等侵害人生命法益的行为，主观上还必须有杀人的故意。正如前文所述，对教唆杀人来说，其故意的内容不仅要有唆使他人杀人的意思，而且要对自己的教唆行为会引起他人去实行杀人，并导致被害人死亡结果的发生持希望或放任态度。教唆犯罪与单个人犯罪最大的不同在于，单个人犯罪的结果是由行为人直接引起的，而教唆犯罪的结果只能通过实行犯引起，因而教唆行为引起犯罪结果发生具有一定的间接性。在认定教唆犯是否应对被教唆人直接引起的结果负责时，应重点考察教唆行为与结果之间是否存在因果关系。一般来说，教唆犯只对与自己的教唆行为具有心理因果性的结果承担责任。例如，甲教唆乙杀害A，乙在寻找A的过程中遇见自己的仇人B，进而杀害B的。由于甲的教唆行为与B的死亡结果之间不存在因果关系，甲不应对B的死亡结果负责，仅因乙已开始实施杀害A的预备行为，甲成为共同犯罪的教唆

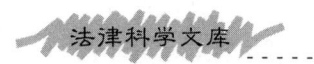

犯，故甲应负杀人预备的责任。①

3. 被教唆人在实施犯罪的过程中出现主观上的认识错误时，认定教唆犯属于何种类型以及对危害结果是否承担责任，具有相当的复杂性。其中，最常见的有以下两种类型。

(1) 被教唆人误解了教唆犯的教唆意思。例如，X 教唆 Y 杀害自己的仇人 Z，尽管 X 说得很明确具体，但 Y 因粗心大意，误以为 X 指使其强奸 Z 的女儿，因而强奸了 Z 的女儿。此例之中，对 Y 无疑应按强奸罪定罪处罚，但不能将 X 认定为强奸罪的教唆犯。因为 X 并无唆使 Y 强奸 Z 的女儿的故意，相反，X 有唆使 Y 杀害 Z 的故意，两人犯罪故意的内容不同，不可能有共同故意，从而也不可能构成共同犯罪。应对两人分别按不同的罪定罪处罚，认定 X 成立故意杀人罪的单独犯的教唆犯，即属于我国刑法第 29 条第 2 款规定的"被教唆的人没有犯被教唆的罪"的情形。

(2) 被教唆人误认了侵害对象。例如，A 唆使 B 杀 X，并说明了 X 的容貌，B 在寻找 X 之时，将容貌相似的 Y 误认为是 X 而予以杀害。在这种场合，由于 B 接受了 A 的教唆产生了杀人的决意，并按 A 的意思实施了杀人行为，A 与 B 之间已形成杀人的共同故意，并在这种共同故意的支配下实施了杀人的行为，双方无疑构成故意杀人的共同犯罪，A 当然就是这种共同犯罪的教唆犯。只不过由于 B 误认 Y 为 X，A 意欲杀害的 X 未被杀害，是 A 本来不想杀害的 Y 被杀害了。对被教唆人 B 来说，这种认识错误是典型的对象错误（或客体错误），由于是发生在同一构成要件范围内，按中外刑法理论界的通说，都不影响故意既遂犯的成立，对 B 无疑要按杀人（既遂）来定罪处罚。对教唆犯 A 而言，同样存在其主观上认识的事实与实际发生的事实不一致（认识错误或事实错误）的问题，那么，这种认识错误属于何种性质的错误呢？德、日刑法学界对此认识不一，有的认为是客体错误（或对象错误），也有的认为是打击错误（或方法错误）。② 其中，前者即认为是客体错误的主张在德国处于支配地位。③ 德、日的通说都认为，同一构成要件范围内的客体错误不阻却故意，即对

---

① 张明楷. 刑法学：上. 5 版. 北京：法律出版社，2021：563.
② 金德霍伊泽尔. 刑法总论教科书：第六版. 蔡桂生，译. 北京：北京大学出版社，2015：446；山中敬一. 刑法总论. 3 版. 东京：成文堂，2015：1014.
③ 金德霍伊泽尔. 刑法总论教科书：第六版. 蔡桂生，译. 北京：北京大学出版社，2015：446.

实际被杀害的人构成杀人既遂罪；但同一构成要件范围内的打击错误，德国的通说认为阻却故意，即对实际上被杀害的人成立过失致死罪，对意欲杀害的人成立杀人未遂罪，两罪之间存在想象竞合关系。日本也有不少学者持此种主张。如果采取德国的这种通说，并认为被教唆人发生客体错误时，教唆犯是打击错误，那就意味着上述案件中的 A 作为教唆犯，对被教唆人 B 所杀害的 Y 仅承担过失致死罪的责任，对其教唆 B 去杀害的 X 成立杀人未遂罪。由于日本"没有像德国刑法第 30 条那样教唆未遂的处罚规定，前述事例中教唆者 A 的罪责，应当解释为杀人预备的教唆和过失致死的正犯"①。并且，"如果把被教唆人的客体错误，视为教唆人的打击错误，则在刑法不处罚'未遂教唆'（指教唆未遂——笔者注）也不处罚过失犯的情形下，教唆人可以说完全不需负任何刑责，此无异会形成处罚上的漏洞"②。按我国刑法的规定虽然不会出现这样的问题，但有可能会带来处罚不均衡的问题。因为教唆者 A 和被教唆者 B 构成共同犯罪，应当按照他们在共同犯罪中所起的作用，分别认定为主犯或从犯来予以处罚。例如，A 用重金引诱雇佣从未犯过罪的 B 去杀自己的仇人 X，B 与 X 不相识，加上 X 的同胞兄弟 Y 与 X 外貌十分相似，B 实际杀害了 Y。在这种情况下，A 在共同犯罪中所起的作用明显大于 B，应认定为主犯，处罚也应比 B 重，至少不能比 B 处罚轻，但将被教唆者 B 认定为对象错误，成立故意杀人既遂罪，把 A 认定为打击错误，构成故意杀人未遂罪与过失致死罪，按想象数罪处理的结果是以故意杀人未遂罪定罪处罚，完全有可能比 B 的处罚还轻，这当然不具有公平合理性。

在笔者看来，被教唆者出现对象错误时，对教唆者也同样应以对象错误而不能按打击错误来处理。一般来说，对象错误与打击错误区分的关键在于行为人所预见的直接引起危害结果发生的行为的指向，即行为指向的对象与行为人意欲侵害的对象一致，但因行为发生偏差所引起的结果与行为人的认识不符时，是打击错误；行为指向的对象与行为人意欲侵害的对象不一时，则为对象错误。教唆犯罪的特殊性在于，被害对象大多不在教

---

① 西田典之. 共犯理论的展开. 江溯，李世阳，译. 北京：中国法制出版社，2017：372.

② 王皇玉. 教唆与客体错误//许泽天，等. 教唆犯. 台北：元照出版有限公司，2019：42.

唆者的眼前，若以发出教唆信息时教唆犯的认识作为判断的基准，由于其教唆行为的指向即唆使对方予以侵害的对象并未弄错，因而往往会得出是打击错误的结论。但刑法中的故意要求行为人对自己的行为会引起危害结果的发生必须有认识，所以，以行为人所预见的直接引起危害结果发生的行为的指向，作为打击错误与对象错误区分的标准才合适。而教唆犯的特点是通过被教唆人的行为直接引起危害结果发生，教唆行为并不能单独直接引起危害结果的发生，因此在判断教唆犯的认识错误性质时，应该以直接引起危害结果发生的被教唆人的实行行为的指向作为认定的基础。由于被教唆者认错了人误把第三者当作要杀害的人予以杀害，这显然是对象错误，也就是说被教唆人与教唆犯都应该被认定为对象错误，并非是教唆犯为打击错误、仅有被教唆人是对象错误。如果被教唆人实行杀人行为的指向正确，但由于行为出现偏差误杀了第三者，则被教唆人与教唆犯的错误均属于打击错误。①

4. 要把教唆犯与传授犯罪方法罪区分开来。我国刑法第 295 条规定的传授犯罪方法罪，是指故意用语言、文字、动作等向他人传授实施犯罪的技术、步骤或方法的行为。传授犯罪方法罪与教唆犯最大的不同在于，传授犯罪方法罪是一个具体罪名，当然是一种独立的犯罪，且有独立的法定刑；而教唆犯并非一个具体罪名，也不是一种独立的犯罪，自然也没有独立的法定刑。教唆犯大多与被教唆者构成共同犯罪，即大多为共犯的教唆犯，虽然也有与被教唆者不构成共同犯罪的单独犯的教唆犯，但这种教唆犯是以其有与被教唆者共同犯罪的意图为成立的前提条件的；而传授犯罪方法者大多并无与被传授者共同去实施犯罪的意图，即使被传授者按照其所传授的方法实施了犯罪，两者也不一定成立共同犯罪。另外，两者的客观行为与故意内容也不相同。传授犯罪方法罪的行为表现为向他人传授实施犯罪的手段或技艺，教唆犯的行为表现为唆使他人产生犯罪决意。传授犯罪方法罪的故意表现为明知是实施犯罪的手段或技艺，若他人掌握之后就有可能用来实施犯罪而故意加以传授，且只能是同一种特定犯罪（传授犯罪方法罪）的故意；教唆犯的故意则表现为唆使他人实施特定犯罪，并对其实施的犯罪行为及其引起的危害结果持希望或放任态度，由于被教唆的犯罪可能多种多样，因而教唆犯的故意也可能是各种不同犯罪的

---

① 刘明祥. 论具体的打击错误. 中外法学, 2014 (2): 391-392.

故意。

问题在于，当行为人向对方传授犯罪方法后，接着又唆使其利用其传授的犯罪方法去实行此种犯罪的，或者先唆使其实施某种犯罪后，又接着向其传授实施此种犯罪的方法的，并且，在"传授犯罪方法的过程当中，极有可能出现由于传授犯罪方法而引起他人的犯罪意图，或者让已经有犯罪念头的人由于掌握了某种犯罪方法而强化其犯罪意图的情形"①，也就是出现两者相结合或相竞合的现象，对此，我国刑法学者大多主张，原则上应从一重罪处罚。② 至于具体理由，则有所不同。有的认为这属于牵连犯，有的认为这属于吸收犯，还有的认为这属于想象竞合犯。③ 笔者赞成最后一种主张。因为在这种场合，传授犯罪方法的行为和教唆行为实际上是交融在一起的，即便是两种行为表面上有先后顺序，如先传授犯罪方法，尔后教唆对方用这种方法去实施犯罪，其先行的传授犯罪方法的行为，无疑对其后行的教唆行为有促进或强化作用，如果没有其传授的犯罪方法作为基础，对方可能难以产生犯罪的决意，反过来，对方产生犯罪决意进而用来实施犯罪，也进一步验证了其传授的犯罪方法的有用性或有效性。正因为两种行为有内在联系、不能截然分开，所以，应视为一行为触犯数罪名的想象竞合犯，按从一重罪处罚的原则处理即可，而不能实行数罪并罚。但如果是分别对不同的人实施教唆行为与传授犯罪方法的行为，或者向同一人教唆犯此罪而传授实施彼罪的犯罪方法，则由于两种行为无内在联系而具有相对独立性，因此，应按其所教唆的罪与传授犯罪方法罪实行数罪并罚。

五、教唆犯的处罚

我国刑法第 29 条对教唆犯规定了以下三项处罚原则。

1."教唆他人犯罪的，应当按照他在共同犯罪中所起的作用处罚。"我国的通说认为，这是第 29 条第 1 款对被教唆的人犯了被教唆的罪时，处罚教唆犯的原则规定。所谓被教唆的人犯了被教唆的罪，是指被教唆的人按教唆犯的教唆，已进行犯罪预备或已着手实行犯罪的情形。至于其犯

---

① 黎宏. 刑法学各论. 2 版. 北京：法律出版社，2016：386.
② 张明楷. 刑法学. 6 版. 北京：法律出版社，2021：1409.
③ 陈兴良. 刑法适用总论：上卷. 北京：法律出版社，1999：557 - 558.

罪是处于预备、未遂、中止还是既遂状态，均在犯了被教唆的罪之列。在这种情况下，教唆犯与被教唆人构成共同犯罪。如前所述，这种教唆犯被称为共同犯罪的教唆犯（或共犯的教唆犯）。对其处罚，上述"条文既没有规定'处以正犯之刑'，也没有规定'按所教唆的罪处罚'，而是规定按'所起的作用处罚'……说明对教唆犯的处罚，不是以实行犯为转移，而是独立地依照教唆犯自身在共同犯罪中所起的作用的大小为转移。教唆犯所起的作用如果比实行犯大，教唆犯就作为主犯处罚；反之，就作为从犯处罚"①。可见，我国刑法对教唆犯所采取的处罚原则，明显不同于德、日等国刑法的规定。德、日等采取区分制体系的刑法，以正犯为犯罪的核心人物，并以正犯的刑罚作为处罚犯罪参与者的基准刑，教唆犯作为共犯的一种类型，地位低于正犯，但仍"以正犯之刑"予以处罚，只不过在司法实务中，对教唆犯的处罚大多会比正犯的轻一点，也可以与正犯的处罚轻重相同，却不可以比正犯的处罚还重。而我国刑法对教唆犯的处罚与对实行犯、帮助犯的处罚采取同样的原则，即根据其在共同犯罪中所起作用的大小，分为主犯与从犯，给予轻重不同的处罚。教唆犯可能成为从犯，处以比被认定为主犯的实行犯轻的刑罚；也可能与实行犯都被认定为主犯，处相同的刑罚；还可能是教唆犯为主犯，处以比被认定为从犯的实行犯（正犯）更重的刑罚，这与德、日刑法对教唆犯的处罚规定完全不同。这正好从一个侧面表明我国刑法不是采取区分正犯与共犯的区分制体系。

一般认为："教唆犯是犯意的发起者，没有教唆犯的教唆，实行犯就没有犯罪故意，也就不会有该种犯罪发生。因而教唆犯在共同犯罪中通常起主要作用……所以审判实践对教唆犯一般都作为主犯处罚。"② 在刑法修订研拟的过程中，有多个"刑法修订草案均曾明确规定，教唆他人犯罪的，不是按照其在共同犯罪中的作用而是直接按照共同犯罪中的主犯处罚。……学者们普遍认为，从实践中看，教唆犯不一定都是主犯，一律按照主犯处罚，是不合理的。有鉴于此……立法机关又将其改回'按照他在共同犯罪中所起的作用处罚'，并一直维持到新刑法典通过"③。对这种通

---

① 马克昌．犯罪通论．3版．武汉：武汉大学出版社，1999：561.
② 高铭暄，马克昌．刑法学．10版．北京：北京大学出版社，2022：177.
③ 高铭暄．中华人民共和国刑法的孕育诞生和发展完善．北京：北京大学出版社，2012：209.

说和司法实践中的做法,有论者持否定态度,认为:"正犯(被教唆的实行犯——笔者注)才是对犯罪有功能性支配的人,教唆犯并不能产生这种支配效果,在共同犯罪中所起的作用一般会低于正犯。所以,比较合理的观点应当与现行做法相反,即教唆犯通常是从犯,只有在特殊情况下才是主犯。"① 笔者赞成通说和司法实践中的做法,不主张反过来,把教唆犯通常认定为从犯,例外才认定为主犯。因为我国刑法规定,"对于从犯,应当从轻、减轻处罚或者免除处罚",如果适用这一规定来处罚教唆犯,不仅与我国传统的"造意为首",即对作为造意者的教唆犯应视为主犯予以从重处罚的观念不符,而且与国外刑法处罚教唆犯的原则相悖。如前所述,采取区分制的德、日刑法和区分制的解释论,虽将正犯视为犯罪的核心人物,作为共犯的教唆犯和帮助犯是犯罪的从属者,原则上对正犯处罚重、共犯处罚轻,但对教唆犯的处罚是"与正犯相同"或者"判处正犯的刑罚",而不是与另一种共犯即帮助犯一样,"按正犯之刑予以减轻",也就是说,即便是采取区分制,对教唆犯的处罚,至少从刑法的规定来看,是与正犯相同,并不比正犯轻。特别值得一提的是,在日本,判例认定的共同正犯案件中,共谋共同正犯占相当大的比例,参与共谋而不直接实行犯罪的幕后操纵者,大多属于教唆犯,认定为教唆犯也可与正犯处相同的刑罚,但考虑到毕竟在观念或评价上比正犯低一个档次,因而将其认定为共谋共同正犯,提升至正犯的位置,作更严厉的否定评价。德国的司法实务中也存在类似现象。由此可见,在德、日,对教唆他人犯罪的教唆者,无论是对其在犯罪中所处地位的评价,还是给予处罚的轻重,都与正犯相当。如果把我国刑法中的教唆犯原则上认定为从犯(例外才认定为主犯),不仅与采取区分制的德、日对教唆犯所处地位的评价以及所给予的处罚不相称,而且与我国刑法采取的单一正犯体系不协调。因为按单一正犯的解释论,并非只有实施实行行为者才对犯罪起支配作用,实施教唆行为者就不能对犯罪起支配作用,相反,犯意的发起是犯罪产生的源头,如果没有教唆犯发起犯意,实行犯就不会产生犯罪的决意,从而就不会去实行犯罪,侵害法益的犯罪事实也就不会出现。正因为如此,教唆犯对犯罪的贡献或所起的作用通常并不比实行犯的小,按单一正犯的处罚原则,对教唆犯的处罚原则上也不应比实行犯的轻,这正是通常要将其作为主犯认定的

---

① 周光权.刑法总论.4版.北京:中国人民大学出版社,2021:377.

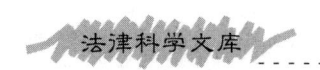

原因所在。

至于在哪些特殊情况下，要将教唆犯认定为共同犯罪中的从犯，是有关教唆犯的处罚所应重点研究或思考的问题。根据我国刑法第 27 条的规定，"在共同犯罪中起次要或者辅助作用的，是从犯"。如前所述，被胁迫参加犯罪的胁从犯，是从犯的一种特殊类型。"在个别特殊情况下，教唆犯也可能是胁从犯"①，即在别人的胁迫之下去教唆他人犯罪的，应以胁从犯论处，适用刑法第 28 条的规定，"应当按照他的犯罪情节减轻处罚或者免除处罚"。教唆犯在共同犯罪中仅起"辅助作用"的情形也相对少一些，通常表现为教唆他人帮助别人犯罪或者教唆他人从事共同犯罪中的辅助性活动。例如，某公司的老板甲在自己的办公室内要强奸一女工，被害女工强烈反抗，在室外的乙得知后，教唆丙进去帮一下甲，丙进去后，帮忙按压住被害女工的双手，使甲得以强奸既遂。此例之中，作为教唆犯的乙就属于在强奸共同犯罪中起辅助作用者，应认定为从犯。教唆犯中的从犯大多是在共同犯罪中起次要作用者，认定其不是起主要作用仅起次要作用的依据，主要是其教唆犯罪的事实。而教唆犯所采取的教唆他人犯罪的方法或手段，是教唆犯罪事实的重要组成部分，对于判断其在共同犯罪中是起次要作用还是主要作用有重要意义。一般来说，"教唆方法比较恶劣，对被教唆人影响力大的，应视为起主要作用，以主犯论处；教唆方法比较缓和，对被教唆的人影响力不大，且综合其他犯罪情节，在共同犯罪中不起主要作用的，应以从犯论处"。在教唆方法中，"利诱、嘱托、胁迫、欺骗、刺激等方法属于比较恶劣的教唆方法"，采用这些方法教唆他人犯罪的，通常是在共同犯罪中起主要作用者，应认定为主犯。而"劝说、请求、挑拨、怂恿、授意属于比较缓和的教唆方法。在劝说的情况下，教唆犯是以开导、说服的形式进行教唆的，被教唆的人是否接受教唆，具有相当大的选择自由……在请求的情况下，教唆犯陈述理由，要求他人实施犯罪，是否接受教唆的决定权也在被教唆的人……在挑拨的情况下，教唆犯利用某些矛盾并且激化这种矛盾，使被教唆的人走上犯罪道路……在怂恿的情况下，教唆犯是鼓励、放纵他人去犯罪，这往往是以被教唆的人有一定犯罪动机或者犯罪意识为前提的"②。因此，采用这几种方法教唆他人

---

① 张明楷. 刑法学. 6 版. 北京：法律出版社，2021：612.
② 陈兴良. 刑法适用总论. 北京：法律出版社，1999：559-560.

犯罪的，对犯罪的发生所起的作用通常比较小，从而应当认定为在共同犯罪中起次要作用的从犯。

另外，教唆的次数、教唆的对象、教唆的内容，也是认定教唆犯在共同犯罪中所起的作用时应予考察的因素。就教唆的次数而言，对某人教唆一次与教唆多次，在情节上就有较大的差别，教唆一次对方不接受，又多次教唆终于使对方产生犯罪决意，这充分说明教唆犯对被教唆的人所实行的犯罪发挥了支配性的作用，自然是主犯而不可能是从犯。就教唆的对象来说，如果是教唆刚达到负刑事责任年龄的人去犯罪，由于这种未成年人的辨认和控制自己行为的能力较弱，容易走上犯罪道路，教唆这种对象犯罪，大多不能被认定为从犯。教唆有多次犯同种罪之前科的人去犯以前犯过的罪，与教唆从未犯过罪的守法公民去犯罪，在情节上也有较大差异，前一种教唆犯对被教唆人所实施的犯罪的作用相对较小，在通常情形下，可以认定为从犯；后一种教唆犯大多要被认定为主犯。就教唆的内容而论，情况要复杂一些。有些教唆犯教唆的内容比较简单，只是引起对方的犯意；也有些教唆犯教唆的内容较为详细或具体，甚至连作案的手段、逃离现场的路径等都作了交代。前者有可能被认定为从犯，后者大多不能被认定为从犯。此外，作案的手段是说明有些犯罪的恶性程度的重要因素，如采用残忍的手段杀人与采用通常手段杀人，在恶性程度上就有较大差异。如果教唆犯只是教唆对方采用通常的手段去杀被害人，但被教唆人为了发泄自己的仇恨，采用极其残忍的手段去杀害了被害人，在这样的共同杀人犯罪案件中，被教唆人所起的作用就明显大于教唆犯，对教唆犯可认定为从犯。

还有必要说明的是，在被教唆的人只是实施了犯罪预备行为，但由于意志以外的原因而未能着手实行犯罪，或者已着手实行犯罪由于意志以外的原因而未得逞的，即被教唆的人构成了被教唆之罪的预备犯或未遂犯的场合，教唆犯与被教唆人成立共同犯罪，对教唆犯在适用刑法第29条第1款之规定的同时，还应分别适用刑法第22条第2款（对预备犯的处罚规定）或第23条第2款（对未遂犯的处罚规定）。被教唆的人在犯罪预备阶段或着手实行犯罪阶段自动中止犯罪，成立中止犯的，双方同样构成共同犯罪，只不过对教唆犯不能适用中止犯的规定，在对其适用刑法第29条第1款的同时，仍应分别适用第22条第2款或第23条第2款。在教唆犯与被教唆人成立共同犯罪的场合，无论教唆犯单方面中止犯罪还是与被教唆人均中止犯罪，对教唆犯都应同时适用第29条第1款和第24条第2款

（对中止犯的处罚规定）。

2."教唆不满十八周岁的人犯罪的，应当从重处罚。"我国刑法学界过去有一种观点认为，教唆不满 18 周岁的人犯罪之所以应当从重处罚，是因为这种行为本身就表明教唆犯在这一共同犯罪中起主要作用，是主犯。① 按照这种观点，由于刑法规定教唆不满 18 周岁的人犯罪者，都应当从重处罚，那么，这种教唆犯就都是主犯，也就是说教唆不满 18 周岁的人犯罪的教唆犯，不可能是从犯。可是，我国刑法并无这样的规定。虽然在司法实践中，教唆不满 18 周岁的人犯罪的教唆犯大多是主犯，但也有属于从犯的情形。并且，按刑法第 29 条第 1 款的规定，"教唆他人犯罪的，应当按照他在共同犯罪中所起的作用处罚"，教唆不满 18 周岁的人犯罪也不应例外，同样应当根据其所起作用的大小分为主犯或从犯，然后确定是在主犯的基础上从重，还是在从犯的基础上从重。现在我国刑法学界对这一问题已达成共识，公认为教唆不满 18 周岁的人犯罪之所以应当从重处罚，是因为以这种未成年人作为教唆对象，"既说明行为人的非难可能性严重，又说明教唆行为本身的腐蚀性大，危害程度严重，理应从重处罚"②。

一般认为，教唆不满 18 周岁的人犯罪，既可能是对方已犯了被教唆的罪，即双方成立共同犯罪，教唆犯属于共犯的教唆犯；也可能是对方没有犯被教唆的罪，教唆犯属于单独教唆犯的情形。既包括教唆已满 16 周岁不满 18 周岁的人犯任何罪；也包含教唆已满 14 周岁不满 16 周岁的人犯故意杀人、故意伤害致人重伤或者死亡、强奸、抢劫、贩卖毒品、放火、爆炸、投放危险物质罪的情形；甚至包括教唆"已满十二周岁不满十四周岁的人，犯故意杀人、故意伤害罪，致人死亡或者以特别残忍手段致人重伤造成严重残疾，情节恶劣，经最高人民检察院核准追诉的，应当负刑事责任"（刑法第 17 条第 3 款规定）的情形。

至于刑法第 29 条中的"不满十八周岁的人"是否包括没有达到法定负刑事责任年龄的人，我国刑法学界有肯定与否定两种对立的主张。肯定说认为，该条中的"'不满十八周岁的人'包括没有达到法定年龄的人。

---

① 魏克家. 试论教唆犯的几个问题//刑法学论集. 北京：北京市法学会，1983：144.

② 张明楷. 刑法学. 6 版. 北京：法律出版社，2021：612.

如教唆 13 岁的人犯罪的，应当从重处罚"①。但否定说认为，"'教唆'未达刑事责任年龄者实施犯罪，不能构成教唆犯，应当按照间接正犯（在实践上即按照实行犯）处理"，也就是不属于该条中的"教唆不满十八周岁的人犯罪"的情形。② 否定说是我国的通说。笔者基本上赞成否定说。正如持此说的论者所述，"由于被教唆人未达法定刑事责任年龄，缺乏成为犯罪主体的条件，他们实施的刑法规定为犯罪的行为则不构成犯罪"③，既然被唆使实施行为者不构成犯罪，即便其在"不满十八周岁的人"之列，唆使者也就不属于"教唆不满十八周岁的人犯罪"者，因而不能适用上述法条之规定。持肯定说的论者大多认为，共同犯罪是一种特殊的违法形态，没有达到法定年龄的人也可能实施犯罪行为，同样可以与他人构成共同犯罪，因此，教唆未达法定刑事责任年龄的人犯罪的教唆者，也可与被教唆者成立共同犯罪，可能成为共犯的教唆犯，当然应适用上述法条的规定，即应当从重处罚。④ 但正如本书第三章第三节所述，认为共同犯罪是违法形态的观点，与我国刑法第 25 条关于共同犯罪的规定以及第 26 条、第 27 条和第 28 条对共同犯罪人的处罚规定不符。应当肯定，我国刑法中的共同犯罪是犯罪形态，是从犯罪成立的含义上使用"共同犯罪"或"犯罪"概念的，仅具备犯罪成立的违法性要件，而不具备有责性要件的所谓违法形态的"犯罪"乃至"共同犯罪"，在我国刑法中并不存在。持肯定说的论者认为，唆使没有达到法定刑事责任年龄的人犯罪，比唆使已达到刑事责任年龄只是未满 18 周岁的人犯罪，情节更严重，处罚应更重才合适，但按作为通说的否定说，对后者适用刑法第 29 条"应当从重处罚"，对前者却不能适用该条，反而不从重处罚，这就会出现明显不协调的现象。⑤ 笔者也不否认，对唆使未达刑事责任年龄的人犯罪者，不适用《刑法》第 29 条，实际上就是否定其具备该条的法定从重情节，但是，这并不意味着不能通过其他途径将该犯罪事实认定为从重情节，给予与认定为法

---

① 张明楷. 刑法学. 6 版. 北京：法律出版社，2021：612.
② 马克昌. 犯罪通论. 3 版. 武汉：武汉大学出版社，1999：563.
③ 高铭暄，马克昌. 刑法学. 10 版. 北京：北京大学出版社，2022：177.
④ 阮齐林，耿佳林. 中国刑法总论. 北京：中国政法大学出版社，2019：253.
⑤ 同①.

定从重情节同样轻重的处罚。相反，"可依刑法第 61 条的规定予以从重处罚"①，也就是作为酌定从重情节，使其与作为法定从重情节在处罚轻重上相同或相当，这样就不会出现肯定论者所担忧的处罚不协调的问题。

此外需要说明的是，我国刑法采取单一正犯体系，自然没有关于间接正犯的处罚规定。采取区分正犯与共犯的区分制体系的德国刑法，对间接正犯有明文的处罚规定。德、日传统的通说认为，教唆未达刑事责任年龄的人犯罪，不成立教唆犯而成立间接正犯，原则上间接正犯比教唆犯性质更严重，处罚也应更重。按我国刑法的规定和我国的司法惯例，对唆使未达刑事责任年龄的人犯罪的，视为利用他人作为犯罪工具而实行犯罪，这与德、日对间接正犯的解释具有相似性，但不能认为是将唆使者认定为间接正犯。我国刑法之中并未使用"间接正犯"的概念，我国刑法采取的单一正犯体系与德、日的"间接正犯"解释论不相容。对此，笔者将在本书第六章第二节详细论述，在此不赘述。

3."如果被教唆的人没有犯被教唆的罪，对于教唆犯，可以从轻或者减轻处罚。"通说认为，这是我国刑法第 29 条第 2 款对非共同犯罪的教唆犯（或单独犯的教唆犯）的处罚原则的规定。对于"被教唆的人没有犯被教唆的罪"（教唆未遂）的含义和类型，本节前文已有论述，此处不再重述。在此仅就如何理解和适用该款后段即"对于教唆犯，可以从轻或者减轻处罚"的规定，作简要阐述。

首先应当看到，虽然该款只是规定"可以"而非"应当"从轻或者减轻处罚，意味着法官实际适用该款时，还可以做既不从轻也不减轻处罚的选择，但在通常情况下至少应选择从轻处罚，只有在极特殊的情况下，才可能与被教唆的人犯了被教唆的既遂罪做同样的处罚。这除了对刑法规定的"可以"从轻处罚的规定都应当理解为原则上应从轻外，还有一个前文所述的重要因素是，这种单独犯的教唆犯实际上是处于犯罪预备状态，但刑法采取从严对待的立场，规定了比预备犯重的处罚原则，那么，在司法实践中具体适用该条款时就应充分考虑这一因素，对这种教唆犯应尽可能适当从宽处罚。

其次应当意识到，对单独犯的教唆犯是从轻处罚还是减轻处罚，是司法实践面临的一个必须处理好的难题。当被教唆的人没有犯被教唆的罪

---

① 马克昌. 犯罪通论.3 版. 武汉：武汉大学出版社，1999：563.

时，教唆者是否构成犯罪是产生这一问题的前提。如果教唆者不构成犯罪，如教唆他人犯轻罪，他人拒绝了教唆犯的教唆的，由于情节显著轻微危害不大，通常不构成犯罪，从而不能成为单独犯的教唆犯，当然也就不会产生这一问题。在教唆者构成犯罪即成为单独犯的教唆犯的条件下，是选择适用从轻处罚还是减轻处罚，应以其教唆犯罪的事实和情节为主要依据，通常应当综合考虑教唆犯罪的方法、教唆的对象、教唆的内容、教唆的次数、被教唆人当时是否接受教唆、事后有何行动，等等。一般来说，如果采用通常的教唆方法，教唆的内容、对象等均无特殊性，而被教唆人当时就拒绝了教唆，或者当时接受教唆但随后打消犯意的，往往应当减轻处罚；如果采用恶劣的教唆方法，教唆对方采用残忍的或破坏性很大的危险手段去实行严重犯罪，即使对方拒绝其教唆，也不宜减轻处罚，而只能是从轻处罚。被教唆者事后有何行动，也是处罚教唆犯应予考虑的重要因素。如果被教唆的人事后犯了其他的罪，其事后实施的犯罪，与教唆犯的教唆行为之间有无联系，对教唆犯是从轻还是减轻处罚，也有较大的影响。如果被教唆人当时拒绝教唆或事后打消犯意，由于教唆犯的教唆行为没有引起侵害法益的结果，就可以作为对其予以从宽处罚的重要根据。如果被教唆人没有犯被教唆的罪，却犯了其他罪，且与教唆犯的教唆行为之间有一定的联系，如甲教唆自己的朋友乙去帮忙伤害丙，告知其可以重伤丙，但不要打死丙，也不要打伤他家里的其他人。乙知道丙的妻子很漂亮，想到强奸丙的妻子可能会让甲更高兴，因而改变犯意强奸了丙的妻子。此案之中，由于被教唆的人自作主张改变犯意，所实施之罪明显不属于教唆犯所教唆之罪，应视为被教唆的人没有犯被教唆的罪。但乙所犯之罪与甲的教唆行为之间有一定的联系，实际上是由于甲的教唆，间接引起了乙强奸丙妻结果的发生，在处罚甲时自然应该考虑这一因素，因此，对甲可以按故意伤害罪从轻处罚，但不宜按此罪减轻处罚。

第六章 我国刑法中犯罪参与论的展开

第一节 共犯从属性论之否定

近些年来，由于受德、日刑法学的影响，我国不少刑法学者认为，应当用德、日的共犯从属性论（或共犯从属性说），来解释我国刑法关于共同犯罪的相关规定。[①] 但是，这些学者往往没有看到我国刑法与德、日刑法的相关规定存在重大差异，我国刑法并没有像德、日刑法那样采取共犯从属性论，解释的结论自然也会有差异。

一、共犯从属性论概述

如前所述，在区分正犯与共犯的区分制体系

[①] 张明楷．刑法学．6版．北京：法律出版社，2021：554；周光权."被教唆的人没有犯被教唆的罪"之理解——兼与刘明祥教授商榷．法学研究，2013（4）；张开骏．共犯从属性研究．北京：法律出版社，2015：163．

中，共犯有广义与狭义之分，广义的共犯包括共同正犯、教唆犯与帮助犯，狭义的共犯则仅指教唆犯与帮助犯。① 共犯从属性说中的"共犯"，显然是从狭义而言的，即认为教唆犯与帮助犯具有从属于正犯的特性。②

在采取区分制的德、日等国和我国的台湾地区，一般认为，正犯是直接或亲自实现不法构成要件、或利用他人作为犯罪工具而实现不法构成要件的行为人，故在实施犯罪上具有独立性。而共犯则是诱发他人的犯罪故意或者协助他人犯罪，"乃是行为人参与由他人支配的构成要件的实现，经刑法总则的特别规定，而成立的犯罪，故共犯必须依存于一个正犯的主行为，始足以成罪，若无他人成立正犯而有主行为的存在，则教唆行为或帮助行为因为无所依附，而无由成立共犯。因此，共犯具有从属性的本质"③。

从某种意义而言，共犯从属性论是采取区分正犯与共犯的区分制立法体系的理论根基。持此说的论者大多认为，刑法之所以要采取区分制，归根到底是因为在数人参与犯罪的情况下，只有正犯才是实现符合构成要件的实行行为的核心人物，共犯则只是一个配角。因此，对正犯与共犯应当区别对待，即对正犯处罚重，共犯处罚轻。刑法应以处罚正犯为原则，以处罚共犯为例外④，也就是对共犯的处罚应该有所限制。另外，就共犯的处罚根据而言，作为通说的因果共犯论认为，之所以处罚共犯，是因为其与他人引起的法益侵害之间具有因果性，也就是说，共犯是以其他犯罪参与者为媒介而间接地实施了法益侵害行为，这正是共犯从属于正犯的根据所在。⑤

一般认为，共犯从属性包括实行从属性、要素从属性和罪名从属性三层含义。所谓实行从属性，是指共犯要具有可罚性，正犯必须已着手实行犯罪。所谓要素从属性，是指共犯要具有可罚性，正犯在犯罪成立要件中必须具备哪些要素的问题。所谓罪名从属性，是指共犯的罪名、处罚条文

---

① 大谷实. 刑法讲义总论. 东京：成文堂，2007：396.
② 西田典之，等. 注释刑法：第1卷 总论. 东京：有斐阁，2010：891.
③ 林山田. 刑法通论：下册. 北京：北京大学出版社，2012：16-17.
④ 罗克辛. 德国刑法学总论：第2卷. 王世洲，等译. 北京：法律出版社，2013：10.
⑤ 西田典之. 共犯理论的展开. 东京：成文堂，2010：15.

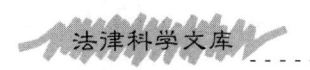

是否应从属于正犯的罪名、处罚条文的问题。关于要素从属性，理论上有不同的解释，德国刑法学者 M. E. 迈耶将其区分为夸张从属性说、极端从属性说、限制从属性说和最小从属性说四种。其中，夸张从属性说认为，共犯的可罚性除了必须从属于正犯的构成要件该当性、违法性、有责性之外，还必须从属于正犯者的（刑罚加重或减轻、刑罚阻却）身份；极端从属性说认为，必须从属于正犯的构成要件该当性、违法性、有责性；限制从属性说认为，必须从属于正犯的构成要件该当性、违法性；最小从属性说认为，只要从属于正犯的构成要件该当性即可。"以前的通说观点将实行从属性、极端从属性、罪名从属性这三者作为不可分割的整体而采取从属性说。这种观点的根本性思维是所谓'可罚性借用理论'。亦即，共犯本身并不单独具有犯罪性、可罚性，而是通过借用正犯的犯罪性、可罚性，才具有可罚性；而且，共犯的可罚性只有在正犯着手实行犯罪而（至少）构成未遂之后，且正犯行为具备构成要件该当性、违法性、有责性之时，方可得以认定；并且，由于正犯的可罚性是由罪名、处罚条文来决定，共犯当然应从属于正犯的'犯罪'的理由也在于此。"① 但现在由于与犯罪共同说相对的行为共同说成为有力的学说，而行为共同说认为，完全存在否定罪名从属性的可能。② 另外，随着时代的变迁，限制从属性说虽然是现在的通说，但也存在向最小从属性说转化的趋势。③ 不过，日本的"判例、通说一贯采取实行从属性说"④。

众所周知，在犯罪参与问题上，德国和日本是采取正犯与共犯相区分的立法体制，它们的刑法同样都采取了共犯从属性说。其中，德国刑法第 26 条规定，"故意教唆他人故意实施违法行为的是教唆犯"；第 27 条规定，"对他人故意实施的违法行为故意予以帮助的，是帮助犯"。这两条规定被公认为采取了限制从属性原则。⑤ 日本刑法第 61 条中的"教唆他人使之实行犯罪的"、第 62 条中的"帮助正犯的"规定，足以说明教唆犯和

---

① 西田典之. 刑法总论：第 2 版. 王昭武，刘明祥，译. 北京：法律出版社，2013：347 - 348.
② 同①348.
③ 山中敬一. 刑法总论. 3 版. 东京：成文堂，2015：855 - 856.
④ 同①349.
⑤ 韦塞尔斯. 德国刑法总论. 李昌珂，译. 北京：法律出版社，2008：312.

帮助犯的成立以正犯的存在为必要，也意味着日本现行刑法关于教唆犯和帮助犯的规定，是以共犯从属性说为理论根基。①

二、我国刑法的规定与共犯从属性论相抵牾

（一）我国刑法规定的犯罪参与体系与共犯从属性论不相容之宏观表现

如前所述，我国刑法与德国、日本的刑法不同，并没有采取区分正犯与共犯的区分制，而是采取不做这种区分的单一制②，因此没有法律规定的共犯从属性论赖以存在的犯罪参与体系之基础。不过，目前我国不少学者持不同主张，认为我国采取的是与德、日相同的区分制的犯罪参与体系。③在笔者看来，这是受德、日刑法学的影响，忽视了我国刑法的相关规定与德、日刑法的重大差异而导致的一种误认。只要认真做一下比较分析，就不难看出两者的差异，得出并非采取同一犯罪参与体系的结论。鉴于本书第二章第二节对此已有较详细的论述，此处不再赘述。

应当指出的是，有论者认为，单一制（单一正犯体系）与共犯从属性并非对立的关系，"即便承认单一制，也可能承认限制从属性"④。既然如此，这是否意味着即便肯定我国刑法采取的是单一制，也不足以否定我国刑法采取了共犯从属性说呢？笔者认为，由于前提条件不成立，当然也就不可能由此推论出上述结论。众所周知，在德、日刑法学界，"统一正犯体系与共犯从属性被认为是相互排斥的"⑤。因为"不区分正犯与共犯的单一正犯概念，亦即各个参与者均独自为自己的行为与所造成的结果负

---

① 大谷实. 刑法讲义总论. 新版第 5 版. 东京：成文堂，2019：406-407.
② 林山田. 刑事法论丛（二）. 台北：台湾大学法律系，1997：351；江溯. 犯罪参与体系研究. 北京：中国人民公安大学出版社，2010：253；刘明祥. 论中国特色的犯罪参与体系. 中国法学，2013（6）.
③ 陈兴良. 共犯论：二元制与单一制的比较//中国人民大学刑事法律科学研究中心. 刑事法热点问题的国际视野. 北京：北京大学出版社，2010：155；张明楷. 刑法学. 6版. 北京：法律出版社，2021：493.
④ 周光权. "被教唆的人没有犯被教唆的罪"之理解——兼与刘明祥教授商榷. 法学研究，2013（4）.
⑤ 高桥则夫. 共犯体系和共犯理论. 冯军，毛乃纯，译. 北京：中国人民大学出版社，2010：58.

责。在如此的概念下，自无所谓的从属他人的犯罪行为或刑事违法行为问题"①。也就是说，既然单一正犯体系将作用于同一犯罪事实的所有行为人，均视为同等的参与者，而不区分正犯与共犯，也不根据参与形式（是正犯还是共犯）来确定处罚轻重，合乎逻辑的结论自然应该是不存在共犯从属性的问题。道理很简单，如果说"所有行为主体在参与形式上，均为等价，则不应再附属于其他行为主体，否则其为行为主体等价的资格，即受到质疑"②。

（二）我国刑法规定的犯罪参与体系与共犯从属性论不相容之微观分析

从我国刑法的规定来看，不仅无共犯从属性论赖以存在的犯罪参与体系之基础，而且刑法的许多具体规定与共犯从属性论水火不相容。

第一，我国刑法第 29 条第 2 款明文规定："如果被教唆的人没有犯被教唆的罪，对于教唆犯，可以从轻或者减轻处罚。"按照我国的通说，"被教唆的人没有犯被教唆的罪"，是指被教唆的人没有按教唆犯的意思实施犯罪（包括被教唆者拒绝了教唆者的教唆）的情形。③ 既然被教唆的人没有着手实行犯罪甚至根本不接受教唆，教唆犯都有可能构成犯罪，这就完全不符合共犯从属说的基本要求。该条规定"因而成为坚持教唆犯从属性说的重大障碍"④。

第二，我国刑法将许多教唆行为、帮助行为规定为独立的犯罪，这也表明我国刑法没有采取共犯从属性说。众所周知，我国刑法对教唆、帮助行为单独设处罚规定（或规定为独立的犯罪）主要有以下五种情形：一是不处罚实行行为，仅处罚教唆、帮助行为。例如，我国刑法规定有引诱、容留卖淫罪（第 359 条）、教唆他人吸毒罪（第 353 条）、容留他人吸毒罪（第 354 条），却没有规定卖淫罪、吸毒罪，对实施实行行为的卖淫者、吸毒者则只能依据相关的行政法规给予行政处罚。二是实行行为、教唆行为和帮助行为均处罚，但对教唆、帮助行为规定比实行行为更重的刑罚。例如，刑法第 322 条规定的偷越国（边）境罪普通犯的最高法定刑为 1 年有期徒刑；第 321 条规定的运送他人偷越国（边）境罪的最高法定刑普通犯

---

① 林山田. 刑法通论：下册. 北京：北京大学出版社，2012：18.
② 柯耀程. 参与与竞合. 台北：元照出版有限公司，2009：38.
③ 高铭暄，马克昌. 刑法学. 北京：中国法制出版社，2007：205.
④ 张明楷. 刑法学. 6 版. 北京：法律出版社，2021：554.

为5年有期徒刑、加重犯为10年有期徒刑。后者〔运送他人偷越国（边）境〕显然只是帮助犯，但却比作为实行犯的前者〔偷越国（边）境〕处罚重得多。三是将帮助行为单独规定为犯罪并适用与实行行为所构成的犯罪完全相同的法定刑。例如，刑法第285条第3款规定的提供侵入、非法控制计算机信息系统程序、工具罪，明显是将这种特定的帮助侵入、非法控制计算机信息系统的行为规定为独立的犯罪，并适用与实行犯罪相同的法定刑。四是实行行为与教唆、帮助行为均予以处罚，并且原则上对实行为行为的处罚更重，但对教唆、帮助行为单独设处罚规定。例如，刑法第103条第2款（煽动分裂国家罪）、第120条之一（资助恐怖活动罪），等等。[①] 五是将帮助某一类犯罪的行为规定为独立的犯罪并配置相应的法定刑。例如，刑法第287条之二规定的帮助信息网络犯罪活动罪，被帮助者所实行的可能是多种不同的具体犯罪，但只要其是利用信息网络实施犯罪，行为人对此明知而又为其犯罪提供互联网接入、服务器托管、网络存储、通讯传输等技术支持，或者提供广告推广、支付结算等帮助，就可能构成此罪。

如前所述，按照区分制和共犯从属性的理论，实施教唆、帮助行为的共犯具有从属于实施实行行为的正犯的特性，并且只有在正犯已着手实行犯罪的条件下，共犯才具有可罚性。如果没有正犯，共犯就不可能存在。上述刑法规定只处罚实施教唆、帮助行为者（共犯），而不处罚实施实行行为者（正犯）的情形，显然与共犯从属性说不符。另外，既然正犯是犯罪的核心人物，共犯从属于正犯，对正犯的处罚重于共犯就是当然的结论，上述刑法规定对帮助犯的处罚与实行犯相同，甚至重于实行犯的情形，也明显与共犯从属性说相冲突。不仅如此，从刑法理论而言，只要刑法规定教唆、帮助从事某种活动构成独立的犯罪，并有单独的法定刑，无论其对实行行为是否另行处罚及处罚轻重如何，均与共犯从属性说相悖。因为既然仅实施教唆、帮助行为就有可能构成犯罪，至于实行犯是否已着手实行犯罪，并不影响犯罪的成立，那就意味着对作为共犯从属性核心的实行从属性已不做要求了。特别是将帮助不同犯罪之实行的行为，规定为同一种帮助型的罪（如帮助信息网络犯罪活动罪），这更是与共犯从属性

---

① 刘明祥. 再释"被教唆的人没有犯被教唆的罪"——与周光权教唆商榷. 法学，2014（12）.

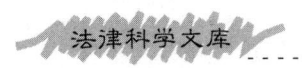

说不相容。因为按共犯从属性说，对帮助行为本来就不应当单独定罪，而应当按其所帮助的正犯行为的性质来确定罪名，更不应当对帮助实施多种不同犯罪的行为人单独定一个帮助型的罪名。况且，一般认为，采取区分制的刑法分则是以实行行为为模式的，对教唆、帮助行为予以处罚，是由刑法总则来作规定，对其构成要件予以修正，因此，刑法分则根本无须将教唆、帮助行为特别地规定为独立犯罪。但持共犯从属性说的论者为了自圆其说，提出了所谓"拟制的正犯"的概念，认为刑法将教唆、帮助行为规定为独立的犯罪，实际上是将这类教唆、帮助行为拟制为正犯的实行行为。① 既然如此，当然也就不必受共犯从属性说的限制了。表面上看，这似乎是一种圆满的解释。然而，刑法中的正犯行为（实行行为）与共犯行为（教唆行为和帮助行为）有其特定的内涵，将明显属于共犯的教唆行为、帮助行为拟制（或升格）为正犯的实行行为，自然是混淆或模糊了两类不同行为的界限，这与区分制主张严格区分正犯与共犯的观念无疑是相冲突的；并且，将刑法条文中的"教唆"（如教唆他人吸毒）、"资助"（如资助恐怖活动）的行为，解释为直接"实行"了犯罪（如实行了吸毒、实行了恐怖活动），也明显不符合事实，不能被民众所接受。由此可见，"共犯成立决定于实行行为着手的共犯从属性观念，无论与我国刑法对犯罪预备普遍处罚的政策性选择，还是与我国共犯处罚条件的制度逻辑，均有不相容之处"②。

第三，我国刑法明文规定将某些犯罪的教唆行为、帮助行为与实行行为同等对待，也表明其不是采取共犯从属性论。例如，刑法第205条第3款规定："虚开增值税专用发票或者虚开用于骗取出口退税、抵扣税款的其他发票，是指有为他人虚开、为自己虚开、让他人为自己虚开、介绍他人虚开行为之一的。"第240条第2款规定："拐卖妇女、儿童是指以出卖为目的，有拐骗、绑架、收买、贩卖、接送、中转妇女、儿童的行为之一的。"前一条中的"让他人为自己虚开""介绍他人虚开"显然是教唆、帮助虚开发票的行为；后一条中的"接送""中转"则是帮助拐卖妇女、儿童的行为，将这类教唆、帮助行为与实行行为同等对待，一旦实施就有可

---

① 周光权.刑法总论.4版.北京：中国人民大学出版社，2021：342.
② 王志远.共犯从属观念的现实意义批判//陈兴良.刑事法判解：第16卷.北京：人民法院出版社，2014（7）：10.

能构成犯罪,而不以被教唆、被帮助的人已着手实行犯罪为成立条件,这无疑也是与共犯从属性说相冲突的。

第四,我国刑法第29条第1款中规定:"教唆他人犯罪的,应当按照他在共同犯罪中所起的作用处罚。"这一规定同样不是采取共犯从属性说,与德国、日本刑法中教唆犯的规定有重大差异。如日本刑法第61条规定,"教唆他人使之实行犯罪的",为教唆犯。从这一规定不难看出,只有在被教唆人实行了犯罪的条件下,教唆犯才能成立。这当然是采取了共犯从属性说。但我国上述法条中的"教唆他人犯罪",并不仅限于被教唆的他人实行了犯罪的情形,还包括他人在预备犯罪中(尚未着手实行),甚至教唆他人教唆犯罪、教唆他人帮助犯罪、教唆他人预备犯罪,均有可能构成教唆犯,还有可能与被教唆的他人构成共同犯罪。这显然与共犯从属性说不符。从我国台湾地区2006年修订"刑法"时修改教唆犯的相关规定,就不难得出这一结论。其原规定中的"教唆他人犯罪者"与我国刑法第29条第1款中的"教唆他人犯罪的"含义完全相同,修订时考虑到原刑法规定"系采共犯独立性说立场,教唆犯之成立,仅以教唆者有教唆之故意与教唆之行为即可,至于是否有正犯行为之存在,并不影响教唆犯之成立",将"内容修改为:'教唆他人使之实行犯罪行为者,为教唆犯。'……无论从规定内容或修正理由,皆可明确理解,乃改采共犯从属性说立场,教唆犯之成立,除须有教唆之故意与教唆之行为外,尚须有正犯行为之存在始可"①。

顺便指出,我国刑法学界对于教唆犯的属性,过去曾在较长时期存在"从属性说"、"独立性说"与"二重性说"之争。其中,"二重性说"是通说,认为教唆犯既有独立性,又有从属性。教唆行为是一种独立的犯罪行为,教唆犯因其教唆行为而受处罚,这体现了教唆犯的独立性;教唆犯又在一定程度上从属于被教唆的人,因为被教唆的人实行犯罪且实现犯罪结果是教唆行为的结果,也就是说,如果没有被教唆人的行为,犯罪结果就不可能发生,教唆犯的目的就不可能达到。② 而"独立性说"与"从属性说"大多只强调"二重性说"中的一面而忽略另一面。大致梳理一下这方面的争论,不难发现与德、日刑法学中的共犯从属性

---

① 陈子平. 刑法总论. 4版. 台北:元照出版有限公司,2017:591.
② 陈兴良. 共同犯罪研究. 2版. 北京:中国人民大学出版社,2006:364-365.

说、独立性说讨论的不是同一问题，或者说是在不同含义上理解的"从属性"与"独立性"。正如张明楷教授所述："教唆犯必须通过被教唆人的犯罪决意、并且去实现他所教唆的犯罪行为，才能实现自己的犯罪意图，这是各国刑法所规定的教唆犯的特点，而非教唆犯的从属性。"① 笔者也不否认我国刑法规定的教唆犯具有这样的特点或特性，只不过不认为我国刑法采取了近些年来被我国学者所引进的前述德、日刑法学中所指的那种共犯的从属性。

三、不采取共犯从属性论是明智的选择

我国刑法采取单一正犯体系，不采取共犯从属性论，除了不存在必须区分正犯与共犯的难题外，还具有对共同犯罪案件定罪更为科学、处罚更为合理、操作更为简便的优越性。由于本书第二章第三节对此已有较详细的论述，此处不再赘述。在此仅通过对德、日刑法学界公认的共犯从属性说中的实行从属性论与要素从属性论的分析，并与我国相关的立法和司法情况做简要比较，来说明我们的选择是明智的。

（一）摆脱了实行从属性论的困境

如前所述，共犯从属性说的核心是认为共犯具有实行从属性，即只有在正犯已实施实行行为的条件下，作为教唆犯、帮助犯的共犯，才可能构成犯罪或受刑事处罚。但是，这种观念与现代各国刑法大多处罚重罪预备犯的规定不协调。因为教唆犯的特点是利用被教唆人的行为实现犯罪、达到既定的犯罪目的，教唆他人犯罪的行为本身就是在为犯罪做准备，属于犯罪的预备行为。如果是教唆他人犯重罪，不论被教唆的人是否接受教唆以及是否去实行犯罪，对已实施教唆行为的教唆犯，均有作为预备犯处罚的必要性。② 否则，就与处罚重罪预备犯的刑法规定不符。例如，日本等国刑法均规定处罚杀人罪的预备犯。如果行为人为杀自己的仇人在准备刀具时案发，就有可能构成预备杀人罪；假如行为人花重金雇某人，将有巨大杀伤力的定时炸弹放到人员众多的剧院去爆炸，但被拒绝。如果按共犯

---

① 张明楷. 刑法的基本立场. 北京：中国法制出版社，2002：306.
② 耶赛克，魏根特. 德国刑法教科书. 徐久生，译. 北京：中国法制出版社，2017：953.

实行从属性说，由于被教唆的人不接受教唆、未着手实行犯罪，就不处罚这种教唆者，显然不合理。因为后者的危险性明显大于前者。正因为如此，许多采取共犯从属性说的刑法，均有处罚教唆未遂的例外规定。德国刑法（第 30 条第 1 款）就是适例。

但是，刑法明文规定处罚教唆未遂，即处罚被教唆的人没有实行被教唆之罪的教唆犯，这无疑是在立法上表明共犯从属性（或实行从属性）说无法贯彻到底，需要有特殊例外。这也是采取共犯从属性（或实行从属性）说的刑法陷于两难困境[①]时，所采用的一种迫不得已的补救措施。那么，刑法未设处罚教唆未遂之规定的国家或地区，是否就有可能将实行从属性论贯彻到底呢？回答同样是否定的。因为被教唆者接受教唆后在预备犯罪的过程中案发的，被教唆者完全有可能成为某种重罪的预备犯，按刑法的规定自然应受刑罚处罚，如果仅以被教唆者尚未着手实行犯罪，就对有可能情节更为严重的教唆者不予处罚，则明显不具有合理性。正因为如此，在没有类似德国刑法第 30 条第 1 款处罚教唆未遂之规定的日本，也不得不对"实行"做变通的解释，以便能处罚预备罪的教唆犯[②]，从而使共犯从属性说的缺陷得到一定程度的弥补。我国台湾地区 2006 年"刑法"修订将原第 29 条第 3 项的"被教唆人虽未至犯罪，教唆犯仍以未遂犯论"的规定删除，虽为贯彻共犯从属性说扫清了规定上的障碍，但不少学者意识到这一修改"会制造法律漏洞"[③]，因而不得不采取与上述日本学者类似的补救办法，即主张处罚预备罪的教唆犯。[④] 由此可见，即便是在刑法没有明文规定处罚教唆未遂的国家或地区，要求被教唆人着手实行被教唆的罪才处罚教唆犯的共犯从属性（或实行从属性）说，事实上也不可能贯彻到底，而不得不把部分预备行为解释为实行行为，以此来弥补其缺陷。但这种解释十分牵强，且削弱了实行行为的定型性。

---

① 这里所述的"两难困境"，是指如果贯彻实行从属性论，对教唆未遂的行为就不能予以处罚，但这会导致对有处罚必要性的行为不处罚即出现处罚漏洞；如果处罚教唆未遂的行为，虽然可以堵塞处罚漏洞，但又与实行从属性论相冲突。

② 大谷实. 刑法讲义总论：新版第 2 版. 黎宏，译. 北京：中国人民大学出版社，2008：399.

③ 林山田. 刑法通论：下册. 北京：北京大学出版社，2012：74.

④ 林钰雄. 新刑法总则. 北京：中国人民大学出版社，2009：354.

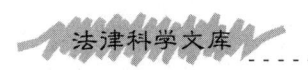

在我国，前述持共犯从属性说的论者提出"教唆者唆使他人犯罪，他人实施了犯罪预备行为的，如果需要处罚预备犯，则对于教唆犯同时适用刑法第29条第1款（还需并用第26条或第27条）与第22条"①。但如果承认被教唆人构成预备犯时，教唆犯也应受刑罚处罚，那就仍未贯彻共犯从属性（或实行从属性）说。②

况且，即便是承认预备罪的教唆犯，也并不能使实行从属性论有可能放纵犯罪的问题从根本上得到解决。如前所述，在现代社会，集团犯罪、有组织的犯罪、特别是恐怖犯罪频繁发生，教唆恐怖犯罪的危害性是难以想象的，必须防患于未然，显然不能等到被教唆者接受了教唆并已开始实施为犯罪做准备的行为（构成预备犯）时，才处罚教唆犯。再说，由于采取共犯从属性说的国家或地区的刑法均仅对教唆未遂例外地设处罚规定，对帮助未遂并无处罚规定，理论上的通说也认为帮助未遂（被帮助的人没有实行犯罪）的场合，帮助犯不成立，对帮助者无处罚的必要性。笔者也不否认，在通常情况下，对这种帮助者确实无处罚的必要性。但也有特殊例外的情形。例如，将自己掌控的可能引起众多民众死亡的新型病毒，提供给意图实施恐怖犯罪的人员，但对方后来放弃了犯罪或着手实行散布病毒的行为前案发。按德、日等国的实行从属性论，显然无法处罚这种帮助者，这无疑不利于防范这类特别危险的犯罪发生。

另外，还应当看到，随着时代的变迁，一些新型犯罪（如网络犯罪）具有不同于传统犯罪的特殊性。"发生在现实社会中的传统犯罪，其预备行为和帮助行为在危害性上远远小于实行行为，因此刑法规定对其从轻、减轻或者免除处罚。但发生于网络空间中的传统犯罪，其预备行为的社会危害性往往远超实行行为，其帮助行为的危害性往往远超正犯的实行行为。"正是因为"网络空间中某些犯罪的帮助行为，其社会危害性已经远超正犯行为的危害性，比如公开传播犯罪工具、对他人侵入行为实施技术帮助等。由于此类行为的巨大的社会危害性，依靠传统的共犯理论已经无法对其实施有效制裁"③。如果还固守共犯具有实行从属性的观念，那么，对网络犯罪中的这类有巨大危害性的帮助行为就无法处罚。由此可见，共

---

① 张明楷.刑法学.6版.北京：法律出版社，2021：555-556.
② 刘明祥."被教唆的人没有犯被教唆的罪"之解释.法学研究，2011（1）.
③ 于志刚.网络犯罪与中国刑法应对.中国社会科学，2010（3）.

犯从属性（或实行从属性）说已不适应现代社会同复杂犯罪作斗争的需要。

正是由于实行从属性说存在放纵教唆、帮助犯罪的问题，而一些国家或地区采取的处罚教唆未遂和处罚预备罪的教唆、帮助行为的补救措施，又与实行从属性说相冲突，为了解决这一问题，近来有持实行从属性说的学者提出："实行从属性说的全部含义仅仅在于，不能将教唆未遂认定为未遂或既遂形态，至于是否可以犯罪预备进行处罚，则完全取决于各国的刑法规定及一定时期的刑事政策。换言之，处罚教唆未遂与实行从属性说并不存在必然的冲突。"① 在笔者看来，实行从属性说固然认为，只有正犯已着手实行犯罪，才可能对教唆者或帮助者以未遂犯论，对被教唆者没有犯被教唆之罪的教唆未遂，不能认定为犯罪未遂。但这显然是指犯罪行为形态的从属性，是实行从属性含义的一部分，而不是其全部，甚至不是其核心含义。如前所述，实行从属性说认为，共犯（教唆犯和帮助犯）是通过正犯的行为侵害法益的，因而处于从属（或依附）的位置，对共犯的处罚应该予以限制，从某种意义而言，实行从属性就是为限制共犯的处罚范围而提出的，即只有在正犯已着手实行犯罪的条件下，共犯（教唆犯和帮助犯）才可能成立，才能对其动用刑罚。如果将实行从属性的这一核心含义抽掉，实行从属性实际上就不存在了。

但是，按照单一正犯理论和我国刑法及相关司法解释的规定，即便是在数人参与（或涉及数人）犯罪的场合，也与单独犯罪一样，要根据行为人自己实施的行为及其心理状态来评价其是否构成犯罪。教唆者、帮助者也不例外，不存在从属于他人之行为的问题。在被教唆的人、被帮助的人没有实行犯罪，甚至不构成犯罪的场合，对教唆者、帮助者单独定罪处罚，没有任何法律障碍，从而也就从根本上避免了实行从属性论带来的弊病。如前所述，我国刑法有仅处罚教唆、帮助行为而不处罚实行行为的规定，如有教唆他人吸毒罪、容留他人吸毒罪，但没有规定吸毒罪；还有不少教唆、帮助行为被规定为独立犯罪的情形，如提供侵入、非法控制计算机信息系统的程序、工具罪、煽动分裂国家罪、资助恐怖活动罪等。只要行为人实施了这类教唆、帮助行为，即使被教唆者、被帮助者没有实施相应的实行行为，甚至根本不接受教唆或帮助，均有可能构成犯罪。这对有

---

① 秦雪娜. 共犯从属性研究. 北京：清华大学，2014：89.

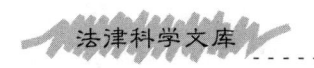

效打击这类犯罪有重要意义,无疑也是符合现代社会惩治犯罪、保护法益之需要的。

(二)克服了要素从属性论的弊病

1. 德、日的要素从属性论的弊病

要素从属性讨论的是共犯从属的程度问题,即在承认共犯具有实行从属性的基础上,进一步讨论共犯的成立应从属于正犯的构成要件该当性、违法性和有责性中的哪些要素。由于学者们认识不一,从而形成夸张从属性说、极端从属性说、限制从属性说和最小从属性说等几种不同的学说。以前德、日的通说是极端从属性说①,认为共犯的成立必须从属于正犯的构成要件该当性、违法性和有责性。也就是说,只有在正犯构成犯罪的条件下,共犯(教唆犯和帮助犯)才能成立、才有可罚性。应当肯定,这与共犯从属性论本来的含义是吻合的。在数人参与犯罪的场合,之所以采取区分正犯与共犯的区分制,就是因为正犯是犯罪的核心人物、是打击的重点,共犯是处于从属(或依附)地位者,是附带处罚的对象。有学者形象地称正犯是"主要犯罪类型"(或"一次责任"类型)、共犯为"次要犯罪类型"(或"二次责任"类型)。② 如果正犯不构成犯罪,作为共犯的教唆者、帮助者就失去了依附的对象,从而也就没有存在的余地。但是,这种共犯从属性说除了违反近代刑法的个人责任原则外,其基本理念也根本无法贯彻。

首先遇到的难题是,有的人唆使、帮助无责任能力的人实施危害行为(如杀人、放火等),由于实行者无责任能力,不构成犯罪,按极端从属性说,教唆者、帮助者也就不可能构成教唆犯、帮助犯。如果不处罚这类教唆者、帮助者,显然是放纵了比普通的教唆犯、帮助犯情节更为严重的罪犯。为了弥补这一处罚漏洞,不得不提出间接正犯的概念,将教唆、帮助无责任能力人实施危害行为者认定为间接正犯。既然是正犯,也就不要求有从属(或依附)的对象(正犯)存在。这虽然解决了无从属对象的难

---

① 耶赛克,魏根特. 德国刑法教科书. 徐久生,译. 北京:中国法制出版社,2017:888;西田典之. 刑法总论:第2版. 王昭武,刘明祥,译. 北京:法律出版社,2013:348.

② 山口厚. 刑法总论:第3版. 付立庆,译. 北京:中国人民大学出版社,2018:323以下.

题,但却带来了新的问题。因为正犯与共犯是根据客观的行为形式来区分的,根据区分制和共犯从属性理论,共犯之所以从属于正犯,是因为正犯是通过自己实施的行为直接侵害法益,而共犯则是通过正犯实施的行为来间接侵害法益,这也是二者要区别对待的重要原因所在。而间接正犯明显不具有正犯的本质特征,相反与共犯在行为表现以及引起危害结果发生上并无差别。因此,将间接正犯作为正犯而不作为共犯看待,并无令人信服的理由。况且,在教唆者、帮助者误以为对方有责任能力的场合,如果认定为间接正犯,无疑有客观归罪的嫌疑,也就是以客观上属于利用无责任能力者作为犯罪的工具为定罪理由,而没有考虑到间接正犯在主观上还必须认识到对方无责任能力,并有将其作为犯罪工具加以利用的意思;另外,还可能出现处罚过重的问题。例如,行为人看到有人在追杀自己的仇人,为了防止其逃脱,而将庭园门关上,使仇人因无法逃到庭园外而被杀害。事后查明,杀人者为无责任能力人,但帮助者不知情。对帮助者,如果定性为间接正犯,不仅与正犯的认定标准不符,而且处罚过重。毕竟行为人只实施了帮助杀人的行为,与直接用刀杀人还是有较大差异。只有认定为帮助犯,按德、日刑法的规定,予以减轻处罚,才比较合理。但按极端从属性说,正犯不具备有责性时,帮助者也就不能成为帮助犯。正是为了弥补极端从属性说的缺陷,学者们提出了不要求正犯者具备有责性的限制从属性说,即共犯的成立只要求正犯具备构成要件该当性和违法性的要素。目前,限制从属性说是德、日等采取区分制犯罪参与体系的国家的通说,并且现行德国刑法明文规定了采取此说。

但是,限制从属性说也有缺陷或弊病。此说由来于客观主义刑法观有关共同犯罪的一个基本原理,即"违法具有连带性,而责任则是个别的"①。应当肯定,对"责任是个别的"中外刑法理论界早已达成共识,笔者也不持异议,并且采取限制从属性说的现行德国刑法第29条对此有明文规定。但"违法具有连带性"这一论断的合理性令人生疑。

第一,即便是按照德、日的刑法理论,违法性的判断也是一种具体的价值判断,法官在对某一行为进行具体的价值判断时,不可能不考虑行为人是在何种条件下实施的行为等个体情况,而个体的内部因素以及所处的外部环境往往会有不同,因此,价值判断的结论完全可能是因人而异。正

---

① 黎宏. 刑法总论问题思考. 北京:中国人民大学出版社,2007:96.

如台湾大学黄荣坚教授所述，"不法性根本无法从属，所以价值判断的条件永远在行为人（包括教唆犯或间接正犯）本身"①。况且，"任何犯罪之不法构成要件都可以利用他人的行为事实来实现，但是所利用的是他人的行为事实，而不是他人行为的不法性（法律评价）"②。"如果认为违法性判断属于对非法事实的评价问题，那么，在存在数名参与者的场合，就完全有可能对各个参与者作出不同的违法评价。"③ 所以，共犯是否违法应当根据共犯是在何种条件下实施的行为（教唆行为或帮助行为）以及有无阻却违法事由来做判断，而不能以正犯的行为是否违法来做连带性的推断。

第二，与区分制和限制正犯概念相关的间接正犯概念的提出，也表明共犯不具有违法的从属性。因为德、日等国家和地区的"通说认为，一个人如果不是自己犯罪（不法），那么他的行为构成犯罪的管道就在于从属于其他人的犯罪（不法）。依此推论，如果正犯的行为并非不法，那么正犯后面的行为人（不管要取名字叫做教唆犯、帮助犯或间接正犯）都无从从属而不应该构成犯罪。然而矛盾就在于，通说一边讲从属原则……一边却又认为，所谓利用他人欠缺犯罪构成要件该当性或是利用他人欠缺违法性的行为依然构成间接正犯！""逻辑上来说，间接正犯概念证明了一个原则，亦即不法（犯罪构成要件该当性及违法性）的判断永远是要就个人的情形独立判断，不法的判断是根本无法从属的"④。

第三，如前所述，在通常情况下，普通犯罪的教唆、帮助行为的危害性（或违法性）程度大多低于实行行为，但是，有些特殊类型的犯罪（如利用网络犯罪）、与科学技术相关的犯罪（如计算机犯罪）有可能出现相反的情况，即教唆、帮助行为的危害性（或违法性）程度远远大于实行行为，这也是各国刑法将某些教唆行为、帮助行为规定为独立犯罪的一个重要原因。例如，我国刑法规定有引诱、容留、介绍卖淫罪，引诱、教唆、容留他人吸毒罪，但并未规定卖淫罪、吸毒罪，也就是仅处罚共犯（教唆

---

① 黄荣坚. 基础刑法学：下. 台北：元照出版有限公司，2012：827.
② 同①793.
③ 西田典之. 刑法总论：第2版. 王昭武，刘明祥，译. 北京：法律出版社，2013：348.
④ 同①791-792.

者、帮助者），但不处罚正犯（实行者）；日本等国刑法规定有教唆自杀、帮助自杀罪，但并无自杀罪，这也是仅处罚共犯行为、不处罚正犯行为的立法例。这在一定程度上表明，共犯的违法性并不从属于正犯。否则，无法合理解释为何在正犯的行为不违法、不构成犯罪的情况下，共犯的行为却违法并构成犯罪。或许持限制从属性说的论者会作出这样的解释：卖淫者、吸毒者、自杀者的行为本身也违法，只是违法的程度轻，不必动用刑罚（有可能受行政处罚）。但是，既然共犯的违法性是从属于正犯，是由于正犯的行为侵害法益而连带侵害法益（具有违法连带性），怎么可能共犯的违法性程度还高于正犯，共犯成立犯罪、正犯反而不构成犯罪呢？这是否意味着在这种场合共犯上升为主导地位，正犯反而处于从属性地位了呢？

第四，在数人参与犯罪的场合，完全可能出现实行者（正犯）或者教唆者与帮助者（共犯）的行为属于正当防卫等阻却违法性的行为，而对方的行为具有违法性、构成犯罪的现象。例如，甲发现乙意欲杀丙，且正持刀扑向丙，为保护丙的生命安全，甲教唆丙杀乙，但丙在并无防卫意思的情况下（正好也要去杀乙），杀死了乙，构成偶然防卫。在此案例中，丙的行为虽然碰巧产生了正当防卫的效果，但由于无防卫的意思反而有杀人犯罪的恶意，自然是具有违法性。而实行杀人的丙之行为的违法性，显然并不能连带作用于甲，不能由此认定甲构成杀人罪的教唆犯。① 因为从甲的行为来看，虽然表面上是教唆杀人，但实质上是出于防卫的意思提醒丙正当防卫，完全符合正当防卫的条件，因而应作出与实行杀人的丙不同的评价，认定其行为不违法、不构成犯罪。又如，"A对警官B谎称C实施了盗窃正在逃窜，B（信以为真）逮捕了C，即便B的行为作为逮捕准现行犯的行为而属于正当行为，但A仍应构成逮捕罪的间接正犯或教唆犯，而具有违法性"②。这是正犯（实行者）的行为合法而共犯（教唆者）的行为违法的实例，同样说明是否存在正当防卫等违法阻却事由，是一个不同于客观事实的评价问题，因而完全可以对每个参与者作出不同的违法评价，也就是说，有可能存在利用合法行为的违法行为，因此违法性不应当

---

① 王昭武. 论共犯的最小从属性说——日本共犯从属性理论的发展与借鉴. 法学，2007（11）.

② 西田典之. 刑法总论：第2版. 王昭武，刘明祥，译. 北京：法律出版社，2013：357.

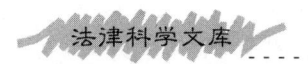

是连带的，其不具有从属性。①

如果是站在违法二元论的立场来坚持限制从属性说，而违法二元论大多承认主观违法要素，那么，共犯就不仅应当从属于正犯的客观不法，而且应当从属于正犯的主观不法。由于犯罪故意被视为主观的违法要素，这样一来，共犯还要从属于正犯的犯罪故意就成为一个必须面对的问题。德国刑法第 26 条、第 27 条明确要求教唆犯和帮助犯（共犯）的成立以正犯具有故意为必要，日本刑法虽然没有这样的明文规定，但通说认为必须有这样的要求。②不过，在德、日也有不少著名学者对此提出异议，认为要求共犯从属于正犯的犯罪故意，不仅存在理论上的缺陷，而且在实践中会形成处罚漏洞。③例如，某人误以为被害人的妻子想杀害其丈夫，向其提供了毒药，妻子以为是为其丈夫治病的药，给丈夫灌下这种毒药后，导致其死亡。毒药提供者（共犯）有帮助杀人的故意和行为，但实行毒杀者（正犯）并无杀人的故意，只是过失致人死亡。如果要求共犯对正犯故意具有从属性，也就是只有在正犯有犯罪故意的条件下，共犯才能成立，那么，本案例中"毒药提供人就必须保留在不受刑事惩罚的位置上，虽然他故意地造成了一个人的死亡，并且，在客观上，他参与的部分甚至比自己想象的还要大。这是一个明显不公的结果"④。不过，由于日本刑法没有像德国刑法那样对故意的从属性做明文规定，为了避免出现处罚漏洞，日本的通说不得不运用认识错误的理论来予以弥补，认为在这种场合，教唆者、帮助者是以共犯的故意引发了间接正犯的事实，这属于横跨共犯和间接正犯的认识错误问题，应当运用错误论的原理来解决，即教唆者、帮助者虽然无利用对方的意思，从而无法成立间接正犯；但由于教唆者、帮助者的客观行为和主观内容在狭义共犯的范围内是重合的，因而应按较轻的教唆犯、帮助犯论处。⑤正如张明楷教授所述，如果认为在教唆者、帮助

---

① 岛田聪一郎．利用合法行为的违法行为．立教法学，55：21 以下
② 钱叶六．共犯论的基础及其展开．北京：中国政法大学出版社，2014：206.
③ 耶赛克，魏根特．德国刑法教科书．徐久生，译．北京：中国法制出版社，2017：889；松宫孝明．刑法总论讲义：第 4 版补正版．钱叶六，译．北京：中国人民大学出版社，2013：215.
④ 罗克辛．德国刑法学总论：第 2 卷．王世洲，等译．北京：法律出版社，2013：107.
⑤ 大塚仁．刑法概说（总论）．4 版．东京：有斐阁，2008：344.

者误以为正犯具有故意的场合，教唆者、帮助者最终能够成立共犯，那就说明共犯的成立并非以正犯有故意为必要，也就是说，所谓运用共犯与间接正犯的认识错误理论来解决的方案，实际上已经否定了共犯对正犯故意的从属性。①

如果否定了共犯对正犯故意的从属性，实际上就从另一个侧面否定了共犯的从属性。因为共犯从属性论认为，在数人参与犯罪的场合，正犯是犯罪的核心人物、处于主要地位，共犯从属（依附）于正犯、处于次要位置。如果说在正犯构成过失犯罪的场合，教唆、帮助其犯罪的共犯却成立更重的故意犯罪，这岂不是颠倒了主次关系？又怎么能认为这种共犯从属于正犯呢？不言而喻，将故意杀人的犯罪人解释为从属于过失致死的犯罪人，是不合情理也不可能被民众所接受的。只有肯定共犯对正犯故意的从属性，才符合共犯从属性说的本来含义。仅就教唆犯而言，"所谓教唆是指使人产生犯罪决意，所以，过失犯的教唆这种事情是不存在的"②。但正如前文所述，肯定论又会导致处罚漏洞等新问题的产生。这正是共犯从属性说所面临的两难处境。

正因为限制从属性说存在种种缺陷，为弥补其缺陷，德、日等国刑法理论上出现了共犯仅从属于正犯的构成要件该当性的最小从属性说。如前所述，在日本，目前此说虽不是通说，但是一种很有影响的学说，并且存在向此说转化的趋向。最小从属性说认为，共犯的成立，既不要求正犯具备有责性的要件，也不要求正犯具备违法性的要素，更不要求正犯主观上有犯罪故意，而只要正犯实施了构成要件的行为即可。在笔者看来，最小从属性说确实弥补了极端从属性说、限制从属性说等几种要素从属性说的缺陷，能够在一定程度上满足司法实践中恰当认定和处罚犯罪的需要，但是，按最小从属性说，共犯从属于正犯的特性基本上已消失，共犯从属性也就名存实亡了。众所周知，教唆犯、帮助犯只有通过被教唆、被帮助的实行犯去实施构成要件的行为，才能实现对法益的侵害，达到预期的犯罪目的，这是共犯（教唆犯和帮助犯）的特点或特性，并非是共犯的从属性。即便是持共犯独立性说的人，也不否定共犯具有这样的特性。最小从属性说，实际上是将共犯成立必须具备的这一基本特性等同于共犯的要素

---

① 张明楷. 共犯对正犯故意的从属性之否定. 政法论坛，2010（5）.
② 团藤重光. 刑法纲要总论. 3版. 东京：创文社，1990：403.

从属性，因此，与其说是弥补了其他要素从属性说的缺陷，维持了共犯的要素从属性，倒不如说是默认了共犯的成立不要求具有从属性。因为犯罪的成立既然需要具备构成要件符合性、违法性和有责性三个要素，在这三个要素中有两个要素都不存在了，并且德、日的通说认为，对违法性和有责性要做具体的价值判断，而对构成要件符合性仅仅是做抽象的类型判断，所谓共犯的从属性，又明显是一种价值判断（法律评价），脱离了犯罪成立的具体价值判断要素，仅仅根据其抽象类型判断的要素，是不可能得出共犯具有从属性之结论的。况且，在中国和日本，持共犯从属性说的论者大多持行为共同说①，认为共犯不存在对正犯罪名从属的问题（罪名独立性说），只要构成要件的行为共同即可，并且并非要行为完全共同，而是只要有部分共同。这样一来，共犯对正犯构成要件行为的从属性，事实上也就不存在了。

2. 我国刑法及传统刑法学没有采取要素从属性论

我国有持共犯从属性说的论者认为："关于共犯的要素从属性问题，我国传统刑法教义学鲜有论及，但从通说关于共同犯罪的成立条件及教唆犯的构造的分析和论述来看，实际上采行的是正犯具有责任能力之极端从属性的立场。"② 因为通说认为，一个有刑事责任能力的人，教唆或者帮助一个幼童或者精神病人，实施危害行为，不构成共同犯罪。对教唆者、帮助者单独以犯罪论处，被教唆者或者被帮助者不构成犯罪。③ 这与极端从属性说的处理结论相同，不具有合理性。④ 但在笔者看来，这是一种误解。如前所述，德、日刑法理论中共犯的要素从属性，讨论的问题是共犯的成立应当以正犯具备犯罪成立要素中的哪些要素为条件，由此产生的所谓夸张从属性说、极端从属性说、限制从属性说和最小从属性说，显然是以犯罪的成立应当具备构成要件符合性、违法性和有责性三个要素（三阶层犯罪论）为前提的，而我国传统刑法学采取的是四要件的犯罪论体系，德、日刑法学中所谓共犯的要素从属性根本无存在的条件或基础，因而认

---

① 张明楷. 刑法学. 6版. 北京：法律出版社，2021：540；龟井源太郎. 正犯与共犯区别论. 东京：弘文堂，2005：24.

② 钱叶六. 共犯论的基础及其展开. 北京：中国政法大学出版社，2014：188.

③ 高铭暄，马克昌. 刑法学. 10版. 北京：北京大学出版社，2022：162.

④ 同②190.

为我国传统刑法学的通说采取了极端从属性说，无疑是忽视了我国传统刑法学与德、日刑法学以及我国刑法与德、日刑法的重大差异。

事实上，我国的上述通说，完全符合我国刑法的规定。按照我国刑法第25条的规定，"共同犯罪是指二人以上共同故意犯"。第26条、第27条、第28条接着规定对共同犯罪中的主犯、从犯、胁从犯如何认定和处罚。从这几条的规定不难看出，共同犯罪人都必须是具有刑事责任能力的人；共同犯罪中的"犯罪"是指具备犯罪成立的所有要件即构成特定犯罪的情形。但有持共犯从属性说者认为，我国刑法中"共同犯罪是不法形态，其成立不以特定的责任要素为必要"①，因此，基于不同故意甚至仅有过失而共同实施行为，均可能成立共同犯罪。"数个无责任能力者共同侵害法益的场合，也可以认为成立共同'犯罪'，只不过因为都无责任能力而不承担刑事责任而已"②。但正如前文所述，这种解释显然与我国刑法的规定不符。因为刑法先明确规定何谓共同犯罪，接着规定对共同犯罪人如何处罚，明显是从"完全意义上"（成立犯罪的意义上）使用"犯罪"一词的。从法律语言表达的逻辑关系来看，先说犯罪及其成立条件，尔后接着说对犯罪如何处罚，那么，前面所说的"犯罪"就必须是符合该犯罪成立的所有条件的，这也是后面所说的要给予处罚的前提。不可能对不符合犯罪所有成立条件（仅符合部分条件）者，给予后面的刑事处罚；也不可能对构成共同犯罪者，均不予以处罚。因此，认为"数个无责任能力者共同侵害法益的"，也成立共同犯罪，明显不具有合理性。况且，根据我国刑法的规定，无责任能力的被教唆者、被帮助者实施危害行为的，不受刑事处罚，这种被教唆者、被帮助者自然不可能成为主犯、从犯或胁从犯，合乎逻辑的结论是不可能与教唆者、帮助者构成共同犯罪。至于对教唆、帮助无责任能力人杀人的教唆者、帮助者，单独按故意杀人罪定罪处罚，正如前文所述，这与我国刑法的规定和我们所主张的刑法理论完全一致，并且比按德、日的要素从属性论来解释，有更明显的优越性，笔者不再赘述。

我国有持共犯从属性说的论者还认为，由于我国的通说主张："二人以上共同过失犯罪以及二人以上实施危害行为，罪过形式不同的，均不成

---

① 张明楷.刑法学.6版.北京：法律出版社，2021：496.
② 钱叶六.共犯论的基础及其展开.北京：中国政法大学出版社，2014：192.

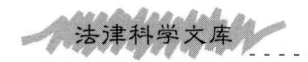

立共同犯罪。所以，对非故意犯协力、加功的场合，就不可能成立共犯，从而肯定了对正犯故意的从属性。"[1] 但这不具有合理性。相反，否定对正犯故意的从属性，并且在共犯的要素从属性问题上，采取"限制从属性说是妥当的"[2]。笔者以为，这同样是不正确的认识。如前所述，共犯对正犯故意的从属性，是德、日刑法学中主观违法性论者的主张，并且德国刑法对此有明文规定。虽然我国的通说处理相关案件的结论与德、日的故意从属性说相同，但正如前文所述，我国传统的四要件犯罪论体系与德、日的三阶层犯罪论体系有重大差异，这决定了我国传统的通说不可能采取德、日的要素从属性说，而故意从属性是要素从属性中与限制从属性说相关的问题。还应当看到，在日本，肯定故意从属性有可能出现处罚漏洞或处罚不均衡的问题，因而许多学者否定故意的从属性，以弥补肯定论的不足。而否定故意从属性的优势，又是以日本刑法采取区分制并对共犯的处罚轻于正犯为条件的。例如，某人误以为对方有杀人的故意而提供帮助，但对方的行为属于过失致人死亡。如果坚持共犯的成立以正犯有故意为条件，对这种帮助者，要么就是不当犯罪处罚，要么就是以间接正犯论处。作前一种处理会放纵犯罪，作后一种处理又违反间接正犯的认定规则，并存在处罚过重的问题。如果共犯的成立不以正犯有故意为条件，对上述案例中的帮助者，就可以按杀人罪的帮助犯来定罪处罚。根据日本刑法的规定，对帮助犯应按正犯之刑予以减轻处罚，这比按故意从属性说来处理案件，确实更合理一些。

但是，我国刑法与日本刑法不同，在误以为对方有故意而予以教唆或提供帮助的场合，否定双方成立共同犯罪（这与肯定故意从属性说的结论相同），不会出现像日本那样对教唆者、帮助者无法定罪处罚，或者按间接正犯因无法享受法定从宽待遇而处罚过重的问题。因为如果案情重大或特殊，故意教唆或帮助的行为对危害结果的发生起了决定性的作用，对教唆者或帮助者不必从轻的，可以与普通的单独犯罪既遂一样处罚；如果其教唆或帮助行为对危害结果的发生并未起决定作用，按单一正犯的处罚原则，仍可对其从轻甚至减轻处罚，即给予比单独犯轻的处罚。这样处理的结果，与在日本按否定共犯对正犯故意的从属性说所产生的效果大致相

---

[1] 钱叶六. 共犯论的基础及其展开. 北京：中国政法大学出版社，2014：208.
[2] 同[1]212.

同，即能够避免出现处罚漏洞或处罚轻重不合理的问题，并且与我国刑法的规定和我们所主张的刑法理论相符。相反，在我国，按德、日的否定故意从属性说，将误以为对方有杀人的故意而教唆、帮助其杀人的案件，认定为双方构成共同犯罪，由此来肯定教唆犯、帮助犯的成立①，不仅与我国刑法第 25 条关于共同犯罪的规定不符，而且对案件的恰当处理起不到好的作用，反而会使简单的问题复杂化。如前所述，由于我国刑法采取不区分正犯与共犯的单一正犯体系，在数人参与犯罪的场合，不是根据参与的形式将行为人分为正犯、教唆犯、帮助犯，并分别给予轻重不同的处罚，因此，将行为人认定为实行犯（正犯）还是教唆犯或帮助犯，并不能直接决定对其应如何处罚。按照上述论者的主张，在我国，认定为共同犯罪的教唆犯、帮助犯之后，还得进一步确定是主犯还是从犯，才能予以处罚。以上述误以为对方有杀人的故意而教唆、帮助其杀人的情形为例，教唆者、帮助者构成故意杀人罪，被教唆者、被帮助者成立过失致死罪，如果按上述论者主张的行为共同说，认定双方构成共同犯罪，那么，双方之中谁是主犯谁是从犯？认定犯故意杀人罪的教唆犯、帮助犯为从犯（这是共犯从属性说的当然结论），犯过失致死罪的被教唆者、被帮助者为主犯，这与我国刑法第 26 条、第 27 条关于主犯、从犯的规定明显不符，与民众的法律意识也不一致。

3. 不采取要素从属性论的优越性

按照我国刑法的规定和单一正犯理论，每个犯罪参与者，不论是实行行为者还是教唆行为者或帮助行为者，都不存在谁从属（或依附）于谁的问题，如同单个人犯罪一样，仅根据行为者个人实施的危害行为和所持的犯罪心理来定罪处罚，不考虑参与犯罪的其他人是否定罪以及是定故意罪还是过失罪。因为"所谓多数人参与犯罪，其刑事责任的认定，还是应该回到犯罪的基本定义，针对个人行为做个别的判断。在犯罪构成的认定上，没有所谓的共同，也没有所谓的从属"②。就前述教唆、帮助者误以为对方有杀人的故意而予以教唆、帮助，但对方并无杀人的故意的情形而论，由于教唆者、帮助者主观上有杀人的故意，客观上有杀人（教唆、帮

---

① 钱叶六. 共犯论的基础及其展开. 北京：中国政法大学出版社，2014：210.
② 黄荣坚. 基础刑法学：下. 台北：元照出版有限公司，2012：786.

助杀人）的行为①，因而构成故意杀人罪。对直接导致被害人死亡者（正犯），由于其主观上无犯罪故意仅有过失，显然只可能定过失致死罪。又如，对前述教唆、帮助他人杀人，但被教唆者、被帮助者因具备正当防卫等阻却违法的条件而不构成犯罪的情形，基于同样的理由，按故意杀人罪对教唆、帮助者定罪处罚；反过来，被教唆者、被帮助者有杀人的犯罪故意和行为，但教唆者、帮助者的行为具备正当防卫等阻却违法之条件的，也应该对每个人的行为分开来做评价，即被教唆者、被帮助者构成故意杀人罪，教唆者、帮助者无罪。这样处理案件，与我国刑法的规定和我们所主张的解释论完全一致，并且可以从根本上避免出现共犯从属性说所导致的上述种种弊病。

总而言之，按照我国刑法的规定，共同犯罪仅限于二人以上共同故意犯罪，教唆者、帮助者有故意，被教唆者、被帮助者无故意的，双方不可能构成共同犯罪。在有数人参与犯罪的场合，根本不存在所谓共犯（教唆犯和帮助犯）从属于正犯的问题，对每个参与者都是分别单独考察，看其是否有责任能力，是否实施了刑法分则规定的犯罪行为（含实行行为、教唆行为、帮助行为等），主观上是否有犯罪故意或过失，确认其是否构成犯罪。在有二人以上构成犯罪的场合，进一步判断二人（或多人）之间有无共同故意与共同行为，以此来确定是否构成共同犯罪。在构成共同犯罪的情况下，再确定谁是主犯谁是从犯，并根据刑法的规定给予轻重不同的处罚。如果其中有人构成犯罪，但与他人并不构成共同犯罪（如一人构成故意杀人罪，另一人构成过失致死罪），则应按其所成立的犯罪分别定罪处罚。这样处理案件，完全符合认定和处罚犯罪的基本规律，并且既简单明了又便于司法人员掌握执行。

四、不采取共犯从属性论的风险及其控制路径

毋庸置疑，采取区分正犯与共犯的区分制和共犯从属性论，确实有利于限制教唆犯和帮助犯的处罚范围，而采取不区分正犯与共犯的单一制、不采取共犯从属性论，则存在扩大教唆犯和帮助犯处罚范围的风险。如前

---

① 我国刑法第232条中的"故意杀人"，包括实行杀人、教唆杀人、帮助杀人、预备杀人。

所述，共犯从属性说的核心是强调共犯的成立以正犯实行犯罪为必要，据此就可以将教唆未遂、帮助未遂的情形，排除在刑事处罚的范围之外。但按我国刑法的规定，由于分则中的具体犯罪行为大多并不限于实行行为，而是还包括教唆行为、帮助行为等行为，这就意味着实施所有教唆行为、帮助行为，在不具备阻却违法或阻却责任的条件时，都有可能受刑事处罚。这虽然能有效弥补共犯从属性说导致的处罚漏洞，有利于保护法益，但是，如果理解有误或适用刑法不当，就会扩大打击面，违背刑法的谦抑性原则。

应当注意的是，采取单一正犯体系、不采取共犯从属性论，只是存在扩大教唆犯、帮助犯处罚范围的可能性（或风险），并非如有的论者所说的那样，不采取共犯从属性（实行从属性）说，在被教唆人或被帮助人未实行犯罪的场合，对教唆未遂者与帮助未遂者也处罚，就必定会导致处罚范围扩大化。① 因为我们主张对每个参与者是否定罪处罚，均要与单个人犯罪一样，考察其行为的社会危害性（或违法性）及其程度，而教唆未遂与帮助未遂的场合，行为的社会危害性程度比教唆既遂、帮助既遂时低，如果达不到犯罪的严重程度，根据我国刑法第13条"但书"的规定，自然就不必以犯罪论处。可见，不采取共犯从属性论，并不存在将本来不应该定罪处罚的教唆未遂者与帮助未遂者予以定罪处罚的必然性，而是要根据其社会危害性的程度来判断其应否定罪处罚，从而也就不存在一定会扩大处罚范围的问题。

当然，对不采取共犯从属性论有可能扩大教唆犯和帮助犯处罚范围的风险，也应当引起足够的重视，并要采取有效的措施来避免。首先是要借鉴德、日刑法学中共犯从属性说的合理成分，对被教唆者、被帮助者尚未着手实行犯罪的情形，除了教唆、帮助的是严重犯罪之外，一般不以犯罪论处。这是因为这类教唆、帮助行为在犯罪形态上还处于预备状态，离侵害法益的结果还有较远的距离，我国刑法虽然原则上规定，对所有的预备犯罪行为均予以处罚，但是，由于刑法第13条"但书"的规定表明，所有犯罪的社会危害性都必须达到一定严重程度，因此，对犯罪预备行为的处罚范围事实上是有限制的，即仅处罚重罪的预备行为，轻罪的预备行为大多达不到犯罪所要求的严重危害社会的程度，一般不予以处罚。而教

---

① 钱叶六.共犯论的基础及其展开.北京：中国政法大学出版社，2014：165.

唆、帮助他人实施轻罪，对方又尚未着手实行犯罪的，意味着教唆者、帮助者的行为停顿在了预备阶段，通常达不到应受刑罚处罚的程度，将其排除在刑事处罚范围之外，就是当然的结论。

教唆、帮助他人实施重罪，但被教唆、被帮助的人没有犯被教唆、被帮助之罪（教唆、帮助未遂）的，对教唆者、帮助者应当定罪处罚。这属于教唆犯、帮助犯单独成立犯罪的情形。如前所述，我国刑法第 29 条第 2 款对单独的教唆犯设立了处罚规定，但对单独的帮助犯并未作规定。正因为如此，在我国，不仅是那些倡导区分制和共犯从属性说的论者认为，对这种帮助犯不能定罪处罚，而且有肯定单一制、否定共犯从属性的论者持同样的主张，以为法律没有明文规定就不能处罚。① 但是，在笔者看来，虽然在通常情况下，帮助行为的危害性远低于实行行为，如果被帮助的人没有犯被帮助的罪，其社会危害性程度往往较低，大多没有处罚的必要性；但也有例外的情形，例如，掌握高科技的人帮助他人采用高新科技手段实施大规模杀害众多民众的恐怖犯罪，仅仅只是由于意外的原因，被帮助的人才没有实行被帮助之罪的。对这种帮助犯，无论是从其主观恶性以及行为的客观危险性来看，还是从保护重要法益或防止严重犯罪的发生来论，无疑都应当定罪处罚。国外也有处罚帮助未遂的立法例。例如，丹麦刑法第 23 条第 1 款规定："……意图提供帮助而失败者，可以减轻处罚。"这就是对帮助未遂的一种情形（失败的帮助）予以处罚的明文规定。

至于说我国刑法第 29 条第 2 款明文规定处罚教唆未遂，但刑法并没有处罚帮助未遂的规定，这是否意味着对帮助未遂予以处罚，是处罚法无明文规定的行为、违反罪刑法定原则呢？笔者的回答是否定的。因为为他人实行犯罪提供帮助，以便利其完成犯罪，这是一种为犯罪创造条件的预备行为。我国刑法第 22 条规定，原则上处罚所有的犯罪预备行为。因此，处罚严重犯罪的预备行为，不仅不违反刑法第 22 条的规定，而且也是我国司法实践中的一贯做法。相反，对上述帮助恐怖分子用高科技手段大规模杀人的行为，仅仅因被帮助者没有实行被帮助的罪，就不予以处罚，则显然是将有处罚必要性的严重犯罪的预备行为排除在外，与刑法第 22 条的规定和有罪必罚的法制原则相悖。

---

① 阮齐林，耿佳宁．中国刑法总论．北京：中国政法大学出版社，2019：240．

还应当注意的是，我国刑法第29条第2款之所以对被教唆的人没有犯被教唆之罪的教唆犯设处罚规定，在笔者看来，是因为立法者认为对这种有引起犯罪发生高度危险性的犯罪预备行为要予以重罚，因而作出特别规定，即对这种预备犯可以从轻或者减轻处罚，但不可以免除处罚。① 对教唆犯予以特别对待、给予较重的处罚，在采取不区分正犯与共犯的单一制立法体系的刑法中，并非罕见。例如，奥地利刑法第33条规定的七种"特别的从重处罚事由"中，"教唆他人实施应受刑罚处罚的行为"就是其中之一。只不过，按我国刑法第29条第2款的规定处理案件，会带来与被教唆的人接受教唆但停顿在预备阶段（双方构成预备犯）的情形相比，处罚轻重不合理的问题。② 值得庆幸的是，由于刑法对被帮助的人没有犯被帮助之罪的，没有设类似第29条第2款的规定，对这种帮助犯罪的预备犯，按第22条第2款的规定处罚，倒不会出现与教唆犯相似的处罚轻重不合理的现象。但是，为了避免引起争议，刑法还是有必要对帮助未遂设立类似第29条第2款那样的规定，只不过要增加可以"免除处罚"的内容，即"如果被帮助的人没有犯被帮助的罪，对于帮助犯，可以从轻、减轻处罚或者免除处罚"。同时，还要对第29条第2款作相应的补充，修改为"如果被教唆的人没有犯被教唆的罪，对于教唆犯，可以从轻、减轻处罚或者免除处罚"，从而解决上述处罚轻重不合理的问题。

此外，还应当看到，按共犯从属性说，帮助犯处于从属性地位，对帮助犯的处罚只可能比正犯轻（德、日刑法规定，按正犯之刑减轻处罚），不可能与正犯相同，更不可能重于正犯。在通常情况下，这样处理无疑是恰当的。但正如前文所述，也有例外的情况。上述帮助恐怖分子用高科技手段大规模杀人的情形，假如恐怖犯罪如期完成，杀死了众多民众，并引

---

① 我国刑法第22条第2款规定，对普通预备犯，除了可以从轻、减轻处罚外，还可以免除处罚。

② 即如果被教唆者接受教唆后实施预备行为，则对教唆犯适用刑法第29条第1款，同时适用刑法第22条关于预备犯"可以比照既遂犯从轻、减轻处罚或者免除处罚"的规定；如果被教唆者根本没有实施任何犯罪行为，则对教唆者适用刑法第29条第2款，仅"可以从轻或者减轻处罚"。这就出现了情节轻的反而处罚重这样的处罚不合理现象。张明楷．论教唆犯的性质//陈兴良．刑事法评论：第21卷．北京：北京大学出版社，2007：88．

起瘟疫发生。帮助者与被帮助者无疑构成共同犯罪，帮助者所起的作用显然还要大于被帮助者，按共犯从属性说，对帮助犯的处罚轻于被帮助的实行犯，显然不妥当。按我国刑法的规定，将帮助犯认定为主犯，给予与被帮助的实行犯相同、甚至比实行犯更重的处罚，无疑是恰当的。这正是我国刑法采取单一正犯体系、不采取共犯从属性论的优势所在。

但是，应当清醒地认识到，我们这种立法也存在不足。由于我国刑法是根据共同犯罪人在共同犯罪中的作用，即是"起主要作用"还是"起次要作用"来区分主犯与从犯，加上没有客观的判断标准，认定时难免带有主观随意性，很可能出现判断失误或执法不公的现象。就共同犯罪的帮助犯而言，在司法实践中，完全有可能出现将本来应该作为从犯认定、给予较轻处罚的帮助犯，认定为主犯给予较重处罚的现象。为了有效防范这种风险，一方面要让司法人员充分认识到，帮助行为的危害性在通常情况下会明显小于实行行为，因而对共同犯罪的帮助犯，一般只能认定为从犯；另一方面有必要在刑法中增设这样的规定："帮助他人实施犯罪的，除对犯罪的完成具有决定作用的情形外，以从犯论处"①，从而在立法上规范或限制司法人员的自由裁量权。②

第二节　间接正犯论之否定

间接正犯是大陆法系刑法学中的概念，目前在我国刑法学论著中也被广泛使用。德、日的间接正犯论已被我国许多刑法学者所接受，并且已在司法实践中发挥实际作用。③ 但是，我国刑法所采取的犯罪参与体系，决定了间接正犯论无存在的基础，因而，应否定并清除德、日的间接正犯论对我国的影响。

---

①　这里的"对犯罪完成具有决定作用"，是指如果没有帮助犯所提供的特定帮助行为，犯罪就不可能完成或重大危害结果就不可能发生。上述帮助恐怖分子用高科技手段大规模杀人的情形就是适例。

②　刘明祥. 论中国特色的犯罪参与体系. 中国法学，2013（6）.

③　陈兴良. 间接正犯：以中国的立法与司法为视角. 法制与社会发展，2002（5）.

一、间接正犯论概述

(一) 间接正犯概念的缘起

一般认为,所谓正犯,是指亲自实行犯罪的人。行为人亲自动手实施实行行为的,是直接正犯;将他人作为工具,就如同自己直接实施实行为一样的,则是间接正犯。① 在采取区分正犯与共犯的犯罪参与体系("区分制")的国家(如德国、日本),间接正犯是被普遍接受的重要法律概念,有的(如德国)刑法典中有明文规定,另有的(如日本)刑法典中虽无明文规定,但在解释论上普遍承认。

在数人参与犯罪的场合,如果是采取区分正犯与共犯的区分制(又称为"二元制")体系,往往得先确定谁是正犯谁是共犯,再分别按正犯与共犯的定罪处罚规则来做处理。而要做这种区分,就必须先确定正犯与共犯的内涵和外延,再按一定的标准来判断。限制的正犯概念说与扩张的正犯概念说就是应这种需求而产生的。限制的正犯概念说认为,亲自动手实施符合构成要件行为的直接行为人是正犯。由于刑法典中的共犯规定是将处罚扩展到正犯以外的人,因此,共犯是扩张刑罚事由。但扩张的正犯概念说认为,在实现构成要件的行为上提供了某种条件者,都是正犯。只不过刑法是在正犯之中规定将教唆犯和帮助犯予以限定处罚,因而共犯是缩小刑罚事由。应当肯定,这两种学说都是围绕间接正犯是正犯还是共犯而展开的。②

如前所述,区分正犯与共犯的区分制的基本理念是,正犯为犯罪的核心人物,共犯为犯罪的依附(或从属)者,刑法应以处罚正犯为原则、以处罚共犯为例外。限制的正犯概念说正好与这种观念相符,而扩张的正犯概念同这种观念相冲突,因此,限制的正犯概念论是德、日等采取区分制立法体系的国家的通说。按照区分制的基本理念和限制正犯概念论,共犯具有从属于正犯的特性。即只有在正犯已着手实行犯罪并具备犯罪成立的相关要素时,共犯(教唆犯和帮助犯)才能成立,才可能受刑罚处罚。至于共犯对正犯要从属到何种程度,即共犯的成立应从属于正犯的构成要件

---

① 大谷实. 刑法讲义总论. 新版第 5 版. 东京:成文堂,2019:140.
② 同①396 - 397.

该当性、违法性和有责性中的哪些要素，学者们有不同解释。以前德、日的通说是极端从属性说，[①] 认为共犯的成立必须从属于正犯的构成要件该当性、违法性和有责性。但是，采用限制的正犯概念论和极端从属性说遇到的一大难题是，如果行为人唆使、帮助无责任能力的人实施危害行为（如杀人等），由于实行者无责任能力，不具备有责性的要件，按极端从属性说，教唆者、帮助者也就不可能构成教唆犯、帮助犯。又由于行为人只实施了唆使、帮助他人犯罪的行为，并没有亲自动手实施符合构成要件的行为，按形式的限制正犯概念论，自然也不属于正犯。而不处罚这类教唆者、帮助者，显然是遗漏了比普通的教唆犯、帮助犯情节更为严重的罪犯。正是为了弥补限制的正犯概念论与极端从属性说所带来的处罚漏洞，不得不提出间接正犯这一"补救概念"[②]。正如意大利刑法学家杜里奥·帕多瓦尼所述："'间接正犯'是极端的'共犯从属性说'的产物。提出这个概念的目的，是为了在犯罪的直接实行人不具有可罚性的情况下，让犯罪行为的操纵人为自己的非构成要件行为承担刑事责任，从而堵塞'从属性'理论中这一明显的'漏洞'。"[③]

作为弥补极端从属性说之漏洞的间接正犯概念，在极端从属性说退出历史舞台被限制从属性说所取代之后，本来可以不用了。但是，德国在1943年修改刑法明文规定采取限制从属性说、日本在解释论上限制从属性说处于支配地位之后，间接正犯概念仍被保留下来，不仅在解释论上普遍使用，而且在立法上被确定下来。[④] 究其缘由，日本刑法学家西田典之教授认为，主要有两方面：一是刑法理论界对间接正犯之"正犯性"的研究取得了一些进展，主要是对作为限制正犯概念之核心的实行行为概念予以实质化、规范化，从规范的视角把利用他人犯罪的情形包容在实行行为之中，与经自己之手实行作同一的评价。同时，对限制从属性说的适用作

[①] 耶赛克，魏根特. 德国刑法教科书. 徐久生，译. 北京：中国法制出版社，2017：888；西田典之. 刑法总论：第2版. 王昭武，刘明祥，译. 北京：法律出版社，2013：348.

[②] 高桥则夫. 刑法总论. 4版. 东京：成文堂，2018：435.

[③] 帕多瓦尼. 意大利刑法学原理. 陈忠林，译. 北京：法律出版社，1998：337.

[④] 西田典之. 共犯理论的展开. 东京：成文堂，2010：83.

了一定的限制。尽管在正犯无责任能力的场合，按限制从属性说，对背后的利用者是可以认定为教唆犯的，但日本的通说认为，除利用十二三岁有辨别是非能力的未成年人之外，利用无责任能力的人犯罪，原则上仍应视为间接正犯。另一保留间接正犯概念的原因是，考虑到只有正犯与共犯的罪名相一致，才符合罪名从属性的要求，如果是将利用他人的过失行为以实现犯罪的情形（如医生吩咐粗心的护士为病人注射掺了毒的药致病人死亡），认定为教唆犯，那就会出现作为共犯的教唆犯定故意罪（如杀人罪），而正犯却要定过失罪（如过失致死罪）这种不太自然的现象。① 在笔者看来，或许还有一个更为重要的原因，那就是德、日等采取区分正犯与共犯的区分制的国家，为了弥补这种立法体系有可能带来处罚不均衡的弊病，而不得不使用间接正犯的概念。对此，笔者将在下文展开述说。

（二）间接正犯的类型

间接正犯论者概括的间接正犯的类型主要有以下几种。

第一，利用无责任能力者的行为。刑法规定的无责任能力人有两种：一是丧失了辨认和控制自己行为能力的精神病人，二是未达到法定负刑事责任年龄的人。对利用丧失了辨认和控制自己行为能力的精神病人实施严重侵害法益的行为，如唆使重度精神病人去杀人、放火，间接正犯论者一致认为，利用者成立间接正犯；但对利用未达到法定负刑事责任年龄人实施侵害行为，能否构成间接正犯，在德、日刑法学界间接正犯概念提出之初，由于极端从属性说处于支配地位，肯定间接正犯成立成为当然的结论。后来，随着限制从属性说上升到支配地位并被立法者所采纳，理论上的通说认为，只有利用没有辨认和控制能力的儿童的行为才可能成立间接正犯，利用已有辨认和控制能力的未达法定负刑事责任年龄人的行为，则不能构成间接正犯，而有可能成立共犯（教唆犯和帮助犯）。例如，父母唆使自己的孩子盗窃他人贵重财物，如果孩子为五六岁的儿童，因其无辨认和控制能力，父母构成盗窃罪的间接正犯；如果孩子是十二三岁的未成年人，则由于其已有一定的辨认和控制自己行为的能力，父母只可能成立教唆犯。② 目前，我国的间接正犯论者大多也持此种主张。③

---

① 西田典之．共犯理论的展开．东京：成文堂，2010：83-84．
② 松宫孝明．刑法总论．5版．东京：成文堂，2017：257．
③ 钱叶六．共犯论的基础及其展开．北京：中国政法大学出版社，2014：51．

第二，利用被强制者的行为。利用者对被利用者进行强制迫使其实施侵害法益的行为，如果其强制达到了使被利用者失去按自己意志行事的程度，就意味着被利用者实际上已成为利用者的犯罪工具，因而利用者成立间接正犯。强制既可能是物理的强制也可能是心理的强制，但无论是何种强制，都必须达到使被强制者丧失自由意志的程度，才能认定强制他人实施严重侵害法益行为的强制者为间接正犯。

第三，利用不知情且无故意者的行为。利用者利用无犯罪故意的他人因不知情、主观上产生误认而实施严重侵害法益行为的，利用者构成间接正犯。例如，有杀害患者之意的医生，指使不知情的护士给患者注射毒药，导致患者死亡。医生构成杀人罪的间接正犯，护士不可能成为杀人罪的直接正犯。被利用者无犯罪故意且不知情，有可能主观上存在过失，也有可能无过失。对于利用他人无过失行为的利用者成立间接正犯，理论上不存在争议；但对利用他人有过失之行为的利用者是否成立间接正犯，则认识不一。以上述医生指使护士给病人注射毒药为例，若护士有过失，其成立过失致死罪无疑。但医生是成立杀人罪的间接正犯还是教唆犯，日本多数学者认为成立间接正犯，也有学者认为成立教唆犯。① 我国的间接正犯论者大多认为成立间接正犯。②

第四，利用不知情但有故意者的行为。利用者利用他人有犯轻罪的故意，但对行为会造成的其他严重侵害法益的后果无认识，而实施侵害行为引起严重结果发生的，利用者构成重罪的间接正犯。例如，A 为了杀害躲藏在贵重财物背后的 C，唆使不知情的 B 基于毁坏 C 贵重财物的意思而对此财物开枪射击，结果将 C 打死。对此，在日本，有间接正犯论者认为，由于被利用者有犯轻罪的故意，这是一种具有较高程度的"规范障碍"，因而背后的利用者不能成立间接正犯，应成立教唆犯；③ 但通说认为，就幕后的利用者所追求的重罪目的而言，被利用者并无"规范障碍"，只不过是利用者的犯罪道具，所以，被利用者所造成的重罪结果应归责于背后的利用者，即利用者成立重罪的间接正犯。④ 我国的间接正犯论者现在大

---

① 内藤谦.刑法讲义总论：下.Ⅱ.东京：有斐阁，2002：1340.
② 张明楷.刑法学.6 版.北京：法律出版社，2021：530.
③ 中山研一.刑法总论基本问题.东京：成文堂，1974：270.
④ 团藤重光.刑法纲要总论.3 版.东京：创文社，1990：159.

多也持此种主张。①

第五，利用有故意无特殊身份或无特定目的者的行为。刑法规定的有些犯罪除了要有故意之外，还要有特殊的身份或特定的目的。前者被称为身份犯，后者被视为目的犯。德、日的通说认为，被利用者虽然有责任能力且有故意，但无身份犯的身份或无目的犯的目的，就意味着其不可能实施构成要件的行为，而利用者有此特殊身份或特定目的，其实质是利用他人作为犯罪工具来实施自己意图实施的犯罪，因而成立身份犯或目的犯的间接正犯。这种间接正犯类型通常被称为"有故意的工具"（包括"无身份的工具"和"无目的的工具"）。② 不过对这种间接正犯类型，学者们的认识并不完全一致。特别是对有公务员身份的丈夫唆使无身份的妻子收受请托者财物的受贿案件，在日本刑法学界有较大争议。有的认为，丈夫构成受贿罪的间接正犯，妻子成为帮助犯；也有的认为，丈夫构成受贿罪的教唆犯，妻子成立帮助犯；还有的认为丈夫和妻子构成受贿罪的（共谋）共同正犯。③ 我国的间接正犯论者的认识也有较大分歧，既有认为丈夫成立受贿罪的间接正犯的④，也有认为丈夫成立受贿罪的直接正犯的⑤。

第六，利用他人的合法行为。利用他人的合法行为以实现自己的犯罪目的的，构成间接正犯。一般来说，合法行为不会对他人利益造成损害，但正当防卫、紧急避险等阻却违法性的行为，也是广义的合法行为，却有可能对他人利益造成损害。实施这类行为者由于其行为合法（或不具有违法性），不对损害结果负责，但考虑到如果没有利用者恶意利用的行为，损害结果本来是不会发生的，因此，应由利用者对损害结果负责。例如，X 意图使 A 受伤害，唆使 A 攻击 Y，结果被 Y 以对 A 的暴行实行正当防卫反击的形式使 A 受伤。一般认为，由于 Y 的正当防卫是合法行为，被 X 用来作为伤害 A 的工具，因此，X 构成伤害 A 的间接正犯。不过，也有论者认为，X 不构成伤害 A 的间接正犯，仅成立唆使 A 对 Y 实施暴行

---

① 黎宏. 刑法总论问题思考. 北京：中国人民大学出版社，2007：111.
② 松原芳博. 刑法总论. 2版. 东京：日本评论社，2017：370-371.
③ 西田典之. 刑法总论. 2版. 东京：弘文堂，2010：331.
④ 周光权. 刑法总论. 4版. 北京：中国人民大学出版社，2021：345.
⑤ 张明楷. 刑法学. 6版. 北京：法律出版社，2021：529.

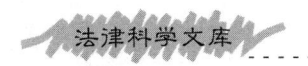

的教唆犯。①

第七，利用被害人的行为。利用被害人自己的行为造成其自身的损害结果发生的，由于没有第三者的介入，可以视为利用者对被害者直接予以侵害，作为直接正犯来处理。日本的判例对这类案件也是这样处理的。但是，如果是利用被害人因错误而对结果完全没有认识的状态，或者是通过强制利用被害人的行为导致结果发生的，日本的通说认为也可能成立间接正犯。因为毕竟不是被告人的行为而是被害人（他人）的行为直接引起结果发生的，这与直接正犯不同，而与间接正犯相符。②例如，甲谎称乙饲养的狗为疯狗，使乙杀害该狗的，甲是毁坏财物罪的间接正犯。又如，行为人强迫被害人自杀的，成立杀人罪的间接正犯。③

有必要说明的是，从刑法理论与司法实务来看，对间接正犯的认定，德国比日本更为宽泛。例如，德国的通说将所谓"利用组织的支配"纳入间接正犯的范围，也就是把所谓利用组织的支配之幕后大人物指使手下成员实行犯罪的，认定为间接正犯。④但在日本，则将这种幕后大人物认定为与手下实行者成立共同正犯。⑤

二、间接正犯论面临的困境

（一）间接正犯的正犯性不能合理证明

由于间接正犯并非是自己亲自实施构成要件行为，而是利用他人的行为引起危害结果的发生，同直接正犯相比，其侵害法益的间接性十分明显，同共犯（教唆犯和帮助犯）很相似，但却不以共犯来论，反而要作为正犯对待，其根据何在？肯定间接正犯概念有存在价值的论者，试图通过论证间接正犯的正犯性，来回答这一问题，从而形成了工具理论、实行行为性说、规范障碍说、行为支配说和自律的决定说等不同的学说或理论，但均无法合理论证间接正犯的正犯性。

---

① 松原芳博. 刑法总论. 2版. 东京：日本评论社，2017：371-372.
② 内藤谦. 刑法讲义总论：下.Ⅱ. 东京：有斐阁，2002：1342.
③ 山口厚. 刑法总论. 3版. 东京：有斐阁，2016：71.
④ 罗克辛. 正犯与犯罪事实支配理论. 劳东燕，译//陈兴良. 刑事法评论：第25卷. 北京：北京大学出版社，2009：28.
⑤ 山中敬一. 刑法总论. 3版. 东京：成文堂，2015：922.

1. 工具理论。认为既然利用刀枪去犯罪是正犯,那么,把人当做刀枪一样的"工具"加以利用而犯罪的,肯定也应视为正犯。这种最传统的观念,就是所谓的"工具理论"①。固然,无意思的身体或物可能成为工具,但基于意思的人的行为,并不能成为严格意义上的工具。② 因此,所谓利用他人作为工具来犯罪,只是一种通俗形象的比喻,并不能合理说明间接正犯具有正犯性。因为毕竟自己动手拿着刀枪去杀死仇人,同唆使无责任能力的人去杀人或利用他人的过失行为去杀人,在客观表现形式上还是有较大差异,显然,前者是利用(刀枪)工具杀人,后者是利用他人的行为杀人。按照区分正犯与共犯的区分制的传统理论,前者是自己亲自实施构成要件的行为,后者则是利用他人实施构成要件行为,理应将前者认定为正犯、后者视为共犯。按"工具理论"将后者与前者同样看待,无疑是忽视了二者之间在行为形式上的差异。由此推论,共犯特别是教唆犯也是利用他人实施构成要件行为,以达到自己的犯罪目的,也可以说是利用他人作为工具来犯罪,按"工具理论"似乎也应以间接正犯来论,这样一来,共犯(教唆犯和帮助犯)就失去了存在的空间。

2. 实行行为性说。认为间接正犯的正犯性的实质在于,它与直接正犯具有相同的实行行为性,即作为间接正犯的背后利用者,主观上具有实行的意思,客观上具有利用被利用者实现一定犯罪的现实危险性。③ 此说目前在日本虽然是通说,但存在严重缺陷。首先是"实行行为性"的内涵并不明确,以间接正犯具有实行行为性来说明其具有正犯性,只不过是以问答问。④ 并且将利用者利用他人实现一定犯罪的现实危险性解释为实行行为性,显然是对实行行为作了过于扩张的解释,实际上是将利用他人实施实行行为与自己实施实行行为完全等同起来,按这种理论,教唆犯甚至部分帮助犯都有可能解释为具有实行行为性,都有必要认定为间接正犯。因为其主观上具有让他人实行犯罪的意思,客观上有利用被教唆的人或被帮助的人实现一定犯罪的现实危险性。其次是判断正犯的基准与一般理论不

---

① 林干人. 刑法总论. 2版. 东京:东京大学出版会, 2008: 413.
② 平野龙一. 刑法总论. Ⅱ. 东京:有斐阁, 1975: 359.
③ 大塚仁. 间接正犯的研究. 东京:有斐阁, 1958: 123.
④ 高桥则夫. 规范论与刑法解释论. 东京:成文堂, 2007: 138-139.

符，事实上也无法贯彻到底。例如，利用无辨别是非能力者杀人，与用重金雇职业杀手杀人相比，后者实现构成要件的可能性高得多。实行行为说却仍然认为，前者是间接正犯、后者是共犯。这显然是用与"犯罪的现实危险性"不同的基准所做的区分。因为按实行行为说，侵害法益或实现构成要件的危险性程度高的是正犯，危险性程度低的是共犯，既然前者是正犯，而后者的危险性程度比前者还高，当然也应认定为正犯。但将后者认定为正犯，等于是将危险性程度较高的教唆犯以正犯来论，这无疑会混淆正犯与共犯的界限。由此可见，以"实现构成要件的现实可能性"或"危险性"作为事实基准，不可能适当区分正犯与共犯。况且，如果不重视被利用者的精神状态等因素，只重视利用者的利用行为实现构成要件的"现实危险性"，将其作为判断行为危险性的唯一要素，即使是在被利用者无故意的场合，若利用者的行为的危险性程度低，仍然不能成立间接正犯，而只能视为教唆犯；反过来，利用有完全责任能力人的情形，只要利用者的行为的危险性程度高（如用重金雇职业杀手），则还构成间接正犯。这样的结论，明显不具有合理性。再者，行为的危险性程度具有相对性，根本不可能找到一条判断的基准线，从而也就不能以此作为区分间接正犯与共犯的标准。① 另外，在间接正犯的场合，现实危险的发生并不是在利用行为时，而是在被利用行为时，若以利用行为时危险不存在为理由，就只能成立共犯，这岂不是滑向了间接正犯不要说的立场？②

3. 规范障碍说。认为只有对于含有法益侵害之具体危险性的行为，才能肯定存在正犯性。而有无"规范障碍"是判断有无这种危险的根据或标准。所谓规范障碍，是指在通常情况下，人在知道实情具有规范意识的场合，就可能形成停止该行为的反对动机，这种可能性就是规范障碍。按照这种观点，在能够期待被引诱者因具有规范意识而避免实施违法行为的场合，由于被引诱者的存在本身就会成为危险实现过程中的障碍，因而引诱行为不具有为正犯性奠定基础的法益侵害的危险，间接正犯不能成立；反之，在被引诱者因某种原因而不能成为规范障碍的场合，由于能认定引诱行为存在引发结果的切实性、自动性，因而能将引诱行为视为实行行

---

① 西田典之，等. 注释刑法：第1卷 总论. 东京：有斐阁，2010：796.
② 高桥则夫. 规范论与刑法解释论. 东京：成文堂，2007：139.

为，即能够认定为间接正犯。① 在日本，目前此说也有许多支持者，但同样不能合理说明间接正犯具有正犯性。

首先遇到的难题是被引诱者有无规范障碍，作为"被引诱者的有责性，原本属于得以非难被引诱者的要件，这种有责性又何以能为引诱者的正犯性奠定基础呢？……而且，从被引诱者的犯罪性的有无、程度，反向推算引诱者的正犯性，这种思维模式也并非不可谓之为属于将间接正犯视为'救济概念'的时代的'残渣余孽'"②。其次是"在有些情况下，有无规范的障碍与侵害法益的危险程度之间并无直接关系。例如，盗窃集团的首脑命令技术娴熟的手下实施盗窃的"，与母亲让 5 岁的儿子盗窃商店的东西相比，危险性程度显然更高。③ 也就是说，指使有规范障碍的人实施危害行为，有可能比指使无规范障碍的人实施危害行为侵害法益的危险性程度更高。另外，规范障碍说本身存在不适当地缩小间接正犯范围的缺陷。例如，甲拿枪顶着乙的脑袋迫使其用刀砍掉了其弟的一根手指。德、日的通说认为，甲构成伤害罪的间接正犯。但按规范障碍说，由于被利用者乙是故意实施伤害行为，即存在规范障碍，甲因而不能构成间接正犯，只能成立教唆犯。又如，医师 A 指使护士 B 泄露患者的秘密，这种利用"无身份有故意"的情形，通说认为医师 A 构成泄露秘密罪的间接正犯。但按规范障碍说，护士 B 只是不具有泄露秘密罪所要求的特殊身份，因而不能成为此罪的正犯，其对泄露患者秘密的违法性有认识，存在规范障碍，所以背后的指使者不能构成间接正犯，只能视为教唆犯。如此等等解释，与刑法关于间接正犯的规定也不相符合。况且，"规范障碍"的实质究竟是什么，事实上很难界定。在宽泛地理解"规范障碍"的论者看来，也可期待对方避免实施过失行为，因而过失行为也存在规范障碍，那么，利用对方的过失行为实现犯罪这种通说认可的常见的间接正犯就被否定掉了，也就是认为存在对无故意者的教唆犯。这明显是一种不自然的解释。④

---

① 松原芳博. 刑法总论重要问题. 王昭武，译. 北京：中国政法大学出版社，2014：281-282.
② 同①282.
③ 同①282.
④ 西田典之，等. 注释刑法：第 1 卷 总论. 东京：有斐阁，2010：798.

4. 行为支配说（犯罪支配论）。认为正犯是犯罪过程中的核心人物，即支配并导致犯罪实现之事件的人。正犯包括直接正犯、间接正犯和共同正犯，其中，间接正犯是通过支配实施者的意思来实现犯罪①，或者说是通过支配他人的行为而实现构成要件。此说目前在德国和日本学术界均处于支配性地位。②我国肯定间接正犯论的学者大多也持此种主张。③ 但是，此说也存在如下几方面的缺陷：一是"行为支配"的内容仍然不明确。④即便是持此说的学者也有各种不同的理解，对同一案件的行为人是否存在行为支配，由于事实上不可能有一个统一的判断标准，往往会得出不同的结论。二是将间接正犯的实质理解为意思支配，认为："间接正犯虽然没有亲自实施构成要件行为，但行为人却藉由优势认知或地位来利用他人成为其犯罪工具，并藉此以其意思来支配整个犯罪事件的进行，以达成其犯罪之目的。"⑤ 这种过于重视行为人的优势认知或地位的做法，与当今流行的客观主义刑法学立场相冲突。按这种主张处理案件，有时会得出明显不合理的结论。例如，甲想向稻草人开枪以寻求刺激，乙知道甲误以为身披稻草的流浪汉丙为稻草人，而把自己的猎枪借给甲开枪杀了丙。那么，按上述意思支配论（或行为支配说），乙就是故意杀人的间接正犯。⑥但是，乙只有应甲的要求将猎枪借给甲的行为，甲开枪射杀流浪汉丙（误以为是稻草人）是由他自己所做的决定，怎么能说乙支配了整个犯罪事件因而构成间接正犯呢？假设甲知道是流浪汉丙（不是稻草人）或者乙误以为甲知道，而将猎枪借给甲杀人，持意思支配论者也认为，乙仅构成故意杀人的帮助犯（不是间接正犯）。⑦ 由此可见，按意思支配论（或行为支配说），此类案件是定间接正犯还是定帮助犯，决定的因素不是行为人的客观行为而是其主观认识，明显存在主观归罪的嫌疑。再说，所谓行为支

---

① 罗克辛. 正犯与犯罪事实支配理论. 劳东燕, 译//陈兴良. 刑事法评论：第25卷. 北京：北京大学出版社，2009：8.

② 桥本正博. "行为支配论"与正犯理论. 东京：有斐阁，2000：159.

③ 张明楷. 刑法学. 6版. 北京：法律出版社，2021：524.

④ 林干人. 刑法总论. 2版. 东京：东京大学出版会，2008：413.

⑤ 林书楷. 刑法总则. 台北：五南图书出版股份有限公司，2010：283.

⑥ 罗克辛. 德国刑法学总论：第2卷. 王世洲, 等译. 北京：法律出版社，2013：25-26.

⑦ 同①26.

配的观念，原本是针对判断有无责任的基准提出来的，其内涵本身模糊不清，现在又将过去几乎不成问题的观念，改换用来作为比责任更加细致的解释问题即正犯与共犯的区分基准，当然不会有什么作用。而且，假如暴力集团的首脑指示具有绝对服从关系的部下去袭击或杀伤竞争对手，目前毋庸置疑的结论是该首脑为共犯（教唆犯），但按行为支配说，首脑明显具有行为支配性，因而不得不将其认定为间接正犯。这无疑会导致传统共犯体系的混乱或崩溃。① 此外，行为支配的观念，还从根本上动摇了区分正犯与共犯的理论基础。对此，笔者将留待下文展开述说。

5. 自律的决定说。认为被利用者如果不是自律性的自我决定引起构成要件结果发生，并且结果的发生是在相当因果关系范围内，应肯定背后的利用者具有间接正犯的正犯性；但如果在达到结果的过程中，介入了被利用者（包括被害人或第三者）的自律性行为，幕后的利用者不可能成立间接正犯。② 这是日本近些年来新出现的一种有影响的学说。按照此说，只要被利用的直接行为者缺乏故意或责任，背后的利用者的行为与最终的结果之间具有相当因果关系，往往就可肯定具有正犯性，即成立间接正犯。这显然是忽视了背后的利用者行为的性质，无疑会扩大正犯的成立范围。③ 另外，所谓"自律的决定"本身是一个模糊的概念，被利用者是不是基于自律性的自我决定实施的行为，没有一个客观的标准，往往难以作出准确的判断。例如，甲胁迫乙去伤害丙，乙本来不愿意但还是去伤害了丙。认定乙实施的伤害丙的行为是否为其自律性的自我决定，如果一概不考虑甲胁迫的程度，均视乙为非基于自律性的决定实施的伤害行为，认定甲构成间接正犯，显然不具有合理性。但甲的胁迫达到何种程度才认定乙为非基于自律性的决定而实施的行为，则是一大难题。又如，A 唆使没有达到刑事责任年龄的 B 去盗窃他人数额巨大的财物后均分。如果 B 已接近负刑事责任年龄，事实上已有辨认和控制自己行为的能力，仅因其未达负刑事责任年龄，就视为不能基于自律性的决定实施行为，认定 A 构成盗窃罪的间接正犯，同样不具有合理性。但被利用的不负刑事责任的人达到

---

① 川端博. 刑法总论讲义. 3 版. 东京：成文堂，2013：535.
② 岛田聪一郎. 正犯与共犯论之基础理论. 东京：东京大学出版会，2002：290 以下.
③ 井田良. 刑法总论的理论构造. 东京：成文堂，2005：298 - 299.

何种年龄、其辨认和控制自己行为的能力达到何种程度，才认定其能够基于自律性的自我决定实施行为，无疑也是一大难题，司法实践中根本无法操作执行。

（二）间接正犯论动摇了区分制的根基

1. 区分制的根基及其漏洞

如前所述，德、日等国刑法对数人参与犯罪的情形，区分正犯与共犯（教唆犯和帮助犯），予以轻重不同的处罚，这种立法体系在理论上被称为区分制。之所以作这种区分，一般认为，是因为"划分这样的种类，使得对行为人的每个行为贡献按照其各自的事实上的分量和各自的举止上的无价值进行相应的处理成为可能。"① 简而言之，就是要予以区别对待。由于危害结果总是由实行行为直接引起的，教唆、帮助行为不可能直接引起危害结果发生，因此，实行行为具有侵害法益的直接性，教唆、帮助行为则只是间接侵害法益，两相比较，前者的危害性往往大于后者；又由于行为形式比较客观，以法律规定的构成要件行为作为区分的基准，既符合罪刑法定主义的要求，又便于司法实践中掌握认定。这正是前述限制正犯概念论能够被普遍接受并成为区分制根基的原因所在。

早期的限制正犯概念论（形式客观理论），"严格以构成要件对行为的描述为准，不考虑行为人在整个犯罪过程中所发挥作用的重要性如何，只将那些完全实现构成要件中所规定的行为之人看成是正犯，而任何其他对犯罪行为的产生起到因果作用之人只能被看作是共犯"②。应当肯定，这种解释论完全符合区分正犯与共犯的区分制的本意或初衷。对正犯与共犯，如果仅仅只是为区分而区分，采取这种形式客观理论，无疑是最佳选择。但从刑事政策的立场而言，区分二者的目的，无非是要实行区别对待，即把正犯视为犯罪的核心人物予以重罚，将共犯视为犯罪的依附者予以轻罚。而上述形式的限制正犯概念论，"其不足之处在于它不能够解释间接正犯这个法学概念，也无能力对共同性质的行为实施中一直躲在幕后的团伙头目认定是共同正犯人"③。就间接正犯的情形而言，幕后者是利

---

① 韦塞尔斯. 德国刑法总论. 李昌珂, 译. 北京：法律出版社, 2008：281.
② 耶赛克, 魏根特. 德国刑法教科书. 徐久生, 译. 北京：中国法制出版社, 2017：876.
③ 韦塞尔斯. 德国刑法总论. 李昌珂, 译. 北京：法律出版社, 2008：287.

用他人的行为作为工具来实现犯罪的，虽然行为的表现形式与共犯（教唆犯和帮助犯）相同，即并未亲自实行（而是通过他人实行）构成要件的行为，但由于其对整个犯罪事件起操控作用，事实上是犯罪的核心角色，将其作为共犯处罚明显不当，将其排除在犯罪之外（不予处罚）更不合适，为此，不得不提出间接正犯概念，将这种幕后的操控者认定为间接正犯，处以比共犯更重的刑罚，以此来弥补前述形式的限制正犯概念论和共犯从属性说带来的处罚漏洞和处罚轻重失衡的问题。

2. 间接正犯论对区分制的冲击

从前述间接正犯论者对其正犯性的解释不难看出，其都是从实质上将幕后利用者的利用行为解释为正犯行为，也就是将形式上唆使或帮助他人犯罪的行为（形式上不属于构成要件的实行行为），从所谓实质的、规范的立场，说成是符合构成要件的正犯行为。例如，前述"工具理论"认为，利用无责任能力的人犯罪或者利用他人的过失行为犯罪，这类间接正犯的情形，与行为人利用刀枪之类的工具犯罪具有同样的性质，因而应认定其实施了构成要件的实行行为，也就是具有正犯性。"实行行为说"也只是换了一种说法，认为利用者既有实行（利用他人实行）的意思，又有利用他人实现一定犯罪的现实危险性，同自己直接实行的危险性程度相当，因而应以正犯论。笔者也不否认，做这样的实质评价并非无理。只不过区分正犯与共犯的区分制是以行为形式作为区分基础的。正如前文所述，形式的限制正犯概念论认为，直接实施（包括全部实施和部分实施）构成要件的实行行为的，比教唆、帮助他人实施构成要件的实行行为的危害性大，因而将前者视为犯罪的核心人物作为正犯给予较重的处罚，后者只能作为共犯给予较轻的处罚。这种形式的解释论虽然能够比较客观准确的区分正犯与共犯，但对行为人在犯罪过程中所发挥的作用有时往往不能作出准确的评价，这就为间接正犯的诞生奠定了基础。间接正犯正是从实质的解释论的立场，将形式上不具备正犯成立条件的行为解释为正犯的。这固然弥补了形式解释论的缺陷，填补了处罚漏洞，解决了处罚轻重不均衡的问题，却动摇了区分制的根基，混淆了正犯与共犯的界限，使正犯与共犯的区分变得更为困难。因为既然幕后利用他人犯罪的行为可以与利用刀枪之类的工具同样评价，利用他人实行犯罪可以与自己亲自实行犯罪同等看待，那么，共犯之中的教唆犯，还有部分帮助犯，也是将他人作为工具、利用他人的行为实施犯罪，以达到自己的犯罪目的，按行为支配理

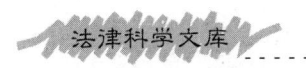

论，二者只是利用的程度有差异，即间接正犯达到了支配被利用者的程度，教唆犯、帮助犯尚未达到支配的程度。这样一来，正犯与共犯的区分就变成了利用程度的区分。但是，按何种标准来区分或判断这种抽象的"利用程度"，无疑会成为更大的难题。

特别值得一提的是，前述行为支配说（犯罪支配论）在对间接正犯的正犯性的解释上，朝实质化的方向走得更远。此说事实上已脱离了限制正犯概念的核心（法定构成要件），认为即便是没有实施构成要件行为的人，通过他人实现构成要件，并对整个犯罪事件起了支配作用，也可以认定为正犯；反过来，即便是亲自故意实施构成要件行为成立犯罪的人，也可能因为被幕后人所支配而成为共犯（不构成正犯）。如情报局长指令特工杀害异己，这种所谓"正犯后的正犯"的案件，直接杀人的特工构成杀人罪的帮助犯，幕后的情报局长成立杀人罪的间接正犯。这意味着"利用他人不构成犯罪的行为来实现犯罪，是间接正犯，利用他人构成犯罪的行为来实现犯罪，也是间接正犯。因此，被利用人的行为是否构成犯罪，就间接正犯的概念（定义）而言，其实已经没有任何的意义，结果是只要透过他人之手实现犯罪，就是间接正犯。依此，就正犯的构成而言，自己有没有亲自为法定构成要件之行为已经不再是重点，重点只在于有没有对于构成要件的实现具有支配关系。这不正是扩张之行为人概念（或扩张的正犯概念——笔者注）所主张的内容？""凡此种种，都显示了通说已经走到了扩张之行为人概念的门前，只差没跨过门坎而已。"① 但如果采取扩张的正犯概念，正犯与共犯的区分本来就没有意义，间接正犯的概念当然也就没有存在的余地。事实上，"间接正犯""正犯后的正犯"之类的问题，只有运用单一正犯（或统一正犯）理论才能合理解释，也就是说"只有统一正犯体系才能妥当处理"②。对此，笔者将在下文展开论述。

（三）间接正犯与教唆犯无法合理区分

间接正犯与教唆犯本来就有渊源关系。"间接正犯，是19世纪中叶从教唆犯概念分离出来的一种法律称谓（Rechtsfigur），其目的首先是为了

---

① 蔡圣伟. 论间接正犯概念内涵的演变//陈兴良. 刑事法评论：第21卷. 北京：北京大学出版社，2007：73-74.

② 高桥则夫. 共犯体系和共犯理论. 冯军，毛乃纯，译. 北京：中国人民大学出版，2010：64.

填补,当教唆犯中以负有责任实施的主要犯罪为前提时,而出现的可罚性的漏洞。"① 但间接正犯只是分离了教唆犯的一部分,并未完全包容教唆犯。这样一来,间接正犯与教唆犯的区分就成为一大难题。以幕后者唆使未达法定负刑事年龄的人盗窃为例,是一概成立间接正犯,还是在有的场合为间接正犯另有场合为教唆犯,德、日刑法理论界认识并不一致。现在的通说认为,如果被利用人已接近法定负刑事责任年龄,事实上已有辨认和控制自己行为的能力,不能认为幕后的唆使者支配了其盗窃行为,因而只能构成盗窃罪的教唆犯;相反,如果是唆使五六岁的幼儿去盗窃他人财物,显然是幕后的唆使者支配着幼儿的盗窃行为,所以成立间接正犯。②从行为支配说的立场而言,这样的解释是合理的。但是,幕后者唆使十二三岁的孩子盗窃成立教唆犯,那么,唆使 11 岁、10 岁、9 岁、8 岁、7 岁的孩子盗窃是成立盗窃罪的间接正犯还是教唆犯呢？究竟以哪一年龄段作为判断的标准才合适？确定这一基准年龄的根据何在？如果说是以被利用者事实上的辨认和控制能力为根据,则同一年龄的人由于其智力状况、所处的环境、所受的教育等的不同,还会有较大差异。另外,利用智力障碍者等具有限制责任能力的人去犯罪,也存在同样的问题。要准确判断利用者是否支配了特定的被利用者的行为或支配控制的程度,并以此来区分间接正犯与教唆犯,有时几乎完全没有可能性。正因为如此,德国著名刑法学家洛克辛明确指出,"这种个别化的解决方案并不可行"③。

三、间接正犯概念取消论剖析

毋庸置疑,间接正犯概念从诞生之日起,就受到了种种质疑。在德、日刑法学界,早就有不少学者从不同的立场,提出了取消间接正犯概念的主张,概括起来主要有以下几种。

第一,从共犯独立性说的立场提出的间接正犯概念取消论。有持共犯独立性说的论者认为:"间接正犯概念是共犯从属性理论产生的无父之

---

① 施特拉腾韦特,库伦. 刑法总论Ⅰ——犯罪论. 杨萌,译. 北京:法律出版社,2006:294-295.
② 曾根威彦. 刑法的重要问题(总论). 2版. 东京:成文堂,2005:296.
③ 罗克辛. 德国刑法学总论:第2卷. 王世洲,等译. 北京:法律出版社,2013:47.

子……其正犯的论证是不可能的，具有与共犯从属性原则共存亡的命运。"因而主张取消间接正犯概念。① 此说是从主观主义的刑法理论立场，在共犯问题上采取行为共同说，认为共犯具有独立性，进而得出不要间接正犯概念的结论。具体点说，共犯是数人共犯一罪，只要行为共同，即属共犯，无所谓从属性；参与犯罪的人中，即使有无责任能力人或无犯罪意思人，对于共犯的成立也不产生影响。因而利用（教唆或帮助）无责任能力人或无犯罪意思人的行为实施犯罪，仍不失为共犯，根本没有承认间接正犯的必要。②

第二，从扩张的正犯概念论的立场提出的间接正犯概念取消论。如前所述，扩张的正犯概念论，以对结果具有条件关系的行为全部等价值这种条件说为前提，认为直接或者间接地引起结果的发生或与结果之间具有条件关系的行为，都是正犯。仅有根据法律特别将其排除在正犯之外的，才例外地成为共犯，间接正犯的正犯性的论证当然没有必要，间接正犯的概念也没有存在的价值。"该说的意图在于，填补由极端从属性说所产生的处罚漏洞。因为，按照极端从属性说，唆使无刑事责任能力者实施犯罪的，不成立教唆犯。然而，若认为此类行为不可罚，又显然不妥当，于是，在不能成立狭义的共犯的场合，就应回归原则，作为'正犯'来处罚，扩张的正犯概念使得这种处理方式成为可能。"③

第三，从缓和共犯从属性的立场提出的间接正犯概念取消论。有持共犯从属性说的论者试图通过缓和共犯的要素从属性，将间接正犯消解于共犯之中，也就是把相当于间接正犯的情形纳入共犯的范围内。这被称为扩张的共犯论。此种主张，在德、日早就有较多的支持者。④ 我国近年来也有学者开始采取类似的主张。⑤ 持此种主张的论者一般是以坚持限制正犯

---

① 大塚仁. 刑法概说（总论）：第三版. 冯军，译. 北京：中国人民大学出版社，2003：143.

② 马克昌. 比较刑法原理：外国刑法学总论. 武汉：武汉大学出版社，2002：630.

③ 松原芳博. 刑法总论重要问题. 王昭武，译. 北京：中国政法大学出版社，2014：279.

④ 同①.

⑤ 黎宏，姚培培. 间接正犯概念不必存在. 中国刑事法杂志，2014（4）.

概念论和共犯从属性说为前提，认为在共犯的要素从属性问题上，只要不采取极端从属性说，改采较为缓和的限制从属性说，就不再需要依赖间接正犯的概念来填补处罚漏洞。例如，唆使无责任能力的人盗窃，由于实行盗窃者无责任能力，不具备责任要素、不构成盗窃罪，按极端从属性说，只有承认间接正犯才能处罚唆使引诱者。但按限制从属性说，只要正犯的行为符合构成要件并具有违法性，就不影响共犯的成立，唆使无责任能力人盗窃，实施者的行为既然符合盗窃罪的构成要件又具有违法性，对背后的唆使者按盗窃罪的教唆犯处罚也就不成问题。

以上几种间接正犯概念不要说，都是为了解决间接正犯带来的前述问题而提出来的，但是，在采取区分正犯与共犯的区分制立法体系之下，间接正犯的理念有其存在的土壤或基础，取消间接正犯概念并不能从根本上解决问题，反而会产生新的弊病。

第一，共犯独立性说固然可以将间接正犯包容于共犯之中，间接正犯的观念也确实与共犯独立性说不相容，但是，共犯独立性说的理论基础即主观主义的刑法理论，与现代社会重视客观行为及其形态的刑法理论不符。并且，此说与区分正犯与共犯的区分制的基本理论相冲突。如前所述，按区分制的理论，在数人参与犯罪的场合，正犯是犯罪的核心人物，共犯是犯罪的依附（从属）者，刑法以处罚正犯为中心，以处罚共犯为例外。既然是有限制的处罚共犯，即共犯是扩张刑罚事由，那么，对共犯成立的条件予以严格限制，要求共犯具备从属于正犯的特性才予以处罚，从而缩小共犯的处罚范围，就是当然的结论。在德国等采取区分制立法体系的国家，刑法也明文规定采取共犯从属性说。由此可见，共犯独立性说不仅不符合区分正犯与共犯的基本理念，而且与采取这种区分制的刑事法律规定不符。

第二，采取扩张的正犯概念，确实不需要间接正犯这一"补救概念"，但是，如前所述，区分正犯与共犯的区分制只能以限制正犯概念为基础，不可能采取扩张的正犯概念。因为如果说所有的犯罪都是正犯，连共犯本来也是正犯，那么，区分正犯与共犯就没有任何价值或必要性了。再说，如果共犯原本就是正犯，法律将其排除在正犯之外或者限制其可罚性的理由何在？另外，从德、日刑法的规定来看，刑法是从"正犯"概念推导出

"共犯"概念,"在逻辑上,正犯概念应该先于共犯概念"①。而扩张的正犯概念则是采取反推论的方式来确定,即如果不成立法律特别规定的共犯,那就是正犯。况且,扩张的正犯概念把一切犯罪都理解为当然的正犯,这与德、日等采取区分正犯与共犯的区分制立法体系的刑法规定也明显不一致。

第三,通过缓和共犯从属性,将所有间接正犯的情形均纳入共犯之中,这种间接正犯概念不要说,虽然与限制的正犯概念论没有冲突,也不会与区分制的基本理念产生矛盾,但是,无疑会使"共犯概念"松弛,共犯的可罚性的范围会被扩大②,还有可能得出不合理的结论。例如,医生教唆护士泄露患者的秘密,这种有身份者教唆无身份者犯罪的情形,按上述间接正犯概念取消论,医生构成日本刑法规定的泄露秘密罪的教唆犯,护士成立此罪的帮助犯。这种肯定"无正犯的共犯"的主张,等于是将本来不能说是"教唆他人使之实行犯罪"的情形,解释为教唆犯,明显与刑法的规定不符。③ 另外,此种间接正犯概念取消论,也并不能将所有间接正犯的情形均纳入共犯之中。例如,采用欺骗、胁迫手段使他人自杀的,德、日的通说认为,有可能构成杀人罪的间接正犯。但由于自杀者本人实施的结束自己生命的行为,并不符合杀人罪的构成要件,按共犯从属性说(包括限制从属性说甚至最小从属性说),直接实施者的行为如果不符合构成要件,教唆、帮助者(包括欺骗、胁迫者)是不可能构成共犯(教唆犯、帮助犯)的,因此,对欺骗、胁迫他人自杀者,不能按杀人罪的教唆犯、帮助犯处罚。这意味着如果取消了间接正犯概念,就无法对欺骗、胁迫者定罪处罚,无疑是造成了新的处罚漏洞。

第四,在采取区分正犯与共犯的区分制立法体系的情况下,间接正犯的观念具有一定的弥补区分制缺陷的功效。这也是其尽管存在前述种种弊病,学者们早已提出多种取消论(或不要说),但时至今日,"非但没有使间接正犯概念消亡,反而使其内涵大为扩展"的一个重要原因。④

---

① 转印自大塚仁. 刑法概说(总论):第三版. 冯军,译. 北京:中国人民大学出版社,2003:143.
② 井田良. 犯罪论的现在与目的行为论. 东京:成文堂,1995:175.
③ 山口厚. 刑法总论问题探究. 东京:有斐阁,1998:239.
④ 阎二鹏. 论间接正犯概念的消解. 法学论坛,2011(4):66.

正如前文所述，按区分制的基本理念，正犯是犯罪的核心人物，共犯是犯罪的边缘角色，因而对正犯的处罚应重于共犯。但按传统的限制正犯概念论，从参与犯罪的行为形式来区分正犯与共犯，这种客观的区分方式，虽便于司法实践中掌握执行，也符合罪刑法定主义的要求，然而，在数人参与犯罪的场合，案情往往错综复杂，仅从客观的行为方式（实行行为、教唆行为和帮助行为），有时很难得出行为人在犯罪过程中是核心人物还是边缘角色的结论。如果将实施实行行为者一概认定为正犯，实施教唆、帮助行为者均视为共犯，就有可能出现在事实上将核心人物作为共犯给予较轻的处罚、将边缘角色作为正犯给予较重处罚的不合理现象。最典型的实例是黑社会组织头目指使言听计从的手下，惩戒杀害某个想要脱离黑社会组织的成员。如果认定实行杀人者是正犯，指使杀人的黑社会头目为共犯（教唆犯），显然是颠倒了主次关系。正因为如此，理论上不得不承认所谓"正犯后正犯"，作出违反常规的解释，即把黑社会头目认定为杀人罪的间接正犯，直接实行杀人的被指使者视为共犯（帮助犯）。又如前文所述，父母指使自己年仅五六岁的孩子盗窃别人大量财物，由于实施盗窃行为者无刑事责任能力，按极端从属性说，对指使者无法按教唆犯定罪处罚；而按限制从属性说，对指使者可按盗窃罪的教唆犯处罚。但不定罪处罚会放纵犯罪，而按共犯（教唆犯）处罚，又存在评价不当、处罚过轻的问题。因此，尽管目前德、日刑法学界的通说是限制从属性说，却仍将类似教唆年幼的孩子犯罪的行为人本可以被认定为教唆犯的情形，作为间接正犯来处理。这是因为虽然德、日刑法均规定"对教唆犯的处罚与正犯相同"或对教唆犯"判处正犯的刑罚"，但一般认为，"在不法的程度上，是有重有轻的：正犯最重，教唆次之，帮助最轻"[1]。也就是说，尽管"不论以教唆的方式或以间接正犯的方式参与犯罪，都成立同样的罪，但处罚不会一样"[2]，"对于正犯的处罚要重于教唆犯"[3]。

正是为了确保处罚合理，使在犯罪过程中发挥支配作用的核心人物受到更重的处罚，德国"在实际的法律适用中，区分正犯和共犯从构成要件

---

[1] 金德霍伊泽尔. 刑法总论教科书：第六版. 蔡桂生，译. 北京：北京大学出版社，2015：402.

[2] 林东茂. 刑法综览：修订五版. 北京：中国人民大学出版社，2009：178.

[3] 黄荣坚. 基础刑法学：下. 3版. 北京：中国人民大学出版社，2009：491.

问题变成了量刑问题"①。日本近些年来也出现了把正犯性作为"当罚性"的问题、量刑评价问题看待的倾向，同样是完全离开构成要件及其关联性来考虑包括间接正犯在内的正犯性问题，认为"应当重罚"的就具有"正犯性"②。在笔者看来，这是为了弥补区分制的缺陷所采取的迫不得已的做法。因为传统区分制的最大缺陷，是仅根据构成要件的行为来区分正犯与共犯，不能保证应当重罚的一定会被认定为正犯，从而不能做到处罚合理。而间接正犯行为大多是不具备典型正犯特征的行为，从全部案件事实来看却是应当重罚的情形。如果取消了间接正犯概念，将间接正犯的情形作为共犯来处理，即便是更符合传统的区分正犯与共犯的规则，但由于是将事实上属于犯罪核心的人物降格认定为共犯，使本来该被重罚的对象受到了轻的处罚，也无疑从根本上违背了区分制的宗旨。

另外，按照德、日的通说，间接正犯的可罚性产生的时间点比教唆犯、帮助犯的早，处罚限制条件也少，如果取消间接正犯概念，对有必要作为间接正犯从严处罚的案件，完全有可能因不具备共犯从属性等条件，而无法定罪处罚。例如，医生意图杀害病人让护士给其注射掺了毒的药液，但因被护士发现而失败。如果认定医生是间接正犯，医生就构成杀人未遂罪；如果取消间接正犯概念，由于被唆使的护士尚未实行犯罪，那么，按共犯从属性说，对这种想利用护士杀人的医生就不能定罪处罚。这样的结论，显然不合理。

再说，如果取消间接正犯概念，还可能使本来应该作为犯罪处罚的案件不能得到处罚，使不应当减轻处罚的案件必须减轻处罚。前者如，日本的通说认为，仅处拘留或科料的犯罪原则上不处罚教唆、帮助者，如果取消间接正犯概念，就不会处罚这类犯罪的教唆者、帮助者；如果不取消间接正犯概念，根据案情应当认定为间接正犯的，当然就在处罚之列，而不会被排除在犯罪之外。后者如，日本刑法规定对帮助犯减轻处罚，如果取消间接正犯概念，认定为帮助犯的，就必须减轻处罚；如果不取消间接正犯概念，根据案情应当认定为间接正犯的，就不可能享受这种减轻处罚的

---

① 耶赛克，魏根特. 德国刑法教科书. 徐久生，译. 北京：中国法制出版社，2017：879.

② 照沼亮介. 体系的共犯论与刑事不法论. 东京：弘文堂，2005：4-6.

待遇。①

四、我国不应采用间接正犯论

（一）间接正犯概念的借用

众所周知，由于我国的刑法和司法解释中并未使用间接正犯的概念，加上我国刑法有关共同犯罪的规定与德、日刑法有较大差异，因此，在新中国的刑法学论著中，过去很长时期大多不使用间接正犯的概念，一般用"间接实行犯"的概念来概括利用他人作为工具实施犯罪的现象②；也有不少学者将"间接实行犯"与"间接正犯"这两个概念混合使用，认为只是称谓不同，因而可互相替代。③ 可以肯定的是，过去学者们在探讨我国刑法中的相关问题时，即便是使用间接正犯概念，往往也是仅指利用他人作为工具实施犯罪的现象，即所谓间接实行犯罪、并且利用者与被利用者之间不构成共同犯罪的情形，对利用者一般是单独按其间接实行的罪定罪处罚④，并非是将这类行为人视为与共犯相对的正犯，按正犯的处罚规则来处罚行为人，因为我国刑法并无关于正犯及其处罚的规定。例如，对利用未达到负刑事责任年龄人犯罪的案件，我国的通说认为，利用者是间接实行犯或间接正犯，对其单独按所间接实行的罪定罪处罚。但德、日的通说认为，如果被利用者已接近负刑事责任年龄，已有辨认和控制自己行为的能力，则利用者不成立间接正犯，而构成教唆犯。又如，前述德、日刑法学中的所谓"正犯后正犯"的情形，德国的通说认为，幕后的指使者是间接正犯，幕前的直接实行者还有可能成为共犯（帮助犯）；但我国的通说认为，由于双方构成共同犯罪，幕后的指使者根本无成立间接正犯（间接实行犯）的可能性。可见，过去我国刑法学论著中的"间接正犯"大多

---

① 齐藤信治. 刑法总论. 3 版. 东京：有斐阁，1998：262 - 263.

② 高铭暄，马克昌. 刑法学. 北京：中国法制出版社，2007：205；陈兴良. 共同犯罪论. 2 版. 北京：中国人民大学出版社，2006：442.

③ 林维. 间接正犯研究. 北京：中国政法大学出版社，1998：1 以下；阮齐林. 刑法学. 北京：中国政法大学出版社，2008：216.

④ 王志远. 共犯制度的根基与拓展：从"主体间"到"单方化". 北京：法律出版社，2011：83；南英，张军. 刑事审判参考（五）. 北京：法律出版社，2001：75.

只是借用这一概念，实际上与德、日刑法学中的间接正犯有很大差异。

不过，近些年来，有些学者受德、日刑法学的影响，认为我国刑法也是采取区分正犯与共犯的区分制体系，因而用区分制的理论来解释我国刑法规定的共同犯罪，自然也就引进了德、日刑法学中的间接正犯的概念或理论①，并且，其适用范围有日益扩大化的趋势。②

（二）我国不存在采用间接正犯论的法律基础

如前所述，间接正犯概念是为弥补区分正犯与共犯的区分制的缺陷而提出的，尽管有诸多弊病，但还不得不保留。那么，我国是否需要引进这种间接正犯论，来解决我们的相关问题呢？笔者的回答是否定的。最根本的理由在于，我国刑法采取的犯罪参与体系，是不区分正犯与共犯的单一正犯体系，没有间接正犯的概念或理论赖以存在的法律基础。正如陈兴良教授所述："间接正犯概念的存在以及它的地位与一个国家关于共同犯罪的立法有着密切联系。从……中国刑法关于共同犯罪人的分类来看，没有采用大陆法系的分工分类法，即正犯与共犯的区分，而是主要采取作用分类法，即分为主犯、从犯与胁从犯，教唆犯只是一种补充。在这种情况下，在中国刑法中既然没有正犯的概念，当然也就没有间接正犯的概念。不仅在立法上没有间接正犯的概念，而且在解释论上也往往否认间接正犯的概念。"③ 因为"在我们的刑法制度中，间接正犯的概念没有任何实际意义"④。

首先，"依照单一正犯论的观点，所有的犯罪参与者，在犯罪论的层次并不区分正犯与共犯，只要对于构成要件实现有因果关系者，无论其行为贡献的比重大小，一律当作正犯来处理。至于各个行为人对于犯罪贡献的方式与大小，只是法官量刑时的考量因素而已"⑤。如前所述，单一正

---

① 张明楷. 刑法学. 6版. 北京：法律出版社，2021：523以下；钱叶六. 共犯论的基础及其展开. 北京：中国政法大学出版社，2014：49.

② 王志远. 我国现行共犯制度下间接正犯的泛化及其思考. 河南师范大学学报，2007（5）.

③ 陈兴良. 间接正犯：以中国的立法与司法为视角. 法制与社会发展，2002（5）：5.

④ 帕多瓦尼. 意大利刑法学原理. 陈忠林，译. 北京：法律出版社，1998：337. 这里的"我们"指意大利，意大利刑法与我国刑法均采用单一正犯体系。

⑤ 林钰雄. 新刑法总则. 台北：元照出版有限公司，2014：409.

犯体系中的"正犯",明显不同于正犯与共犯相区分的区分制体系中的"正犯"。后者是相对于"共犯"而言的,只是犯罪参与者中的一部分,并且是犯罪的核心人物;前者是指所有的犯罪参与者,与"行为人""犯罪人"同义。"不仅是直接实行了所干之事的人,强化了实行者意思的人或者援助了实行者的人也被视为正犯,不存在正犯内部的价值性分级,因为参与了所干之事的人都被统一地视为正犯。……不过,作为语言问题,也可以把实行所干之事的人称为'直接性正犯',把相当于共犯体系(区分正犯与共犯的区分制体系——笔者注)中的间接正犯、教唆犯、帮助犯的人称为'间接性正犯'。"① 可见,作为区分制体系中"正犯"的一种类型的"间接正犯",即与"共犯"(教唆犯和帮助犯)相对的、并与之有质的差异的"间接正犯",在单一正犯体系中是不可能存在的。道理很简单,在单一正犯体系中,"所有行为主体在参与形式上,均为等价",也就是说无论是实施实行行为、教唆行为还是帮助行为者,都是等价的行为主体,不存在谁是核心人物、谁是依附(从属)者的问题。②

其次,单一正犯体系中不可能出现区分制体系带来的那种处罚漏洞,根本不需要用间接正犯的概念或理论来弥补。如前所述,按作为区分制理论基础的限制正犯概念论和共犯从属性说,利用他人作为工具实施犯罪的情形,由于利用者没有亲自实行构成要件的行为,不能成为正犯;加上被利用实施构成要件行为者有可能不具备有责性和违法性的条件,即不具备共犯从属性,因而又不能认定为共犯(教唆犯和帮助犯),这样一来,对利用者就无法定罪处罚。例如,甲唆使无刑事责任能力的乙杀害了自己的仇人。只有采用间接正犯的概念或理论,将甲认定为杀人罪的间接正犯,才能对其行为准确定性并给予其恰当的处罚。但是,"根据统一性正犯(单一正犯——笔者注)体系,对甲的答责性问题而言,乙因无刑事责任能力而不受处罚的事实并不重要。甲要对其固有的不法、固有的责任进行答责,乙不受处罚的理由不影响甲的可罚性,甲显然要作为杀人既遂受到

---

① 高桥则夫. 共犯体系和共犯理论. 冯军,毛乃纯,译. 北京:中国人民大学出版社,2010:18.
② 柯耀程. 参与与竞合. 台北:元照出版有限公司,2009:38.

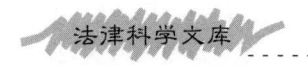

处罚。"① 因为在数人参与犯罪的场合，"所有的参与者，都对其固有的不法、固有的责任进行答责"②。因此，在认定参与者是否构成犯罪时，认定犯罪的规则与单个人犯罪场合下的规则基本相同。就利用他人作为工具实施犯罪的案件来论，背后的利用者除主观上有犯罪的故意之外，客观上的"利用"行为大多表现为唆使他人实施侵害法益的行为，也有的是为他人实施侵害法益的行为提供便利或帮助，这就表明利用者的利用行为也是符合刑法规定的构成要件的行为，对其单独定罪处罚并不违反罪刑法定原则。因为刑法分则规定的故意犯罪行为，并非仅限于实行行为（或正犯行为），而是还包含教唆行为、帮助行为等与危害结果或侵害法益事实有因果关系的所有行为。③ 至于被利用的对方是否具有责任能力、是否有犯罪的故意或过失、是否违法地实施了行为、实施的行为是否符合构成要件，对利用者能否构成犯罪，不会有任何影响。④ 因此这也不会出现对本来应该定罪处罚的行为无法定罪处罚的现象，也就是不会产生类似区分制所带来的那种处罚漏洞。

最后，单一正犯体系中也不可能出现区分制体系带来的处罚轻重不合理的弊病，同样不需要用间接正犯的概念或理论来补救。如前所述，按照区分正犯与共犯的区分制的理论，正犯是犯罪的核心人物，共犯是犯罪的边缘角色，对正犯处罚重、共犯处罚轻，正犯与共犯的区分本来是从参与行为的形式，即是实行行为、教唆行为还是帮助行为来区分的，但在利用他人作为工具实施犯罪的场合，无法贯彻这种理论。例如，指使四五岁的孩子盗窃他人大量财物，按极端从属性说，对幕后指使者不定罪不合适；按限制从属性说，将幕后指使者定为教唆犯也不合理。因为幕后操纵者显然是犯罪的核心人物，有必要重罚。同样道理，前述"正犯后正犯"的情形下，幕后操纵者本来实施的是教唆行为，但将其作为教唆犯认定，则显然是降低了其在共同犯罪中的地位和作用，因而德国的通说将这类幕后操

---

① 高桥则夫. 共犯体系和共犯理论. 冯军，毛乃纯，译. 北京：中国人民大学出版社，2010：19-20.
② 同①25.
③ 许玉秀. 当代刑法思潮. 北京：中国民主法制出版社，2005：566.
④ 同①25-26.

纵者解释为"间接正犯",给予较重的处罚,以克服按教唆犯等共犯处罚不合理的弊病。但是,按照单一正犯理论,对各个犯罪参与者都是根据其参与犯罪的性质和参与的程度来量定刑罚。对上述所谓"正犯后正犯"的幕后操纵者,按我国刑法的规定认定为共同犯罪中的主犯,给予比直接实行者更重的处罚,没有任何障碍;对指使年幼的孩子盗窃的幕后操纵者,按盗窃罪的单独犯依法给予较重的处罚,也是顺理成章的事,根本不会出现区分制那样的处罚轻重不合理的问题,自然就不需要用间接正犯的概念或理论来"补救",也就是说"我国不存在适用间接正犯概念的现实需要"①。

(三) 在我国采用间接正犯论处理相关案件存在明显弊病

采用德、日的间接正犯论,不仅不能合理解决我国与之相关的问题,而且在处理有关案件时存在明显的弊病。

第一,对有些利用他人作为工具实施犯罪的案件,按德、日的间接正犯论来处理,明显与我国刑法的规定不符。例如,国家工作人员甲指使知情的不具有国家工作人员身份的妻子乙收受贿赂。德、日的通说认为,这属于利用无身份有故意的工具的情形,甲构成受贿罪的间接正犯,乙成立受贿罪的帮助犯。② 我国也有采用德、日间接正犯论的学者持同样的主张,认为:"利用有故意但无身份的人时,无身份者因为欠缺特定身份,其行为不是身份犯才能构成之罪的实行行为,不能构成正犯,利用者就不能成立教唆犯,只能以间接正犯处理。"③或者是认为,在德国,由于"犯罪支配说并没有很好地解决身份犯的问题,洛克辛教授在此之外提出了义务犯理论,认为真正身份犯属于义务犯的范畴";在有身份者(有特定义务的人)与无身份者共同犯罪的场合,只能是有身份者成为正犯,无身份者只能成立共犯。④ 又由于按德、日刑法的规定,包含间接正犯在内的正犯的处罚明显重于作为共犯的帮助犯,所以,对有身份的甲的处罚肯定会重于无身份的乙,而不可能反过来。但如果是乙胁迫本来不愿受贿的丈夫

---

① 黄明儒,王振华. 论单一正犯体系视域下间接正犯概念之否定. 东南大学学报(哲学社会科学版),2017(6):90.
② 山中敬一. 刑法总论. 3版. 东京:成文堂,2015:876.
③ 周光权. 刑法总论. 4版. 北京:中国人民大学出版社,2021:345.
④ 周光权. 论身份犯的竞合. 政法论坛,2012(5):123.

甲受贿，并且乙负责收受行贿者提供的财物，此时认定甲为受贿罪的（间接）正犯，乙为受贿罪的帮助犯，对甲的处罚就会比乙重。但是，这显然不具有合理性，也是采取区分制的立法和上述有关身份犯、义务犯的解释论所无法避免的问题。而我国主张采用区分制和间接正犯论的学者没有看到这一点，同时忽视了我国刑法与德、日刑法相关规定的重大差异，认为后一种受贿情形中的甲是正犯（间接正犯）、乙为帮助犯，且正犯就是主犯、帮助犯即为从犯。① 但是，这不仅不合情理，而且与我国刑法关于共同犯罪的相关规定不符。因为我国刑法是按照共同犯罪人在共同犯罪中所起作用的大小，来区分主犯与从犯并给予轻重不同处罚的，并非像德、日刑法那样主要是根据参与行为的形式来划分正犯与共犯。这就决定了正犯不能等同于主犯，共犯不能等同于从犯。按德、日的通说，不具有特定身份者固然不能实施身份犯的构成要件行为，因而不能成为正犯（包括间接正犯）。但根据我国刑法的规定和通说，实行犯可能成为从犯，教唆犯和帮助犯也可能成为主犯，因此，将上述妻子乙胁迫丈夫甲受贿的案件认定为双方构成共同犯罪，因乙在共同犯罪中起主要作用而将其定为主犯，甲起次要作用而将其定为从犯，对乙的处罚重于甲，这完全符合情理和我国刑法的规定。如果按德、日的间接正犯论，将甲认定为间接正犯（主犯），将乙认定为帮助犯（从犯），那就意味着将在共同犯罪中起主要作用者定为从犯、起次要作用者定为主犯，这明显违反我国刑法有关主犯与从犯的规定。

第二，对有些利用他人作为工具实施犯罪的案件，按德、日的间接正犯论来处理，明显不具有可操作性。如前所述，在唆使未达到负刑事责任年龄人犯罪的场合，德、日现在的通说认为，如果是唆使五六岁没有辨认和控制自己行为能力的幼儿实施杀人行为，背后的唆使者构成杀人罪的间接正犯；但如果是唆使十二三岁有辨认和控制自己行为能力的未成年人去杀人，则幕后的唆使者成立教唆犯。我国采用德、日的间接正犯论者，也持此种主张，认为："十二三周岁的人不同于无知的幼儿，已具有对事物的基本辨别能力及一定的行为控制能力……这种场合，很难肯定其'工具性'，所以应否定利用者成立间接正犯，而应认定刑事未成年人与教唆者

---

① 周光权."被教唆的人没有犯被教唆的罪"之理解——兼与刘明祥教授商榷.法学研究，2013（4）：183.

成立共同犯罪,其中,刑事未成年者构成正犯,因其未达法定责任年龄,不负刑事责任;教唆者成立教唆犯,并根据其在共同犯罪中所起的作用论定为主犯或者从犯。"①

　　正如前文所述,根据德、日的间接正犯论,只有利用他人作为工具即利用者能够支配控制被利用者来实施犯罪的情形,才能认定为间接正犯。十二三岁的孩子已具有了一定的辨认和控制自己行为的能力,教唆其犯罪确实很难说是利用其作为工具去实施犯罪。如果以被利用的未成年人事实上是否已有辨认和控制自己行为的能力,作为教唆其犯罪能否成立间接正犯的根据,则由于不可能找到客观的科学的判断标准,而不具有可行性。未成年人的年龄虽然是客观的事实,但却不能说13岁的孩子就有辨认和控制能力,而13岁差几天的孩子就没有这种能力。同一年龄的孩子,辨认和控制行为的能力也会有较大的差异,不可能把这类案件都提请专家来做司法鉴定,即便是做司法鉴定,不同专家也可能会有不同的意见。因而这里不可避免地存在无法确定某个实施了侵害法益行为的未成年人,实际上有无辨认和控制自己行为的能力,即能否成为幕后者利用支配对象的问题。

　　再说,按上述采用德、日的间接正犯论的学者们的主张,将唆使十二三岁的孩子杀死了人的案件,认定背后的唆使者构成故意杀人罪的教唆犯,并无法律根据,对其如何处罚,仍然存有疑问。因为我国刑法对教唆犯的规定与德、日刑法的不同,德、日刑法采用区分制,对正犯、教唆犯和帮助犯如何处罚,刑法有明文规定,并且是以正犯之刑作为处刑的基准,规定"对教唆犯的处罚与正犯相同"或者对教唆犯"判处正犯的刑罚",因此,确定行为人是教唆犯就意味着知道对其应如何处罚。我国刑法采取单一正犯体系,对每个参与者应分别根据其实施的行为、主观方面的罪过以及自身的情况进行综合判断后,确定其是否构成犯罪;如果构成犯罪,而与其他参与者不构成共同犯罪,就对其按单独犯的处罚规则定罪处罚;如果与其他参与者构成共同犯罪,则要根据其在共同犯罪中所起作用的大小,确定其是主犯还是从犯②,然后按刑法规定的对主犯、从犯处罚的规则予以处罚。我国刑法对教唆犯的定罪处罚,也是采取这种方式。

---

　　① 钱叶六. 共犯论的基础及其展开. 北京:中国政法大学出版社,2014:51-52.
　　② 胁从犯是从犯之中被胁迫参加犯罪者,是一种特殊的从犯。

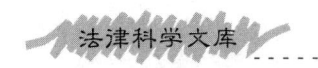

即如果教唆犯与被教唆人构成共同犯罪，就"应当按照他在共同犯罪中所起的作用处罚"（按主犯或从犯处罚，刑法第 29 条第 1 款）；如果教唆者与被教唆人不构成共同犯罪，其教唆行为没有引起侵害法益的事实发生，即还处于犯罪预备状态的，这属于刑法第 29 条第 2 款规定的"被教唆的人没有犯被教唆的罪"，也就是通说所指的单独教唆犯的情形。那么，上述论者认为教唆十二三岁的未成年人杀死了人的，成立教唆犯，究竟属于刑法哪一条款规定的教唆犯呢？毋庸置疑，这种教唆犯肯定不属于刑法第 29 条第 2 款规定的情形，那么，是否属于第 29 条第 1 款规定的共同犯罪的教唆犯呢？持上述主张的论者不得不做肯定的回答。其理论根据在于：共同犯罪是违法形态，有刑事责任能力的人与无刑事责任能力的人共同实施符合构成要件的违法行为，就构成共同犯罪。①但是，正如本书第三章第三节所述，我国刑法中的共同犯罪，并非是违法形态而是犯罪形态，因此，有刑事责任能力的人教唆十二三岁无刑事责任能力的人犯罪，不可能成为刑法第 29 条第 1 款规定的共同犯罪的教唆犯。那么，对其如何处罚，似乎找不到法律依据。因为按我国刑法的规定，对共同犯罪的教唆犯是分为主犯或从犯给予轻重不同的处罚，对单独教唆犯即"被教唆的人没有犯被教唆的罪"的，则规定可以从轻或者减轻处罚。除了这两种类型的教唆犯之外，刑法并没有规定第三种类型的教唆犯。对唆使幼儿盗窃、指使不明真相的人帮忙拿走他人大量财物的，只能认定利用者间接实行了盗窃行为，从而单独构成盗窃罪，而不能将其认定为盗窃罪的教唆犯，这是按单一正犯理论所能得出的唯一结论。

第三，对有些利用他人作为工具实施犯罪的案件，按德、日的间接正犯理论来处理，实际上会使简单的问题复杂化。例如，甲知道丙在某天晚上要在某地伏击枪杀自己（甲）之后，便骗自己的仇人 X 此时赴此地，利用丙弄错侵害对象杀害了 X。对这种类型的"正犯后正犯"案件，甲是否构成杀人罪的间接正犯？德、日刑法学界有较大争议，有的认为成立间接正犯，也有的认为成立帮助犯，还有的认为可能成立共同正犯、教唆犯或

---

① 张明楷.共同犯罪的认定方法.法学研究，2014（3）：11.

者帮助犯。① 我国采用德、日的间接正犯论的学者认识也不一致。有的认为："如果丙当时知道来到现场的不是甲而是 X 的话，丙必定不会开枪。在此意义上，丙只不过是甲借以杀人的'盲目'工具而已，所以，甲应成立间接正犯，属于'正犯后的正犯'。"② 也有的认为："甲只能认定为帮助犯，而不能认定为间接正犯。"因为既然被害人的死亡结果是行为人基于自己的意愿而直接引起的，则只能说他自己支配了杀人行为，而没有被别人用来作为杀人的工具。③

在笔者看来，之所以产生这样的分歧，是因为在上述类型的所谓"正犯后正犯"的案件中，直接实行者有完全的刑事责任能力并对自己行为的事实情况及违法性有认识，只不过是弄错了具体的行为对象，按德、日的间接正犯论，对这种直接实行者，当然要认定为正犯。至于背后的利用者，由于没有实行构成要件的行为，按传统的形式的限制正犯概念论，只能认定为共犯（教唆犯或帮助犯），但按共犯特别是帮助犯处罚会很轻。就上述杀人案而论，背后的甲虽然没有直接动手杀害 X，但如果不是甲骗 X 到现场，X 就不会被杀害，可见，甲对被害人死亡结果的发生，发挥了关键作用，因此，将其按杀人罪的帮助犯处罚，显然不合适。这正是承认这种"正犯后正犯"的根源所在。可是，要认定背后的利用者构成间接正犯，又必须证明其支配控制了直接实行者，而是否存在支配控制，并无客观的判断标准，从不同的角度分析判断，往往就会得出不同的结论。就上述杀人案来说，如果将刑法规定的杀人罪的杀害对象理解为抽象的人，那么，甲骗 X 到现场使其被误杀，对杀人犯罪乃至既遂结果的发生，就并无决定性的意义。因为 X 如果不到现场，丙想杀的人就会被杀害。由此而论，否定甲支配控制了丙的杀人行为即否定间接正犯的成立，无疑是有道理的。如果将杀人罪的杀害对象理解为具体的特定人，则由于没有甲骗 X 到现场，X 就不会被丙误杀，这意味着甲的行为对杀害 X 的犯罪的发生起了决定性的作用，就此来论，肯定甲支配控制了丙杀害 X 即构成杀人罪的间接正犯，也是有说服力的。无论是采取上述哪一种主张，由于我国刑法

---

① 罗克辛. 正犯与犯罪事实支配理论. 劳东燕，译//陈兴良. 刑事法评论：第 25 卷. 北京：北京大学出版社，2009：27.
② 钱叶六. 共犯论的基础及其展开. 北京：中国政法大学出版社，2014：58.
③ 黎宏. 刑法学总论. 2 版. 北京：法律出版社，2016：272.

之中并未出现"正犯"（包括间接正犯）和"帮助犯"的概念，如何处罚被认定为"间接正犯"或"帮助犯"的行为人，与前述将唆使未达到负刑事年龄的人犯罪者认定为教唆犯一样，仍然是一个处罚方面的难题。由此可见，按德、日的间接正犯论处理这类"正犯后正犯"的案件，在我国同样涉及许多复杂的难以解决的问题。

但是，按照我国刑法的规定和单一正犯理论，对上述杀人案，根据甲主观上有杀害X的故意，客观上有诱骗X到现场并利用丙将X杀害的行为，就足以认定其具备故意杀人罪的主客观要件，构成故意杀人罪。至于如何处罚，按照前述单一正犯的处罚规则，如果某个参与者与其他参与者不构成共同犯罪，上述甲利用丙杀X的案件就属于这种情形，由于双方无杀人的共同故意，不构成共同犯罪，对甲与丙应分别按单独犯的处罚规则处理。当然，按单独犯处罚时，还得考虑危害结果毕竟不是其中一人独自造成的，如果甲不诱骗X到现场，丙就不可能误杀X；如果没有丙的枪击，X死亡的结果就不会发生，因而还得根据甲和丙各自的行为对全案发生所起作用的大小，依法给予轻重适当的处罚。在某个参与者与他人构成共同犯罪的场合，前述黑社会组织的头目指使言听计从的下属杀害该组织成员的案件即为适例，幕后的指使者与直接实行杀人者构成共同犯罪，应根据其在共同犯罪中所起的作用大小，确定是主犯还是从犯后，依照刑法规定的对主犯或从犯的处罚规则处罚。按这样的思路处理案件，既简单明了，又便于操作执行。相反，如果按德、日的间接正犯论来处理所谓"正犯后正犯"之类的案件，无疑是使简单的问题复杂化，结果会诱发一些不必要的争论，从而难以保证执法的统一性，自然是得不偿失。

（四）在我国采用单一正犯理论处理相关案件有明显的优越性

以我国刑法的规定为根据，在不采用德、日的间接正犯论的同时，运用我们的单一正犯理论，不仅能够恰当处理与德、日的间接正犯论相关的案件，而且具有其他明显的优越性。

1. 能合理解决间接正犯论无法应对的相关问题

如前所述，德、日的间接正犯概念是为弥补区分正犯与共犯的区分制体系的缺陷而提出来的，尽管它是这种犯罪参与体系的一个"怪胎"，但为了延续这种体系，又不得不保留。而我国刑法采取的单一正犯体系正好能弥补区分制体系在定罪与处罚方面的缺陷，甚至按德、日的间接正犯理论无法恰当处理的案件，按我们的单一正犯理论也能合理地解决。例如，甲想向稻草人开枪以寻求刺激，乙知道甲误以为身披稻草的流浪汉丙为稻草人，而把自己的猎枪借给甲，随后甲开枪误杀了丙。在德国或日本，对本案中的乙不论是否按杀人罪的间接正犯处理，均存在弊病。如果不认定乙为故意杀人的间接正犯，由于其借枪给甲杀人，只是一种帮助行为，按德国刑法第 27 条第 1 款的明文规定，只有"对他人故意实施的违法行为故意予以帮助的"，才构成帮助犯。而乙只是对他人过失实施的违法行为故意予以帮助，当然不能成立故意杀人罪的帮助犯。但认定乙与甲构成共同过失致人死亡罪，又明显与其主观心理状态不符。正因为如此，才不得不将乙认定为间接正犯。但正如前文所述，按现在德、日的通说，只有在利用者支配控制了被利用者的意思或行为的条件下，间接正犯才能成立。就本案而言，乙是应甲的请求而借枪给他用的，显然不能说乙支配控制了甲杀丙的行为。并且，将乙作为故意杀人罪的间接正犯即单独犯来处罚，存在处罚不当的问题。因为乙毕竟只是借枪给甲杀死了丙，同他自己基于故意直接用枪杀死丙，还是有较大差别。而按间接正犯处理，则不能体现出对二者处罚上的差异。

　　按照我国刑法的规定和单一正犯理论，则能确保对上述类型的案件准确定罪、恰当处罚。如前所述，在数人参与犯罪的场合，按单一正犯理论，对每个参与者定罪的规则，与单独犯的场合基本相同，即根据每个参与者个人实施的行为及其主观心理状态，确定其具备刑法分则规定的某罪的成立要件时，就认定成立此罪。上述乙借枪给甲杀丙的案件中，由于乙对甲想要枪击的对象是丙（不是稻草人）有认识，知道枪击的结果会导致丙的死亡，而将自己持有的枪支借给甲去对丙射击，表明其主观上对自己提供枪支给甲的行为会引起丙死亡结果发生已有明确的认识，且对这种结果的发生至少是持放任的心态，即主观上有杀人的故意，客观上提供枪支的行为虽然只是一种帮助行为，但与丙的死亡结果之间有因果关系，因而，认定乙的行为具备故意杀人罪的构成要件毫无疑问。① 至于处罚，由于甲无杀人的故意，乙与甲不可能构成共同犯罪，对乙只能单独按故意杀人罪处罚。但考虑到被害人丙的死亡结果，毕竟是由甲的过失行为直接造成的，乙只是提供了帮助，综合考虑其参与犯罪的性质和参与的程度，给

---

① 刑法分则规定的故意犯罪行为并非仅限于实行行为，大多还包含教唆行为和帮助行为。因此，实施帮助行为也是实施符合刑法规定的构成要件行为。

予乙比普通的单独犯故意杀人罪的情形轻一点的处罚，既合乎单一正犯理论的要求，也不违背我国刑法的相关规定。

2. 处理与间接正犯相关案件的规则简便易行

我国刑法采取的单一正犯体系，与德、日刑法采取的区分正犯与共犯的体系相比，另一明显的优势在于，操作更为简便，易于司法人员掌握执行。① 如前所述，间接正犯概念或理论是为弥补区分制的缺陷而提出的，但它并没有也不可能从根本上解决问题，反而搅乱了区分正犯与共犯的传统理论，使相关问题变得更为复杂，并引发了更多的争论。然而，按我国刑法的规定和单一正犯理论，从前文的论述就足以看出，在数人参与犯罪的场合，由于我们是采取与单个人犯罪基本相同的定罪规则，即根据每个参与者自己实施的行为及其主观心理状态，来确定其是否构成犯罪，而不考虑其他参与者参与的情况；对构成犯罪的参与者予以处罚时，则是根据其参与行为的性质及参与的程度，主要看其对整个犯罪及危害结果的发生起了何种作用，依法给予轻重适当的处罚。按这样的方式处理案件，既符合定罪处罚的基本原理，又不违背我国刑法的相关规定，且易于操作执行。

笔者再举两例作进一步说明。例如，A 为了杀害躲在贵重财物背后的被害人 C，唆使不知情的 B 开枪毁坏贵重财物，结果致 C 死亡。在德国和日本，有关这种利用他人有轻罪故意的情形，对利用者应按重罪定罪并无异议，但究竟是属于间接正犯还是教唆犯，则有较大争议，二者处罚的轻重也会有差异。争论的焦点在于，被利用者有毁坏他人财物的故意能否构成所谓"规范障碍"②。对此，从不同的角度看，可能得出不同的结论。但是，采取单一正犯论，由于利用者主观上有利用他人开枪杀人的故意，客观上唆使不知情的被利用者开枪杀死了人，自然应认定其具备故意杀人

---

① 刘明祥. 论中国特色的犯罪参与体系. 中国法学，2013 (6).

② 钱叶六. 共犯论的基础及其展开. 北京：中国政法大学出版社，2014：53. 所谓规范障碍，是指在通常情况下，人在知道实情并且具有规范意识的场合，就可能形成停止实施某行为的反对动机，这种可能性就是规范障碍。规范障碍说认为，在能够期待被引诱者因具有规范意识而避免实施违法行为的场合，由于被引诱者的存在本身就会成为危险实现过程中的障碍，所以引诱行为不具有为正犯性奠定基础的法益侵害危险，从而不能成立间接正犯。

罪的成立要件，即构成故意杀人罪；又由于被利用者无杀人的故意，双方不构成故意杀人罪的共同犯罪，对利用者应按单独犯处罚。又如，甲出于牟利目的利用没有牟利目的的乙传播淫秽物品。对这种所谓利用有故意无目的的情形，能否认定利用者成立目的犯的间接正犯，也有较大争议。关键在于直接实施者有犯罪故意，能否认定幕后者支配或操纵了其行为，从不同的立场也可能得出不同的结论。① 可是，按单一正犯论，由于对有目的的甲与无目的的乙，均是根据其各自实施的行为及主观心态来分别定罪，甲成立目的犯的罪名（传播淫秽物品牟利罪），乙成立普通故意犯的罪名（传播淫秽物品罪），分别适用刑法规定的法定刑予以处罚。当然，对甲和乙在犯罪过程中所起作用的大小，量刑时也得适当考虑。

　　需要指出的是，在数人参与犯罪，一方成立此罪、另一方成立彼罪，甚至一方构成故意犯罪、另一方成立过失犯罪的场合，双方根本不成立共同犯罪，为何还可以根据各自行为对结果发生所起作用的大小，给予轻重不同的处罚？毋庸讳言，我国刑法确实只是明文规定，对共同犯罪人要根据其在共同犯罪中所起作用的大小，分别作为主犯或从犯给予轻重不同的处罚。而对数人参与犯罪，不构成共同犯罪的，并未明文规定应如何处罚犯罪参与者。但是，对共同过失犯罪（如数人的过失导致一重大责任事故发生）的，在我国的司法实践中，一直都是依据每个犯罪人的过失行为对结果的发生所起作用的大小，分清责任主次，给予轻重不同的处罚。这也是按单一正犯体系应当对所有犯罪（包括过失犯罪）参与人适用的处罚规则。德、日对共同过失犯罪也是采取这样的处罚规则，只不过德、日对共同故意犯罪采取了与共同过失犯罪不同的处罚规则，因此受到了学者的质疑。② 而在采取单一正犯体系的我国，无论是共同故意犯罪还是共同过失犯罪，乃至一方基于故意另一方出于过失、一方构成犯罪另一方不成立犯罪的场合，都是根据构成犯罪的参与人参与犯罪的性质和参与的程度（主要是参与行为对危害结果发生所起作用的大小），给予轻重不同的处罚。这种对所有构成犯罪的参与人均采用相同处罚规则的做法，无疑是具有科

---

　　① 张明楷. 刑法学. 6版. 北京：法律出版社，2021：531.
　　② 德、日刑法对共同故意犯罪采取了区分制体系，对共同过失犯罪则采取单一正犯体系. 刘明祥. 主犯正犯化质疑. 法学研究，2013（5）：119.

学性和合理性的，也可以说是单一正犯体系的一大优越性。①

第三节 共同正犯论之否定

一、我国刑法有无共同正犯规定之争

传统的通说认为，我国刑法之中并无共同正犯的规定。② 但是，近些年来，有些学者受德、日刑法学的影响，认为我国刑法也是采取区分正犯与共犯的区分制犯罪参与体系，因而也有关于共同正犯的规定。其中，有的认为刑法第 25 条③、另有的认为刑法第 26 条④是关于共同正犯的规定。笔者不以为然，特在此展开论说。

（一）我国刑法第 25 条不是关于共同正犯的规定

首先，我国刑法第 25 条第 1 款规定："共同犯罪是指二人以上共同故意犯罪。"这明显是对共同犯罪含义的界定，或者说是给共同犯罪下定义。如果说这是区分制体系下有关共同正犯的规定，那就意味着要将该款中的"共同犯罪"一词转换或理解为"共同正犯"，同时要将其所指的"二人以上共同故意犯罪"中的"共同故意犯罪"限制解释为"共同故意实行犯罪"或者"共同去实行故意犯罪"。因为采取区分制体系的德国、日本的刑法，都将共同正犯限定在"共同实行犯罪"的范围内⑤，从而与未实施实行行为的教唆犯、帮助犯区分开来予以规定。但是，这样解释显然与我国刑法第 29 条对"教唆他人犯罪的，应当按照他在共同犯罪中所起的作用处罚"的规定不符。这一规定表明教唆者与被教唆的实行者可能构成共

---

① 刘明祥. 论中国特色的犯罪参与体系. 中国法学，2013（5）：120.
② 高铭暄，马克昌. 刑法学. 10 版. 北京：北京大学出版社，2022：167.
③ 钱叶六. 我国犯罪构成体系的阶层化及共同犯罪的认定. 法商研究，2015（2）：152.
④ 张明楷. 共犯人关系的再思考. 法学研究，2020（1）：148.
⑤ 德国刑法第 25 条第 2 项规定："数人合意共同实行犯罪行为者，各人皆依正犯处罚（共同正犯）。"（林东茂. 德国刑法翻译与解析. 台北：五南图书出版公司，2018：31.）日本刑法第 60 条规定："二人以上共同实行犯罪者，都是正犯。"（日本刑法典. 2 版. 张明楷，译. 北京：法律出版社，2006：27.）

同犯罪,因此,将第 25 条第 1 款中的"共同故意犯罪"作上述限定,不具有可行性。但共同犯罪人中如果还包含教唆犯甚至帮助犯①,那它就与区分制体系下的共同正犯有明显不同。况且,我国刑法并非仅在第 25 条第 1 款使用了"共同犯罪"的概念,而是将其作为总则第二章第三节的节名,该节之下的所有条文除第 28 条之外,均使用了这一概念。第 25 条第 1 款对其含义的界定,意味着其他所有条文甚至包括分则条文中使用的"共同犯罪",都应在该款界定的含义上作同样的理解。如果将相关条文中的"共同犯罪"转换或理解为"共同正犯",即二人以上共同故意实行犯罪,明显不具有合理性,甚至会得出很荒唐的结论。例如,如果将"共同犯罪"的节名转换或理解为"共同正犯",那就意味着该节只是关于共同正犯的规定,而一部采取区分制体系的刑法,仅对共同正犯用专节分多个条文作规定,却不对教唆犯和帮助犯等共犯设处罚规定,无疑是不可思议的。又如,如果将第 27 条中的"共同犯罪"转换或理解为"共同正犯",就变成了:"在'共同正犯'中起次要或者辅助作用的,是从犯。对于从犯,应当从轻、减轻处罚或者免除处罚。"这显然与区分制体系下"共同正犯"的含义和处罚规则不符。按德、日刑法的规定,共同正犯是与正犯具有相同地位的犯罪参与人,如果参与者在其所参与的犯罪中只是起次要或辅助作用,那肯定不是共同正犯;并且,对共同正犯应依正犯处罚,根本不可能予以减轻甚至免除处罚。再如,若将第 29 条第 1 款中的"共同犯罪"转换或理解为"共同正犯"(或"共同故意实行犯罪"),那就变成了"教唆他人犯罪的,应当按照他在'共同正犯'(或'共同故意实行犯罪')中所起的作用处罚"。这又明显与事实情况不符,因为教唆者根本没有与他人去共同实行犯罪(共同正犯),刑法怎么会作出这种违背常识的处罚规定呢?

其次,认为刑法第 25 条第 1 款是关于共同正犯之规定的钱叶六教授提出的一条重要论证理由是:"这可以从 1997 年《刑法》第 25 条第 2 款的提示性规定中得以证成。该条第 2 款规定:'二人以上共同过失犯罪的,不以共同犯罪论处;应当负刑事责任的,按照他们所犯的罪分别定罪处

---

① 我国的通说认为,《刑法》第 25 条中的共同犯罪人包括组织犯、实行犯、教唆犯和帮助犯。高铭暄,马克昌.刑法学.10 版.北京:北京大学出版社,2022:163.

罚'。而按照他们所犯的罪分别定罪处罚，是指按照过失正犯（单独正犯）处罚。"① 在笔者看来，这种"证成"实际上是一种反向推论，思路可能有两条：一是既然二人以上过失犯罪不以共同犯罪论处，那么，反过来推论，二人以上共同故意犯罪当然要以共同犯罪论处，而共同犯罪就是指共同正犯，结论肯定是以共同正犯论处。这样推论不仅存在循环论证的缺陷，而且所得出的结论与德、日刑法对共同正犯按正犯处罚的规定不符，并没有解决对共同正犯究竟如何处罚的问题。另一推论的思路是既然第2款中的"按照他们所犯的罪分别定罪处罚，是指按照过失正犯（单独正犯）处罚"，那么，第1款就是指按故意正犯（单独正犯）处罚。而第25条第1款中的共同犯罪就是指共同正犯，从第2款又能反过来推论或"证成"，对第1款中的共同正犯应按正犯处罚，这就证明该条款是关于共同正犯的规定。这样的论证表面上似乎很有道理，但其推论的前提本身就存在问题。因为第2款"按照他们所犯的罪分别定罪处罚"中的"他们"二字表明，应按共同过失犯罪定罪处罚，而不是按单独犯（单独正犯）定罪处罚。② 基于同样的理由，第1款是对二人以上共同故意犯罪的规定，那就更应当按照"他们所犯的罪"来定罪处罚，也就是说定罪处罚时必须考虑"他们"的因素，而不能按单独犯（单独正犯）来处罚。事实上，第25条第1款仅对共同犯罪的含义做了界定，并未对其处罚作规定，对共同犯罪人的处罚，则是分为主犯、从犯、胁从犯和教唆犯等不同类型，在第26条、第27条、第28条和第29条中分别予以规定的。正因为如此，最先提出可以将第25条第1款解释为关于共同正犯之规定的张明楷教授③，后来也不得不承认"第25条第1款并没有规定共同正犯的处罚原则"④，因而又改称第26条才是关于共同正犯的规定。

最后，认为《刑法》第25条第1款是关于共同正犯之规定的钱叶六教授提出的另一条论证理由是："基于体系性解释，既然1997年《刑法》第29条、第27条分别规定了教唆犯和帮助犯，那么我们完全可以认为

---

① 钱叶六. 我国犯罪构成体系的阶层化及共同犯罪的认定. 法商研究，2015 (2)：153.
② 刘明祥. 区分制理论解释共同过失犯罪之弊端及应然选择. 中国法学，2017 (3)：216.
③ 张明楷. 共同犯罪的认定方法. 法学研究，2014 (3)：12.
④ 张明楷. 共犯人关系的再思考. 法学研究，2020 (1)：148.

1997年《刑法》第25条第1款是关于共同正犯的规定。"① 在笔者看来，这是用区分正犯与共犯的区分制立法体系，来套我国刑法中的共同犯罪规定所得出的结论。众所周知，采取区分制体系的刑法确实是对共同正犯、教唆犯和帮助犯有明文规定，以日本刑法为例，其第60条、第61条和第62条就分别对共同正犯、教唆犯、帮助犯及其处罚做了规定；德国刑法第25条第2款、第26条和第27条也是如此。笔者并不否认，如果是采取区分制的立法体系，不仅要对教唆犯、帮助犯及其处罚做规定，而且"刑法总则必须规定共同正犯"②，这确实是这种立法体系的需要。但是，不能以德、日刑法都是按共同正犯、教唆犯、帮助犯的顺序对三者均做了规定，而误以为我国刑法对教唆犯（第29条）、帮助犯（第27条）有规定③，就想当然地将第25条第1款的规定做所谓体系性解释，理解为关于共同正犯的规定，却不考虑我国刑法所采取的犯罪参与体系与德、日刑法的差异以及该款规定与他们的共同正犯规定的不同。

事实上，我国刑法并不是采取德、日那样的区分正犯与共犯的立法体系，而是采取不做这种区分的单一正犯体系。④ 主张作上述"体系性解释"的钱叶六教授也不否认，我国现行刑法"没有像德、日刑法那样在总则中明确规定正犯、帮助犯的概念"⑤。对教唆犯虽有规定，但不是像德、日那样按正犯之刑处罚，而是"按照他在共同犯罪中所起的作用处罚"，即起主要作用的作为主犯来处罚，起次要作用的则作为从犯来处罚。对帮助犯的处罚，刑法虽无明文规定，但同样应按其在共同犯罪中所起作用的大小，分别作为主犯或从犯来予以处罚⑥，而不是像德、日那样一律按正犯之刑处罚予以减轻。对德、日刑法中的共同正犯，即二人以上共同实行

---

① 钱叶六. 我国犯罪构成体系的阶层化及共同犯罪的认定. 法商研究，2015（2）：153.

② 张明楷. 共犯人关系的再思考. 法学研究，2020（1）：147.

③ 我国刑法对帮助犯并无规定. 陈洪兵. "二人以上共同故意犯罪"的再解释. 当代法学，2015（4）：33.

④ 刘明祥. 论中国特色的犯罪参与体系. 中国法学，2013（6）：117.；阮齐林，耿佳宁. 中国刑法总论. 北京：中国政法大学出版社，2019：221.

⑤ 钱叶六. 双层区分制下正犯与共犯的区分. 法学研究，2012（1）：128.

⑥ 帮助犯虽然通常应被认定为从犯，但也有应被认定为主犯的特殊情形. 张明楷. 刑法的基本立场. 北京：中国法制出版社，2002：328.

犯罪的情形，如果参与者之间主观上有共同故意、客观上有共同行为，那就属于我国刑法第 25 条第 1 款所包容的共同犯罪的一种类型（简单共同犯罪），对所有参与者同样应根据其在共同犯罪中所起作用的大小，分别认定为主犯或从犯，给予轻重有别的处罚，而不是像德、日刑法那样一律"依正犯处罚"。既然我国刑法有关共同犯罪的规定与德、日刑法中有关共犯或共同正犯的规定，有如此大的差异，无疑也就不能按德、日刑法采取的犯罪参与体系或模式，以所谓体系解释之名，将我国刑法第 25 条第 1 款解释为关于共同正犯的规定。

（二）我国刑法第 26 条也不是关于共同正犯的规定

正因为将我国刑法第 25 条第 1 款解释为是关于共同正犯的规定，明显不具有合理性，率先提出此种主张的张明楷教授后来修正了自己的观点，认为刑法第 26 条才是关于共同正犯的规定（以下称为"共同正犯规定新说"）。因为"一方面，刑法第 26 条规定的按主犯处罚的参与人，实际上都不是正犯，而是共同正犯。'组织、领导犯罪集团进行犯罪活动的'参与人，并没有实施构成要件行为，原本不是正犯。'在共同犯罪中起主要作用的'参与人，并不以实施符合构成要件的行为为前提……虽然这两类参与人没有实施构成要件行为，不是正犯，但由于他们在共同犯罪中起了重要或者主要作用，按照实质标准属于共同正犯，所以要按正犯（主犯）处罚"。另一方面，"刑法第 26 条规定了两类主犯的处罚原则。其一，'对组织、领导犯罪集团的首要分子，按照集团所犯的全部罪行处罚'，这显然贯彻了'部分行为全部责任'的原理。……其二，对于'在共同犯罪中起主要作用的'犯罪分子，'应当按照其所参与的……全部犯罪处罚'，显然是对'部分行为全部责任'原理的表述"。"由此可见，刑法第 26 条关于主犯及其处罚原则的规定，就是关于对共同正犯以正犯论处的规定。"[①] 在笔者看来，这是对刑法第 26 条规定的误解。

第一，我国刑法第 26 条明显是对主犯的含义及主犯的处罚原则的规定。其中，第 1 款指明，主犯是在共同犯罪中起主要作用的人。由于共同犯罪含普通与特殊两种类型。集团犯罪是共同犯罪的特殊类型，也是一种特别危险的共同犯罪，"组织、领导犯罪集团进行犯罪活动的"人（犯罪集团中的首要分子），当然是在这种共同犯罪中起主要作用的人，无疑是

---

① 张明楷. 共犯人关系的再思考. 法学研究，2020 (1)：148 - 149.

主犯，因而该款予以特别指明，既可避免司法人员将其误判为从犯，也体现了对这类主犯应予以重点打击的立法精神。第2款对犯罪集团的含义作了进一步的界定。第3款、第4款则分别对两种类型的主犯的处罚原则予以规定。

毋庸置疑，该条中的主犯也包含区分制体系中的部分共同正犯人。按德、日刑法的规定，二人以上共同实行犯罪的人，皆为共同正犯。但其并非都能成为我国刑法中的主犯，而是仅有在共同实行的共同犯罪中起主要作用的人，才能成为主犯；在其中起次要作用者（仍属区分制体系下的"共同正犯"），则只能被认定为我国刑法中的从犯。被排除在区分制体系的"共同正犯"或"正犯"范围之外的"教唆犯"与"帮助犯"，如果在共同犯罪中起主要作用，也能成为我国刑法上述条文中的"主犯"。因此，"主犯"的含义与区分制体系下的"正犯""共同正犯"完全不同，不可能将"主犯"等同于或替换为"正犯"或"共同正犯"。

第二，从德国、日本刑法对共同正犯的规定①来看，均明文规定数人或二人以上共同实行犯罪行为者，皆依正犯处罚，但我国现行刑法第26条并无这样的表述，也未看到与此含义相同的用语，怎么能说"将刑法第26条理解为对共同正犯的规定，再合适不过"② 呢？张明楷教授认为，刑法第26条中的"组织、领导犯罪集团进行犯罪活动的"参与人并没有实施构成要件的实行行为，"在共同犯罪中起主要作用的"参与人，也并不以实施构成要件的实行行为为前提，这两类参与人原本不是正犯，"但由于他们在共同犯罪中起了重要或主要作用，按照实质标准属于共同正犯，所以要按正犯（主犯）处罚"，从而应得出该条"是关于共同正犯的规定"的结论。但在笔者看来，即便是按区分制的解释论，对"组织、领导犯罪集团进行犯罪活动的"参与人，是否应当认定为共同正犯，仍有较大争议。在日本，现在的通说虽然主张将这种参与人纳入共谋共同正犯的范畴，但过去很长的时期，多数学者并不赞成此种主张，目前仍有不少学者

---

① 德国刑法第25条第2项规定："数人合意共同实行犯罪行为者，各人皆依正犯处罚（共同正犯）。"日本刑法第60条规定："二人以上共同实行犯罪者，都是正犯。"

② 张明楷. 共犯人关系的再思考. 法学研究, 2020 (1)：148.

持反对态度（不承认共谋共同正犯）①；在德国，通说则是将这种犯罪参与人视为间接正犯的一种类型。② 至于"在共同犯罪中起主要作用的"参与人，固然可能是没有实施构成要件实行行为的人，但也可能是实施了构成要件实行行为的人。并且，日本的通说认为，只有这后一种参与人才是普通的公认的共同正犯（实行共同正犯），没有实施构成要件行为的共谋共同正犯只是一种特殊的共同正犯。③ 按我国刑法第26条的规定，不仅日本学界所公认的这种实行共同正犯，而且在此之外的被教唆或被帮助单独实施构成要件实行行为的单独正犯，均可能成为"在共同犯罪中起主要作用的"参与人。况且，没有实施构成要件实行行为的参与人，如仅实施教唆或帮助他人犯罪行为的人，虽大多不能成为区分制体系下的共同正犯，但仍可能成为我国的"在共同犯罪中起主要作用的"人。既然刑法第26条中的"组织、领导犯罪集团进行犯罪活动的"参与人，只是日本目前的通说认可的一种特殊类型（并非普通类型）的共同正犯（共谋共同正犯）所包含的一种情形，德国的通说认为是一种间接正犯（不认为是共同正犯）；而"在共同犯罪中起主要作用的"参与人，仅包含区分制体系下的共同正犯人的一部分，即共同正犯人中属于共同故意犯罪且在其中起主要作用的人，若在其中仅起次要作用或者是属于共同故意犯罪之外的共同正犯人④，则均被排除"在共同犯罪中起主要作用的"参与人之外；相反，并非是共同正犯的参与人（如教唆犯和帮助犯），均可能成为"在共同犯罪中起主要作用的"人，这就足以表明我国刑法第26条中的犯罪参与人（主犯）的内涵和外延，与德、日刑法中的共同正犯均有重大差异，

---

① 浅田和茂. 刑法总论. 2版. 东京：成文堂，2019：431.

② 金德霍伊泽尔. 刑法总论教科书：第六版. 蔡桂生，译. 北京：北京大学出版社，2015：416-417. 德国"在最近的学说中，主张犯罪组织中的命令者和实行者应成立共同正犯的观点已无人支持了". 罗克辛. 关于组织支配的最新研讨. 赵晨光，译//陈兴良. 刑事法评论：第35卷. 北京：北京大学出版社，2015：165.

③ 刘明祥. 单一正犯视角下的共同正犯问题. 中外法学，2019（1）：111.

④ 日本的通说认为，一方出于此种故意（如杀人的故意）另一方基于彼种故意（如伤害的故意），共同对同一被害人实施侵害行为，也可能成立共同正犯，但我国的通说认为，双方不构成共同犯罪。日本的通说认可二人以上共同过失犯罪为共同正犯，我国刑法明确规定，对共同过失犯罪不以共同犯罪论处。

从而也就不可能得出"刑法第 26 条是关于共同正犯的规定"①的结论。

第三，我国刑法第 26 条不仅没有德国刑法第 25 条、日本刑法第 60 条那样的对共同正犯含义的描述，而且没有它们那样的对共同正犯"依正犯处罚"或"以正犯论处"的规定，怎么能说"第 26 条所表述的正是对共同正犯按正犯（主犯）处罚的意思"②呢？张明楷教授解释说："虽然可以认为第 26 条中的'主犯'一词就是指正犯，但第 26 条不是关于正犯的规定，而是关于共同正犯的规定。亦即，第 26 条所表述的正是对共同正犯按正犯（主犯）处罚的意思，而不是说'共同正犯＝主犯'。"③这种解释显然是对第 26 条第 1 款的语意做了多次转换，即对该款前段的"组织、领导犯罪集团进行犯罪活动的或者在共同犯罪中起主要作用的"，与德国刑法第 25 条、日本刑法第 60 条中的"数人合意共同实行犯罪行为"或"二人以上共同实行犯罪的"规定画上等号，转换为与之相同的对共同正犯的规定；将后段的"是主犯"转换为"是按正犯处罚"。如前所述，"组织、领导犯罪集团进行犯罪活动的或者在共同犯罪中起主要作用的"，只是与"数人合意共同实行犯罪行为"或"二人以上共同实行犯罪的"共同正犯情形存在交叉，但二者不能完全包容，更不能相等同，当然不能转换解释为对共同正犯的规定。而将"是主犯"中的"主犯"一词转换为"正犯"，也明显不具有合理性与可行性。④况且，如果说"第 26 条中的'主犯'一词就是指正犯"，那第 26 条第 1 款也只是对"正犯"含义的界定，即"组织、领导犯罪集团进行犯罪活动的或者在共同犯罪中起主要作用的"，"是正犯"；而张明楷教授说，"第 26 条不是关于正犯的规定，而是关于共同正犯的规定"，这实际上就把"是正犯"偷换成了"是共同正犯"；又由于德、日刑法对共同正犯都是按正犯处罚，于是又将"是共同正犯"转换成了"是按正犯处罚"。但这种经过多次转换词意或概念后的解释，已与该条款本身的文字含义相去甚远。事实上，第 26 条第 1 款中不仅并无"共同正犯""正犯"或者含义与之相同的词语，而且看不出有"对共同正犯按正犯处罚的意思"；并且，在第 26 条其他 3 款中也找不到

---

① 张明楷. 共犯人关系的再思考. 法学研究，2020（1）：149.
② 同①
③ 同①148-149.
④ 刘明祥. 主犯正犯化质疑. 法学研究，2013（5）：113.

这样的词语、看不出有这样的意思。① 也就是说从第26条的所有款项，均看不出有"对共同正犯按正犯处罚的意思"，不知张明楷教授作这样的解释的法律根据何在？

第四，我国刑法第26条第3款规定："对组织、领导犯罪集团的首要分子，按照集团所犯的全部罪行处罚。"第4款规定，对于"在共同犯罪中起主要作用的"犯罪分子，"应当按照其所参与的……全部犯罪处罚"，张明楷教授认为，这显然是贯彻了"部分行为全部责任"这一共同正犯的归责原理，并以此作为该条是"关于对共同正犯以正犯论处的规定"的根据。但是，对犯罪集团的首要分子，"按照集团所犯的全部罪行处罚"，实际上是指首要分子要对他所组织、领导的犯罪集团进行犯罪活动的全部罪行承担刑事责任。② 正如陈兴良教授所述："根据共同犯罪的基本原理，各共同犯罪人，在共同犯罪故意和共同犯罪行为的范围内，应对共同犯罪结果承担刑事责任，经济犯罪则要对犯罪总数额承担刑事责任。"就侵犯财产的共同犯罪而言，"犯罪集团的首要分子本来就应当对财产犯罪的总数额承担刑事责任。不仅如此，其他共同犯罪人，无论是主犯还是从犯，都应当对共同实施的财产犯罪总数额承担刑事责任"③。我国最高司法机关的有关司法解释性文件也持同样的立场。如2016年12月19日最高人民法院、最高人民检察院、公安部《关于办理电信网络诈骗等刑事案件适用法律若干问题的意见》指出："多人共同实施电信网络诈骗，犯罪嫌疑人、被告人应对其参与期间该诈骗团伙实施的全部诈骗行为承担责任。在其所参与的犯罪环节中起主要作用的，可以认定为主犯；起次要作用的，可以认定为从犯。"也就是说，无论是主犯还是从犯，均应对其所参与的全部诈骗犯罪承担责任。又如，2003年11月13日最高人民法院《全国法院审理经济犯罪案件工作座谈会纪要》指出："刑法第三百八十三条第一款规定的'个人贪污数额'〔《刑法修正案（九）》已改为"贪污数额"——笔者注〕，在共同贪污犯罪案件中应理解为个人所参与或者组织、

---

① 刑法第26条第2款是对犯罪集团含义的界定；第26条第3款、第4款，通说认为是分别对两种类型的主犯的处罚原则的规定；即便是按张明楷教授的解释，也只是贯彻了"部分行为全部责任"这一共同正犯的归责原理。
② 胡康生，李福成. 中华人民共和国刑法释义. 北京：法律出版社，1997：37.
③ 陈兴良. 刑法适用总论：上卷. 北京：法律出版社，1999：538-539.

指挥共同贪污的数额,不能只按个人实际分得的赃款数额来认定。对共同贪污犯罪中的从犯,应当按照其所参与的共同贪污的数额确定量刑幅度,并依照刑法第二十七条第二款的规定,从轻、减轻处罚或者免除处罚。"可见,理论上的通说和司法实务的做法,对所有共同犯罪人,无论是主犯还是从犯,都是按其"所犯的全部罪行"或"所参与的全部犯罪"追究刑事责任,并非仅对主犯才适用这一追责原理。这就表明,这一追责原理与区分制体系下的共同正犯所特有的归责原理并不相同①,当然不能据此断定刑法第 26 条对主犯采取了共同正犯的归责原理,并推论得出该条是关于共同正犯之规定的结论。

第五,正因为按共同犯罪人"所犯的全部罪行"或"所参与的全部犯罪"处罚或追责,并非是仅对主犯才适用的追责原理,我国 1979 年刑法典(以下称"旧刑法")第 23 条关于主犯的规定中并无这样的明文规定,还有对主犯"应当从重处罚"的规定,这与区分制体系刑法对共同正犯按正犯之刑处罚的规定明显不符,肯定不能说其对主犯的规定"就是关于对共同正犯以正犯论处的规定"。事实上,现行刑法第 26 条第 3 款、第 4 款的规定,是 1997 年修订刑法时增补的。这两款规定只具有一般提示性的意义,是注意性的规定。正如张明楷教授所述,刑法如果是采取区分制体系,就不可能不对共同正犯的处罚或追责作明文规定。② 而 1997 年修订刑法时,对共同犯罪的规定并未做大的修改,主要是对旧刑法第 23 条(主犯)的规定做了一点修改补充,即对犯罪集团的概念做了界定(现行刑法第 26 条第 2 款),对两类主犯分别明确规定按"所犯的全部罪行"或"所参与的全部犯罪"处罚,同时删除了旧刑法第 23 条第 2 款对于主犯应当从重处罚的规定,对旧刑法总则其他条文有关共同犯罪规定的内容基本上未做修改,仅对个别条文的字词稍作了修补或删减。可见,现行刑法与

---

① 区分制体系下对共同正犯适用的"部分行为全部责任"的归责原理表明,"共同正犯承担全部责任,包括了对全部结果承担正犯责任的意思,因而不减轻刑罚"[张明楷. 共同正犯的基本问题. 中外法学,2019 (5):1150.];而在我国刑法采取的单一正犯体系下,对所有共同犯罪人(含主犯与从犯),都按其"所犯的全部罪行"或"所参与的全部犯罪"追责,意味着对从犯还应当从轻、减轻处罚或者免除处罚。两者有质的差异。

② 张明楷. 共犯人关系的再思考. 法学研究,2020 (1):147.

旧刑法有关共同犯罪的规定并无原则性的差异，所采取的犯罪参与体系无疑是相同的。显然不能说采取同一犯罪参与体系的旧刑法第 23 条对主犯的规定不是关于共同正犯的规定，而并未做实质修改且内容基本相同的现行《刑法》第 26 条对主犯的规定"就是关于对共同正犯以正犯论处的规定"。持"共同正犯规定新说"的论者可能会说，现行刑法第 26 条对主犯不再采取旧刑法第 23 条规定的从重处罚的原则，这表明对主犯应适用刑法分则规定的具体犯罪的通常之刑处罚，也就是"以正犯论处"，因此，旧刑法对主犯的处罚规定不是关于共同正犯的处罚规定，而现行刑法对主犯的处罚规定却可以这样理解。但是，我国的通说认为，对主犯特别是其中的组织、领导犯罪集团的首要分子从重处罚，正是刑法规定共同犯罪并区分主从犯的宗旨所在，只不过是"考虑到如果对主犯规定从重处罚，而从犯是需要从宽处罚的，这样对主犯和从犯的处罚就会失去判断的基准"，因此，才未明文规定应从重处罚。① 但这并不意味着对主犯就不应从重处罚了，相反，现行刑法与旧刑法规定的不同，仅在于"主犯从重处罚不再是法定情节，而只是酌定情节"②。并且，司法实践中也是这样掌握执行的。③ 通常对犯罪集团的首要分子，从重处罚的程度会更重一些，"在对其他主犯处理时，虽然应当从重处罚，但应较犯罪集团的首要分子为轻"④。可见，现行刑法虽未像旧刑法那样明文规定对主犯应当从重处罚，但对主犯应从重处罚的立法精神和刑法解释论并未改变；否则，重点打击首要分子与主犯的根本目的⑤就无法实现。因此，不能认为我国刑法对主犯的处罚规定，与区分制体系的刑法对共同正犯采取同样的处罚原则。

第六，国外有些采取单一正犯体系的刑法，也有与我国刑法第 26 条

---

① 高铭暄. 中华人民共和国刑法的孕育诞生和发展完善. 北京：北京大学出版社，2012：207.

② 陈兴良. 刑法适用总论：上卷. 北京：法律出版社，1999：539.

③ 由于主犯大多是犯意发起者，具有较深的主观恶性，对共同犯罪起着核心的主导作用，具有其他共同犯罪人不可比拟的社会危害性；因此，我国的司法实践通常对主犯从重处罚，以实现罪刑均衡、罚当其罪。换言之，我国司法机关基本上没有对主犯像单独犯罪中的单独正犯那样处刑。高铭暄. 刑法学原理：第 2 卷. 北京：中国人民大学出版社，2005：466.

④ 马克昌. 犯罪通论. 3 版. 武汉：武汉大学出版社，1999：569.

⑤ 张明楷. 共同过失与共同犯罪. 吉林大学社会科学学报，2003（2）：41.

相似的规定，这从另一个侧面表明，不能将该条规定视为区分制体系刑法中对共同正犯以正犯论处的规定。例如，采取形式单一正犯体系的意大利刑法第 112 条，将"发起或者组织犯罪合作的，或者在共同犯罪活动中起领导作用的"，规定为"对犯罪应科处的刑罚予以增加"的情形之一，予以"加重处罚"。这与我国现行刑法对两类主犯的描述以及 1979 年刑法对主犯应当从重处罚的规定十分相似。又如，采取实质的单一正犯体系的俄罗斯刑法第 35 条第 5 项规定①，"组建或领导有组织的集团或犯罪团体（犯罪组织）的人"，"应对这些集团和团体实施的所有犯罪承担刑事责任"；其他参加者则"应对他们参与预备或实施的犯罪承担刑事责任"，这与我国刑法第 26 条第 3 款、第 4 款对犯罪集团的首要分子和其他主犯所采取的处罚原则基本相同。显然不能说意大利刑法第 112 条和俄罗斯刑法第 35 条的上述规定，是"关于对共同正犯以正犯论处的规定"。因为采取单一正犯体系的刑法不可能有区分制体系刑法那样的关于共同正犯的处罚规定。对此，笔者将在下文展开述说。

第七，按上述"共同正犯规定新说"，势必将大量在共同犯罪中起主要作用的主犯，排除在刑法第 26 条的适用范围之外，使之与一个人犯罪的单独犯处于同样的地位，同时会导致大量共同犯罪案件中，出现仅有从犯而无主犯的不合理现象，使一些本应酌情从重处罚的主犯，失去一个重要的酌情从重处罚的情节，从而导致对主犯从重处罚的立法宗旨无法实现。例如，甲知道乙好色且与自己的某仇人有仇，于是教唆乙强奸仇人的女儿 A，乙接受甲的教唆后，以 1 000 元钱作为报酬，托曾向其表示可以随时召唤女同学供其玩弄的年仅 17 岁的丙，将同学 A 骗到其所在的偏僻处所，丙明知乙要强奸 A，仍诱骗 A 到乙处，丙离去后，乙采用暴力手段强奸了 A。此例中，甲、乙、丙三人共同犯强奸罪，甲是教唆犯、乙是实

---

① 俄罗斯刑法典第 35 条第 5 项规定："组建或领导有组织的集团或犯罪团体（犯罪组织）的人，在本法典分则相应条款规定的情况下，应该对这些集团的组建和领导承担刑事责任，如果有组织的集团和犯罪团体（犯罪组织）所实施的犯罪是他的故意，则还应对这些集团和团体实施的所有犯罪承担刑事责任。有组织集团或犯罪团体（犯罪组织）的其他参加者，在本法典分则相应条款规定的情况下，应对他们参加这些集团或团体承担刑事责任，还应对他们参与预备或实施的犯罪承担刑事责任。"（俄罗斯联邦刑法典. 黄道秀，译. 北京：中国法制出版社，2004：13.）

行犯、丙是帮助犯,乙在这一共同强奸犯罪中无疑是起主要作用,若甲在此之中只是起次要作用、丙也是起次要作用。由于三人明显不可能成立共同正犯,按张明楷教授的主张,乙是单独正犯,不能适用规定共同正犯的刑法第 26 条,应直接按强奸罪的规定处罚。① 那么,这一共同犯罪案件中,就仅有起次要作用的甲与丙二人为从犯,应适用刑法第 27 条的规定予以从宽处罚,而对完全符合刑法第 26 条规定的"在共同犯罪中起主要作用的"乙,却不能认定为主犯,也不能适用该条的处罚原则来处罚。这样一来,此案之中就仅有从犯而无主犯,这与同案犯中可能没有从犯(共同犯罪人都是主犯)、而不可能没有主犯的通说②明显不符,其合理性也令人怀疑。另外,正如前文所述,现行刑法虽然没有明文规定对主犯应从重处罚,但通说和司法实务的做法,仍视主犯为酌定从重处罚的情节。此例之中,乙以金钱引诱未成年的丙帮助其强奸少女,并使之走上与其共同犯罪的道路,这同其单独犯罪相比,客观危害性和主观恶性更大,无疑有必要处更重的刑罚。只有将其作为共同犯罪的主犯,予以从重处罚,才算对其犯罪行为作出了完整的评价,也才能使其受到更恰当的处罚。

(三)我国现行刑法不会有德、日刑法那样的共同正犯规定

对笔者从单一正犯的立场否定我国刑法第 25 条是关于共同正犯之规定的主张,张明楷教授提出这样的质疑:"既然认为我国刑法采取了单一制正犯体系,就意味着所有的参与人都是正犯。……就可以说所有的共同犯罪都是共同正犯,共同正犯就是共同犯罪","那么《刑法》第 25 条关于共同犯罪的规定就是关于共同正犯的规定,司法实践当然是将犯罪参与人均认定为共同正犯之后,再分为主犯、从犯和胁从犯给予轻重不同的处罚"③。况且,"倘若采取单一制正犯概念,对共同犯罪的描述就必然会成为对共同正犯的描述。因此,不论是否承认我国刑法总则中规定了共同正犯,共同正犯都是不可否认的现象,同时也是不可缺少的概念"④。对此,笔者做如下几点回应。

---

① 张明楷. 共犯人关系的再思考. 法学研究,2020(1):150.
② 高铭暄,马克昌. 刑法学. 10 版. 北京:北京大学出版社,2022:173.
③ 张明楷. 共同正犯的基本问题——兼与刘明祥教授商榷. 中外法学,2019(5):1127-1128.
④ 同③1135.

其一，按单一正犯理论，由于所有共同参与犯罪的人都是正犯，共同故意犯罪的人也不例外，在此种含义上，固然可以说共同犯罪人也是"共同正犯"。但共同故意犯罪仅是数人共同参与犯罪的一种类型，只占其中的一小部分，除此之外，共同过失犯罪、一方出于故意另一方基于过失、一方基于此种故意另一方出于彼种故意等所有共同参与犯罪的情形，也均在此种含义的"共同正犯"（共同参与犯罪）的范围之中，而不是仅限于刑法第 25 条第 1 款规定的"二人以上共同故意犯罪"。正因为该条款中的"共同犯罪"，只是单一正犯体系下的"共同正犯"的一部分，因而，即便是按单一正犯的"正犯"观念来推论，也不能将该款中的"共同犯罪"与单一正犯体系下包含所有共同参与犯罪的"共同正犯"等同起来。

其二，单一正犯体系下的"正犯"与区分制体系中的"正犯"含义完全不同，前者包含所有参与犯罪的人，教唆行为人和帮助行为人也在其中；后者仅限于参与人中的一部分，不包括教唆行为人和帮助行为人。如果说单一正犯体系下也有"共同正犯"，那么，所有犯罪参与者就均在这种"共同正犯"（共同参与犯罪者）之列，而区分制体系下的"共同正犯"，则仅限于二人以上共同实行犯罪者，两种"共同正犯"的含义完全不同。毋庸置疑，我国刑法第 25 条第 1 款规定的"共同犯罪"包含二人以上共同故意实行犯罪（德、日刑法中的"共同正犯"），但除此之外，二人以上有的实行犯罪、另有的组织犯罪、还有的教唆犯罪或帮助犯罪（不属于德、日刑法中的"共同正犯"）的情形，也可能构成共同犯罪。既然如此，也就不可能将两者等同起来，不能认为该条中的"共同犯罪"与德、日刑法中的"共同正犯"的含义相同，即不能认为该条是对区分制体系中的"共同正犯"的规定，并以此作为我国刑法也是采取区分制体系的重要法律依据。

其三，区分制体系下二人以上共同实行犯罪的"共同正犯"现象，在我国的司法实践中无疑也是客观存在的，但对这种犯罪现象或犯罪形态，我国刑法采取与区分制体系的刑法完全不同的立场和处罚原则。如前所述，在区分制体系下，共同正犯是正犯的一种特殊类型，被视为犯罪的核心人物或角色，处于比作为共犯的教唆犯和帮助犯更重要的地位，因而要按正犯之刑处罚所有共同正犯人，处罚也会比共犯（教唆犯和帮助犯）重。但是，在我国，对二人以上共同实行犯罪者，即便是其中基于共同故意共同实行而构成共同犯罪的，与其他类型的不属于区分制体系中的共同正犯而成立共同犯罪的情形，均应同样看待，也就是将共同犯罪中的共同实行犯（或共同正犯）与非共同实行犯（或非共同正犯）视为平等的参与人，同样应根据其在共同犯罪中所起作用的大小，分为主犯与从犯（含胁从犯）。众所周知，在同一共同犯罪案件中，既有共同实行犯（或共同正犯）也有教唆犯和帮助犯的情形十分常见，对其中的共同实行犯（或共同正犯），我国刑法采取与教唆犯、帮助犯等犯罪参与人同样的处罚原则，并非是像德、日刑法那样对共同正犯均按正犯之刑，处罚明显重于帮助犯。例如，A 用重金雇 B 杀 E，B 胁迫 C 与其共同去实行，知情的 D 主动诱骗行踪隐秘的 E 到 B 和 C 等待作案处，B 和 C 同时用刀刺杀 E，C 仅对 E 大腿轻刺一刀致其轻伤，B 对 E 的胸部猛刺数刀致其死亡。按采取区分制体系的德、日刑法的规定，此例中的 B 和 C 是共同正犯，A 为教唆犯，D 为帮助犯。对 B 和 C 都应按正犯之刑原则上给予轻重相同的处罚；A 为教唆犯，虽然对其也按正犯之刑处罚，但由于其是共犯为犯罪的从属者，地位低于 B 和 C，处罚实际上也会比 B 和 C 轻；D 为帮助犯，应按正犯之刑予以减轻，处罚会比 B 和 C 轻得多。但是，按我国刑法的规定，A、B、C、D 构成共同犯罪，应分别按其在共同犯罪中所起的作用大小，认定为主犯或从犯（含胁从犯）予以处罚。作为共同实行犯（或共同正犯）的 B 和 C，并非当然都要被认定为主犯，相反，C 是被 B 胁迫去实行犯罪，且在共同犯罪中所起的作用较小，应被认定为胁从犯，予以减轻处罚或免除处罚；作为帮助犯的 D，由于其诱骗行踪隐秘的 E 到被害处所，对于 E 被杀害起到了关键性作用，尽管其并未到现场，实施的只是帮助杀人的行为，但也应认定其在共同犯罪中起主要作用，构成主犯；作为教唆犯的 A 对于 E 被杀害，也发挥了重要的作用，同样应被认定为主犯。依据我国刑法的规定，对教唆犯 A、特别是帮助犯 D，比作为共同实行犯（或共同正犯）的 C 处罚更重，这明显不同于德、日刑法对共同正犯、教唆犯和帮助犯所采取的处罚原则。如前所述，按张明楷教授的推论，"根据单一制正犯体系，既然所有的参与人都是正犯，那么……将犯罪参与人均认定为共同正犯之后，再分为主犯、从犯和胁从犯给予轻重不同的处罚"就是当然的结论[①]，但即便能按这种推论将第 25 条中的"共同犯罪"概念转换为"共同正犯"，那这种将所有犯罪

[①] 张明楷. 共同正犯的基本问题——兼与刘明祥教授商榷. 中外法学，2019(5): 1128.

参与人"均认定为共同正犯之后,再分为主犯、从犯和胁从犯给予轻重不同的处罚"的做法,也明显不同于上述德、日的区分制体系对共同正犯的认定规则及所采取的处罚原则。既然两种"共同正犯"既非指同一类型的犯罪参与人,对其所采取的处罚原则也明显不同,那无疑不能等同视之。

事实上,采取单一正犯体系的我国刑法,并不会有区分制体系所特有的共同正犯规定。根本原因在于,共同正犯论是区分制的产物,且有内在缺陷,又与单一正犯体系不相容,而我国刑法采取单一正犯体系,自然也就不会有共同正犯的规定。对此,笔者将在下文展开论述。

二、共同正犯论是区分制的产物

追根溯源,采取区分正犯与共犯的区分制,之所以要在刑法中对共同正犯作规定,是因为这种犯罪参与体系是构建在限制正犯概念的基础之上的,按传统的限制正犯概念论,刑法分则规定的构成要件原则上是单独正犯的既遂类型,因而只有实施刑法分则规定的构成要件行为(实行行为)者才是正犯,实施构成要件以外的行为者则是共犯;又由于正犯是犯罪的核心人物或角色,共犯是犯罪的从属(或依附)者,所以,对正犯的处罚重于共犯。[①] 严格来说,这种正犯与共犯相区分的立法体系,本来是按单独正犯来设计,并且是以参与者实施的行为形式(即实行行为)为认定依据的。[②] 也就是说,作为共犯的教唆犯、帮助犯与正犯的区分,实质上是与一个人去实行犯罪的那种单独正犯相区分。最典型的实例是,乙教唆甲去杀丁,甲用丙基于帮助杀丁的意思提供的枪支杀了丁,那么,甲就是这一杀人案中的正犯、乙是教唆犯、丙为帮助犯;丁若被子弹击中致死,甲、乙、丙三人都按杀人既遂论处;丁若仅被子弹击伤或未被击中,则三人都构成杀人未遂。这种既有教唆者也有帮助者,并且只由一个人去实行的共同犯罪案件,或许是这种区分正犯与共犯(教唆犯、帮助犯)的法律规定设定的基本模型,对此,按形式的限制正犯概念论,正犯与共犯并不难区分,大多能得到妥当处理。

---

① 西田典之. 日本刑法总论:第2版. 王昭武,刘明祥,译. 北京:法律出版社,2013:293.

② 黄荣坚. 基础刑法学:下. 台北:元照出版有限公司,2012:750.

但是，如果是数人分担行为或共同实行犯罪，则由于这种数人共同地实现构成要件的犯罪形态危险性极高，而从各个行为人来看，又不能肯定其实施了单独犯（单独正犯）的构成要件行为，如在 A 实施暴行、B 夺取财物这种共同实行抢劫的场合，按单独正犯而论，在日本或德国，A 就只可能定暴行罪，B 也只可能定盗窃罪，但对 A 和 B 共同实行抢劫这种比分别单独实行抢劫更为危险的犯罪案件，这样处理明显不合适。此其一。①其二，行为人分担的行为是整体犯罪的重要组成部分，但单独而论并非是构成要件的行为，作为帮助犯处罚明显不合理。例如，甲、乙、丙三人约定到一仓库去盗窃电器设备，甲用自己的车将乙、丙载到库房外的马路边，甲在车里等候并帮忙望风，乙、丙进入库房将沉重的电器设备拖出库房抬到车上后，甲开车将赃物及乙、丙运送到目的地，销赃后三人均分了大量钱款。此案之中，甲分担的并非是盗窃罪的实行行为，但却是盗窃犯罪的有机组成部分的行为，对犯罪的完成所发挥的作用并不比乙、丙小，处罚也不应比乙、丙轻。如果按形式的限制正犯概念论，将甲认定为帮助犯明显不合理。其三，行为人与他人一起共同实行犯罪，但由他人的行为引起了危害结果的发生或者不知是谁的行为导致危害结果发生，单独而论，行为人对危害结果不承担责任（不成立犯罪既遂），这也明显不妥当。例如，X 与 Y 约定枪杀 Z，两人同时对 Z 开枪，就有可能出现 Y 的子弹击中并致 Z 死亡，而 X 的子弹打偏的情况；也可能出现仅有一颗子弹击中而致 Z 死亡，但不知是 X 还是 Y 的子弹击中的情形。单独而论，无论是出现前一种情况还是后一种情形，X 都不应对 Z 的死亡结果承担责任，即不能成立杀人既遂（仅构成杀人未遂）；在出现后一种情形时，X 与 Y 都不对 Z 的死亡结果承担责任，均属于杀人未遂。这样的结论显然不能被普通民众所接受、不具有合理性。

正是为了解决或避免这类问题，采取区分制立法体系的刑法不得不做共同正犯的特殊规定，即创设共同正犯这种正犯之外的犯罪类型。② 以日本刑法为例，其第 60 条明文规定："二人以上共同实行犯罪的，都是正犯。"正是因为存在这一规定，并对共同正犯采取"部分行为全部责任"的原则，因而对上述共同实行抢劫的 A 和 B，才能均按抢劫罪来定罪处

---

① 山口厚. 刑法总论. 3 版. 东京：有斐阁，2016：338.
② 黄荣坚. 基础刑法学. 下. 台北：元照出版有限公司，2012：750.

罚；对上述 X 与 Y 枪杀 Z 的案件，无论是谁的子弹击中致 Z 死亡，甚至无法查清究竟是谁的子弹击中，X 与 Y 都要对 Z 的死亡结果负责，均构成杀人既遂。同样道理，上述盗窃案例中，甲分担的行为尽管不是盗窃的实行行为，但由于是盗窃犯罪的有机组成部分，因而与乙、丙构成共同正犯，承担盗窃犯罪的全部责任，以便能解决按限制正犯概念论可能带来的上述定罪处罚不合理以及按单独正犯来论可能出现的犯罪参与者都不对犯罪结果负责、或只有部分参与者对结果负责的问题。

三、共同正犯论面临的难题

共同正犯的法律规定和相关解释论，固然在一定程度上解决了上述定罪和处罚的难题，但由于共同正犯与间接正犯一样，是为弥补区分正犯与共犯的区分制的缺陷而提出的概念①，很难与这种区分制体系相协调。并且，由于"共同正犯极力地扩张其适用似已背离了个人主义下发展的刑法既有理论体系。传统以个人行为清算为原则发展的犯罪论，已因共同正犯概念与效果的极度扩张而面临崩溃"②，同时带来了一些新的问题，面临种种挑战。例如，共同正犯的"共同性"应当如何理解和认定？共同正犯究竟是正犯（具有正犯性）还是共犯（具有共犯性）？如果是正犯（具有正犯性），对其正犯性又应当如何理解和掌握？另外，共同正犯与狭义的共犯如何区分？"部分行为全部责任"的根据何在？等等。

（一）共同正犯是正犯还是共犯

关于共同正犯是正犯还是共犯，仍然是学说上还在争论的古老问题。③ 有人认为，共同正犯是正犯④；另有人认为，共同正犯是共犯⑤；还有人认为，共同正犯既不同于单独的正犯也有别于狭义的共犯（教唆犯

---

① 黄荣坚. 基础刑法学：下. 台北：元照出版有限公司, 2012：750.
② 游明得. 共同正犯概念的现状与困境//黄源盛, 等. 甘添贵教授七秩华诞祝寿论文集：上册. 台北：承法数位文化有限公司, 2012：531.
③ 伊东研祐. 刑法讲义总论. 东京：日本评论社, 2010：347.
④ 桥本正博. "行为支配论"与正犯理论. 东京：有斐阁, 2000：190.
⑤ 西原春夫. 犯罪实行行为论. 戴波, 等译. 北京：北京大学出版社, 2006：269.

和帮助犯），而是一种既有正犯性也有共犯性的广义的共犯。① 在日本，后一种观点是通说，并且大多数学者更侧重共同正犯的共犯性；但在德国，共同正犯则是被摆在正犯的位置，因而仅就共同正犯的正犯性、构造论来展开论述。② 德、日两国刑法的规定也存在这样的差异。德国刑法总则第二章第三节的名称为"正犯与共犯"，其中的"共同正犯"与"正犯"（含直接正犯和间接正犯）就被并列规定在同一条文（第25条）的第1、2项中，也就是将其放在"正犯"的位置；日本刑法总则第十三章所用的名称则是"共犯"，"共同正犯"单独在一条（第60条）中规定，与"教唆"（第61条）和"帮助"（第62条）相并列，均纳入"共犯"之中，给人的印象是共同正犯也属于共犯。

在笔者看来，无论认为共同正犯是正犯还是共犯、或兼含正犯性与共犯性，均不妥当。

第一，如果说共同正犯是正犯，那么，能够将其视为与单独正犯相同含义的"正犯"、或者说具有与单独正犯相同意义上的正犯性吗？尽管德、日均有学者作肯定的回答③，但却难以令人信服。因为公认的共同正犯有两种基本类型：一种是各参与者分担实行行为一部分的"分担型"，另一种是各参与者都实施实行行为之全部的"重复型"。前者如A与B共谋抢劫C的财物，A将C推倒按压在地上，B将C放在身旁的包拿走。后者如X与Y约定同时开枪射杀Z，两人射出的子弹均击中Z的心脏致其死亡。这种"重复型"的共同正犯与单独正犯固然没有多少差别，但"分担型"的共同正犯则与单独正犯有较大差异。对上述A与B共同抢劫的案件，若单独而论，A只对C实施了暴行，B仅拿走了C的财物，都没有完全实施采用强制手段夺取他人财物的抢劫罪的实行行为，无法认定为抢劫罪的正犯。有些学者试图用功能性行为支配说来解决这一难题，以说明这种共同正犯具有与单独正犯相同意义上的正犯性。具体而言，持此说的论者认为，由于缺少A、B任何一方的贡献，便不可能实现犯罪，在此意义上可以说，A、B的部分行为同时功能性地支配着整个事态的进展，因而A、

---

① 西田典之. 共犯理论的展开. 东京：成文堂，2010：41.
② 高桥则夫. 刑法总论. 4版. 东京：成文堂，2018：452.
③ 桥本正博. "行为支配论"与正犯理论. 东京：有斐阁，2000：190.

B与单独犯抢劫罪一样，均应承担全部的责任①。但是，"事实上共同正犯之成员仅对于自己负责的部分有所操控，易言之，我们无从因此即认为该成员也掌控了其他共同正犯之行为，甚至主宰着整个犯罪行为"②。就上述A与B共同抢劫案而言，虽说A或B中途退出有可能导致计划受挫，但这只表明A、B互为依存，也就是A唯有依存于B的贡献，反过来B也只有依存于A的贡献，才有可能实现预期的犯罪，而这正好反证了A、B均只是部分地支配着犯罪的实现。况且，如果X、Y共谋杀Z同时向其开枪，只有X的子弹命中并致Z死亡，这是典型的共同正犯案件，按该说似乎应否定Y的共同正犯性。因为即便是Y未开枪，Z仍有可能被X枪杀，当然不能说Y功能性地支配着Z被杀害这整个事态的进展。③

第二，如果说共同正犯是共犯，那么，能够将其视为与教唆犯和帮助犯即狭义的共犯相同含义的"共犯"、或者说具有与狭义的共犯相同意义上的共犯性吗？如前所述，所谓"共犯"，有广狭几种含义。第一种是相对于单独犯使用的，也就是指数人（含二人）参与犯罪的情形，即使正犯一人被另一人教唆去实行犯罪时，两人也是共犯。这是从最广义上使用的。日本刑法总则第十一章之章名的"共犯"，就具有此种含义。第二种是指共同正犯、教唆犯、帮助犯。这是通常所说的广义的共犯。第三种是相对于正犯被用的，仅指教唆犯和帮助犯，这被称为狭义的共犯。④ 在笔者看来，认为共同正犯是共犯的观点，大多是从广义甚至最广义的角度而言。虽然也有论者认为，共同正犯"因系二人以上共同犯之，其关系之密切，共同性之强烈，影响度之重大，实有其共同之特质，固非单纯之正犯，且其共同性远较教唆犯、从犯之共同关系有过之无不及，故主张共同正犯，方属基本的、狭义的共犯"⑤。这种以共同正犯之间存在密切的相互依赖关系、具有强烈的共同性，作为将其纳入"狭义的共犯"范围之根

---

① 罗克辛. 德国刑法学总论：第2卷. 王世洲, 等译. 法律出版社, 2013：59；桥本正博. "行为支配论"与正犯理论. 东京：有斐阁, 2000：187.

② Hass, *Kritik der Tatherrschaft*, ZStW 119 (2007), 519, 531 f. 转引自黄源盛, 等. 甘添贵教授七秩华诞祝寿论文集：上册. 台北：承法数位文化有限公司, 2012：502.

③ 西田典之. 共犯理论的展开. 东京：成文堂, 2010：42-43.

④ 平野龙一. 刑法总论Ⅱ. 东京：有斐阁, 1975：343.

⑤ 梁恒昌. 刑法总论.17版. 台北：五南图书出版公司, 1994：136.

据的主张,明显与传统的"狭义的共犯"之观念不符,实际上是把共同正犯的"共同性"等同于"狭义的共犯"的"共犯性",结果是虽给共同正犯冠以"狭义的共犯"之名,却反而证明其具有"广义的共犯"之特质,实质上还是未跳出通说将共同正犯视为"广义的共犯"的范围。之所以不能视共同正犯为"狭义的共犯",根本原因是无法将共同正犯人中直接实施实行行为者解释为教唆犯或帮助犯那样的"狭义的共犯"。共同意思主体说作为肯定共同正犯是共犯最有代表性的学说也不例外。此说认为,正犯是实施实行行为者,但因共同正犯是共犯,不必分担实行行为,所以,没有分担实行行为的共谋者,也能成为作为共犯之一的共同正犯,即共谋共同正犯。这是因为异心别体的数人,在为实现特定犯罪之共同目的下,而形成同心一体的共同意思主体,其中的一人或数人实行共同目的下的犯罪,就被视为共同意思主体的活动,据此认定构成共同意思主体的全体成员成立共同正犯。[①] 很显然,共同意思主体说所强调的共同正犯的共犯性,实际上是数人结为一个整体实行犯罪的特性,也就是数人在共同目的支配下共同地去犯某罪,这种共犯性无疑是相对于单独犯而言的,并非是相对于"正犯"的"共犯"(狭义共犯)的共犯性。而"'单独犯'与'共犯'这一对概念,是依据犯罪行为人为单数或复数而做的区别;'正犯'与'共犯'这一对概念,却是依据行为人的行为与犯罪构成要件实现的关系而做的区别,两者的分类基准显然并不一致。……若是对于共同实行犯罪者,也以'共犯'相称,势必萌生:二人以上合意犯特定之罪,且共同实行者,究竟属于'正犯'还是'共犯'之疑义"[②]。传统学说固然认为"广义的共犯"包含正犯、教唆犯和帮助犯,但正如林山田教授所述:"这样的见解实有不妥,足以混淆区分正犯与共犯的意义与目的,因为正犯在刑法评价上系属直接或间接实现不法构成要件的行为人,而共犯则属教唆他人或帮助他人实现不法构成要件的行为人。正犯在整个犯罪过程中居于犯罪支配的地位,而共犯则否,故在逻辑上不宜将属正犯与属共犯的两种不同的行为人,合称为'广义之共犯'。"[③] 况且,按区分正犯与共犯的区分制的理念,无疑应当从狭义上或与正犯相对含义上来理解共犯。如前所

---

① 曾根威彦. 刑法的重要问题(总论). 东京:成文堂,2005:345.
② 陈友锋,等. 鸟瞰共同正犯. 台北:承法数位文化有限公司,2012:78.
③ 林山田. 刑法通论:下. 北京:北京大学出版社,2012:2.

述，共同意思主体说认为，共同正犯的成立虽不要求二人以上均直接实行犯罪，但至少要有一人去实行犯罪，那么，将这种直接实行并引起危害结果发生者，视为狭义的"共犯"明显不合适；加上如果把数个参与者作为一个超自然的整体（共同意思主体）看待，认为是这一主体实行了犯罪，逻辑的结论就应当是这一共同意思主体为正犯，并且是单个的正犯，而不是共同正犯。但这明显与区分正犯与共犯的基本观念不符，因为按作为区分制根基的限制正犯概念论，只能以参与者个人实施的行为形式为根据来区分正犯与共犯，而不能将实施不同形式之行为的数个参与者整体评价为"正犯"或"共犯"。如果一方面说是共同意思主体这一整体（或群体）实行了犯罪，因而成立正犯；另一方面却将共同意思主体中的每一个人（含未分担实行行为者）说成是正犯（共同正犯），显然是犯了偷换概念的逻辑错误。另外，按共同意思主体说，由于仅参与共谋而未分担实行行为者也有可能成立共同正犯，这无疑会把一些教唆、帮助犯罪者纳入共同正犯之中，从而不适当地扩大共同正犯的范围。

第三，如果说共同正犯既有正犯性也有共犯性，那么，如何解释其正犯性与共犯性？它究竟是属于正犯还是共犯？有论者指出："共同正犯者对他人的行为也要负责任，这表明共同正犯是共犯的一种（共同正犯的共犯性）；另一方面，共同正犯中各人要分担实行行为的一部分，就参与者全体而言，实施了实行行为的全部，因而也是正犯的一种（共同正犯的正犯性）。"① 另有论者甚至提出："与其争论共同正犯属于正犯还是共犯，不如直接承认共同正犯是不同于正犯与共犯的一种参与形态。"② 笔者也不否认，共同正犯与共犯、正犯（单独正犯）确实具有相似性，但又不完全相同。"共同正犯的刑事责任结构，原则上与以他人的行为为媒介而扩张自己行为的因果性范围的教唆犯、帮助犯并无不同。"③ 只不过教唆犯、帮助犯必须通过被教唆、被帮助的实行犯的行为直接引起危害结果发生，因而教唆犯、帮助犯的行为与危害结果之间只可能存在间接因果关系，而每个共同正犯者虽然也存在利用其他共同正犯人的行为引起危害结果发生

---

① 浅田和茂. 刑法总论. 2版. 东京：成文堂，2019：425.
② 张明楷. 共犯人关系的再思考. 法学研究，2020（1）：145.
③ 西田典之. 日本刑法总论：第2版. 王昭武，刘明祥，译. 北京：法律出版社，2013：310.

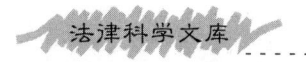

的情形，但其所分担的行为大多是引起危害结果发生的直接原因之一，即与危害结果之间存在直接因果关系，这正是其与教唆犯、帮助犯这类"狭义的共犯"的明显差异。另外，把"共同正犯者对他人的行为也要负责任"作为其具有共犯性的依据，也难以令人信服。教唆犯、帮助犯对被教唆、被帮助的实行犯的行为所造成的侵害法益的事实或结果，固然是要承担责任，但严格来说，这并非是对他人的行为（实行犯的行为）负责，而是对自己的教唆、帮助行为及其所造成的后果负责。只不过由于是数人共同参与犯罪，参与者之间存在责任分担的问题，没有直接引起结果发生的共同正犯者，对他人行为引起的结果也要承担责任，这与教唆犯、帮助犯并无不同。但是，直接引起结果发生的共同正犯者是否就只是对自己的行为负责，就不具有共犯性了呢？如果说这种共同正犯者只有正犯性没有共犯性，那么，为何在同一案件的几个共同正犯人中，部分有共犯性、另一部分却无共犯性呢？如果说直接引起结果发生的共同正犯者也有共犯性，那么，这种共犯性就与教唆犯、帮助犯这类"狭义的共犯"的共犯性明显不同，也就属于前述"广义的共犯"的共犯性，即所有共同参与犯罪者（包含正犯、教唆犯和帮助犯）均具有的特性（共同性），而不是"狭义的共犯"所特有的共犯性。至于说"共同正犯中各人要分担实行行为的一部分，就参与者全体而言，实施了实行行为的全部"，以此作为其具有正犯性的根据，似乎有一定的道理。但正如前文所述，将参与者作为一个整体（或群体）来看待，认为其实施了实行行为的全部，因而成立正犯，这在方法论上与区分正犯与共犯的观念不符，并且按这种主张，由于是一个主体实施了实行行为的全部，自然应该认为是单独正犯而不是共同正犯。如果将各共同正犯人的行为分开来看，尽管均分担了实行行为的一部分，在某些场合却不能被评价为实施了某罪的实行行为，即不能认定为某罪的正犯，前述 A 与 B 共同抢劫 C 的财物，A 对 C 实施暴力、B 拿走 C 财物就是适例。分别而论，A 与 B 均没有实施强行夺取 C 财物的行为，不能认定为抢劫罪的正犯。这正是共同正犯与单独正犯的重要差别，也是难以用单独正犯的标准来认定共同正犯具有正犯性问题所在。应当肯定，认为共同正犯既有不同于单独正犯的正犯性，又有不同于"狭义的共犯"的共犯性，因此，它既是一种正犯，也是一种共犯，这种认为共同正犯兼含"两重性"的主张，从一个侧面表明共同正犯确实处于两难境地，即无论是将其视为正犯还是视为共犯，均存在疑问。但将其作为兼含"两重性"

的参与类型,甚至认为"共同正犯是不同于正犯与共犯的一种参与形态",则明显与区分正犯与共犯之区分制的基本理念相冲突。按区分制的理论,之所以要严格区分正犯与共犯,是因为两者有质的差异,正犯是犯罪的核心人物,共犯是犯罪的从属(或依附)者,刑法以处罚正犯为中心,以处罚共犯为例外,对正犯的处罚也应重于共犯。认为某种参与类型兼含正犯与共犯两种有质的差异的参与特性,或者说在正犯与共犯之外还有一种与之相并列的独立的参与形态,至少在理论上是无法合理说明的。

(二)如何解释德、日刑法关于共同正犯的规定

从以上分析不难看出,数人分担行为共同引起危害结果发生的共同正犯,确实具有既不同于单独正犯、也有别于狭义共犯(教唆犯和帮助犯)的特殊性,而区分正犯与共犯的犯罪参与体系,明显是以单独正犯即单个行为人实行构成要件行为引起危害结果发生作为区分的基准,来与实施构成要件以外之行为的教唆犯和帮助犯(共犯)相区分的。如果认为共同正犯是一种不同于单独正犯的特殊类型的正犯(或有与单独正犯不同的正犯性),或者说是一种有别于教唆犯和帮助犯的特殊类型的共犯(或有与教唆犯、帮助犯不同的共犯性),那就与区分制体系不相容。因为既然区分制体系本来就是按单独正犯与教唆犯、帮助犯相区分而设计的,如果出现了不同于单独正犯的特殊正犯,这就意味着区分制体系中的"正犯"不能包容所有的正犯类型;同样道理,如果出现了不同于教唆犯和帮助犯的特殊共犯,也就表明区分制体系中的"共犯"不能容纳所有共犯类型,那么,这种区分体系的科学合理性就值得怀疑。在笔者看来,上述争论正是区分制本身的缺陷所引发的。正如前文所述,法律规定共同正犯固然可以在一定程度上弥补区分制的一个缺陷或漏洞,但却带来了解释上的一大难题。

首先是对日本刑法第 60 条[①]和德国刑法第 25 条第 2 项[②]中的"共同实行犯罪"之"共同"(共同正犯的共同性)应当如何解释?在德、日刑法学界,关于这一问题存在犯罪共同说与行为共同说的对立。由于本书第

---

① 日本刑法第 60 条(共同正犯)规定:"二人以上共同实行犯罪者,皆为正犯。"

② 德国刑法第 25 条第 2 项规定:"数人共同实行犯罪行为者,均依正犯论处(共同正犯)。"

三章第一节已做专门论述，在此不赘述。

其次是对"共同实行犯罪"中的"实行"应如何理解？如果认为共同正犯实质上是单独正犯，"要构成共同正犯的每一个人，都必须是他个人的行为已经可以构成单独正犯"①；那么，共同正犯案件中的每个行为人实际上就都成了同时实行的正犯，日本刑法第60条（共同正犯）就成了单纯的注意规定，完全可以消解在单独正犯之中，从而也就失去了存在的意义。②并且，按这种思路来解释共同正犯，就无法将前述甲对丙施行暴力、乙拿走丙财物的共同抢劫案纳入其中，还是有可能出现定罪上的漏洞，同时不能解决处罚失衡的问题。因为如果说共同正犯有与单独正犯相同的正犯性，那就应当严格解释这里的"实行"一词的含义。按形式客观说来做严格解释，对上述法条中的"共同实行犯罪"，就应当理解为参与者基于共同的意思均"实行"构成要件行为，并且对"实行"应与未遂犯中的实行行为作同样理解。日本的"关西学派"大致就是选择这种解释路径，将数人参与犯罪案件中的多数参与者尽可能纳入"狭义共犯"（教唆犯和帮助犯）的类型之中，仅把两个以上的参与者均实行了构成要件的行为、且属于共同实行的情形视为共同正犯，这无疑是一种较为彻底地贯彻限制正犯概念论，从而限定共同正犯、扩张狭义共犯范围的主张（扩张的共犯论）。这种主张虽然同区分正犯与共犯的区分制基本理念相一致，并且与上述德、日刑法关于共同正犯之规定的字面含义相符，但"至少不能说具有刑事政策上的妥当性"③，无疑会带来对犯罪参与者处罚不均衡、不合理的问题。例如，X与Y约定杀共同的仇人Z，到达现场后，X将想要逃走的Z从背后抱住，并指使Y用木棒猛击Z头部致其死亡。按这种严格的形式的实行共同正犯论，由于X抱住被害人的行为，并非是剥夺人生命的杀人罪的实行行为，X显然不能被认定为正犯（或共同正犯），只能视为帮助犯，应依正犯之刑减轻处罚。结果是对X的处罚明显比Y轻得多，这当然不具有合理性。特别是"在有组织、集团性地实施犯罪的场合，身处幕后策划、指挥、命令犯罪者，尽管没有亲自参与犯罪的实行，

---

① 黄荣坚. 基础刑法学：下. 台北：元照出版有限公司，2012：809.

② 西原春夫. 犯罪实行行为论. 戴波，江溯，译. 北京：北京大学出版社，2006：269；西田典之. 共犯理论的展开. 东京：成文堂，2010：43.

③ 高桥则夫. 规范论与刑法解释论. 东京：成文堂，2007：173.

仍可以说，其对于犯罪的实现发挥了重要作用，完全应将其作为'正犯'来处罚。……仅将其作为帮助犯来处罚，这显然不合理。……如此看来，不得不说，形式的实行共同正犯论无法充分体现共犯处罚的具体妥当性"①。

正因为如此，形式的实行共同正犯论尽管与作为区分制根基的限制正犯概念相符，并且过去在日本的学术界长期处于通说的地位②，但是，日本的裁判所（含最高裁判所）的判例不采纳这种理论，反而广泛承认共谋共同正犯，即单纯参与共谋而未分担实行行为者也能与实行者一起成立共同正犯。后来以实行共同正犯论的代表人物团藤重光担任大法官后改变立场为象征，肯定共谋共同正犯的主张成了学界的主流。③ 正是由于日本的司法"实务中对共谋共同正犯采取了简单承认的态度。……共犯几乎都是共同正犯，这样一来，教唆犯、从犯（帮助犯——笔者注）已处于濒临消失的状态"，"从而不得不说是处在无视条文，并在事实上将'统一正犯体系'视为妥当的状况"，甚至可以说日本的司法实务"一直被统一的正犯概念所支配"④。德国早期的通说也是采取形式的实行共同正犯论（或形式客观说），后来以宾丁为代表的一些学者提出，这种要求有严格意义上的实行分担才成立共同正犯的主张，将使共同正犯的法律规定变为无用。应当认为，在具有正犯意思的限度内，不一定要分担实行行为，即使是从实施的行为本身来看只不过算是预备或帮助行为，也不影响共同正犯的成立。这种观点后来得到了相当多的学者的支持。⑤ 德国帝国法院的判例也认为，即使在预备阶段随意的甚至微小的参与（包含共谋），只要行为人具有正犯者的意思，或者说具有自身的利益，而没有意志上的从属性，也就足以成立共同正犯。到了联邦时期，仍有许多判例将预备行为和支持帮

---

① 西田典之. 日本刑法总论. 2版. 王昭武，刘明祥，译. 北京：法律出版社，2013：311.

② 前田雅英. 刑法总论讲义：6版. 曾文科，译. 北京：北京大学出版社，2017：311.

③ 西田典之. 共犯理论的展开. 东京：成文堂，2010：40.

④ 松宫孝明. 刑法总论讲义：第4版补正版. 钱叶六，译. 北京：中国人民大学出版社，2013：207，276.

⑤ 藤木英雄. 刑法讲义总论. 东京：弘文堂，1976：290.

助行为视为成立共同正犯的充分的行为贡献。①

毋庸置疑，对参与共谋而未分担实行行为的幕后操纵者给予较同案的实行者相当甚至更重的处罚，无疑是合理的。尽管在区分制的体系下，刑法分别规定正犯与共犯的基础可以说是基于这样的考虑：实施实行行为者应当给予相对重的否定评价，之外的参与者应给予相对轻的评价。但是，在幕后者设计整个犯罪计划的场合，由于预备阶段共同的意思决定重要，共谋者中谁分担实行行为在可罚性评价上是非本质的因素，加上全体谋议者中谁教唆谁帮助往往又不能确定（且不具有重要性），而共同意思的形成具有重要影响力，对没有直接分担实行行为的幕后者作为正犯给予较重的处罚无疑是必要的。② 并且，只有将其纳入正犯之中，才可能实现重罚的目的。正因为如此，德、日的司法实务中才不得不将部分仅参与犯罪的预备（含共谋）者也纳入共同正犯的范畴。这固然是达到了合理处罚的目的，但明显与刑法有关共同正犯的规定不符。因为日本"刑法第60条规定，二人以上者存在'共同'、并且进行了'实行'，才能成立共同正犯……仅仅是共谋归根到底不能说存在实行行为。所以，不应该承认共谋共同正犯的观念"③。

（三）如何区分共同正犯与狭义的共犯

如前所述，按作为区分制根基的限制正犯概念论，正犯只能是实行构成要件行为的人，共同正犯也只能是二人以上共同实行构成要件行为的人。未分担构成要件实行行为者，既不可能成为正犯，也不可能成为共同正犯。但是，在共同参与犯罪的案件中，除了组织、策划、指挥犯罪的幕后操纵者之外，还有不少普通参与者同样是在形式上没有分担实行行为，却有与直接实行者同等程度地对犯罪的实现作出本质贡献的情形。例如，为恐吓被害人，由一人写恐吓信，由另一人交给被害人的；基于杀人的目的，由一人巧妙地调制成毒药，由另一人将该毒药与被害人服用的感冒药相替换的；基于伤害的目的，由一人挖坑，另一人引诱被害人坠入坑中

---

① 陈毅坚. 对等型共谋的德国问题与路径选择//赵秉志. 刑法论丛：2010年第3卷. 北京：法律出版社，2010：354-358.

② 井田良. 刑法总论的理论构造. 东京：成文堂，2005：356.

③ 大塚仁. 犯罪论的基本问题. 冯军，译. 北京：中国政法大学出版社，1993：275-276.

的，如此等等，没有分担实行行为者作为帮助犯享受必须减轻刑罚的待遇，明显不具有合理性。① 正是为了弥补区分正犯与共犯的区分制的这一缺陷，德、日的刑法理论和司法实务中，才不得不对共同正犯的成立要件作扩大解释，实质上是"以'共同'为条件缓和了正犯性"②，将未分担实行行为者以与实行者具有共同的意思（或意思联络）为主要依据，认定为共同正犯，这虽然达到了对部分未分担实行行为而有必要重罚的参与者予以重罚的目的，但这种对基本原理的根本修正，使现行刑法预定的正犯与共犯区别的界限不可避免地被模糊。共同正犯与教唆犯、帮助犯之区别的模糊化，进一步导致实践中的共同参与犯罪的事例几乎都被作为共同正犯来处罚。③ 以日本为例，其裁判实务中，狭义的共犯所占的比例一贯都很低，教唆犯仅占 0.2%，帮助犯也只占 1.9%，且仅限于几种特定的轻罪④，"共犯案件几乎都是以共同'正犯'来处理"⑤。这种司法实务的状况，被前文所述的学者指责为无视刑法条文的规定、受统一正犯概念（单一正犯理论）所支配，无疑是有道理的，这也是令区分制的捍卫者十分担忧的事。而要改变这种状况，维护好正犯与共犯相区分的立法体系，就必须适当限制共同正犯的范围，并将其与狭义的共犯区分开来，予以不同对待。

但是，共同正犯与狭义共犯的区分，如果是采取前述形式的实行共同正犯论而又严格解释实行行为，两者固然不难区分，却可能带来处罚明显失当的弊病；如果是采取所谓实质的共同正犯论，即便是没有分担实行行为者也可能成立共同正犯，那么，共同正犯与狭义共犯，特别是帮助犯的区分就成为一大难题。以室外望风为例，从形式的观点来看，不能成为共同正犯。但是，从实质的观点而论，望风为犯罪的施行、目的的达成起"分担作用"，同室内作案并无不同，或者说也起重要作用，因此，望风无

---

① 井田良. 刑法总论的理论构造. 东京：成文堂，2005：357.

② 前田雅英. 刑法总论讲义：第6版. 曾文科，译. 北京：北京大学出版社，2017：287.

③ 井田良. 刑法总论的理论构造. 东京：成文堂，2005：357.

④ 龟井源太郎. 正犯与共犯之区分. 东京：弘文堂，2005：6-7.

⑤ 松宫孝明. 刑法总论讲义：第4版补正版. 钱叶六，译. 北京：中国人民大学出版社，2013：276.

疑有应认为是共同正犯的情形。当然，望风也有只起从属作用、应认定为帮助犯的类型。日本过去的判例将望风一概视为共同正犯不妥当；相反，有学者将望风定型为帮助犯的主张也不合适。[①] 这种实质的观点（或实质的共同正犯论）是日本的通说。至于望风在何种场合应认定为帮助犯、何种情形下应视为共同正犯，学者们的意见又有较大分歧。有的认为，应根据犯罪类型来区分，如抢劫、盗窃的场合，望风者为共同正犯；赌博的场合，望风者是帮助犯；也有的认为，应根据望风者的主观意思来认定，如果是为实现自己的犯罪意思而望风，成立共同正犯，如果是为协助他人犯罪的意思而望风，则成立帮助犯；另有的认为，应根据望风行为的具体表现来做区分，有的情形为共同正犯，另有的情形为帮助犯；还有的认为，应以望风行为是否具备正犯行为之实质（实行之分担）来做判断，在谋议之际扮演积极之角色者分担望风行为的，成立共同正犯，在谋议之际始终基于被动立场之人承担望风行为的，则仅成立帮助犯。[②] 由于以犯罪类型或犯罪人的主观意思为标准，将望风者区分为共同正犯与帮助犯明显不具有合理性，因而现在很少有人持这样的主张。现在的德、日刑法学者大多认为，应根据行为人的行为（含望风行为）是否具有正犯行为之实质（正犯性）来区分共同正犯与狭义的共犯（含帮助犯）。

问题在于：如何判断行为人的行为是否具有共同正犯的正犯性？对此，德、日刑法学界有几种不同认识：一是以"因果性的强度"作为判断的依据，即对犯罪的实现或结果的发生作出了重要的因果（含物理的、心理的因果）贡献者具有正犯性，成立共同正犯[③]；二是以"作用大小"作为判断根据，即对犯罪的实现或结果的发生起了重要作用者具有正犯性，为共同正犯[④]；三以"结果归属的程度"作为判断基准，也就是把数人参与犯罪的"集团"视为行为主体，再根据每个参与者对侵害结果应予归属（或应分担责任）的程度，来确定其是否具有正犯性，以区分共同正犯与

---

① 平野龙一. 刑法总论Ⅱ. 东京：有斐阁，1975：398.
② 山中敬一. 刑法总论. 3版. 东京：成文堂，2015：990-991.
③ 西田典之. 论共谋共同正犯//内藤谦，等. 平野龙一先生古稀祝贺论文集：上卷. 东京：有斐阁，1990：366.
④ 龟井源太郎. 共犯的"内侧界限"与"外侧界限"：下. 东京都立大学法学会杂志，1997，38（1）：604.

狭义的共犯。① 总体而言，有关共同正犯的正犯性，现在的学说的最大特点是，判断的基准从"引起结果的因果性、危险性"向"重要作用分担之有无"的转移。② 但是，在笔者看来，这几种判断共同正犯之正犯性的路径均不可靠。众所周知，无论是正犯还是共犯，都是以其行为与危害结果之间具有因果性为成立之必要条件的，至于采用何种方法来弄清不法的轻重以测定"因果性的强度"，可能是无法解决的难题。况且，教唆、帮助行为的因果贡献，也可能达到实现某种犯罪不可欠缺的程度，以此为根据认定为具有正犯性，从而使仅实施了教唆、帮助行为者成为共同正犯，无疑会不适当地扩大共同正犯的范围。再说，参与者在犯罪案件中所起"作用大小"乃至对"结果归属的程度"，是在定罪之后量刑阶段要重点考察的因素，与参与者实施的是何种行为并无直接关系，实施教唆、帮助行为者也完全可能是发挥了"不可欠缺的作用"或"核心作用"，对侵害法益的事实或结果负有重大责任，即"结果归属的程度"或当罚性程度更高者，如果认为其行为具有正犯性，认定为共同正犯，同样模糊了正犯与共犯的界限，无限扩大了共同正犯的范围。并且其忽视了共同正犯与狭义共犯的不同，不仅是作为"正犯"处罚，而且是要作为构成要件层次（或行为规范层次）的问题来对待，即在犯罪论阶段就要以行为形式作为主要依据来予以区分，否则，就与区分正犯与共犯的区分制的基本理念不符，并且存在违反罪刑法定主义的嫌疑。③

从德、日的刑法理论来看，主张对没有分担实行的参与者按共同正犯处罚的情形主要有三种：一是未分担犯罪之实行行为的幕后操纵者，二是集团中谁分担犯罪的实行行为对当罚性评价不一定重要的，三是对犯罪的实现发挥了不可缺少的重要作用的望风者。④

关于上述第一种情形，将当罚性程度高的幕后操纵者视为正犯给予重的处罚，固然与普通民众的规范意识相符，但是，这种离开现行法对各参与类型及其成立根据的规定，仅凭感觉将参与者区别为"主犯"与

---

① 照沼亮介.体系的共犯论与刑事不法论.东京：弘文堂，2005：142.
② 照沼亮介.共同正犯的理论基础与成立要件//岩瀬彻，等.町野朔先生古稀纪念——刑事法、医事法的新展开：上卷.东京：信山社，2014：244.
③ 同③138.
④ 同①145.

"从犯",对有必要重罚的"主犯"认定为正犯,这样的思考方法或解释论,本身就与区分制的体系不相容。况且,正犯与共犯各种类型的成立与否,并非是量刑因素或当罚性程度的问题,而是构成要件阶段必须弄清的问题。①"组织内的头目"并非直接就是该当构成要件的事实,以行为人是"组织内的头目"或幕后操纵者,作为其成立共同正犯的根据,实际上是把正犯与共犯的区分作为量刑问题来对待,自然不具有合理性。

关于上述第二种情形,其立论前提是共犯论基本上是应对集团犯罪、有组织犯罪这种特殊现象的理论,为此应着眼于"集团"的社会特殊性,即使是未分担部分实行行为的场合,也应与实行者同等看待,因而全体参与者都应视为共同正犯。但是,这种见解存在多种缺陷②:第一,按这样的见解,凡是数人共同参与的犯罪,都可以考虑为与日本的内乱罪等相同的集团犯罪,均应将"集团"视为实行的主体。但这明显与现实情况不符,因为数人共同参与的犯罪并非都是集团犯罪;即便是集团犯罪,正如前文所述,也不能将犯罪的"集团"视为实行的主体。况且,在刑法条文中并无像处罚法人犯罪那样的两罚规定的条件下,做这种解释是缺乏理论和法律根据的。第二,这种解释的结果是将行为主体与归责主体分离,即行为主体是"集团",归责主体是集团中的各个人。但"犯罪主体与责任主体的一致,这是责任主义(要求'刑罚与责任相适应')的最低限度的要求,让个人承担团体责任,则有违此要求"③。第三,这种解释是把正犯与共犯的区分,作为结果发生之后的事后的"答责性""当罚性"的程度问题(一种量刑问题)来把握的,同正犯与共犯的成立乃至区分为构成要件问题的刑法原理不符。第四,即使是因为共犯现象有不同于单独犯的特殊性,要朝"扩张正犯成立的范围"之方向考虑,其理论根据也不明确。而要达到适当处罚的目的,只有对犯罪案件的中心人物才有必要做重的"量刑评价",认为参与者之"全体"都起了重要作用、均成立"共同正犯",无疑是不妥当的。

---

① 岛田聪一郎. 正犯与共犯论的基础理论. 东京:东京大学出版会,2002:119.
② 照沼亮介. 体系的共犯论与刑事不法论. 东京:弘文堂,2005:148-149.
③ 松原芳博. 刑法总论重要问题. 王昭武,译. 北京:中国政法大学出版社,2014:290.

关于上述第三种情形，正如前文所述，室外望风并非是盗窃等犯罪的实行行为，但那些对坚定同案犯实行盗窃等罪的决心发挥了重要作用，并且未少分得赃物或未少获得其他方面利益的，如果按帮助犯处罚明显不具有合理性，而认定为共同正犯确实能达到合理处罚的目的。只不过将其认定为共同正犯，除难以解释望风也属于刑法规定的与他人"共同实行犯罪"之外，还由于不能将所有的望风者均纳入共同正犯的范围，因而必定会出现各种望风的情形中共同正犯与帮助犯难以区分的问题。按前述德、日通说的主张，根据望风行为是否具有正犯行为之实质（正犯性）来作区分，实际上是从案件的整体情况来看，望风行为是否起"重要作用"，也可以说是看望风者的当罚性是否达到了要作为"正犯"评价的程度。这同样违反了前述正犯与共犯应在构成要件阶段区分而不能做"量刑评价"的区分制的基本原理。

（四）"部分行为全部责任"的根据何在

共同正犯的各行为人，无论是担当全部之实行行为，或仅担当实行行为的一部分，皆同样负整体责任，这一共同正犯所特有的归责原理或法律效果，被称为"部分行为全部责任"或"部分实行全部责任"①。

那么，仅实施了部分行为的共同正犯者，为何要对共同正犯案件的整体承担责任（承担"全部责任"）？或者说"部分行为全部责任"的根据何在？对此，德、日刑法理论界有种种不同的解释，其中最有代表性的是"共同意思主体说"、"因果共犯论"、"功能性的行为支配论"和"相互的行为归属论"②。但是，笔者认为，它们均不具有合理性。

第一，"共同意思主体说"通过把共同正犯视为由参与者基于合意而形成的集团所实施的犯罪，来将"全部责任"的法律效果予以正当化。然而，将集团视为犯罪主体，虽可成为让集团承担全部责任的理由，但这不能直接成为让集团中的个人承担全部责任的根据。③况且，正如前文所述，这种将犯罪主体与责任主体分离开来的主张，本身不具有合理性，并有违反责任主义的嫌疑。

---

① 陈子平. 刑法总论. 4 版. 台北：元照出版有限公司，2017：504.
② 高桥则夫. 刑法总论. 4 版. 东京：成文堂，2018：452.
③ 松原芳博. 刑法总论重要问题. 王昭武，译. 北京：中国政法大学出版社，2014：290.

第二，"因果共犯论"认为，共同正犯中部分行为全部责任的根据，在于与其他共同者的行为所产生的结果之间的物理性、心理性因果关系。例如，X 与 Y 共谋杀 Z 并同时向 Z 开枪，但只有 Y 的子弹命中而导致 Z 死亡，X 也承担杀人既遂之罪责的根据就在于：X 通过与 Y 的共谋而强化了 Y 的杀意，并通过对其杀害行为进行心理性促进，而与 Z 的死亡结果之间形成心理性因果关系。由此而论，共同正犯的刑事责任构造就是以他人的行为为媒介扩张自己行为的因果性，因而对他人行为所产生的结果也要承担责任。① "'全部责任'既不是指主观责任，也不是指作为法律后果的刑事责任，而是指对结果的客观归属。亦即，即使共同正犯人只实施了部分行为，也要将全部结果归属于其行为。"② 但是，危害行为与危害结果之间的因果性（含心理的因果性），是行为人对该结果承担责任的前提，"因果共犯论"者也不否认这一点，并认为共同正犯"与以他人的行为为媒介而扩张自己行为的因果性范围的教唆犯、帮助犯并无不同"③。既然如此，那就不能认为"部分行为全部责任"是共同正犯特有的处罚原则（或归责原理），相反，应认为是所有犯罪参与者（含教唆犯、帮助犯）共同的处罚规则。况且，所有参与者的行为与结果之间有因果关系、都应对结果负责，与某个参与者是否应对犯罪案件的整体负全部责任，是两个不同的问题。众所周知，帮助犯也应对与其帮助行为有因果关系而由实行犯的行为直接引起的结果负责，但却不是对犯罪案件的整体承担责任，即并不是承担作为法律后果的"全部责任"，按德、日刑法的规定，对帮助犯还应按正犯的刑罚予以减轻。

第三，"功能性的行为支配论"认为，共同正犯是通过其所实施的构成行为部分，而使其对整个事件发挥控制作用，例如，在 A 持枪威胁、B 夺取现金这一抢劫银行的案件中，缺少 A、B 任何一人的作用，犯罪都不可能实现，正是由于 A、B 的部分行为同时功能性地支配了整体事态，因而二者均应承担全部责任。④ 这种主张表面上看确实有相当的说服力。因

---

① 西田典之. 共犯理论的展开. 东京：成文堂，2010：43-44.
② 张明楷. 刑法学. 6 版. 北京：法律出版社，2021：533.
③ 西田典之. 日本刑法总论：第 2 版. 王昭武，刘明祥，译. 北京：法律出版社，2013：310.
④ 罗克辛. 德国刑法学总论：第 2 卷. 王世洲，等译，北京：法律出版社，2013：59.

为既然行为人支配了犯罪的整体事态,当然就要对犯罪的整体负责(承担整体或全部的责任)。但是,正如前文所述,即使 A、B 撤销各自的作用就可能使整体的犯罪计划归于失败,这也只表明 A 依存于 B 的作用、B 依存于 A 的作用才能实现犯罪,应该说 A、B 都只是部分地支配犯罪的实现,而不是整体地支配犯罪的实现或对整个犯罪案件发挥控制支配作用。另外,从形式逻辑的角度而论,如果说 A 支配控制着整个犯罪案件的发生,那么,B 就不可能同时还支配控制该犯罪案件的实现,反过来,也是如此。可见,"功能性的行为支配论"的上述说法,违反了形式逻辑的基本规则。

第四,"相互的行为归属论"认为,共同正犯的处罚根据在于,各行为人基于共谋,通过相互利用相互补充,而相互使他人的行为作为自己的行为归属于自己。正因为如此,各共同正犯者才都要对整体的犯罪承担"全部责任"[1]。但是,"这种所谓的'相互利用相互补充的关系'的内容本身未必明确。如果是因为'利用'了与自己的行为没有因果性的他人的行为,就应该(对该他人的行为)负责(承担责任),则仍然与'犯罪主体与责任主体的一致'这种意义上的责任主义相抵触"[2]。并且,如果说是行为人利用其他人的行为引起侵害法益的事实或结果发生,并要对之承担全部责任,在区分制的体系下,那就应当视为间接正犯,而不能作为共同正犯来看待。

此外,"部分行为全部责任"的说法本身就存在问题。因为行为人仅实施了"部分行为",却要使其承担"全部责任",这隐含有对他人的行为造成的结果也要负责的意思,似乎违背了刑事归责的基本原理,与个人责任原则不符。况且,数人共同犯一罪而成为共同正犯,对这同一个犯罪案件若有一个共同正犯人承担了"全部责任",逻辑的结论是其他共同正犯人就没有责任可承担了,哪有几个共同正犯人都对同一犯罪案件分别承担"全部责任"的余地呢?日本刑法学家佐伯仁志似乎意识到了这一问题,从而指出"'部分行为全部责任'的正确说法是'全部行为的全部责

---

[1] 高桥则夫.刑法总论.4 版.东京:成文堂,2018:453.
[2] 松原芳博.刑法总论重要问题.王昭武,译.北京:中国政法大学出版社,2014:290.

任'"①。我国也有学者指出,"没有所谓的'部分实行全部责任',只有'部分行为、部分责任'或'全部行为、全部责任'"②。

在笔者看来,"部分行为部分责任"虽然符合归责的基本原理与形式逻辑的推论规则,但是,在区分制的法律体系下,其没有存在的空间或余地。因为在数人参与犯罪的场合,采取"部分行为部分责任"的原则,是以承认责任分担为前提的。而区分制是将犯罪参与者分为正犯与共犯(教唆犯和帮助犯),主要是根据参与者实施的是实行行为还是教唆行为或帮助行为来予以区分,给予轻重不同的处罚。一旦在犯罪论层次(定罪阶段)确定参与者是正犯或共犯,其处罚的轻重就已经被确定下来,不存在量刑阶段还要根据其实施的是哪部分行为来分担整体责任中的一部分的问题。并且,共同正犯中的几个共同正犯人各自承担的责任(处罚的轻重)是相同的,根本不会考虑其实施的是哪一部分行为、对整体犯罪有多大作用、从而应分担整体责任的多少(多大部分的责任)。

再来看"全部行为全部责任"之说,按持此说的论者之解释,以 X 和 Y 共谋杀 Z、同时开枪,仅有 Y 的子弹命中并致 Z 死亡为例,"在这种情况下,不只是 Y,X 也应承担杀人罪既遂的责任。因 X 通过与 Y 共同实行犯罪行为设定了自己行为对结果的直接因果性,以及经由 Y 的行为对结果的间接因果性,所以对 Y 的行为结果也要承担责任"③。但是,正如前文所述,认为 X 的行为与 Y 造成的 Z 的死亡结果之间有因果关系,X 也要对 Z 的死亡结果负责,与 X 对其与 Y 合作造成 Z 被杀害的全案负全部责任并不是一回事;X 若对全案负了"全部责任",Y 也就无责要负了;另外,认为 X 实施了"全部行为",逻辑的结论应当是 Y 没有实施行为,而事实正好相反,是 Y 的行为直接导致 Z 死亡结果发生的。如果说 X 只是对自己实施的"全部行为"及其所造成的结果承担"全部责任",这似乎没有问题。但是,这显然是主要适用于单独犯罪的一般归责原理,不能说是共同正犯特有的归责原理。而共同正犯的特殊性就在于对其他同案犯的行为直接造成的结果,行为人也要承担责任。将其他同案犯的行为纳入

---

① 佐伯仁志. 刑法总论的思之道乐之道. 东京:有斐阁,2013:383.
② 阎二鹏. 共犯本质论之我见——兼议行为共同说之提倡. 中国刑事法杂志,2010(1):29.
③ 佐伯仁志. 刑法总论的思之道乐之道. 东京:有斐阁,2013:382-383.

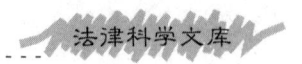

某个共同正犯人"全部行为"的范围，虽然可以为其要承担"全部责任"找到根据，但毕竟与事实不符。

四、按单一正犯论处理共同正犯案件的优势

（一）定罪难题的解决

如前所述，正犯与共犯相区分的体系是以限制正犯概念论作为理论基础的。按这种理论，在数人参与犯罪的场合，原则上应以行为人个人实施的行为形式作为区分正犯与共犯的标准，即实施构成要件行为（或实行行为）的是正犯，实施构成要件行为以外之行为的为共犯（教唆犯和帮助犯）。刑法以处罚正犯为中心，以处罚共犯为例外。共犯的定罪要受实行从属性和要素从属性的限制，共犯的处罚也轻于正犯。由于正犯是按单独正犯来设计的，刑法分则规定的构成要件行为也以单独实行行为模式。在行为人利用他人作为工具实施犯罪的场合，按限制正犯概念论，对利用者的定罪和处罚就成为一大难题，为弥补这一缺陷或漏洞，不得不用间接正犯的规定或理论来予以弥补。① 与此同时，当数人分担行为或共同实行犯罪时，按单独正犯的模式或思路来定罪处罚，也会遇到障碍。前述A实施暴行、B夺取财物的共同抢劫案件就是适例。单独来看A与B的行为，二者均没有实施抢劫罪的实行行为，都不能定抢劫罪。前述甲抱住丙，由乙杀死丙的共同杀人案件也有相似性。单独而论，甲仅实施了抱住丙的行为，这种行为不具有剥夺人生命的性质，甚至无伤害人身体的作用，无疑不能成立杀人罪或伤害罪的单独正犯，如果作为共犯（帮助犯）来认定，按采取区分制的德、日刑法的规定，处罚就会很轻，明显不具有合理性。为了弥补这一缺陷或漏洞，刑法不得不作出共同正犯的特殊规定，从而带来了前述种种问题或难题。

但是，按我国刑法对共同犯罪的规定和我们的单一正犯解释论，对数人参与的犯罪采取与单个人犯罪基本相同的定罪规则，即对每个参与者分别根据其参与的事实，考察其客观上是否实施了特定的犯罪行为（含实行行为、教唆行为、帮助行为和预备行为），主观上有无特定犯罪的故意或

---

① 刘明祥. 间接正犯概念之否定——单一正犯体系的视角. 法学研究，2015(6)：98.

过失以及有无责任能力乃至阻却违法或阻却责任的事由，以认定其是否构成此种特定的犯罪。并且，按单一正犯论，"引起了符合构成要件的法益侵害的人就应当都是正犯，正犯与共犯之间原本应当是没有差异的，刑法分则的构成要件不是为狭义的正犯而设，而应当涵括了每一种参加形式"①。也就是说，刑法规定的具体犯罪行为，大多并非仅限于实行行为（或正犯行为），而是还包含教唆行为、帮助行为、预备行为等行为。例如，我国刑法第232条中规定："故意杀人的，处死刑、无期徒刑或者十年以上有期徒刑"。该条中的"杀人"就包括实行杀人、教唆杀人、帮助杀人、预备杀人等多种行为类型，并非仅指"实行杀人"一种情形。以前述甲与乙共同杀丙的案件为例，甲抱住丙的行为虽然不是杀人的实行行为，但却是第232条中的"杀人"所包含的帮助杀人的行为。这就表明甲在客观上实施了该条中的"杀人"行为，主观上又有杀人的"故意"，对甲按故意杀人罪定罪，在我国不存在上述德、日那样的法律障碍或问题。至于处罚，则可以根据甲在与乙共同犯罪中的作用大小，给予与乙轻重相当或者比乙轻、比乙重的处罚。同样不会出现像上述德、日那样的，如果没有共同正犯的规定，对甲按单独犯无法定罪处罚、按共犯则只能以帮助犯给予比正犯乙轻得多的处罚等不合理现象。

对前述A与B共同抢劫的案件，由于德、日刑法采取的区分制的一大特点是，根据每个参与者个人实施的行为，将其区分为正犯与共犯，来予以定罪处罚。如果没有共同正犯的规定，A就只可能被认定为暴行罪的单独正犯与盗窃罪的共犯，B则只可能被认定为盗窃罪的单独正犯与暴行罪的共犯。这样定罪，显然没有揭示其行为的强行夺取他人财物的本质特性。但是，按照单一正犯的定罪规则，就不会出现这样的定性不科学、不合理的问题。因为按单一正犯论，数人故意参与犯罪的场合，每个参与者都是把他人的行为作为实现自己犯罪的手段或工具加以利用、作为补充，因而成为自己的行为（或犯罪）的有机组成部分，如同利用动物伤害他人一样，应视为利用者以动物作为工具伤害了他人。② 按这样的解释论，上述A与B共同抢劫的案件中，由于A与B主观上都有强行夺取C财物的

---

① Baumann, *Die Tatherrschaft in der Rechtsprechung des BGH*, NJW 1962, s. 375. 转引自何庆仁. 共犯判断的阶层属性. 中国刑事法杂志, 2012 (7): 21.

② 黄荣坚. 基础刑法学：下.4版. 台北: 元照出版有限公司, 2012: 765.

抢劫故意，客观上A对C实施暴行排除其对财物的掌控，同时利用B拿走C在地上的提包，如同唆使自己驯养的狗叼走其提包一样，因而也有强行夺取他人财物的行为；基于同样的理由，认为B也实施了同样的强行夺取他人财物的行为，也不成问题。可见，按单一正犯论，认定A与B具备抢劫罪的主客观要件、构成抢劫罪，成为理所当然的结论。

另外，按这样的解释论，由于每个参与者都是相互把他人的行为作为自己行为的一部分加以利用、予以补充，因而，即便是由他人的行为直接引起了侵害法益的事实或结果的发生，也仍然视为参与者利用他人的行为作为自己犯罪的手段或工具，引起了危害结果的发生，这正是每个参与者都要对参与范围内的危害结果负责的根据所在。即使不能确定是参与者中谁的行为引起了危害结果的发生，只要能够确定假如没有所有参与者的行为，危害结果就不会发生，也足以认定他们的行为与危害结果之间有因果关系，均要对结果负责。以前述X与Y约定枪杀Z为例，尽管两人同时对Z开枪，既有可能出现Y的子弹击中Z并致其死亡，而X的子弹打偏的情况；也可能出现仅有一颗子弹击中Z而致其死亡，但不知是X还是Y的子弹击中的情形。在采取区分制的条件下，如果没有共同正犯的规定，对前一种情形中的X，只能定杀人未遂罪；对后一种情形中的X与Y，都只能定杀人未遂罪。但是，按上述单一正犯的定罪规则，对这两种情形中的X与Y，都应定杀人既遂罪，根本不可能得出定杀人未遂罪这种不合理的结论。

（二）处罚失衡的避免

对数人参与犯罪的案件，单一正犯体系是根据每个参与者参与犯罪的性质和参与犯罪的程度，来确定其处罚轻重。所谓参与犯罪的性质，主要是指实施的是何种性质的行为、触犯何种罪名，乃至行为的具体表现等。所谓参与犯罪的程度，则主要是指参与者对犯罪的贡献或所起作用的大小。判断时当然要考虑各参与者实施的是何种行为，乃至行为的具体表现形式，但重在综合考虑各方面的情况，如犯罪由谁引起、由谁实行、各人的行为对结果的发生所起作用的大小，等等。我国刑法对共同犯罪人按其在共同犯罪中所起的作用大小，分为主犯与从犯（含胁从犯），给予轻重不同的处罚，无疑是单一正犯处罚规则的充分体现。正因为按我国刑法的规定或单一正犯的处罚规则，对各参与者的处罚轻重，要综合考虑其参与犯罪的主客观方面的多种因素，因而可以有效避免区分制主要根据参与行为来确定正犯与共犯及其处罚轻重有可能带来的处罚失衡的问题。以前述甲抱住丙、由乙杀死丙的共同杀人案为例，在区分制的体系下，如果没有共同正犯的规定，甲的行为只能算是帮助杀人，而对甲按杀人罪的帮助犯处罚，与乙作为正犯的处罚相比，明显太轻，无法均衡。但按我国刑法的规定和单一正犯的处罚规则，对甲完全可以根据其在共同犯罪中的作用，认定为主犯，处与乙相当甚至比乙还重的刑罚，根本不存在对甲有必要处与乙轻重相当的刑罚而不可能实现的法律障碍。

另外，由于区分制对所有共同正犯人都是以正犯论处，也就是与单个人单独犯同种罪同样处罚，因而自然不存在对整体犯罪责任的分担，也不会产生因分担责任大小的不同，而出现处罚轻重上的差异。但即便是各参与者都到现场分担部分行为的典型共同正犯案件，各自参与犯罪的情况也可能会有较大差异，不应不加区分地对所有参与者都同等看待、给予同样的处罚，而应当区别不同情况，予以区别对待，处罚轻重有别。以前述甲抱住丙、由乙杀死丙的案件为例，按我国刑法的规定，应综合考虑全案的各种事实情节，分别对甲、乙作出是主犯还是从犯或胁从犯的准确判断，从而给予轻重适当的处罚。具体来说，如果甲、乙所起的作用相当，可以将他们都认定为主犯；如果甲是黑社会头目，乙听命于甲、受甲指使作案，则甲是主犯，乙只是从犯；如果乙是主谋者，甲是应邀为乙来帮忙或被乙胁迫来作案的，则乙是主犯，甲是从犯或胁从犯。这种根据案件的不同情况对参与者做不同认定，从而给予轻重不同处罚的做法，明显比将所有参与者均认定为共同正犯而无法体现处罚差异，更具有公平合理性。况且，按德、日等国民事法律的规定，在数人共同实施侵权行为造成他人损害的场合，原则上应根据各人的过错程度和对损害结果的贡献大小等因素，来确定责任分担比例或各自承担的份额。① 毋庸讳言，刑事责任与民事责任是两种不同的责任类型，但两者均在法律责任的范围之内，对责任人追责的基本要求是相同的：既要体现公正性又要具有公平性。然而，在区分正犯与共犯的刑事法律体系下，对各共同正犯人的处罚相同，也就是各自承担的责任相同，很难保证追责的公平合理性。例如，X应朋友Y之邀去殴打Z，到达现场后，X对Z胸部打了一拳（未造成伤害后果），Y顺手操起木棒猛击Z头部，致Z颅骨骨折，造成Z终身残疾。按采取区分

---

① 叶金强．共同侵权的类型要素及法律效果．中国法学，2010（1）：74.

制的德、日刑法的规定，X、Y构成伤害罪的共同正犯，对X原则上应给予与Y轻重相同的处罚。这样处理，明显不具有公平合理性。因为无论从主观恶性程度（或过错程度），还是从客观上对危害结果的贡献大小来看，Y的责任明显大于X，对Y的处罚也应重于X。按德、日等许多国家民事法律的规定，Y分担的责任或赔偿的数额也会明显大于X。在我国的司法实践中，刑事附带民事诉讼的案件占有相当大的比例。假如上述案件的判决，对刑事部分采取共同正犯的处罚规则，民事部分按各自责任大小确定相应的赔偿数额的惯例，那就会出现对X与Y的刑事处罚没有差异，民事赔偿却有巨大数额差异的极不协调的现象。这种不协调的现象，按我国现行法律的规定，实际上是不会发生的；而按德、日现行法律的规定，则是不可避免的。

我国有持共同正犯肯定论者认为："由于我国刑法分别对主犯、从犯、胁从犯规定了处罚原则，所以，对共同正犯采取部分实行全部责任的原则，并不意味着否认区别对待罪责自负的原则。在坚持部分实行全部责任原则的前提下，对各共犯人应区别对待，依照刑法规定的处罚原则予以处罚。"① 因此，按我国刑法的规定，不会出现上述对共同正犯人不予以区别对待的不合理现象。笔者也不否认，对数人共同故意实行犯罪的"共同正犯"案件，按我国刑法规定的共同犯罪的处罚原则，应将参与共同犯罪者分为主犯、从犯或胁从犯，给予轻重不同的处罚，确实不会出现对有必要给予较轻处罚的行为人，也只能与同案的其他"共同正犯"人予以相同的较重处罚的不合理现象。然而，正如前文所述，这是因为我国刑法对共同犯罪的处罚规定，完全不同于德、日等国刑法对正犯（含共同正犯）与共犯的处罚规定，不能认为将犯罪参与者均认定为共同正犯之后，还可以再分为主犯、从犯或胁从犯给予轻重不同的处罚。如果按我国刑法的规定，将其中的共同故意实行犯罪者，有的认定为主犯给予较重的处罚，有的认定为从犯或胁从犯给予较轻的处罚甚至免除处罚，这种区别对待的做法，明显与德、日等国刑法规定的共同正犯的处罚规则不符。如果还将各参与者视为共同正犯，显然既没有法律依据，也欠缺理论上的合理性。这从另一个侧面证明，我国刑法不是采取区分制的立法体系。

---

① 张明楷. 刑法学：上. 5版. 北京：法律出版社，2016：395.

(三) 区分困境的解脱

如前所述，德国刑法第25条第2项、日本刑法第60条对共同正犯的规定，是为弥补区分制对犯罪参与者的定罪处罚缺陷而设立的。如果对该规定做十分严格的解释，就会使之成为一项注意规定，失去弥补区分制缺陷的作用或意义；如果对之做宽泛的扩大解释，虽有可能达到合理处罚部分犯罪参与者的目的，但会导致共同正犯范围的无限扩大化，从而动摇区分制的根基，走向区分制的反面。日本的司法实务就证明了这一点。由于他们在"实务中对共谋共同正犯采取了简单承认的态度"，"共犯几乎都是共同正犯"，"教唆犯、帮助犯已处于濒临消失的状态"，给人的印象是无视刑法条文的规定，似乎已走上单一正犯的道路。① 之所以出现这种奇怪现象，在笔者看来，根本的原因在于数人参与的犯罪存在十分复杂的情况，决定参与者对犯罪的贡献大小和主观恶性程度的因素也多种多样，以参与者实施的是实行行为还是教唆行为、帮助行为作为主要根据，来区分正犯与共犯，并给予轻重不同的处罚，在许多犯罪案件中会出现对参与者定罪处罚不合理、不均衡的现象。日本的司法实践表明，区分制的理念与合理惩罚犯罪的需要不符，根本不可能贯彻到底。共同正犯的规定给司法者和学者留下了一定的解释空间，为司法实践中拓展正犯的范围，从而保证处罚的合理性提供了便利。但将没有分担实行行为的参与者（如单纯共谋者、室外望风者）解释为共同正犯者，无疑是与作为区分制根基的限制正犯概念论不符，也是违背分正犯与共犯之初衷的。正因为如此，德、日刑法学界的通说，既不主张将刑法关于共同正犯的规定解释为注意规定，也不主张对之作宽泛的扩张解释（以免无限扩大共同正犯的范围），而是采取折中的态度，有限制地拓展共同正犯的范围，强调应将共同正犯与共犯区别开来。但是，采用何种标准来合理区分，又成为一个无法解决的难题。

相反，我国刑法对共同犯罪的规定及我们采取的单一正犯体系，能很好地适应司法实践中合理惩罚犯罪的需要，可有效解决区分制及共同正犯的立法所带来的上述弊病。正如前文所述，由于我们对数人故意参与的犯罪，不是按参与的行为形式区分为正犯与共犯，给予轻重不同的处罚，而

---

① 松宫孝明. 刑法总论讲义：第4版补正版. 钱叶六，译. 北京：中国人民大学出版社，2013：207，276.

是只要参与者实施了侵害法益的行为,并引起侵害法益的事实或结果发生,无论其实施的是实行行为还是教唆或帮助行为,均不影响犯罪的成立;在其成立犯罪的条件下,根据其实施的行为与其他参与者实施的行为是否具有共同性,即是否属于共同犯罪行为,其主观上是否有与之共同犯罪的故意,认定其是否成立共同犯罪;如果成立共同犯罪,就要根据其在共同犯罪中的作用大小,分为主犯、从犯或胁从犯,给予轻重不同的处罚。按照我国刑法的规定及我们的司法实践中认定处理共同犯罪的路径,区分制体系中需要通过共同正犯的规定和解释论来解决的处罚不均衡问题,就可以得到圆满解决。例如,日本的共谋共同正犯论之所以一直被判例所采纳,并且逐渐被刑法学界的多数学者所接受①,重要的原因在于对不分担实行行为的幕后操纵者,如果仅作为教唆犯甚至帮助犯处罚,而被指使去实行犯罪者却要作为正犯受更重的处罚,结果是同案参与者之间的处罚轻重明显失衡。在日本,如果没有共同正犯的规定,或不将这种幕后操纵者纳入共同正犯乃至正犯的范畴,确实无法解决对参与者之间的评价和处罚失衡的问题。但是,按我国刑法的规定,将参与共谋而不去实行犯罪的幕后操纵者,确定为与现场实行者一起构成共同犯罪,并以其在共同犯罪中发挥主要作用为依据,认定为主犯,给予比到现场作案的实行犯更重的处罚或轻重相当的处罚,既合情、合理、合法,又便于操作执行。自然没有必要引进日本的共谋共同正犯论。② 又如,在日本,对共同盗窃案中的室外望风者,判例几乎都认定为盗窃罪的共同正犯。这同样是因为参与者如果一起去作案、平均分赃,仅以其没有分担盗窃的实行行为为依据,认定为帮助犯,处比其他同案犯轻得多的刑罚,显然不具有公平合理性。只有将望风者也认定为正犯(共同正犯),才能使其处罚所受与其他同案犯相均衡。不仅如此,如果是望风者指使手下入室行窃,自己取得了绝大部分赃物,对望风者的处罚比入室行窃者的重才合适;如果是黑社会头目指使手下去杀人,未到现场去的头目,同样应比直接实行杀人者处罚更重才恰当。但是,按区分制及其共同正犯的解释论,不可能如此。按我

---

① 佐久间修.刑法总论.东京:成文堂,2009:362.
② 我国有些学者主张引进或采纳日本的共谋共同正犯论。刘艳红.实质犯罪论.北京:中国人民大学出版社,2014:342;周光权.刑法总论.4版.北京:中国人民大学出版,2021:353-354.

国刑法的规定和单一正犯的解释论，则很容易做到。我们可以根据案件的具体情况，综合考虑全案多方面的因素，以判断每个参与者在共同犯罪中所起作用的大小，认定为主犯、从犯或胁从犯。对上述黑社会头目指使手下杀人的案件，认定指使者为主犯，被指使实行杀人者为从犯；对上述室外望风者指使手下入室盗窃的案件，认定望风者是主犯，入室行窃者为从犯，即对这类共谋者、望风者比实行者处罚还重，完全符合我国的刑法规定和司法实践中的一贯做法。另外，如果从案件具体情况来看，未分担实行行为的单纯共谋者、室外望风者仅起次要作用，实行者起主要作用，则可以将实行者认定为主犯，共谋者、望风者认定为从犯，前者处罚重，后者处罚轻。但是，在日本，将这种共谋者、望风者认定为共同正犯，显然与区分制和共同正犯的基本原理不符，并且会导致共同正犯范围的扩大化，动摇区分制的根基，日本司法实务的现状就是如此。如果将这种共谋者、望风者认定为共犯，那就意味着实施同样的共谋行为、望风行为的参与者中，有的被认定为共同正犯，有的则被认定为共犯，两者的区分不是以其行为形式为根据，这与区分制的基本理念不符。究竟以什么为标准来区分，又成为一大难题，势必出现执法不一的混乱现象。而按我国刑法的规定和单一正犯的解释论，根据参与者参与犯罪的上述不同情况作不同处理的做法，既能确保对各参与者的处罚均衡合理，又便于司法实践中操作执行，其优越性十分明显。

第四节 共谋共同正犯论之否定

一、共谋共同正犯论的缘起
（一）共谋共同正犯概念及其产生背景

所谓共谋共同正犯，是指二人以上共谋犯某罪，共谋者中有部分人实行该罪的场合，所有的共谋人都成立共同正犯的情形。[1] 日本刑法学者认

---

[1] 大谷实.刑法讲义总论：新版第2版.黎宏，译.北京：中国人民大学出版社，2008：387.

为，共谋共同正犯的思想渊源来自中国古代刑法中"造意者为首"的观念。① 但作为刑事法学的概念，则是由日本实务上的判例孕育而生，此后才由日本学者在理论上予以论证，为其奠定理论基础，并形成多种学说。尽管1974年的《日本改正刑法草案》对共谋共同正犯作了明确规定②，但时至今日仍未成为正式法律，其他大陆法系国家的刑法也未见有类似的明文规定。

长期以来，韩国等国的司法实务及刑法理论，深受日本的共谋共同正犯论的影响，我国台湾地区也深受其影响。③ 近些年来，我国有不少学者开始接受或采纳这种理论。④

按照德、日刑法的规定，共同正犯是二人以上共同实行犯罪的情形。一般认为，成立共同正犯，不仅要求参与人之间主观上有意思的联络（共同实行犯罪的意思），而且在客观上要有共同实行的行为。而共谋共同正犯论认为，即便是未分担实行行为的人，也能与其他共谋者一起构成共同正犯，同样要承担正犯的责任。如甲、乙共谋杀丙，双方经多次商议，最终确定按乙设计的方案，由甲到现场去实行，而乙不去现场。如果认定双方成立共谋共同正犯，这就意味着仅由一人去实施犯罪的实行行为，也可能成立共同正犯，不到现场去实施实行行为的人，同样能成为正犯（与他人一起构成共同正犯）。这显然与正犯乃至共同正犯的基本原理相悖。那么，为什么会出现这样一种有影响的理论呢？

究其缘由，是因为在德、日等国的区分制体系下，正犯是犯罪的核心角色，共犯是犯罪的从属（或依附）者，正犯处罚重，共犯处罚轻。如果要求只有实施了实行行为的全部或一部分的人，才能成立正犯或共同正犯，那就"无法涵盖现代社会的共犯现象的多样性，也无法充分把握具有共同'正犯'的当罚性的所有参与者"⑤。特别是在有组织、集团性地实

---

① 川端博，西田典之，日高义博. 共同正犯论的课题与展望. 现代刑事法，2001 (8).

② 《日本改正刑法草案》第27条第2款规定："二人以上谋议实行犯罪，共谋人中的某人基于共同的意思而实行犯罪的，其他共谋人也是正犯。"

③ 陈家林. 共同正犯研究. 武汉：武汉大学出版社，2004：104.

④ 林亚刚. 共谋共同正犯问题研究. 法学评论，2001 (4)；刘艳红. 实质犯罪论. 2版. 北京：中国人民大学出版社，2022：299.

⑤ 西田典之. 共犯理论的展开. 东京：成文堂，2010：45.

施犯罪的场合，身处幕后策划、指挥犯罪者，尽管没有参与犯罪的实行，但对于犯罪的实现无疑是发挥了重要作用的，理应将其作为"正犯"来处罚。虽然有反对论者提出，德、日刑法规定，对教唆犯是判处正犯的刑罚，将这种"幕后人物"按教唆犯处罚同样能产生重罚的效果，没有必要以共同"正犯"来论。但在采取区分正犯与共犯的区分制的德、日等国刑法中，教唆犯毕竟是在共犯之列，在观念上比正犯的罪轻，司法实务中对其处罚实际上也轻于正犯。① 况且，由于教唆犯以被教唆者本无犯意为成立的条件，许多在犯罪的预备等阶段发挥了重要作用者，并没有分担实行行为，又不属于教唆犯的，就只能作为帮助犯来处罚，而对这种"帮助犯"按正犯的刑罚减轻处罚，显然不具有合理性。加上，在处于对等关系的参与者共同完成犯罪的场合，有些没有实施实行行为但对犯罪的实现发挥了重要作用者，如提供保险柜密码给对方入室打开保险柜，窃取巨额现金后两人均分，对其以帮助犯减轻处罚，明显不合理。正因为如此，才不得不将参与共谋，虽未分担实行行为却发挥了重要作用者，作为"正犯"（"共谋共同正犯"）给予更重的处罚，以保证处罚上的妥当性。②

（二）日本的相关判例与学说

共谋共同正犯的概念，在日本旧刑法时代就被判例所采用。开始只限于在诈骗罪、敲诈勒索罪、伪造文书罪、虚假告诉罪等所谓智能犯罪案件中采用。大审院的有关判例，在肯定智能犯罪中精神上的加功之重要性的基础上，判定"犯意的发起者"成立相关犯罪的共同正犯。其后，对于放火罪、杀人罪等所谓实力犯罪案件，大审院也开始认定类似情形成立共谋共同正犯。③ 为这类判例的共谋共同正犯论提供理论基础的是草野豹一郎裁判官所提倡的共同意思主体说，认为想要犯罪的共犯人同心一体，形成所谓共同意思主体这种超个人的团体，其成员之中无论是谁实施犯罪的实行行为，均应将这种犯罪归属于这一共同体。正是受这种学说的影响，共谋共同正犯的适用范围不仅仅限于智能犯。例如，某政党的地下组织的干部 X 为了筹措资金，计划抢劫银行，并让手下的党员 Y 等人实施了抢劫。

---

① 黄荣坚. 基础刑法学：下. 3 版. 北京：中国人民大学出版社，2009：491.
② 西田典之. 共犯理论的展开. 东京：成文堂，2010：46.
③ 松原芳博. 刑法总论重要问题. 王昭武，译. 北京：中国政法大学出版社，2014：295.

大审院对此案的判决认定，X 成立抢劫罪的共同正犯，并明确指出，该案所有犯罪者均可认定为共谋共同正犯，同时，以共同意思主体说作为共谋共同正犯的理论基础，认为"共同正犯的本质在于，二人以上一心同体、相依相助，通过共同实现各自的犯意而实施特定的犯罪。共同参与者均须对既成事实承担全部责任之理由正在于此"。这一判决标志着作为判例理论的共谋共同正犯论宣告确立，此后大审院、最高裁判所认定为共谋共同正犯的判例也相继出现。但是，由于只要被告人与其他犯罪人存在"共谋关系"就可能成为共同正犯，而在司法实务中对共谋的认定又比较宽松，认定共谋共同正犯的范围有扩大化的倾向。正因为如此，对这种判例及共同意思主体说，当时学者们大多持否定态度，并提出了猛烈的批判，认为其既违反了个人责任原则，也与日本刑法第 60 条有关共同正犯的规定不符。①

在这种学术背景之下，日本最高裁判所不得不对共谋共同正犯论的适用予以一定的限制。第二次世界大战后，"练马事件"的判决是最高裁判所的态度发生这种改变的一个标志。该案中某政党的军事组织干部 X，与 Y 共谋袭击警官 A，并在 Y 的指挥之下由 Z 等人将 A 伤害致死。对此案，最高裁判所的判决认定："要成立共谋共同正犯，必须能够认定存在这样的事实：二人以上为了实施特定犯罪，进行在共同意思之下结为一体相互利用他人的行为、并将各自意思付诸实行这种内容的谋议，进而实施了犯罪。因此，只要能认定在上述关系之下参加了共谋这一事实，即便是没有直接参与实行行为者，在将他人行为作为自己的手段而实施了犯罪这一意义上，就没有理由认为，其间（直接参与实行者与未直接参与实行者之间）在所成立的刑责上会产生差异。"这一判决尽管还保留有共同意思主体说的色彩，但引人注目的是，提出了利用他人行为实现自己的犯罪这种与"间接正犯类似说"相通的个人主义的根据，并试图由此限定共谋的内容。该判决还认为，"共谋"或者"谋议"属于共谋共同正犯中的"应罪事实"，因而要认定这一点，就以严格证明为必要。在对共谋共同正犯的认定附加了诉讼法上的限制这一点上，也具有重要意义。②

---

① 西田典之，等. 注释刑法：第 1 卷 总论. 东京：有斐阁，2010：816.
② 松原芳博. 刑法总论重要问题. 王昭武，译. 北京：中国政法大学出版社，2014：295-296.

"练马事件"的判决出台之后,持"客观的谋议说"的论者认为,这一判决表明事前的"谋议"应当理解为共谋共同正犯的必要条件。此后,最高裁判所的所谓"松川事件"的判决,就是以否定"谋议"的存在为理由,撤销死刑判决的。不过,也有持"主观的谋议说"的论者反对做这样的理解,而把"共谋"解释为"意思的联络"。但应当肯定的是,当时判例倾向于共谋的成立以有谋议行为为必要,仅有意思的联络、共同犯行的认识是不够的。值得关注的是,最高裁判所的"练马事件""松川事件"的判决之后,下级裁判所的一些判例,对现场共谋的案件,即便是没有明示的谋议行为的存在,只要有所谓"默示的共谋",也认定为成立共同正犯。①

在日本刑法学界,对共谋共同正犯问题一直存在较大争议,从而形成了多种不同学说。总体而言,可以分为肯定说与否定说两大类。尽管司法实务中的判例一直对共谋共同正犯持肯定态度,但在学术界很长一段时期内,由于实行共同正犯论处于支配地位,从而否定共谋共同正犯论是通说,只不过后来以历来采取最严格的实行共同正犯论的团藤重光教授改变立场②为象征,肯定共谋共同正犯论,同时力图限制其成立范围的主张成为主流。③

1. 否定说

共谋共同正犯否定说认为,参与共谋而不去实施实行行为的人,不可能与实行行为者构成共同正犯(不成立共谋共同正犯),这种单纯的共谋者只可能成为教唆犯或帮助犯。④ 其主要根据在于,实施实行行为者为正犯,这是限制正犯概念的基础,据此来理解日本刑法第60条的规定,作为共同正犯的成立要件至少要实施实行行为的一部分。未实施实行行为的共谋者自然也就不可能成为正犯。目前,既有持犯罪共同说的论者

---

① 西田典之,等.注释刑法:第1卷 总论.东京:有斐阁,2010:818.
② 团藤重光在其担任日本最高裁判所的裁判官之后,在有关判决意见中指出:"我过去本来对共谋共同正犯的判例持强烈的否定态度,但现在考虑到社会生活的现实,认识到实务部门固执地坚持共谋共同正犯的主张,至少在一定限度内是有理由的。"日本最决1982年7月16日《刑集》第36卷第6号:695.
③ 西田典之.共犯理论的展开.东京:成文堂,2010:40.
④ 实行行为者当然是正犯,只不过不能与单纯共谋者构成共同正犯。

采取这种否定说，也有持行为共同说甚至共同意思主体说的论者采取此说。①

2. 肯定说

共谋共同正犯肯定说认为，参与共谋而未实施实行行为的人，完全有可能与实行行为者构成共同正犯（共谋共同正犯）。由于学者们所持的理论根据不同，从而形成不同学说，主要有共同意思主体说、间接正犯类似说、行为支配说、优越支配共同正犯说、重要作用说、包括的正犯说，等等。②

（1）共同意思主体说

如前所述，共同意思主体说认为，二人以上异心别体的个人通过共谋实施一定的犯罪，形成一种作为超个人的社会性存在的"共同意思主体"，由于可以将部分构成成员所实施的行为视为该共同意思主体的行为，因而全体成员均为共同正犯。③ 共同意思主体说还试图运用民法的合伙理论来为共谋共同正犯奠定理论基础。

（2）间接正犯类似说

此说认为，参与谋议者与实行担当者就犯罪的实施达成合意（共谋）的场合，由于实行担当者随后的行为要受该合意的约束，很难按己意放弃实行，因而在此限度内，就可评价为实行者是作为其他共谋者的工具而被利用，这与间接正犯相似，对背后的利用者（共谋者）当然也应按正犯（共谋共同正犯）来处罚。④

（3）行为支配说

此说以正犯是基本构成要件该当事实的实行者为前提，主张在能认定幕后者直接作用于实行行为者的意思，并使其按自己的意思行动，自身也成了实现该犯罪的主体时，幕后者作为基本构成要件该当事实的共同实现

---

① 浅田和茂．刑法总论：2版．东京：成文堂，2019：431．

② 川端博．刑法总论讲义．3版．东京：成文堂，2013：576-578；浅田和茂．刑法总论．2版．东京：成文堂，2019：430-431．

③ 草野豹一郎．刑法要论．东京：有斐阁，1956：118．

④ 藤木英雄．可罚的违法性理论．东京：有信堂，1967：336．

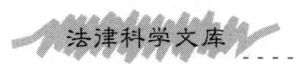

（或共同支配）者，也能成为共同正犯。①

（4）优越支配共同正犯说

此说认为，没有担当实行的共谋者，并非都能认定为共同正犯；只有当其在社会观念上对实行担当者而言处于压倒性的优越地位，对实行担当者给予了强烈的心理约束并使其实行时，才能从规范的观点认为存在共同实行，可以肯定为共同正犯。②

（5）重要作用说

此说认为，共谋者虽然没有分担实行行为，但如果能够认定在犯罪的共谋、准备或者实行阶段，其行为对于犯罪的实现发挥了可与实行行为的分担相匹敌，或者相当于此的重要作用，就应当肯定其具有共同正犯性，即成立共谋共同正犯。③

（6）包括的正犯说

此说认为，之所以将共同正犯作为"正犯"，是因为在共同实行的意思之下，通过相互利用、补充他人的行为实现犯罪，所以，只要是基于共同完成犯罪的合意（共谋），相互利用、补充他人的行为，结果实现了犯罪的话，不管是分担实行行为的场合还是面向实行行为而共同实施行为的场合，统统都应作为正犯处理。即不仅是共谋而未分担实行行为者成立共谋共同正犯，所有的共谋人（包括分担实行行为者）都成为共谋共同正犯。④

（三）德国的相关判例与学说

在德国的司法实践中，行为人是否能通过预备行为（包含共谋行为）参与他人的实行行为，进而因其在预备阶段作出的行为贡献成立共同正犯，是经常遇到的问题。判例从帝国法院的初期采取主观的共犯论开始，

---

① 团藤重光.刑法纲要总论.3版.东京：创文社，1990：373、397；平场安治.刑法总论讲义.东京：有信堂，1961：155。

② 大塚仁.刑法概说（总论）：第三版.冯军，译.北京：中国人民大学出版社，2003：262.

③ 西田典之.共犯理论的展开.东京：成文堂，2010：51.

④ 大谷实.刑法讲义总论：新版第2版.黎宏，译.北京：中国人民大学出版社，2008：391-393.

就将没有实施实行行为者认定为共同正犯。① 主观理论在所谓的"澡盆案"② 和"斧击案"③ 的判决中达到极致。帝国法院认为，即使在预备阶段随意的，甚至微小的参与（包含共谋），只要行为人具有正犯者的意思，或者说具有自身的利益，而没有意志上的从属性，就足以成立共同正犯。④ 后来的联邦最高法院最初也是从帝国法院的主观理论出发，强调正犯意志的必要性，以故意内容来区别正犯和共犯，认为"精神上的参与，以及共同正犯通过在实行之前所提供的建议而站在实行的犯罪共同体的一方，或者在无论哪个时点上强化其实现犯罪构成要件的意志，以此种方式采取的预备行为"，便足以成立共同正犯。⑤ 主观理论后来发展成为现在所称的"规范的综合理论"，它要求对所有的情势从价值评价上加以考察。但这种理论仍然是一种主观导向的理论，这在联邦法院的许多重要判决中均得到了体现。不过，后期在运用规范综合理论的判断中，对客观的要素也非常重视。应当注意的是，虽然德国联邦法院基本上是采取规范综合理论来解释预备行为所涉及的共同正犯问题，但这种立场并非是一以贯之，相反，判例始终处于摇摆不定的状态，尤其在该理论出现的初期。比如，在 20 世纪 50 至 70 年代，联邦法院又重新采用帝国法院时期的极端的主观理论，典型的实例是"施塔辛斯基案"⑥ 的判决。随着 1975 年德国新

---

① 岛田聪一郎. 共谋共同正犯论的现状与课题//川端博，等. 理论刑法学之探究（3）. 东京：成文堂，2010：43.

② 该案为：一位未婚生子的母亲，因迫于多方压力，决意将自己刚生下的婴儿杀死。但由于产后虚弱，加上自己下不了手，便恳求其妹代为行事。并告知其妹，可以在其为婴儿洗澡时，将婴儿溺死在澡盆中，尔后伪称婴儿系出生后自然死亡。其妹因不忍心见其为一个非婚生婴儿如此痛苦，遂答应其要求，而将婴儿溺死。判决认定实行杀婴行为的妹妹是帮助犯，恳求妹妹杀婴的姐姐是正犯。

③ 该案为：被告人受友人（被害人）之妻所托，按照友人之妻所定之计划，用斧子杀死了作为友人的被害人。判决认定，实行杀人行为者和确定杀夫计划的被害人的妻子均为正犯。

④ 陈毅坚. 对等型共谋的德国问题与路径选择//赵秉志. 刑法论丛：2010 年第 3 卷. 北京：法律出版社，2010：354.

⑤ BGHSt 11 268, 271. 陈毅坚. 对等型共谋的德国问题与路径选择//赵秉志. 刑法论丛第 3 卷. 北京：法律出版社，2010：：355.

⑥ 该案为：苏联克格勃（国家安全委员会）命令其情报人员施塔辛斯基使用特制手枪，杀害从苏联逃亡到德国的两名人士。判决认定实行杀人的被告人为帮助犯，而下令的克格勃是间接正犯。

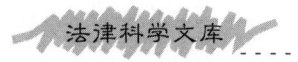

刑法典的生效，主观理论失去了法律基础，联邦法院也放弃了过去极端的做法，但在采取规范的综合理论的同时，还在判例中并行地使用主观理论的字眼。甚至在大部分判例中，仍将预备行为和支持帮助行为视为成立共同正犯的充分的行为贡献。① 特别是在"柏林墙射击事件"② 中，将预备阶段参与共谋的幕后人物（中心人物）作为正犯对待。这与日本最高裁判所将类似人物按共谋共同正犯处理如出一辙。只不过在近期的几个特殊个案中，德国法院出现了严格要求共同参与的情形，在对所有情势进行综合考察后，认为仅有预备阶段的行为不足以成立共同正犯。③

德国的学说虽然没有特别针对共谋共同正犯做探讨，但在研判个别学说对于共同正犯成立要件的认定时，亦有学者在结论上肯定类似共谋共同正犯的概念。④ 其中，有的以主观理论为依据，认为一个处于预备阶段的行为，或者共同谋议的行为，只要在预备阶段的行为时点上，存在以正犯来实施行为的意愿，那么这样的参与者就可以作为共同正犯来处罚。也有的以犯行支配理论为根据，认为能否成立共同正犯，应视行为人"客观犯罪贡献是否达到功能支配的地步而定"，参与共谋、拟定犯罪计划，即便是没有分担实行行为，只要达到了功能支配的程度，也就可能成立共同正犯。⑤ 德国的肯定说的一大特点是，通过对上述联邦法院所判决的典型案例的分析，提出了所谓"正犯背后的正犯"的理论，来扩张间接正犯的范围，从而将犯罪中的幕后人物作为正犯对待。

但是，德国也有不少学者认为，仅实施预备行为（包含共谋行为）的人，不可能成为正犯或共同正犯。其中，有的是从客观理论出发，认为既然是以实行行为作为区分正犯与共犯的标准，而预备行为并非实行行为，

---

① 陈毅坚. 对等型共谋的德国问题与路径选择//赵秉志. 刑法论丛：2010 年第 3 卷. 北京：法律出版社，2010：356-358.

② 该案为：原民主德国两名士兵射杀了企图越过柏林墙逃亡到原联邦德国的市民。德国统一后，这两名士兵被以杀人罪起诉，并被法院按此罪定罪处刑。此后，柏林检察厅又认为是当时民主德国的高层领袖下令杀人，以共同正犯而非教唆犯起诉六名前国家领导人。

③ 同①358.

④ 陈志辉. 共谋共同正犯与共同正犯之参与行为. 月旦法学杂志，2004（114）：42.

⑤ 同①359-363.

实施预备行为的人,也就不能成为正犯,只能认定为共犯;有的则是从犯行支配理论出发,认为如果行为人只是参与了预备行为,则他无法被视为整个情事的"核心人物"。即使他在预备阶段扮演的是非常重要的角色,也仍然无法支配整个情事的流程,因为其他的参与者可以在实行行为的时候完全地不依赖于他而行为。所以,对于单纯的参与预备阶段行为的人,不应当认定为共同正犯。①

二、共谋共同正犯论剖析

如前所述,日本的共谋共同正犯论认为,参与共谋而未分担实行行为者,不仅有可能成为正犯,而且是与实行行为者构成共同正犯。这种理论由司法实务中的判例孕育而生,开始虽然很少有学者赞成,但实务中的判例一直未改变立场,随着后来的刑法修改草案予以确认,学者们的态度也相继发生了根本性的转变,使之成为学界的通说。德国的情况有所不同,很少有学者采用共谋共同正犯的概念,对参与共谋而未分担实行行为者认定为正犯的判例虽不在少数,但许多判例是将其作为单独正犯而不是作为共同正犯对待。刑法学者一般也不否定这种共谋者有可能成为正犯,只不过许多学者还是将其作为单独正犯来看待。上述所谓"正犯背后的正犯"的理论,将幕后人物扩张解释为间接正犯就是适例。因为间接正犯是单独犯,幕后人物与台前人物虽然都被认定为正犯,但并非是共同正犯。如果以最终的结果都是将单纯共谋者作为正犯来处罚为根据,从广义上将这种情形也纳入共谋共同正犯的范畴,则无论是在日本还是在德国,共谋共同正犯肯定论无疑都是通说。

但是,总体而言,共谋共同正犯肯定论存在如下几方面的弊病。

第一,承认共谋共同正犯,无疑超越了日本刑法第 60 条规定的共同正犯成立要件即"二人以上共同实行犯罪"的文意范围,违反罪刑法定原则。但肯定论者辩解说,将该规定理解为"在二人以上共同的基础上,其中部分参与者实施了犯罪的,全体参与者均为正犯",作为日语的表达本

---

① 陈毅坚. 对等型共谋的德国问题与路径选择//赵秉志. 刑法论丛;2010 年第 3 卷. 北京:法律出版社,2010:367-369.

身,也并非不可能。① 在笔者看来,这样解释固然是能将共谋共同正犯包容于该条之中,然而,该条所用的是"实行犯罪"而非"使之实行犯罪",单纯的共谋者并未"实行犯罪",充其量只是使其他参与者实行犯罪。如果说数人只要有主观犯意的共同或预备阶段行为的共同,"其中部分参与者实施了犯罪的,全体参与者均为正犯",那么,教唆、帮助他人犯罪的,也都属于这种情形,岂不都成了正犯(共同正犯)?所以,不应该承认共谋共同正犯的观念。②

第二,将参与共谋而未实施实行行为者认定为共同正犯,会湮没正犯与共犯的区别,最终走向统一的正犯(或单一正犯)概念,即对所有参与者按照同一参与类型予以处罚,其结果是不仅会将相当于共犯者"升格"为共同正犯,甚至会将不相当于共犯者也作为共同正犯来处罚。③ 但共谋共同正犯肯定论者辩解说,只要不采取完全的形式的客观说,将未直接实施实行行为者认定为共同正犯都不成其为问题。例如,X 与 Y 谋议抢劫 A 的钱财,X 对 A 实施暴力,Y 夺取了 A 身上的钱包。如果 A 因 X 的暴力而受伤,Y 不仅因 X 的暴力构成抢劫罪(不成立盗窃罪),而且要对不是由自己的实行行为所引起的 A 的伤害结果,承担抢劫致伤罪的共同正犯的罪责。又如,X 与 Y 谋议杀害 A,Y 将 A 推倒在地并抱住其双腿,X 用木棍猛击 A 的头部致其死亡。Y 同样应该对并非由自己的实行行为导致的 A 的死亡,承担共同正犯的罪责。可见,这类案件的归责结构与共谋共同正犯并无不同,既然如此,将单纯共谋者作为共同正犯予以归责,也就是合理的。④ 毋庸讳言,在德、日刑法学界和司法实务中,对共同正犯的解释和认定,确实存在扩大化的倾向,这也是为寻求处罚的公平合理性、以弥补区分制缺陷的一种迫不得已的做法。可是,这种做法本身与区分正犯与共犯的立法体系相冲突。因为从参与行为的形式将参与者区分为

---

① 松原芳博. 刑法总论重要问题. 王昭武,译. 北京:中国政法大学出版社,2014:296-297.
② 大塚仁. 犯罪论的基本问题. 冯军,译. 北京:中国政法大学出版社,1993:275-276.
③ 同①296.
④ 同①297.

正犯与共犯并给予轻重不同的处罚，是采取区分制的立法本意或初衷。只不过由于数人参与犯罪的情形极为复杂，仅从客观的参与行为的形式区分正犯与共犯，无法保证处罚轻重合理，因此，不得不将一些在犯罪中起重要作用而未实施实行行为的参与者也"升格"为正犯。这种仅参与共谋而未实施实行行为的正犯与教唆犯、帮助犯的区分，就不能再以客观的行为形式为标准了，这显然与区分制的立法本意相悖，同时，也使正犯与共犯的界限变得更加模糊，导致两者更难以区分。加上日本的"实务中对共谋共同正犯采取了简单承认的态度。……这样一来，教唆犯、从犯（指帮助犯——笔者注）已处于濒临消失的状态。"① "绝大多数的参与者都是作为（共谋）共同正犯来处理，共谋共同正犯的适用对象已经远远超出了当初提出该理论的目的，即应对那些被称为'幕后者'的核心人员。之所以如此广泛地适用共谋共同正犯，也可以说是起因于与教唆犯、从犯相比，起诉状以及判决书的制作更为简单，且更容易举证。"② 正是由于共谋可以被更轻易地认定，无关者有可能被卷入其中，从而导致处罚范围的扩大化。

第三，共谋共同正犯肯定说实质上是让个人承担团体所实施的犯罪的罪责，违反作为责任主义之内容的个人责任原则。持此说的论者辩解说："这一批判，直接针对的是共同意思主体说，但对于间接正犯类似说等立足于个人主义的共谋共同正犯肯定说，则并不妥当。"③ 在笔者看来，共同意思主体说让个人承担团体所实施的犯罪的罪责自不待言，至于间接正犯类似说等立足于个人主义的肯定说，固然是认为共谋而未分担实行行为者是将实行者作为工具加以利用，或者是支配实行者的行为，也就是因为自己的行为贡献而成为正犯，但是，即便是这种肯定论者也不否认："如果轻视各参与者与犯罪事实之间的具体联系，就难保不出现这样的结果：事实上转嫁针对他人犯罪的责任。"况且，日本近些年来的许多判例通过广泛承认"默示的共谋"，而对那些参与者个人的因果性贡献尚存疑问的

---

① 松宫孝明. 刑法总论讲义：第4版补正版. 钱叶六, 译. 北京：中国人民大学出版社, 2013：207.
② 松原芳博. 刑法总论重要问题. 王昭武, 译. 北京：中国政法大学出版社, 2014：296.
③ 同②.

情形，也肯定成立共谋共同正犯。① 另外，间接正犯类似说等所谓立足于个人主义的肯定说，并非是让单纯的共谋者仅对自己参与共谋的行为承担罪责，也不是以单独正犯来处罚，而是要与实行行为者一起作为共同正犯来受同样的处罚，这当然意味着所有参与者（含单纯共谋者）对团体所实施的犯罪整体都要承担同样的罪责，这样处罚单纯共谋者，虽然对诸如暴力团的"老大"命令手下实施犯罪这种"支配型的共谋共同正犯"具有合理性，但对于并无上下级关系的共同者所组成的"对等型共谋共同正犯"，则明显不妥当。

具体来说，前述各种共谋共同正犯肯定说的理论根据均不可靠。其一，如前所述，共同意思主体说是将共犯解释为共同意思主体的活动，也就是两个以上异心别体的个人，为实现特定犯罪之共同目的而形成同心一体的共同意思主体，若此群体中的某一人或一部分人为实现共同目的而实行犯罪时，可将该行为视为共同意思主体的活动，其全体成员均应成立共同正犯。毋庸讳言，在有组织的犯罪中，由于集团心理的影响非常强烈，且必须有坚强的团体组织力，因此，将有组织的犯罪视为集团整体的犯罪，自然有其合理性。但各国刑法中的共犯并非仅限于有组织的集团犯罪，而是只要有二人以上即可成立。在人数较少的共犯中，集体的影响力薄弱，各成员的个性将浮现出来，因此，无法用团体理论来解释这种共犯现象。况且，将仅参与谋议，但未分担实行行为且发挥作用轻微者，也认定为共同正犯，难免有团体责任或连带责任之嫌。并且，按共同意思主体说，由于是超越个人的共同意思主体施行的犯罪，故该共同意思主体即为犯罪的主体，而刑罚却不可能由该主体来承受。为解决这一问题，又提出可以类推民法上"合伙"的法理，将犯罪的责任归属于组成共同意思主体的各个成员，即对个人分别科处刑罚，但这势必会使犯罪主体与受罚主体分离，显然违反了近代刑法的基本原理。② 另外，既然共犯是共同意思主体施行的犯罪，并且都应认定为共同正犯，这就有可能将所有参加谋议的人都以加入了共同意思主体这一团体为由，不问其作用如何，均作为正犯处理，那么，教唆犯、帮助犯也就失去了存在的空间。如果还采取"主观

---

① 松原芳博．刑法总论重要问题．王昭武，译．北京：中国政法大学出版社，2014：298．

② 川端博．刑法总论．余振华，译．台北：元照出版有限公司，2008：320．

的谋议说",将谋议理解为内在的心理状态,同时广泛承认"默示的共谋",那就会进一步增大将无辜者卷入其中的危险。为此,现在持共同意思主体说的多数论者,并未采取只要构成了共同意思主体就直接成立共同正犯这种模式,而是主张在共同意思主体的内部发挥重要作用的是共同正犯,其他的则属于教唆犯或帮助犯。① 然而,按照如此修正后的理解,共同意思主体这一概念就只不过具有划定广义共犯的外围边界的机能,并不能为肯定共谋共同正犯提供根据与标准。② 而这种意义上的共同意思主体说,就与前述"重要作用说"实质上并无多大差异了。

其二,间接正犯类似说在试图克服共同意思主体说有可能无限扩大共谋共同正犯的范围而对其进行限定这一点上,是应予肯定的。但是,间接正犯中的利用人与被利用人的关系,毕竟不同于共谋共同正犯中单纯的共谋人与实行行为人的关系,前者的双方大多没有共同去犯某罪的意思,被利用者通常并不知道(或无能力认识)利用者有特定犯罪意思,因而存在被蒙蔽的现象,这正是其被对方作为犯罪工具加以利用的原因所在;后者的双方有共同的犯罪意思或意思的联络,并有共同谋议的行为,只是单纯的共谋者未分担实行行为而已,实行行为者则往往是按与对方的约定和预先设定的犯罪计划去实行犯罪,不存在被蒙蔽或被利用的问题,因此,用间接正犯的法理来解释共谋共同正犯并不具有合理性。至于持此说的论者提出,所有参与者就犯罪的实施达成合意(共谋)后,实行担当者的行为要受该合意的约束,很难按己意放弃实行,因而可以评价为被其他共谋者作为工具加以利用,这与间接正犯相似。但是,分担实行行为者作为有认识和控制能力的犯罪个体,不可能完全受制于不在现场的他人,特别是对于并无上下级关系的共同者所组成的"对等型共谋共同正犯",认为分担实行者被单纯共谋者所支配或被作为工具加以利用,明显与事实不符。况且,如果共谋者能真正支配实行者,则实行者属于被利用的工具,共谋者属于间接正犯(正犯背后的正犯)。尽管如此,却不认为该共谋者属于间接正犯,而只是认定其为共同正犯,这也足见其难以自圆其说。③

---

① 西原春夫. 刑法总论:下卷. 改订准备版. 东京:成文堂,1993:325.
② 西田典之. 共犯理论的展开. 东京:成文堂,2010:48.
③ 西田典之. 日本刑法总论:第2版. 王昭武,刘明祥,译. 北京:法律出版社,2013:313.

其三，行为支配说"以目的行为论为基础，认为共谋共同正犯中的共谋者存在行为支配，所以是共同正犯。这种见解可以说与上述间接正犯类似说实质上并无不同。但是所谓行为支配，实际上也是说明间接正犯是正犯时所使用的概念，其模糊不清另当别论，问题还在于，将他人作为工具利用的间接正犯者与共谋共同正犯中的单纯共谋者果然能够在完全相同的意义上进行行为支配吗"①？加上"行为支配的概念原本就不明确，根据不同立场，教唆行为、帮助行为也不能说就没有行为支配"②，"而且若认可行为支配的话，则只要认可单独正犯就够了，没有必要认可共同正犯"③。况且，"具有故意的实行者属于规范的障碍，难言共谋者支配着该行为人"④。特别是"对等型共谋共同正犯"的情形，正如前文所述，明显不能认为共谋者支配了实行者。另外，行为支配概念的使用还会使实行行为的概念松弛、扩大。⑤

其四，优越支配共同正犯说认为，单纯共谋者中有的是幕后大人物，应将其作为正犯处罚。这种主张当然具有合理性。持此说的论者虽不赞成使用"共谋共同正犯"的名称⑥，但却认为没有担当实行的共谋者如果处于压倒性的优越地位，就可以认为其支配（或利用）了实行者的行为，从规范的观点可以说是与实行者共同实行了犯罪，也就是与实行者一起构成共同正犯，这一结论与共谋共同正犯肯定说并无不同，其理论根据与上述"间接正犯类似说"和"行为支配说"也无实质的差异，与这两说存在同样的缺陷或问题。并且，与"行为支配"相比，"优越支配"的标准更不明确，司法实务中更难恰当认定。另外，认为单纯共谋者中，只有与实行者相比处于压倒性优越地位者才能成为共同正犯，就意味着与实行者处于对等关系者不可能成为共同正犯，这种以行为人在社会关系上所处的地

---

① 大塚仁. 犯罪论的基本问题. 冯军，译. 北京：中国政法大学出版社，1993：275.

② 大塚仁. 刑法概说. 3版. 东京：有斐阁，2000：265.

③ 大谷实. 刑法讲义总论：新版第2版. 黎宏，译. 北京：中国人民大学出版社，2008：391.

④ 松原芳博. 刑法总论重要问题. 王昭武，译. 北京：中国政法大学出版社，2014：299.

⑤ 山中敬一. 刑法总论. 3版. 东京：成文堂，2015：935.

⑥ 同①277.

位，而不是以其实施的行为来决定其能否成立正犯的主张，明显与区分正犯与共犯的基本观念不符。况且，如果共谋者处于压倒性的优越地位，又对实行担当者给予了强烈的心理约束，那就是典型的间接正犯，而不属于以对等关系为本质特征的共同正犯。同时，将单纯共谋的行为从所谓"规范的观点"解释为共同实行，无疑会使实行行为的概念宽泛化、扩大化。①

其五，重要作用说虽然也同上述"间接正犯类似说"、"行为支配说"和"优越支配共同正犯说"一样，立足于个人主义，但不像这三种学说那样强调共同正犯的正犯性，而是注重共同正犯的共犯性，认为共谋者作为广义的共犯具有可罚性。如果从共谋者与实行者之间的支配关系以及作用分担上看，可以认定其对犯罪的实现作出了相当于实行行为的重要的事实性贡献，就可以作为共同正犯从重处罚。在笔者看来，这种主张有一定的合理性。因为单纯共谋者如果对犯罪的实现作出了重要贡献，仅仅因为其未分担实行行为就不作为正犯，而是作为共犯给予较轻的处罚，那就明显不具有公平合理性。这正是以犯罪参与形式作为区分正犯与共犯根据的区分制的一大缺陷。由于"与共犯形式在区别上的明确性相比，应该允许优先考虑处罚上的具体妥当性"②，因此，不得不用这种与区分制明显相冲突的理论来予以弥补。"不过，仅凭所谓'作用的重要性'，显然难以使共同正犯区别于教唆犯。因为，教唆犯正是所谓'造意者'，对于犯罪的实现发挥着重要的作用。而且，要将所有教唆犯均解消于（共谋）共同正犯之中，还会与现行法（指日本刑法——笔者注）发生正面冲突。"③ 另外，"对于犯罪之实现的'重要的贡献'，是带有程度之分的概念，缺少作为法律要件（这种法律要件是以'是否符合'作为问题）的张弛；'重要的贡献'具有多样性，难以通过客观事实的形式予以要件化；要将行为人的数个贡献结合为一个，关注其主观方面要更为清楚易懂"④，正因为如此，"对于如何区别共谋共同正犯与帮助犯……有不少判例根据是出于实现自

---

① 山中敬一. 刑法总论. 3版. 东京：成文堂，2015：935.
② 西田典之. 共犯理论的展开. 东京：成文堂，2010：46.
③ 松原芳博. 刑法总论重要问题. 王昭武，译. 北京：中国政法大学出版社，2014：300.
④ 同301.

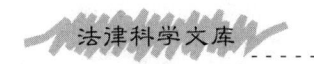

己的犯罪的意思还是加担于他人的犯罪的意思，亦即，根据是出于正犯意思（animusu auctoris）还是加担意思（animusu socii）这一主观标准来区别。可以说，这属于一种'主观的正犯论'"，显然不具有合理性。并且，"现在的判例理论重视行为人的主观，可以说，这反而使得共同正犯与从犯（指帮助犯——笔者注）之间的区别更加不明确"[①]。

其六，包括的正犯说认为，只要是基于共同完成犯罪的合意（共谋），相互利用、补充他人的行为，结果实现了犯罪，就不管是否分担实行行为，统统都应作为正犯（共谋共同正犯）处理。这种主张的思维路径同上述"重要作用说"相似，其结论同"共同意思主体说"接近[②]，同样会导致共同正犯范围的无限扩大化，使教唆犯和帮助犯失去存在的空间。因为教唆犯、帮助犯通常都会与实行犯有"犯罪的合意（共谋）"，也存在利用实行者的行为实现犯罪的问题，按"包括的正犯说"似乎均要纳入"共谋共同正犯"的范围，结果就会走向单一正犯（或统一正犯）的道路，与日本等国刑法的规定明显不符。

如前所述，德国的司法实务和刑法理论界，虽然对单纯共谋未分担实行者也认为可能成立共同正犯，但有些判例和不少学者则是将其作为单独正犯（或间接正犯）来看待。将其视为单独正犯固然不会与刑法有关共同正犯的规定相冲突，但将单纯共谋行为从实质上评价为实行行为（或正犯行为），无疑违反了限制正犯概念论，会动摇区分制的根基，同时，会使正犯与共犯失去客观的区分标准，导致事实上无法准确区分。另外，如果像日本的判例那样，对共谋做宽泛的理解，就会无限扩大正犯的成立范围，使教唆犯和帮助犯失去存在的空间或余地，同样有可能走向单一正犯的道路。

三、共谋共同正犯论引进之争

众所周知，对参与共谋而未分担实行行为者能否定罪处罚，在我国，从古至今几乎没有太大的争议，结论都是肯定的。我国 1979 年刑法典施

---

① 西田典之. 日本刑法总论：第 2 版. 王昭武，刘明祥，译. 北京：法律出版社，2013：316-318.
② 浅田和茂. 刑法总论：2 版. 东京：成文堂，2019：431.

行时期，主要对单纯共谋者与实行者是否构成共同犯罪，存在肯定与否定两种不同主张。① 1997 年修订的刑法典施行之后，引进日本的共谋共同正犯理论的呼声在我国刑法学界逐渐升高，反对之声也一直存在，从而形成肯定论与否定论对立的局面。

否定论者中，有的是从单一正犯的立场予以否定，认为："从单一正犯体系角度上，不法构成要件的实现，本来就不需要行为人自己亲自实施，而是可以利用（通过）他人来实现。在共谋的情况下，虽然行为人只是参与了共谋，最终实现犯罪的是其共谋者，但毫无疑问的是，可以认为行为人是利用（通过）共谋者实现了不法构成要件。"因此，单纯共谋者不仅可能构成犯罪，而且在其他共谋者完成了犯罪的条件下成立犯罪既遂。② 至于处罚轻重则根据其参与犯罪的性质和参与的程度来决定。也有的是从区分制的立场来予以否定，认为"我国不存在使用共谋共同正犯理论的必要性"。因为我国刑法是将共同犯罪人分成主从犯给予轻重不同的处罚③，"对于未参与构成要件行为实行的共谋者而言，不论其以何种形式（如组织犯或者教唆犯）协力、加功于共同犯罪的不法事实，只要其在共同犯罪中发挥了重要作用，就可以按照主犯加以严惩。相反，如果其所起的作用较小，就以从犯论处。如此看来，日本刑法实务界基于实现刑事处罚的合理性的需要而不得已创立的共谋共同正犯理论，对于我国刑法理论并无实际的借鉴价值"④。

肯定论者大多认为，我国刑法采取了与德、日相同的区分正犯与共犯的区分制，因而也应采用作为德、日之通说的共谋共同正犯理论。⑤ 此外，还主要有如下几方面的理由，笔者不以为然，在做简要介绍的同时予以反驳。

---

① 林文肯，茅彭年. 共同犯罪理论与司法实践. 北京：中国政法大学出版社，1987：54；邓定一. 共谋而未实行，不构成共同犯罪吗？. 法学，1984（6）.

② 江溯. 犯罪参与体系研究——以单一正犯体系为视角. 北京：中国人民公安大学出版社，2010：328.

③ 陈家林. 共同正犯研究. 武汉大学出版社，2004：148.

④ 钱叶六. 共犯论的基础及其展开. 北京：中国政法大学出版社，2014：47-48.

⑤ 周光权. 刑法总论. 4 版. 北京：中国人民大学出版，2021：353；刘艳红. 实质犯罪论. 2 版. 北京：中国人民大学出版社，2022：368.

第一，肯定论的重要理由之一是，我国刑法规定以下几种情况可以成立共谋共同正犯：（1）在集团犯罪和聚众犯罪中起组织、策划、指挥作用的犯罪分子，即首要分子（如第170条伪造货币集团的首要分子）可以成立共谋共同正犯；（2）刑法分则以首要分子为构成犯罪条件的犯罪，其首要分子（如第290条聚众扰乱社会秩序罪中的首要分子）可以成立共谋共同正犯；（3）刑法明文规定或者其他事前通谋、事后实施帮助行为之人，如第310条第2款规定犯窝藏、包庇罪，事前通谋的，以共同犯罪论处，即成立共谋共同正犯；（4）刑法明文规定由单位构成的犯罪，并规定对直接负责的主管人员予以处罚的，其直接负责的主管人员应当视为具有共谋共同正犯的性质。[1]

在笔者看来，肯定论者认为，由于我国刑法采取区分正犯与共犯的区分制体系，因而存在采用共谋共同正犯理论的法律基础，但这并不可信。正如本书第二章第二节所述，我国刑法并非采取区分制，而是采取单一正犯体系，我国刑法之中也并未出现"正犯""共同正犯"这样的概念，而且不能将我国刑法中的"共同犯罪"等同于"共同正犯"[2]。既然如此，那就表明我国并无共谋共同正犯赖以依存的法律基础。至于有论者提出，我国刑法有上述几种与共谋共同正犯相关的具体规定，在笔者看来，这也是一种误解。众所周知，我国刑法规定的集团犯罪、聚众犯罪中的首要分子，固然大多属于仅参与共谋（或策划）而不直接实行犯罪的幕后大人物，并且一般要被作为主犯来处罚，这与日本等国判例认定的共谋共同正犯十分相似。但显著的差别是共谋共同正犯中的单纯共谋者与实行者，均构成共同正犯，原则上应同样处罚；而在我国的集团犯罪中，幕后策划指挥的首要分子与台前实行犯罪者虽然都构成共同犯罪，但实行者完全可能成为从犯（含胁从犯），比作为主犯的首要分子处罚可能要轻得多。如果是聚众犯罪，当刑法规定仅处罚首要分子时（如第290条聚众扰乱社会秩序罪），首要分子可能仅一人，那就是单个人犯罪；如果首要分子有几人均构成犯罪，那就属于共同犯罪，还有可能出现有的首要分子是主犯，有的属于从犯的情形，这与德、日刑法中的共同正犯有天壤之别。至于刑法

---

[1] 林亚刚．共谋共同正犯问题研究．法学评论，2001（4）：41.
[2] 刘明祥．不能用行为共同说解释我国刑法中的共同犯罪．法律科学，2017（1）：62.

规定犯某罪"事前通谋的,以共同犯罪论处"(如第 310 条),也不能视为对某罪的共谋共同正犯的规定。因为对事前通谋者"以共同犯罪论处"与"以共同正犯论处"并不相同。如上所述,我国刑法采取单一正犯体系,并无对"正犯""共同正犯"如何处罚的规定。即便是按有的论者的解释,将我国刑法中的"主犯"等同于德、日刑法中的"正犯""共同正犯"①,由于我国刑法中的"以共同犯罪论处",是指认定成立某罪的共同犯罪之后,再按各行为人在共同犯罪中所起作用大小,确定谁是主犯谁是从犯,分别给予轻重有别的处罚,也并非是对各行为人均只能按主犯处罚。既然如此,按把"主犯"等同于"正犯"之论者的逻辑,同样不能得出"以共同犯罪论处"就是"以共同正犯论处"的结论。另外,单位犯罪虽然也可能是此单位与彼单位,或单位与个人之间的共同犯罪,但大多是单位单独犯罪(并非是共同犯罪),被定罪处罚的直接负责的主管人员也可能仅有一人,根本不会出现与共谋共同正犯相似的问题。如果被定罪处罚的直接负责的主管人员有数人,并认为他们构成共同犯罪,那么,按我国刑法规定的对共同犯罪的处罚原则,同样有可能要分为主从犯,给予轻重不同的处罚,这同德、日的对(共谋)共同正犯的处罚原则也有重要差别,因此,不能认为我国刑法规定的单位犯罪具有与共谋共同正犯相同的性质。

第二,肯定论的另一重要理由是,我国的司法实践对共谋共同正犯也是持肯定态度。"对共谋后,因错过到现场实行犯罪的时机、找错地方、认错对象等原因,未实际参与抢劫、伤害、盗窃、贩卖毒品的行为人,法院判决均认为共谋者是实行行为者,或与实行行为者成立共同犯罪,属于犯罪既遂,且大多按照共同正犯(或主犯)处刑。"由此可见,"实务上大体承认共谋共同正犯的法理"②。

如前所述,参与共谋而未实施实行行为者有可能构成犯罪,这是我国从古至今一直存在的法律观念。由于新中国刑法有共同犯罪的规定,参与共谋而未实行者可能与实行者构成共同犯罪(共谋共同犯罪),这是我国刑法学界的通说。"我国刑事司法实践在很早的时候就表现出对共谋'共

---

① 周光权."被教唆的人没有犯被教唆的罪"之理解——兼与刘明祥教授商榷.法学研究.2013(4):183.

② 周光权.刑法总论.4 版.北京:中国人民大学出版社,2021:353.

同犯罪'的承认,且一直延续至今。"① 有论者对20世纪80年代以来法院审判的相关案例进行分析后发现:"法院在判决中均只指出,共谋者是实行行为者的'共犯'或与实行行为者成立'共同犯罪',而没有指出共谋者是哪种性质的共犯,即是正犯、教唆犯还是帮助犯。"② 这样定性或处理无疑是符合我国刑法之规定的。但是,认定共谋者与实行者构成共同犯罪,属于犯罪既遂(不是犯罪预备),且大多按主犯处刑,并不意味着是承认或运用了共谋共同正犯的法理,更不能将"共谋共同犯罪"与"共谋共同正犯"等同起来。如前所述,参与共谋者与实行者若成立共谋共同正犯,就意味着所有成员均为共同正犯,即都是正犯,均要适用正犯之刑给予同样的处罚。而在共谋共同犯罪的场合,按我国刑法的规定,原则上所有成员均构成共同犯罪(并非共同正犯),至于处罚则要根据参与者(包含单纯共谋者)在共同犯罪中所起作用的大小,分为主犯与从犯(含胁从犯),对于主犯按基准刑处罚;"对于从犯,应当从轻、减轻处罚或者免除处罚";对于胁从犯,"应当按照他的犯罪情节减轻处罚或者免除处罚"。也就是说,对共谋共同犯罪中的所有成员,无论是单纯共谋者,还是实施实行行为者,均既有可能被认定为主犯,也可能被认定为从犯,处罚轻重会出现差异,并非一概认定为主犯,原则上给予相同的处罚,这与共谋共同正犯明显不同,自然不能同等看待,甚至不能说是运用了共谋共同正犯的法理。道理很简单,若运用共谋共同正犯的法理处理案件,就不会出现这样的差异,得出如此结论。

第三,肯定论还有一条重要理由是,由共谋"共同犯罪"转化为共谋"共同正犯",有如下几方面的益处:(1)有利于明确单纯共谋者的法律性质与责任,并发展出精细化的正犯、共犯区别理论;(2)有利于通过共谋共同正犯之问题点实现对主犯核心共犯体系整体合理性之探讨,并得出否定这种共犯体系的结论;(3)有利于进一步推动我国以构成要件为核心成立条件的阶层化犯罪论体系之探讨。③

首先,认为由共谋"共同犯罪"转化为共谋"共同正犯",有利于明确单纯共谋者的法律性质与责任。因为认定参与共谋者构成共同犯罪,只

---

① 刘艳红. 实质犯罪论. 2版. 北京:中国人民大学出版社,2022:299.
② 同①300.
③ 刘艳红. 共谋共同正犯论. 中国法学. 2012(6):116-119.

是解决了其定罪问题,并没有明确"共谋而未实行者究竟应作为实行犯亦即正犯对待,还是应该被认定为教唆犯或帮助犯?笼统地说单纯共谋者与实行者之间构成共同犯罪……这实际上是对……实践中存在的不同共犯人相互界限问题的漠视,也是对共犯人性质这一关键问题的回避"。① 在笔者看来,这明显是用区分制的观念来看待我国刑法关于共同犯罪的规定,而没有看到我国刑法中的"共同犯罪"与德、日刑法中的"共同正犯"或"共犯"的重要差别。如前所述,对数人参与犯罪的情形,德、日刑法是采取区分正犯与共犯的区分制体系,我国刑法是采取不做这种区分的单一正犯体系。在区分制体系下,必须先确定行为人是正犯(包含直接正犯、间接正犯、共同正犯)还是共犯(包括教唆犯和帮助犯),才能对参与者准确定罪。因为共犯的定罪至少要受实行从属性的制约,即正犯若没有实行犯罪,作为共犯的教唆犯和帮助犯就不能成立。加上采取区分制体系的刑法是将犯罪参与者分为正犯、教唆犯和帮助犯,分别给予轻重不同处罚的,如果不确定参与者是正犯还是教唆犯或帮助犯,就无法对其予以处罚。但是,按我国刑法的规定,参与犯罪的人实施的是实行行为还是教唆行为或帮助行为,对其成立共同犯罪并无影响。只要能肯定单纯共谋者有共同的犯罪行为和共同的犯罪故意,认定其构成共同犯罪,再依据其所起作用的大小,确定是主犯还是从犯,就能对其依法予以恰当处罚了,根本不需要确定其是正犯还是教唆犯或帮助犯。相反,按区分制的理念将单纯共谋者认定为"共同正犯"或教唆犯、帮助犯,不仅无法律依据,而且由于我国刑法并无"共同正犯""正犯""帮助犯"的规定,将单纯共谋者认定为共谋"共同正犯"之后如何予以处罚,仍然是一个难题。

其次,认为由共谋"共同犯罪"转化为共谋"共同正犯","有利于通过共谋共同正犯之问题点实现对主犯核心共犯体系整体合理性之探讨",从而得出主犯核心共犯体系不具有合理性,因而应转变到正犯核心的共犯体系上来的结论。其根据在于:(1)"从正犯概念优于主犯概念的定型性、规范性,以及其与罪刑法定原则的契合性来看,应该实现我国共犯体系'主犯'核心到'正犯'核心之转变";(2)"从分工分类法优于作用分类法的人权保障色彩来看,应该实现我国共犯体系从'主犯'核心到'正

---

① 刘艳红. 共谋共同正犯论. 中国法学, 2012 (6): 117.

犯'核心之转变"①。笔者以为，这种观点值得商榷，其理论根据并不可靠。如前所述，"正犯""共同正犯"，乃至"共谋共同正犯"是依存于区分制体系的概念，而"主犯""从犯"则是我国采用的单一制体系所特有的概念，区分制与单一制两种不同犯罪参与体系各有其利弊，很难说区分制优于单一制。②虽然"正犯"比"主犯"更具有定型性，法官也很难像认定"主犯"那样随意认定"正犯"，采用区分正犯与共犯的体系确实更符合罪刑法定的要求，也有利于保障人权，但是，由于"正犯"处罚重于"共犯"，而"正犯"并非在所有场合所起的作用都大于"共犯"，并且在"共同正犯"（含共谋共同正犯）的场合，每个"正犯"人所起的作用可能会有较大差异，而处罚却并无不同，因此，区分制体系不能确保共同参与犯罪者之间处罚均衡合理；而单一制体系则是依据参与者所起作用大小分为"主犯"与"从犯"，给予轻重不同的处罚，正好能有效弥补这一缺陷。况且，即便确实是"正犯概念优于主犯概念"，也由于"主犯"与"正犯"是两种不同犯罪参与立法体系的不同概念，其内涵有很大差异，在现有立法体系未变的情况下，根本不可能"实现我国共犯体系从'主犯'核心到'正犯'核心之转变"。如果说是修改我国现行刑法的相关规定，即改采区分正犯与共犯的区分制体系，那也不能说是我国的共犯体系实现了"从'主犯'核心到'正犯'核心之转变"，只能说是改换成了另一种犯罪参与体系（以"正犯"为核心的犯罪参与体系），只存在依法适用改换后的犯罪参与体系的问题。

再次，认为由共谋"共同犯罪"转化为共谋"共同正犯"，"有利于进一步推动我国以构成要件为核心成立条件的阶层化犯罪论体系之探讨"。因为只有阶层化犯罪论体系才具有科学合理性，而"如果在以构成要件为核心的阶层化犯罪论体系之下，存在的是以社会危害性为出发点的主犯核心共犯体系"，是不可思议的事，所以，"即使是维持我国目前主犯核心共犯体系，为了构筑精细的正犯、共犯区别理论，仍应实现共谋'共同犯罪'向共谋'共同正犯'问题之转换"③。在笔者看来，单一正犯体系与阶层化犯罪论体系并不存在无法兼容的现象。因为单一正犯体系是解决对

---

① 刘艳红. 实质犯罪论. 2版. 北京：中国人民大学出版社，2022：303-305.
② 刘明祥. 主犯正犯化质疑. 法学研究，2013（5）：118-120.
③ 同①308-309.

数人共同参与的犯罪如何定罪处罚的问题，其定罪的规则与单个人犯罪基本相同，理论上对这类犯罪及其成立条件的阐述即所采取的犯罪论体系并无不同。奥地利、意大利等采取单一正犯体系的国家，学者们大多也是立足于阶层化犯罪论体系来展开他们的单一正犯理论的。① 因此，在我国现行刑法采取单一正犯体系的情况下，同样不妨碍学者们采用阶层化犯罪论体系来阐述以主犯为核心的共同犯罪问题。相反，如果无视我国现行刑法的规定，用区分正犯与共犯的区分制理论来解释我国的"共同犯罪"，用"正犯""共同正犯"的观念来理解或取代"主犯""共同犯罪"的概念，将共谋"共同犯罪"转换为共谋"共同正犯"，不仅违反罪刑法定及应当严格解释刑法的基本要求，而且不具有合理性与可行性。②

如前所述，日本的共谋共同正犯由于是将参与共谋而未实行者作为正犯（共同正犯）来定罪处罚，因而其成立条件有比较严格的限制，除要求参与共谋者中有人已着手实行犯罪之外，还要求未去实行犯罪的共谋者的共谋行为与实行行为在实质上相当，并非是将所有参与共谋而未实行者都作为正犯来看待。③ 但是，我国的共谋共同犯罪的范围明显要比共谋共同正犯宽泛得多。例如，甲、乙、丙共谋在公交车上进行大规模杀人的犯罪活动，在共谋的过程中被发现。这属于我国的共谋共同犯罪的情形，对甲、乙、丙均要按故意杀人（预备）罪定罪处罚。但在日本，则由于尚无人着手实行犯罪而不能成立共谋共同正犯。并且，对参与共谋而未实行者，如果其共谋行为对犯罪的实现不起重要决定作用，只是具有一定的促成或帮助作用的，按日本的通说，只能认定为帮助犯，不能认定为共谋共同正犯，但按我国的通说，这种参与共谋者也在共谋共同犯罪之列，只不过通常要作为从犯来处罚。此外，正如前文所述，对所有共谋共同正犯者，按德、日刑法的规定，均要作为正犯来处罚（处罚上无差异）。但按我国刑法的规定，对所有的共谋共同犯罪者，均要根据其在共同犯罪中所起的作用大小，分为主犯与从犯，即共谋而未实行者有可能成为主犯也有

---

① 帕多瓦尼. 意大利刑法学原理. 陈忠林，译评. 北京：中国人民大学出版社，2004：78.

② 刘明祥. 不能用行为共同说解释我国刑法中的共同犯罪. 法律科学，2017（1）：62-63.

③ 西田典之. 共犯理论的展开. 东京：成文堂，2010：48.

可能是从犯，实行犯罪者同样既可能被认定为主犯也可能是从犯，分别给予轻重不同的处罚。由此可见，我国的共谋共同犯罪与日本的共谋共同正犯有重大差别，根本不可能实现所谓的"转换"或替代。

四、单一正犯体系下的共谋共同犯罪

如前所述，在数人共谋且共谋者中有部分人已实行犯罪的场合，对仅参与共谋而未实行犯罪者，按区分制的理论，定罪不成问题。只不过依据作为区分制根基的限制正犯论，对这种单纯共谋者只可能认定为共犯（教唆犯或帮助犯）。参加共谋者中的有权威者，罪责尽管重却被视为共犯（作为轻罪责者来评价）明显不适当，只有认定为"正犯"或做这样的评价才合适。这正是日本的判例确认共谋共同正犯的根本理由或内在动因[①]，也是为寻求处罚或评价的合理性而采取的一种迫不得已的务实做法，或者说是为弥补区分制的缺陷所采取的一种补救措施。

但是，正如本书第二章第三节所述，我国刑法采取的单一正犯体系相对于区分制体系的一大明显优势，就在于不是根据参与行为的形式来区分正犯与共犯，并给予轻重不同的处罚，而是根据参与者参与犯罪的性质和参与的程度，给予轻重有别的处罚。对二人以上共同故意犯罪（共同犯罪）这种犯罪参与的特殊类型，我国刑法明确规定了处罚原则，即根据行为人在共同犯罪中所起作用的大小，分为主犯与从犯（含胁从犯）给予轻重不同的处罚。由于共同犯罪人的处罚轻重，是由其在共同犯罪中所起作用的大小来决定，其参与行为的形式（实施的是实行行为还是教唆或帮助行为）并不决定处罚的轻重，因此，根本不会出现类似德、日那样的处罚上的难题或法律制度造成的处罚不均衡的问题。就数人共谋共同犯罪的案件而论，参与共谋未实行犯罪者，若在共同犯罪中起主要作用（如幕后策划、操纵），依法自然应当被认定为主犯给予较重的处罚；参与共谋并着手实行犯罪者，如果在共同犯罪中只是起次要作用（如受别人指使、被别人操纵），依法则应当被认定为从犯给予较轻的处罚，也就是说，按我国刑法的规定，参与共谋者是否去实行犯罪，对其能否成为主犯受较重的处罚并无决定性的意义。所以，完全不可能出现对仅参与共谋而未实行犯罪的幕后操纵者，只能处比台前实行犯罪

---

① 林干人．刑法总论．2版．东京：东京大学出版会，2008：406．

者更轻刑罚的现象，当然也就没有必要引进或借鉴日本的共谋共同正犯论。不仅如此，按我国刑法的规定和单一正犯理论来处理共谋共同犯罪的案件，还能有效避免共谋共同正犯论留下的多种后遗症。

如前所述，共谋共同正犯论的诞生背景是，幕后操纵者仅有共谋的行为而未去实行犯罪，按区分制的限制正犯论，只能认定为共犯（教唆犯或帮助犯），不能认定为正犯，只有台前的实行者才是正犯，这样来评价或处罚幕后操纵者，明显不具有合理性，只有将其认定为正犯（共谋共同正犯）才合适。但是，"仅仅共谋就认定为共同正犯（纯粹的共谋共同正犯）的做法则未免矫枉过正"①。因为如果只是参与共谋，并非是组织、策划、指挥者，对犯罪方案的形成以及犯罪的实现不起决定作用，并且未去实行犯罪，对这样的单纯共谋者认定为共同正犯，自然是不适当地扩大了共同正犯的范围，无疑也"违反了刑法（指日本刑法——笔者注）第 60 条中的关于'共同实行犯罪'的明文规定"②。正因为如此，共谋共同正犯论者不得不对其适用范围予以限制，目前在日本"虽肯定共谋共同正犯论，同时又力图限制其成立范围的观点占据主流"③，但如何限制又成为一个难题。由于很难找到一个公认且恰当的限制方案，司法实践中认定标准不一，从而导致执法不统一的现象不可避免；并且，不可能按区分制的理论合理说明为何对同样的仅参与共谋而未去实行犯罪者，有的被认定为正犯（共同正犯），另有的却被认定为共犯（教唆犯或帮助犯）；另外，参与共谋构成共谋共同正犯的人数可能较多，每人在犯罪之中发挥的作用大小可能会有较大差异，而处罚轻重却并无不同。

然而，正如前文所述，按我国刑法的规定和单一正犯的理论，由于不区分正犯与共犯，共谋共同正犯论所面临的上述难题根本不存在。在数人共谋犯罪的案件中，如果共同犯罪成立，对每个共犯人应分别按其在共同犯罪中所起作用的大小给予轻重有别的处罚。具体来说，参与共谋并起组织、策划、指挥作用者，不论其是否到现场去实行犯罪，均应认定为主

---

① 松宫孝明. 刑法总论讲义：第 4 版补正版. 钱叶六，译. 北京：中国人民大学出版社，2013：207.

② 同①.

③ 西田典之. 日本刑法总论：第 2 版. 王昭武，刘明祥，译. 北京：法律出版社，2013：310.

犯，给予比其他参与者更重的处罚；参与共谋但并未起组织、策划、指挥作用，只是为犯罪方案的完善、犯罪信心的确立等发挥了一定的作用，又因故未到现场去实行犯罪的，可认定为从犯给予较轻的处罚；参与共谋并到现场去实行了犯罪的，如果是受人指使甚至受胁迫去实行犯罪，且犯罪结果并非是由其所实施的行为直接引起的，通常应认定为从犯或胁从犯；积极参与实行犯罪，并由其直接引起犯罪结果发生的，往往应认定为主犯。这样处理案件，无疑能有效避免按共谋共同正犯论可能带来的上述弊病，并能确保对犯罪参与者处罚的公平合理性。

另外，按共谋共同正犯论处理共谋犯罪的案件，还可能出现处罚漏洞。因为共谋共同正犯成立的前提是，共谋者中至少要有一人已着手实行犯罪，如果尚无人着手实行犯罪，不仅共谋共同正犯不能成立，而且对所有参与共谋者可能都无法定罪处罚。这是由于共谋犯罪的行为并非是犯罪的实行行为，至多只能算是犯罪的预备行为，而日本等大陆法系国家的刑法原则上不处罚犯罪的预备行为，加上刑法又没有单独对共谋犯罪设处罚规定，如果单独来论某个参与共谋者的共谋行为，虽然其也可被视为教唆或帮助他人去犯罪，但按区分制的理论，教唆犯和帮助犯这种共犯的成立，以实行犯（正犯）已着手实行犯罪（具有实行从属性）为必要条件，既然参与共谋的他人都没有去实行犯罪，每个参与共谋者就不可能分别构成教唆犯或帮助犯，最终的结论是所有参与共谋犯罪者均不构成犯罪。毋庸讳言，共谋犯罪而尚无人着手实行的案件，由于只是停止在犯罪的预备阶段，社会危害性程度较低，大多并无给予刑事处罚的必要性。但在恐怖犯罪频发且危害性极大的当下，共谋危害性极大的犯罪，例如，甲、乙、丙三人共谋用塑料袋装大量汽油在乘客众多的地铁列车上放火，因被人听到后举报而案发。对这种共谋犯罪的案件，如果不以犯罪论处，显然有放纵危险犯罪之嫌，不利于维护社会安全。

按我国刑法的规定和单一正犯理论，对共谋犯罪的案件，只要有定罪处罚的必要性，均可以定罪处罚，不存在无法定罪处罚的问题。如前所述，"刑法分则的构成要件不是为狭义的正犯而设，而应当涵括了每一种参加形式"①。例如，我国刑法第232条规定的故意杀人罪中的"杀

---

① Baumann, *Die Tatherrschaft in der Rechtsprechung des BGH*, NJW 1962, s.375. 何庆仁. 共犯判断的阶层属性. 中国刑事法杂志, 2012（7）：21.

人"就包括实行杀人、教唆杀人、帮助杀人、预备杀人等多种行为类型,并非仅指"实行杀人"一种情形。由于二人以上在一起共谋杀人是一种为杀人做准备(预备杀人)的行为,分别而论每个参与共谋者客观上都实施了杀人罪的构成要件行为,其主观上也有杀人的故意,完全具备我国刑法第232条规定的故意杀人罪的主客观要件,对其按该罪定罪不存在任何问题。同时,又由于数人在一起共谋杀人,表明他们主观上有杀人的共同故意,客观上有杀人的共同行为,只不过还处于预备阶段,属于共同预备杀人,完全具备我国刑法第25条规定的共同犯罪的成立条件。对每个参与共谋构成共同犯罪者,应根据他们在共同犯罪中所起作用的大小,认定为主犯或从犯,给予轻重有别的处罚。另外,还要适用刑法关于预备犯的处罚规定,对每个共谋者处以比既遂犯轻一些的处罚。这样处理共谋犯罪的案件,不仅堵塞住了共谋共同正犯论及区分制可能带来的处罚漏洞,而且能保证对参与共谋者之间的处罚均衡合理。

当然,笔者也不否认,按单一正犯理论和我国传统的共谋共同犯罪的观念,对共谋犯罪案件的处理,确实存在扩大处罚范围的风险。如前所述,如果仅有共谋犯罪的行为,既没有共谋者去实行犯罪,甚至没有进一步的为犯罪做准备的活动,加上共谋的犯罪并非是恐怖犯罪等危害性和危险性特别大的犯罪,将这类案件纳入共谋共同犯罪的范围显然是扩大了处罚范围,不具有合理性。不过,应当看到,只是存在这种风险或可能性,并不存在扩大处罚范围的必然性。因为我国刑法总则第13条"但书"的规定,既为我们将情节显著轻微危害不大的共谋犯罪的行为排除在犯罪之外提供了法律依据,又可以说是刑法的基本要求,只要我们掌握好认定犯罪的标准,扩大处罚范围的风险是可以得到有效防控的。

第五节 过失共同正犯论之否定

二人以上的共同过失行为引起构成要件结果发生的,是否成立过失共同正犯?这是德、日刑法学界早就有争议的问题。近些年来,我国刑法学界要求引入过失共同正犯的声浪高涨①,学者们大多引用瑞士的"滚石案"或与之相似的案件予以论证。瑞士的"滚石案"中,两个在一起的年轻人临时起意,各自将一块岩石从高处推下,使之沿斜坡滚到河里去,一位坐在河边钓鱼的人被其中一块石头砸中致死。事后查明,两位当事人因疏忽而没有事先确定斜坡下无人,也无法确定那块致命的石头究竟是哪一位推落下去的。如果按照德国的通说,否定过失共同正犯成立,那么,两个当事人都必须被宣告无罪。因为单独而论,无法证明是谁推下去的石头导致钓鱼人死亡。如果肯定过失共同正犯成立,那就可以把另一人的行为当作是他自己的行为一样而予以归责,结果是只要确定其中一人的行为造成了钓鱼人的死亡,就足以对这两个人都按过失致死罪定罪处罚。若能肯定两人的行为导致钓鱼人死亡,同样的结论就更是不言而喻了。瑞士联邦法院对本案正是如此判决的。② 我国也有地方法院对类似案件做出与此结论相似的判决。③ 过失共同正犯肯定论者对这样的判决倍加赞赏,认为如果采取否定论,势必出现对这类案件无法定罪处罚的不合理现象。

一、过失共同正犯肯定说及其弊病

关于能否成立过失的共同正犯,采取区分制体系的各国刑法大多未做明文规定,因而早就存在认识分歧。在日本,大审院时代的判例都是采取否定说,战后最高裁判所的判例改采肯定说。与之相应,日本刑法学界过去较长时期以否定说为通说,后来由于越来越多的立足于犯罪共同说的学者改采肯定说,时至今日,"过失共同正犯肯定说已处于支配性地位"④。

---

① 冯军. 论过失共同犯罪//西原先生古稀祝贺论文集. 北京:法律出版社;东京:成文堂,1997:165页以下;张明楷. 刑法学:上.6版. 北京:法律出版社,2021:544;邹兵. 过失共同正犯研究. 北京:人民出版社,2012:16.

② 普珀. 反对过失共同正犯. 王鹏翔,译. 东吴法律学报,2006,17(3):345.

③ 如重庆发生的"比赛枪法案":雷某与孔某两人相约在一阳台上,选中离阳台8.5米左右处一个树干上的废瓷瓶为目标比赛枪法(共用一支JW-20型半自动步枪)。两人轮流各射击子弹3发,均未打中,但其中一发子弹穿过树林,将离阳台100余米的行人龙某打死。重庆市九龙区人民法院和重庆市中级人民法院均认定两被告人构成过失犯罪。张明楷. 共同过失与共同犯罪. 吉林大学社会科学学报,2003(2):44.

④ 西田典之. 日本刑法总论:第2版. 王昭武,刘明祥,译. 北京:法律出版社,2013:345.

与此相反，在德国，尽管一直都有不少学者持过失共同正犯肯定说，但从第二次世界大战后至今否定说仍长期处于支配地位①，并且"实务上迄今为止仍没有在过失犯罪中采纳共同正犯的想法"②。

在德、日，过失共同正犯肯定说主要分为三种类型：一是以不需要意思联络的行为共同说为基础的肯定说；二是以犯罪共同说为基础，并以意思联络与共同注意义务为过失共同正犯成立要件的肯定说；三是不要意思联络并注重从规范上理解认定共同注意义务的肯定说。③ 为弄清过失共同正犯论的来龙去脉，笔者在此分别做简要评说。

（一）从几种不同立场提出的肯定说及其评析

1. 从行为共同说的立场提出的肯定说

行为共同说认为，共同正犯是指自然行为的共同，并非是特定犯罪的共同，因此，共同正犯的成立只要对自然的行为有共同之意思即可，对结果不要求有共同的意思或者说不要求有共同的故意，过失犯也就有可能成立共同正犯。④ 此说在日本十分流行。我国也有学者从此说的立场肯定过失的共同正犯。⑤

按行为共同说，数人参与犯罪并非是数人同犯一罪，而是"数人数罪"，即共犯者各自为了实现自己的犯罪，通过利用他人的行为而使自己行为的因果影响力扩大，这是共犯（包含共同正犯）的特色。如果把利用他人行为的本质视为扩大自己行为的影响力，即便是仅有物理的因果性，也同样能成立共同正犯，也就是说根本不需要把通过意思联络而形成相互的利用补充关系视为共同正犯的本质⑥，这就为过失共同正犯的成立排除了障碍。

毋庸置疑，按行为共同说，过失共同正犯确实有可能成立。但是，从犯罪共同说的立场来论，共同正犯是共同实行特定的犯罪，为了成立共同

---

① 内海朋子. 过失共同正犯论. 东京：成文堂，2013：174.

② 普珀. 反对过失共同正犯. 王鹏翔，译. 东吴法律学报，2006，17（3）：344.

③ 内海朋子. 过失共同正犯论. 东京：成文堂，2013：72.

④ 中山研一. 刑法总论. 东京：成文堂，1982：463.

⑤ 张明楷. 刑法学. 6版. 北京：法律出版社，2021：545.

⑥ 虽然也有持行为共同说的学者把意思联络作为共同正犯成立的要件，但其似乎并无充足的理由，并有可能导致行为共同说的前提崩溃。内海朋子. 过失共同正犯论. 东京：成文堂，2013：83.

正犯必须有实行某种犯罪的意思联络，也就是以各参与者相互都对犯罪事实有认识为必要。过失犯由于对犯罪事实缺乏认识，不存在共同正犯的问题。在德国，一般认为，作为共同正犯主观要件的共同实行的意思是"共同引起结果发生的意思"，而过失犯没有指向结果发生的意思决定，因而过失共同正犯概念不具有成立的可能性，这种否定说是德国历来的通说，现在仍然很有力。尽管德国刑法第 25 条第 2 项关于共同正犯的规定①，并未指明共同正犯中的共同行为必须是故意实施的，但从第 26 条、第 27 条有关教唆犯、帮助犯的规定②足以看出，过失教唆、帮助他人犯罪者，并不能成为刑法规定的教唆犯、帮助犯，据此，不少学者认为，为了维持前后条文的协调统一性，有必要将共同正犯也限定在故意犯之中。③

由于行为共同说认为，只要行为共同，共犯或共同正犯就可能成立，而"行为"并非仅限于构成要件的行为，还可能是非构成要件的自然行为，不仅基于不同故意内容实施的行为可能成立共犯，一方有故意另一方为过失的行为、双方均出于过失共同实施的行为，也可能成立共同正犯。这就会导致共同正犯或共犯范围的无限扩大化，并且会在理论上得出一些荒谬的结论。如甲出于故意、乙基于过失共同开枪杀死丙，按行为共同说，甲成立杀人罪的共同正犯，乙构成过失致死罪的共同正犯，并非是甲与乙均成立这两罪或两罪中的某一罪的共同正犯，实质上还是分别定两种罪质有重大差异的罪。那么，这种各自构成不同犯罪的情形，还能称之为共同正犯（或共同犯罪）吗？

按行为共同说处理具体案件，有可能得出不合理的结论。例如，X、Y 共同承担工程，各自分担完成部分工程任务，由于 X 不按要求施工出现质量问题，导致建筑物垮塌砸死了人。Y 完全是按要求完成任务，对事故结果本来不应承担责任。但按行为共同说，过失犯的场合，只要当事人有行为的共同，就可能成立过失共同正犯，既然 Y 与 X 共同承担工程，即

---

① 德国刑法第 25 条第 2 项规定："数人共同实施犯罪的，均依正犯论处（共同正犯）。"

② 德国刑法第 26 条规定："故意教唆他人故意实施违法行为的是教唆犯。对教唆犯的处罚与正犯相同。"第 27 条第 1 项规定："对他人故意实施的违法行为故意予以帮助的，是帮助犯。"

③ 内海朋子. 过失共同正犯论. 东京：成文堂，2013：54.

有共同的行为，并造成了严重的事故，也就构成共同正犯，根据"部分行为全部责任"的原理，Y 当然也应对事故结果承担责任。这样处理案件，明显是将不应承担责任的主体，也纳入了共同正犯的处罚范围。

另外，按行为共同说，肯定过失共同正犯的成立，还会使共同正犯的范围无限扩大化。例如，20 人到森林中去练习射击，由于没有认真采取防范措施，击中一位进入射击区域的人并致其死亡。事后查明，仅有一颗子弹击中，却不知是谁击中的。尽管 20 人都存在击中的可能性，但可以肯定的是其中 19 人射出的子弹并未击中。而按行为共同说，由于 20 人有共同的行为，并过失造成了被害人死亡结果的发生，因而成立共同正犯，即都应按过失致死罪定罪处罚。这就意味着 19 位本来没有击中被害人的人，因他人的行为连带负刑事责任，这无疑是不适当地扩大了刑事责任的范围，也是违反个人责任原则的。

2. 从犯罪共同说的立场提出的肯定说

在德、日刑法学界，过去持犯罪共同说者往往否定过失共同正犯，持行为共同说者则大多肯定过失共同正犯。但是，随着过失犯研究的深化、新过失论的登场，认为过失犯也有构成要件的实行行为，即具有高度侵害法益危险的行为或违反注意义务的行为，就是过失犯的实行行为。既然如此，那么，数位参与者如果一同实施符合构成要件的过失实行行为，可以说是具备了"特定犯罪"的共同之条件，所以从犯罪共同说的立场，也可能支持过失共同正犯肯定说。[1] 应当指出的是，在日本，从犯罪共同说的立场肯定过失共同正犯，大多是以目的行为论为基础来分析过失的构造，从而强有力地予以推进。但在目的行为论的故乡——德国，持目的行为论者大多否定过失共同正犯。[2]

日本的目的行为论者认为，如果把实行行为的意思与故意严格区分开来，即便是从犯罪共同说的立场，由于主观上并非要有故意而是只要有共同实行的意思，就不影响共同正犯的成立，而共同实行的意思是指共同实施符合同一构成要件实行行为的意思，如果参与者有与他人共同实施过失

---

[1] 金泽文雄. 犯罪共同说还是行为共同说//中义胜. 刑法论争. 东京：有斐阁，1976：178 以下.

[2] 内海朋子. 过失共同正犯论. 东京：成文堂，2013：86.

实行行为的意思，当然可能成立过失共同正犯。① 但是，从犯罪共同说立场提出的肯定说也值得商榷。

第一，过失犯即便是存在实行行为，也不能忽视过失行为具有两面性，即有意识的一面与无意识的一面，只有无意识的一面才能体现过失犯的本质，而以有意识的一面存在意思联络作为过失共同正犯成立的依据，显然是与过失犯的本质相悖。② 如二人抬一根木材从楼上扔下去，没有注意到楼下是否有人，结果将一路过的人砸死。此案之中，有意识的一面是二人抬木材往楼下扔，无意识的一面是没有想到会砸死人。没意识到会致人死亡，这才是过失致死罪的本质。而二人有意识地一起往楼下扔木材，在没有砸到人和物的场合，是一种合法行为（或非刑法上的行为），可见，区分非刑法上的行为与过失犯罪的关键在于，行为是否引起危害结果发生。在通常情况下，特别是在所谓无认识的过失的场合，没有认识到行为可能引起危害结果发生是过失犯的本质所在，而对行为可能引起危害结果发生，过失犯罪的参与者之间不可能存在意思联络。否则，就是共同故意犯罪，而不是共同过失犯罪。

第二，犯罪共同说认为，共同正犯是共同实行特定的犯罪，参与犯罪者之间必须有意思联络，由于要求有故意的共同作为意思联络的内容，显然在理论上无法说明为何承认过失的共同正犯。③ 因为在共同过失犯罪的场合，参与者都只是对共同实施非刑法上的行为（如一起往楼下扔木材）有意思联络，对此种行为可能引起危害结果（如扔木材砸死人）则并无认识，自然不能认为有犯罪的意思联络。况且，过失犯的构成要件行为与危害结果是不可分离的，因为只有引起了危害结果发生，过失犯罪才成立。在没有引起危害结果发生的场合，如扔木材没有砸到人和物，那么，这种扔木材行为就不是过失致死罪的构成要件行为。只有扔木材砸死人的行为，才是过失致死罪的构成要件行为。如果参与者对实施该行为有意思联络，就意味着对扔木材砸死人有认识又一起实施，这就不是过失致死，而是共同故意杀人。

第三，共同正犯的归责原理是"部分行为全部责任"，其根据在于参

---

① 佐久间修. 刑法总论. 东京：成文堂，2009：371.
② 团藤重光. 刑法纲要总论. 3版. 东京：创文社，1990：393.
③ 日高义博. 刑法总论. 东京：成文堂，2015：482.

与者之间存在相互利用、补充的关系,即所有参与者都把他人的行为作为自己行为的一部分加以利用,以达到既定的犯罪目的,这正是所有参与者都要对其他参与者的行为直接引起的危害结果承担责任的理由所在。毋庸讳言,在共同过失犯罪的场合,数人一起往楼下扔木材、一起施工作业、一起手术等这种由数人分担施行以达成共同目的,且意外地引起危害结果的情形,确实比单个人实施更为容易,因而也能认为存在相互利用的补充关系。就此而言,即便是认为有过失实行行为的共同,如果从行为人的主观面来考察,过失行为之际,行为人也通常并不存在对自己的行为有引起危害结果或侵害法益危险性的认识。如前所述,肯定共同过失犯中有共同实行的意思,实际上是把那些并未指向构成要件结果的非刑法上的行为(如往楼下扔木材)理解为过失的实行行为,认为有共同实施这种行为的意思,就是有共同实行的意思,而忽视了共同正犯"部分行为全部责任"的根据在于,数人通过有"意识的、意欲的共同"而相互利用对方的行为施行犯罪。在结果犯中,意思联络必须涉及结果,即对行为会引起危害结果发生有共同的意识与意欲,而过失犯罪是结果犯,数人共同过失犯罪的场合,不可能有这样的意思联络,自然也就不能成立共同正犯。①

3. 从共同注意义务违反说的立场提出的肯定说

20世纪60年代,以目的行为论为基础的过失共同正犯肯定说登场,到70年代,随着过失犯的共同实行这种形式的过失共同正犯观念的形成,将共同注意义务理解为过失共同正犯的成立要件,从此种立场肯定过失共同正犯的主张,被称为共同注意义务违反说。此说先是被一些德国学者所倡导,如德国的洛克辛教授早期就采用此说②,后来被越来越多的持犯罪共同说的日本学者所接受,现在已成为日本有力的学说。③ 我国也有学者采取此种过失共同正犯肯定说。④

在日本,一些学者从不同的角度对此说展开了颇有影响的论述。如藤

---

① 内海朋子. 过失共同正犯论. 东京:成文堂,2013:91.
② 洛克辛教授后来改采否定过失共同正犯的主张。内海朋子. 过失共同正犯论. 东京:成文堂,2013:206.
③ 同①72,91.
④ 冯军. 刑法问题的规范解释. 北京:北京大学出版社,2009:347.

木英雄教授认为:"在能够预想危险的状态时,各共同行为人就负有基于相互利用、补充的关系,回避结果发生的共同的注意义务。过失犯中的共同实行……具体来说,就是共同实施危险行为的行为人,相互之间,不仅要采取措施,防止自己直接实施的行为产生危害结果,同时,为了防止共同作业的同僚的作业动作发生结果,还有提供必要的建议、监视对方行为的义务。这样,在实施防止事故发生的具体的对策时,相互利用、补充关系成为一体,对这一体的活动进行判断,可以承认过失犯的共同正犯。"①又如,大谷实教授认为:"在对共同行为人赋予了共同注意义务的场合,违反客观注意义务的行为(如 A、B 都没有履行确认路上有无行人的义务而往下扔报废材料),当然是具有共同实施之意思的,这正是共同实行的意思。又由于有一起实施违反客观注意义务的行为,所以也能认为有共同实行的事实。正因为过失犯中也可能具备共同正犯的主观要件和客观要件两方面,所以,承认过失犯的共同正犯之肯定说妥当。"② 再如,大塚仁教授认为:"在法律上对共同行为人科以共同的注意义务时,如果存在可以认为共同行为人共同违反了其注意义务这种客观的事态,就可以说在此存在过失犯的共同正犯的构成要件符合性,进而,在也承认各个共同行为人存在责任过失时,不是就可以认为成立过失犯的共同正犯吗?……其共同实施这种不注意行为的心情可以说是过失犯的共同实行的意思。"③

毋庸讳言,由于共同注意义务违反说强调,在由数人的过失行为引起危害结果发生的场合,是否成立过失的共同正犯,关键要看数人之间是否有共同的注意义务和共同的违反行为,这同只要有行为的共同就可能成立过失共同正犯的行为共同说相比,无疑是对过失共同正犯的范围做了较大的限制,能在一定程度上避免过失共同正犯范围的扩大化。但是,此说仍有如下几方面的缺陷。

第一,"将共同注意义务的共同违反作为过失共同正犯的要件,如果这样的话,共同的注意义务的存在与否就不受行为者之间意思沟通的有无所左右,所以,共同实行某一'行为'的意思应看作是不必要的。""基于

---

① 藤木英雄. 过失犯的共同正犯. 研修,263;13.
② 大谷实. 刑法讲义总论. 新版第 5 版. 东京:成文堂,2019:415-416.
③ 大塚仁. 刑法概说(总论):第三版. 冯军,译. 北京:中国人民大学出版社,2003:253-254.

这种考虑，共同正犯这种形式上的共同责任的根据，就在于有关回避结果的客观的'共同义务的共同违反'，从而'犯罪的共同实行的意思'，在这种'共同义务的共同违反'被认定的场合，应考虑为只不过是认定成立故意犯的'共同正犯'的要件而已。"也就是说，过失犯的共同正犯不需要具备这样的主观要件。但"这一结论似有背离犯罪共同说的定义之嫌。理由在于，犯罪共同说终究是将共同实行某种犯罪的意思作为共同正犯的主观要件"①。

第二，持共同注意义务违反说的论者认为，在过失共同正犯的场合，行为人之间也有意思的联络，意思联络的内容是"共同实施不注意行为的心情"，或者说是"共同实施违反注意义务行为（如往楼下扔废料）的意思"，但是，不考虑犯罪时共同行为者之间有无违反注意义务的意思沟通，作为意思联络的内容只是看有无共同实施前法律事实的意思沟通，或者有无一起共同作业本身的意思沟通，那是看不出行为人之间存在主观联系之基础的。事实上，在数人负有共同的注意义务而进行共同作业的场合，由于客观上有共同义务，就被视为有过失行为的共同，但即便是有某种共同作业的事实，也并不意味着就有一起去违反注意义务的意思沟通。如果将共同实施过失行为视为有意思联络，那就等于是将与犯罪事实无直接关系的事实（如一起共同作业）作为意思的要素。而为完成共同作业，即使大家共同做了一定的安全确认，也不能认为有意思的沟通，因为这并不是为实现过失犯罪所做的意思联络。将这种共同的过失行为造成危害结果的情形认定为共同正犯，显然只是根据有实施行为的事实的共同（如一起往楼下扔废料）来确定共同正犯成立。但数人共同实施的过失行为，不等于是意图引起结果的共同行为，将这种情形认定为共同正犯，无疑是将共同正犯的主观要件（犯罪的意思联络）虚无化，自然是不妥当的。②

第三，按共同注意义务违反说，同样存在扩大处罚范围的可能性。因为按此说，在共同作业或共同从事某种活动的场合，大多存在防止危害结果发生的共同注意义务，共同注意义务的内容在行为时就必须确定，无论是其中的某一方或者根本无法查明是哪一方的直接违反注意义务的行为导

---

① 松宫孝明．刑法总论讲义：第4版补正版．钱叶六，译．北京：中国人民大学出版社，2013：202-203．

② 日高义博．刑法总论．东京：成文堂，2015：490-491．

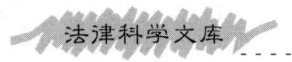

致危害结果发生，所有参与者都成立共同正犯，而不论其中的某个参与者是否尽到了自己的注意义务。其原因在于只是自己遵守注意义务还不够，必须使其他参与者也遵守注意义务，而其他参与者未遵守注意义务导致结果发生，正好表明行为人未完全履行注意义务，这样一来，无疑会使履行了自己的注意义务的人，因他人违反注意义务的行为而承担刑事责任。这种"主张经由'共同的注意义务'使得过失共同正犯之间有一种联带性。但在法律上并没有'共同的注意义务'这种东西。每一个法律义务都可以，而且也应该表述为由个别法律主体所承担的义务"①。"如果行为人并非因为违法的意欲，而是因为未尽到法秩序所要求的注意义务被非难，那么就只有因为行为人自己，而不是他人违反注意义务所造成的损害结果，应归责于行为人，即便他人所违反的注意义务与行为人相同或有所关联也是如此。"②

第四，在有些场合，共同义务的内容如何确定，本来就是共同义务违反说面临的一大难题。而共同过失犯罪的行为形式多种多样，既有各行为人都采取作为形式的，也有都采取不作为形式的，还有作为形式与不作为形式相交叉的，那么，过失犯中不作为形式的作为义务与过失犯中的注意义务是什么关系？在有管理监督过失的场合，管理监督者与被管理监督者的共同过失引起危害结果发生的，是否存在共同注意义务共同违反的问题？在有的行为人采取作为形式、另有的行为人采取不作为形式，共同过失地引起危害结果发生的场合，行为人之间各自的义务内容本来不同，又怎么可能有共同违反共同注意义务的问题？另外，按共同注意义务违反说，构成过失共同正犯的各行为人"不仅要自己遵守注意义务，而且要使其他共同者也遵守注意义务"，但"使其他共同者也遵守注意义务"的内容仍不清楚，这与所谓管理、监督义务有无差异也不明确。况且，在故意犯中，作为的共同正犯、作为与不作为的共同正犯、不作为的共同正犯，都是不同的概念，要区别来论的，但是按上述过失共同正犯肯定说，对这诸种形态不予区分，而是一概地作为共同注意义务的违反来把握，这难免使人对其合理性产生怀疑。③

---

① 普珀. 反对过失共同正犯. 王鹏翔, 译. 东吴法律学报, 2006, 17 (3): 351.
② 同①344.
③ 内海朋子. 过失共同正犯论. 东京: 成文堂, 2013: 101.

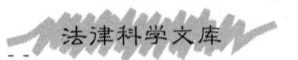

（二）过失共同正犯肯定说与区分制体系相冲突

如前所述，犯罪参与法律体系有区分制与单一制之分。所谓区分制，是将犯罪参与人从参与形态上区分为正犯与共犯，并予以区别对待的法律体系。这种犯罪参与体系，本来就是为故意犯设定的。从德、日刑法学中区分正犯与共犯的各种理论，就不难看出这一点，并且从德国刑法第26条、第27条关于教唆犯和帮助犯的规定，也很容易得出不存在过失教唆犯和过失帮助犯的结论。正如柯耀程教授所述，在区分制的体系下，要想"精准无误地区分不同参与形态，确实有其本质上的困难，而且仅能解决故意犯参与问题，对于过失犯，仍旧束手无策，而需将之划归为单一行为人（单一正犯——笔者注）加以认定"①。

众所周知，共同正犯是区分制犯罪参与体系的产物。既然区分制是为故意犯设定的，那么，区分制中的共同正犯，无疑只能限定在故意犯的范围内，而不应当有过失的共同正犯。如前所述，对共同正犯者之所以采用"部分行为全部责任"的归责原理，是因为共同正犯者之间有意思的联络，这既是他们被追责的心理基础，也是他们之间存在主观联系的要因。正是由于共同者之间通过意思联络建立了主观上的联系，相互都将自己与他人的行为作为犯罪的有机组成部分，因此，不论共犯者中谁的实行行为引起了结果的发生，都应当认定为与共同正犯之间存在因果关系，所有的共同正犯者都应当对该结果负责。② 但在过失犯的场合，由于行为人之间无犯罪的意思联络，自然也就不能采用共同正犯的归责原理。

肯定过失的共同正犯，不仅与刑法设置共同正犯的初衷相悖，而且会遇到许多按区分制理论无法解释的难题。如前所述，在区分制的犯罪参与体系下，共同正犯是正犯的一种，是与作为狭义共犯的教唆犯和帮助犯相对应的犯罪参与形态，由于其在正犯之列，处罚重于共犯，自然也应与共犯区别开来。那么，肯定过失的共同正犯，逻辑的结论也应当肯定过失的教唆犯和过失的帮助犯。但德国的刑法否定了这一结论，德国的通说否定过失的共同正犯，同时认为："在过失犯罪中，不存在教唆与帮助，因为根据法律的明确表达（第26条、第27条），这两种参与形式只有在故意

---

① 柯耀程. 变动中的刑法思想. 台北：元照出版有限公司，2001：272.
② 日高义博. 刑法总论. 东京：成文堂，2015：491.

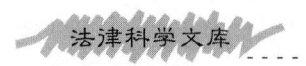

时才能实现。"① 与德国不同的是，日本现在的通说肯定过失共同正犯，并且日本刑法没有明文将过失教唆、过失帮助排除在教唆犯、帮助犯的范围之外，由于对狭义的过失共犯有解释为具有可罚性的余地，因而关于如何对待其可罚性的问题，比德国有更为广泛的讨论空间。② 目前，在日本，持过失共同正犯肯定说的论者中，有的认为，过失的教唆、帮助也有可罚性，因而应肯定过失的教唆犯、帮助犯③；也有的认为，过失犯罪的教唆、帮助不具有可罚性，应否定过失的教唆犯、帮助犯。④ 我国刑法学界持过失共同正犯肯定说的论者中，也有这样两种不同的主张。⑤

毋庸置疑，按过失的共同正犯肯定说，无论得出过失的教唆、帮助行为可罚或不可罚的结论，都必须将过失的共同正犯与过失的教唆、帮助严格区分开来。因为如果过失的教唆、帮助行为不可罚，那么，其与过失的共同正犯的区分就涉及罪与非罪的界定，一旦出现误认，就可能出现将有罪判为无罪或者将无罪定为有罪的现象；如果认为过失的教唆、帮助行为可罚，其与过失的共同正犯的区分，则会影响处罚的轻重。问题在于，应如何区分？在故意犯中，正犯与共犯的区分主要是以参与行为的形式为根据，即原则上实施实行行为者是正犯、实施教唆行为者是教唆犯、实施帮助行为者为帮助犯。一般认为，刑法分则规定的具体犯罪的构成要件行为是实行行为（或正犯行为）。由于故意犯的实行行为（如用刀杀人）大多从外观上就能看出其具有侵害法益的危险性，因而从客观上不难作出判断。然而，过失犯的实行行为（如交通肇事）在其尚未造成危害结果之前，大多与正当行为在外观上相似甚至相同，所以从客观上的行为表现很难作出判断。并且，刑法规定的许多具体过失犯罪具有抽象概括性，在由多人的行为引起危害结果发生的场合，很难从客观行为形式上确定谁实施的是实行行为、谁实施的是教唆、帮助行为。例如，在"央视大火案"

---

① 罗克辛. 德国刑法学总论：第2卷. 王世洲，等译. 北京：法律出版社，2013：10.
② 内海朋子. 过失共同正犯论. 东京：成文堂，2013：230.
③ 西田典之. 共犯理论的展开. 东京：成文堂，2010：211.
④ 山口厚. 刑法总论问题探究. 东京：有斐阁，1998：274.
⑤ 侯国云. 刑法总论探索. 北京：中国人民公安大学出版社，2004：380；冯军. 刑法问题的规范理解. 北京：北京大学出版社，2009：349.

中，行为人违规在央视新址 A、B 座楼间燃放烟花，礼花烟火落至配楼顶部，引燃屋顶的材料，导致火灾发生，造成消防人员伤亡和重大财产损失。这是一件典型的众多人员共同过失犯罪的案件，最终有 20 人被分别以危险物品肇事罪定罪判刑。① 该事故后果是由多个环节的违章行为共同引起的，如在禁止燃放烟花的地点燃放烟花、使用了未批准在市内销售的烟花、施工单位大量使用不合格保温板，等等。其中，每个违反规章的环节，又分别由多人实施，有的作出违规的决定，有的安排人员实施，有的受人指使去施行。显然，不能说火灾是由燃放烟花引起的，只有点燃烟花的人才是实行行为者（正犯），指使点燃烟花的人是教唆者（教唆犯），其他为燃放做准备的人都是帮助者（帮助犯）。如果这样认定，按区分制的通说，对过失教唆、过失帮助者均不能定罪处罚，最终的结果是只有点燃烟花的一人构成犯罪，这样处理案件肯定不具有合理性。因为事故后果是由多个环节的违规行为共同造成的，并且在每个违规环节中发挥关键作用的，是作出决定指使他人去干的人，即从行为形式上看是实施教唆行为者，如果不将这种人作为共同过失犯罪处罚的重点，甚至将其排除在犯罪之外，无疑有放纵犯罪的嫌疑。

另外，按区分制通常的区分正犯与共犯的标准及共犯从属性说，还可能出现对某些共同过失犯罪无法定罪处罚的现象。例如，甲为爆破组长，负责组织十多名工人在地下矿区爆破，甲指定乙去监测瓦斯含量，如果超标就及时到现场来报告，甲组织大家打洞安放好炸药后，未见乙来报告（乙睡着了），就认为瓦斯未超标可以爆破，在未按规定组织大家撤离到安全区域的情况下，指使第一次到现场干活的临时工丙点燃炸药引线。由于瓦斯含量超标引起矿道瓦斯大爆炸，致多人死伤。此案之中，是由丙点燃炸药引线引起爆炸发生的，按通常的正犯与共犯区分的标准，丙是实施实行行为者即为正犯，但丙是第一次到现场作业，按现场负责人的指令实施作业行为，不能认为其有犯罪的过失，也不能追究其刑事责任。在正犯不构成犯罪的场合，如果是故意犯罪，指使者可能是间接正犯，但在过失犯罪的场合，间接正犯没有存在的空间或余地。因为间接正犯是利用他人作为犯罪工具实施犯罪的情形，而在过失犯罪的场合，行为人无犯罪故意，

---

① 孟庆华. 从央视大火案看共同过失犯罪的成立. 河南省政法管理干部学院学报，2010（5）：64.

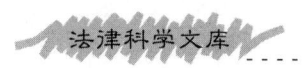

当然不存在利用他人作为工具去犯罪的问题。因此，甲指使丙引爆的行为不可能是间接正犯，其又不是亲自实施实行行为的直接正犯，只能视为教唆犯，对这种无正犯的过失教唆犯，当然不能定罪处罚。至于乙虽未履行监测瓦斯的职责，并且是造成事故的重要原因，但从其行为形式来看，只是帮助行为（并非实行行为），对这种过失帮助犯，也无法定罪处罚。但对这种由严重违规的行为引起重大事故发生的案件，不追究行为人的刑事责任，明显不合理。由此可见，按区分制为故意犯设定的区分正犯与共犯的标准，从客观的行为形式来区分过失共同正犯、过失教唆犯与过失帮助犯，根本不具有可行性。

这也在一定程度上表明："在区分制的结构中对于故意犯与过失犯，似乎不能用同一体制加以涵盖。……由故意犯所发展出来的区分标准，对于过失犯，则不能适用，造成刑法中因区分而出现再次区分的情况。"[1] 迄今为止，虽已有不少过失共同正犯肯定论者，提出了许多不同于故意犯的区分过失正犯与过失共犯的标准，如有的提出，过失正犯是过失事件的操控主体，即对侵害法益的因果进程起操控作用者，过失共犯则是过失事件的非操控者；另有的提出，过失正犯是对构成要件记述的法益侵害应负首要责任者，过失共犯则是应负次要责任者[2]，但是，这些区分标准明显违背了区分制的初衷。如前所述，刑法之所以采取区分正犯与共犯的犯罪参与体系，一个很重要的原因就是从犯罪参与的行为形式上来区分正犯与共犯，区分的标准客观，可以避免法官罪刑擅断，有利于贯彻罪刑法定主义。而以行为人是否操控因果进程或应负责任的大小，来作为过失正犯与共犯的区分标准，显然不是立足于客观的行为形式，法官采用这样的标准来做判断或区分时，难免带有主观随意性，这与设立区分制的宗旨不符，也会在一定程度上动摇区分制的根基。

事实上，即便是在采取区分制法律体系的国家，是否有必要在过失犯中区分正犯与共犯，也是需要进一步思考的问题。正如日本的铃木茂嗣教授所述，日本刑法第199条将故意"杀人者"作为杀人罪的正犯，第210条将过失"致人死亡者"作为过失致死罪的正犯。前者特别将具备"杀"这种行为类型的行为者作为正犯，后者将引起人死亡者都作为正犯，由此

---

[1] 柯耀程. 变动中的刑法思想. 台北：元照出版有限公司，2001：272.
[2] 内海朋子. 过失共同正犯论. 东京：成文堂，2013：213-214.

不难看出立法者的意思。我们可以称前者为行为（形态）限定型的犯罪类型，后者是行为（形态）非限定型的犯罪类型。故意犯的刑罚重、法定刑幅度宽，因此，在故意犯的场合，应被科处正犯之刑的主犯与应减轻刑罚的从犯，可以说在犯罪类型上明确予以区别的必要性程度高。而在过失犯的场合，一般法定刑轻，且幅度比较窄，所以，各种行为形态都作为量刑事情考虑的因素，而不拘泥于犯罪类型上的行为形态的差异，采取这种行为非限定型的立法形式是具有合理性的。可见，过失犯作为行为非限定型的犯罪类型被确定的场合，不问结果实现的形态如何，只要是过失地引起犯罪类型的结果者都是过失正犯，作为正犯的扩张类型的过失共同正犯、教唆犯、帮助犯没有讨论的余地。[①] 特别值得一提的是，德国刑法虽然采取区分正犯与共犯的区分制，但通说认为，"在过失犯罪中，不存在教唆与帮助……过失造成符合行为构成结果的人，也总是过失行为的实行犯"，即实际上采用的是单一正犯的概念或解释论。[②]

二、过失共同正犯否定说及其缺陷

如前所述，犯罪共同说认为，由于共同正犯是数人共同实行特定的犯罪，成立共同正犯就必须有共同实行该种犯罪的意思联络，这决定了各参与者必须相互认识犯罪事实，而过失犯则缺乏对犯罪事实的认识，因而不可能存在过失共同正犯。另外，共同意思主体说认为，在过失犯罪的场合，不可能存在数人为共同实施犯罪而结成的共同意思主体，过失的共同正犯当然不可能成立。由于其否定过失共同正犯的论据与犯罪共同说相似，因而通常也被包含在犯罪共同说之中。[③] 在日本，以前只是持犯罪共同说（含共同意思主体说）的论者否定过失共同正犯的成立，并且大多是从两方面来否定：一是在过失犯罪的场合，由于缺乏共同正犯所必要的"实现犯罪（结果）的意思联络"，因而不存在理论上成立的可能性；二是过失共同正犯可以通过同时犯来解消，因而无肯定的实益、也没有必要承认这样的概念。现在也有持行为共同说的论者，一方面肯定过失共同正犯

---

① 铃木茂嗣. 刑法总论. 2版. 东京：成文堂, 2011：244-246.

② 罗克辛. 德国刑法学总论：第2卷. 王世洲, 等译. 北京：法律出版社, 2013：10.

③ 内海朋子. 过失共同正犯论. 东京：成文堂, 2013：54.

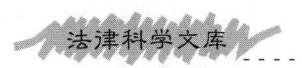

的概念在理论上有成立的可能性，另一方面从既无刑事政策的需要也无实务上存在的意义之角度予以否定。① 由于持否定说的论者大多认为，"如果数人以过失的方式共同实施了犯罪行为，只要每个行为人具备了过失犯应受处罚性的所有先决条件，则每个行为人均是同时犯"② 也可以说是单独过失行为的竞合，对行为人分别按单独正犯处罚即可，因而这种主张又被称为"过失同时犯解消说"③。我国也有学者采取此说。④

过失同时犯解消说有三种不同的具体主张：第一种主张认为，按过失共同正犯肯定说，过失共犯现象也成为可罚的对象，这无疑会导致处罚范围的扩大化，为此，应当对违反注意义务或过失的有无做个别的考察判断，在能够肯定与发生的结果之间存在相当因果关系的限度内，即便是由他人的过失行为作为中介引起结果发生的，也应按相对于结果的单独过失犯追究行为人的责任，以维持过失认定的严密性，从而限定处罚范围。⑤ 第二种主张认为，按过失共同正犯肯定说中的共同注意义务违反论，作为过失共同正犯的要件是必须有共同注意义务，其内容不仅是要注意自己的行为而且要关注他人的行为，使之都不引起危害结果的发生。这表明所谓共同的注意义务，实际上还是有关自己行为的注意义务和对他人行为予以监督的义务，而这两种义务是可能分解的，并且对违反这两种义务是可以个别地考察判断的，也就是说作为过失单独犯来对待不会有任何障碍。⑥ 第三种主张认为，过失共同实施行为的情形与故意的共同正犯不同，故意犯中的意思联络，是参与者之间形成相互利用、补充关系的基础，也会使侵害法益的危险性程度提高，这也是允许适用"部分行为全部责任"原则的根据所在；但在过失犯中，不存在基于相互利用、补充关系而使侵害法益的危险性增加的问题，相反在缺乏对结果的意思联络的过失共同实施行为的场合，由于心理的因果性较弱，对方的存在不一定会增加"不注意"的程

---

① 北川佳世子．过失共同正犯论的动向//川端博，等．理论刑法学的探究（8）．东京：成文堂，2015：184．

② 耶赛克，魏根特．德国刑法教科书．徐久生，译．北京：中国法制出版社，2017：917．

③ 同①．

④ 陈家林．共同正犯研究．武汉：武汉大学出版社，2004：203．

⑤ 井田良．刑法总论的理论构造．东京：成文堂，2005：371．

⑥ 高桥则夫．刑法总论．4版．东京：成文堂，2018：483．

度或提高行为的危险性,因而也不存在要使用共同正犯概念予以特殊归责的条件,而只能是采用与过失单独正犯同一的原理来处罚行为人。①

过失同时犯解消说否定过失共同正犯的成立,自然有其合理性,但将肯定说所指的过失共同正犯的情形,均视为同时犯,作为单独过失犯(或过失的单独正犯)来处理,此种解消或化解过失共同正犯的途径仍存在疑问。

第一,因为"同时犯的概念的意义仅在于表明共同正犯的对立物的所有表现形式的名称,在解释学上它并没有独立的价值,因为它只是涉及数个单独正犯的偶然的竞合"②。所以,"每个同时正犯人,只应为他的那个行为部分承担责任,如同一个独自的正犯人"③。但是,用过失的单独正犯的竞合难以合理解释某些特殊的共同过失犯罪现象。例如,两人用力将一块大石推到崖下,未想到砸死了人。如果视为过失的单独正犯的竞合,认定两人分别成立过失致死罪,与单独的过失犯一样来处罚,即与单独一人过失推落石头砸死人同等对待,显然不具有合理性。因为被害人死亡的结果毕竟是两人共同的行为引起的,完全不考虑这一点,无疑是对案件未作全面的评价。况且,两人之中责任的大小可能会有差异,如提议推石者比附随参与者的责任就更大一些,处罚也应适当重一点。

第二,将共同注意义务的内容解释为包含监督义务,以共同过失犯罪者之间存在相互监督的义务,并以有监督过失作为对其按单独正犯处罚的根据,同样不具有合理性。因为共同注意义务是防止共同行为引起危害结果发生的义务,与监督义务有质的差异。一般来说,监督义务只存在于有上下级关系的上级这一方,认为处于对等关系的同事之间存在相互监督的义务、可能出现监督过失,本来就难以令人信服。况且,监督义务通常表现为防止由他人的动作(并非自己的动作)引起危险状态的发生,因而监督过失犯大多是不作为犯,要求行为人具有保证人的地位。而处于对等关系的同事,显然不具有保证人的地位。另外,"就过失的不作为犯而言,在如果两人以上不共同作为的话,就不能避免结果的场合,根据单独犯的构成,由于每一被告人都不可能通过独立地履行义务来避免结果,就只能

---

① 前田雅英. 刑法总论. 5版. 东京:东京大学出版会,2011:504.
② 耶赛克,魏根特. 德国刑法教科书. 徐久生,译. 北京:中国法制出版社,2017:922.
③ 韦塞尔斯. 德国刑法总论. 李昌珂,译. 北京:法律出版社,2008:293.

是无罪"①。这样的结论也明显不具有合理性。

第三，对各行为者中究竟是谁的行为直接引起危害结果发生不能确定的情形，将所有行为人都按单独过失犯处罚，不符合同时犯的法理。一般而言，同时犯通常是在行为人之间缺乏意思联络的情况下，同时引起某种结果发生或造成某种侵害的情形。对同时犯只能按单独犯定罪处罚，因而各行为人只对自己行为造成的结果负责。例如，甲、乙都想伤害丙，在缺乏沟通的情况下，分别从不同的方向投石砸丙，事后查明甲砸伤了丙的头部属重伤，乙砸伤了丙的腿为轻伤。由于是同时犯，分别仅对自己行为造成的结果承担责任，对甲应按故意伤害致人重伤定罪处罚；对乙则只能以故意伤害致人轻伤定罪处罚。在不能确定危害结果是由谁的行为引起的情况下，按照"存疑有利于被告人"的原则，各行为人都不对危害结果负责，只能按未遂处理。例如，A与B各自在同一地点狩猎，同时从不同位置对一误认的"野兽"（实际上是人）开枪。事后查明，仅有一颗子弹击中致被害人死亡，但不知是谁击中的。由于A、B是同时犯，都不对被害人死亡结果负责，而过失行为未造成危害结果的，不负刑事责任，因而对A、B无法定罪处罚。这正是同时犯面临的一大难题。但共同过失行为引起危害结果发生的情形有所不同。假如上述A与B是结伴去狩猎，A发现几十米外移动的黑影后告诉B那是"野兽"，B观察后也误认为是"野兽"，两人约定同时开枪，结果同样是仅一颗子弹命中，却不知是谁命中的。如果将A、B视为同时犯，都不对被害人死亡结果负责，这相比上述典型的同时犯，更不具有合理性。这毕竟是两人约定一起实施的行为共同造成的危害结果，无疑应当让两人都对该结果负责，即均构成过失致死罪。正因为如此，上述持过失同时犯解消说的论者，大多肯定这后一种情形中的A与B构成过失致死罪。其理论根据是："不论是因自己的过失行为导致结果的发生，还是因怠于履行监督对方的义务而未能阻止对方的行为而引起结果的发生，对结果都要承担过失责任。""由于这属于因果关系的'择一认定'"②，又会带来理论上难以解释的新问题。因为既然是同时犯就不能作为共同正犯处理，而只能作为单独正犯来看待，但单独过失犯

---

① 松宫孝明. 刑法总论讲义：第4版补正版. 钱叶六，译. 北京：中国人民大学出版社，2013：203.

② 同①.

是以自己的行为造成了危害结果作为成立条件的，不能说无论是自己导致结果发生还是对方导致结果发生，都要对结果承担过失责任。况且，如果是自己的过失行为直接导致结果发生，这属于作为；如果是未履行监督义务即未能阻止对方的行为而引起结果的发生，虽然也可以说是行为人自己的过失行为引起了结果的发生，但从行为的构造来看是不作为。① 如前所述，不作为犯的成立要求行为人处于保证人的地位，认定上述一起打猎的 A 与 B 双方都处于保证人地位，自然是毫无说服力。加上将不知是 A 还是 B 命中的这一个射击行为，既评价为过失的作为又视为不作为，并且 A 与 B 都分别同时成立过失致死罪的作为犯与不作为犯，无疑也是十分荒唐的。

从以上分析"不难看出，主张可以将过失的共同正犯解消为过失同时犯的观点，或者没有实际意义（在能够确定因果关系时），或者不符合事实（在无法确定因果关系时）"②，因而不具有科学合理性。

三、我国刑法的规定与肯定说和否定说不相容

（一）过失共同正犯肯定说与我国刑法规定相冲突

我国刑法第 25 条规定："共同犯罪是指二人以上共同故意犯罪。二人以上共同过失犯罪，不以共同犯罪论处；应当负刑事责任的，按照他们所犯的罪分别处罚。"由于该条规定将共同犯罪限定在共同故意犯罪的范围内，并明确指出共同过失犯罪不以共同犯罪论处，因而我国传统刑法理论认为，刑法否认了过失的共同犯罪，当然也就否认了过失的共同正犯。但是，近些年来，我国也有不少学者从立法论上肯定过失的共同正犯，并建议修改刑法的相关规定③；甚至有学者认为，"刑法第 25 条第 2 款实际上肯定了过失的共同正犯"④，因而，"在解释论上采过失共同正犯肯定说成为可能"⑤。

---

① 内海朋子. 过失共同正犯论. 东京：成文堂，2013：70.
② 胡东飞. 过失共同正犯否定论. 当代法学，2016（1）：91.
③ 邹兵. 过失共同正犯研究. 北京：人民出版社，2012：211.
④ 张明楷. 刑法学. 6 版. 法律出版社，2021：545.
⑤ 李洁，谭堃. 论我国过失共同正犯的规范前提：以《刑法》第 25 条第 2 款的规范构造为中心. 北方法学，2014（4）：66.

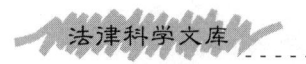

认为从我国刑法第 25 条之规定可以得出过失共同正犯肯定说之结论的论者中，主要有三种不同的解释路径或方法：(1) 认为共同犯罪包含故意共同犯罪（或共同故意犯罪）与过失共同犯罪（或共同过失犯罪），既然过失共同犯罪也在共同犯罪之列，即便是不将共同犯罪与共同正犯等同，至少共同犯罪之中是包含共同正犯这种犯罪类型的，因而对过失共同犯罪应以共同犯罪论处，也就意味着肯定过失共同正犯的成立。① (2) 认为我国刑法第 25 条第 1 款是关于共同正犯的规定，同时采取日本的行为共同说。由于按该说之主张，共同正犯的成立不需要故意的共同，也不要求罪名相同。只要参与者在主观上有"共同实行的意思"，客观上有"共同的实行行为"即可。既然如此，由于"'二人以上共同故意犯罪'中的'共同故意'，是指'共同实行的意思'，而过失犯、意外事件的行为人都可能有实施实行行为的意思，因而……过失犯之间……可能在违法性意义上成立共同犯罪"②。也就是说，既然过失犯之间也可能成立上述条款所指的共同犯罪，那就表明过失共同正犯有可能成立。(3) 认为"刑法第 25 条第 2 款是在对共同过失犯罪的行为人采取共同结果归属的前提下，再实行分别处罚的原则。如果不能将结果归属于行为人，就不可能'按照他们所犯的罪分别处罚'"而"要分别处罚行为人，前提必然是采取了部分实行全部责任的原则，承认过失的共同正犯"③。在笔者看来，我国刑法第 25 条的规定与过失共同正犯肯定说明显不相容，上述三种解释路径根本行不通。

第一，共同正犯是采取区分正犯与共犯的区分制立法体系的产物，在采取单一制（单一正犯）立法体系的我国，共同正犯概念无存在的土壤和空间。④ 况且，我国刑法之中，根本没有出现"正犯"一词，不可能有关于"正犯"的规定，怎么可能单独对"共同正犯""过失的共同正犯"做规定呢？

第二，将我国刑法第 25 条第 1 款中的"共同犯罪"等同于德、日刑

---

① 冯军.刑法问题的规范解释.北京：北京大学出版社，2009：347；侯国云.刑法总论探索.北京：中国人民公安大学出版社，2004：375.
② 陈洪兵."二人以上共同故意犯罪"的再解释——全面检讨关于共同犯罪成立条件之通说.当代法学，2015（4）：43.
③ 张明楷.刑法学.6 版.北京：法律出版社，2021：545.
④ 刘明祥.论中国特色的犯罪参与体系.中国法学，2013（6）：119.

法中的"共同正犯",正如本章第三节所述,根本不具有合理性与可行性。事实上,该条款中的"共同犯罪包括共同故意实行犯罪、组织犯罪、教唆犯罪和帮助犯罪"①,并非仅限于共同故意实行犯罪(共同正犯)一种类型。

第三,将我国刑法第25条第1款中的"共同故意犯罪"解释为包含共同过失犯罪,肯定是错误的。日本的行为共同说固然认为,共同正犯的成立并不要求参与者之间有共同的犯罪故意,而只要在主观上有"共同实行的意思",客观上有"共同的实行行为"即可,但这是以日本刑法第60条的规定为前提的。由于该条规定"二人以上共同实行犯罪的,都是正犯"。这里的"共同实行犯罪"有解释为包含共同实行过失犯罪的余地,而并非仅限于共同实行故意犯罪,因而过失共同正犯肯定说与日本刑法第60条的规定不存在明显的冲突,这也是行为共同说能在日本流行的一个重要原因。但用行为共同说解释共同正犯的套路来解释我国刑法第25条第1款中的"共同故意犯罪",认为"共同故意"是指"共同实行的意思",因共同过失犯罪也有共同实行的意思,所以也能包容在"共同故意犯罪"之中,这显然与我国刑法的规定不符。众所周知,我国刑法第14条规定:"明知自己的行为会发生危害社会的结果,并且希望或者放任这种结果发生,因而构成犯罪的,是故意犯罪。"即便是按曾经将刑法第25条第1款视为共同正犯之规定的论者的最新解释②,"'共同犯罪是指二人以上共同在故意犯罪',而不是说'共同犯罪是指二人以上共同故意在犯罪'"③。"共同在"实施的"故意犯罪"也当然应当是刑法第14条所界定的"故意犯罪"。而从该条规定不难看出,成立故意犯罪仅有实施行为的意思是不够的,还必须对行为引起的危害结果持希望或放任态度,但如果对危害结果持这样的心态,那就不是过失犯罪了。因此,不可能将共同过失犯罪包含在"共同故意犯罪"或"共同犯罪"之中。可见,将我国刑法

---

① 陈兴良.教义刑法学.北京:中国人民大学出版社,2010:638.

② 张明楷教授曾经认为我国刑法第25条第1款是关于共同正犯的规定,钱叶六教授等赞成他的这一主张。近来张明楷教授修正了自己过去的主张,认为刑法第26条才是关于共同正犯的规定。张明楷.共犯人关系的再思考.法学研究,2020(1):148.

③ 张明楷.刑法学.6版.北京:法律出版社,2021:496.

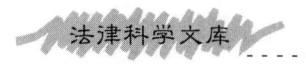

第25条第1款中的"共同犯罪"理解为"共同正犯",并将其与日本刑法第60条规定的"共同正犯"做同样的解释,以日本的通说将该条中的"共同正犯"理解为包含过失共同正犯为根据,认为我国刑法第25条第1款中的"共同犯罪"也包含过失共同正犯(或过失共同犯罪),明显是忽视了两国刑法上述条款所规定内容的不同。

第四,如前所述,共同犯罪概念有广义和狭义之分,从广义而言,即按一般民众的理解,包括二人以上共同侵害同一对象(或造成同一结果)且都构成犯罪的各种情形,如双方基于故意、双方均为过失或者一方出于故意另一方基于过失,共同引起某人死亡结果发生的,都在广义的共同犯罪的范围之内;从狭义而言,共同犯罪则仅指二人以上共同故意犯罪的情形。从我国刑法第25条的规定不难看出,应从狭义上理解我国刑法中的"共同犯罪"。该条第2款指出,"二人以上共同过失犯罪,不以共同犯罪论处"。这就明确将共同过失犯罪(或过失共同犯罪)排除在共同犯罪的范围之外。但也有论者提出,该款只是否定共同过失犯罪成立共同犯罪,"不能成为否定过失共同犯罪也能成立共同犯罪的根据",因为过失共同犯罪不同于共同过失犯罪。前者是指两个以上的行为人负有防止危害结果发生的共同注意义务,由于全体行为人共同的不注意,以致危害结果发生的一种共同犯罪形态;后者则是指两个以上的行为人的过失犯罪行为共同造成了一个危害结果,但各行为人之间不存在共同注意义务和违反共同注意义务的共同心情(或心态)。① 正如张明楷教授所述,特意区分"共同过失犯罪"与"过失共同犯罪"两个概念,主张在现行刑法之下,对过失共同犯罪以共同犯罪论处的观点,还缺乏说服力。因为"在汉语中,'共同过失犯罪'与'过失共同犯罪'二个概念,实际上没有区别,就像人们常说的故意共同犯罪与共同故意犯罪一样"②。况且,刑法第25条第1款明确规定,"共同犯罪是指二人以上共同故意犯罪",从这一规定也能得出"二人以上的共同过失犯罪"不成立共同犯罪的结论。

第五,认为我国刑法第25条第2款规定对二人以上共同过失犯罪分别处罚,这实际上是肯定了过失的共同正犯。因为分别处罚的前提是采取了"部分行为全部责任"这一共同正犯的处罚原则。在笔者看来,二人以

---

① 冯军.刑法问题的规范解释.北京:北京大学出版社,2009:344.
② 张明楷.共同过失与共同犯罪.吉林大学社会科学学报,2003(2):45.

上共同过失犯罪的场合，固然是只有将共同造成的结果归属于每个行为人，才可能"按照他们所犯的罪分别处罚"；但这并不意味着只有将这种情形视为共同正犯，才能将结果归责于每个行为人，并实行分别处罚。按照单一正犯的解释论，在数人参与犯罪（包含共同过失犯罪）的场合，只要能肯定是数人的行为共同引起了危害结果的发生，自然是每个人都要对该结果负责，并且还要根据其参与犯罪的性质和参与的程度，分别给予轻重不同的处罚，这与按过失的共同正犯对每个参与者不能体现出处罚差异相比，其分别处罚的特点更为突出。

（二）过失共同正犯否定说与我国刑法规定不相符

如前所述，过失共同正犯否定说认为，过失共同正犯无存在的余地，对肯定说所指的过失共同正犯的情形，应按单独过失犯处理。我国持此说的论者大多认为，我国刑法第25条第2款的规定就是采取这种否定说。[①] 但是，笔者不赞成此种主张。毋庸置疑，该款规定确实明确否定了二人以上共同过失犯罪可能成立共同犯罪，从而排除了过失共同正犯有成立的可能性，但从该款规定并不能得出对共同过失犯罪应按单独过失犯处理的结论。尽管该款后段指出："应当负刑事责任的，按照他们所犯的罪分别处罚"；但这也只具有提示性的意义，即提醒法官注意，既然"不以共同犯罪论处"，也就不能像对待共同犯罪那样，将参与者分为主犯与从犯（含胁从犯）而适用刑法的相关规定来予以处罚。即便是对构成共同犯罪（共同故意犯罪）的参与者，也同样要按其所犯的罪分别处罚，这是现代刑法的个人责任原则所决定的。因此，不能将该款中的"分别处罚"理解为按单独犯处罚。相反，由于该款前段明确指出，"二人以上共同过失犯罪，不以共同犯罪论处"，表明"法条承认存在二人以上'共同过失犯罪'的情形"[②]，后段接着说"按照他们所犯的罪分别处罚"，这意味着对这类案件先要作为共同过失犯罪来认定，尔后再让所有行为人共同分担责任。因为既然不是行为人单独实施的过失犯罪，而是"二人以上共同过失犯罪"，当然要按"他们所犯的罪"即"共同过失犯罪"，来对每个参与者定罪处罚。但是，如果作为过失的单独犯处理，在不能确定危害结果是共同行为人中的哪一位所直接造成的场合，将对所有的行为人均无法定罪处罚；而

---

① 黎宏.刑法学总论.2版.北京：法律出版社，2016：274.
② 张明楷.刑法学.6版.北京：法律出版社，2021：545.

在能够确定是其中某人或某部分人的行为所直接造成的场合,则对其他未直接造成危害结果的人同样无法定罪处罚,这些无疑均不具有合理性。显然,只有作为共同过失犯罪来处理,才能将危害结果归责于所有行为人。并且,按照我国通说的解释,"解决每个行为人的责任时,应当根据各行为人过失程度的轻重,以及各人过失行为对犯罪结果原因力的大小来确定,有的负主要责任,有的负次要责任,有时也可能负同样的责任;但不能不加分析地在任何情况下一律负同等的责任"①。由此可见,我国刑法第 25 条第 2 款的规定,既不是采取过失共同正犯肯定说,也不是采取否定说,而是采取单一正犯的立法体系,作为我国通说的上述解释,也与单一正犯的解释论完全相符。对此,笔者将在下文展开述说。

四、单一正犯解释论下的共同过失犯罪

(一)按单一正犯论解释共同过失犯罪的根据

如前所述,我国刑法关于共同犯罪的规定不同于德、日等国刑法,我们采取的是不区分正犯与共犯的单一正犯体系。② 我国刑法第 25 条第 2 款的规定表明,对共同过失犯罪同样是采取单一正犯的定罪处罚规则。正如前文所述,该款中的"二人以上共同过失犯罪"一语意味着刑法肯定共同过失犯罪的存在,并且对构成共同过失犯罪者,并非是按"他所犯的罪"(单独过失犯罪)处罚,而是要按照"他们所犯的罪"(共同过失犯罪)分别处罚,也就是要把所有参与者的行为纳入共同过失犯罪的整体来评价,根据每个人对所犯之罪作用的大小(不是根据参与行为的形式),分担责任、分别给予轻重不同的处罚。而单一正犯体系对数人参与犯罪(包含数人共同过失犯罪)的情形,也是不区分参与行为的形式,即不论实施的是实行行为还是教唆或帮助行为,一律根据其参与犯罪的性质和参与的程度,或者说是对所犯之罪的贡献大小,来予以处罚。由此可见,刑法第 25 条第 2 款的规定,与单一正犯体系完全一致。

---

① 马克昌. 犯罪通论. 3 版. 武汉:武汉大学出版社,1999:519. 陈兴良教授也认为:"对共同过失犯罪进行分别处罚的时候,还是要把握全案的情况,在此基础上区分各共同过失犯罪人的罪责大小。"陈兴良. 共同犯罪论. 2 版. 北京:中国人民大学出版社,2006:411.

② 刘明祥. 论中国特色的犯罪参与体系. 中国法学,2013 (6):117.

但是，在区分制的体系之下，"共同过失犯罪"并无独立的存在空间。前述过失的共同正犯肯定说与否定说，要么是将其纳入共同正犯之中（肯定说的主张），要么是将其作为单独犯对待（否定说或过失同时犯解消说的主张）。正如前文所述，将其解释为过失的共同正犯不仅很牵强，会带来许多难以处理的新问题，而且与区分制体系相冲突，原因就在于区分正犯（含共同正犯）与共犯的体系，本来就是为故意犯设定的，而过失犯与故意犯有较大差异。将其解释为过失的单独犯，虽然不存在这样的问题，但这不仅存在无视犯罪的"共同性"的弊病，而且在危害结果是由其他参与者所引起或者不能确定由谁引起的场合，认定行为人构成过失的单独犯（或过失的同时犯），明显与单独犯及同时犯的理论不符。正因为如此，即便是一些采取区分制的国家（如德国），在司法实务中，对过失犯罪也不得不采取单一正犯的定罪处罚规则，而不采取区分正犯与共犯的区分制。① 德国刑法理论界的通说，对过失犯罪也是采取单一正犯概念（或单一正犯解释论）。② 我国也有学者一方面赞成区分正犯与共犯的区分制，并认为我国刑法对故意犯是采取区分制；但另一方面认为，刑法第25条第2款的规定，有解释为对共同过失犯罪采取单一正犯体系的可能性。③ 综上所述，对共同过失犯罪，按单一正犯理论来做解释，在我国是有理论和法律依据的。

（二）按单一正犯论解释共同过失犯罪的路径

一般来说，在数人参与（或涉及）过失犯罪的场合，按单一正犯的定罪处罚规则，先要对每个参与者个人的行为是否构成过失犯罪作出判断，关键要看其行为与构成要件结果之间是否有因果关系。如果有因果关系，就要进一步考察其主观上是否有过失；如果有过失，且无阻却违法和阻却责任的事由，那就构成相关的过失犯罪。如果还有其他的参与者也构成此种犯罪，则要进一步考察他们所犯的罪之间是否存在共同关系，如果有共同关系，那就成立共同过失犯罪。对构成犯罪的每个参与者要根据其参与

---

① 罗克辛. 德国刑法学总论：第2卷. 王世洲，等译. 北京：法律出版社，2013：10.
② 施特拉腾韦特，库伦. 刑法总论Ⅰ——犯罪论. 杨萌，译. 北京：法律出版社，2006：423.
③ 张明楷. 刑法学.6版. 北京：法律出版社，2021：545.

犯罪的性质和参与的程度，主要是看其实施的行为对构成要件结果所起作用的大小，来分清责任的主次，给予轻重有别的处罚；如果不存在共同关系，那就只能分别按单独过失犯来处罚。例如，互不相识的甲与乙到同一森林狩猎，二人将同一人误认为"野兽"，并从不同方位几乎是同时开枪射击。事后查明，甲射出的一颗子弹先击中被害人腹部致其重伤，乙射出的一颗子弹随后击中其心脏致其死亡。由于甲与乙的行为之间不存在共同关系，只是侵害的对象同一，这属于同时犯的情形，仍然只能作为过失的单独犯处理，各自只对自己行为引起的结果负责，即甲构成过失重伤罪，乙成立过失致死罪。

在司法实践中，认定共同过失犯罪的关键有二：一是行为人的过失行为与构成要件结果之间是否存在因果关系，二是数人分别构成的过失犯罪之间是否存在共同关系。前者决定行为人是否构成犯罪，后者决定行为人是否与他人构成共同过失犯罪。一般来说，在数人参与（或涉及）过失犯罪的场合，如果是自己的行为直接引起（包含单独直接引起和与他人一起直接引起）构成要件结果的发生，行为与结果间的因果关系大多不难判断。但在由他人的行为直接引起构成要件结果发生的场合，由于行为人参与到他人的行为（或活动）之中，没有其行为他人也就不会去实施（或不能有效实施）直接引起结果发生的行为，因而行为人的行为与结果之间存在间接的因果关系，同样应该对结果负责。例如，甲、乙、丙上山采石路过一山腰时，甲与乙打赌说，若乙能将其眼前的大石推动滚到山下去，就请大家喝酒，乙应允去推石，但推不动，丙将自己携带的钢钎递给乙，乙拿钢钎用力一撬，大石滚到山下砸死一人。此例之中，推动大石砸死人的是乙，其行为与被害人死亡结果之间有直接的因果关系，但如果没有甲的唆使行为，乙就不会去推石，如果没有丙提供钢钎，乙也不可能推动大石，因此，甲和丙的行为与被害人死亡结果之间也有因果关系，只不过是一种间接的因果关系，同样要对被害人死亡结果负责。此外，在构成要件的结果不能确定是由谁的行为所引起的场合，只要能够肯定是数人的行为所引起，即若无此数人的行为彼结果就不会发生，并且数人是共同实施行为，也就是行为之间具有共同性，能够认定为共同行为，那么，就可以认定数人的行为与结果之间均有因果关系，都应对该结果负责。前述瑞士

"滚石案"和我国重庆的"比赛枪法案"① 就是适例。

问题在于过失的共同行为或数人的过失犯罪之间存在共同关系如何认定。共同过失犯罪与共同故意犯罪不同，各行为人之间不存在共同故意犯罪那样的意思联络，没有共同的犯罪意识或犯罪目的，也没有这种将各行为人联系起来的"共同"的纽带，因而认定共同过失犯罪的"共同性"的难度更大。一般而言，只要各行为人认识到自己是在与他人一起共同实施某种行为，就负有防止该行为引起危害结果发生的共同注意义务，如果由于大家共同的不注意引起了危害结果的发生，就应当认定为各行为人的过失行为之间具有共同性，都应当对现实发生的危害结果负责。

有论者认为："过失共同犯罪中的共同行为应该被限定为共同实行行为，即只有在直接参与实施造成危害结果的过失行为的行为人之间才能成立过失共同犯罪，过失的教唆行为或者过失的帮助行为不应被纳入过失共同犯罪的共同行为的内容之中。"② 在笔者看来，按前述过失的共同正犯肯定论，确实应当将过失的教唆、帮助行为排除在外。因为共同正犯毕竟是正犯的一种类型，按照德、日的正犯与共犯相区分的法律体系，正犯行为原则上仅限于实行行为，不包含教唆、帮助行为。过失的共同正犯既然也属于共同正犯，无疑就不能将实施过失的教唆、帮助行为者纳入其中。但是，按这种解释来处理上述甲、乙、丙三人打赌推石滚下山砸死人的案件，明显不具有合理性。在此案之中，乙是过失的实行行为者，甲是过失的教唆行为者，丙是过失的帮助行为者，正如上文所述，三人的行为缺一不可，都与被害人死亡结果的发生有因果关系，显然不能仅由乙一人对该结果承担责任，而应由三人共同分担。按照上述单一正犯的解释论，共同过失犯罪的共同行为，既可能表现为数人一起共同实施过失的实行行为（如三人合力推动一块大石滚下山砸死人），也可能表现为有的实施过失的实行行为、另有的实施过失的教唆或帮助行为（如上述三人打赌推石案），无论行为人实施的行为表现形式如何，只要是与他人的过失行为之间具有共同性，并且与危害结果之间有因果关系，就有可能与他人构成共同过失犯罪。这样理解就能有效避免上述按过失共同正犯观念处理案件可能造成

---

① 见前文第五节注释所述雷某与孔某选中一树干上的废瓷瓶为目标比赛枪法打死行人。

② 冯军. 刑法问题的规范理解. 北京：北京大学出版社，2009：349.

的不合理现象。

（三）按单一正犯论解释共同过失犯罪的司法实践及其合理性

在司法实践中，数人的过失行为导致一个重大事故发生的案件时有发生，对这类案件大多要作为共同过失犯罪来处理。正如前文所述，我国刑法第 25 条第 2 款虽然明文规定对共同过失犯罪，不以共同犯罪论处，但要求"按照他们所犯的罪"即共同过失犯罪分别处罚，从而在我国刑法理论和司法实务界形成了要把数人的过失行为作为一个"共同"的整体来看待的共识，也就是无形之中产生了共同过失犯罪也要与共同故意犯罪一样，使所有行为人共同分担责任的观念。只不过对共同过失犯罪不像对共同故意犯罪那样，分为主犯与从犯给予轻重不同的处罚，但同样要根据各人的过失行为对犯罪结果原因力的大小（对犯罪的作用或贡献的大小），分清责任的主次，给予轻重有别的处罚。① 我国最高司法机关的有关司法解释或类似文件，也有这样的明确规定。如 2011 年 12 月最高人民法院《关于进一步加强危害生产安全刑事案件审判工作的意见》指出，处理危害生产安全的犯罪（主要是责任事故类的犯罪）时，"对相关责任人的处理，要根据事故原因、危害后果、主体职责、过错大小等因素，综合考虑全案，正确划分责任，做到罪责刑相适应"。"多个原因行为导致生产安全事故发生的，在区分直接原因与间接原因的同时，应当根据原因行为在引发事故中所起作用的大小，分清主要原因与次要原因，确认主要责任和次要责任，合理确定罪责。"其中"对重大生产安全事故的发生起决定性、关键性作用的，应当承担主要责任"，但"不能将直接责任等同于主要责任"。从这些内容不难看出，对危害生产安全的共同过失犯罪，我国最高司法机关既不是采取过失的共同正犯的处罚规则；也不是采取过失的单独犯或同时犯的处罚规则，而是采取单一正犯的处罚规则。因为既然是在有多个原因行为的场合，"应当根据原因行为在引发事故中所起作用的大小，分清主要原因与次要原因，确认主要责任和次要责任"，那就不是作为单独犯或同时犯来看待的。同时，由于过失的共同正犯也属于共同正犯，是区分正犯与共犯的区分制的产物，在这种犯罪参与体系下，主要是根据犯罪行为的参与形式，将参与者分为正犯与共犯，给予轻重不同的处罚；因而对共同正犯的处罚只是比共犯（教唆犯和帮助犯）重，但对各个共同正

---

① 马克昌. 犯罪通论. 3 版. 武汉：武汉大学出版社，1999：519.

犯人，原则上并无处罚轻重的差异。对过失的共同正犯的处罚也是如此。只有采取单一正犯体系，才会根据犯罪参与者参与犯罪的性质和参与的程度，主要是对犯罪的贡献或作用的大小，而不是依据参与行为的形式（实施的是正犯行为还是教唆行为或帮助行为），来给予轻重有别的处罚。我国最高司法机关对危害生产安全的共同过失犯罪的上述处罚规定与此完全相符。

1. 按单一正犯论处理共同过失犯罪案件的优越性

第一，如前所述，共同过失犯罪具有犯罪的共同性，但过失的共同正犯否定说将其作为单独犯或过失的同时犯看待，无视其共同性，显然是对之作出了与事实不符的评判。而单一正犯的解释论将共同过失犯罪纳入共同参与的范畴，对各参与者的行为做整体的评价，无疑是弥补了否定说的这一致命缺陷。过失的共同正犯肯定说虽然是将共同过失犯罪作为共犯或共同正犯来看待，但对各行为人（正犯）的定罪和处罚并无差异，这就会导致责任分担的不公平。因为在同一案件中，各人的过失行为对危害结果的发生所起作用的大小可能会有较大差异，责任的分担也应有差别，以体现公平合理性。单一正犯的解释论，强调根据各参与者参与犯罪的程度，即对犯罪的贡献或作用的大小，来分别给予各参与者轻重不同的处罚，能更好地体现对共同过失犯罪者在处罚上的公平合理性，正好克服了过失共同正犯肯定说的一大弊病。

第二，过失的共同正犯的引入，很大程度上是为了解决二人以上共同实施过失行为，而无法确定是由其中何人的行为直接引起了危害结果发生之案件的定罪处罚问题。肯定论者认为，"如果在最终导致结果的过程中，有多个行为人参与其事，就没有必要再去探讨或证明个别行为人违反注意义务的因果关系"，从而能够将结果归责于所有行为人。"但这种看法并不正确"①。因为无论是过失犯罪还是故意犯罪，也不管是单独犯罪还是共同犯罪，若要将现实发生的危害结果归责于行为人，就必须证明其行为与结果之间有因果关系。单一正犯的解释论正是以各行为人的过失行为与危害结果之间存在因果关系，作为对其定罪处罚之基础的。只不过共同过失犯罪的因果关系的判断与单独过失犯罪有所不同，必须充分考虑共同过失

---

① 普珀. 反对过失共同正犯. 王鹏翔，译. 东吴法律学报，2006，17（3）：344.

行为的特点是共同的不注意,并由此导致了结果的发生,因此,从整体来看,共同过失行为与危害结果之间有因果关系。分别而论,既然只要有行为人的注意,危害结果往往就不会发生,即便发生了也不会归责于他,那就表明其不注意的行为与结果之间有因果关系,因而也要对结果负责。按照单一正犯的理论来分析前文第五节注释中所述重庆发生的"比赛枪法案",尽管无法证实是二人中哪一位开枪射出的子弹击中被害人并致其死亡,但可以肯定的是如果没有他们二人开枪射击的行为,被害人死亡的结果就不会发生,因而他们的共同过失行为与被害人死亡之间有因果关系。又由于他们之间如果没有对方的行为,自己这一方也就不会去实施,可以说互相都对另一方的行为有激励作用,具有心理上的因果性,自然也都要对另一方的行为直接引起的结果负责。由此可见,单一正犯理论对上述案件同样会得出应予定罪处罚的结论,并且解释更具有合理性。

第三,过失的共同正犯肯定论与否定论,都是以区分正犯与共犯的法律体系为基础来展开论述的,均无法回避过失的正犯行为与过失的教唆或帮助行为如何区分以及对过失的教唆或帮助行为是否处罚,乃至对仅实施了过失的教唆或帮助行为者能否作为单独过失犯处罚等难以合理解释的问题。但按单一正犯的解释论,在数人参与犯罪的场合,参与行为的形式即实施的是实行行为还是教唆或帮助行为,对各参与者是否构成犯罪及其处罚的轻重,并不具有决定性的意义。因此,不必区分过失的正犯行为与过失的教唆或帮助行为,只要行为人实施的行为(包含过失的实行行为、教唆行为和帮助行为)与危害结果之间有因果关系,就可以将该结果归责于行为人,即对其按相关的过失罪予以定罪处罚。前述过失共同正犯肯定说与否定说所面临的难题即可迎刃而解,并且具有简单明了、便于司法实践中操作执行的优越性。

第四,过失的共同正犯肯定说和否定说都存在无法避免扩大过失罪处罚范围的弊病。以前述20人一起到森林做射击训练误杀一人的案件为例,由于不能确定是谁射出的一颗子弹击中了被害人,按过失的共同正犯肯定说,20人均构成过失致死罪的共同正犯;按过失的共同正犯否定说或过失的同时犯解消说,20人都是过失致死罪的同时犯。两种学说的结论都是对参与射击训练的20人均无一例外地要按过失致死罪定罪处罚,这无疑是扩大了处罚范围。但按单一正犯的解释论,所有参与射击者的行为虽然均与被害人死亡结果之间有因果关系,且都应当对该结果负责,但并非是平均分担责任，而是要根据各行为人参与的程度即对犯罪所起作用的大小来分担。一般来说，组织、策划射击训练活动者具有比一般参与者更重的防止危害结果发生的注意义务或责任，对其应按过失致死罪定罪处罚，对一般参与者则可以适用刑法第 13 条但书的规定，不追究刑事责任，仅令其承担适当的民事赔偿责任。这样处理案件，既合情合理合法，又能有效避免处罚范围的扩大化。

2. 按单一正犯论对交通肇事罪共犯的司法解释能合理说明

特别值得一提的是，近些年来，对最高人民法院《关于审理交通肇事刑事案件具体应用法律若干问题的解释》中有关交通肇事罪共犯的规定，刑法学界争议不断、质疑颇多。按前述过失的共同正犯肯定说和否定说，均不能做恰当的解释，但按单一正犯理论不难作出科学合理的说明。

第一，上述司法解释规定，单位主管人员、机动车辆所有人或者机动车辆承包人指使、强令他人违章驾驶造成重大交通事故的，以交通肇事罪定罪处罚。按过失的共同正犯肯定说，由于"指使""强令"他人违章驾驶是一种教唆行为，实施这种行为者不可能与违章驾驶者构成交通肇事罪的共同正犯。又由于单独按交通肇事罪处罚教唆者，意味着对没有实施构成要件实行行为的人按单独犯定罪处罚，也与区分制的理论不符，为此，持过失共同正犯肯定说的论者，大多主张不处罚过失的教唆行为。或许是受这种理论主张的影响，我国不少学者对上述司法解释持否定态度。

按过失的共同正犯否定说或过失的同时犯解消说，由于是将违章驾驶者与指使或强令者作为同时犯（或单独犯）看待，而要将指使或强令他人违章驾驶的人单独定过失罪，就不能将"指使"或"强令"行为理解为教唆行为，反而有必要解释为实行行为，路径之一是将这种行为视为监督过失行为。理由在于：单位主管人员、机动车辆所有人或者机动车辆承包人，有监督下属人员遵守交通法规，以防止交通事故发生的义务，但由于其懈怠监督，以致重大交通事故发生，因而单独构成监督过失型的交通肇事罪。这种主张表面上看似乎很有道理，不仅被持过失共同正犯否定说的学者所采纳，而且被我国一些赞成过失共同正犯肯定说的学者用来作为肯定上述司法解释结论的理论根据。① 但是，正如前文所述，未履行监督义务即未能阻止对方的行为而引起危害结果的发生，从行为的构造来看是不作

---

① 张明楷. 刑法学. 6 版. 北京：法律出版社，2021：922.

为。而指使,甚至强令他人违章驾驶的行为,是积极地促使他人实施违反交通法规的行为,从而导致重大交通事故的发生,并不是由于监督不力、管理不善导致事故,明显不是不作为,也无法评价为监督过失。况且,将行为形式本来是教唆的行为,不作为教唆行为看待,反而视为实行行为,不仅与客观事实不符,而且与区分制的基本理念相冲突。另外,还有一种将指使、强令他人违章驾驶的行为解释为实行行为的路径是将其视为间接正犯(间接实行),认为指使、强令他人违章驾驶者,"确实没有直接从事交通运输行为,谈不上有什么直接实行行为",实际上是"通过他人的过失行为而实现了自身的过失犯罪",所以也可能单独构成交通肇事罪(间接实行的交通肇事罪)。① 但在笔者看来,由于间接正犯是以他人作为工具来实现自己所意欲之犯罪的情形,行为人不仅客观上要控制并利用他人的行为,而且主观上要有利用他人的行为来实现自己犯罪目的的恶意。而在交通肇事之类的过失犯罪中,行为人对危害结果的发生是持否定的态度,自然不存在要利用他人去引起危害结果发生的问题,因而此间并无间接正犯存在的可能性。

根据单一正犯的解释论,单位主管人员、机动车辆所有人或者机动车辆承包人指使、强令他人违章驾驶造成重大交通事故的,尽管"指使""强令"者没有直接驾驶机动车违章行驶造成撞死人等重大事故后果,但如果没有其"指使""强令"的行为,他人就不会违章驾驶,重大事故后果也就不会发生,因而其行为既是他人违章驾驶的内在动因,也可以说是刑法第133条规定的违反交通运输管理法规的违章行为的有机组成部分,与重大事故后果之间明显有因果关系,在其主观上有过失,而又无阻却违法或阻却责任的事由时,对其按交通肇事罪定罪处罚不存在任何法律障碍。至于行为人的"指使"或"强令"行为,是过失的教唆行为还是实行行为,按区分制的理论,确实是关系到能否定罪的问题,但按单一正犯论,行为人实施的只要是刑法分则规定的某种侵害法益的行为,无论是实行行为还是教唆行为或帮助行为,都应当认定为符合该种犯罪构成要件的行为,均有可能构成此种犯罪。② 特别是就过失犯罪而论,实行行为与教唆行为或帮助行为有时根本无法区分,实际上也无区分的必要。一般来

---

① 陈兴良. 刑法各论精释:下. 北京:人民法院出版社,2015:746.
② Baumann, *Die Tatherrschaft in der Rechtsprechung des BGH*, *NJW* 1962, s. 375. 转引自何庆仁. 共犯判断的阶层属性. 中国刑事法杂志,2012(7):21.

说，只要行为人的行为与构成要件结果之间有因果关系，就意味着具备了客观方面的构成要件，在主观上又有过失的条件下，过失犯罪即宣告成立。在认定"指使"或"强令"者构成交通肇事罪之后，还要进一步考察被"指使"或被"强令"者是否构成交通肇事罪，在通常情况下，由于是其直接违章驾驶造成了重大交通事故，自然也有不可推卸的责任，同样构成交通肇事罪。又由于他们的犯罪之间明显具有内在的共同性，因而属于刑法第 25 条第 2 款规定的共同过失犯罪的情形，应"按照他们所犯的罪"，分清责任的主次，给予轻重相应的处罚。如果被指使或被强令的直接违章肇事者，因存在无期待可能性等阻却责任的事由而不构成犯罪，则应由"指使"或"强令"者单独对事故后果承担责任，即单独按交通肇事罪定罪处罚。这样处理，显然比按前述过失的共同正犯肯定说或否定说，对"指使""强令"者要么是不当犯罪处罚，要么是作为单独的过失犯（交通肇事罪的单独犯）处罚，更具有科学合理性。

第二，上述司法解释还规定，交通肇事后，单位主管人员、机动车辆所有人、承包人或者乘车人指使肇事人逃逸，致使被害人因得不到救助而死亡的，以交通肇事罪的共犯论处。由于交通肇事罪是过失犯罪，刑法学者大多认为，以此罪的共犯论就意味着承认对过失的共犯（过失的教唆、帮助者）也应定罪处罚，这明显与区分制不处罚过失的共犯的观念和过失的共同正犯肯定说不符，或许是受这种理论观念的影响，加上在我国大家都已习惯将"共同犯罪"简称为"共犯"，并且刑法分则有的条文（如第 382 条）中的"以共犯论处"，也是指以共同犯罪（如以共同犯贪污罪）论处，而我国刑法总则第 25 条明文规定，共同犯罪是指二人以上共同故意犯罪，因此，许多学者对上述司法解释中的"以交通肇事罪的共犯论处"持否定态度。[1] 但是，毕竟"肯定逃逸的指使者构成犯罪的结论具有妥当性"[2]，为此，不少论者主张，应认定指使者的行为单独构成窝藏罪。[3] 不过，也有少数学者对上述司法解释持肯定态度，理由是交通肇事后的逃逸行为是故意的，指使者在明知肇事已发生的情况下，仍指使、教唆肇事人实施逃

---

[1] 陈兴良，周光权. 刑法学的现代展开. 北京：中国人民大学出版社，2006：475.

[2] 张明楷. 刑法学. 下. 5 版. 北京：法律出版社，2021：929.

[3] 同[1]478.

逸行为，与肇事者对肇事后的逃逸具有共同的故意，应共同对这一后果承担责任，并且只能以交通肇事罪的共犯论处。①

在笔者看来，对指使肇事人逃逸并致被害人死亡者，单独按窝藏罪定罪处罚，显然只是对"指使肇事人逃逸"做了评价，并未关注"逃逸致人死亡"，而刑法和司法解释对此予以责难的重心却在后者。另外，指使肇事人逃逸的指使者与逃逸者对逃逸行为本身固然是有共同的意识，但对逃逸行为的后果，即致被害人死亡并无故意。因为如果对此有故意那就构成不作为的故意杀人罪，显然不能作为交通肇事罪这种过失犯罪的加重犯看待。可见，无论是逃逸者本人还是指使逃逸者，对逃逸致人死亡均不可能有故意（只可能是有过失），所以，认为双方有共同故意因而可能成立共同故意犯罪或共犯，明显是将一般民众所理解的非刑法意义上的故意与犯罪故意混淆了。况且，上述司法解释明确指出"以交通肇事罪的共犯论处"，如果是有共同犯罪的故意，怎么可能按交通肇事罪这种过失犯罪的共犯论处呢？

事实上，对上述司法解释中的"以交通肇事罪的共犯论处"，按其字面含义，理解为以交通肇事罪的共犯人（或共同过失犯罪人）论处，不仅与单一正犯的解释论相符，而且具有合理合法性。如前所述，我国刑法第25条第2款对二人以上共同过失犯罪有明文规定，只要是二人以上共同犯交通肇事罪，认定他们构成这种共同过失犯罪，对每个行为人均按此罪的共犯人（或共同过失犯罪人）论处，无疑是情理之中的事，也是与该款规定完全相符的。问题在于，交通肇事后，指使肇事者逃逸的人是否还有可能与肇事者共同犯交通肇事罪。毋庸置疑，如果肇事者仅仅只是逃逸，没有造成其他的实害结果，双方肯定不可能共同构成交通肇事罪。但肇事者的逃逸导致被害人死亡结果发生，除了肇事者要对该结果负责之外，由于如果没有指使者的指使，肇事者就不会逃逸，被害人死亡结果就不会发生，因此，该结果与指使者的行为之间也有因果关系，指使者也应对该结果负责。又由于他们对被害人死亡结果的发生均有过失，且他们的行为之间有内在的共同性，因而构成共同过失犯罪。如果仅就逃逸致人死亡而

---

① 孙军工.《关于审理交通肇事刑事案件具体运用法律若干问题的解释》的理解与适用//最高人民法院刑一庭，刑二庭.刑事审判参考：第3卷·上册.北京：法律出版社，2002：312.

论,显然是属于不作为形式的过失致死,双方构成(共同)过失致死罪。但由于这种犯罪发生在交通肇事的过程中,肇事者本来有救助被害人的法律义务,并且只要其履行救助义务,被害人死亡结果就不会发生,这相对于一般的过失致人死亡的情形,具有更重的罪责或可谴责性,因而刑法将这种肇事后的不作为形式的过失致死,作为交通肇事罪的加重情形,规定了比普通的过失致死罪更重的法定刑。[①] 同时还应当看到,违章肇事致伤被害人,固然是由驾驶者造成的,此前指使者并未参与进去,自然也不应对其参与前驾驶者的行为造成的结果负责,但从其指使已肇事的驾驶者逃逸时起,他就参与到了驾驶者的交通肇事犯罪活动之中。因为如果肇事者不逃逸,被害人死亡的结果就不会发生,根据司法解释的规定,致一人重伤即便是肇事者负全部责任,在无相关严重情节时,通常并不构成犯罪,就这类案件而言,逃逸致被害人死亡,既是构成犯罪的情节,也是加重法定刑的根据所在,指使者参与进去,就意味着其参与到了他人的过失犯罪(交通肇事罪)之中。按犯罪参与的理论,参与者参与犯罪的起始时间,既可能是与他人在同一时间,也可能是在他人开始实施犯罪之后还未完成犯罪之前。既然指使者是在肇事者尚未构成犯罪之时就参与进去,并且其参与后,肇事者实施的行为对其构成交通肇事罪有决定性的意义,那么其无疑也能与肇事者共同构成交通肇事罪。至于肇事者因有其他严重情节已成立交通肇事罪后,指使者才参与进去并实施指使其逃逸的行为,是否还可能与肇事者共同构成交通肇事罪,笔者的回答也是肯定的。因为逃逸致人死亡是肇事者构成交通肇事罪的加重犯的决定性因素,如果没有这一因素,肇事者即便是构成交通肇事罪,一般也只是此罪的基本犯,最高法定刑仅3年有期徒刑,而逃逸致人死亡的最高法定为15年有期徒刑。可见,指使者的参与,对加重犯的成立、法定刑的升格有重要作用,因而也同样可能与肇事者共同构成交通肇事罪的加重犯。类似情形在重大责任事故犯罪中也十分常见,如矿井下一施工人员违反操作规程,引发事故致多人重伤,已构成重大责任事故罪;现场负责人指使其采取违规的处置措施,使事态严重恶化,导致十多人死亡。在司法实践中,无疑也会认定后一参与者(现场负责人)构成重大责任事故罪,同时还会认定其与前行为人成立

---

① 普通的过失致人死亡罪的最高法定刑为7年有期徒刑,交通肇事罪中因逃逸致人死亡的,最高法定刑为15年有期徒刑。

共同过失犯罪，并要分清责任的主次，适用重大责任事故罪加重犯的法定刑，给予轻重有别的处罚。这样处理，当然是恰当的。这从另一个侧面证明，上述司法解释与我国司法实践中处理共同过失犯罪案件的通常做法，不仅完全一致，而且具有相当的合理性。

第七章 犯罪参与论所涉特殊参与关系

第一节 身份犯的共同犯罪

一、共犯与身份概述

（一）立法概况

我国现行刑法总则没有关于共犯与身份即数人参与身份犯的明确规定，但在德、日等国刑法和我国民国时期的刑法（现施行于我国台湾地区）中，对此均有明文规定。如德国刑法第28条规定："(1) 共犯（教唆犯或帮助犯）缺乏正犯可罚性成立之特殊身份要素（第14条第1项），其处罚依第49条第1项减轻之。(2) 因特殊身份要素而法律有加重、减轻或免除刑罚之规定者，仅适用于有此身份之参与者（正犯或共犯）。"日本刑法第65条规定："对于因犯罪人身份而构成的犯罪行为进行加功的人，虽不具有这种身份的，也是共犯（第1

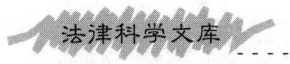

款)。因身份而特别加重或者减轻刑罚时,对于没有这种身份的人,判处通常的刑罚(第2款)。"我国台湾地区现行"刑法"第31条的内容是:"因身份或其他特定关系成立之罪,其共同实行、教唆或帮助者,虽无特定关系,仍以正犯或共犯论。但得减轻其刑(第1项)。因身份或其他特定关系致刑有重轻或免除者,其无特定关系之人,科以通常之刑(第2项)。"这些国家或地区的有关规定,虽然与我国现行刑法采取的犯罪参与体系不同,因而在解释我国刑法中的相关问题时,不能照搬或套用这些规定,但对我们处理相关问题仍有参考价值。

(二) 身份的含义及类型

1. 身份的含义

关于什么是"身份"? 刑法理论上有不同的解释。有的从广义上理解为,"刑法上所谓身份,乃指犯人一身所具有之资格、地位或状态"①。按这种见解,"身份"概念"既然是泛指'犯人一身所具有之资格、地位或状态'等,则不仅是一般所理解之'男女性别'、'亲属关系'、'公务员资格'等等,即便目的犯之'目的'(意图)、常业犯之'常业性'",甚至认为减轻刑事责任年龄、累犯加重、自首减轻等情形也可以包容进去。② 日本最高裁判所的判例,对日本刑法第65条中的"身份"也是从广义上解释为:"不限于男女性别、本国人外国人之别、亲属关系、作为公务员的资格等关系,而是指所有与一定犯罪行为相关的、犯人在社会关系上的特殊地位或状态。"③ 并且,在日本的司法实务界和刑法学界,长期存在扩张解释"身份"概念、尽可能扩大身份犯范围的倾向。例如,日本的判例和通说,认为事后抢劫罪中的"盗窃犯人"是一种"身份",甚至认为某些目的犯中的"营利目的"也是"身份"④。不过,也有学者持否定态度。⑤

---

① 蔡墩铭:刑法精义. 2版. 台北:汉林出版社,2005:355.
② 陈子平. 刑法总论. 4版. 台北:元照出版有限公司,2017:657.
③ 西田典之. 日本刑法总论:2版. 王昭武,刘明祥,译. 北京:法律出版社,2013:365.
④ 同③368-371.
⑤ 否定论者认为,倒不如将知情而中途参与进去的事后抢劫,"作为承继的共犯问题来处理,这样更为合适"。而"要构成'身份',从其作为日常用语的含义来看,必须具有一定的持续性,不应包括目的这种暂时性的主观要素"。西田典之. 日本刑法总论:第2版. 王昭武,刘明祥,译. 北京:法律出版社,2013:368-371.

我国学者对"身份"概念大多也是做类似上述含义的理解,"即都对身份采广义的解释"①。只不过有的论者走得更远,认为:"刑法中的身份,是指行为人或行为对象所具有的决定刑事责任的有无或程度的特定资格、特殊地位或人身状况。"除了上述各种情形之外,还有个人特有的生理要素,如聋哑人、盲人、未成年人、精神病人等,甚至行为对象即被害人所处的状态或特有的要素(如虐待被监管人罪的行为对象是"被监管人"、奸淫幼女型强奸罪的行为对象是"幼女"等),也应包容于"身份"的范围之中。② 不过,也有学者采狭义说,认为"身份就是犯罪主体所具有的特定资格或者地位"③。

在笔者看来,"人的身份"、"刑法中的身份"、"行为主体(或犯罪主体)的身份"与"身份犯的身份"的含义和范围是有差别的。众所周知,身份只有人才具有。关于人的身份,权威的解释是指人的出身、地位或资格,或者说是人在一定社会关系中的地位,因而人人皆有身份。但对"刑法中的身份"显然不能从这种极广义上去理解,而应当有所限制,至少在"人"的范围上要有限制。刑法中的"人"主要是"犯罪人"或"行为人",当然也会涉及"被害人"。被害人作为"人"自然也有身份,并且,其身份有时对行为人的定罪量刑有影响,因此,将作为行为对象的被害人的身份纳入"刑法中的身份"范围,似乎也有道理。至于行为人和被害人之外的其他人的身份,由于对定罪量刑不会产生影响,当然也就不在"刑法中的身份"范围内。而"行为主体(或犯罪主体)的身份"之所以被纳入刑法之中,是因为行为主体所具有的普通"人的身份"之外的特殊身份,与某些犯罪的成立或量刑轻重有直接关系,因而成为立法者、司法者和学者重点关注的对象。但作为行为对象的被害人的身份明显不能被"行为主体(或犯罪主体)的身份"所包容,并且"完全可以在犯罪客观要件中的犯罪对象或行为对象中对其进行研究。这也是德、日等大陆法系国家刑法理论中没有对象身份这一提法的原因之一"④。那么,"行为主体(或

---

① 阎二鹏.共犯与身份.北京:中国检察出版社,2007:27.
② 李成.共同犯罪与身份关系研究.北京:中国人民公安大学出版社,2007:24-25页.
③ 杨辉忠.身份犯研究.北京:中国检察出版社,2007:9.
④ 同①28.

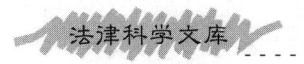

犯罪主体）的身份"与"身份犯的身份"能否等同呢？这涉及对身份犯是从广义还是狭义上理解的问题。如果从广义上理解身份犯，就会作肯定回答；若从狭义上去理解，就可能得出否定的结论。由于刑法学者大多从广义上理解身份犯，因而存在将"身份犯的身份"与"行为主体（或犯罪主体）身份"相等同的倾向。如认为我国刑法第 19 条规定的"又聋又哑的人或者盲人犯罪，可以从轻、减轻或者免除处罚"中，又聋又哑的人、盲人是影响量刑的身份，也就是身份犯的身份。① 基于同样的理由，由于刑法规定对累犯应当从重处罚，因而累犯也是身份犯的身份。但是，笔者不赞成从广义上理解身份犯的概念，也不认为又聋又哑的人、盲人、累犯是身份犯的身份。至于具体理由，将在下文述说。

2. 身份的类型

在中外刑法学界，学者们从不同的角度、采用不同的标准，将刑法中的身份分为多种不同类型，主要有"构成身份"与"加减身份"、"违法身份"与"责任身份"、"积极身份"与"消极身份"，等等。其中，所谓"构成身份"，是指决定犯罪是否成立，即属于犯罪成立之要件的身份，如受贿罪中的国家工作人员或公务员。在我国过去大多称之为"定罪身份"，在日本，通常称之为"构成身份"或"真正身份""纯正身份"。所谓"加减身份"，是指不影响定罪仅影响刑罚之轻重的身份，如我国刑法第 438 条规定的盗窃军用物资罪中的现役军人，我国台湾地区"刑法"第 272 条规定的杀直系血亲尊亲属罪的直系血亲卑亲属。在我国过去一般称之为"量刑身份"，在日本往往称之为"加减身份"或"不真正身份""不纯正身份"。将"身份"分为"构成身份"与"加减身份"，是日本刑法学界通行的做法；分为"定罪身份"与"量刑身份"，则在我国刑法学界十分流行。此外，在德、日还有一种很有影响的主张是把"身份"分为"违法身份"与"责任身份"两类。所谓"违法身份"，是指对行为自身的法益侵害性有影响的身份；所谓"责任身份"，则是对行为人的非难可能性有影响的身份。前者如日本刑法第 254 条（侵占遗失物等）中的"他人之物的占有者"，后者如日本刑法第 186 条（常习赌博和开设赌博场等图利）中的"常习者"②。在日本刑法学界，还有一种相对于"积极身份"的"消

---

① 马克昌. 犯罪通论. 武汉：武汉大学出版社，1999：579.
② 西田典之. 共犯理论的展开. 东京：成文堂，2010：353 - 354.

极身份"也被大家所公认。① 所谓"消极身份",是指阻却行为的违法性或者阻却责任、阻却刑罚的身份。如"有驾驶执照者"的身份阻却无执照驾驶罪的违法性;未达到负刑事责任年龄的"未成年人"的身份阻却责任;亲属相盗场合之"亲属"的身份阻却刑罚,如此等等。这与通常的身份("积极身份")所具有的成立犯罪或加重减轻刑罚的积极功效不同,其有从反面否定犯罪成立或不受刑罚处罚的功效。但在日本学术界,"也有人主张否定的观点,认为肯定这种消极的身份等于是'身份概念的自杀,'"②。

此外,我国有论者将身份分为"人的身份"与"物的身份"③,并认为之所以要将"物的身份"也纳入其中,是因为"特定的物的身份,同样也可以影响刑法中的定罪与量刑,所以,与刑法中影响定罪量刑的自然人的身份无异"。如非法种植毒品原植物罪中的"毒品原植物",就是一种"物的身份"④。但是,正如前文所述,身份只有人才具有,不同的动物和植物等物,虽然也具有不同于其他动物和植物的特点,但与人所具有的表明其出身、地位或资格的"身份"有质的不同,即便是某种特定的物(或具有不同于其他物的特殊性的物)对定罪量刑有影响,也由于物只能被人的行为所作用或利用,而不可能成为行为的主体,因此,不能将其纳入"行为主体(或犯罪主体)的身份"范畴,作为与"人的身份"相并列的"身份"来看待。

我国还有论者根据行为人的身份是不是临时取得的以及身份的固定程度,将身份分为定式身份和不定式身份。前者是指行为人所具的身份是固定的,而且在一定长的时间内不会有所改变的身份;后者是指行为人所具有的身份是临时取得的,而且待一定情状消失后就不再具有的身份,如伪证罪中的证人等。⑤ 但也有论者认为,将犯罪主体的身份划分为定式身份和

---

① 西原春夫. 刑法总论:下卷. 改订准备版. 东京:成文堂, 1995: 411; 陈子平. 刑法总论. 4 版. 台北: 元照出版有限公司, 2017: 658.
② 山口厚. 日本刑法中的"共犯与身份"//马克昌, 莫洪宪. 中日共同犯罪比较研究. 武汉: 武汉大学出版社, 2003: 139.
③ 杨辉忠. 身份犯研究. 北京: 中国检察出版社, 2007: 50.
④ 同③.
⑤ 同③48.

不定式身份没有任何意义，因为这两种身份对定罪和量刑没有任何影响。①

（三）身份犯的概念

古今中外的刑事法律所规定的犯罪，大多包含有身份犯。只不过对"身份犯"的内涵和外延，中外刑法学者的认识并不一致。从"英美法系刑法学者给身份犯下的定义来看……身份犯被看做是一类具有特殊身份的人"，"比如，他们将流浪汉视为身份犯"②。日本等大陆法系国家的刑法学者大多认为，身份犯是（犯罪）主体被限定为具有一定的地位、特性或资格，并以此作为构成要件内容的犯罪③；或者说"因有关行为人自身的地位、状态这种'身份'，而对（犯罪）主体存在限制的犯罪类型，称之为'身份犯'"④。可见，在英美法系学术界，一般视身份犯为犯罪人类型，而在大陆法系刑法学界，通常将身份犯作为犯罪类型看待。

或许是受上述两种不同观念的影响，在我国刑法学界，对身份犯的概念也存在几种不同的认识：一是将身份犯定位于犯罪类型，认为："身份犯的定义应为：刑法分则所规定的，以行为人所具有的特定身份作为犯罪构成要件的犯罪类型。"⑤ 二是"将身份犯完全定位于犯罪人类型……视为犯罪人类型的一种"。但持此种主张的学者很少。⑥ 三是从犯罪类型和犯罪人类型双重角度定位身份犯，认为："身份犯即常人犯的对称，是指以一定身份或其他特定关系为犯罪构成要件或者刑罚加减免除原因的犯罪或犯罪人。"⑦ 这明显是从广义上理解身份犯的概念。我国目前持此种主张的学者较多，这可能是刑法中的"犯"字有双重含义的缘故。如对"未遂犯"，既可能理解为处于未遂形态的犯罪类型（未遂状态的犯罪），也可能解释为已着手实行犯罪而未遂的犯罪人类型（犯罪未遂的犯人）；对"共犯"，既可以理解为数人"共同犯罪"这样的犯罪类型，也可能解释为"共同犯罪人"这种犯罪人类型。基于同样的理由，对"身份犯"从犯罪

---

① 杜国强．身份犯研究．武汉：武汉大学出版社，2005：89-90．
② 杨辉忠．身份犯研究．北京：中国检察出版社，2007：92-93．
③ 井田良．刑法总论的理论构造．东京：成文堂，2005：388．
④ 松原芳博．刑法总论重要问题．王昭武，译．北京：中国政法大学出版社，2014：333．
⑤ 阎二鹏．共犯与身份．北京：中国检察出版社，2007：58．
⑥ 同⑤56．
⑦ 杨春洗．刑事法学大辞书．南京：南京大学出版社，1990：437．

类型与犯罪人类型的双重角度去定位，就成为许多学者一种不自觉的选择。

我国的通说也"将以特殊身份作为主体构成要件或者刑罚加减根据的犯罪称为身份犯"，并认为"以特殊身份作为主体构成要件的"，是真正（纯正）身份犯；不以特殊身份作为主体构成要件，即"特殊身份不影响定罪但影响量刑的"，是不真正（不纯正）身份犯。如"国家机关工作人员身份虽然不是诬告陷害罪的主体要件，但这种特殊身份却是诬告陷害罪从重处罚的根据"①。从通说把"……犯罪称为身份犯"的表述来看，似乎是将"身份犯"定位于"犯罪类型"，但从其所举实例来看，又明显是把"身份犯"放在"犯罪人类型"的位置。因为我国刑法仅规定了一种诬告陷害罪，无论是国家机关工作人员还是普通公民均可能实施此罪，且在非国家机关工作人员实施诬告陷害罪的场合，显然既不能说其实施了属于身份犯类型的犯罪，更不能说其是身份犯性质的犯罪人。如果只有国家机关工作人员犯诬告陷害罪才是身份犯（不真正身份犯），那无疑只是说国家机关工作人员成为诬告陷害罪的犯罪人（有特定身份的犯罪人），并不能因此而使诬告陷害罪的犯罪类型改变为身份犯。况且，认为刑法规定的某一种犯罪（如诬告陷害罪），在有的场合是普通的犯罪类型，在有的场合却成了身份犯的犯罪类型，在刑法理论上也难言妥当。可能有人会提出，在我国台湾地区的"刑法"中，故意杀人的，在有的场合构成普通杀人罪，在有的场合（直系血亲卑亲属杀人）却构成杀直系血亲尊亲属罪这种身份犯，且被公认为不真正（不纯正）身份犯，这难道不是犯同种罪在有的场合（或有的人）成立普通的犯罪类型，而在有的场合（或有的人）构成身份犯（不真正身份犯）吗？在笔者看来，我国不少论者忽视了德、日刑法学中的不真正身份犯，也要求把特定身份作为犯罪的构成要件（行为主体要件），因此，不真正身份犯也是独立的犯罪类型，不仅有单独的罪名，而且有独立的法定刑。我国台湾地区"刑法"中的杀直系血亲尊亲属罪就是普通杀人罪之外的一种单独的犯罪，有比普通杀人罪重的独立的法定刑，此罪即把"直系血亲卑亲属"这种身份作为构成要件（行为主体要件），不具有此种身份的人也就不可能构成此罪，因而从犯罪类型而言，此罪是身份犯。但我国刑法中的诬告陷害罪并未把国家机关工作人员的身

---

① 高铭暄，马克昌. 刑法学. 10版. 北京：北京大学出版社，2022：91.

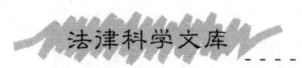

份作为此罪的构成要件,因而此罪不可能是犯罪类型上的身份犯(既不是真正身份犯,也不是不真正身份犯)。通说之所以认为犯诬告陷害罪的国家机关工作人员是身份犯,是因为此种特殊身份是其犯诬告陷害罪刑罚应加重的根据。若按此逻辑推论,又聋又哑的人或盲人犯故意杀人罪、故意伤害罪、强奸罪等所有的罪,依法均可以从轻、减轻或者免除处罚,由于刑罚减轻的根据就在于其具有又聋又哑的人或盲人这样的特殊身份,难道有这样的特殊身份的人触犯的所有犯罪都是身份犯、或者说这种犯罪人都是身份犯?若这样去理解,"则我国刑法中故意杀人,故意伤害、抢劫、盗窃等这些最普通的犯罪都是不纯正身份犯,即刑法中所有犯罪除了纯正身份犯就是不纯正身份犯,没有非身份犯存在的余地"①。这显然不具有合理性。

　　毋庸置疑,有特殊身份的人实施的犯罪并不一定都是身份犯,有特殊身份并实施了犯罪的人,也不能均称之为身份犯。如国家工作人员犯故意杀人罪的,既不能因为是有特殊身份的人犯了故意杀人罪,就认为其所犯的故意杀人罪是身份犯(或不真正身份犯);也不能因为犯故意杀人罪的人有国家工作人员的特殊身份,就认为该犯罪人是刑法中的身份犯。还应当看到,在犯罪学上将有某种特殊身份(如国家工作人员、老年人、未成年人、聋哑人等)的犯罪人,作为身份犯(有某种身份的犯罪人)来予以研究,探究其犯罪的特点和规律,制定有效的防控对策,无疑是必要的。但犯罪学上把有某种身份的犯罪人视为身份犯,与刑法学上所指的身份犯的含义明显不同。由于刑法学研究的重心在于行为人的行为是否构成犯罪,以及对构成犯罪的行为人应如何恰当处罚。而刑法中的具体犯罪显然不能按犯罪人的身份来区分。事实上,具有同一特殊身份的人可能犯各种不同的具体罪,反过来,具有不同身份的人也可能犯同一种罪,因此,犯罪人的身份对定罪大多不起决定性的作用。同时,由于刑法第 4 条明文规定:"对任何人犯罪,在适用法律上一律平等。"这就决定了对犯同样之罪的有不同身份的人原则上要同等处罚。只不过从刑事政策的需要或刑事处罚合理性的立场考虑,确实有必要对某些有特殊身份的犯罪人予以从严或从宽处罚,如对国家工作人员犯某些罪从重处罚,对未成年人、又聋又哑的人或盲人犯罪从轻、减轻处罚。但刑法对有某种特殊身份的人犯某些罪

---

① 狄世深.刑法中身份论.北京:北京大学出版社,2005:177.

（或所有罪）予以从严或从宽处罚，这是有关量刑情节的规定，对这些规定仅存在量刑时依法适用的问题，根本不必纳入身份犯的范畴来研究或思考。况且，刑法学之所以把身份犯视为犯罪主体（或行为主体）中的特殊问题，是因为刑法规定的有些犯罪的主体，仅具备普通主体的条件（达到法定年龄具有责任能力）是不够的，还必须另有某种特殊身份（如国家工作人员、司法工作人员等），无这类特殊身份即不具备特殊主体要件的，不可能单独构成这类犯罪。在刑法对实施同一类行为既规定有普通犯、又规定有特别犯（不真正身份犯）的场合，不具有特殊身份者有可能成立普通犯。因此，在有的场合，弄清行为人是否具有特殊身份，对行为人实施的行为是否构成犯罪，乃至构成何种犯罪，具有重要意义。这正是刑法学研究身份犯的目的之所在。

总而言之，刑法学中的身份犯是以特殊身份作为犯罪构成的行为主体要件的犯罪。"就刑法的犯罪类型观察，规范所以对于行为主体资格要求者，系基于犯罪类型的特殊性关系，此类特别犯在个别成立要件上，除却所有与行为相关之构成要件要素，均需成立之外，尚需限定行为人之资格，该构成要件方有成立之可能"①。可见，身份犯是一种犯罪类型，应纳入犯罪论中作为犯罪构成的行为主体要件问题来做研究。纯粹作为量刑情节被规定，应从重处罚或可从轻、减轻处罚的有特殊身份的犯罪人，如累犯、未成年人、又聋又哑的人、盲人等，不是刑法中的身份犯，此类身份也不是成立身份犯所必须具有的身份。②

（四）身份犯的类型

在中外刑法学界，对身份犯最常见的分类，是以身份属于"定罪身份"（或"构成身份"）还是属于"量刑身份"（或"加减身份"）为根据，分为"真正身份犯"（或"纯正身份犯"）与"不真正身份犯"（或"不纯正身份犯"）两种类型。所谓"真正身份犯"，是指以特殊身份作为犯罪构成的主体要件，并且无此身份者不可能实行此种犯罪的身份犯。如我国刑法第435条逃离部队罪中的"逃离部队"行为，只有具有现役军人这种特定身份的人才能实行；第236条强奸罪中的"强奸妇女"行为，只有具有

---

① 柯耀程. 刑法总论释义——修正法篇：上. 台北：元照出版有限公司, 2006：424.
② 阎二鹏. 共犯与身份. 北京：中国检察出版社, 2007：59.

男子这种身份的人才能实行。不具有特定身份的人只可能实施教唆、帮助等行为，不可能实施这类犯罪的构成要件的实行行为。因而此种身份犯在刑法理论上又被称为"构成身份犯"。在德国、日本，有学者认为，"真正身份犯是一种义务犯"，也有学者认为，"将真正身份犯理解为义务犯这本身便不妥当"①。所谓"不真正身份犯"，是指特殊身份虽然是犯罪构成的主体要件，但犯罪的行为无论是有此身份者还是无此身份者均可能实行，只不过有此身份者实行所成立之罪比无此身份者实行所成立之罪的刑罚更重或更轻。如我国刑法第438条盗窃军用物资罪中的"盗窃"行为，现役军人可以实行，非现役军人也可以实行；我国台湾地区"刑法"第272条杀直系血亲尊亲属罪中的"杀人"行为，直系血亲卑亲属可以实行，不具有此种身份的其他人也可以实行。这种不真正身份犯不同于前一种真正身份犯的特殊性在于，真正身份犯无与之相对的普通犯（无身份者也能实行的基本犯），而不真正身份犯有与之相对的普通犯，因此，有身份的人与无身份的人实施相同行为（如盗窃、杀人等），可构成不同的犯罪，两者处罚轻重有别，即具有特定身份者成为特别的加重犯或减轻犯，并应处比不具有特定身份的普通犯更重或更轻的刑罚，此种身份犯因而又被称为"加减身份犯"②。这种"不真正身份犯"大多出现在刑法把特殊身份作为犯罪的加重或减轻要素，明文规定为加重犯或减轻犯的场合。例如，在我国台湾地区"刑法"中，对杀人罪除规定有普通杀人罪这种基本犯之外，还规定有"杀直系血亲尊亲属罪"这种加重犯和"生母杀婴罪"等减轻犯，前者以"直系血亲卑亲属"，后者以"生母"这样的特殊身份为主体要件，这两种特殊的杀人罪（或杀人罪的特别犯）就是典型的不真正身份犯。但我国刑法中对故意杀人仅规定了一个罪名，尽管在司法实践中也存在杀直系血亲尊亲属和生母杀婴的现象，并且实际上对前者的处罚会比普通的故意杀人更重，对后者的处罚则会更轻一些，但由于均只能按故意杀人罪定罪处罚，因而不属于不真正身份犯。这是由身份犯必须具备的法定特性所决定的。正因为我国刑法分则对具体犯罪大多采取概括规定的方式，很少采取基本犯与加重犯或减轻犯并存的立法方式，所以，不真正身

---

① 西田典之．日本刑法总论：第2版．王昭武，刘明祥，译．北京：法律出版社，2013：373.
② 陈子平．刑法总论．4版．台北：元照出版有限公司，2017：660.

份犯很少。相反，德国、日本刑法和我国台湾地区有关规定中具体犯罪的加重犯、减轻犯较多，且许多加重犯、减轻犯是以行为主体的特殊身份作为立法的重要依据，因而不真正身份犯也比较多。

如前所述，在日本和我国台湾地区刑法学界，还有论者提出与"积极身份"相对的"消极身份"概念，以此为根据则可将身份犯分为"积极身份犯"与"消极身份犯"两种类型。日本也有学者否定"消极身份"概念，不承认存在"消极身份犯"，从而也就不会做这种划分。我国有一些学者赞成把身份犯分为"积极身份犯"与"消极身份犯"两种类型，并认为我国刑法第 336 条规定的非法行医罪，就是以"未取得医生执业资格的人"这种"消极身份"为主体要件的"消极身份犯"[①]。也有学者认为，未取得医生执业资格的人"这种身份并不是刑法学意义中的特殊身份，该种犯罪主体显然不是'特殊犯罪主体'，而是'一般犯罪主体'。既然构成要件中犯罪主体要件是'一般犯罪主体'，那么，该罪显然只能是普通犯罪，而非身份犯罪"[②]。笔者赞成这后一种观点。因为身份犯是以特殊身份作为行为主体要件的犯罪，也就是在具备行为主体的一般要件（达到法定年龄具有责任能力）的条件下，还得另有某种特殊身份才符合行为主体的要求，才可能成立的犯罪方为身份犯。而刑法对非法行医罪的主体范围虽有限制，即不包含有医生执业资格者，但并不要求行为人有某种特殊身份才能成为此罪主体，而是只要具备一般行为主体要件者即可构成此罪，因此，其不能被身份犯的概念所包容，也不宜纳入身份犯的范畴来研讨。

二、区分制体系下的身份犯的共犯

（一）区分制体系下的身份犯的共犯解释论评析

如前所述，采取区分正犯与共犯的立法体系的德国、日本刑法和我国台湾地区有关规定，对身份犯的共犯有相似的规定，即都在同一条文[③]的第 1 款或第 1 项规定：凡是参与具有某种身份才可能构成的犯罪行为者，虽不具有这种身份的，也以共犯论；第 2 款或第 2 项规定：因身份而特别

---

① 张明楷. 刑法学. 6 版. 北京：法律出版社，2021：175.
② 阎二鹏. 共犯与身份. 北京：中国检察出版社，2007：61.
③ 指德国刑法第 28 条、日本刑法第 65 条、我国台湾地区"刑法"第 31 条。

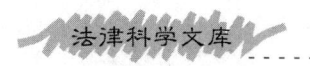

加重或者减轻刑罚时,对于没有这种身份的人,科处通常之刑。其中,"第 1 款立法理由在于,由于在有关共犯的成立上存在积极说和消极说①的争论,因而将积极说予以明文化"②。第 2 款规定则是基于,无身份者与有身份者共同参与不真正身份犯时,若均按身份犯或都不按身份犯的刑罚处罚,就不能充分体现对有身份者才予以重罚或轻罚的立法精神,且有失处罚的均衡合理性。

毋庸讳言,在区分制的立法体系下,刑法的上述规定,对避免司法实务中出现执法不统一、处罚不公平不合理的现象,无疑有一定的积极作用。但是,这并不能从根本上解决区分制本身带来的对身份犯的共犯难以恰当处理的问题。仅从刑法学界对上述规定的解释存在的分歧,就能看出上述规定本身的科学合理性值得怀疑。

第一,在日本刑法学界,仅对上述日本刑法第 65 条第 1 款与第 2 款之间的关系,就存在多种不同认识。

1. 形式的区分说。此说也可以称为构成的身份与加减的身份区别说,主张从形式上理解条文的含义,认为日本刑法第 65 条第 1 款是有关构成的身份犯(或真正身份犯)连带性作用的规定,第 2 款是有关加减的身份犯(或不真正身份犯)个别性作用的规定。即第 1 款是有关无身份者参与构成的身份犯之犯罪时,该无身份者之犯罪成立与科刑、处罚具有连带性的规定。如非公务员教唆或帮助公务员受贿时,由于受贿罪是构成的身份犯,根据该款的规定,对非公务员也应以受贿罪的教唆犯或帮助犯处罚。第 2 款则是有关无身份者参与加减的身份犯之犯罪时,该无身份者之犯罪成立与科刑、处罚具有个别性的规定。例如,有关杀害尊亲属③的案件,在甲教唆乙杀害乙的父亲丙的场合,由于杀害尊亲属罪是加减的身份犯,依据该款的规定,对有身份者乙应按杀害尊亲属罪定罪处刑,对无身份者

---

① 消极说认为,由于真正身份犯仅有有身份者才能构成,无身份者当然不可能构成,在无身份者参与有身份者实行的真正身份犯的场合,也只能处罚有身份者,不能处罚无身份者;但积极说认为,无身份者只是不能单独实行真正身份犯,若教唆或帮助有身份者实行真正身份犯,则应以共犯论处。

② 松宫孝明. 刑法总论讲义:第 4 版补正版. 钱叶六,译. 北京:中国人民大学出版社,2013:229.

③ 日本刑法原第 200 条规定有杀害尊亲属罪,已于 1995 年废止。

甲则应以普通杀人罪定罪处刑。此说可谓坚持了"罪刑不可分"的原则。在日本和我国台湾地区，此说均为通说。①

这种"'形式的区分说'，是忠实于第65条用语文意的解释，而且，更容易区分构成的身份与加减的身份。……却无法说明，同样一种身份，为什么可以根据构成的身份犯与加减的身份犯这种规定形式的不同，而受到不同的处理（如果属于构成的身份就连带作用，如果是加减的身份则个别作用）？若只是着眼于规定形式本身，原本来说，与非身份者作为单独犯具有可罚性的加减的身份相比，非身份者作为单独犯不具有可罚性的构成的身份犯，在作为共犯处理之时，似乎更应该受到宽大处理。"② 例如，日本刑法第134条规定的泄露秘密罪，只能由医师、律师等从事特定职业（或有特殊身份）的人，泄露由于处理业务而知悉的他人秘密的，才能构成。如果是无身份者（如医生的配偶）唆使有身份的医生泄露患者的秘密的，判例和通说均认为，对无身份者应适用日本刑法第65条第1款的规定，以泄露秘密罪的教唆犯处罚。但这样处理的合理性，实在令人怀疑。③ 因为按区分制的理念，实行行为的违法性重于教唆行为和帮助行为，因而对实施实行行为的正犯的处罚应重于实施教唆、帮助行为的共犯。若对无身份者单独实行泄露自己所知道的他人秘密的行为，尚且不定罪处罚，而教唆或帮助有身份者去泄露他人同样的秘密，反而要定罪处罚，这是"形式的区分说"无法合理解释的有内在矛盾或冲突的问题。并且，"为何构成身份中无身份者和身份者要以同样的法定刑加以处罚；加减身份犯的场合，无身份者却处以其他的刑罚，对于这一点也不能无矛盾地加以说明"④。再说，"同样一种身份，如果属于构成的身份则连带作用，如果是加减的身份则个别作用，即同一种身份（因场合不同）而存在不同的刑法作用，这也不具有合理性"⑤。

---

① 陈子平.刑法总论.4版.台北：元照出版有限公司，2017：660.

② 松原芳博.刑法总论重要问题.王昭武，译.北京：中国政法大学出版社，2014：334.

③ 井田良.刑法总论的理论构造.东京：成文堂，2005：389.

④ 松宫孝明.刑法总论讲义：第4版补正版.钱叶六，译.北京：中国人民大学出版社，2013：224.

⑤ 西田典之.刑法总论.3版.桥爪隆，补订.东京：弘文堂，2019：434.

在笔者看来，这种通说对有身份者与无身份者基于共同故意实施的犯罪，事实上采取了不同的定罪处罚规则，即在构成的身份犯的场合，对双方以同一种罪定罪处罚；而在加减的身份犯的场合，则对双方分别以不同的罪定罪处罚。这虽然与日本刑法第 65 条第 1 款、第 2 款的字面含义相符，但由于这两款规定本身存在内在的矛盾，即第 1 款是采取共犯从属性说，而第 2 款则是采取共犯独立性说①，持共犯从属性说的论者一般认为，第 1 款是原则规定，第 2 款是例外规定，即对身份犯的共犯原则上适用第 1 款，例外情况下适用第 2 款；而持共犯独立性说的论者大多认为，第 2 款是原则规定，第 1 款为例外规定，即原则上适用第 2 款处理身份犯的共犯案件，例外才适用第 1 款。②但这些均无法合理解释，为何在原则规定之外还要有与之不同的例外规定，即对同样的参与身份犯的行为，如无身份者教唆、帮助有身份者（甚至有同样身份者）实行犯罪，却要采取不同的定罪处罚规则？并且，对加减的身份犯中的有身份者与无身份者，分别按不同的罪定罪处罚，这实际上是无视双方共同故意实施犯罪这一基本事实，而采取与单独犯同样的定罪处罚规则，明显与通说及作为区分制根基的共犯从属性观念相抵触。以上述甲教唆乙杀害乙的父亲丙的案件为例，按通说对甲以普通杀人罪定罪科刑，对乙以杀害尊亲属罪定罪处刑。本来是甲、乙二人共同故意实施杀害丙的犯罪，却分别定两种不同的罪，适用不同的法定刑处罚，无疑是没有体现其共同故意参与犯罪的特性，也可以说对这一犯罪案件没有作出科学合理的评价。加上，按区分制的基本观念，甲是教唆犯，具有从属于正犯乙的特性，而乙所实行的犯罪并非是普通杀人罪，而是杀害尊亲属罪。甲并没有单独实行普通杀人行为，单独对其以普通杀人既遂定罪处罚，这本身与区分制的基本理念不符。

2. 罪名与科刑分离说。此说为解决通说对日本刑法第 65 条第 1 款之连带性与该条第 2 款之个别性解释的矛盾，从重视共犯从属性的立场出发，认为该条第 1 款规定的是"共犯的成立问题"，是对真正身份犯与不真正身份犯这两种身份犯的共犯成立与否的规定，而该条第 2 款规定的则是"量刑问题"，仅仅是就加功于不真正身份犯的无身份者的规定。③例

---

① 高桥则夫. 刑法总论. 4 版. 东京：成文堂, 2018: 502-503.
② 浅田和茂. 刑法总论. 2 版. 东京：成文堂, 2019: 461.
③ 团藤重光. 刑法纲要总论. 3 版. 东京：创文社, 1990: 418.

如，在甲教唆乙杀害乙的父亲丙的场合，只要正犯乙属于杀害尊亲属，那么，根据第1款的规定，甲的罪名就是杀害尊亲属的教唆，再根据第2款的规定，在普通杀人罪（第199条）的限度之内量刑。但是，"罪名显示的是，针对行为人行为的可罚性的评价，承认罪名与科刑的分离，无异于是承认超出本人之可罚性的犯罪的成立，这种做法并不妥当"①。况且，"罪名与科刑加以分离之结果，可能抵触'刑罚须与所成立之犯罪相对应'之基本原则；换言之，违反'罪刑不可分'原则之后果，将导致罪轻刑重或罪重刑轻之后果"②。

应当肯定，在数人共同故意参与身份犯的场合，对有身份与无身份的参与者以同样的罪名定罪，是符合对共同参与犯的定罪规则，并具有科学合理性的。但由于刑法有加减的身份犯的规定，对有特定身份的犯罪者的处罚重于或轻于无身份的犯罪者，若对参与犯罪的无身份者与有身份者同样处罚，那么，对有身份的犯罪者予以重罚或轻罚的立法意图，在这类案件中就无法得到充分体现，并且，有可能使无身份者受到不应有的重罚或轻罚。加上，在区分制的法律体系下，对共同故意参与犯罪者，主要是根据其参与行为的形式，分为正犯与共犯（含教唆犯和帮助犯），给予轻重不同的处罚。在数人共同故意参与身份犯的场合，采取通常的分为正犯与共犯予以处罚的规则，对参与者处罚轻重的调整空间十分有限，因而，如果不采取特殊的处罚规则，对所有参与身份犯者均定同样的罪，再根据其是正犯还是共犯来予以处罚，就无法体现上述特殊对待身份犯的立法精神。这从一个侧面表明区分制体系本身存在缺陷。正因为如此，采取区分制立法体系的刑法，不得不对身份犯的共犯的定罪处罚原则作特殊规定，主要是对无身份者参与加减的身份犯的情形，采取与有身份者分别按不同的罪定罪处罚的原则。这固然能在一定程度上避免出现参与身份犯的同案犯之间、身份犯的共犯与身份犯的单独犯之间的处罚失衡现象的发生，但却带来了前文所述的定罪不科学，且与作为区分制根基的共犯从属性原则相冲突的问题。"罪名与科刑分离说"看到了上述有关加减的身份犯立法的缺陷，并认识到了通说从形式上按字义来解释上述规定存在弊病，因

---

① 松原芳博.刑法总论重要问题.王昭武，译.北京：中国政法大学出版社，2014：336.
② 陈子平.刑法总论.4版.台北：元照出版有限公司，2017：662.

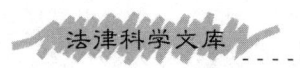

而采取了一种折中的办法，即对共同参与加减的身份犯的参与者定相同的罪名，但对有身份者与无身份者分别适用身份犯和非身份犯的法定刑予以处罚，试图以此来弥补上述立法的缺陷。若分开来看，对共同参与者的定罪具有合理性，使共犯人之间的罪名保持了统一，贯彻了共犯从属性原则，处罚大体上也能维持均衡，且能充分体现对有身份者予以适当重罚或轻罚的立法精神。但其最大的问题是违背了"刑罚须与所成立之犯罪相对应"的原则。众所周知，犯何种罪就应适用刑法对该种犯罪所规定的法定刑来予以处罚，而不能适用其他罪的法定刑来处罚，这是罪刑法定主义的基本要求。而"罪名与科刑分离说"所采取的折中办法，超越或触动了刑法的这一基本底线，因而不具有合理性，无法被多数刑法学者所接受。

3. 实质的区分说。此说也可以称为违法身份与责任身份区别说，根据"违法连带、责任个别"这种限制从属性的基本观念，认为日本刑法第65条第1款、第2款分别规定了违法身份的连带性、责任身份的个别性，并应据此理解来解消两款规定之间的矛盾。具体来说，不拘泥于是构成身份还是加减身份，如果身份对"行为的法益侵害性"这一意义上的违法性提供根据，或者是加重、减轻这一意义上的违法性，则作为第65条第1款的"因犯罪人的身份才构成的犯罪行为"，该身份连带地作用于无身份的共犯；相反，如果身份是为"针对行为人的非难可能性"这一意义上的责任提供根据，或者是加重、减轻这一意义上的责任，则根据第65条第2款的规定，该身份仅个别地作用于有身份者。[①] "这是因为，作为对法益的侵害的违法性在共犯人之间可以是连带的，没有身份的人和有违法身份的人能够成为共犯，但责任必须是一个人一个人地进行评价，具有个别性，所以，'没有身份的人处以通常的刑罚'，责任身份人和没有身份的人则按照各自的犯罪的法定刑进行处罚。"[②] 以甲与乙共同杀害乙的父亲为例，由于乙所具有的直系血亲卑亲属是"责任身份"，因此，根据日本刑法第65条第2款有关"责任身份"之犯罪成立与处罚的个别性作用的规

---

① 西田典之. 日本刑法总论：第2版. 王昭武，刘明祥，译. 北京：法律出版社，2013：364 - 365.

② 大谷实. 刑法总论讲义：新版第2版. 黎宏，译. 北京：中国人民大学出版社，2008：411.

定,仅对乙以杀害尊亲属罪定罪科刑,对甲则以普通杀人罪定罪科刑。

提出此说的论者意识到了日本刑法第65条第1款、第2款规定之间存在矛盾,按通说从形式上就字义来做解释不妥当,采取上述"罪名与科刑分离"的方法来缓解两款规定之间的矛盾,以弥补立法的缺陷,又明显不具有合理性,因而试图以违法与责任的区别作为理论基础,从实质上来解释这两款规定,以"解消两款规定之间的矛盾"。应当肯定,这在方法论上是可取的。① 但是,"最初立法者并非是有意识地将有关违法性的身份规定为构成的身份,将有关责任的身份规定为加减的身份。违法性重大时加重刑罚这毋宁说是很自然的;另外,在身份犯规定中,除了违法、责任之外,还包括很多政策性的考虑"②。并且,"根据此见解而贯彻'违法连带、责任个别'思想,则除构成的违法身份、加减的责任身份外,同时亦承认构成的责任身份、加减的违法身份之范畴,其结果,由于违法身份皆具有连带性作用之故,即便是不纯正身份犯,凡属于违法身份者,皆依第1项之连带性作用之规定,将有导致非身份者有受重罚之可能性"③。"而且,对加减的违法身份适用第65条第1款,是在向着不利于被告人的方向进行类推,有违反罪刑法定原则之嫌。"④ 反过来,"即便是构成的身份,但如果被理解为责任身份,则会变得不可罚;但这作为第65条的解释,是不合理的。另外,尽管很明确是加减的身份,却以其属于有关违法性的身份为由不进行刑罚的加减,这也很没有道理"⑤。

在笔者看来,"实质的区分说"认为日本刑法第65条第1款规定的是有关违法身份的连带作用,第2款规定的是有关责任身份的个别作用,这与前述通说认为第1款规定的是有关构成的身份的连带作用,第2款规定的是有关加减的身份的个别作用,形式上虽有不同,实质上并无多大差

---

① 松原芳博. 刑法总论重要问题. 王昭武,译. 北京:中国政法大学出版社,2014:337.

② 前田雅英. 刑法总论讲义:第6版. 曾文祥,译. 北京:北京大学出版社,2017:299-300.

③ 陈子平. 刑法总论. 4版. 台北:元照出版有限公司,2017:663.

④ 同①338.

⑤ 同②300.

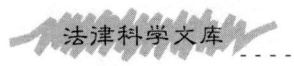

异，只不过用"违法连带、责任个别"的观念解释这两款的关系和理论根据，似乎与传统的刑法理论更为吻合。但违法身份与责任身份的区分很困难，而构成的身份与加减的身份的区分较容易。并且，此说除了存在上述多种特有的弊病之外，还有与前述通说同样的弊病。如对无身份者因违法身份的连带作用而适用第1款的规定，这与通说主张的因构成的身份的连带作用所产生的效果也是完全相同的，即对无身份者也按身份犯定罪处罚，这就有可能出现处罚过重的问题，与对有身份者与无身份者应区别对待的立法精神不符。又如，因责任身份的个别作用，对有身份者与无身份者分别定罪处罚，即有身份者按身份犯定罪处罚，无身份者按普通犯定罪处罚，这与通说对加减的身份犯的定罪处罚规则也完全一样。如前所述，这种做法存在无视数人共同故意参与犯罪的基本事实以及违反区分制的共犯从属性原则的弊病。

对与日本刑法第65条相似的我国台湾地区"刑法"第31条，也有知名刑法学者提出质疑，认为该"第三十一条第一项似乎有意透过法律的拟制关系，使原本不具有行为主体资格之人，亦得以成为正犯之形式，显然太过于一厢情愿。不具有主体资格之人，不论如何均无法取得正犯之地位，即使其得以共同实现特别犯（指身份犯——笔者注）类型，仍旧不能与适格主体之参与地位等量齐观。而第二项却使得行为主体资格的概念，被切割成不法身份与责任身份的谬误概念，也造成行为主体资格的概念，一面作为构成要件形成的要件，但在一般犯中，却又成为刑罚加重或减轻的责任身份，殊不知其认定之正当性何在？"[①]

第二，关于日本刑法第65条第1款中的"共犯"的含义，判例的态度并非始终如一，学界的认识也有较大分歧。判例最初认为，应限于共同正犯；后来改变态度，认为包含共同正犯、教唆犯和帮助犯等所有共犯形态；之后又由于判例广泛认定共谋共同正犯，几乎没有教唆犯、帮助犯成立的余地，因而第1款适用于狭义共犯（教唆犯和帮助犯）的情形极少。[②] 对该条款中的"共犯"，在日本刑法学界，则主要有三种不同认

[①] 柯耀程. 刑法总论释义——修正法篇：上. 台北：元照出版有限公司，2006：440.

[②] 浅田和茂. 刑法总论. 2版. 东京：成文堂，2019：463.

识①：第一种观点认为，该条款中的"共犯"是指共同正犯。不言而喻，无身份者加功于身份犯的实行，当然能成为教唆犯、帮助犯，但在身份犯的共同正犯的场合，由于无身份者能否成为正犯有疑问，因而有必要通过明文规定来确认可能成立共同正犯。第二种观点认为，该条款中的"共犯"，包含教唆犯、帮助犯、共同正犯等所有共犯形态。这是因为刑法不仅必须对无身份者可能构成身份犯的共同正犯有明文规定，而且对无身份者能够加功于有身份的正犯的实行行为，因而可能成为教唆犯、帮助犯要有明文规定。第三种观点认为，该条款中的"共犯"，是指教唆犯与帮助犯。之所以不包含共同正犯，是因为共同正犯具有正犯性，而无身份者因欠缺正犯应有的基本条件，不能成为身份犯的行为主体。这种观点是以将共同正犯限定在实行共同正犯的范围（不承认共谋共同正犯）为理论前提的。由于日本现在的通说承认共谋共同正犯，因此，持这第三种观点的学者相对较少，而持上述第二种观点的学者较多，使之成为现在的通说。

众所周知，传统的区分制体系本来是按参与行为的形式来区分正犯与共犯的，广义的共犯固然也包含共同正犯，但共同正犯毕竟是正犯的一种类型，也应具备正犯的基本条件；并且，从日本刑法第 60 条将共同正犯规定为"二人以上共同实行犯罪的"情形不难看出，立法者的意思明显是将共同正犯限定在实行共同正犯的范围内，从而把纯粹实施教唆行为、帮助行为者排除在共同正犯的范围之外。而在构成的身份犯中，无身份者大多不可能实行构成要件的行为，即不可能成为正犯行为者，只有可能实施教唆、帮助行为而成为教唆犯、帮助犯。因此，上述第三种观点可能更符合立法原意。但是，对构成犯罪的无身份者均按教唆犯或帮助犯处罚，可能带来处罚不均衡的问题。例如，妻子得知作为医生的丈夫与某患者发生纠纷，意图泄露为患者治病而知悉的患者的秘密，但只是想让少数几个人知道。妻子了解丈夫的想法后，建议将患者的秘密在网上泄露，以便让更多的人知晓。丈夫开始不同意，妻子指责丈夫"胆小怕事无用"，丈夫勉强同意后，妻子将患者的秘密通过互联网泄露出去，使很多人知晓，给患者带来了重大损害。此案中的妻子是无身份者，其所实施的是帮助有身份的丈夫泄露他人秘密的行为，若采取传统的以行为形式区分正犯与共犯的

---

① 日高义博. 刑法总论. 东京：成文堂，2015：515-516.

标准，显然丈夫是正犯，妻子只是帮助犯。按日本刑法第 63 条的规定，对作为帮助犯的妻子，应按作为正犯的丈夫的刑罚予以减轻处罚。但在本案之中，妻子所起的作用并不比丈夫小，若认定为帮助犯，处罚比丈夫轻得多，那就明显不具有合理性。有鉴于此，在日本的司法实践中，对类似案件中的无身份者大多会按共同正犯来处罚。只是由于无身份者大多不能实施构成的身份犯的实行行为，不可能与有身份者成立实行的共同正犯，为了解决这类问题，日本的判例和学说运用"共谋共同正犯"理论，将实施教唆、帮助行为且参与了事前共谋活动的参与者，认定为共同正犯（共谋共同正犯），与正犯同样处罚，以解决上述处罚轻重失衡的问题。正如本书第六章第四节所述，共谋共同正犯理论是为了解决区分制体系仅根据行为形式来区分正犯与共犯，会带来处罚轻重失衡的弊病而提出来的，虽然能在一定程度上弥补这一缺陷，但会从根本上动摇区分制的根基；并且在日本的司法实践中存在扩大共谋共同正犯的认定范围的倾向，包含将无身份者参与真正身份犯的情形也大多认定为共谋共同正犯。因此，日本有学者认为，他们的司法实务实际上"一直被统一的正犯概念所支配"，而偏离了刑法规定的区分制的轨迹。① 我国台湾地区也有学者对把无身份的参与者视为正犯或共同正犯提出质疑，认为："参与者中有不具行为人资格者，在本然的概念上，并非属于正犯的范围，故如欲将其视为共同正犯，唯一的作法，似乎仅能以法律将其共同性关系拟制为共同正犯。"② 但是，"不具主体资格者，根本无由成立正犯的角色，此系犯罪类型所使然，此种本然性的关系，根本无法以法的拟制赋予正当性，故（台湾地区"刑法"——笔者注）第 31 条第 1 项之规定恐有谬误"③。

第三，关于日本刑法第 65 条中的"身份"的范围，判例和学说也有不同的解释。总体而言，存在扩大"身份"范围的倾向。如将某些目的犯中的"营利目的"，解释为相当于第 65 条的"身份"，把事后抢劫罪中的"盗窃犯"，也理解为该条中的"身份"，等等。应当看到，这也是为解决

---

① 松宫孝明. 刑法总论讲义：第 4 版补正版. 钱叶六. 北京：中国人民大学出版社，2013：207.
② 柯耀程. 参与与竞合. 台北：元照出版有限公司，2009：149.
③ 柯耀程. 刑法总论释义——修正法篇：上. 台北：元照出版有限公司，2006：430.

区分制体系带来的弊病，以免出现处罚轻重失衡现象，而在解释论上所采取的一种措施。如前所述，有关能否将"营利目的"等主观要素视为身份犯中的"身份"，存在肯定与否定两种对立的主张，尽管认为"身份"必须具有一定的持续性，不应包括目的这种暂时性的主观要素的否定说，似乎更为合理，但肯定说是日本的通说，日本最高裁判所的判例也持肯定的立场。笔者认为，重要的原因在于，法律对某些实施同样行为的罪犯，根据有无营利目的，规定成立不同的罪名、科处轻重有别的刑罚。当有营利目的者与无营利目的者共同参与犯罪时，按同一罪名适用相同的法定刑定罪处罚，固然符合定罪处罚的基本原理和规则，但在区分制的法律体系下，很难充分体现对目的犯与非目的犯给予轻重有别处罚的立法精神。因为这种法律体系将犯罪参与者分为正犯与共犯来处罚，而正犯与共犯的区分主要是以参与行为的形式为依据，有无营利目的对参与者是属于正犯还是共犯并无决定作用。如有营利目的的甲，帮助无营利目的的乙实行走私罪，乙是正犯，甲为帮助犯。按日本刑法的规定，对作为帮助犯的甲，应按作为正犯的乙的刑罚予以减轻，对甲的处罚就会比乙轻得多。这当然不具有合理性。况且，对无营利目的的乙，若要以营利目的走私罪定罪处罚，就必须肯定其主观上明知甲有营利目的，但有时很难判断其对此是否明知，这就给案件的准确定性增添了难度。如果对甲与乙分开来定罪处罚，即甲按营利目的走私罪定罪处罚，乙以普通走私罪定罪处罚，则既降低了对行为人主观认识内容的查证难度，又可在一定程度上弥补处罚轻重不合理的缺陷。但这又与作为区分制根基的共犯从属性原则明显不符，若找不到作例外处理的法律根据，就不具有这样操作的可能性。而将"营利目的"解释为日本刑法第 65 条第 2 款的"身份"，也就找到了对有"营利目的"者与无此目的者共同参与走私的，分别按上述两种不同走私罪定罪处罚的根据。

综上所述，对德、日刑法及我国台湾地区"刑法"有关身份犯的共犯之规定，在解释论上存在诸多争议，根源在于区分制的体系为身份犯的共犯之定罪处罚带来了难题，而刑法的上述规定并不能从根本上解决问题，还带来了新的弊病。为此，我国台湾地区有知名刑法学者提出，"最根本的解决方式，应是将第三十一条第一、二项全数删除"[①]。

---

① 柯耀程. 刑法总论释义——修正法篇. 上. 台北：元照出版有限公司，2006：454.

（二）区分制体系下的身份犯的共犯解释论不能被我们所套用

近些年来，我国一些学者受德、日刑法学的影响，注重用区分制的理念来解释我国刑法中的身份犯的共犯问题，认为虽然"我国刑法总则当中没有身份与共犯的直接规定，只有分则当中存在部分规定。但可以说……即便没有上述（指日本刑法第 65 条、我国台湾地区'刑法'第 31 条——笔者注）规定，透过学理也能得出相同的结论"[1]。笔者不赞成这种观点，认为我国"刑法"采取不同于德、日等国和我国台湾地区"刑法"的犯罪参与体系，"不宜直接运用德日区分制体系下的'共犯与身份'理论来解决相关问题"[2]，况且，我国刑法总则对共同犯罪的定罪处罚规定，适用于有关身份犯的共同犯罪案件中，根本不会出现类似于他们的区分制体系难以妥善解决的前述定罪或处罚的难题，从而不需要套用或借鉴他们的上述规定，当然也就不会得出与之相同的结论。

如前所述，采取区分制体系的德、日等国家和地区的刑法，之所以要对身份犯的共犯问题作那样的明文规定，是因为按照他们的区分正犯与共犯的规则，以及对正犯与共犯所采取的处罚原则，在处理身份犯的共犯案件时，有可能遇到定罪不恰当、处罚不均衡不合理的问题，为此，不得不在刑法中作特殊例外的规定，以满足司法实务妥善处理案件的需要。而我国刑法采取的单一正犯体系，以及对共同犯罪的定罪处罚规则，能妥善处理或应对身份犯的共同犯罪的定罪和处罚问题。

第一，就定罪而言，采取单一正犯体系，认为所有犯罪参与者，无论是实行行为者、教唆行为者还是帮助行为者，都处于同样的地位，均是平等的参与主体，不受区分制体系下的共犯从属性原则的制约。在真正的身份犯（或构成的身份犯）的场合，无身份者虽大多不能实施构成要件的实行行为，但只要其实施了教唆或帮助有身份者实行犯罪的行为，按单一正犯的解释论，对无身份者就有可能要按身份犯定罪处罚，这是当然的结论；在不真正身份犯（或加减的身份犯）的场合，无身份者也可能实施与此种身份犯相同（或相似）的实行行为，可能单独构成某种犯罪的普通犯（非身份犯），但若与有身份者共同故意实施，则构成身份犯（不真正的身

---

[1] 黎宏．刑法学总论．2 版．北京：法律出版社，2016：300．
[2] 夏伟．走出"共犯与身份"的教义学迷思："主从犯体系"下身份要素的再定位．比较法研究，2019（3）：172．

份犯）的共同犯罪。因为无身份者与有身份者主观上有实施不真正身份犯的共同故意，客观上有实施此种犯罪的共同行为（包含双方共同实行、无身份者教唆或帮助有身份者实行），按我国刑法第 25 条的规定，无疑是成立共同犯罪，并应适用第 26 条或第 27 条等条文的规定，分别以主犯或从犯（含胁从犯）给予轻重有别的处罚。对共同故意实施身份犯的无身份者与有身份者，分别按普通犯与身份犯定罪处罚，明显与我国刑法有关共同犯罪的规定不符。并且，同样采取单一正犯体系的意大利刑法，对无身份者与有身份者共同实施与身份相关的犯罪（身份犯），应按同一罪名定罪处罚有明文规定，即该刑法第 117 条规定："如果由于犯罪人的人身条件或身份或者由于犯罪人与被害人之间的关系而对某一共同犯罪人改变罪名，其他人也对相同的犯罪负责。"① 例如，"在实践中（指意大利的司法实践中——笔者注），对所有共同行为人都成立的犯罪（如刑法典第 646 条第 1 款规定的非法侵占罪），如果其中某个行为人因具有特殊的身份而构成了不同的犯罪（如刑法典第 314 条第 1 款规定的贪污罪），这种罪名的改变就应'客观地'及于所有的共同行为人"②。

第二，就处罚来论，单一正犯体系对犯罪参与者采取的处罚原则是，根据其参与犯罪的性质和参与的程度，给予轻重不同的处罚。由于法官有较大的自由裁量权，且对参与者的处罚轻重有较大的选择余地，即便是对身份犯的共同犯罪案件的处理，也不会出现像前述采取区分制的日本那样的处罚轻重失衡的现象，因而不存在要采取特殊的定罪处罚规则来解决处罚均衡的问题。尤其是我国刑法对共同犯罪人，根据其在共同犯罪中所起作用的大小分为主犯与从犯，给予轻重有别的处罚，即对于主犯，按刑法分则条文规定的具体犯罪的基准刑处罚；"对于从犯，应当从轻、减轻处罚或者免除处罚"（我国刑法第 27 条第 2 款）。这就意味着在司法实践中，对共同犯罪人的处罚轻重的调整空间或余地很大，法官处理共同犯罪案件时，可以根据案件的具体情况，认定某个参与者是在共同犯罪中起次要作

---

① 俄罗斯刑法也有与此相似的规定。该刑法第 34 条第 4 项规定："不是本法典分则相应条款专门规定的犯罪主体的人参与实施该条款所规定的犯罪的，应该作为该犯罪的组织犯、教唆犯或帮助犯对该犯罪承担刑事责任。"

② 杜里奥·帕多瓦尼. 意大利刑法学原理. 注评版. 陈忠林，译评. 北京：中国人民大学出版社，2004：345.

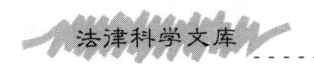

用的从犯，对从犯通常应从轻处罚，特殊情况下也可以减轻处罚，甚至可以免除处罚。只要认定准确、适用法律恰当，就不会出现同案犯人之间处罚轻重失衡的现象。

如前所述，在不真正的身份犯中，刑法大多规定了比普通犯更重的法定刑，当无身份者与有身份者共同实施这种身份犯时，在区分制的法律体系下，若对双方按同一种罪定罪处罚，就有可能出现对双方均以同一种罪的正犯（共同正犯）给予同等处罚的现象，无法体现对身份犯处罚重、普通犯处罚轻的立法意图，甚至还可能出现对有身份者比无身份者处罚轻的现象，如有身份者帮助无身份者实行身份犯的，有身份者可能成为帮助犯，依法应以无身份的正犯之刑减轻处罚，这更不具有合理性。正因为如此，采取区分制体系的刑法大多明文规定，对无身份者与有身份者共同实施不真正的身份犯（或加减的身份犯）的，采取分别定不同罪，适用不同法定刑处罚的原则。但按我国刑法的规定，对这种共同犯罪的双方均以身份犯定罪，将有身份者认定为主犯、无身份者认定为从犯，自然是合情、合理、合法的，处罚的结果也足以体现对有身份者处罚重、对无身份者处罚轻的立法精神。例如，某公司管理办公用品的人员甲，受领导指派将5台出故障的手提电脑拿到外面去修理，甲拿到自己的朋友乙的修理店交给乙。乙修理好之后，甲取电脑时，乙建议由自己将电脑卖给他人后与甲均分赃款，同时伪造电脑放在修理店夜间被盗走的假象。甲同意，之后分得3万元赃款。若借鉴或套用日本刑法第65条第2款的规定，对甲与乙应分别定不同的罪，其中，乙是无身份者构成（普通）侵占罪，甲是有身份者成立业务上侵占罪。根据我国刑法第270条、第271条的规定，在通常情况下，对前者，处2年以下有期徒刑、拘役或者罚金；对后者，处5年以下有期徒刑或者拘役。但对甲与乙按身份犯的共同犯罪定罪，即均定为职务侵占罪，考虑到有身份（或有职务）的甲利用职务之便侵占本单位财物，在这一共同犯罪中起主要作用，认定为主犯，与其单独犯职务侵占罪给予同等轻重的处罚；而乙是无身份者，在共同犯罪中起次要作用，认定为从犯，按刑法第27条第2款的规定，对其"应当从轻、减轻处罚或者免除处罚"，完全可以达到单独以处罚较轻的普通犯（侵占罪）处罚的轻的效果。这样一来，既能充分体现对有身份（或有职务）者处罚重、对无身份（或无职务）者处罚轻的立法精神，又能准确揭示数人共同故意犯一罪的案件的特性，且与刑法的规定完全一致，无疑是更具有科学合理性。但是，如果借鉴或套用日本刑法第65条第2款的规定,对上述案件中的甲以职务侵占罪定罪处罚,对乙按(普通)侵占罪定罪处罚,既是对甲、乙二人共同故意犯罪事实的无视,等于是把共同犯罪案件当单个人犯罪来处理,无法区分主犯与从犯,不能合理分担责任,也是与我国刑法总则关于共同犯罪的定罪处罚规定明显不符的。

第三,就"共犯"的含义而论,对无身份者参与真正身份犯的,刑法规定以共犯论处,其中的"共犯"是否包含共同正犯?这在日本等国刑法学界有较大争议,我国主张借鉴或套用德、日区分制解释论的学者,也有肯定与否定两种不同的主张。① 如前所述,在日本,肯定说是通说,并且司法实践中存在广泛认定共谋共同正犯的现象,导致无身份者被认定为真正身份犯的教唆犯和帮助犯的很少,加上刑法规定对教唆犯按正犯之刑处罚,结果是参与真正身份犯的无身份者中,除极个别人之外,几乎都是与有身份者同样处罚,使对有身份者与无身份者应区别对待,原则上轻罚无身份者的立法意图事实上落空。有鉴于此,德国刑法和我国台湾地区"刑法"均明文规定,对参与真正身份犯的无身份者得减轻其刑,这无疑在一定程度上弥补了日本刑法上述规定的一个缺陷。

众所周知,在区分制的立法体系下,正犯是犯罪的核心人物,共犯是犯罪的从属或依附者,对正犯处罚重、对共犯处罚轻是理所当然的归结,不可能反过来,即不可能对教唆或帮助他人犯罪的共犯,比实行犯罪的正犯处罚重。但是,对真正身份犯中无身份的幕后操纵者或者无身份者胁迫有身份者去实行真正身份犯的,如市长指使市属法院的法官做有利于自己亲属的裁判,法官不敢做明显违背事实和法律的枉法裁判,并向市长做了充分的解释和说明,但市长多次打电话给法官,并告知其若不枉法裁判就可能丢掉法官的职位。法官迫于无奈,做了枉法裁判,造成了严重的危害后果。此例之中,有身份的法官做枉法裁判,无疑构成了枉法裁判罪,在区分制的法律体系下,法官是此罪的正犯,无身份的市长②是此罪的教唆犯,充其量可以将市长升格为共同正犯(共谋共同正犯),也就是市长与法官成立枉法裁判罪的共同正犯,对他们都分别判处正犯之刑,处罚轻重

---

① 黎宏.刑法学总论.2版.北京:法律出版社,2016:301;周光权.刑法总论.4版.北京:中国人民大学出版社,2021:382。
② 枉法裁判罪的主体身份仅限于法官,市长并无此种特定身份。

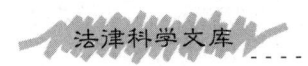

相当。但此例中的市长明显是在共同犯罪中起主要作用，法官有被胁迫参加犯罪的因素，对法官的处罚轻于对市长的处罚才合适。而在德、日的区分制法律体系下，不可能如此。按我国刑法关于共同犯罪的定罪处罚规定，认定市长与法官构成枉法裁判罪的共同犯罪，市长为主犯，判处与单独犯此罪者相当的刑罚，法官是被胁迫参加犯罪的胁从犯，适用我国刑法第28条的规定，通常应当减轻处罚。这样处理，无疑比按德、日刑法的规定及相关解释论处理，更为科学合理。正是由于我国刑法根据参与者在共同犯罪中所起作用的大小，分为主犯与从犯，给予轻重有别的处罚，在涉及身份犯（无论是真正身份犯还是不真正身份犯）的案件中，不是仅依据有无身份这一因素，而是要综合考虑主客观方面的多种情形，以判断其在共同犯罪中是起主要还是次要作用，因此，不论是有身份者还是无身份者，均可能被认定为主犯或者从犯，给予轻重有别的处罚。这样也就不会出现像前述德、日那样的有必要重罚或轻罚却不可能做到的问题，从而能确保同案犯之间处罚轻重的均衡合理。当然也就没有必要借鉴或套用他们的解释论，认为无身份者与有身份者共同实施真正身份的，有可能成立共同正犯，如认为："非国家工作人员甲与国家工作人员乙共谋，利用乙管理公共财物的便利条件，共同盗窃乙所管理的公共财物的场合，甲与乙构成贪污罪的共同正犯"①。因为在区分制的法律体系下，认定甲与乙构成贪污罪的共同正犯，就是要让甲受到与乙同样的以正犯处罚的待遇。在我国，认定甲与乙构成贪污罪的共同犯罪，均按主犯处罚，无疑是与我国刑法的规定完全相符的，并且能产生与在德、日以共同正犯论处同样的同等处罚的效果，为何还要套用德、日刑法中的"共同正犯"的概念及其相关解释论呢？况且，我国刑法中根本没有使用"正犯"与"共同正犯"的词语，更不可能有对"共同正犯"如何处罚的规定。②

第四，就身份犯中"身份"的范围而言，在采取区分制法律体系的国家或地区，存在扩大身份犯中"身份"范围的现象。如前所述，日本的通说将目的犯中的"营利目的"理解为一种"身份"，就是有意扩大"身份"范围的实例。我国也有学者持相同的主张，将传播淫秽物品牟利罪中"牟利目的"解释为一种"责任身份"③。但在日本等采取区分制法律体系的

---

① 黎宏. 刑法学总论. 2版. 北京：法律出版社，2016：301.
② 刘明祥. 单一正犯视角下的共同正犯问题. 中外法学. 2019（1）：113.
③ 同①304.

国家或地区，之所以对身份犯的"身份"作扩大解释，无非是因为要扩大身份犯的范围，从而使对共同参与犯罪者的处罚，尽可能均衡合理。就目的犯而言，由于刑法对有目的者与无目的者实施同样的行为予以区别对待，对有目的者的处罚大多重于对无目的者的处罚，因此，在有目的者与无目的者共同实施构成要件行为的场合，有必要采取与不真正身份犯同样特殊的分别定罪处罚的规则，这样才能体现重罚有目的者的立法意图。而"营利目的"是行为人的一种主观心理要素，不能等同于行为人的身份，况且，对数人基于共同故意共同实施同一种行为，不定同一种罪，而分别定不同的罪，这也与定罪的基本规则不符。但适用我国刑法对共同犯罪的定罪处罚规定，处理目的犯等特殊犯罪类型中的共同犯罪案件时，根本不可能出现对同案犯中有必要适当重罚者（如共同参与目的犯中的有目的者）无法重罚，对应当适当轻罚者（如共同参与目的犯中的无目的者）不可能轻罚的现象，从而也就不存在有像德国、日本那样的扩大身份犯范围的必要性。如果借鉴或套用日本流行的上述解释论，认为："出于牟利目的而开设贩卖淫秽书刊书店的老板和不具有牟利目的的雇员共谋贩卖淫秽书刊的案件中，尽管书店雇员可以和书店老板一起成立传播淫秽物品牟利罪的共同犯罪，但由于雇员不具有牟利目的这种责任身份，因此，其只能按照非身份犯的传播淫秽物品罪定罪处罚"[①]；问题在于：既然雇员和老板"一起成立传播淫秽物品牟利罪的共同犯罪"，为何对雇员不能按此罪定罪处罚，而"只能按照非身份犯的传播淫秽物品罪定罪处罚"？况且，按我国刑法的规定，对共同犯罪人均应定相同的罪名，并应分别认定为主犯或从犯予以处罚。肯定双方成立共同犯罪，不定同一罪名，也不确定谁是主犯谁是从犯，却分别定不同的罪名，适用不同的法定刑予以处罚，这明显与我国刑法规定的共同犯罪的定罪处罚规则不符。还应当看到，在日本，之所以要将共同参与某些目的犯的有目的者与无目的者，分别按不同的罪定罪处罚，正如前文所述，是因为如果按同一罪名定罪处罚，当有目的者与无目的者成立共同正犯时，就只能同等处罚，那么，重罚有目的者、轻罚无目的者的立法意图就无法实现。但是，按我国刑法的规定，对上述书店的雇员和老板共同犯罪的案件，以传播淫秽物品牟利罪定罪，认定老板为主犯、雇员为从犯，对老板给予与单独犯此罪轻重相当的处罚，

---

① 黎宏. 刑法学总论. 2版. 北京：法律出版社，2016：304.

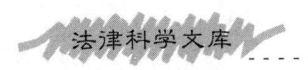

对作为从犯的雇员，按我国刑法第 27 条第 2 款的规定，通常是比照作为主犯的老板所受的处罚予以从轻，特殊情况下还可以减轻甚至免除处罚，区别对待有目的者与无目的者或适当重罚前者轻罚后者的立法意图，通过正确区分为主犯与从犯并依法予以处罚，就很容易得到实现。

三、我国刑法中的身份犯的共同犯罪
（一）无身份者与有身份者共同实施真正身份犯

如前所述，按单一正犯理论，在数人参与犯罪的场合，"所有行为主体在参与形式上，均为等价"，也就是说无论是实施实行行为、教唆行为还是帮助行为者，都是等价的行为主体，不存在谁是核心人物、谁是依附（从属）者的问题。① 并且，"所有的参与者，都对其固有的不法、固有的责任进行答责"②。因此，在认定参与者是否构成犯罪时，认定犯罪的规则与单个人犯罪的场合完全相同。但是，在真正身份犯特别是亲手犯（或自手犯）中，由于刑法规定只有具有特定身份的人才能实行犯罪，无身份者不可能实行犯罪，那么，对无身份者教唆或帮助有身份者实行真正身份犯的，是否就无法对其按单一正犯的定罪规则，即不能与单个人犯罪一样来定罪了呢？中外赞成区分制的不少学者的回答是肯定的，并以此作为否定单一正犯理论的一条重要理由。如德国刑法学家格拉斯认为："在可罚性依存于自手性犯行或者特殊的行为人要素的存在之场合，统一性正犯概念不起作用。"③ 我国也有学者认为，单一正犯理论存在明显的缺陷，在身份犯的场合，它会限制共犯的处罚范围。因为"根据这种观点，教唆犯与帮助犯都是正犯，于是，贪污罪、受贿罪等身份犯的教唆犯与帮助犯，也必须具有特殊身份，否则不成立教唆犯与帮助犯"④。

但是，按笔者所赞成的单一正犯理论，不会得出这样的结论。因为在单一正犯论者看来，刑法分则规定的构成要件行为并非仅限于实行行为，

---

① 柯耀程. 参与与竞合. 台北：元照出版有限公司，2009：38.
② 高桥则夫. 共犯体系和共犯理论. 冯军，毛乃纯，译. 北京：中国人民大学出版社，2010：25.
③ 同②15.
④ 张明楷. 刑法学：上. 5 版. 北京：法律出版社；2016：390.

而是还包含教唆和帮助等多种行为类型。只要是能够对法益造成侵害，即有可能引起侵害法益的事实或结果发生的行为，都可能成为刑法处罚的对象。只不过教唆行为和帮助行为不能直接引起危害结果的发生，而必须通过他人去实行犯罪才能引起危害结果的发生。但通过（或利用）他人实行犯罪以实现自己的犯罪目的，与通过自己的实行行为实现犯罪目的，仅有形式上的差异，并无实质的不同。例如，行为人要达到杀害被害人的目的，既可以是自己用刀枪直接将其杀害，也可以是唆使或帮助有责任能力的他人去杀害，还可以是利用无责任能力的人或动物去杀害。教唆或帮助他人杀死某人，同驱使自己饲养的恶狗咬死此人，均是利用外在的条件引起被害人死亡结果的发生，因而只有形式上的差异，并无实质的不同。对教唆或帮助他人杀人者，同单独直接实行杀人者，应采取同样的定罪规则，也就是只要其客观上有杀人行为，包含实行杀人、教唆杀人、帮助杀人等有可能引起被害人死亡结果发生的行为，主观上有杀人故意，就可认定其成立故意杀人罪。

当然，真正身份犯具有一定的特殊性，即无身份者大多不可能直接实行构成要件的行为，因此，无身份者通常不可能单独完成此类犯罪。但是，无身份者可以利用有身份者的行为来完成犯罪，则是毋庸置疑的。正如日本刑法学家山口厚教授所述："非身份者虽然不能单独地引起法益侵害，但通过介入身份者则能够间接地引起法益侵害。"① 这正是对无身份者实施的教唆、帮助乃至其他的利用有身份者的行为，有处罚的必要性并且可以单独定罪处罚的重要原因所在。以真正身份犯中的亲手犯为例，我国刑法第 424 条规定的战时临阵脱逃罪被视为典型的亲手犯，只能由现役军人在战时实行，非现役军人不可能实行。但非现役军人教唆现役军人实行临阵脱逃行为，则同样会严重危害国家的军事利益，自然也有必要以此罪论处。因此，将此罪的构成要件行为解释为除了现役军人自己战时临阵脱逃外，还包含非现役军人教唆、帮助现役军人战时临阵脱逃的行为，就是合理的结论。笔者不否认，仅从该条中的"战时临阵脱逃"的词义而言，似乎仅指现役军人自己临阵脱逃，非现役军人不可能临阵脱逃，将非现役军人教唆或帮助现役军人临阵脱逃的行为，解释为能被"战时临阵脱

---

① 山口厚. 刑法总论：第 3 版. 付庆立，译. 北京：中国人民大学出版社，2018：344.

逃"行为所包容,如同将刑法中的"杀人""盗窃"行为,解释为包含教唆或帮助他人"杀人""盗窃"一样,因与其通常的本义有差异,难以被普通民众所理解或接受。这也是赞成区分制的论者否定单一正犯论的一条重要理由。但正如本书第二章第三节所述,区分制的通说也认为,所有的犯罪都是符合构成要件的违法有责的行为,教唆犯和帮助犯也不例外,教唆行为和帮助行为是符合被刑法总则修正了的构成要件行为。既然如此,为何不能直接将刑法分则条文规定的一些犯罪的构成要件行为,解释为包含教唆行为和帮助行为呢?事实上,按区分制的解释论,对非现役军人教唆或帮助现役军人战时临阵脱逃的,也应按此罪定罪处罚。而构成此罪的前提条件是必须有符合此罪的构成要件的行为。况且,在刑法有处罚教唆未遂(我国刑法第29条第2款)之规定的情况下,教唆现役军人战时临阵脱逃但被拒绝的,有可能要对教唆者单独定罪处罚。如果不认为教唆临阵脱逃的行为是符合此罪构成要件的行为,那就意味着对没有实施构成要件行为的人予以定罪处罚,这自然是违反罪刑法定和定罪处罚的基本规则的。由此可见,在刑法规定处罚教唆和帮助行为的条件下,应将刑法分则条文规定的一些犯罪的行为,扩大解释为包含教唆、帮助等可能造成同样的法益侵害的行为,也就是说对构成要件的行为要从刑法规范的立场来做解释。就真正身份犯来说,由于无身份者的教唆、帮助行为,可以产生与有身份者的实行行为同样的侵害法益的效果,因而,可以将无身份者的教唆、帮助行为与有身份者的实行行为作同样的实质评价,均视为构成要件的行为。这样一来,对实施教唆、帮助行为者,采取与单独实施实行行为者(单独犯)基本相同的定罪规则,即以其客观上实施了犯罪的构成要件的行为(如教唆现役军人临阵脱逃),主观上有与实行者同样的犯罪的故意,完全具备犯罪的主客观要件为依据,认定其成立犯罪,就是理所当然的结论。

上述赞成区分制的学者之所以得出单一正犯理论会不当限制身份犯的共犯处罚范围的结论,是因为仍采用区分制的观念来做这样的推论:既然单一正犯体系将所有犯罪参与者都视为正犯,教唆犯与帮助犯当然也是正犯[1],而真正身份犯的正犯只能是有身份者,贪污罪、受贿罪的正犯就只能是有国家工作人员身份的人,教唆、帮助国家工作人员贪污、受贿的

---

[1] 张明楷.共同正犯的基本问题.中外法学,2019(5):1127.

人，大多不具有国家工作人员的身份，不能成为正犯，因而，按单一正犯理论，也就不能构成贪污罪、受贿罪。但是，这显然是对单一正犯体系中的"正犯"与区分正犯与共犯体系中的"正犯"做了相同的理解。实际上，正如前文所述，这两种不同体系中"正犯"的含义完全不同。单一正犯体系中的"正犯"包括所有参与犯罪者，与"行为人"（或"犯罪人"）同义，因而"单一正犯体系"又被称为"单一行为人"体系[①]，区分制体系中的"正犯"与"共犯"都包含在单一正犯体系的"正犯"之中。因此，无论是直接实行犯罪者、还是教唆或帮助他人犯罪者，由于都是犯罪的"行为人"，自然也都在单一正犯体系的"正犯"范围之中。在实施贪污罪、受贿罪等真正身份犯的场合，按区分制的解释论，"正犯"必须是有身份者，但"共犯"（含教唆犯和帮助犯）可以是无身份者。既然单一正犯体系中的"正犯"包含区分制体系中的"共犯"，那就意味着在单一正犯体系下真正身份犯的"正犯"既可能是有身份者也可能是无身份者，而不能套用区分制的真正身份犯的"正犯"只能是有身份者的观念。事实上，无论是采用区分制还是单一制（单一正犯体系）的解释论，均认为无国家工作人员身份的人固然不能直接实行贪污、受贿行为，但却可以实施教唆或帮助国家工作人员贪污、受贿的行为，当然也可以按贪污罪、受贿罪定罪处罚，而不可能出现对无身份的教唆者、帮助者无法定罪处罚的现象。[②]

不仅如此，按单一正犯论的上述解释，还能避免按区分制理论有可能出现的对身份犯的参与者处罚轻重失当、对身份犯的教唆未遂无法定罪处罚以及对有身份者教唆无身份者实施身份犯难以准确定性的问题。对此，笔者仅以受贿罪这种真正身份犯为例，分别做简要述说。

第一，按区分制的理论，在无身份者教唆或帮助有身份者实行真正身份犯的场合，有身份者是正犯，无身份者只有可能成为共犯（教唆犯或帮助犯），依照德、日等采取区分制的刑法规定，对正犯处罚重，共犯处罚轻，不可能反过来，也就是说无身份的教唆、帮助者，不可能比有身份的实行真正身份犯罪者处罚重。但这有可能导致处罚轻重明显失衡的现象发

[①] 柯耀程. 参与与竞合. 台北：元照出版有限公司，2009：38.

[②] 刘明祥. 从单一正犯视角看贿赂罪中的共同犯罪疑难问题. 法学家，2017(2)：73.

生。例如，无身份的乙胁迫有身份本来不愿受贿的甲受贿，乙收受并独吞了请托人提供的财物。按区分制的观念，有身份的甲是正犯，无身份的乙是共犯。如果将乙认定为帮助犯，那就要参照正犯甲的刑罚减轻处罚，乙的处罚就会比甲轻得多。这自然不具有合理性，也可以说是区分制体系的一大缺陷。但按单一正犯理论和我国刑法的规定，在犯罪参与者构成共同犯罪的场合，应以犯罪人在共同犯罪中所起作用的大小为依据，分为主犯与从犯，给予轻重不同的处罚。据此，将上述乙胁迫甲受贿的案件，认定为双方构成共同犯罪，因乙在共同犯罪中起主要作用而定为主犯，甲起次要作用而定为从犯，对乙的处罚重于甲，这完全符合情理和我国刑法的规定，并且做到了同一案件不同参与者之间处罚轻重的均衡合理，避免了按区分制理论有可能出现的上述处罚轻重失衡的问题。

第二，按区分制的理论，在无身份者教唆有身份者实行真正身份犯而未遂，即被教唆者未犯被教唆之罪的场合，无身份的教唆者不构成犯罪。以受贿罪为例，因受贿罪是真正身份犯，无身份者既不可能单独构成受贿罪，也不可能成为受贿罪的间接正犯，并且根据共犯从属性说，被教唆者既然没有着手实行受贿行为，作为共犯的教唆者也就不具有可罚性。但是，教唆受贿而未遂的情况错综复杂，有的情节显著轻微，确实无处罚的必要性；也有的情节很严重，有相当大的处罚必要性。例如，某经济开发区主任A的妻子B得知大老板C申请重大项目需经A最后审批，于是找到C告诉其若想拿到项目，就得给她钱让其在丈夫A面前说情，C只好给了她100万元。B拿到钱之后，将实情告诉A，并威胁A要确保让C拿到项目。A因担心事发进监狱而拒绝，要求B将钱退还给C。后来B谎称已退钱，A按正常程序审批，C拿到了应拿到的项目。一年之后案发，A仍不知其妻B并未退钱给C。此案之中，有身份的丈夫A因拒绝接受妻子B的教唆，没有与之受贿的共同故意，显然不构成受贿罪，这属于无身份者教唆有身份者受贿未遂的情形。按区分制的理论，无身份的妻子B不可能单独构成受贿罪，也不可能构成其他的犯罪。尽管我国刑法对国家工作人员的近亲属规定有可以单独构成的利用影响力受贿罪，但本案中B为C谋取的并非不正当利益，因而不能构成此罪。又由于B的行为也不符合诈骗、敲诈勒索等罪的构成要件，同样不可能构成这类犯罪。最终的结果是对B无法定罪处罚。但从B教唆受贿行为的手段以及索取数额特别巨大财物的情节来看，无疑是具有相当严重的社会危害性，自然是应当定罪处罚。可见，按区分制理论处理此案，明显不具有合理性。

如前所述，依据单一正犯的解释论，刑法分则规定的故意犯罪行为大多包含教唆行为和帮助行为，无身份者虽然通常不能实施真正身份犯的实行行为，因而不能单独完成犯罪，但是，其教唆有身份者受贿的行为同样有可能侵犯国家工作人员职务行为的廉洁性，也可能单独构成犯罪。上述无身份的 B 教唆有身份的 A 受贿遭拒的案件中，B 有教唆 A 受贿的行为，这就具备了受贿罪客观方面的行为要件。同时她也有唆使 A 受贿的意思，对其行为可能引起的侵害法益的结果有认识而仍为之，表明其主观上有受贿的犯罪故意，也具备受贿罪的主观要件。至于受贿罪是真正身份犯，这只是表明具有特定身份的人才能实施受贿的实行行为，才能完成犯罪，并不意味着无身份者只可能与有身份者共同构成受贿罪，而不能单独构成受贿罪。相反，无身份者完全有可能因其意志以外的原因（如因有身份者拒绝教唆等），不能与有身份者构成共同受贿罪，却因自己实施的教唆、帮助行为而单独构成受贿罪。上述 B 教唆受贿而未遂的案件就是适例，应适用我国刑法第 29 条第 2 款的规定，认定 B 单独构成受贿罪，只是可以从轻或者减轻处罚。

第三，按区分制的理论，有身份者教唆、帮助无身份者实施真正身份犯，如公务员利用非公务员的妻子收受贿赂的场合，尽管采取区分制的刑法未对此应如何处理做明文规定，但一般认为认定双方成立犯罪不成问题。只不过各自属于何种正犯或共犯类型，即是某种类型的正犯还是教唆犯或帮助犯，则有较大疑问并存在严重分歧。① 第一种观点认为，有身份者是间接正犯，无身份者为帮助犯②；第二种观点认为，有身份者是教唆犯，无身份者为帮助犯③；第三种观点认为，有身份者是直接正犯，无身份者为帮助犯④；第四种观点认为，有身份者与无身份者成立共同正犯或

---

① 大谷实. 刑法讲义总论：新版第 2 版. 黎宏，译. 北京：中国人民大学出版社，2008：414-415.
② 周光权. 刑法总论. 4 版. 北京：中国人民大学出版社，2021：346.
③ 曾根威彦. 刑法总论. 3 版. 东京：弘文堂，2003：265.
④ 林维. 真正身份犯之共犯问题展开——实行行为决定论的贯彻. 法学家，2013 (6)：138.

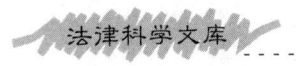

共谋共同正犯①;第五种观点认为,有身份者是教唆犯,无身份者为直接正犯②。笔者以为,在区分正犯与共犯的法律体系下,对有身份者教唆无身份者收受贿赂的情形,无论是采取上述哪一种观点或主张,均不具有合理性。由于笔者已另撰文对此展开过论述③,此处不再赘述。

但是,按照我国刑法关于共同犯罪的相关规定和单一正犯的理论,区分制所面临的上述难题即可迎刃而解。如前所述,在数人参与犯罪的场合,对参与者的定罪与单个人犯罪采取基本相同的规则,即根据每个参与者是否具备特定犯罪的主客观要件,来认定其是否构成犯罪。对上述国家工作人员甲教唆妻子乙收受他人提供之贿赂的案件,很容易认定甲客观上有受贿的行为,主观上有受贿的故意,因而构成受贿罪;不具有国家工作人员身份的乙,虽然不能单独实施受贿罪的实行行为,但在与其丈夫有受贿的意思联络的条件下,认定其主观上有受贿的故意,客观上有帮助受贿的行为,同样因具备受贿罪的主客观要件而成立受贿罪。加上甲与乙之间既有受贿的共同故意,又有受贿的共同行为,当然成立受贿罪的共同犯罪。考虑到甲的行为对受贿犯罪的完成具有决定性的意义,乙只是受其指使而收受请托人提供的财物,对受贿犯罪的完成只起辅助性的作用,因而认定甲是主犯、乙为从犯,对乙的处罚比对甲的轻一些。至于甲实施的是受贿罪的教唆行为还是实行行为,即是教唆犯还是实行犯,乙实施的是受贿罪的帮助行为还是实行行为,是属于帮助犯还是实行犯,对甲、乙的定罪和处罚,并不具有太大意义。因为只要能够肯定其行为具有国家工作人员利用职务上的便利收受贿赂的性质,无论是属于实行行为、教唆行为还是帮助行为,都不影响受贿罪的成立,并且对其处罚轻重无决定性的意义,因此,在我国,将参与受贿的行为人区分为正犯与共犯(教唆犯或帮助犯),既无法律根据,也无实际意义。

---

① 黎宏.刑法学总论.2版.北京:法律出版社,2016:301;西田典之.日本刑法总论:第2版.王昭武,刘明祥,译.北京:法律出版社,2013:298.
② 陈洪兵.共犯论的分则思考——以贪污贿赂罪及渎职罪为例.法学家,2015(2):29-30;
③ 刘明祥.从单一正犯视角看贿赂罪中的共同犯罪疑难问题.法学家,2017(2):73.

(二) 无身份者与有身份者共同实施不真正身份犯

如前所述，对于无身份者与有身份者共同实施不真正身份犯的，采取区分制的德、日等国的刑法，规定了特殊例外的定罪处罚规则（如德国刑法第 28 条第 2 款、日本刑法第 65 条第 2 款）。尽管学者们对该规定的理解有较大分歧，但德、日的通说和判例所持的基本立场是，对无身份者与有身份者分别以普通犯（非身份犯）和身份犯定罪处罚。"与德日及我国台湾地区在这一问题上的争议形成鲜明对比的是，我国刑法学界在不纯正身份犯（不真正身份犯——笔者注）与共犯的问题上并没有太大分歧。"① 可能是由于我国刑法没有类似德、日刑法的上述特殊规定。我国的通说认为："如果无身份者参与有身份者利用职务之便的行为，无身份者与有身份者构成不真正身份犯的共同实行犯，对有身份者按照不真正身份犯之刑处罚，对无身份者从轻处罚。"无身份者教唆、帮助有身份者实施不真正身份犯的，"无身份者应依不真正身份犯的教唆犯或从犯定罪科刑。例如，普通公民甲教唆或帮助现役军人乙盗窃、抢夺枪支、弹药、爆炸物的，甲不是构成刑法第 127 条规定的盗窃、抢夺枪支、弹药、爆炸物罪的教唆犯或从犯，而是构成刑法第 438 条规定的盗窃、抢夺武器装备、军用物资罪的教唆犯或从犯。但在量刑时，可以考虑甲不具有现役军人身份而予以从轻处罚"②。

只不过，在无身份者与有身份者内外勾结进行贪污或者盗窃活动的共同犯罪案件中，对双方如何定罪（即是定贪污罪还是定盗窃等罪），存在较大的争议。我国学者大多将此种情形纳入真正身份犯的范畴予以研讨③，而德、日及我国台湾地区学者往往视类似情形为不真正身份犯的问题，并且，一般认为，对其中的有身份者与无身份者，应分别按身份犯或非身份犯即不同的罪定罪处罚。但我国学者大多认为，应认定有身份或无身份的双方成立同一种共同犯罪，均以身份犯（贪污罪）或非身份犯（盗窃等罪）一罪处罚。笔者认为，根据我国刑法的规定，无疑应认定此种情形中的双方成立同一种共同犯罪，而不能像在德、日那样分别以不同的罪

---

① 阎二鹏. 共犯与身份. 北京：中国检察出版社，2007：222.
② 马克昌. 犯罪通论. 3 版. 武汉：武汉大学出版社，1999：590-591.
③ 马克昌. 犯罪通论. 3 版. 武汉：武汉大学出版社，1999：583；李成. 共同犯罪与身份关系研究. 北京：中国人民公安大学出版社，2007：143.

定罪处罚。如前所述，如果借鉴德、日的做法，将身份犯分为真正身份犯（或纯正身份犯）与不真正身份犯（或不纯正身份犯），那么，将此种内外勾结进行犯罪的情形，解释为不真正身份犯可能更为合适。"因为在不纯正身份犯之共犯中，无身份者与有身份者有可能构成不同的犯罪，而纯正身份犯之共犯中并不存在这样的情况，无身份者要么与有身份者构成身份犯的共同犯罪，要么不构成犯罪"①，也就是不存在有可能构成身份犯也有可能构成非身份犯的现象。

至于对上述内外勾结进行犯罪的情形，应如何确定共同犯罪的性质，主要有以下几种不同认识。

(1) 主犯决定说，认为应当按照主犯犯罪的基本特征来确定共同犯罪的性质。这是一种来源于司法解释的观点。② 这种观点虽有一定的合理性，但存在明显的缺陷：第一，在我国，行为人在共同犯罪中所起的作用大小，是确定共犯人种类的依据，而不是定罪的依据；主从犯是在确定了共同犯罪性质的前提下认定的，而不宜相反；否则便是先确定量刑情节，后认定犯罪性质。第二，如果无身份者与有身份者在共同犯罪中都起相同的主要作用，便无法确定罪名。第三，为共犯人避重（刑）就轻（刑）指明了方向。③

(2) 实行犯决定说，认为应当根据实行犯的实行行为的性质来确定共

---

① 阎二鹏. 共犯与身份. 北京：中国检察出版社，2007：234-235.
② 最高人民法院、最高人民检察院1985年7月18日《关于当前办理经济犯罪案件中具体应用法律的若干问题的解答（试行）》（已废止）指出："内外勾结进行贪污或者盗窃活动的共同犯罪……应按其共同犯罪的基本特征定罪。共同犯罪的基本特征一般是由主犯犯罪的基本特征决定的。如果共同犯罪中主犯犯罪的基本特征是贪污，同案犯中不具有贪污罪主体身份的人，应以贪污罪的共犯论处。……如果共同犯罪中主犯犯罪的基本特征是盗窃，同案犯中的国家工作人员不论是否利用职务上的便利，应以盗窃罪的共犯论处。"此后的有关司法解释仍坚持此种主张。如2000年6月30日最高人民法院《关于审理贪污、职务侵占案件如何认定共同犯罪几个问题的解释》第3条规定："公司、企业或者其他单位中，不具有国家工作人员身份的人与国家工作人员勾结，分别利用各自的职务便利，共同将本单位财物非法占为己有的，按照主犯的犯罪性质定罪。"
③ 张明楷. 刑法的基本立场. 北京：中国法制出版社，2002：281.

同犯罪的性质。① 这种观点也有一定合理性，但同样面临难题：一是如何确定实行行为？因为实行行为具有相对性，甲罪中的帮助行为可能是乙罪中的实行行为。如果均为实行行为，即有两个以上的实行行为，又如何确定罪名？二是难以保证罪刑相适应。在以无身份的一般主体的行为性质定罪法定刑更重时，就更为明显。②

（3）核心角色说或正犯中心说，认为应以共同犯罪人中的核心角色的行为性质来确定罪名。由于正犯是犯罪的核心角色或中心人物，因此"应当以正犯为中心判断教唆行为与帮助行为，然后判断教唆者与帮助者的责任内容，进而确定其触犯的罪名。……无身份者与正犯一般触犯的是相同罪名。例如，当作为国家工作人员的正犯利用职务上的便利实施了贪污行为时，就应当肯定其行为成立贪污罪"③。这种观点显然是建立在区分制的理念之上的。但是，即便是按区分制的解释论，有身份的国家工作人员能成为内外勾结型犯罪的正犯或核心角色，也并不意味着无身份的非国家工作人员就不能成为此类犯罪的正犯或核心角色，相反，由于无身份者也能实行这类犯罪，并可能触犯非身份犯的罪名（如盗窃罪、诈骗罪等），自然也可能成为这类犯罪的正犯，而且可能是有身份者与无身份者共同实行或各自实行犯罪的部分行为，即都同时成为正犯或共同正犯，在这种情况下，按其中的哪一种罪，即是按有身份者成立的贪污罪还是无身份者成立的盗窃或诈骗等罪定罪，仍是一个无法确定的问题。

（4）分别定罪说，认为："无身份者不能加入到只有特殊身份者才能实施的犯罪中，无身份者与有身份者实施共同行为，应当以各自的身份性质分别认定。"④"内外勾结进行经济犯罪，对国家工作人员和非国家工作人员分别定罪，也是由共同犯罪中各共同犯罪人的犯罪构成的独立性决定的"⑤。在笔者看来，这种认为"无身份者不能加入到只有特殊身份者才

---

① 马克昌.犯罪通论.3版.武汉：武汉大学出版社，1999：584.
② 张明楷.刑法学.6版.北京：法律出版社，2021：594.
③ 同②595.
④ 杨兴培，何萍.非特殊身份人员能否构成贪污罪的共犯.法学，2001（12）：36.
⑤ 钱毅.略论特殊主体与一般主体共同犯罪的定罪原则.中央政法管理干部学院学报，1993（5）：6.

能实施的犯罪"的观点，忽视了即便是在真正身份犯中，无身份者也只是不能直接实行犯罪，但仍可能以教唆或帮助的方式参与进去，因此，否定无身份者可能触犯真正身份犯的罪名并不合适。至于在不真正身份犯中，无身份者不仅可以教唆、帮助有身份者实行身份犯，而且可以与有身份者共同实行或参与实行部分行为，内外勾结型犯罪就是适例，否定其中的双方可能构成共同犯罪，显然不具有合理性。况且，正如前文所述，对双方基于共同故意共同实施的犯罪，分别定不同的罪，适用不同的法定刑处罚，明显是无视其共同犯罪的事实特性，没有对案件作出科学合理的评价。

（5）身份犯决定说，认为对于无身份者与有身份者共同犯罪的，应以身份犯之罪对各共同犯罪人定罪处罚。如无身份者与国家工作人员内外勾结，并利用了其职务上的便利，非法占有公共财物的，不论双方谁处于主犯还是从犯地位，对该共同犯罪应以贪污罪定性，所有共犯人均应适用贪污罪的法定刑处罚。[1] 因为特殊主体与一般主体共同犯罪的性质，取决于特殊主体一方；特殊主体的性质决定了整个共同犯罪的性质。[2] 应当肯定，此说有一定的法律根据，如我国刑法第382条规定，与具有贪污罪主体身份的人员勾结，"伙同贪污的，以共犯论处"。但是，"对于其理由，该说并未阐释清楚……为何特殊主体的性质可以决定整个共同犯罪的性质，我们不得而知"[3]。

（6）综合说，认为单独采用上述某一说都存在不足，而应当以某一说为基础，另用他说予以补充，也就是综合采用其中的某两说。概括起来，主要有三种不同的综合说，实际上是三种不同综合或组合方式，即主犯决定说与分别定罪说综合、身份决定说与分别定罪说综合以及身份决定说与主犯决定说综合。[4] 但"所谓的'综合说'由于综合了前述主犯决定说、分别定罪说与身份犯决定说的观点，因而不可避免各种学说的弊端，当然也不足为取"[5]。

---

[1] 周道鸾，等. 刑法的修改与适用. 北京：人民法院出版社，1997：782.
[2] 杜国强. 身份犯研究. 武汉：武汉大学出版社，2005：222.
[3] 阎二鹏. 共犯与身份. 北京：中国检察出版社，2007：232.
[4] 同[3]228-229页.
[5] 同[3]233.

笔者认为，无身份者与有身份者共同实施不真正身份犯的场合，只要是双方基于共同故意而共同实施的不真正身份犯，在双方构成犯罪的条件下，应认定成立身份犯的共同犯罪，均应适用身份犯的法定刑予以处罚。无论是有身份者还是无身份者为共同犯罪中的主犯，也不管有身份者与无身份者分别实施的是教唆行为、帮助行为还是实行行为，均应以身份犯的罪名定罪处罚。这是因为对危害行为予以定罪时，不仅要看危害行为是否符合刑法规定的某罪的构成要件，而且要看按此罪定罪是否对案件涉及的犯罪事实作了完整评价。一般来说，在身份犯的共犯的场合，"只要共犯中有参与者具备特定身份，且在犯罪的过程中利用了该身份，不论身份者在共同犯罪中起的是主要作用还是次要作用，利用身份这一客观事实的因果力都贯穿于整个共同犯罪过程，在犯罪定性时都应对这项身份属性进行整体性评价"①。如果只是抽取案件的部分事实来套刑法规定的某罪的构成要件，而遗漏了对定罪量刑有重要影响的身份事实，则显然是违背了这一定罪规则。例如，行为人是现役军人，盗窃军用的枪支、弹药。这种行为当然符合我国刑法第 127 条规定的盗窃枪支、弹药罪的构成要件，但按此罪定罪，明显是忽视了行为主体和行为对象的特殊性，对本案的犯罪事实没有做完整的评价。因为我国刑法第 438 条对现役军人盗窃军用枪支、弹药，另行规定了盗窃武器装备罪。又如，国家工作人员利用为本机关单位采购物资的机会，用虚假票据到本单位财会室报销，骗取了巨额钱款。其行为无疑也符合诈骗罪的构成要件，但按此定罪，显然是遗漏了其国家工作人员身份和利用职务上的便利这样重要的事实，对其犯罪事实没有做完整的评价。刑法对国家工作人员利用职务上的便利骗取公共财物的，规定构成贪污罪，只有定贪污罪才算对其犯罪事实作了完整的评价，也才真正准确地揭示了其犯罪的性质。

如前所述，按单一正犯理论，共同犯罪与单个人犯罪的定罪方式基本相同，也应分别对每个参与者的行为是否成立犯罪乃至成立何种犯罪予以认定，在肯定其成立之罪与其他参与者成立之罪相同的条件下，再进一步考察参与者之间是否有犯罪的共同故意和共同的行为，以确定其是否成立共同犯罪。对每个参与犯罪人定罪时，自然也应遵循对其犯罪事实做完整

---

① 夏伟.走出"共犯与身份"的教义学迷思："主从犯体系"下身份要素的再定位.比较法研究，2019（3）：178.

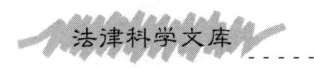

评价的规则。与单个人犯罪的定罪不同的是，对共同参与犯罪者定罪时，应将其个人实施的行为与其他参与者实施的行为联系起来做整体的考察，不能仅以其个人实施的具体行为作为定罪的依据。例如，甲长期为某机关单位做设备维修工作，每次凭该单位主管负责人乙签字的票据到财会室领取报酬。某日甲宴请乙，提出以虚报维修项目的方式由乙签字，甲拿到该单位财会室报销，骗取钱款后双方均分。乙不同意，但甲威胁乙若不配合，就向纪委举报其嫖娼的事实，乙被迫参与合作，采取此种方式骗取该单位数额巨大的钱款。对于此案，若以无身份的甲是共同犯罪中的主犯为依据，认定甲与乙构成诈骗罪的共同犯罪，那就对本案之中甲利用了乙签字同意，即利用乙的职务之便骗取该单位的财物这一事实未做评价，而这对揭示本案的性质无疑有重要意义，只有将甲与乙认定为贪污罪的共同犯罪，才算对乙的行为性质作出了恰当评价，同时甲虽然不具有贪污罪的主体身份，并无贪污公共财物的职务便利，但其客观上利用了乙的主体身份及职务便利，其行为与乙的行为结合，就成为贪污性质的行为，其主观上对此明知且希望骗取公共财物的结果发生，即具备贪污罪的主客观要件，因而，也只有认定其成立贪污罪，才算对其犯罪的事实做了完整而准确的评价。

此外，从刑法规定的身份犯来看，真正身份犯是以身份作为实行构成要件行为之条件的犯罪，无身份者大多不可能实施这类身份犯的实行行为，因而不可能单独完成此类犯罪。不真正身份犯则是以身份作为处罚轻重要件的犯罪，其中，有些不真正身份犯不仅要求行为人具有特殊身份，而且要求其利用此种身份（如职务上的便利）去实行，才能完成此种犯罪，贪污罪就是适例；也有些不真正身份犯只要求行为人具有特定身份即可，并不以利用其身份为成立条件，上述盗窃武器装备罪就是如此。无论是何种身份犯，有身份者明知自己有身份仍故意实施与身份相关的犯罪，特别是故意利用自己的身份或职务实施犯罪的，不论是单独犯还是与他人共同犯罪，无疑应以身份犯对其定罪处罚。无身份者单独实施犯罪固然不可能构成身份犯，但若与有身份者共同实施，且不仅明知对方有身份还与其共同实施与身份相关的犯罪，甚至利用对方的身份或职务实施犯罪，对无身份者也应以身份犯定罪处罚。如前所述，采取单一正犯体系的意大利刑法第117条就有这样的明文规定。这是因为按单一正犯的解释论，既然刑法把身份作为某种罪的构成要件或处罚轻重的要素予以规定，使之成为一种有别于其他犯罪的独立之罪，那就意味着无论何人触犯此种罪名，均要按此罪定罪处罚，只不过有的身份犯无身份者不可能单独完成而已。在无身份者与有身份者共同故意实施身份犯的场合，无疑对无身份者也应按身份犯定罪。即便是不以利用身份或职务为成立要件的不真正身份犯，也不例外。例如，非现役军人甲明知乙为现役军人，而与之共同盗窃了部队用的枪支、弹药。对有现役军人身份的乙当然要以盗窃武器装备罪定罪处罚，对无现役军人身份的甲之所以也要按这种身份犯定罪，是因为甲明知乙有此身份并且盗窃的是部队用的枪支、弹药，其行为同样严重危害国家军事利益，所以要按比普通盗窃枪支、弹药罪处罚重的盗窃武器装备罪定罪处罚。甲与乙是共同犯罪，虽然在通常情况下对有身份的乙的处罚要比无身份的甲重，乙往往要被认定为主犯，但在特殊情况下，如无身份的甲胁迫有身份的乙与之共同盗窃武器装备的，则甲也可能被认定为主犯，乙反而可能被认定为从犯，即对甲的处罚也可能重于对乙的处罚。

　　应当注意的是，在无身份者与有身份者共同实施犯罪的场合，认定双方成立身份犯的共同犯罪，是以双方有实施身份犯的共同故意为前提条件的。如上所述，由于有部分不真正身份犯不仅要求行为人具有特殊身份，而且要其利用自己的身份或职务便利去实行，才能完成犯罪，如果有身份者或无身份者对利用身份或职务便利并无故意，而是在无认识的状态下协助对方实施犯罪的，则因无身份犯的共同故意，而不构成身份犯的共同犯罪。例如，长期为某机关单位维修房屋等设施的A，经常拿该单位主管领导B签字的票据到财会室领取维修报酬，某日拿一虚报的已维修项目的票据请B签字，B误以为属实而签字，A拿此票据领取了一大笔"维修费"。此例之中，尽管A客观上利用了B的职务便利，但由于B主观上并无利用职务便利非法占有公共财物的故意，当然也就无贪污罪的故意，A也并无与B共同贪污的故意，而只有单方面骗取该单位财物的故意，因此，对A应以诈骗罪定罪处罚。另外，对于无身份者参与只要有特定身份即可成立的不真正身份犯的案件，要特别注意查清其是否明知对方为有身份者，如果不明知，则不能认为其有实施此种身份犯的犯罪故意，即便与对方共同实行了犯罪，也不能对其以身份犯定罪处罚。如无现役军人身份的X与现役军人Y共同盗窃军用枪支、弹药，但X并不知Y为现役军人。尽管对Y要按盗窃武器装备罪这种身份犯定罪处罚，但对X仍只能以盗窃枪支、弹药罪这种非身份犯定罪处罚。

（三）不同身份者共同实施不真正身份犯

在我国的刑法理论与司法实践中，还经常面临具有不同身份的人共同犯罪，如非国有公司的工作人员甲与国有公司委派到该非国有公司从事公务的国家工作人员乙，共同侵占该非国有公司财产时，应如何定罪处罚的问题。对此，我国学者大多将其视为"不同身份者共同实施真正身份犯"的情形①，纳入真正身份犯中进行研讨。但是，正如笔者前文所述，既然存在对参与者定两种不同罪的可能性，甚至有主张这是"不同身份者共同实施真正身份犯"的论者认为，"甲最终成立职务侵占罪，乙成立贪污罪"②，那就表明这不是共同参与真正身份犯的问题。因为共同参与真正身份犯的参与者，要么只能是按身份犯定罪，要么是不构成犯罪，不可能是有的以身份犯定罪，另有的定其他的罪。况且，贪污罪和职务侵占罪的实行行为，都是无身份者可能参与实施的，这与典型的真正身份犯的实行行为只能由有身份者实施的特征不符。有鉴于此，笔者仍将此种情形纳入不真正身份犯的范畴，但也肯定其有一定的特殊性，即参与者是具有不同身份者，并存在两种身份犯相竞合的现象，因此，单列出来予以探讨。

关于这类犯罪案件应如何定罪处罚，我国刑法理论界一直有较大争议，也存在与前述内外勾结型犯罪案件定性上相同或相似的几种不同主张。③ 最高人民法院 2000 年 6 月 30 日《关于审理贪污、职务侵占案件如何认定共同犯罪几个问题的解释》指出："公司、企业或者其他单位中，不具有国家工作人员身份的人与国家工作人员勾结，分别利用各自的职务便利，共同将本单位财物非法占为己有的，按照主犯的犯罪性质定罪。"最高人民法院 2003 年 11 月 13 日《全国法院审理经济犯罪案件工作座谈会纪要》指出："对于在公司、企业或者单位中，非国家工作人员与国家工作人员勾结，分别利用各自的职务便利，共同将本单位财物非法占有的，应当尽量区分主从犯，按照主犯的犯罪性质定罪。司法实践中，如果根据案件的实际情况，各共同犯罪人在共同犯罪中的地位、作用相当，难以区分主从犯的，可以贪污罪定罪处罚。"这两个解释都是采取前述"主犯决定说"，正如前文所述，其缺陷也十分明显。这后一解释中"难以区

---

① 黎宏. 刑法学总论. 2 版. 北京：法律出版社，2016：301.
② 同①303.
③ 同①302.

分主从犯的,可以贪污罪定罪处罚"的规定,还违反了事实存疑时做有利于被告之处理的原则。

近些年来,我国有学者主张用行为共同说来处理上述犯罪案件,认为:"在不同身份者共同实施真正身份犯的场合,不同参与者之间只要在构成要件上有部分共同,就足以成立各自犯罪的共同正犯。在上述非国有公司的工作人员甲与国有公司委派到该非国有公司从事公务的乙共同侵占该非国有公司的财产的举例当中……按照行为共同说,成立共同正犯,因此,甲最终成立职务侵占罪,乙成立贪污罪。"① 另有学者将身份犯分为违法身份犯与责任身份犯,认为贪污罪并非是违法身份犯即并非是真正身份犯,而是责任身份犯(或不真正身份犯),"委派到非国有公司从事公务的国家工作人员只是一种责任身份,其伙同公司人员侵占本单位财产"的,对双方应分别定罪,即国家工作人员定贪污罪,公司人员定职务侵占罪。② 这与上述用行为共同说处理这类案件的主张所得出的结论完全相同,与德、日的通说对共同实施不真正身份犯(或责任身份犯)所采取的处理原则也是一致的。但在笔者看来,这种观点与前述"分别定罪说",不仅结论相同且实质上并无差异,同样存在无视案件的共同犯罪事实特性,实际上是把共同犯罪当单独犯罪处理的问题,并且与我国刑法第 382 条第 3 款③的规定明显不符。因为按该条款的规定,"一般公民与国家工作人员相勾结伙同贪污者,都成立贪污罪的共犯,不具有国家工作人员身份的公司、企业人员,更应与国家工作人员构成贪污罪的共犯"④,而不应另定与国家工作人员所构成的贪污罪不同的职务侵占罪。

另有持区分制观念和正犯中心论的学者提出:"不具有国家工作人员身份的甲与国家工作人员乙相勾结,分别利用各自的职务便利,共同将本单位的财产非法占为己有时,甲与乙都同时触犯了贪污罪与职务侵占罪。……不过,如果将甲认定为贪污罪的从犯,导致对其处罚轻于职务侵

---

① 黎宏. 刑法学总论. 2 版. 北京:法律出版社,2016:302 - 303.
② 陈洪兵. 共犯与身份的中国问题. 法律科学,2014(6):63.
③ 我国刑法第 382 条第 3 款规定:"与前两款所列人员勾结,伙同贪污的,以共犯论处。"
④ 张明楷. 刑法学. 6 版. 北京:法律出版社,2021:596.

占罪的正犯时，则对甲认定为职务侵占罪的正犯（此时，甲与乙虽然是共犯，但罪名不同）。"① 笔者也不否认，在这种场合，"甲与乙都同时触犯了贪污罪与职务侵占罪"，并且都是身份犯，属于身份犯的竞合（或想象的数罪），通常应采取"从一重罪处断"的原则，即按其中的一个重罪定罪处罚。那么，在对不具有国家工作人员身份的甲以贪污定罪处罚轻于职务侵占罪时，按处理想象数罪的原则，自然是应当以职务侵占定罪处罚，不仅如此，若对国家工作人员乙按贪污定罪处罚也轻于按职务侵占罪处罚，同样应以职务侵占罪定罪处罚。问题在于这种假设的情形实际上不可能出现，即便是出现也被法律规定排除在外了（不允许选择以贪污罪之外的罪定罪处罚）。其中，这种假设的情形不可能出现的原因在于，我国刑法对贪污罪规定的法定刑明显重于职务侵占罪，司法实践中掌握的对贪污罪的定罪和量刑的数额标准比职务侵占罪的低得多，实际上的处罚也重得多。在有贪污罪主体身份的人与仅有职务侵占罪主体身份的人基于共同故意，分别利用各自职务便利，共同将本单位的财产非法据为己有时，犯罪的数额是确定的，也就是触犯贪污罪和职务侵占罪的数额是相同的，这就决定了以贪污罪定罪处罚必定会重于以职务侵占罪定罪处罚，而不可能反过来。毋庸讳言，这种假设是建立在区分制的基础之上的，在区分制的体系下，行为同时触犯贪污罪与职务侵占罪的甲，如果是贪污罪中的从犯（帮助犯）、职务侵占罪中的正犯，而对从犯应比照正犯之刑减轻处罚，结果确实会出现按轻罪的正犯处罚，反而比以重罪的从犯处罚更重的现象。按我国刑法的规定，若认定行为人为贪污罪的从犯、职务侵占罪的主犯，也可能出现同样的结果。但是，如前所述，在德、日，由于帮助犯与正犯原则上要以行为形式为标准来区分或认定，法官没有多大的操作余地。而在我国，认定主犯和从犯的弹性或空间比较大，法官有较大的自由裁量或认定的权力，处理上述案件时，考虑到甲、乙两人主观上有共同故意，客观上有紧密合作的共同行为，形式上都同时触犯贪污罪与职务侵占罪，且是共同犯罪而触犯这两个罪名，加上我国刑法中的主从犯是根据行为人在共同犯罪中所起的作用大小来划分的，且要综合主客观各方面的情况对全案作整体评价，因此，若认定甲在全案中为主犯，那就意味着无论是其触犯的贪污罪还是职务侵占罪均为主犯，不应认定其在职务侵占罪中是主

---

① 张明楷.刑法学.6版.北京：法律出版社，2021：595-596.

犯、在贪污罪中是从犯。况且，不具有国家工作人员身份的甲在贪污罪的共同犯罪中被认定为主犯，有国家工作人员身份的乙反而被认定为贪污罪的从犯，这也是完全有可能并且不违反刑法中主从犯的认定规则的。也就是说，若不具有国家工作人员身份的甲在全案中起主要作用有必要重罚，将其认定为贪污罪的主犯即可使之受较重处罚，根本没有必要将其认定为职务侵占罪的主犯。反过来，若有必要对甲处比乙轻的刑罚，将其认定为贪污罪的从犯也能产生同样的效果，也没有必要将其认定为处罚较轻的职务侵占罪。加上我国刑法第382条第3款明确规定，与具有贪污罪主体身份的人员勾结，"伙同贪污的，以共犯论处"。这也就将不具有贪污罪主体身份的甲不以贪污罪而以职务侵占罪等其他罪定罪处罚的情形排除在外了。因为该款中的"共犯"明显是"共同犯罪"的简称，"以共犯论处"当然是指按共同犯罪论处，而与他人"伙同贪污"所成立的共同犯罪，无疑是贪污罪。前述持区分制观念和行为共同说的论者，将该条款中的"共犯"一词与德、日刑法中的"共犯"相等同，认为是指"共同正犯"。而按行为共同说，共同正犯中的各行为人成立的罪名可能不同，因此，对上述案件中的甲以"共犯论处"，也可以定与同案正犯不同的罪名即职务侵占罪。但是，正如本书第二章第三节和第六章第三节所述，我国刑法采取不同于德、日刑法的犯罪参与体系，我国刑法中并未使用"正犯""共同正犯"，乃至"帮助犯"的词语，不能将我国刑法分则个别条文中作为"共同犯罪"简称的"共犯"一词，作与德、日刑法中的"共犯"概念相同的理解。

总而言之，在不同身份者共同实施不真正身份犯的场合，同无身份者与有身份者共同实施不真正身份犯一样，只要参与者主观上是出于共同故意，客观上存在共同的行为，包含有的实施实行行为，另有的实施组织行为、教唆行为或帮助行为的，都应当按身份犯的共同犯罪定罪处罚。由于在这种场合，存在同时触犯数个身份犯（身份犯相竞合）的现象，且是一种想象竞合（或想象数罪），应按"从一重罪处断"的原则，认定所有参与者成立其中一个处罚更重的身份犯的共同犯罪，并根据参与者在共同犯罪中所起作用的大小，确定为主犯或从犯，给予轻重适当的处罚，而不能以任何理由对参与者分别按不同的罪定罪处罚。

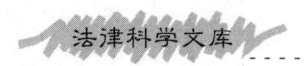

第二节 承继的共同犯罪

一、承继的共同犯罪的概念

众所周知,共同犯罪可分为事前通谋的共同犯罪与事前无通谋的共同犯罪。在事前通谋的共同犯罪中,由于参与者着手实行犯罪前,就犯罪的性质、目标、方法、时间、地点等进行过谋议,因此,在共同引起危害结果发生的条件下,所有参与者均应对该结果负责,所成立的罪名也完全相同。但是,在事前无通谋的共同犯罪中,可能出现前行为人已实施了部分实行行为之后,后行为人与前行为人达成共识而参与进去,为犯罪的完成作出贡献的。这就是刑法理论上所称的承继的共犯(或继承的共犯)现象。对其中的后行为人,应在多大程度上使之承担共犯或共同犯罪的罪责,成为中外刑法学界颇有争议且必须解决的问题。只不过在日本刑法学界,尽管通说将这种情形称为"承继的共犯",但仍有学者反对使用"承继的共犯"概念。[①]

承继的共犯中的后行为人参与实施的行为,既可能是实行行为,也可能是帮助行为。在采取区分制参与体系的德、日等国,称前者为承继的共同正犯、后者为承继的帮助犯。前者如,甲出于抢劫的目的将丙打倒在地后,路过的乙参与进去,强行夺取丙用手抓着的提包;后者如,X夜间入室抢劫,将被害人Z打昏之后,Y才知道真相并用手电筒为X照明,使其寻找到大量贵重财物。一般来说,"先行为人实施了一部分实行行为之后,不可能再有承继的教唆,因为教唆是使他人产生犯意的行为"[②]。并且,在司法实践中,承继的帮助案件也很少发生,因此,德、日刑法学中,承继的共同正犯成为承继的共犯的研究重心,承继的共犯通常也是指承继的共同正犯。

如前所述,在采取单一正犯体系的我国刑法中,并未使用"共同正犯"和"帮助犯"的概念,当然也就没有关于如何处罚共同正犯和帮助犯

[①] 陈家林. 共同正犯研究. 武汉:武汉大学出版社,2004:226.
[②] 张明楷. 外国刑法纲要. 3版. 北京:法律出版社,2020:281.

的规定。但是，在社会生活中，先行为人实施了部分实行行为之后，后行为人参与其中，双方共同故意引起危害结果发生的犯罪现象也客观存在着，并且可能构成共同犯罪，因而，将其作为一种特殊的共同犯罪现象予以研究，称之为"承继的共同犯罪"，简称为"承继的共犯"也未尝不可。但不能将我国的"承继的共同犯罪"或"承继的共犯"，与德、日的"承继的共同正犯"或"承继的共犯"等同起来。①因为按德、日刑法的规定，共同正犯是正犯的一种类型，与单独正犯同样处罚。对承继的共同正犯中的先行为人与后行为人都是同样作为正犯，给予同等的处罚；对承继的帮助中的后行的实施帮助行为者，则是以帮助犯比照正犯之刑减轻处罚。但按我国刑法的规定，承继的共同犯罪中的先行为人与后行为人，只要是成立共同犯罪，均应根据其在共同犯罪中所起作用的大小，区分为主犯或从犯，给予轻重有别的处罚。也就是说，不管后行为人实施的是实行行为还是帮助行为，先行为人被认定为共同犯罪中的主犯、后行为人被认定为从犯，或者反过来，后行为人被认定为主犯、先行为人被认定为从犯，均存在可能性。只不过后行的实施帮助行为者，通常应被认定为从犯，但在特殊例外的情况下，也可能被认定为主犯。这样，能确保对前后行为人处罚轻重的均衡合理。

二、承继的共同犯罪的成立条件

一般认为，成立承继的共同犯罪应具备以下基本条件。

其一，后行为人参与犯罪之前与先行为人无意思联络，先行为人已着手实行一部分构成要件行为之后，后行为人才参与进去。如果数行为人事先共谋，约定某一时间到现场去伤害被害人，先到现场者已着手实行并对被害人造成了重伤结果，后到现场者即使未进一步实行伤害行为，也同样应对先行者在其未到达之前所造成的重伤被害人的结果负责，这是从共同犯罪的归责原理就能推导出来的结论，因而不属于承继的共同犯罪所要研讨的特殊问题。事实上，只有在双方事先无通谋，并且先行为人的行为已造成一定的危害结果或已出现对犯罪的实现有重要意义的事实状态后，才

---

① 我国刑法学界存在将两者相等同或混同的现象。张明楷．刑法学．6 版．北京：法律出版社，2021：584．

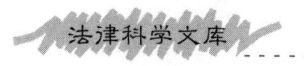

存在后行为人是否应对其参与之前的先行为人的行为所造成的结果负责，以及对后行为人应如何定罪处罚的问题，也才有必要纳入承继的共犯之范畴来予以研讨。

其二，后行为人参与犯罪时，明知先行为人已实行犯罪的部分行为，并与先行为人已形成意思联络，且双方基于共同故意进一步实施了犯罪行为。例如，X意图抢劫Z的手提箱，采用暴力手段将Z推倒在地，Z将X抱住不让其拿走手提箱，此时X发现自己的朋友Y路过，便授意已知真相的Y拿走了Z的手提箱。显然，Y与X同样都构成抢劫罪，并且属于承继的共同犯罪。如果后行为人不知先行为人已实行犯罪的前一部分行为，而与之共同故意实施后部分犯罪行为的，则不属于承继的共犯，双方仅成立后部分行为的共同犯罪。例如，一货车发生交通事故，车上的货物散落在路边，A想拿走一些，司机B不允许其拿走，A将B打昏在路边，A的朋友C骑摩托车路过，A骗C说司机因车祸昏倒在路边，并约C与其一起搬了部分货物放在摩托车上，二人运回家后均分。此例之中，A先采取暴力手段打昏B，随后当场拿走B的财物，其行为的性质为抢劫。C不知A先实行了打昏B的行为（不知其抢劫性质），而是基于盗窃（或抢夺）的意思与A拿走B的财物，因此，C构成盗窃（或抢夺）的共同犯罪。但由于A与C一起拿走B财物的行为仅是A抢劫行为的一部分，故对A应以抢劫罪定罪处罚。如果后行为人暗中参与先行为人实行的犯罪，先行为人并不知情，如甲男以强奸的意思将乙女按倒在床，丙女在甲男不知的情况下按住乙女的双腿，致使甲男顺利完成强奸行为。这也不属于承继的共犯的情形。[1] 但有论者持相反的主张，认为丙女就是强奸罪的片面承继的共犯。[2] 笔者不赞成这种主张。正如本书第四章第二节所述，尽管德、日的通说承认片面的共犯，当然也会认可片面的承继的共犯，但按我国刑法的规定和单一正犯的解释论，共同犯罪必须是二人以上共同故意犯罪，片面的共同犯罪无存在的空间或余地，因而也不应当肯定有所谓"片面的承继的共同犯罪"。另外，先行为人与后行为人虽对彼此先后实施的行为有认识，但并无基于共同故意而实施的共同行为的，也不成立承继的共同犯罪。例如，X见Y将Z打昏躺在地上，Z携带的财物散落在身边，

---

[1] 任海涛. 承继共犯研究. 北京：法律出版社，2010：35.
[2] 侯国云. 刑法总论探索. 北京：中国人民公安大学出版社，2004：365.

X 捡起 Z 较为贵重的财物，Y 不予制止听任其拿走。X 与 Y 并不相识，X 并无分赃给 Y 的意思表示或举动，Y 也无唆使或帮助 X 拿走 Z 财物的意思或举动，因此，不属于承继的抢劫，即 X 与 Y 不构成抢劫罪的共同犯罪。虽然 X 眼见 Y 将 Z 打昏倒地，Y 看见 X 拿走 Z 的财物，但双方并无意思联络，并无抢劫的共同故意与共同行为，而是各自分别实施了故意伤害 Z 与拿走 Z 财物的行为，因而，分别构成故意伤害罪与盗窃罪（或抢夺罪）。

其三，后行为人的参与行为只能发生在先行为人已着手实行犯罪之后，而又尚未终了或实质性结束犯罪之前。在同一共同犯罪案件中，如果有人先为犯罪做了充分的准备，开始实行时另有刚知情的人加入，与之同时共同实施犯罪的，这也不属于承继的共同犯罪。如上所述，通常只有在行为人已着手实行犯罪的条件下，才可能发生相应的危害结果，才会出现后来的参与者是否要对参与前先行为人已造成的结果负责，以及对其如何定罪处罚的问题。事先为犯罪做准备的行为，若触犯了其他罪名，则应由事先实施预备行为者独自承担责任。如甲为了杀乙而先制造了枪支、弹药，某日甲携带自制的枪支、弹药到现场时，碰到了对乙有仇的丙，丙带甲进入乙家，并帮忙反锁上院门，使乙无法逃出，被杀死在家中。丙与甲无疑构成故意杀人罪的共同犯罪，甲还另构成非法制造枪支、弹药罪。

问题在于，先行为人的行为已既遂之后，后行为人是否还可能成为承继的共犯？一般认为，继续犯（或持续犯）既遂之后，由于不法行为和不法状态仍继续存在，后行为人仍可参与进去实施不法侵害行为，因而可成为承继的共犯。如 X 将 A 非法关押到一场所后，此时才知道真相的 Y 帮忙看守着 A，不让 A 逃出。尽管 Y 是在 X 非法拘禁 A 已既遂之后才知情参与，但由于非法拘禁是持续性的犯罪行为，Y 仍可参与实行，因而可与X 构成非法拘禁的共同犯罪。对此，学界并无多大争议。① 但是，对于即成犯既遂之后，还能否成立承继的共犯，则存在肯定说与否定说的对立。

---

① 也有论者认为："持续犯的实行行为并不因社会关系受到实质侵害而告结束，而是与状态一同持续，故只有当状态结束，行为才有停顿，此时才有犯罪既遂形态的形成。"因此，只有解除对被关押者的关押，即非法拘禁行为终了后，才是非法拘禁既遂。[刘宪权，张娅娅. 承继共犯的刑事责任探讨. 政治与法律，2010（2）：21.] 笔者不赞成这种主张。

肯定说认为，犯罪虽已既遂但如果尚未终了或实质性完结，后行的参与者仍可能成为承继的共犯。否定说认为，由于实质性完结并无明确的标准，因而按这种观点既会导致共犯处罚范围的不当扩张，也会致使共犯的处罚无确定性，况且，犯罪既遂后实质性完结前的所谓帮助行为，一般也能以妨害司法的犯罪处理。① 德国的相关判例大多是采取肯定说，认为犯罪既遂之后，在先行行为的效果仍持续而犯罪还未"终了"之前，后行者认识并利用这种状态参与实施犯罪的，可能成立承继的共犯。例如，先行为人放火之后，建筑物有部分已燃烧还未全部燃烧时，后行为人看到这种状况后，帮助先行为人在离已着火很近的建筑物上洒汽油，以增强火势。这就属于先行为人放火既遂后、行为还未完全终了之前，后行为人参与进去，而成为承继的共犯的情形。在德、日刑法学界，肯定说与否定说均分别有不少支持者。②

在笔者看来，肯定说更为可取。因为行为既遂之后犯罪尚未终了或实质上还未完全终结的现象是客观存在的，行为人往往还可以继续实施行为以扩大损害的程度或范围，除这里所述的放火既遂后又在建筑物上洒汽油以增强火势的情形外，司法实践中更为常见的伤害案件中，轻伤结果出现后，伤害罪即已既遂，但行为人还可以继续予以伤害以扩大对被害人身体的伤害范围和伤害程度，后行为人在先行为人已造成被害人轻伤即伤害既遂后加入进去，继续对被害人予以进一步的伤害，无论是最终的结果仍在轻伤范围内，还是加重成为重伤或引起死亡结果发生，后行为人无疑均可以成为承继的共犯，即与前行为人构成故意伤害的共同犯罪。甚至在故意杀人的案件中，行为人已杀死被害人之后，不仅犯罪已既遂，且对被害人已无再予以杀害的可能性，但在先行为人误以为被害人尚未死亡，而与被害人死亡后才参与进去的后行为人继续实施"杀害"行为的，后行为人仍可成为承继的共犯，即与先行为人构成故意杀人的共同犯罪。只不过这属于对象不能犯的杀人未遂的情形，后行为人与先行为人构成杀人未遂的共犯。先行为人先行实施的杀人行为单独成立杀人既遂，其后来与后行为人共同实行的杀人未遂，被其先行实施的杀人既遂所吸收，因而对其应以故意杀人既遂定罪处罚；对后行为人则仍应以故意杀人未遂定罪处罚。

---

① 张明楷. 刑法学. 6版. 北京：法律出版社，2021：585.
② 照召亮介. 体系的共犯论与刑事不法论. 东京：弘文堂，2005：252-300.

三、承继的共同犯罪的存在范围

关于承继的共同犯罪的范围,即承继的共同犯罪可能在哪些类型的犯罪中存在,我国刑法学界有不同认识,主要是对单一行为犯中是否可能出现承继的共同犯罪问题,有肯定与否定两种不同主张。有学者持否定态度,认为:"由单一行为构成的犯罪,不会发生继承性共犯。""继承性共犯只存在于两种犯罪形态中:一是由手段行为和目的行为结合而成的犯罪,二是结合犯。"因为"只有在结合犯和由手段行为与目的行为结合而成的单纯一罪中,犯罪行为才可以明显地分为两部分,也只有在这两种犯罪中,后行为人才有可能在后半部分行为即目的行为或后一犯罪中参与进来而成为继承性共犯。在那些只由单一行为构成的犯罪中,由于犯罪行为不能明显地区分为两个阶段,不论后行为人在先行为人实施到什么程度才加入进来,其与先行为人实施的都是同样的行为,因而便不能形成继承性共犯。比如故意伤害罪,不论后行为人在先行为人实施伤害行为的任何阶段加入进来,实施的都仍然是伤害行为,与先行为人实施的行为没有性质上的差别,不存在犯罪性质和责任范围的争论,因而都属于一般性共犯,而不是继承性共犯。……在单一行为构成的犯罪中不存在继承性共犯的另一个原因是,理论上提出继承性共同犯罪问题,目的在于研究解决先行为人与后行为人在犯罪性质和责任范围上所遇到的疑难问题。而在由单一行为构成的犯罪中,不存在这样的疑难问题,因而也就没有必要提出继承性共犯的问题"[1]。也有学者持肯定态度,认为单一行为犯(如故意伤害罪)中同样存在承继的共犯问题。[2] 我国多数学者持这后一种主张。在日本,刑法学界的通说认为,伤害罪等单一行为犯中仍然存在承继的共犯现象;并且,"近年,针对是否成立伤害罪的承继的共同正犯的问题,最高裁判所第一次做出了明确判断"[3]。

在笔者看来,由手段行为和目的行为结合而成的复行为犯和结合犯

---

[1] 侯国云. 论继承性共犯. 政法论坛, 2006 (3): 110-111.
[2] 任海涛. 承继共犯研究. 北京:法律出版社, 2010: (79).
[3] 桥爪隆. 论承继的共犯. 王昭武, 译. 法律科学, 2018 (2): 191.

中，固然更容易产生承继的共犯问题，并可能出现先行为人与后行为人分别成立不同罪的更为复杂的现象，且承继的共犯理论主要是围绕这类犯罪所涉及的特殊问题而展开的。而"在多数单一行为犯中，从最终罪名之确定上看，承继共同正犯肯否论对案件之最终处理结果都是一致的"。以上述否定论者所举之伤害为例，"最终皆会认定后行为者亦构成伤害罪"①。况且，"理论上提出继承性共同犯罪问题，目的在于研究解决先行为人与后行为人在犯罪性质和责任范围上所遇到的疑难问题"。既然后行为人与先行为人都定同样的罪，适用相同的法定刑，似乎也就不存在承继的共犯问题。但是，这只是看到了单一行为犯中共同犯罪定罪量刑上的表面现象，事实上，后行为人参与先行为人实行的单一行为犯的情况十分复杂，至少有一点是不能忽视的，即后行为人参与之前先行为人的行为是否已对被害人造成侵害结果乃至结果的轻重程度，而后行为人是否应对其参与之前先行为人已造成的结果负责，这对其处罚轻重无疑有重要意义，这也正是承继的共犯应予研讨的特殊问题之一。例如，甲看到乙正在殴打自己的仇人丙，也参与其中进行殴打，致丙全身多处受伤。事后查明，丙一只眼被打瞎，属重伤，身体其他部位的损伤为轻伤。丙眼被打瞎发生在甲参与之前。如果认定甲与乙就伤害丙的全案构成共同犯罪，那就应认定甲为故意伤害（致人重伤）罪，根据我国刑法第 234 条的规定，对甲应"处三年以上十年以下有期徒刑"；若认定甲与乙只就甲参与后的伤害行为构成共同犯罪，那么，甲就仅成立致人轻伤的普通故意伤害罪，对其应"处三年以下有期徒刑、拘役或者管制"。显然，两种不同的认定方式，对甲的处罚轻重会有重大差异；并且，可能对甲是否定罪产生影响。假如此例中的甲参与进去后，与乙共同实行的殴打丙的行为，只是造成丙轻微伤，打瞎丙一只眼是乙在甲参与之前所造成的，那么，按上述就全案构成共同犯罪的主张来处理，甲不仅构成故意伤害罪，而且要适用致人重伤的法定刑处罚；若按上述对甲只就其参与后的行为与乙构成共同犯罪的主张，由于甲参与后两人仅造成丙轻微伤，按我国司法实践中通常的做法，则应认定甲不构成犯罪。由此可见，认为故意伤害罪等单一行为犯中，后行为人"与先行为人实施的行为没有性质上的差别，不存在犯罪性质和责任范围的争论"，这与实际情况不符，据此将单一行为犯排除在承继的共犯的范

---

① 任海涛. 承继共犯研究. 北京：法律出版社，2010：78.

围之外,当然也就不具有合理性。

四、承继的共同犯罪的罪名确定

(一) 日本的学说评析

处理承继的共同犯罪案件,关键是要弄清后行为人行为的性质,也就是当先行为人实施了甲罪的一部分实行行为后,后行为人故意参与甲罪时,能否就甲罪成立共同犯罪,即对后行为人能否也按甲罪定罪。例如,X 以抢劫故意对 Z 实施暴行后,此时才知情的 Y 与 X 形成意思联络,参与犯罪拿走了 Z 的财物。对这种承继的抢劫案中的 Y,是否也应定抢劫罪,成为中外承继的共犯理论中争议的焦点。而这又是与是否承认承继的共犯联系在一起的问题。对此,日本刑法学界存在肯定说、否定说和中间说等不同的学说。

肯定说认为,后行为人只要对先行事实存在认识或容忍,就应对包括先行事实在内的所有犯罪事实承担责任。按照该说,上述 Y 拿走 Z 财物的行为,并不是单纯的盗窃行为,而是参与 X 实行的抢劫行为,因此,Y 与 X 构成抢劫的共同正犯。不仅如此,当甲绑架被害人后,此时才知情的乙与甲共同故意杀害被绑架人的,乙也属于绑架杀人。此说的主要理由在于:(1) 只要先行为人的犯罪属于一罪,由于一罪的整体具有不可分割的特性,后行为人作为共犯就应该是同一罪名的共犯;(2) 只要后行为人参与犯罪时对先行事实存在认识或容忍,或者与先行为人之间存在意思联络,在法律价值上就可以与事前存在意思联络同等看待。①

否定说认为,后行为人只能就参与后的事实成立共犯并承担责任,对于参与前的事实不承担责任。根据此说,上述 Y 拿走 Z 财物的行为,对 Y 只可能定盗窃罪,X 单独成立抢劫罪。此说的主要理由在于:(1) 任何人都只对与自己的行为有因果关系的事实承担责任,而在上述场合先行的事实与后行为人的行为无因果关系;(2) 认可承继的共犯违反个人责任原则;(3) 后行为人对先行事实不存在行为支配;(4) 不能说先行为人的行为是基于共同加功的意思实施的,因此,不能要求后行为人对先行为人的行为承担责任。②

---

① 松原芳博. 刑法总论重要问题. 王昭武,译. 北京:中国政法大学出版社, 2014:319-320.

② 浅田和茂. 刑法总论:2 版. 东京:成文堂,2019:435.

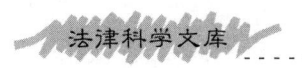

中间说又被称为部分肯定说，虽然原则上采取的是否定说，但认为应限于先行为人的行为效果延续至后行为人参与之后的阶段，并且，后行为人利用了该效果的，可以肯定成立承继的共犯。按照此说，上述 Y 拿走 Z 财物的行为，由于利用了 X 的暴行所产生的效果，因而 Y 与 X 构成抢劫的共同正犯。还有论者主张，因共同正犯必须对所有的犯罪事实均存在行为支配，而应否定承继的共同正犯，但帮助犯可存在于犯罪的任何阶段，所以，应肯定承继的帮助犯。按此种主张，上述 Y 成立抢劫的帮助犯。另有论者提出，对于后行为人，肯定其与先行为人共谋参与之后成立不作为犯，并与先行为人之间成立共同正犯。就上述 Y 拿走 Z 财物的案件而言，"先行为人的暴力、胁迫压制了被害人的反抗，后行为人仅仅参与其后的夺取财物行为的，后行为人属于不作为的强取（抢劫罪的不作为犯），与先行为人成立共同正犯"①。中间说的主要理由在于：如果将否定说贯彻到底，就有可能放纵犯罪。例如，在诈骗罪、敲诈勒索罪的场合，当先行为人甲实施了欺骗行为、胁迫行为之后，对于仅参与从受害人处收受钱财这一行为的后行为人乙而言，就不能将其作为诈骗罪、敲诈勒索罪的共犯来处罚。为此，不能完全采取否定说，而应在后行为人利用了先行为人的行为效果的情况下，肯定成立承继的共犯。②

以上三种学说中，肯定说以完全犯罪共同说作为立论的基础，强调共犯是数人共同犯一罪，而一罪的整体具有不可分割性，后行为人既然是参与先行为人的犯罪，那就应该对包含先行事实在内的犯罪的整体（或所有犯罪事实）承担责任。但是，刑法规定的犯罪具有多样性，并非所有的一罪均"整体不可分"，相反，持续犯、结合犯、包括的一罪等"这些犯罪类型都是由数个行为构成，正是因为事实上可以将这些行为区分开来，才会出现是否应成立承继的共犯的问题。……让行为人对自己并未参与的事实负责，这显然不能被允许"③。而且，对先行为人的行为引起的结果，后行为人"如果仅存在事后的认识或容忍，就必须对不能被自己所左右的

---

① 山口厚. 承继的共犯理论之新发展. 王昭武，译. 法学，2017（3）：152.
② 西田典之. 日本刑法总论：第2版. 王昭武，刘明祥，译. 北京：法律出版社，2013：330-331.
③ 松原芳博. 刑法总论重要问题. 王昭武，译. 北京：中国政法大学出版社，2014：319.

此种结果承担责任,这等于是认可心情刑法,并不合适"①。

否定说以因果共犯论作为立论的基础,认为行为人对与参与行为无因果性的结果不承担责任。毋庸置疑,这是颠覆肯定说、奠基否定论的最重要根据。一般来说,行为人只对自己的行为引起的结果负责,由于后行为人与先行为人事先无通谋或意思联络,后行为人对其参与之前先行为人的行为事实上不存在支配或控制,先行为人的行为也不可能是基于与后行为人共同加功的意思所实施的,后行为人对参与之前先行为人的行为及其结果当然不应承担责任。这是肯定说所无法否认的。正因为否定说有较为坚实的理论基础,因此,在日本,"该说现在处于支配性地位"②。但是,否定说无视后行为人的行为与其参与之前先行为人行为的内在联系,仅从形式上来评价其行为的性质,往往难以得出合理的结论。以上述 X 对 Z 实施暴行后 Y 拿走 Z 的财物为例,尽管 Y 按 X 的授意仅实施了拿走 Z 财物的行为,根据否定说只能认定为盗窃或抢夺,但 Y 明显不是单独盗窃或抢夺 Z 的财物,而是参与 X 正在对 Z 实施的抢劫犯罪,并且利用了 X 针对 Z 人身的强制手段,在 Z 不能掌控财物的状态下拿走了其财物,因此,Y 是与 X 一起共同强行夺取 Z 的财物,构成抢劫的共同犯罪。只有这样认定,才算准确揭示了 Y 的行为性质。另外,正如上述持中间说的论者所述,根据否定说处理案件,有时还可能出现放纵犯罪的不良后果。例如,当先行为人实施了欺骗行为、胁迫行为后,后行为人仅参与从受害人处收受钱财的,按否定说对这种后行为人就可能无法定罪处罚。

中间说也以因果共犯论作为立论的基础,认为后行为人对与自己参与行为无因果性的结果不承担责任,因此,原则上应否定承继的共犯,但在例外的情况下,即当后行为人"利用了先行为人的行为的效果"时,肯定承继的共犯。应当肯定,中间说把原则性与灵活性结合起来,能够适应司法实际的需要,使相关案件得到较为合理的处理,可避免采取否定说对有些案件出现定性明显不当的后果,因而,在日本,"该说也很有影响"③,法院的许多相关判例也是采取中间说。只不过,此说存在没有将理论原则

---

① 西田典之. 刑法总论. 3 版. 桥爪隆, 补订. 东京: 弘文堂, 2019: 394.
② 西田典之. 日本刑法总论: 第 2 版. 王昭武, 刘明祥, 译. 北京: 法律出版社, 2013: 329.
③ 同①330.

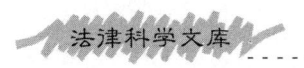

贯彻始终，内在的矛盾难以避免的缺陷。并且，"限定承继说（中间说——笔者注）所谓'伴有意思联络的利用'，利用的是与自己没有因果性的他人行为，以此作为对先行情况负责的根据，就难免会和全部承继说（肯定说——笔者注）一样，陷入心情刑法之中"①。

（二）我国应采取的处理原则

近些年来，在我国刑法学界，一些学者也分别采取与上述日本刑法学界相同或相似的肯定说②、否定说③和中间说。④

如前所述，我国刑法中的"共同犯罪"的含义不同于德、日刑法中的"共同正犯""共犯"，我国刑法学中的"承继的共同犯罪"也与德、日刑法学中的"承继的共犯"有较大差异。这是因为我国刑法第25条将"共同犯罪"限定在"二人以上共同故意犯罪"的范围，从该条规定不难看出，成立共同犯罪不仅行为主体应为二人以上，而且主观上要有犯罪的共同故意，客观上还要有犯罪的共同行为。"承继的共同犯罪"作为共同犯罪的一种特殊类型，也必须具备共同犯罪的成立要件。而德、日的"共同正犯"和"共犯"的范围比我国的"共同犯罪"要宽泛得多。按日本目前流行的行为共同说，具有不同故意内容甚至不同罪过形式的参与人，均可能成为共同正犯，暗中帮助他人犯罪的人，也可能成为帮助犯。但日本的通说所认可的后行为人与前行为人具有不同故意内容的承继的共同正犯，后行为人暗中帮助前行为人实行犯罪的承继的片面共犯，显然不属于我国刑法规定的"共同犯罪"，因而也不能纳入我国的"承继的共同犯罪"的范围。

在我国，肯定承继的共同犯罪也必须具备我国刑法第25条所规定的共同犯罪的主客观要件，就意味着后行为人与前行为人主观上要有犯罪的共同故意，客观上要有基于共同故意而实施的犯罪的共同行为。其特殊性仅在于后行为人是在先行为人已实行一部分犯罪行为后，才与对方有意思联络并形成共同故意，且基于共同故意进一步实施了共同犯罪行为。正是由于后行为人是参与先行为人仍在实行的犯罪，其参与行为成为先行为人

---

① 松原芳博. 刑法总论重要问题. 王昭武，译. 北京：中国政法大学出版社，2014：321.
② 马荣春. 承继共犯的成立：肯定说的新生. 东方法学，2015（5）：2.
③ 陈洪兵. 共犯论思考. 北京：人民法院出版社，2009：185.
④ 张明楷. 刑法学. 6版. 北京：法律出版社，2021：587.

仍在实行的犯罪的有机组成部分，所以，不能仅从后行为人实施的行为形式来认定其行为的性质，而应当以双方基于共同故意所实施的共同犯罪行为，作为认定后行为人行为性质，即所成立罪名的根据。例如，A 欺骗 B 能够帮助其将积压的某种货物高价销售出去，并要 B 将大量货物运送到其朋友 C 的商店交给 C，A 与 B 签订"合同"之后，打电话给 C 告知真实意图，让 C 帮忙接收 B 送去的货物，约定由 A 找下家低价销售出去后与 C 分赃。C 同意并应约接收了 B 送去的货物，尔后 A 将该货物低价销售出去，并分了部分赃款给 C。此案之中，表面上 C 仅实施了接收并存放 B 送去的货物的行为，但收此货物时 C 已知道 A 是要骗 B 的货物，双方已有意思联络并形成了诈骗的共同故意，且接收 B 的货物时 A 的欺骗行为仍在继续发挥作用，C 接收受骗者货物的行为，已成为与 A 的欺骗行为相结合的共同诈骗行为的有机组成部分，因此，A 和 C 既有诈骗的共同故意，又有诈骗的共同行为，构成诈骗罪的共同犯罪。如果按上述否定说，仅对 C 接收 B 货物的行为做单独评价，那就不能揭示其参与 A 所实施的诈骗活动并与之共同构成诈骗罪的实质，从而产生无法对 C 定罪处罚的不良后果。

处理承继的共同犯罪案件时，认定后行为人构成与先行为人仍在实行之罪的共同犯罪，还是成立与先行为人先实行之罪不同的新罪，是正确处理这类案件的关键所在。认定双方成立先行为人仍在实行之罪的共同犯罪的前提条件是，后行为人不仅利用了先行为人仍在持续发挥作用之行为的效果，而且要有与先行为人基于共同故意互相配合实施的共同行为。如果双方并无基于共同故意的共同行为，后行为人只是纯粹利用了先行为人的行为所产生的效果，即使先行为人对此有认识，也不能认定双方成立承继的共同犯罪。例如，甲见一出故障的货车停在路边，便去拿车上的货物，货车司机乙予以阻止，甲将乙腿打伤，乙倒在路边不能站立起来，与甲不相识的丙见状也去拿车上的货物，各自拿了一些离去。此例中的丙无疑是利用了甲打伤物主乙的暴力行为产生的效果，在乙无法阻止的情况下，拿走了乙的货物，且甲对此明知。但由于丙与甲是分别同时各自实施自己的行为，并无基于共同故意而相互配合实施的共同行为，不成立共同犯罪，而属同时犯，各自分别构成单独的犯罪，即丙构成抢夺或盗窃罪，甲构成抢劫罪。假如丙眼见甲将乙打倒在路边，明知其要抢劫乙的货物，主动提出帮助用自己的车装运，于是，甲与丙将乙车上的货物搬到丙车上，运走之后均分。在此例之中，由于甲与丙是共同利用甲的暴力行为仍持续产生的效果，共同强行夺取了乙的货物，完全具备共同抢劫的要件，因而构成抢劫的共同犯罪。

应当特别注意的是，后行为人如果不是利用先行为人仍在持续的行为及其所产生的效果，而是利用先行为人行为造成的事实状态，与先行为人共同实行犯罪，则不成立先行为人先行之罪的共同犯罪。假如上例中的甲想要杀害司机乙之后，将货车上的大量贵重财物据为己有。甲杀死乙之后，正在从乙的货车上搬货物到自己车上时，甲的兄弟丙开车路过，甲告知丙真相，丙按甲的授意帮忙搬了部分货物到甲的车上，同时也搬了部分货物到自己的车上，尔后各自开车离去。此例中，甲采用杀害乙的暴力手段夺取乙的财物，无疑构成抢劫罪，并应适用抢劫致人死亡的法定刑处罚。甲实施手段行为时，丙不在场也不知情，丙在甲实施目的行为时知情而参与进去。但由于甲杀害乙之后，其手段行为已终了，不存在手段行为仍持续并产生相应效果的问题。因为被害人死亡之后，其人身就处于消失状态，甲已不可能再持续对之用暴力手段予以控制。丙在此种状态下参与进去，与甲拿走的是乙生前所有的财物，并非是利用甲先行的暴力行为仍持续形成的对乙人身的强制效果，与甲共同强行夺取乙的财物，当然不可能构成抢劫的共同犯罪。但可以考虑将丙的行为视为帮助甲转移或处理犯罪所得，对丙按妨害司法的掩饰、隐瞒犯罪所得定罪处罚。

（三）几种特殊情形的处理

1. 事后抢劫

众所周知，事后抢劫由两部分行为构成：行为人先实施盗窃、诈骗、抢夺行为（先行为），后为窝藏赃物、抗拒抓捕或者毁灭罪证而当场实施暴力或者以暴力相威胁的行为（后行为）。先后两部分行为可以由同一人实行，也可以由不同的人实行。当先行为人实施盗窃、诈骗、抢夺行为之后，为窝藏赃物、抗拒抓捕或者毁灭罪证，而让此时才明知真相的人（后行为人）参与进去，当场对相关人员实施暴力或者以暴力相威胁。例如，甲入丙室盗窃财物时被丙发现，甲往外逃跑，丙在后面紧追，并高喊"抓小偷"。甲发现自己的兄弟乙在路边，边跑边对乙说："帮我打倒他！"明知真相的乙将丙打成轻微伤，使甲得以逃脱。此例中的后行为人乙能否与先行为人甲构成事后抢劫的共同犯罪，这是中外刑法理论上一个颇有争议的问题。在日本刑法学界，主要有将事后抢劫理解为身份犯和理解为结合犯两种不同的解决路径。其中,理解为结合犯的论者认为,这属于是否成立承继的共犯的问题。无论是选择哪一种路径的论者中,都存在肯定与否定后行为人成立抢劫罪的共犯的不同主张。① 我国学者一般认为,我国刑法中的事后抢劫罪,既不是身份犯也并非结合犯,但可以视为复行为犯,将后行为人参与实施的事后抢劫行为纳入承继的共犯的范畴来研讨。② 笔者赞成此种主张。

我国对承继的共犯采肯定说、否定说或中间说的论者,对上述后行为人参与实施事后抢劫的后行为,能否成为事后抢劫的共犯(共同犯罪人),也存在与日本刑法学界大体相同的肯定与否定两种不同主张。其中,对承继的共犯采肯定说和中间说的论者,是持肯定的主张,即肯定后行为人可能成为事后抢劫的共犯③;但采否定说的论者,则仍持否定的态度,认为后行为人不可能成为事后抢劫的共犯,只能根据情况责令其承担窝藏罪、伤害罪或杀人罪的责任。④ 笔者不赞成否定说,而持相反的肯定态度。

其一,否定说认为后行为人仅参与了事后抢劫的后一部分行为,没有参与前一部分的行为,与前一部分行为及其结果之间无因果关系,若认定其成立事后抢劫罪就意味着责令其对前一部分侵犯财产的行为也承担责任。就上述乙打伤丙使盗窃犯甲得以逃脱的案件而论,乙的行为与甲的盗窃并无因果性,责令乙承担事后抢劫的责任明显不合适,乙只应对其实施的暴力伤害丙的行为负责。否定说的这种解释,显然是割裂了后行为人的行为与先行为人所实行的犯罪之间的内在联系,将后行为人参与他人犯罪的行为,视为独立的行为。事实上,"乙在外表上参与的是暴力行为。但是,该行为是甲事后抢劫的一部分,故乙参与的是事后抢劫行为的一部分,而不是独立的行为"⑤。应当看到,共同犯罪的参与者所实施的行为,不仅在行为形式上不同于单独犯罪,除单独犯实施的实行行为外,还可能是单独犯不可能实施的教唆和帮助行为;即便是实施实行行为,也并不要

---

① 张明楷. 事后抢劫的共犯. 政法论坛, 2008 (1): 90 - 92.
② 陈洪兵. 共犯论思考. 北京: 人民法院出版社, 2009: 180.
③ 马荣春. 承继共犯的成立: 肯定说的新生. 东方法学, 2015 (5): 10; 张明楷. 刑法学. 6版. 北京: 法律出版社, 2016: 587.
④ 同②183.
⑤ 同①93.

求实施全部实行行为，而只要实施其中一部分即可。在参与复行为犯的场合，由于复行为大多可能分开实施并有一定的时间先后顺序，参与者可以不参与前一部分行为而仅参与后一部分行为。犯罪的共同故意也不要求必须在犯罪之前就已形成，也可能在犯罪终了之前的犯罪实施的过程中形成。因此，在事后抢劫的案件中，仅参与实施后部分行为的后行为人，只要在参与时与先行为人有共同故意，就完全具备事后抢劫的共同犯罪的主客观要件。

其二，认定后行为人与先行为人构成事后抢劫的共同犯罪，并不存在责令后行为人对其参与前的先行人的行为及其结果承担责任的问题。因为后行为人是故意参与先行为人所实行的犯罪，其实施的行为已成为与先行为人共同犯罪行为的有机组成部分，且只是就其与先行为人共同犯罪的行为及其结果承担责任，并不存在对其参与前先行为人的行为及其结果承担责任的问题。上述甲盗窃之后，为了逃避丙的抓捕，对丙实施暴力，这种暴力行为就是事后抢劫的实行行为。甲如果自己直接单独对丙实施暴力，这是最典型的事后抢劫；甲如果与明知真相的乙共同故意对丙实行暴力，也不难理解为共同实行事后抢劫。而甲自己未对丙实施暴力，要求（教唆）乙代为实行，乙对丙实施的暴力就成为事后抢劫的实行行为。因为乙接受甲的教唆所实行的行为，是与甲共同犯罪的行为，要受与甲形成的共同犯罪故意的制约，已经"不是单纯的暴力行为，而是同时起到了使甲的盗窃行为成为事后抢劫的实行行为的作用"[1]。

其三，甲在乙的帮助下逃脱，最终得到了窃取的赃物，这与乙的行为具有因果性，也就是说甲先前窃取的财物是盗窃的结果，且存在被丙夺回赃物（盗窃的损害结果被挽回）的可能性，乙的参与行为使得甲窃取的赃物最终成为甲、乙共同实施的事后抢劫罪的结果，乙对该结果承担责任是对自己的行为造成的结果负责，并非是对甲先前的盗窃行为所造成的结果负责。

其四，否定论者还提出，如果认为乙与甲成立事后抢劫的共犯，假如盗窃者甲先对追捕者丙实施暴力之后，乙参与进来对丙实施暴力，事后查明丙的重伤结果是乙参与之前甲的行为所致，或者无法查明丙的重伤结果是在乙参与前由甲所造成，还是乙参与之后两人共同造成，那么，按肯定

---

[1] 张明楷.刑法学.6版.北京：法律出版社，2021：588.

论,"既然连根本没有实施的盗窃行为尚能承继,就没有理由排除包括转化过程中的暴力行为及其结果的承继",因而,就会得出"乙也应承担(事后)抢劫致人重伤的刑事责任"的结论,这明显不具有合理性。① 笔者也不否认,这样的结论不具有合理性。但按上述肯定论,并不会得出这样的结论。因为后行为人乙只是对自己参与之后与先行为人甲共同实施的行为及其所造成的结果承担责任,也就是仅对两人共同实施的事后抢劫行为及其所造成的结果负责,如果能肯定丙的重伤结果是乙参与之前由甲单独造成的,那就是与乙和甲所实施的事后抢劫的共同犯罪无关的结果,乙当然不应对这一结果承担责任,而应由甲单独承担。并且,如果无法查明丙的重伤结果是由乙参与之后两人的共同行为所造成的,按照疑罪从轻或存疑做有利于被告人之解释的原则,认定乙构成事后抢劫罪的共犯,但不责令其承担(事后)抢劫致人重伤的责任,仅由甲一人承担(事后)抢劫致人重伤的刑事责任②,也是按肯定论所能得出的合理结论。

其五,按国外的否定说,对上述案例中的乙以暴行罪、胁迫罪的共同正犯论处,无疑会比按事后抢劫的共同正犯处罚轻。我国持否定说的论者认为,我国没有暴行罪、胁迫罪,如果"认为事后参与行为对先前的盗窃行为转化为事后抢劫起到了作用,客观上也是事后抢劫犯罪的一部分,由此就认为后行为人就应对整个事后抢劫犯罪承担责任",也就是说,乙本来只实施了整个犯罪行为的一部分,应就其实施的行为以轻罪处罚,却因我国刑法没有相应的轻罪,就对乙按整个事后抢劫这种重罪处罚,"这也存在明显疑问"③。笔者认为,在日本,按肯定说,对乙以事后抢劫的共同正犯论处,确实会比以暴行罪、胁迫罪的正犯处罚重,且由于乙与甲都是事后抢劫的共同正犯,仅实施部分行为的乙与实施全部行为的甲处罚轻重并无差异,因而会带来处罚不均衡的问题。但按我国刑法的规定,对乙

---

① 陈洪兵. 共犯论思考. 北京:人民法院出版社,2009:182.

② 甲之所以不能免除(事后)抢劫致人重伤的刑事责任,是因为丙重伤的结果无论是在乙参与之前还是之后出现,甲都应对该结果承担责任。若在乙参与之前出现,那就是甲一人造成的,当然应由其负责;若是在乙参与之后出现,那就是甲与乙的共同犯罪行为所造成的,甲作为共同犯罪人对共同犯罪结果(即便是乙的行为直接引起的),也应承担责任。

③ 同①181.

以事后抢劫罪的共犯来处罚，不会出现这样的问题。因为"就事后抢劫的整体犯罪而言，乙通常仅起了次要作用，故应认定乙构成事后抢劫的从犯，应当从轻、减轻或者免除处罚"①。处罚的结果比在日本以暴行罪的正犯处罚还要轻，并且在乙的行为致人伤亡而有必要重罚的情况下，可以将其认定为主犯，给予较重的处罚。由此可见，在我国，采取肯定说，对乙按事后抢劫罪的共同犯罪来处罚，不仅不会出现处罚不均衡现象，相反，还能确保处罚更为均衡合理。

2. 结合犯

结合犯是大陆法系刑法理论中含义尚有争议的概念。② 在日本，一般认为，"结合犯是指将分别独立成罪的两个以上的行为结合成一个犯罪的情况"，如把抢劫罪和杀人罪结合规定成为抢劫杀人罪。③ 在德国，一种有力的主张认为，结合犯是与单一犯相对的概念，两者以构成要件行为侵害法益的数量来区分，构成要件行为侵害法益为一种的是单一犯（如伤害罪），构成要件行为侵害法益为复数的是结合犯（如伤害致死罪）。④ 我国刑法学者大多采用日本通用的结合犯概念。不过，在日本刑法学界，存在从广义的角度理解结合犯的现象，如将普通抢劫罪也理解为结合犯。因为按日本刑法的规定，采用暴行、胁迫手段夺取他人财物的，构成抢劫罪，由于存在手段行为与目的行为两种行为即复数行为的结合，且分别来看暴行、胁迫可能构成独立暴行罪、胁迫罪，夺取财物的行为则可能构成盗窃罪⑤，因此，认为刑法是将两种独立的犯罪结合成为一种抢劫罪，纳入结合犯的范围也有道理。但是，按我国刑法的规定，作为抢劫的手段行为并非都构成独立的犯罪，如抢劫罪常用手段中的"胁迫"就明显不是独立的犯罪行为，视普通抢劫罪为结合犯，自然与日本和我国公认的结合犯的概念不符。日本刑法中的抢劫杀人罪是最典型的结合犯，我国的司法实践

---

① 如果乙与甲的暴力行为致被害人伤亡，且乙对致人伤亡起主要作用，那么，对乙以主犯论处，也是理所当然。张明楷. 刑法学：上. 5版. 北京：法律出版社，2016：433.

② 郑泽善. 论承继共犯. 法治研究，2014（5）：10.

③ 大谷实. 刑法讲义总论：新版第2版. 黎宏，译. 北京：中国人民大学出版社，2008：434.

④ 山中敬一. 刑法总论. 3版. 东京：成文堂，2015：184.

⑤ 浅田和茂. 刑法总论. 2版. 东京：成文堂，2019：489.

中，尽管也存在既抢劫又故意杀害被害人，即抢劫杀人的现象，但由于我国刑法是将其作为严重情节之一，纳入加重犯的范围予以重罚，并非是像日本刑法那样规定为独立的犯罪并配置专门的法定刑，因而，也不是结合犯。事实上，我国刑法中并不存在严格含义的、典型的结合犯。① 但我国现在有不少学者从较为宽泛的含义理解结合犯，认为我国刑法也规定有结合犯，如第 239 条规定的绑架杀人及绑架致人重伤、死亡就是结合犯，第 240 条规定的"奸淫被拐卖的妇女"也是结合犯。② 对此，笔者不展开评述，仅就数人先后参与这种较为宽泛含义上的结合犯，是否有可能构成承继的共同犯罪作进一步的探讨。

在上述两种犯罪结合而成的犯罪中，后行为人仅参与后一犯罪的，是构成结合犯，还是仅成立后一犯罪，在我国刑法学界存在两种不同观点。以绑架杀人为例，肯定论者认为，"后行为人的介入是在了解先行为人实施绑架杀人意图的基础上，加入杀人行为并共同或单独完成杀人行为的，也理应对杀人行为及其产生的结果负责"，且符合"绑架杀人"的承继共犯的成立条件，因此，对后行为人也应以"绑架杀人"论处。③ 但否定论者认为，"因为结合犯是两个独立的犯罪类型的结合，换言之，两个犯罪原本是独立的、分离的，既然如此，就应当分别认定各参与人的行为性质。例如，甲绑架被害人后，没有参与绑架的乙与甲共同杀害被害人的，甲属于'绑架杀人'，但乙仅成立故意杀人罪，不得对乙适用'绑架杀人'的法定刑"④。笔者赞成这种否定论。上述两种独立的犯罪结合而成的犯罪类型，不同于通常的复行为犯。复行为犯的两个行为是有机结合组成一个犯罪的构成要件行为，缺少其中任何一个均不成其为此种犯罪的构成要件行为。如强奸罪、抢劫罪中的手段行为与目的行为，如果不采用暴力、胁迫等侵害人身的手段，即便是与妇女发生了性关系或非法夺取了他人财

---

① "我国刑法理论界通说认为，我国刑法上没有结合犯的概念或不存在典型意义的结合犯。"刘宪权，张娅娅. 承继共犯的刑事责任探讨. 政治与法律，2010（2）：22.

② 张明楷. 刑法学. 6 版. 北京：法律出版社，2021：626；刘宪权，张娅娅. 承继共犯的刑事责任探讨. 政治与法律，2010（2）：22.

③ 刘宪权，张娅娅. 承继共犯的刑事责任探讨. 政治与法律，2010（2）：22.

④ 张明楷. 刑法学. 6 版. 北京：法律出版社，2021：589.

物，也不构成强奸罪、抢劫罪；反过来，如果采用了暴力、胁迫等手段侵害了他人的人身，但并不以奸淫妇女、夺取财物为目的，即不是作为强奸、抢劫的手段而实施的，则同样不构成强奸罪、抢劫罪。并且，离开了目的行为的侵害人身的手段行为，按我国刑法的规定，并非都构成犯罪。没有采用侵害人身手段的与妇女性交行为，并不构成犯罪；不采用侵害人身手段非法夺取他人财物的行为，虽有可能构成犯罪，但却不可能构成抢劫罪。正如前文所述，因目的行为与手段行为有紧密的内在联系，后行为人如果是参与复行为犯的后一部分行为，并且与先行为人一起继续利用先行为人之行为产生的效果，实施后一部分行为，由于这后一部分行为已成为与前一部分行为有机结合的整体犯罪的构成要件的行为，因而，后行为人可能成立承继的共同犯罪。但上述结合类型的犯罪（或结合犯）则与此不同，由于两种犯罪原本是独立的、分离的，后行为人如果只是参与后一种独立的犯罪，并不参与先行为人已实行的另一种犯罪，那就只能就其参与实施的这一种罪与先行为人构成共同犯罪。如甲绑架被害人后，因向被害人的亲属索要财物未成功，而产生杀害被害人的意图，甲邀约没有参与绑架但与被害人有仇的乙，共同杀害了被害人。此例之中，乙与甲共同故意杀害了被害人，无疑构成故意杀人的共同犯罪；甲绑架被害人之后又杀害了被绑架者，当然构成绑架杀人这种结合型的犯罪。但乙并未参与甲实施的绑架犯罪，仅参与了故意杀人犯罪，并且甲实行的绑架犯罪，对乙实施的故意杀人罪的构成要件行为并无类似抢劫、强奸那样的影响或制约作用，并非没有甲的绑架行为而杀害被害人就不能成立故意杀人罪。事实上，甲的绑架行为只是为乙杀害被害人创造了便利条件，乙也只是利用了甲的绑架行为所造成的被害人被控制的事实状态，而不是实施了与甲的绑架行为融合为一体的新的构成要件行为，因此，后行为人乙仅构成故意杀人罪，并非成立绑架杀人罪。又如，A将拐骗来的妇女捆绑住手脚关在一房间，正在等买家来接收时，偶然路过的B发现后要求强奸被拐卖的妇女，A开始不同意，B威胁说如不同意就去告发，A只好同意，并与B一起轮奸了被拐卖的妇女，强奸之后，B即离去。此例之中，A先实施了拐卖妇女的行为，后又与B一起强奸了被拐卖的妇女，无疑属于我国刑法第240条规定的"奸淫被拐卖的妇女"，即拐卖妇女罪与强奸罪两罪结合的情形；但B始终未参与A实施的拐卖妇女的犯罪活动，基于同样的理由，对B只能以强奸罪定罪处罚。但是，如果后行为人强奸被拐卖的妇女之后,又帮助先行为人实施了看管、接送、联络买家等拐卖行为的,则可能成为承继的共同犯罪,即与先行为人构成拐卖妇女的共同犯罪,并属于我国刑法第240条规定的"奸淫被拐卖妇女"的结合型的加重犯。

3. 承继的帮助

承继的帮助,是指实行犯已实行行为的一部分但犯罪还未终了之前,与其事前无通谋的后行为人故意参与实施帮助行为的情形。例如,甲出于抢劫的故意将乙捆绑起来后,将乙车上的货物拿了一部分装到自己的手推车上,正准备拖运走时,甲见自己的兄弟丙开货车路过,就告知丙真相并约丙帮忙将自己的手推车及上面装的乙的货物抬到丙的车上,甲又到乙车上拿了一些货物放到丙车上,尔后丙开车运回家,两人均分了抢劫来的赃物。此例中的丙就属于承继的共犯,与甲一起构成抢劫的共同犯罪,并非仅成立抢夺或盗窃罪。

众所周知,根据帮助行为实施的时间的不同,可将帮助行为分为事前、事中以及事后帮助。而事前、事中及事后是以实行犯已着手实行或犯罪已终了为标准所做的划分。由于事前帮助是实行犯着手实行之前帮助者提供帮助的情形,帮助者与实行者大多在事前就有通谋,双方之间存在共犯关系并不难认定。事后帮助是在实行犯所实行的犯罪终了后对其提供帮助的情形,由于帮助者与实行者事前无通谋,实行的犯罪终了后才知情,帮助者已不可能与实行者就其已实行之罪成立共同犯罪关系,而有可能构成掩饰、隐瞒犯罪所得、犯罪所得收益罪或窝藏、包庇罪等罪。事中帮助则是实行犯已着手实行但犯罪未终了之前提供帮助的情形,这种帮助者能否与被帮助的实行犯就其所实行之罪成立共同犯罪,即能否构成承继的共犯,成为刑法理论上有争议的问题。

有论者认为,应将事中帮助犯与承继帮助犯区分开来。因承继的帮助犯"只存在于犯罪构成的客观危害行为是由两个或两个以上行为所组成的犯罪,如抢劫罪、强奸罪。而在单一危害行为的犯罪中,如杀人罪,帮助者中途参与犯罪的,属于事中帮助犯,而不是承继帮助犯,其对整个犯罪行为负刑事责任并不存在争议"[1]。另有论者认为,承继帮助犯就是事中帮助犯,对二者并无加以区分的必要。[2] 笔者倾向于后一种观点。如前所

---

[1] 刘凌梅. 帮助犯研究. 武汉:武汉大学出版社,2003:164.

[2] 任海涛. 承继共犯研究. 北京:法律出版社,2010:132.

述，认为参与单行为犯的后行为人应对整个犯罪行为负刑事责任，因而不存在承继的共犯问题的主张并不合适。即便是犯杀人罪，中途参与提供帮助的事中帮助犯，如 X 用木棍猛击 Z 头部将 Z 打倒在地，对偶然撞见的好友 Y 说想打死 Z，Y 见 Z 的腿好像动了一下，就对 X 说可能还未死，于是，掏出随身携带的匕首递给 X，X 用匕首在 Z 胸部猛刺两下后离去。后来法医解剖尸体发现，Z 是被 X 用木棍击打头部致死，X 用匕首刺杀时 Z 已死亡。此例中的事中帮助犯 Y 虽然与 X 构成故意杀人的共同犯罪，但被害人 Z 的死亡结果是其参与（提供帮助）之前发生的，因此，Y 对该结果不承担刑事责任，即并非是对"整个犯罪行为负刑事责任"，而是只承担参与后所实施的犯罪（杀人未遂）的刑事责任。正如肯定承继帮助犯也是事中帮助犯之一的论者所述，"甲以伤害的故意打算砍断丙的双臂，在砍断丙的一臂之后，乙以帮助的故意为甲提供犯罪工具，甲用该工具砍断丙的另一臂的场合，让后加入者乙对丙双臂被砍的事实负责这不能为一般国民所接受"①。而这正是承继的共犯不同于普通共犯的，应予研究的特殊问题，不应将其排除在外。况且，在单行为犯中肯定存在承继的帮助犯，不仅在犯罪的既遂、未遂的认定上有意义，而且在数额犯中对犯罪的成立与否以及责任的承担乃至量刑的轻重均有影响。②

在德、日等采取区分制立法体系的国家，承继的帮助犯是与承继的共同正犯相并列的承继的共犯的一种类型，并且区分承继的帮助犯与承继的共同正犯有重要意义。因为对承继的帮助犯、承继的共同正犯要分别按帮助犯、共同正犯来处罚。德、日刑法规定，对共同正犯以正犯之刑处罚，对帮助犯则是按正犯之刑减轻处罚。这意味着对承继的帮助犯的处罚要比对承继的共同正犯的处罚轻得多，因而有必要将承继的帮助犯与承继的共同正犯严格区分开来。

但是，正如前文所述，我国刑法采取不区分正犯与共犯的单一正犯体系，我国刑法中并未出现"帮助犯""共同正犯"的词语，当然也就没有对"帮助犯""共同正犯"如何处罚的明文规定。只不过在司法实践中，帮助他人实行犯罪、与他人共同实行犯罪的现象也很常见，我国刑法将其均纳入共同犯罪之中，根据参与者在共同犯罪中所起作用的大小分为主犯

---

① 张伟. 承继帮助犯研究. 山东警察学院学报，2015（4）：62.
② 同①63.

与从犯，给予轻重不同的处罚。因此，后行为人无论是承继的帮助、还是承继的实行，只要是与先行为人之间有共同故意，就可能成立承继的共同犯罪，尔后再根据其在共同犯罪中所起作用的大小，认定其为主犯或从犯，依法给予轻重有别的处罚，而不区分其是承继的帮助犯还是承继的共同正犯，且做此种区分既无法律依据也无必要性。如上所述，在德、日，之所以必须做这种区分，是因为对犯罪参与者若不认定其为正犯（含共同正犯）、教唆犯或帮助犯，就无法对其定罪处罚，并且帮助犯的处罚比正犯的处罚轻得多。而在我国，承继的参与者无论是实施帮助行为、还是实施实行行为，均可能成立共同犯罪，也就是对定罪无影响，至于处罚轻重是由其所参与犯罪的性质及在共同犯罪中所起作用大小决定的。虽然帮助行为对犯罪的实现所起的作用比实行行为的通常要小，对承继的帮助者大多要认定为从犯，给予较轻的处罚，而承继的实行者（德、日的承继共同正犯）往往被认定为主犯的概率较高，但也有对承继的帮助者有必要认定为主犯的特殊例外情况。例如，A 夜间撬开公司经理办公室门入室行窃，寻找到手提电脑、照相机等物，正准备携带数额较大赃物离开时，被其好友 B 偶然撞见，B 告诉 A 此办公室保险柜的密码，A 用此密码打开保险柜，窃取了其中存放的数额特别巨大的财物。尔后 A 与 B 均分赃款赃物。此例之中的 B 是承继的帮助犯，按德、日刑法的规定，对其应比照正犯 A 所受的处罚减轻处罚，处罚结果会比 A 轻得多。但 B 对 A 能窃取到保险柜中数额特别巨大的财物，无疑起到了决定性的作用，且分得了与 A 数额相当的赃款赃物，处罚比 A 轻显然不合适。这从一个侧面表明区分制体系难以保证对参与者处罚均衡合理。但按我国刑法的规定，B 尽管是承继的参与者，且实施的是帮助行为，但由于其对 A 能窃取到保险柜中数额特别巨大的财物起到了决定性的作用，因而认定其为主犯，处与 A 轻重相当的刑罚，甚至处比 A 更重的刑罚，均无任何障碍，从而能确保对这类承继的帮助案件的处罚轻重均衡合理。

此外，根据承继的帮助者与实行行为者之间有无意思联络，可以将承继的帮助分为普通的承继帮助与片面的承继帮助两种类型，前者是指后行为人参与犯罪并给先行为人实行的犯罪提供助力时，先行为人不仅明知而且与之形成了犯罪的合意；后者是指先行为人犯罪终了前并不知后行为人参与其犯罪并给其提供了助力的情形。如 X 见 Y 拿着杀猪刀进入与自己也有仇的 Z 家，并听到 Z 呼叫，知道 Y 要杀 Z，就将 Z 家的庭院门从外锁

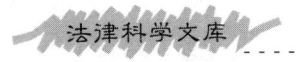

上，Z 从室内逃到庭院门口，因门被锁上无法逃出而被杀死在庭院内。此例中的 X 就属于片面的承继帮助犯（或承继的片面帮助犯）。如前所述，德、日的通说承认片面的共犯（含片面的帮助犯），自然也认可承继的片面帮助犯，法官对类似案件往往也会以杀人罪的帮助犯定罪处罚，且不会有法律上的障碍。我国也有学者认为，后参与者虽与先行为人无意思沟通，但却是单方面以共同犯罪的意思参与犯罪的，因而，不影响片面的承继帮助犯这种片面的共同犯罪的成立。① 但是，正如本书第四章第二节所述，德、日的通说认可的片面共犯（含此处所述的承继的片面帮助犯），由于参与者之间无意思联络，尽管有一方参与者存在与对方暗中合作或利用对方的行为来达到犯罪目的的意思，但按我国刑法的规定，成立共同犯罪的行为人之间必须具有犯罪的共同故意，而在承继的片面帮助的场合，帮助者与被帮助者之间因无主观上的意思联络或沟通，明显不具有犯罪的共同故意，不可能构成共同犯罪。因此，在我国，承继的片面共同犯罪无存在的空间或余地。对承继的片面帮助者与被帮助者不能按共同犯罪来定罪处罚，而只能分别以各自所犯之罪定罪处罚。至于对片面的帮助者如何定罪处罚以及所涉的理论和实务问题，鉴于本书第四章第二节已有较详细的论述，此处不再赘述。

五、承继的共同犯罪的责任承担

后行为人对其参与之前先行为人的行为所产生的结果是否承担责任？例如，甲以抢劫的故意对被害人丙实施暴力行为将丙打倒在地，此时路过的甲的朋友乙参与夺取了丙的财物。事后查明，乙参与之前，甲的暴力行为导致丙重伤结果发生。那么，乙是否应负抢劫致人重伤的责任？一般来说，在承继的共犯问题上，中外持肯定说（指全部肯定说）的论者的回答是肯定的，持否定说和中间说（或部分肯定说）的论者的回答是否定的。

在日本，持肯定立场的论者认为，后行为人对其参与之前先行为人的行为所造成的结果应承担责任。主要理由在于：既然后行为人了解先行为人的意图，并利用先行为人已造成的事态，这就表明先后参与的二者就行为的整体存在共同的犯意。况且，共同的犯意是基于对共同行为有认识而

---

① 张伟. 承继帮助犯研究. 山东警察学院学报，2015（4）：62.

产生的,至于何时有认识,何时产生共同的犯意并不重要。另外,后行为人利用先行为人已经造成的结果,就如同利用自己的行为引起结果发生,当然应对此结果承担责任。① 但持否定主张的论者认为,后行为人对其参与之前先行为人的行为所造成的结果不承担责任。主要理由在于:后行为人参与之后的行为不可能成为其参与前先行为人已经造成结果的原因。后行为人即便是了解先行为人的行为及其结果,但由于其参与前与先行为人没有意思联络,只能认为是先行为人单独造成的,不能认为是二人共同造成的,因而不应当对该结果承担责任。② 在我国,也存在与日本的这两种观点相似的肯定论③和否定论④。

  笔者赞成否定论。因为"后行为人不应对与自己行为没有任何因果关系的结果承担责任"⑤,这是毋庸置疑的正确结论。只要能够肯定危害结果是后行为人参与之前先行为人的行为所造成的,那就不能责令后行为人对该结果负责。就上述乙参与甲实施的抢劫案而论,既然能肯定乙事先与甲无通谋,偶然路过时才发现甲正在实行抢劫,而参与进去拿走了丙的财物,事后查明在其参与之前甲的暴力致丙重伤,这也就表明该重伤结果与乙的行为之间无因果关系。对乙只能按普通抢劫罪处罚,不能以"抢劫致人重伤"的加重犯处罚。本来,在数人参与犯罪的场合,所有参与者对其他参与者的行为造成的结果也要承担责任,但这是以参与者参与犯罪之后为前提条件的。在承继的共同犯罪的场合,后行为人参与实行或提供助力的开始是其参与犯罪的标志,此前先行为人所造成的结果,后行为人不承担责任;此后发生的结果,无论是后行为人还是先行为人直接造成的,或者无法确定是由其中的何人直接造成的,由于均属于共同参与犯罪的结果,后行为人与先行为人均应对该结果承担责任。

  在连续实施的盗窃、诈骗等犯罪中,后行为人也只对其参与实施的行为及其结果负责,对未参与实施的行为所造成的结果不承担责任。如 A 连续实施盗窃,在已经实施盗窃三次之后,B 参与进去实施两次盗窃,前

---

① 木村龟二. 刑法总论. 增补版. 东京:有斐阁,1978:408-409.
② 山中敬一. 刑法总论. 3 版. 东京:成文堂,2015:909.
③ 马荣春. 承继共犯的成立:肯定说的新生. 东方法学,2015(5):2.
④ 张明楷. 刑法学. 6 版. 北京:法律出版社,2021:589.
⑤ 同④.

三次盗窃财物数额巨大，后两次盗窃财物数额较大，即便最终B分得了与A相同数额的赃物，对B仍然只能以盗窃"数额较大"来处罚，对A则应按盗窃"数额巨大"处罚。这同样是因为B仅对自己参与的两次盗窃负责，而不对参与之前A所造成的盗窃结果负责。

特别应当注意的是，在承继的参与实施杀人、伤害这种单行为犯的场合，事后查明被害人重伤或死亡的结果是后行为人参与前，先行为人的行为所造成的，那么，后行为人是否也应对该结果承担责任？在我国，同样存在与日本相似的肯定与否定两种不同主张。以承继的参与故意杀人为例，否定论者认为，"既然致命伤是先行为人造成的，只要没有证据证明后行为提前了被害人的死亡时间，就不能认为后行为与被害人的死亡结果之间具有因果性"，后行为人"顶多承担故意杀人未遂的责任"[①]。肯定论者认为，在这种场合，"先行为与后行为便'捆绑'成一个行为整体，而与此行为整体所对应的死亡结果便是每个参与者的所愿所求，从而构成每个参与者所欲所为的结果，故让后行为人承担故意杀人既遂的共同正犯的责任并无不当"[②]。但笔者不赞成这后一种观点。首先，认为后行为人在先行为人已实行部分杀人行为后所参与的行为，已与先行为"捆绑"成一个行为整体，因此，要对整体行为引起的被害人死亡结果负责，这种"捆绑"与刑法理论不符。因为被害人死亡的结果，实际上是后行为人参与前先行为人造成的。不能说后行为人参与后因与先行为有杀害被害人的共同故意，就使其行为与先行为人在其参与前所实施的行为也"捆绑"成了一个行为整体。应当看到，只有其参与后的行为才与先行为人后来所实施的行为，即基于共同故意所实施的行为"'捆绑'成一个行为整体"，而这一行为整体（共同故意支配下的共同行为）并未引起死亡结果的发生，相反是先行为人的单独行为导致了死亡结果的发生。其次，认为被害人的死亡结果正是后行为人的"所愿所求"或"所欲所为的结果"，就要将该结果归责于后行为人，这有主观归罪的嫌疑，明显不具有合理性。因为现代刑罚处罚的对象只能是人的行为，不能是人的思想。若无行为，即便是有很坏的思想或恶意，也不能作为犯罪来予以处罚。他人杀死了自己的仇人，自己很满意，甚至事后予以重奖，但在他人杀死仇人之前，自己并未参与

[①] 陈洪兵. 犯罪论思考. 北京：人民法院出版社，2009：174.
[②] 马荣春. 承继共犯的成立：肯定说的新生. 东方法学，2015 (5)：5.

实施任何行为（包含与之共谋、教唆、帮助其实行等），当然不可能与杀人者构成故意杀人的共同犯罪，不能以故意杀人罪追究其刑事责任。

总而言之，笔者赞成否定论者的主张，处理承继的杀人、伤害案件时，"如果不能证明伤亡结果是后行为人参与后造成的（伤亡结果可能是前行为人单独造成的），则前行为人必须对伤亡结果承担责任，后行为人只承担未遂犯的责任"①。

第三节　退出参与的犯罪

一、退出参与的犯罪概述

（一）退出参与的犯罪的概念和特征

众所周知，故意犯罪从行为人产生犯意并为犯罪做准备到完成犯罪，往往要经历一个过程，在此之中，既可能发生他人中途参与进来，也可能出现参与者中途退出的现象。前者属于本章第二节所述的承继的共同犯罪（或承继的共犯）的情形，后者即为本节所要探讨的退出参与的犯罪的问题。

所谓退出参与的犯罪，是指二人以上故意共同参与犯罪，但有一人（或一部分人）中途退出他人将要实行或正在实行的犯罪的情形。在日本刑法学界，"一般称之为共犯的脱离或者共犯关系的解除"②。我国刑法学者大多采用日本刑法学界流行的这种称谓，也有学者联系我国刑法的规定，称之为"共同犯罪的脱离"③。在笔者看来，由于二人以上商议（共谋）去实行犯罪，大多是共同参与犯罪的起点，这本身就是一种基于共同

---

① 张明楷.刑法学.6版.北京：法律出版社，2021：589.

② 松宫孝明.刑法总论讲义：第4版补正版.钱叶六，译.北京：中国人民大学出版社，2013：238. 通常也称之为"共犯关系的脱离"或"共犯关系的消解"。对这两个概念之间的关系，学说上存在不同理解。在日本最高裁判例的用语中，"脱离"是在描述共犯中途退出这一现象的意义上使用的，而"共犯（关系）消解"则往往作为法律判断的结论而使用。事实上，称为"共犯关系脱离"还是"共犯关系消解"，只不过是用语上的差别。因此，笔者在相同含义上理解两者。

③ 黎宏.刑法学总论.2版.北京：法律出版社，2016：304.

故意而实施的为犯罪做准备即犯罪的预备行为，就意味着参与者之间已形成共同参与犯罪的关系，其中的某个或某部分参与者退出其他参与者将要实行或正在实行的犯罪，并不能改变已与其他参与者形成共同犯罪关系（共犯关系）的事实，当然也不可能"脱离"、"消解"或"解除"这种既存的关系。毋庸讳言，"共犯的脱离"或"共犯关系的消解"，实际上也是指退出者与其退出后其余参与者实行的犯罪之间不存在共犯关系，即与退出后其余参与者实施的共同犯罪相"脱离"或者"消（解）除"了与退出后的参与者之间的共犯关系。但是，严格来说，即使就这种情形而言，这一概念或表述也不十分准确。因为退出者退出之后，还有可能出现仅剩一位参与者成为单独正犯的现象，如甲约乙一起去仇人丙家杀丙，行至中途时，乙因害怕负刑事责任而反悔，并劝甲放弃，但甲不接受，乙离去后，甲独自到丙家杀死了丙。此例中的乙无疑是退出了甲后来实行的故意杀人罪，属于"共犯的脱离"（或"共犯关系的消解"）的实例。但由于乙退出后甲杀丙明显属于单独犯，不存在与他人共犯的问题，乙当然不是从甲与他人的共同犯罪（共犯）中脱离出来。加之乙既然已退出，与甲后来实行的故意杀人犯罪之间并无共犯关系，那么，乙也就不可能从他自己与甲后来的共同犯罪中脱离出来，也不存在消（解）除这种共同犯罪关系的问题。因为这种"共同犯罪"本来就不存在。另外，乙不可能与退出前同甲构成的共同犯罪（预备杀人的共同犯罪）相脱离，也无法消（解）除已与甲先前形成的共同犯罪关系。而"共犯（共同犯罪）的脱离"或"共犯关系的消（解）除"的概念，还很容易使人产生这样的误解：由于"在所谓共犯脱离的场合，'脱离'一词'似乎'意味着共犯关系的'解体'，而共犯关系的'解体'又'似乎'意味着共犯关系的'不复存在'"①。退出者既然已脱离共同犯罪或共犯关系已"不复存在"，那也就不存在构成共同犯罪和承担刑事责任的问题了。"但脱离者与其他共犯人形成共犯关系毕竟是'曾经的事实'"②。并且，正如前文所述，退出者在退出之前与他人构成的共同犯罪、形成的共同犯罪（或共犯）关系，并不会因其后来的退出而发生改变，退出者仍然要对其退出前的行为承担责任。况且，在采取单一正犯体系的我国刑法中，"共犯"是"共同犯罪"的简称，与采取区

---

① 马荣春. 论共犯脱离. 国家检察官学院学报，2014（4）：122.
② 同①.

分制体系的德、日刑法中"共犯"的含义不同。① 在德、日,"共犯的脱离"主要是指教唆犯、帮助犯和共同正犯这种"广义的共犯"的脱离,将其套用到我国刑法学中,称之为"共同犯罪的脱离"并不太合适。② 有鉴于此,笔者主张用"退出参与的犯罪"取代"共犯(共同犯罪)的脱离""共犯(共同犯罪)关系的消(解)除"的概念。那么,采用这一概念是否也会使人产生上述同样的误解呢?笔者的回答是否定的。因为"退出"一词含有中途退出的意思,中途退出自己所参与的犯罪,虽然不对退出后他人的行为及其结果负责,但对退出之前自己与他人共同犯罪的行为及其后果,无疑还是应承担刑事责任。

从退出参与的犯罪的概念不难看出其有如下特征。

1. 退出者是犯罪的参与者。二人以上共同实施特定犯罪的人,才是此种犯罪的参与者,也才可能从中退出。由于单个人犯罪是自己一人单独实施犯罪,并不是参与到还有他人与自己一起实施的犯罪中去,因而,不是犯罪的参与者。意欲单独完成犯罪的人,在犯罪预备或实行的过程中,自动放弃或被迫放弃犯罪的,不属于退出参与的犯罪。

2. 退出者必须有从自己参与的犯罪中退出的表现。退出前退出者已参与到与他人形成共同关系的共同犯罪之中。参与行为的表现形式多种多样,既可能是组织、领导、教唆他人去实行犯罪,也可能是以提供作案工具、作案信息、探寻被害人的行踪等方式帮助他人去实行犯罪,还可能是已与他人一起共同实行犯罪(但尚未实行终了),甚至可能是与他人一起共谋商议去实行犯罪,等等。正因为退出者退出前已与他人基于共同故意实施了犯罪的行为(含预备犯罪行为),同他人一起构成了共同犯罪,并且犯罪还处于发展的过程中,参与者才有可能从自己所参与的犯罪之中退

---

① 刘明祥.再论我国刑法采取的犯罪参与体系.法学评论,2021(4):83.

② 在单一正犯体系下,所有参与犯罪者均为"正犯"(行为人),"共犯"的概念本来无存在的空间,因而"共犯的脱离"的概念也无存在的余地。但由于我国刑法中有"共同犯罪"的概念,在理论和实务界有简称为"共犯"的传统,而德、日刑法学所指的"共犯脱离"的现象,在我国的司法实践中同样存在,无疑也应予以研究,称之为"共同犯罪的脱离"(简称为"共犯的脱离")似乎也可以理解。只不过采用"退出参与的犯罪"的概念更为准确。但为了论述或讨论问题的方便,对已被我国刑法学者通用的"共同犯罪的脱离"(或"共犯的脱离")的概念,笔者在下文中有时也使用。

出。如果某人得知他人准备实施或正在实施犯罪，甚至受到他人的邀约，也曾想要参与进去，但终因害怕负刑事责任而未参与的，由于其并未参与犯罪，因而也不存在退出参与的犯罪的问题。退出参与的犯罪的表现也多种多样，总的原则是不再实施对犯罪的完成或实现有推动、促进作用的行为，如离开作案现场、停止对被害人的攻击等；同时，还要使自己已经实施的行为不继续对所参与的犯罪产生因果作用力，如邀约他人一起杀人者，在实行杀人的过程中，仅仅是自己放弃继续实行并离开现场是不够的，通常还必须阻止他人继续实行并有效防止了被害人死亡结果的发生，才能肯定其退出的有效性；若以提供匕首的方式帮助他人故意杀人的，原则上应在对方实行犯罪前收回自己提供的匕首，才能视为退出了其所参与的犯罪。至于采用何种标准如何认定参与者已有效或成功退出所参与的犯罪，则是十分重要且非常复杂的问题，笔者拟在下文展开论述。

3. 退出者必须在自己参与的犯罪已实行终了之前退出。退出的时间范围或界限是参与的犯罪已经成立但尚未终了。意图参与的犯罪尚未成立，就意味着并无犯罪的参与者，当然不存在从参与之罪中退出的问题；参与的犯罪结束或终了之后，如甲、乙、丙三人夜间撬开一公司库房门，盗窃大量存放的物资并用板车运到乙家后，甲因害怕案发受刑事追究而不再参与销赃和分赃。由于甲是在参与的盗窃犯罪结束之后，不再参与其后的销赃、分赃活动，不属于退出其所参与的盗窃犯罪的情形。一般来说，参与的犯罪成立的起点是二人以上（含二人）共同故意实施为犯罪做准备的行为，即共同预备犯罪，通常表现为教唆对方犯罪且对方接受了其教唆，但尚未着手实行被教唆之罪的；帮助对方犯罪且对方接受了其提供的帮助，但尚未着手实行被帮助之罪的；二人以上在一起商议（共谋），并形成如何去实行犯罪之决意的；按既定的犯罪计划，实施准备工具、制造条件之行为的，等等。被组织、指挥或被教唆、帮助的实行犯以及与他人一起共同实行犯罪的实行犯已着手实行犯罪，就标志着共同犯罪进入了实行阶段。无论共同犯罪是处于着手实行前的预备阶段，还是处在着手实行后的实行阶段，只要实行尚未终了，相关的所有参与犯罪者包含组织指挥者、教唆帮助者以及实行犯罪者，均可能退出参与的犯罪。只不过处于不同犯罪阶段、实施不同参与行为、或在犯罪中发挥不同作用的参与者，有效退出参与的犯罪的成立条件有所不同。鉴于这也是一个重要且复杂的问题，同样留待下文展开论述。

与此相关并需要进一步探讨的问题是，共同参与的犯罪既遂之后，参与者是否还可退出？笔者的回答是，不可一概而论。有些共同参与的犯罪既遂之后，参与者不可能退出。如参与故意杀人罪，在被害人已被杀死（既遂）之后，无论是由参与者中的何人杀死，所有参与者（含教唆者和帮助者）均不可能退出参与的（故意杀人）犯罪；但在被害人死亡结果发生即既遂之前，参与者当然可以退出。也有一些共同参与的犯罪既遂之后，参与者仍可退出（或脱离）。这通常出现在结果加重犯和结合犯的场合，即："发生基本犯结果或前罪结果后，行为人脱离，而由剩余共犯继续实施犯罪，进而发生结果加重犯的加重结果或者结合犯的后罪结果的情形，如故意伤害致死、绑架杀人。"① 只要能认定退出者退出前的行为与加重结果的发生没有因果关系，即可肯定其已成功退出。这是因为在这类犯罪中，基本犯的结果发生即犯罪既遂之后，还可能发生更为严重的结果，而刑法以此为根据规定了更重的法定刑，使之成为法定的加重犯。当犯罪既遂之后某参与者退出，并为防止加重结果的发生作出了真挚的努力，但由于其他参与者的固执坚持而引起加重结果发生的，如甲约乙、丙帮忙殴打伤害自己的仇人丁，在已将丁打伤（轻伤），丁倒在地上求饶的情况下，丙产生同情心，将丁扶到椅子上坐下，因而激怒了甲，甲猛击丙将其打昏倒地，随后将丁拖至另一房间，甲与乙继续殴打并致丁死亡。由于此例中丁被打成轻伤后，虽然故意伤害罪已既遂，但伤害的实行行为仍未终了。这与前述故意杀人并已将被害人杀死的情形不同，故意杀人既遂就意味着实行行为已经终了（不可能再继续实行了）。而致人轻伤的结果发生（故意伤害既遂）后，伤害行为仍可继续实行，还可能造成更为严重的被害人重伤甚至死亡的结果，这表明犯罪的实行行为并未终了，在最严重的加重结果（如被害人死亡）尚未发生时，即便是已发生较重的加重结果（如被害人重伤），参与者仍可能退出，对退出后其余参与者的行为造成的更重的加重结果，不承担责任。就上述甲、乙、丙故意伤害丁的案件来说，丙退出后，甲、乙致丁死亡，若责令丙也对丁的死亡结果负责，即按故意伤害致死处刑，就应处10年以上有期徒刑、无期徒刑或者死刑；而按其退出之前的行为及其结果处刑，则仅处3年以下有期徒刑、拘役或者管制。二者的处刑轻重差异巨大。显然，肯定丙退出的有效性，责令其

---

① 陈洪兵. 共犯脱离问题的中国方案. 甘肃社会科学，2021（2）：130.

仅对退出前的行为及其结果负责，更合情理与法理。

（二）退出参与的犯罪的类型

采用不同的标准，对退出参与的犯罪可以作如下不同的分类。

1. 自动（或任意）退出与被迫退出。这是以退出者退出的动因为标准所作的区分。其中，自动退出是参与者本来可以将参与的犯罪按计划继续进行下去，但因自动悔悟、害怕负刑事责任等心理作用，而自动（或任意）放弃犯罪，并切断自己退出前的行为与其余参与者后来实施的行为及其结果之间的因果关系的情形。如甲要求乙将匕首借给其用来杀丙，乙提供匕首之后，因害怕自己受"牵连"，而在甲杀丙之前索要回了自己的匕首，并劝告甲若杀了丙，要被判死刑的，但甲不听劝告，改用菜刀杀了丙。此例中的乙即属于自动（或任意）退出。相反，被迫退出是参与者本来想将所参与的犯罪按计划继续进行下去，但因意志以外的原因，导致其无法按计划继续参与或进行下去，只好中途退出的情形。如 A 与 B 共谋灌醉女 C，送到其租住楼房间内轮奸，三人到其租住楼门口欲进入时，因 B 无进入楼内的门卡而被楼房管理员阻拦，B 只好放弃，A 独自扶 C 进入 C 卧室后强奸了 C。此例中的 B 就属于被迫退出。将退出参与的犯罪分为自动退出与被迫退出两种不同类型，对确定退出者的参与行为属于犯罪的何种未完成形态有重要意义。一般来说，自动退出者大多属于中止犯，而被迫退出者不可能成为中止犯，而有可能成为预备犯或未遂犯。

2. 着手实行前退出与着手实行后退出。这是以退出发生在共同参与的犯罪行为所处的阶段为标准而作的区分。其中，着手实行前退出，是指共同参与的犯罪尚未着手实行（实行犯尚未着手实行），还处于预备犯罪阶段，某个（或部分）参与者从中退出的情形。例如，X、Y、Z 共谋夜间进入被害人家中抢劫，三人一起走到离被害人家不远处时，Z 因碰到一位熟人，担心作案后被发现，谎称肚子痛而离去，X 和 Y 仍按计划进入被害人家完成了抢劫犯罪。此例中的 Z 就是在着手实行前退出的。前述乙索回自己提供给甲用来杀人的匕首的实例中，乙也是在实行犯着手实行前退出。着手实行后退出，则是指共同参与的犯罪已着手实行，既可能是单独承担实行任务的实行犯已着手实行，也可能是共同实行犯中的某人已着手实行，此后某个（或部分）参与者从中退出的情形。例如，林某和梁某合谋绑架一位个体老板 10 岁的儿子唐某，向其家人勒索赎金 30 万元。两人强行将唐某带到事先租用的民房内，唐某哭闹不止，林某心生怜悯，同时担心案发受惩，提出放唐回家，放弃犯罪，但梁不同意，两人发生争吵，林某遂离梁而去。而梁某则单独将唐某带到邻县某住处，捆绑置于封闭的房间后，向唐某家人勒索赎金。① 此例中的林某即属于着手实行后退出。将退出参与的犯罪分为着手实行前退出与着手实行后退出，对于确定退出者退出前的行为是犯罪预备还是犯罪未遂、犯罪中止，乃至对认定是否成功或有效退出，均有重要意义。一般来说，着手实行之前或之后退出，既可能是自动退出，也可能是被迫退出。如果是退出者自动退出，无论是发生在着手实行之前还是之后，均可能成立犯罪中止；但如果是被迫退出，都不可能成立犯罪中止。若是在着手实行前被迫退出，就成立预备犯，着手实行后被迫退出，就可能构成未遂犯，而不可能成立预备犯。另外，着手实行前退出，由于其退出前的行为与危害结果的发生距离较远，影响力相对较弱，比较容易认定其与后来发生的危害结果之间无因果关系，因而对成功或有效退出的条件可适当放宽。相反，着手实行后退出，因其退出前的行为与危害结果的发生距离较近，影响力较强，认定其与危害结果之间无因果关系（已切断因果关系）的难度较大，从而对成功或有效退出的条件也应适当从严掌握。②

3. 主要参与者退出与次要参与者退出。这是以退出者在共同参与的犯罪中所处地位为标准所作的区分。主要参与者通常是犯意的引起或诱发者、组织指挥者、出谋划策者、积极参与者等。如教唆他人犯罪，特别是用金钱雇佣他人犯罪的教唆犯，邀约他人与自己一起犯罪的召集者，组织指使他人去犯罪的幕后操纵者，直接指挥他人实施犯罪的指挥者，犯罪集团中的首要分子及其主要成员，一般共同犯罪中的谋划者、犯罪方案的设计者，这些犯罪参与者大多都是在共同犯罪中起主要作用的主犯。次要参与者通常是在共同犯罪中起次要或辅助作用的从犯，如被首要分子或主犯指使去参与犯罪者，受人邀约并听从他人指使参与犯罪者，参与犯罪的共谋但对犯罪决意的形成及实施方案的设定未发挥多大作用者，只是为他人实行犯罪提供作案工具等便利而不去直接实行犯罪者（帮助犯），等等。将退出分为主要参与者退出与次要参与者退出两种类型，对于认定参与者的退出是否成功或有效有重要意义。一般来说，次要参与者在其所参与的

---

① 郑泽善. 共犯关系的脱离. 法治研究，2014（10）：89.
② 井田良. 刑法总论的理论构造. 东京：成文堂，2005：416-417.

犯罪发展的过程中，消极地放弃犯罪即不再按原定的犯罪计划参与实施相关行为，大多能否定其先前实施的行为与由其他参与者最终完成的犯罪的结果之间存在因果关系，因而能肯定其已成功或有效退出所参与的犯罪，不让其对最终发生的危害结果负责。但主要参与者在其参与的共同犯罪发展的过程中，只是消极地不再按原定犯罪计划实施相关行为，往往不能切断其先前实施的行为与最终发生的危害结果之间的因果关系，因而不能肯定其已成功或有效退出。主要参与者退出通常还要有阻止或防止共同犯罪结果发生的行动或举措，如教唆者劝说被教唆者不去实行其所教唆的犯罪；组织、指挥者阻止被组织、指挥的人员去实行或中止正在实行的犯罪；普通共同犯罪中的主犯劝说其他参与者不去实行犯罪或中止正在实行的犯罪，等等。并且，某个（或部分）主要参与者阻止或防止其他参与者继续实施行为，大多要已产生实际的效果或通常能产生实际效果，因而有效地防止了共同犯罪结果发生的，才能认定其已成功或有效退出。但也可能出现共同犯罪结果已发生，却有必要认定主要参与者已成功退出的例外情况。对此，笔者将在下文述说。

（三）退出参与的犯罪与共犯中止的关系

关于退出参与的犯罪（通称为共犯的脱离）与共犯（共同犯罪）的中止是何种关系，我国刑法学者有不同认识：有的认为两者是相互排斥关系，即"成立中止犯就无共犯脱离存在的余地"[①]；也有的认为两者是等同关系，"一旦成立共犯脱离，即产生犯罪中止的效果"，也就是说，"脱离人和所发生的结果之间没有因果关系，对其所发生的结果，不能承担既遂犯的责任，而究其脱离前的行为，承担中止犯的刑事责任"[②]；还有的认为两者是包容关系，共犯中止"实质上就是共犯脱离的一种特殊形式"，并且"共犯脱离是共犯中止的前提，一旦成立共犯中止当然可视为已成立共犯脱离"，只不过共犯脱离还包含因不具有任意性而成立共犯未遂的情形。[③]

在笔者看来，认为共犯脱离与共犯中止是互相排斥的关系，显然没有意识到两者处于不同层面、所要解决的问题不同。共犯脱离所要解决的是

---

① 赵慧. 论共犯关系的脱离. 法学评论，2003（5）：61.
② 陆凌. 脱离共犯关系的行为性质及其效果. 当代法学，2016（5）：108.
③ 王昭武. 我国"共犯关系的脱离"研究述评//赵秉志. 刑法论丛：第12卷. 北京：法律出版社，2007：134.

脱离者对脱离后其他参与者实施的行为及其结果是否承担责任的问题，而共犯中止则是要解决共犯的行为处于何种停止形态乃至应如何处罚的问题。正是由于两者不是处于同一层面也不是要解决同一问题，因而不属于非此即彼的互相排斥的关系，即不能认为"成立中止犯就无共犯脱离存在的余地"。相反，对共犯脱离（或退出参与的犯罪）者，如果是任意（或自动）脱离（或退出），通常应被认定为中止犯。并且，脱离或退出所参与的犯罪大多是在参与者能够继续参与犯罪，并有可能与他人一起引起危害结果发生的情况下，自动（或任意）退出，因而应被认定为中止犯。或许是受这种表面现象的影响，容易使人产生两者是同等关系即共犯脱离实际上就等于共犯中止的印象。但是，正如前文所述，参与者退出所参与的犯罪，还可能发生在被迫退出的特殊情况下。前述A和B共谋将灌醉女C送到其所住楼内房间轮奸，但B因被管理员阻拦不能进入而退出就是适例。对这类被迫退出者，显然不能认定为中止犯，而有必要认定为未遂犯或预备犯。由此可见，认为"一旦成立共犯脱离，即产生犯罪中止的效果"的观点，存在以偏概全的缺陷。

　　上述持"包容关系"主张的论者认为，共犯脱离除共犯中止之外，还包含共犯未遂等未完成形态，这无疑是正确的。但认为共犯中止"实质上就是共犯脱离的一种特殊形式"，"共犯脱离是共犯中止的前提"，也就是说共犯中止只能存在于共犯脱离之中，则有失偏颇。因为共犯（共同犯罪）中止完全有可能出现在共犯脱离之外。例如，甲、乙、丙三人共谋到丁家去杀丁，三人拿着刀正要入丁家时，八十余岁的丁母跪在门口向三人求饶，三人怜悯丁母，自动放弃了入室杀丁的犯罪。显然，甲、乙、丙均成立故意杀人罪的中止犯。类似这种数人共同犯罪，所有共同犯罪人都同时自动放弃犯罪（均属于中止犯）的情形，在共同犯罪中止的案件中并不占少数。但这类案件中并不存在共犯脱离的现象。如前所述，共犯脱离（或退出参与的犯罪）是以参与者中的某一人（或部分人）在参与犯罪的过程中，从中退出（或脱离）出来，而剩余参与者还会继续实施原计划实施的犯罪。如果所有参与者中途同时放弃犯罪，那就意味着犯罪已在半途终结，不存在某个（或部分）参与者中途退出（或脱离）的问题。实际上，退出参与的犯罪（或共犯脱离）所要研究解决的特殊问题是，某个（或部分）参与者中途退出之后，对同案剩余参与者按原计划所实施的行为及其结果是否还应负责以及对退出前的行为应如何处罚的问题。既然所有参与者中途均同时放弃犯罪（成立共犯中止），那么对所有参与者均按中止犯处罚即可，从而也就无必要将其纳入退出参与的犯罪（或共犯脱离）的范畴来予以研讨。不仅共犯中止如此，在共同犯罪未遂或预备的场合，如果所有参与者均同时处于犯罪的未遂或预备状态，也同样不存在有某个（或部分）参与者中途退出而其他参与者还将继续实施犯罪的现象，因而也不存在共犯脱离的问题。应当注意的是，如果同案中的所有参与者不是同时成立犯罪的预备、未遂或中止，即有的成立在先有的成立在后的，则有可能出现先成立犯罪预备、未遂或中止者成为退出参与的犯罪（共犯脱离）者的现象。如甲约乙去仇人丙家杀丙，乙同意并与甲行至中途时，因害怕被抓住判死刑而离去，但甲还是独自到了丙家，用刀对丙头部砍了一刀（致丙重伤）后，产生怜悯之心，放弃了继续砍杀。此例中的甲和乙均成立故意杀人罪的中止犯，乙是在预备阶段中止，甲是在实行阶段中止，由于乙中止后甲仍继续实行了犯罪，乙完全符合退出参与的犯罪的条件，仅对退出前的行为负责，对退出后甲所实施的杀丙并致丙重伤的后果不承担责任。另外，同案中先后退出的多个参与者，还可能出现有的成立预备犯、有的成立未遂犯或中止犯的现象。

综上所述，退出参与的犯罪与共犯中止既有联系又有差异。二者的差异主要在于：（1）共犯中止只能出现在既遂之前，而退出参与的犯罪可能发生在犯罪既遂之后；（2）共犯中止以在犯罪过程中自动中止犯罪或自动有效地防止犯罪结果发生即具备自动性（或任意性）为成立条件，但退出参与的犯罪不以此为限，既可能是自动退出也可能是被迫退出；（3）退出参与的犯罪是数人共同参与的犯罪中所特有的问题，而共犯中止是犯罪停止形态的问题，与单个人犯罪中止并无实质的不同，"因而前者从共犯论的角度研究最为有效，而后者则从犯罪停止形态的视角探讨更有助于问题的解决"①。

顺便指出，有论者认为："共犯脱离并非不同于犯罪预备、未遂与中止的特殊的犯罪停止形态，其不过是不同于传统未完成形态，而是包括了诸多情形的共犯特有的一种未完成形态而已。"② 这种将共犯脱离视为

---

① 王昭武. 共谋射程理论与共犯关系脱离的认定. 法律科学，2016（1）：64.
② 陈洪兵. 共犯脱离问题的中国方案. 甘肃社会科学，2021（1）：129.

"共犯特有的一种未完成形态"的观点,同样没有准确理解共犯脱离与共犯未完成形态的关系。如前所述,共犯中止、共犯预备、共犯未遂这类共犯未完成形态,完全可能出现在共犯脱离之外,即所有共同犯罪人同时处于犯罪中止、犯罪预备或犯罪未遂状态的,由于不存在某个(或部分)共同犯罪人从共同犯罪中脱离出去,而其余的共同犯罪人还将继续实施犯罪的问题,因而不属于共犯脱离。另外,共犯脱离还可能发生在犯罪既遂之后,如参与持续犯、结合犯或结果加重犯的犯罪案件中,参与者就可能在既遂后退出(或脱离),而对退出后其余参与者实施的行为造成的更为严重的后果不负责任。既然共犯脱离还包含作为犯罪完成形态的犯罪既遂,也就不能说它是"共犯特有的一种未完成形态"。

二、退出参与的犯罪的判断基准

(一) 不同学说及其利弊分析

对退出参与的犯罪,通过何种途径或采用何种基准来做判断,既是解决该问题的关键所在,也是理论和实务上面临的一大难题。在共犯脱离理论的发源地——日本,对此早就有较大争议,目前最有代表性的主要有"意思联络欠缺说""障碍未遂准用说""因果关系切断说""共犯关系解消说""共谋射程说"等几种不同学说[1],对共犯脱离采取的判断基准或选择的判断路径也各有不同。

1. 以是否中断与其他参与者间的意思联络为基准来做判断。这是日本学者井上正治所提倡的"意思联络欠缺说"的主张,认为故意是主观违法要素,共同正犯者因有意思上的联络而表明其有共同参与的意思,这是其应共同承担故意责任的根据所在。在实施犯罪的过程中,如果行为人之间欠缺"意思上的联络",此后各人的行为就不能作为全体行为来评价,即不能将其视为共犯的整体行为。据此来论已为阻止结果发生作出了真挚努力的共犯,由于其与剩余共犯间的意思联络已中断,因而不必对剩余共犯人的行为负责,从而成立中止犯。[2]

---

[1] 郑泽善.共犯关系的脱离.法治研究,2014 (10):94-96.
[2] 井上正治.共犯与中止//平野龙一,等.判例演习.刑法总论.东京:有斐阁,1960:209.

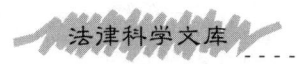

此说以退出者中断与其他参与者间的意思联络为基准，认定其已从共犯关系中脱离出来，因而不对退出后其余参与者实施的行为及结果负责，这固然有一定的合理性，"但在着手实行后的情形下，部分犯意业已客观化，其是否对既遂产生影响，并不取决于中止人的意思本身，因此，单纯的中止行为抑或是缺乏意思上的联络，尚不足以成立中止犯"①。况且，为阻止结果发生之努力的真挚性，是中止犯成立与否涉及的问题，可见，本说有将脱离问题与中止犯的问题混为一谈的缺陷。② 另外，"本说一来将共同正犯的本质求诸意思联络，仅重视共同正犯之间的心理联系，忽视共同正犯相互之间物理因果性，二来无法说明教唆犯、帮助犯的情形，尤其是无法对片面帮助犯的脱离进行说明，因而未能获得支持"③。

2. 以是否为阻止所参与的犯罪既遂作出了认真的努力为基准来做判断。这是日本学者大塚仁提出的"障碍未遂准用说"的主张，认为在部分参与者基于放弃犯罪的意思而从共犯中脱离出去的场合，若将共犯既遂的罪责一概归属于这种作出认真努力的脱离者，明显不具有合理性，会导致出现处罚不均衡的现象。因此，对部分参与者为阻止其他参与者的行为引起既遂结果的发生作出了认真努力的，即使最终未能阻止还是出现了既遂的结果，也应当认为已成功脱离，这种脱离者只需要在障碍未遂的限度内承担责任。④

此说的出发点是退出者为阻止既遂结果发生作出了认真努力，但仍发生了既遂结果，对其若以既遂犯论处明显不合理，因而以其脱离了共犯关系为根据，适用障碍未遂的规定，使之受轻一点的处罚，以作为一种弥补刑法规定之不足的救济措施。其出发点虽好，但也存在明显的缺陷：一是既遂结果已发生，如果与退出者退出前的行为仍有因果关系，即便其作出了认真的努力，依法还是应当承担既遂责任，按障碍未遂论处，有超越日本刑法规定之嫌；如果退出者的认真努力切断了其退出前的行为与既遂结

---

① 西田典之. 论共犯的中止. 法学协会杂志，第100卷第2号：250；郑泽善. 共犯关系的脱离. 法治研究，2014（10）：97.
② 浅田和茂. 刑法总论. 2版. 东京：成文堂，2019：479.
③ 姚培培. 论共犯脱离基准：因果关系切断说的重构. 清华法学，2020（2）：81.
④ 大塚仁. 刑法概说. 总论. 第4版. 东京：有斐阁，2008：348.

果间的因果关系,退出者当然不需对既遂结果负责,仅对退出前的行为承担责任,由于其为阻止既遂结果发生所做的认真努力表明其是自动退出(或任意性脱离),完全符合中止犯的成立条件,应按中止犯处理(不应以未遂犯论处)。二是从参与的犯罪中退出(或脱离共犯关系),有自动退出(或任意性脱离)与被迫退出(或非任意性脱离)两种不同类型,将不具有任意性的脱离一概排除在共犯脱离之外,显然是不适当地缩小了共犯脱离的范围。三是"认真的努力"的含义不明确,参与者为阻止犯罪既遂结果的发生是否作出了"认真的努力",很难从客观上做准确判断,以此作为共犯脱离判断的基准,难免会使这种判断带有主观随意性。

3. 以是否切断脱离前行为与脱离后其余参与者的行为及其结果间的因果关系为基准来做判断。这是由日本的"平野龙一教授提出、经西田典之教授详细展开的因果关系切断说"① 的主张。此说以因果共犯论为根基,"因果共犯论认为,共犯的处罚根据在于参与行为与犯罪结果之间具有因果性,因而对与参与行为并无因果性的结果并不承担罪责"。当"共犯中的某一人在犯罪中途中止继续犯罪而从共犯关系中脱离出来",即脱离行为切断了自己之前的参与行为与法益侵害结果之间的物理的、心理的因果关系的场合,脱离者仅对自己脱离之前的参与行为负责,对脱离之后其余参与者的行为及结果不承担责任。② 此说已成为日本的通说③,"经国内学者引入后,目前在我国也成为多数说"④。

此说以是否切断脱离前行为的因果关系为基准来判断共犯的脱离,应当肯定,由于只对与自己的行为有因果关系的结果负责是公认的刑法原理,既然脱离行为已切断脱离者的行为与结果间的因果关系,不要求其对该结果负责就是理所当然的结论。因此,"因果关系切断说"理论根据的合理性应予充分肯定。但该说也有不足:一是如果切断了因果关系,即"不存在因果关系了,当然就应免受刑责,完全没有必要将其设定在共犯

---

① 姚培培. 论共犯脱离基准:因果关系切断说的重构. 清华法学,2020(2):81.
② 西田典之. 日本刑法总论:第2版. 王昭武,刘明祥,译. 北京:法律出版社,2013:329-333.
③ 大塚裕史,等. 基本刑法Ⅰ(总论).3版. 东京:日本评论社,2019:398.
④ 陈洪兵. 共犯脱离问题的中国方案. 甘肃社会科学,2021(2):129.

关系的脱离这一框架之内"①。二是采用何种标准判断因果关系切断,无疑是此说的一大难题,也是此说未合理解决的问题。三是在共同参与的犯罪结果已经发生的情况下,通常无法肯定退出者切断了退出前的行为与结果间的物理性或心理性因果关系。正如日本的大谷实教授所述:"在将因果性作为问题时,几乎所有的场合都难以认定为脱离。"② 因此,此说有不当缩小共犯关系脱离范围之嫌。为了解决这一问题,持此说的论者大多从规范性的视角来看待因果关系切断,试图以此来缓和切断基准,将一些事实上存在因果关系的现象解释为在规范上不存在因果关系。③ 但"明明事实上'存在'因果关系,却可以通过所谓规范评价而认定'不存在'因果关系,该说与作为其理论基础的因果共犯论之间是否存在整合性,也不无疑问"④。

4. 以是否消解已经成立了的共犯关系为基准来做判断。这是日本的大谷实教授提出的"共犯关系消解说"的主张,认为:"脱离必须引起已经成立了的共犯关系的消解。要认定共犯关系的脱离或者消解,要求在处于共犯关系的人脱离后,脱离者的影响力消灭,新的共犯关系或者犯意成立。因此,首先脱离者要表明脱离的意思。其次,处于共犯关系的剩余的人必须认同脱离者脱离的意思。在此基础上,当剩余的人实行犯罪之时,作为基于新的共犯关系、新的犯意的行为,脱离者不必就该行为乃至结果承担刑事责任。"⑤ 我国也有学者赞同此说。⑥

此说以是否消解已经成立了的共犯关系为基准来做判断,如果参与者与他人之间已经形成的共犯关系已被"消解",认定其已从这种共犯关系中脱离出来,似乎也无可非议。问题在于以"共犯关系消解"作为判断共犯脱离的基准,与上述"因果关系切断说"相比更不具有明确

---

① 香川达夫. 共犯处罚之根据. 东京:成文堂,1988:166.
② 大谷实. 刑法讲义总论. 新版第2版. 黎宏,译. 北京:中国人民大学出版社,2008:427.
③ 刘艳红. 共犯脱离判断基准:规范的因果关系遮断说:中外法学,2013(4):765.
④ 王昭武. 共谋射程理论与共犯关系脱离的认定. 法律科学,2016(1):60.
⑤ 大谷实. 刑法讲义总论. 新版第5版. 东京:成文堂,2019:471;姚培培. 论共犯脱离基准:因果关系切断说的重构. 清华法学,2020(2):82.
⑥ 郑泽善. 共犯关系的脱离. 法治研究,2014(10):98.

性。"事实上，共犯关系消解这一命题与其说是判断共犯脱离的基准，倒不如说是共犯脱离的效果"①。此其一。其二，将脱离者脱离后，其影响力消失，其余剩下的人之间形成了"新的共犯关系或者犯意"，作为认定共犯脱离的要件，并不具有合理性。因为在有较多的人参与犯罪的场合，若仅有一个参与者退出或脱离，其余参与者仍按原计划完成了犯罪的，由于其退出后其余参与者仍按原有的犯意（而不是新的犯意）实行了犯罪，参与者仍是原有的多人（仅少了退出者一人），很难说形成了"新的共犯关系"；若退出者退出后，剩下的仅有一人仍按原计划实现了犯罪，如甲约乙去丙家杀仇人丙，两人一起行至中途时乙反悔而离去，甲独自按计划到丙家杀死了丙。由于乙退出后，只剩下甲一人，并没有与他人形成"新的共犯关系"，其主观上也仍是原有的而不是新的"犯意"。如果将这类常见的退出参与的犯罪的情形排除在共犯脱离之外，显然也会不当缩小共犯脱离的范围。其三，"在提供工具等物理性帮助的共犯收回该工具的场合，仅凭此难以认定'新的共犯关系或犯意成立'，但此时肯定共犯脱离的结论是妥当的，而共犯关系消解说难以对这种情况进行妥当说明"②。

5. 以实行行为是否基于当初的共谋而实施为标准来做判断。这是日本的十河太郎教授所倡导的"共谋射程说"（或"共谋射程理论"）的主张，认为："根据这样的基准判断共犯关系消解的有无是妥当的，即实行行为是基于当初的共谋而实施的，还是基于与当初的共谋不同的新的共谋或者犯意实施实行行为的。"③ 我国的王昭武教授也持此说，认为："不问是着手之前还是着手之后，均取决于脱离之后的行为是否属于退出之前的共谋射程之内的行为，若退出行为达到了剩余共犯要继续完成犯罪就必须基于新的共谋而实施的程度，即可以认定解消了既存的共犯关系，成立共

---

① 姚培培. 论共犯脱离基准：因果关系切断说的重构. 清华法学，2020（2）：82.

② 同①83.

③ 十河太郎. 共谋的射程与共同正犯关系的解消. 同志社法学，第67卷第4号，2015：393；姚培培. 论共犯脱离基准：因果关系切断说的重构. 清华法学，2020（2）：83.

犯脱离。"①

此说以实行行为是否基于当初的共谋而实施为标准来做判断，如果是基于与当初的共谋不同的新的共谋或者犯意实施实行行为的，当然不能将这种实行行为及其结果归责于中途退出者，将此种情形认定为共犯脱离也无可非议。此说与上述"共犯关系消解说"相似，也存在同样的问题，即退出者退出后剩下的多名共谋者仍按原来的共谋实行并完成了犯罪的，或者剩下的仅一人仍按原来的共谋实行了犯罪的，就因既无"新的共谋"也无"新的犯意"，均被排除在了共犯脱离的范围之外。况且，"共谋射程理论涉及的是正犯性，特别是共同正犯性的问题"，因而"充其量只能解决共同正犯脱离的问题，无法解决狭义共犯脱离的问题"。并且，"共谋射程理论判断基准不纯粹，既包含了因果关系切断说的内容，也含有正犯性的内容，同时还包括了故意等并非共犯固有的问题，牵涉问题范围过广，不具有指导性"②。

（二）比较评析与合理选择

比较以上诸说，不难看出除"意思联络欠缺说"注重从主观上考察参与者之间是否仍存意思联络之外，其他几种学说大多主张从退出者客观上的退出行为表现（如为阻止犯罪既遂作出认真努力）、退出前的行为与退出后其余参与者的行为及结果间的关系，来寻求判断共犯脱离的基准，其中"因果关系切断说"占有明显的优势。"共犯关系消解说""虽将共犯脱离与否的考察重心转化为新的共犯关系的建立之上，但仍是以因果关系切断与否作为论证目标，并未偏离因果共犯论的逻辑轨道"③。"共谋射程说"所指的"基于当初的共谋""是否在共谋射程范围内"的问题，实质上就是行为与共谋之间的因果关系（"共谋对犯行因果关系"）有无的问题。④ 尽管"因果关系切断说"优于其他几种相关学说，但正如前文所

---

① 王昭武. 共谋射程理论与共犯关系脱离的认定. 法律科学, 2016 (1): 67. 王昭武教授过去赞成"共犯关系消解说"，后来改采此说。

② 姚培培. 论共犯脱离基准：因果关系切断说的重构. 清华法学, 2020 (2): 83-84.

③ 王霖. 共犯责任退出机制的反思性检讨：修正因果关系遮断说的构建. 政治与法律, 2017 (6): 93.

④ 日本的山中敬一教授就是这样评价的。山中敬一. 从共谋关系的脱离//川端博, 等. 立石二六先生古稀祝贺论文集. 东京：成文堂, 2010: 547-548.

述，其自身仍存在缺陷。

在日本等国，之所以对共犯脱离难以找到合适的判断基准或选择恰当的判断路径，根本的原因可能在于，共犯脱离理论与区分制的犯罪参与体系及其理论基础不相容。从区分制的犯罪参与理论的发展轨迹不难看出，早期明显是建立在团体主义共犯观之上，最典型的实例是共同意思主体说，将参与犯罪的整个集团视为一个犯罪主体，只要集团中的某个或某部分成员按集团意思着手实行了犯罪，并引起了预期的危害结果的发生，那就意味着该集团的犯罪已既遂，集团中的所有成员，均应承担犯罪既遂的责任，因而不可能出现某个成员从集团中脱离出去而成为中止犯的现象。① 日本的判例和现在的通说认可的共谋共同正犯理论，也是建立在团体主义共犯观之上的。按照这种理论，只要参与共谋，共谋者中又有人实行了犯罪，所有共谋者均成立共谋共同正犯，本人即便中途退出未按事先的约定直接去实施实行行为，由于其受作为这种正犯性基础的共谋关系的制约，因而也应对其他共谋者实行的行为及其结果负责，并成为共同正犯。②

此外，作为区分制体系根基的共犯从属性理论和"部分行为全部责任"的共同正犯归责原理，也与团体主义共犯观有不可分割的关系。首先，从共犯从属性理论来看，这种理论认为，教唆犯和帮助犯作为狭义的共犯具有从属于正犯的特性，共犯的定罪受实行从属性的制约，即只有在正犯已着手实行犯罪的条件下，教唆犯和帮助犯才能成立，才可对这种共犯定罪处罚。如果正犯着手实行犯罪而未遂的，教唆犯和帮助犯同正犯一样，皆为未遂犯，正犯实行犯罪引起预期的危害结果发生的，教唆犯和帮助犯及正犯，也都属于既遂犯。既然共犯的定罪及所处的犯罪形态要受正犯的制约，且对共犯要按正犯之刑处罚或比照正犯处罚予以减轻，那就表明是将共犯与正犯作为一个团体而不是独立的个体来看待的。当正犯已按教唆犯的教唆着手实行犯罪、或已利用帮助犯提供的帮助实行了犯罪的场合，也就无法认定教唆犯、帮助犯可单独从所参与的犯罪中脱离出去，否则，认为处于犯罪从属（或依附）地位的共犯能从中脱离，那就表明共犯

---

① 松原芳博. 刑法总论重要问题. 王昭武, 译. 北京：中国政法大学出版社, 2014：326.

② 川端博. 共犯论序说. 东京：成文堂, 2001：71.

能不受正犯的制约独立自主地决定从参与的犯罪中脱离出去，而不对正犯的行为及所引起的结果负责，这是其具有独立性的表现，明显与共犯从属性理论不符。正因为如此，日本的松宫孝明教授明确指出："根据共犯从属性说，对于非亲自参与'犯罪的实行'的共犯，即使通过劝说或者实力阻止了正犯的实行，也不能仅凭这一点就获得针对中止犯的处刑的特别恩典。"① 其次，从"部分行为全部责任"的共同正犯归责原理来说，其含义是参与者即便仅实行了一部分行为，也要对所发生的全体或整体结果（包含其他实行者引起的结果）承担责任，这意味着应将所有共同实行犯罪者作为一个整体来看待，每个实行者的行为都是整体行为的一个组成部分，既然是这一共同的整体行为引起了危害结果的发生，当然都要对这一整体结果负责。可见，这一归责原理渗透了团体主义的共犯观念。正因为如此，刘艳红教授明确指出："'部分实行全部责任'是团体责任的形式"②。

如果将团体主义共犯观念贯彻到底，本来就不应当承认参与者可从共犯关系中脱离出去，因为超个人团体的构成，决定了个人当然会受团体的约束，从而不允许其自由行动，以脱离共犯关系。③ 正是受这种共犯观念的影响，日本过去的判例和通说，对部分共同正犯者引起结果发生的案件，即便是从共犯关系中脱离出去的脱离者，也一概要其负既遂的罪责，而否定其成立中止犯。④ 率先系统研究共犯脱离问题的大塚仁教授也持此种立场，其提出的"障碍未遂准用说""立足的前提是，在处于同一共犯关系之下的其他共犯实现了既遂结果之时，对于任意或者真挚地消除了自己行为之影响的共犯，仍然应追究既遂之责，但同时主张'为了救济此类共犯，在能认定存在消除影响的任意性或者真挚性之时，可以作为共犯关系的脱离，准照未遂予以任意性减轻'"⑤。之所以只是"准照"或"准

---

① 松宫孝明. 刑法总论讲义：第4版补正版. 钱叶六，译. 北京：中国人民大学出版社，2013：239.
② 刘艳红. 共犯脱离判断基准：规范的因果关系遮断说. 中外法学，2013（4）：765.
③ 川端博. 共犯论序说. 东京：成文堂，2001：70.
④ 川端博. 刑法总论讲义. 东京：成文堂，1995：595.
⑤ 王昭武. 共谋射程理论与共犯关系脱离的认定. 法律科学，2016（1）：63.

用"未遂的规定，是因为脱离者本来成立既遂。根据就在于脱离者已实施部分实行行为，当然应对其他共同正犯人引起的结果负责，只有认定脱离者为既遂犯，才与"部分行为全部责任"的原则相符。但对其按既遂犯处罚又明显不具有合理性，因而提出一种"救济"（或折中）方案，"准用"未遂犯的规定予以减轻处罚。这也可以说是弥补区分制体系内含的团体主义共犯观所带来的一大缺陷的迫不得已的做法，虽然能在一定程度上使对脱离者的处罚更为合理，但会带来前述解释论上的一些新问题。

毋庸置疑，在日本，个人主义共犯观现在已处于支配地位。[①] 应当肯定，个人主义共犯观是现代刑法必须坚持的正确理念。按照个人主义的原理，参与犯罪的各个人只承担自己个人的责任，而对发生的全部结果（含其他共同参与者直接引起的结果）承担责任无疑也是必要的，但要对此作出合理的说明又非常困难。[②] 以"因果共犯论"和"因果关系切断说"为例，参与犯罪者只对与自己的参与行为有因果关系的结果负责，如果参与者中途退出切断了其行为与结果间的因果关系，则不对退出后其他参与者的行为引起的结果负责，就是理所当然的结论，这也可以说是个人主义共犯观的体现，但却很难说与"部分行为全部责任"的共同正犯归责原理不冲突。因为共同正犯人实施部分实行行为后，就应对全部结果承担责任，是这一归责原理的逻辑结论，认为共同正犯可在中途退出而不对退出后的结果负责，显然不符合这一归责原理的基本要求。

但是，按单一正犯的解释论，个人主义共犯观可以得到彻底贯彻。正如本书第三章第二节所述，单一正犯体系下的所有参与者均是处于平等地位的主体，不存在谁从属于谁的问题。由于对参与者的定罪采取与单个人犯罪基本相同的规则，处罚轻重则由其个人所参与犯罪的性质和参与的程度来决定，因此，个人主义的共犯观念在单一正犯体系的定罪处罚规则中能得到充分的体现。并且，对参与者退出参与的犯罪，以是否切断其退出前的行为与退出后其余参与者的行为及结果间的因果关系作为判断的基准，既是单一正犯理论的逻辑结论，也不存在任何法律障碍和解释论上的问题。

[①] 松原芳博. 刑法总论重要问题. 王昭武，译. 北京：中国政法大学出版社，2014：326.

[②] 川端博. 共犯论序说. 东京：成文堂，2001：17.

一般认为，单一正犯理论的形成，主要是受因果理论之条件论的影响。条件理论认为，所有加功于犯罪行为实现的条件（行为），在评价上均为等价。即所有与侵害法益的事实或结果有条件关系的参与行为，对共同参与犯罪的成立具有同等的价值，因此，所有参与者都是具有平等地位的正犯（行为人）。[①] 参与者成为正犯的前提条件是，其行为与侵害法益的事实或结果之间存在因果关系，若某个参与者中途退出切断了其行为与由其余参与者的行为所引起的结果之间的因果关系，就意味着其行为与该结果之间无因果关系，当然也就不应对该结果负责。在刑法采取单一正犯体系的条件下，这样的解释论不会有任何法律障碍。以对二人以上共同实行犯罪者的定罪处罚为例，由于采取单一正犯体系的我国刑法，并无像德、日刑法那样的关于共同正犯的处罚规定，也不是采取"部分行为全部责任"的归责形式，而是采取与其他共同参与犯罪之行为形式同样的定罪处罚规则。只不过在认定参与行为与结果之间的因果关系时，也会充分考虑其毕竟具有不同于单个人犯罪因果关系的特殊性即共同性，认为是所有参与者共同的行为引起了同一个危害结果发生。这是因为在共同故意实行犯罪的场合，每个参与者均把他人的行为作为自己行为的延伸，互相利用、互为补充，因此，在危害结果是由其他参与者的行为所直接引起的场合，也认定为与未直接引起结果的参与者的行为间存在因果关系（间接因果关系），并责令其对该结果负责。在参与者实施部分实行行为后退出的场合，只要能认定其不再将其余参与者的行为作为自己行为的延伸，不再继续加以利用或予以补充，自己先前实施的行为也不再继续发挥效用，即可认定为已切断退出前的行为与退出后其余参与者的行为及结果间的因果关系，也就是两者之间已无因果关系，退出者当然不应对该结果负责，而仅对自己退出前的行为及其结果负责。

三、退出参与的犯罪的认定

（一）退出基准的掌握

如何认定参与者是否已有效退出参与的犯罪？这是司法实务中处理共

---

① 柯耀程. 参与与竞合. 台北：元照出版有限公司，2009：39.

同参与的犯罪案件时，经常遇到的一大难题。一般来说，只有恰当适用客观合理的标准来予以判断，才能准确认定，从而得出合理的结论。如前所述，以是否切断退出前的行为与退出后剩余参与者的行为及结果间的因果关系，即采取因果关系切断的基准来作判断是合理的。而要掌握并使用好这一判断基准的前提条件是，必须正确理解其内涵。

如前所述，因果关系切断说的基本构想是，即便"形成了共犯关系，如果行为人消除了自己所设定的直至引起结果的因果性，其后的进程就不过是与行为人毫无关系的事态，行为人不应对此承担共犯罪责"①。"有关因果关系的内容，一般将其区分为心理因果性与物理因果性。以实行行为担当者的行为作为媒介，广义的共犯与结果引起之间具有间接因果性。作为间接因果性的表现形式，最典型的是心理因果性，是指作用于实行担当者的心理层面，让其决意实施犯罪行为，或者强化其犯意约束其意思，由此对于实行担当者实现结果这一点起到强化、促进作用的情形；另外还有物理因果性，是指虽然不伴有这种对于犯意的促进、强化作用，但诸如提供犯罪行为所必要的工具，或者创造、整理更容易实现犯罪的环境，因而从物理的角度来看，使得实行分担者的犯罪更容易实现，促进了结果之发生的情形。"② 这种间接因果性是共犯因果性所特有的，与单独犯的直接因果性即自己的行为直接引起危害结果发生明显不同。而"只要认为共犯的因果性包括心理因果性与物理因果性这两个方面，要切断共犯的因果性，就必须既切断心理因果性也切断物理因果性。"③ 但在许多案件中，参与者仅仅只是中途退出而不再继续参与原计划实施的行为，往往不能消除其先前行为对剩余参与者继续发挥心理上的影响作用，即不能切断退出前的行为与退出后剩余参与者引起的结果间的心理因果关系；加之，按条件因果关系说，"由于认为只要存在条件关系就足以肯定共犯的因果性，那么要否定共犯的因果性，就必须达到否定这种条件关系的程度，于是便逻辑性地要求溯及性地撤回该条件的存在，即要求脱离者必须消除自己贡

---

① 桥爪隆. 共犯关系的消解. 王昭武，译. 苏州大学学报（法学版），2016（4）：122.

② 同①.

③ 同①.

献的影响力,使该物理的·心理的因果力不存在"①。这就是共犯因果性特别是其间接因果性往往难以被切断的原因所在。

"正是出于这种问题意识,最近,有力观点在指出因果关系切断说的局限的基础上提出,即便未能完全消解因果性,但仍有从规范性的视角认定共犯关系的消解的余地。例如,日本的盐见淳教授提出,重要的不在于是否实际消解了因果性,而在于指向脱离的行为能否谓之为'处于行为人的立场能够做到的,通常情况下足以消灭行为人所造成的危险'的措施(脱离行为的切实性)。"② 在笔者看来,这种接近相当因果关系说的主张更为合理。因为认定共犯的因果关系是否已被切断,采取条件因果关系说,"仅在条件关系的意义上理解共犯因果性的观点忽视了对共犯行为进行结果归属的判断,使得共犯因果性的判断流于形式,不仅不当扩大共犯的责任范围,也与单独犯的因果关系认定存在不协调之处"③。相反,采取相当因果关系说,与单独犯一样来判断,既是单一正犯论的基本要求,也能有效解决上述难以认定因果关系被切断、从而不当缩小退出参与犯罪的成立范围的问题。如前所述,单一正犯体系对共同参与犯罪者采取与单独犯基本相同的定罪规则,在对每个参与者的行为进行是否符合构成要件的判断时,当然要看其实施的是何种行为,是否引起了危害结果的发生。众所周知,在单独犯的场合,理论上的通说认为,行为人只对与自己的行为有相当因果关系的结果负责,并非是只要与其行为有条件关系的结果,均要行为人负责。否则,就会不当扩大刑事责任的范围,不能被民众所接受。而判断行为引起结果发生是否具有"相当性",一般以行为在通常情况下是否会引起该结果发生为基准,也就是将该结果归责于行为人,是否会超出行为人及普通民众的预测范围。按照这样的规则来判断共同犯罪因果关系的相当性以及因果关系是否已被切断,就应充分考虑将剩余参与者引起的结果归责于退出者,是否符合民众的观念即是否具有合理性这一重要因素。此外,对如下几方面的因素,也必须高度重视并正确认识。

---

① 姚培培.论共犯脱离基准:因果关系切断说的重构.清华法学,2020(2):87.
② 桥爪隆.共犯关系的消解.王昭武,译.苏州大学学报(法学版),2016(4):129.
③ 同①.

第一，退出者有无退出的意思表示。一般认为，消除心理因果性的影响作用，以退出（或脱离）者有退出的意思表示，并得到了剩余参与者的认可（或认同）为前提条件，只不过这种一方的意思表示与另一方的认可，并不要求必须明示或明确认可，而只要有默示与默认即可。并且，在特殊情况下，即便退出者无退出的意思表示，也同样能切断退出前的行为与退出后的结果间的因果关系，不影响退出的成立。如甲应好友乙之约去帮忙杀其仇人丁，骑车行进到离与乙会合处不远时，被汽车撞昏倒地，乙在百米外看到甲被人抬上车送往医院，知道甲已不可能与其一起去作案，但仍按原计划与丙去杀死了丁。甲被送到医院救治，两天后才醒过来。此例中的甲是由于交通事故这一意外原因，导致其不可能按约去参与实行犯罪，甲并未向乙、丙表达退出的意思，事实上甲也不可能有那样的意思表示，但剩余参与者乙、丙明知其不可能应约一起去实行犯罪，其退出前的行为与退出后丁被杀害的结果间，既无物理的因果性也无心理因果性，不能责令其对该结果负责。可见，这种参与者被迫退出的情形，完全有可能出现退出者并未向剩余参与者表达退出意思的情形。与此相似的情形还有，某个参与者在着手实行前被其他参与者逐出共同参与行列的，由于被逐出者并非自愿退出，当然不会向对方表达退出的意思，但被逐出后其先前的行为大多不会对剩余参与者产生物理的或心理的影响，同样应认定其已成功退出，即已切断其行为与结果间的因果关系，不对退出（被逐出）后所产生的结果负责。

但无论是被迫退出还是自愿（或任意）退出，剩余参与者通常必须明知其已退出或不再继续参与实施犯罪，否则，其事先的参与对剩余参与者心理上的影响往往无法消除，即无法切断心理的因果关系。例如，A 望风，为 B、C 实行盗窃放哨，在 B、C 实行期间默默逃走，德意志帝国法院判定，"由于 A 的放哨对 B、C 产生了'安心感（Gefühl der Sicherheit）'，此种影响一直持续到既遂完成为止"，因此判定 A 为入室盗窃的共同正犯。[①] 此案中 A 在 B、C 行窃时悄然离去，而 B、C 并不知情，误以为 A 仍在室外望风，因而产生"安心感"，促进 B、C 完成了盗窃行为。可见，剩余参与者知道（或了解）其已退出或不再继续参与犯罪，是切断

---

① RGSt, Bd. 54, s. 177. EGJW 1923. 373；BGHMDR 1966，S. 22. 刘艳红. 共犯脱离判断基准：规范的因果关系遮断说. 中外法学，2013（4）：758.

退出者的前行为与后结果之间的心理因果关系的必备条件。

　　第二，退出是否得到剩余参与者的认可。关于退出者向剩余参与者表达退出的意思后，是否还必须得到对方的认可（或认同），才能认定为切断了退出前的行为与退出后的结果间的因果关系，即肯定其已成功（或有效）退出，在日本学术界，存在肯定说与否定说的对立。肯定说认为，剩余的参与者只是知道（或了解）退出者有退出的意思是不够的，还必须对其退出予以认可（或认同）①；但否定说认为，剩余的参与者只要知道其有退出的意思或已退出即可，不要求对其退出持认可（或许可、同意）的态度。② 日本实务界的相关判例大多采取肯定说。但这种做法，"将会导致脱离的成立过于严格，失去脱离理论的意义。将认可说改为了解说，可能是更为务实的态度"③。因为退出者不再继续参与原计划实施的犯罪行为已成既定的事实，而其退出前的行为对剩余参与者后来的行为及结果是否还有因果作用力，即因果关系能否被切断，与其退出是否得到剩余参与者的"同意"或"许可"并无多大关系，毕竟两者之间的因果关系是一种客观现象，不受第三者主观认识或评价的影响。因此，应从退出者退出前的行为的影响或作用力来作客观的判断，而不能由剩余参与者对其退出行为的态度（是许可或同意还是不许可或不同意）来决定。况且，在数人共同故意犯罪的场合，参与者对参与成员的退出通常是持否定或反对态度，大多不会许可或同意其退出，只是迫于无奈而被动接受。如果要求剩余参与者认可（或认同）其退出，才肯定其退出行为切断了退出前行为与后来的结果间的因果关系，无疑会不适当地大幅度缩小退出参与犯罪的成立范围，会使许多退出者承担不应承受的过重责任。

　　第三，退出者是否努力避免危害结果的发生。日本学术界一般将共犯脱离分为着手实行前脱离与着手实行后脱离两种类型，认为前者只要脱离者表达脱离的意思，且得到剩余共犯的认可，就成立共犯关系的脱离；但后者除要具备这两个条件之外，脱离者还必须有努力避免危害结果发生的

---

① 伊东研祐. 刑法总论. 东京：新世社，2008：364.
② 西田典之. 共犯理论的展开. 东京：成文堂，2010：254.
③ 刘艳红. 共犯脱离判断基准：规范的因果关系遮断说. 中外法学，2013（4）：758.

进一步的行动。① 我国也有学者采取此种主张。② 之所以对着手实行后的脱离提出更为严格的要求，在笔者看来，与着手实行前的脱离相比，实行之后参与者的行为又向前迈进了一步固然是原因之一，但更为重要的是因为在区分制体系下，对共同正犯采取"部分行为全部责任"的归责原理，按这一归责原理，既然已有人开始实施实行行为，那么，所有参与者就应对同案的实行行为所引起的全部结果承担责任。而承认其中的某个（或部分）参与者还可能退出，正如前文所述，这本来是与共同正犯的归责原理相冲突的，但为了使对共犯的处罚均衡合理，而不得不例外地承认共犯脱离。正因为是特殊例外，当然就得严格限制，不能"离"得太远，否则，就可能动摇共同正犯的理论根基。

但是，在采取单一正犯体系的我国，由于刑法并无共同正犯的规定，对着手实行后退出的成立，也就不受区分制体系那样的共同正犯归责原理的制约。参与者无论是着手实行前退出，还是着手实行后退出，成立的条件都是相同的，均以退出前的行为对退出后剩余参与者引起的危害结果，是否还有相当的影响或因果作用力来做判断。只不过参与者退出前的行为的表现形式，特别是其在共同犯罪中的地位（是主犯还是从犯），对退出成立条件的要求有所不同。一般而言，如果退出者只是被邀约参与犯罪的从犯，只要其用语言表达或用行动显示了自己不再继续参与犯罪的意思，对方也已经认识到了该意思，就应当肯定消除了其行为的心理因果性，通常就能认定其已成功退出。即便是共同参与实行犯罪，并且自己实施了部分实行行为，在共同犯罪实行终了之前，被邀约参与犯罪的从犯，只要有退出的意思和退出的行动，且剩余参与者对此已有认识（已知道），通常就能认定其已成功退出。例如，甲邀约乙与丙帮忙伤害自己的仇人丁，约定要狠狠地打，但不打死。乙到现场后，对丁的胸部轻打了两拳，看到甲拿起旁边的木棒猛击丁，担心其将丁打死了自己也要受重的处罚，因而告诉甲自己不干了，并迅速离去。后来，甲与丙继续实施的伤害行为导致丁死亡。此例中的乙在与甲和丙共同实行伤害丁的行为过程中退出，但退出时仅告诉对方自己不再继续参与实行了，并无避免或防止更重的结果（丁死亡）发生的言行，而只是在甲和丙知道的情况下迅速离去。按上述日本

---

① 高桥则夫．刑法总论．4 版．东京：成文堂，2018：515-516．
② 金泽刚．论共犯关系之脱离．法学研究，2006（2）：108-110．

的通说，因乙并无努力避免危害结果发生的进一步的举动，所以，共犯脱离不能成立，乙仍应对丁的死亡结果负责。但这样处理并不具有合理性。因乙只是应邀参与犯罪，在共同犯罪中仅起次要作用，不能决定或控制将丁伤害到何种程度，对其退出并离开后，甲和丙造成的丁的死亡结果，不应责令其承担责任。应当注意的是，如果参与犯罪的从犯，实施了提供犯罪工具、作案信息或特殊技术等帮助行为的，由于这类行为对犯罪的实施或完成具有物理的作用力，参与者只有收回提供的犯罪工具、消除所提供的信息或技术的影响，如向意图进入库房盗窃者告知库房的开门密码的，还必须采取通报门卫等使之难以进入的措施，以消除自己行为的物理作用力或因果性，才能肯定其已成功退出，只不过并不要求其另有其他的避免或防止危害结果发生的行动。然而，如果参与者是犯意的引起者、犯罪的组织、策划、指挥者以及其他在共同犯罪中起主要作用者，则除了要有退出的意思表示或举动、并让剩余参与者知晓外，通常还要求其另有适当的避免结果发生的举措或行动，如劝告剩余参与者放弃犯罪、阻止实行者实行犯罪、向被害人或警察予以通报等，才能认定为已消除自己行为的因果性，即肯定其已成功或有效退出。

（二）具体认定的方式

数人共同参与的犯罪中，参与者实施的行为形式可能各不相同，有的是教唆、帮助他人犯罪，有的是与他人一起商议或共谋实行犯罪，有的是组织、策划、指挥犯罪，还有的是分担实行行为或与他人共同实行犯罪；参与者在共同犯罪中所起的作用大小也可能有较大差异，有的是起核心或主要作用的主犯，有的是起次要或辅助作用的从犯，如此等等，决定了不同参与者退出参与的犯罪的具体判断方式或路径也各不相同。

1. 实施不同参与行为者的退出

（1）教唆者的退出。教唆是使他人产生犯罪决意的行为，教唆者自己并不去直接实行犯罪，因而与危害结果之间并无物理因果性，仅有心理的因果性。但这种心理因果性明显强于从心理上强化、促进或推动他人犯罪的一般心理因果性，它是在对方本无犯罪决意的前提条件下，唆使对方产生或形成犯罪决意。因此，要消除教唆行为对被教唆者的心理因果性，只是向对方表示自己放弃犯罪之意是远远不够的。关键是要消除与被教唆者的意思联络，也就是要使被教唆者产生的犯意消失（中断主观的联系），从而切断自己过去实施的促进实行行为的教唆的因果性，这样才能从其所教唆的犯罪中退出。① 而要使被教唆者已产生的犯意消失，往往还需要教唆者努力劝说，才能使之放弃犯罪。如果劝说无效，则还需要向警察、被害人等通报或者采取到现场阻止等避免危害结果发生的适当措施，才能肯定其成功退出。② "被教唆者放弃犯意后，自己再起犯意实行犯罪的，教唆者不对正犯或者共同正规的行为结果承担刑事责任。但是，如果教唆者努力劝说被教唆者，被教唆者执意不放弃犯意，造成了法益侵害结果的，教唆者仍然应当承担既遂犯的责任。"③ 只不过在努力劝说无效后，教唆者采取适当措施阻止被教唆者实行犯罪，如报警后警察到现场处置不当，使既遂结果发生的；教唆者到现场阻止，被实行者打成重伤倒地，未能阻止结果发生的，则应当认定教唆者与被教唆者已失去主观上的联系，切断了与其实行的犯罪结果间的因果关系，因而不承担既遂犯的责任。

（2）帮助者的退出。帮助行为与被帮助者的行为及结果间的因果关系，既可能是物理性的，也可能是心理性的，还可能是物理性和心理性两者均有的，并且，物理性帮助可能同时含有心理性帮助的因素。物理性的帮助是指使犯罪行为本身更加容易的帮助，除了提供凶器、资金、场所等之外，还包括提供其他有关被害人、侵害对象的信息，传授使用工具的方法等技术性帮助。心理性的帮助则是指仅与实行者有关的帮助，即通过激励、劝告，承诺帮助逃走、藏匿等消除实行者的心理障碍，强化其犯意的情形。一般来说，提供物理性帮助者如果想要在实行犯着手前脱离，那就必须切断自己的帮助行为的物理因果关系。例如，提供凶器、钥匙等实行犯罪所必要之工具的，就有必要取回这些工具。虽然提供工具还有强化犯意这样的心理性帮助的功效，但取回工具就可视为能使这种心理性帮助效果丧失。④ 切断自己的帮助行为的心理因果关系，也只要使自己的帮助行为失去其所具有的强化实行者犯意的作用即可，如在心理帮助的内容是单纯的约定将帮助实行者逃走、为其望风的情况下，取消这种约定就可以了；在单纯激励的情况下，劝说其放弃犯罪就足够了，并不以实行者实际

---

① 日高义博. 刑法总论. 东京：成文堂，2015：534.
② 王昭武. 共犯关系的脱离研究//陈兴良. 刑事法评论：第32卷. 北京：北京大学出版社，2013：126-127.
③ 张明楷. 刑法学. 6版. 北京：法律出版社，2021：606.
④ 西田典之. 共犯理论的展开. 东京：成文堂，2010：248.

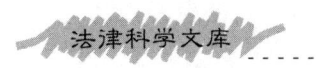

放弃犯行作为切断心理因果关系的成立条件，更不要求帮助者有阻止其犯行的表现。①

但在物理性帮助中，前述技术性帮助大多无法撤回。由于提供侵害对象的信息、传授使用工具的方法等帮助，能使实行者通过记忆而对其实行犯罪发挥作用。此种帮助同前述教唆具有相似性，帮助者要使实行者对自己提供的信息、传授的技术失去记忆，几乎无可能性，要消除自己提供的帮助对实行者所实行的犯罪的因果作用力，只能是说服实行者放弃犯罪。在劝说无效的情况下，还得采取阻止（或防止）其实行犯罪的适当措施，如通报警卫等，以消除其利用自己所提供的信息等实现犯罪的危险性，才有认定消解或切断了因果关系的余地。②

目前，尚有较大争议的相关问题之一是：在对方着手实行犯罪之前，收回自己提供的钥匙，但对方利用偷配的钥匙开门入室盗窃的，能否认定收回钥匙者已成功退出？对此，存在肯定与否定两种不同主张。肯定论者认为，尽管提供钥匙的行为事实上与盗窃结果之间存在因果性，但从奖励退出（或脱离）者的刑事政策等角度考虑，应当肯定其已成功退出。③ 而否定论者认为，正是由于行为人收回其钥匙，并未切断其行为与盗窃结果间的因果性，因此，不能认定其已成功退出。④ 笔者赞成肯定论，但不认为收回钥匙者之前提供钥匙的行为在"事实上与盗窃结果之间存在因果性"，而只是从奖励退出者的刑事政策立场，有必要认定其已成功退出。事实上，提供钥匙的行为只是与盗窃结果之间存在条件关系。而按相当因果关系说，收回自己提供的钥匙，即可切断提供钥匙的行为与盗窃结果间的因果关系。因为在通常情况下，收回钥匙就完全可能消除对方用它来开门入室盗窃的危险性，对方用它来偷配新钥匙，这是一种异常现象，不能要求提供钥匙者对此有预见并采取相应的防范措施。责令收回了钥匙的帮助行为者，对偷配新钥匙者开门入室盗窃的结果负责，明显不具有社会相当性和公平性，不能被社会公众所认可。

---

① 西田典之. 共犯理论的展开. 东京：成文堂，2010：250.
② 桥爪隆. 共犯关系的消解. 王昭武，译. 苏州大学学报（法学版），2016（4）：124.
③ 陈洪兵. 共犯脱离问题的中国方案. 甘肃社会科学，2021（2）：130.
④ 钱叶六. 共犯论的基础及其展开. 北京：中国政法大学出版社，2014：145.

(3) 共谋者的退出。由于我国刑法采取单一正犯体系，共谋共同正犯的概念没有存在的空间或余地①，只不过二人以上在一起谋划（或商议）从事犯罪活动的现象仍十分常见，其中的参与者退出犯罪的情形，也不在少数，并且较为复杂，当然也应予以研究。首先应当说明的是，此处的"共谋者"并不限于区分制体系下认定为共谋共同正犯的"共谋者"，而是泛指所有与他人谋划（或商议）从事犯罪活动但自己没有着手实行犯罪的人。共谋者退出所参与共谋之犯罪的成立条件，也应以切断其所实施之谋议行为与其他共谋者所实施之行为及结果间的因果关系为必要。一般而言，共谋者所实施的谋议行为对实现犯罪的重要性程度，决定了切断其因果关系的成立条件有较大差异。而谋议行为的重要性程度，不能仅从参与者在谋议（或商议、沟通）时说了什么或有何表示来作判断，参与谋议者所处的地位对确定其谋议行为的重要性程度也有重要意义。如果参与谋议者是邀约者或大家公认的头领（主谋者），其谋议行为的影响力就会明显大与一般参与谋议者，往往对所谋议的犯罪的实现及其发展进程有相当的控制力，因而，这种共谋者共谋之后只是自己消极地放弃犯罪，通常不能消除其谋议行为与其他共谋者按共谋所引起的结果之间的因果关系；而只有在其努力劝说其余共谋者放弃犯罪，且在劝说无效的情况下，还必须采取适当的阻止（或防止）危害结果发生的措施，才能肯定其退出了参与的犯罪。如果共谋者只是一般参与者，谋议时只是随声附和，并未发表对形成决意或犯罪的实现有重要意义的意见，其谋议行为当然也就无重要性，这种共谋者只要消极地不再按共谋（或约定）实施相关行为，且其余共谋者也知道其已放弃犯罪或不再参与，即可认定为已切断其谋议行为的因果关系。

但是，如果共谋者的谋议行为具有教唆或物理性帮助的性质，即便只是一般共谋者，仅仅单纯从共谋的犯罪中退出（自己放弃犯罪），并不能认定已切断了其谋议行为的因果关系。例如，B 约 A 同时还约了 C、D 一起抢劫，B 问 A 宜选何处入室作案，A 告诉 B 附近一位寡妇开店且当日收了不少欠款，于是，A、B、C、D 形成了对寡妇实施抢劫的共谋决定。但着手前 A 悔悟并独自中止犯罪而离开。B、C、D 在知道 A 放弃犯罪后，仍继续实行并达到了既遂目的。此案中，A 虽然只是被邀约参与犯罪，但

---

① 刘明祥. 从单一正犯视角看共谋共同正犯论. 法学评论，2018（1）：75.

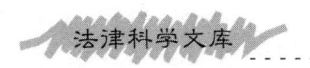

其在共谋中的谋议行为不是一般的随声附和，其告诉适宜抢劫之对象的行为，甚至含有教唆的性质，即使认为这只是起帮助性的作用，也由于其提供的信息在其中止（离开）之后仍然对 B、C、D 的全部犯行具有非常明显的物理影响力，因此，A 自己单纯从共谋中脱离（或退出），并不能切断其谋议行为的因果关系。只有在其劝说其他共谋者停止犯行，在劝说无效的情况下，采取向警察通报等避免危害结果发生的措施，才能视为切断了谋议行为的因果关系。①

（4）共同实行者的退出。这里的"共同实行者"是指与他人一起共同故意实行犯罪并已着手实行的参与者。原已约定与他人一起共同实行犯罪，但在着手实行前退出的，这种参与者属于上述"共谋者"，其退出的成立条件（或认定标准）与共谋者的退出相同。共同实行者退出的成立，同样应以切断其实施的行为与退出后其他实行者所引起的结果间的因果关系为必要。由于共同实行者的行为之间存在较为密切的内在联系，要切断其所实施行为的因果关系，本身具有很大的难度，如果共同实行者又是犯罪的核心人物或起主要作用者，那么，其退出的成立无疑是难上加难。若只是自己消极地放弃（或中止）犯罪，即便是迅速离开了作案现场，仍不能认定为已成功退出，对剩余共同实行者引起的危害结果还是应承担刑事责任。只有在其劝说剩余共同实行者不再继续实行犯罪，并采取相应的避免危害结果发生的措施，如将已被打成重伤的被害人送往医院救治，避免了死亡结果的发生，才能认定其退出了所参与的故意杀人犯罪；在劝说无效的情况下，同样应采取适当的阻止（或防止）危害结果发生的措施（如报警等），才能认定切断了其行为与危害结果间的因果关系。但如果只是一般共同实行者，且在实行的过程中，并未发挥重要作用，只要其有退出的意思表示（未用语言表示，而用行动表示的也可），且剩余实行者知道其已退出的，即可认定其已成功退出。例如，吴某为杀蔡某准备了刀具并邀王某帮忙。一天夜里，吴、王在蔡必经的小巷将其拦住，吴捅了蔡一刀扎中蔡的腹部。蔡负伤逃跑，吴、王紧追。此时警察发现吴、王，二人仓皇逃离。王逃回家就睡觉了。吴某待警察走后，独自四处寻找蔡某，找到

---

① 西田典之. 共犯理论的展开. 东京：成文堂，2010：252-253.

后又连捅数刀致蔡死亡。① 此案中，王是应吴之邀与之共同实行杀蔡的犯罪，且在实行犯罪过程中，仅有与吴一起在小巷拦住蔡，在蔡负伤逃跑时，又与吴一起紧追的行为，明显只是在共同实行的犯罪中起次要或辅助作用。当被警察发现后，王仓皇逃离，吴在明知其已逃离的情况下，独自寻找到蔡并将其杀害。吴在王逃离后杀蔡致其死亡，显然与王的行为无因果关系，因而，应认定王已成功退出，不对蔡的死亡结果负责，仅承担故意杀人未遂的责任。

　　应当注意的是，共同实行者在犯罪过程中所实施的行为，如果还带有教唆或物理性帮助的性质，不论其在共同实行的犯罪中是否起主要作用，若只是消极地不再继续实行犯罪而离去，且其他共同实行者明知其已离去仍继续实行犯罪的，通常不能认定其已退出参与的犯罪。若其行为带有教唆性质，就应当采取与教唆者退出相似的判断规则，还要求其有劝说其他共同实行者放弃犯罪、阻止他人继续实行犯罪等避免危害结果发生的适当举措，才能肯定其已成功退出。以上述吴、王杀蔡案为例，假如反过来是王邀吴帮忙杀蔡，被警察发现后，王仓皇逃离，以为当晚不可能找到蔡，便回家睡觉了，但吴认为蔡可能就在附近，又返回寻找杀死了蔡。由于王邀吴帮忙杀蔡，明显有教唆的性质，必须有使被教唆者消除犯意或防止其实行犯罪的举措，才可能认定切断了教唆行为的因果关系。而假设例中，邀约者并无这样的行动或举措，因而不能认定其退出了参与的犯罪，而应当对被邀者引起的被害人死亡结果负责，即构成杀人既遂。若共同实行者实施的行为带有物理性帮助的性质，就应当与前述帮助者的退出采取同样的规则，还要求其有使前行为的物理性帮助作用消失的举措。如 A 应好友 B 的邀约帮忙杀其仇人 C，并按 B 的要求带了一把刀。到现场之后两人将 C 按倒在地，B 从 A 手中拿过刀，对 C 非致命部位刺了两刀，声称要让 C 痛苦地死去。A 产生怜悯之心，对 B 说："太残忍，我不干了！" A 离去之后，B 继续用 A 的刀连刺数刀，致 C 死亡。此例中，A 是应 B 之邀实行杀人，在共同犯罪中仅起次要或辅助作用，B 也知道 A 已离去，且是在 A 离去后才杀死 C，但由于 B 是用 A 提供的刀杀死 C 的，A 的行为与 C 的死亡结果间仍有因果关系，因而不能认定 A 已成功退出。只有在

---

① 刘艳红. 共犯脱离判断基准：规范的因果关系遮断说. 中外法学，2013 (4)：748.

A 离开时拿走了自己带去的刀，使这种物理性帮助的作用也消失，才能肯定其已成功退出，而不对离去后 B 用其他工具或手段致 C 死亡的结果负责。

2. 发挥不同作用者的退出

在共同犯罪中发挥不同作用者，由于其行为对犯罪的发展进程和危害结果的发生具有不同的意义，切断其行为的因果关系即退出犯罪的成立条件，也有一定差异。

（1）主犯的退出。主犯是在共同犯罪中起主要作用者，特别是在共同犯罪中起组织、策划、指挥作用的主犯，更是对共同犯罪的实施和完成具有相当的掌控力，同时，其行为大多还带有教唆其他参与者犯罪的性质。因此，起组织、策划、指挥作用的主犯，只是自己消极地放弃犯罪，并向其他参与者表明退出的意思，即便是得到其他参与者认同，也不能认定其已成功退出，而只有在其努力劝说其他参与者也放弃犯罪，在劝说无效的情况下，还得有进一步阻止（或防止）犯罪结果发生的适当举措，如向被害人、基层单位负责人、公安部门通报等，才能认定为已退出参与的犯罪。如果是组织、策划、指挥者之外的主犯，虽然大多仅有退出的意思表示，并被剩余参与者所了解，还不能肯定其已成功退出，但也有应肯定其退出有效性的例外情况。例如，甲、乙、丙、丁四人夜间在一小酒店聚餐喝酒，邻桌的 X 喝醉了酒，无故痛骂他们，甲、乙、丙、丁被激怒，同时围上去打 X，甲对 X 胸部猛击两拳，乙、丙、丁也拳击了 X 头、胸、腹等部位，将 X 打倒在地之后，甲也昏迷倒地，乙、丙、丁继续殴打并用木凳砸 X，致其死亡。事后查明，甲为病理性醉酒，昏迷倒地后直到第二天才在医院醒过来；X 是在甲昏迷后被乙、丙、丁殴打致死的。此例中的甲昏迷之前，在与乙、丙、丁共同伤害 X 时，四人所起的作用相当，均应被认定为主犯，但其昏迷倒地之后，乙、丙、丁将 X 殴打致死的结果，明显与其昏迷前的行为无因果关系，不应责令其对 X 死亡的结果负责，应肯定其是由于疾病而退出了参与的犯罪，仅对昏迷前与其他三人共同伤害 X 的行为负责。另外，判断这类普通主犯是否已从共同犯罪中退出时，还应充分考虑其在共同犯罪中所实施行为的性质或特点，如果其行为具有教唆或物理性帮助的性质，如前文所述邀约他人参与犯罪或提供作案必需的工具和信息等，即便其只是同案的多名主犯中的普通主犯，退出犯罪的成立，也不能只是自己放弃犯罪并让其他参与者所知晓，而是还必须有消除自己行为之因果关系的进一步的相应行动。

(2) 从犯的退出。从犯是在共同犯罪中起次要作用者。尽管认定从犯从共同犯罪中退出的成立条件可比主犯适当放宽一些,但总的原则仍是必须切断其实施的行为与剩余参与者的行为及结果之间的因果关系,因此,同样要根据其实施的行为的性质或特点来作判断。如果其行为是教唆行为[①]或含有教唆成分的行为(如带头先动手实行犯罪等),或者是带有物理性帮助性质的行为(如给共同实行者提供作案工具或技术指导等),正如前文所述,退出者仅有退出的意思表示和得到剩余参与者的认可是不够的,还必须消除自己实施的这类行为与其余参与者实施的行为及结果间的因果关系,才能认定退出成立。此外,如果是共同实行犯罪中的从犯,还得使自己参与的共同实行行为引起的结果(如自己或他人直接造成的被害人伤害的结果),向更严重程度发展(如被害人死亡)的危险性消失,才能认定其切断了自己的行为与更严重结果(如加重犯的重结果)之间的因果关系,从而肯定其已成功退出,不对更严重结果负责。

四、退出参与的犯罪的处理

对成功退出参与的犯罪者如何处理?目前刑法学界的共识是,退出者不对退出后剩余参与者的行为及其结果负责,仅对退出前的行为承担责任。[②] 但对退出前的行为如何承担责任,即按预备、未遂、中止、既遂中的何种犯罪形态来追究其刑事责任,仍有认识分歧。第一种观点认为,参与者在着手实行之前脱离的,原则上不作为共犯处理;在着手实行之后、既遂之前脱离的,根据是否具有"任意性",按中止犯或未遂犯处理;既遂之后脱离的,按脱离前的轻罪的既遂犯处理,不可能成立脱离后的重罪的中止犯。[③] 第二种观点认为,对于共犯脱离者不能以中止犯论处,若是在实行阶段脱离,原则上应按未遂犯论处,而在预备阶段脱离的,则应以

---

① 在我国的司法实践中,教唆犯大多被认定为主犯,但也有被认定为从犯的情形。
② 张明楷. 刑法学. 6版. 北京:法律出版社,2021:606.
③ 王昭武. 共犯关系的脱离研究//陈兴良. 刑事法评论:第32卷. 北京:北京大学出版社,2013:121-122.

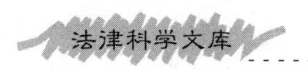

预备犯论处。①第三种观点认为，共犯脱离一旦成立，就会产生犯罪中止的效果，脱离者应承担中止犯的刑事责任。② 第四种观点认为，脱离具有自动性的，无论是着手前还是着手后脱离，均属于犯罪中止；脱离不具有自动性的，着手前脱离成立犯罪预备，着手后脱离成立犯罪未遂；既遂后脱离，则除了成立基本犯既遂外，若是"自动性"脱离，成立加重犯的中止，若是非自动性脱离，那就成立加重犯的未遂。③ 第五种观点认为，对共犯脱离，无论是准用未遂犯的处罚原则，还是按中止犯的处罚原则来处理，均无法律依据，只能通过立法来解决其处罚问题。④ 从这几种观点不难看出，主要有以下几点认识分歧有待进一步澄清。

第一，对着手实行犯罪前退出（或脱离）者，能否定罪处罚即能否按预备犯处罚？上述第一种观点基本上持否定态度。笔者也不否认，在通常情况下，退出者从所参与的尚未着手实行的犯罪中退出，由于其退出前的行为属于犯罪预备行为，尽管我国刑法规定原则上处罚所有犯罪的预备行为，但理论上的通说和司法实务的做法是，不处罚轻罪的预备行为。因此，从所参与的尚未着手的轻罪中退出的，并无处罚的必要性。⑤ 只不过在我国，重罪的预备行为应予处罚早已成为共识，且共同犯罪预备的危险性高于单个人犯罪。如果行为人参与重罪的犯罪活动，即便只是参与了共谋（如商议、沟通）或为犯罪准备工具、创造条件的活动，而在着手实行重罪之前退出，因其先前实施的行为侵害法益的危险性程度高，明显在我国刑法规定应予处罚的犯罪预备行为之列，当然应予以定罪处罚。特别是参与恐怖犯罪、严重危害国家安全犯罪活动者，在着手实行这类犯罪之前退出，若一概不以犯罪论处，那无疑会放纵这类特别危险的犯罪发生，显然不具有合理性。

---

① 黄丽勤. 论共犯关系之脱离. 北京理工大学学报（社会科学版），2012（4）：121.

② 陆凌. 脱离共犯关系的行为性质及其效果. 当代法学，2016（5）：108.

③ 陈洪兵. 共犯脱离问题的中国方案. 甘肃社会科学，2021（2）：133.

④ 付晓雅，高铭暄. 论共犯关系脱离的具体认定与法律责任. 法律科学（西北政法大学学报），2016（1）：57.

⑤ 虽然从广义而言，这种不被定罪处罚的退出者，也在退出参与的犯罪之列，但从狭义而言，退出参与的犯罪是以退出者成立犯罪为条件的，这种不成立犯罪的退出者也就被排除在外了。

第二，对自动退出所参与之犯罪的退出者，能否以中止犯论处？上述第二种观点持否定态度。其否定的主要理由在于，"共犯脱离这一概念，本来就是为了优待那些虽自动放弃犯罪但不具备有效性要件因而不能成立中止犯的脱离者提出的。认为脱离者不具有有效性也可成立中止犯，无异于取消中止犯的有效性要件"。中止犯的有效性是中止行为防止了犯罪结果的发生，而在共犯脱离（或退出）的场合，其余参与者后来的行为大多已导致犯罪结果发生，退出者作为共同参与者本来也应对该结果负责，从而也就不具备中止犯的有效性要件，因此，"至多只能在未遂犯的限度内给予相应优待"①。这种观点与前述区分制体系下立足于团体主义共犯观，而对共犯脱离的解释（如"障碍未遂准用说"）基本相同。正如前文所述，按建立在个人主义观念之上的单一正犯解释论，每个参与者均只对自己的参与行为（含自己与他人的共同行为）所引起的危害结果负责，参与者中途成功退出之后，由于其退出前的行为与退出后其余参与者的行为及结果之间并无因果关系，也就是说其已实施的行为（退出前的行为）并未引起危害结果发生，完全具备中止犯的有效性要件。相反，对自动退出（或放弃）犯罪，并有效地防止了自己的行为引起危害结果发生的情形，不以中止犯论处，而以未遂犯论处，存在与前述日本的"障碍未遂准用说"同样的缺陷。

第三，对退出所参与之犯罪的退出者，能否均以中止犯论处？上述第三种观点持肯定态度。如前所述，这种观点忽视了参与者的退出有自动（或任意）退出与被迫（非任意）退出两种类型，对既遂之前自动退出所参与的犯罪者，以中止犯论处当然无可非议。但社会生活中还存在被迫退出的现象，前述 A 与 B 共谋将醉酒女 C 送到其租住楼房间内轮奸，B 因被楼房管理员阻拦不能进入而退出就是适例。对这种被迫退出者，显然不能以中止犯论处，而有必要按未遂犯或预备犯处罚。

第四，对既遂后退出所参与之罪的退出者，退出后由其余参与者引起加重犯之结果发生的，能否认定其成立加重犯的未遂或中止？上述第四种观点持肯定态度，而第一种观点持否定态度。这涉及是否承认刑法规定的某种犯罪的加重犯可能出现未遂等未完成形态的问题。对此，国外刑法学

---

① 黄丽勤. 论共犯关系之脱离. 北京理工大学学报（社会科学版），2012（4）：122.

界存在激烈争论。① 笔者持否定态度，认为加重犯的重结果出现是加重犯成立并适用其法定刑的前提条件。因为只有出现重结果才有必要处更重的法定刑，如果没有出现重结果，按基本犯处刑即可，这是刑法规定加重犯特别是结果加重犯的根据所在。认为对未遂等未完成形态也可适用加重犯的法定刑，显然与立法精神不符。况且，在刑法规定同一种罪有轻重程度不同的多种加重犯的场合，如我国刑法第234条规定的故意伤害罪，轻伤为基本犯，重伤为较重的加重犯，伤害致死是最重的加重犯，三者的法定刑有较大差距。一般来说，故意伤害致被害人轻伤，即为基本犯既遂，且许多故意伤害致人轻伤的行为，均存在致人重伤或死亡的危险性，如果承认加重犯的未遂，那就会导致许多故意伤害案件都被认定为加重犯的未遂；又由于故意伤害行为含有致人重伤与死亡两种可能性，那么，是认定为致人重伤的未遂还是认定为致人死亡的未遂并适用相应的法定刑处罚，这也是无法合理解决的难题。持上述第四种观点的论者可能会说，共同故意伤害案件中的退出者退出后，其余参与者继续实行致人重伤的，就按故意伤害致人重伤的未遂犯或中止犯处罚，致人死亡的则以致人死亡的未遂犯或中止犯处罚。但这种按其余参与者引起的结果来认定加重犯并适用相应法定刑的做法，并无恰当的理论根据。因为其余参与者引起的加重结果与退出者的前行为间并无因果关系，为何要以其余参与者引起的加重结果作为认定其加重犯成立的依据，这岂不隐含有退出者要对他人造成的结果负责的意思？事实上，对退出者无论是适用故意伤害致人重伤还是致人死亡的法定刑，同时适用未遂犯或中止犯的规定来处罚，均难以找到恰当的理论根据，明显不具有合理性。

第五，对退出参与的犯罪者，是否只能通过增设相关规定的立法途径来解决其处罚问题？上述第五种观点持肯定态度。但也有论者认为："只要把握共犯脱离的实质，根据我国刑法的现有规定……便足以解决相关问题，实无增设有关共犯脱离的罚则之必要。"② 笔者赞成这种否定论。如前所述，由于我国刑法采取立足于个人主义的单一正犯体系，以共同参与犯罪者自己参与实施的行为作为对其定罪处罚的基础，并且对其定罪采取与单个

---

① 张明楷. 刑法学.6版. 北京：法律出版社，2021：449.
② 王昭武. 我国"共犯关系的脱离"研究述评//赵秉志. 刑法论丛：第12卷. 北京：法律出版社，2007：148.

人犯罪基本相同的定罪规则。在其成功退出所参与的犯罪的场合，只对其退出前的行为负责，对退出后其余参与者的行为及结果不承担责任。只要是在既遂之前退出，就意味着其退出前的行为处于未完成形态。按照与单个人犯罪未完成形态相同的犯罪预备、犯罪未遂或犯罪中止的认定规则，适用刑法的相关规定予以认定没有任何问题。"例如，《刑法》第 23 条犯罪未遂中'未得逞'，就是从行为人本人角度看的未得逞，其他共犯人的'得逞'，对于行为人来说，可能 还是'未得逞'。同样，即便其他共犯人没有中止犯罪而继续实施乃至完成犯罪，但对中止行为人来说，仍然可能评价为'自动放弃犯罪或者自动有效地防止犯罪结果发生'。"① 由此可见，参与的犯罪既遂前的"共犯脱离原本就符合犯罪预备、未遂、中止的成立条件，可以而且应该适用现行刑法中关于犯罪预备、未遂与中止的规定"②。

综上所述，退出参与的犯罪者，仅对自己退出前的行为负责，不对退出后其余参与者所实施的行为及结果负责，若是在其所参与的犯罪既遂之前退出，就意味着其退出前的参与行为停止在了未完成状态，应按刑法有关犯罪预备、犯罪未遂或犯罪中止的规定，采取与单个人犯罪的未完成形态基本相同的认定规则予以认定，即参与者如果是自动退出所参与的犯罪，无论是着手实行前还是着手实行后退出，都完全符合犯罪中止的成立条件；如果是被迫退出所参与的犯罪，则在着手实行前退出的，属于犯罪预备，着手实行后退出的，成立犯罪未遂，并应分别适用刑法关于预备犯、未遂犯或中止犯的处罚规定，对退出者予以处罚。若是在其所参与的犯罪既遂之后终了之前退出，对退出者只能以退出前实行的犯罪的既遂犯论处，如退出前实行的犯罪是基本犯（如致人轻伤），那就适用基本犯（致人轻伤）的法定刑处罚，将自动退出视为酌定从轻情节，量刑时适当考虑；但不能适用加重犯（如致人重伤或致人死亡）的法定刑，并按未遂犯或中止犯的规定予以处罚。③ 同时，还要依据退出者退出前在共同犯罪

---

① 陈洪兵．共犯论思考．北京：人民法院出版社，2009：198．
② 陈洪兵．共犯脱离问题的中国方案．甘肃社会科学，2021（2）：133．
③ 如果退出时成立较重的加重犯，如参与故意伤害并致被害人重伤后自动退出，其他参与者继续实行伤害致被害人死亡的，对自动退出者应适用故意伤害致人重伤的法定刑来予以处罚，但不能适用故意伤害致人死亡（最重加重犯）的法定刑，并按中止犯的规定予以处罚，即不能认定为更重或最重加重犯的中止犯。

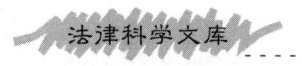

中起何种作用,以确定其是主犯还是从犯(含胁从犯)。如教唆犯引起他人产生杀人犯意并决定实行或正在实行犯罪时退出的,由于教唆者与被教唆者双方已成立故意杀人的共同犯罪,教唆犯通常被认定为主犯[1],教唆犯自动退出则可能成立中止犯,对其处罚时就要同时适用刑法关于主犯和中止犯的处罚规定。此外,还应当注意,退出参与的犯罪的时间,与退出者的处罚轻重有密切关系。如上所述,参与的犯罪既遂前,若是被迫退出,以着手实行前与着手实行后为标准,分别成立预备犯与未遂犯,两者的处罚轻重有较大差异;若是自动退出,虽然均成立中止犯,但预备阶段的中止与实行阶段的中止,处罚轻重也有差异。一般来说,退出参与的犯罪的时间,应以退出成立即具备前述退出犯罪的所有条件时为准。由于不同犯罪参与者退出犯罪的条件有所不同,因此,退出时间的认定也会有差异。

---

[1] 高铭暄,马克昌.刑法学.9版.北京:北京大学出版社,2019:175.

主要参考文献

一、中国作者著作

1. 曹坚. 从犯问题研究. 上海：上海社会科学出版社，2009.
2. 陈洪兵. 共犯论思考. 北京：人民法院出版社，2009.
3. 陈家林. 共同正犯研究. 武汉：武汉大学出版社，2004.
4. 陈兴良. 共同犯罪论. 2版. 北京：中国人民大学出版社，2006.
5. 狄世深. 刑法中身份论. 北京：北京大学出版社，2005.
6. 杜国强. 身份犯研究. 武汉：武汉大学出版社，2005.
7. 高铭暄，马克昌，刑法学. 10版. 北京：北京大学出版社，2022.
8. 江溯. 犯罪参与体系研究. 北京：中国人民公安大学出版社，2010.
9. 柯耀程. 参与与竞合. 台北：元照出版有限公司，2009.
10. 李成. 共同犯罪与身份关系研究. 北京：中国人民公安大学出版社，2007.
11. 林维. 间接正犯研究. 北京：中国政法大学出版社，1998.
12. 刘凌梅. 帮助犯研究. 武汉：武汉大学出版社，2003.
13. 马克昌. 犯罪通论. 3版. 武汉：武汉大学出版社，2009.
14. 钱叶六. 共犯论的基础及其展开. 北京：中国政法大学出版社，2014.
15. 任海涛. 承继共犯研究. 北京：法律出版社，2010.

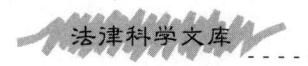

16. 王志远. 共犯制度的根基与拓展：从"主体间"到"单方化". 北京：法律出版社，2011.

17. 吴光侠. 主犯论. 北京：中国人民公安大学出版社，2007.

18. 阎二鹏. 犯罪参与体系之比较研究与路径选择. 北京：法律出版社，2014.

19. 阎二鹏. 共犯与身份. 北京：中国检察出版社，2007.

20. 杨辉忠. 身份犯研究. 北京：中国检察出版社，2007.

21. 张明楷. 刑法学. 6版. 北京：法律出版社，2021.

22. 邹兵. 过失共同正犯研究. 北京：人民出版社，2012.

二、外国作者著作

1. 川端博. 共犯论序说. 东京：成文堂，2001.

2. 岛田聪一郎. 正犯与共犯论之基础理论. 东京：东京大学出版会，2002.

3. 丰田兼彦. 共犯之处罚根据与客观的归属. 东京：成文堂，2009.

4. 高桥则夫. 共犯体系和共犯理论. 冯军，毛乃纯，译. 北京：中国人民大学出版社，2010.

5. 龟井源太郎. 正犯与共犯的区别. 东京：弘文堂，2005.

6. 内海朋子. 过失共同正犯论. 东京：成文堂，2013.

7. 桥本正博. "行为支配论"与正犯理论. 东京：有斐阁，2000.

8. 西田典之. 共犯理论的展开. 江溯，等译. 北京：中国法制出版社，2017.

9. 西田典之. 共犯与身份. 东京：成文堂，2003.

10. 照沼亮介. 体系的共犯论与刑事不法论. 东京：弘文堂，2005.

三、中国作者论文

1. 陈洪兵. "二人以上共同故意犯罪"的再解释. 当代法学，2015（4）.

2. 陈洪兵. 共犯论的分则思考——以贪污贿赂罪及渎职罪为例. 法学家，2015（2）.

3. 陈洪兵. 共犯脱离问题的中国方案. 甘肃社会科学，2021（2）.

4. 陈洪兵. 共犯与身份的中国问题. 法律科学，2014（6）.

5. 陈兴良. 共同正犯：承继性与重合性//陈兴良. 刑事法评论：第21卷. 北京：北京大学出版社，2007.

6. 陈兴良．间接正犯：以中国的立法与司法为视角．法制与社会发展，2002（5）．

7. 陈兴良．论犯罪的对合关系．法制与社会发展，2001（4）．

8. 何庆仁．归责视野下共同犯罪的区分制与单一制．法学研究，2016（3）．

9. 何庆仁．我国刑法中教唆犯的两种涵义．法学研究，2004（4）．

10. 侯国云．论继承性共犯．政法论坛，2006（3）．

11. 胡东飞．过失共同正犯否定论．当代法学，2016（1）．

12. 黄明儒．二元的形式单一正犯体系之提倡——犯罪参与体系问题二元论研究的新思考．法学，2019（7）．

13. 江溯．单一正犯体系的类型化考察．内蒙古大学学报（哲学社会科学版），2012（1）．

14. 江溯．关于单一正犯体系的若干辩驳．当代法学，2011（5）．

15. 黎宏．共同犯罪行为共同说的合理性及其应用．法学，2012（12）．

16. 李洁．中日共犯问题比较研究概说．现代法学，2005（3）．

17. 林维．真正身份犯之共犯问题展开——实行行为决定论的贯彻．法学家，2013（6）．

18. 林亚刚．共谋共同正犯问题研究．法学评论，2001（4）．

19. 刘艳红．共犯脱离判断基准：规范的因果关系遮断说．中外法学，2013（4）．

20. 刘艳红．共谋共同正犯的理论误区及其原因．法学，2012（11）．

21. 刘艳红．共谋共同正犯论．中国法学，2012（6）．

22. 刘艳红．论正犯理论的客观实质化．中国法学，2011（4）．

23. 陆凌．脱离共犯关系的行为性质及其效果．当代法学，2016（5）．

24. 马克昌．共同犯罪理论中若干争议问题．华中科技大学学报（社会科学版），2004（1）．

25. 马荣春．论共犯脱离．国家检察官学院学报，2014（4）．

26. 钱叶六．双层区分制下正犯与共犯的区分．法学研究，2012（1）．

27. 钱叶六．我国犯罪构成体系的阶层化及共同犯罪的认定．法商研究，2015（2）．

28. 王华伟．犯罪参与模式之比较研究——从分立走向融合．法学论坛，2017（6）．

29. 王华伟．中国犯罪参与模式之定位：应然与实然之间的二元区分体系．中国刑事法杂志，2015（2）．

30. 王昭武．共犯处罚根据论的反思与修正：新混合惹起说的提出．中国法学，2020（2）．

31. 王昭武．共谋射程理论与共犯关系脱离的认定．法律科学，2016（1）．

32. 王志远．我国现行共犯制度下间接正犯的泛化及其思考．河南师范大学学报，2007（5）．

33. 夏伟．走出"共犯与身份"的教义学迷思："主从犯体系"下身份要素的再定位．比较法研究，2019（3）．

34. 阎二鹏．论间接正犯概念的消解．法学论坛，2011（4）．

35. 姚培培．论共犯脱离基准：因果关系切断说的重构．清华法学，2020（2）．

36. 张明楷．共犯的本质．政治与法律，2017（4）．

37. 张明楷．共犯人关系的再思考．法学研究，2020（1）．

38. 张明楷．共同犯罪的认定方法．法学研究，2014（3）．

39. 张明楷．共同正犯的基本问题．中外法学，2019（5）．

40. 张明楷．事后抢劫的共犯．政法论坛，2008（1）．

41. 张伟．扩张的正犯概念与统一正犯体系．清华法学，2020（5）．

42. 郑泽善．论承继共犯．法治研究，2014（5）．

43. 周光权．"被教唆的人没有犯被教唆的罪"之理解．法学研究，2013（4）．

44. 周光权．论身份犯的竞合．政法论坛，2012（5）．

四、外国作者论文

1. 罗克辛．正犯与犯罪事实支配理论．劳东燕，译//刑事法评论：第25卷．北京：北京大学出版社，2009．

2. 普珀．反对过失共同正犯．王鹏翔，译．东吴法律学报，2006（3）．

3. 大谷实．日本刑法中正犯与共犯的区别——与中国刑法中的"共同犯罪"相比照．王昭武，译．法学评论，2002（6）．

4. 山口厚. 承继的共犯理论之新发展. 王昭武, 译. 法学, 2017 (3).
5. 桥爪隆. 论承继的共犯. 王昭武, 译. 法律科学, 2018 (2).
6. 桥爪隆. 共犯关系的消解. 王昭武, 译. 苏州大学学报（法学版）, 2016 (4).

附：本书部分内容已刊发论文一览

第二章

第一节、第二节、第三节

论中国特色的犯罪参与体系．中国法学，2013（6）．

中国的犯罪参与体系属于单一制．圣彼得堡大学学报，2018（4）．

再论我国刑法采取的犯罪参与体系法学评论，2021（4）．

第三章
第一节、第二节、第三节
论犯罪参与的共同性：以单一正犯体系为中心：中国法学，2021（6）．

不能用行为共同说解释我国刑法中的共同犯罪．法律科学，2017（1）：

第四章

第一节
论片面对向犯．法商研究，2020（5）．

第二节
单一正犯视角下的片面共犯问题．清华法学，2020（5）．

第五章

第二节
主犯正犯化质疑．法学研究，2013（5）．

第四节
论胁从犯及其被胁迫的要素．当代法学，2020（4）．

第五节
"被教唆的人没有犯被教唆的罪"之解释．法学研究，2011（1）．

再释"被教唆的人没有犯被教唆的罪"——与周光权教授商榷．法学，2014（12）．

第六章

第一节
论我国刑法不采取共犯从属性说及利弊．中国法学，2015（2）．

第二节
间接正犯概念之否定——单一正犯体系的视角．法学研究，2015（6）．

第三节
单一正犯视角下的共同正犯问题．中外法学，2019（1）．

我国刑法没有规定共同正犯——单一正犯体系的视角．法学家，2022（1）．

第四节
从单一正犯视角看共谋共同正犯论．法学评论，2018（1）．

第五节
区分制理论解释共同过失犯罪之弊端及应然选择．中国法学，2017（3）．

第七章

第一节

单一正犯视角下的身份犯的共犯问题. 政治与法律，2020（11）.

从单一正犯视角看贿赂罪中的共同犯罪疑难问题. 法学家，2017（2）.

第二节

论退出参与的犯罪. 荆楚法学，2021（2）.

图书在版编目（CIP）数据

犯罪参与论 / 刘明祥著. -- 北京：中国人民大学出版社，2023.6
（法律科学文库 / 曾宪义总主编）
ISBN 978-7-300-31708-3

Ⅰ.①犯… Ⅱ.①刘… Ⅲ.①犯罪-研究-中国 Ⅳ.①D924.04

中国国家版本馆 CIP 数据核字（2023）第 091158 号

"十三五"国家重点出版物出版规划项目
法律科学文库
总主编　曾宪义
犯罪参与论
刘明祥　著
Fanzui Canyulun

出版发行	中国人民大学出版社			
社　　址	北京中关村大街 31 号	邮政编码	100080	
电　　话	010-62511242（总编室）	010-62511770（质管部）		
	010-82501766（邮购部）	010-62514148（门市部）		
	010-62515195（发行公司）	010-62515275（盗版举报）		
网　　址	http://www.crup.com.cn			
经　　销	新华书店			
印　　刷	唐山玺诚印务有限公司			
开　　本	720 mm×1000 mm　1/16	版　次	2023 年 6 月第 1 版	
印　　张	39.5 插页 2	印　次	2023 年 6 月第 1 次印刷	
字　　数	645 000	定　价	168.00 元	

版权所有　侵权必究　　印装差错　负责调换